A emergência da Teoria Sociológica

Dados Internacionais de Catalogação na Publicação (CIP)
(Câmara Brasileira do Livro, SP, Brasil)

Turner, Jonathan H.
A emergência da Teoria Sociológica / Jonathan
H. Turner, Leonard Beeghley, Charles H. Powers ;
tradução de Caesar Souza. – Petrópolis, RJ :
Vozes, 2016. – (Coleção Sociologia)

Título original: The emergence of sociological theory
Bibliografia
ISBN 978-85-326-5134-1

1. Sociologia 2. Sociologia – Teoria
I. Beeghley, Leonard. II. Powers, Charles H.
III. Título. IV. Série.

15-07838   CDD-301

Índices para catálogo sistemático:
1. Sociologia   301

Jonathan H. Turner
Leonard Beeghley
Charles H. Powers

A emergência da Teoria Sociológica

Tradução de Caesar Souza

Petrópolis

© 2012 by SAGE Publications, Inc.

Título original em inglês: *The Emergence of Sociological Theory*

Direitos de publicação em língua portuguesa:
2016, Editora Vozes Ltda.
Rua Frei Luís, 100
25689-900 Petrópolis, RJ
www.vozes.com.br
Brasil

Todos os direitos reservados. Nenhuma parte desta obra poderá ser reproduzida ou transmitida por qualquer forma e/ou quaisquer meios (eletrônico ou mecânico, incluindo fotocópia e gravação) ou arquivada em qualquer sistema ou banco de dados sem permissão escrita da editora.

Diretor editorial
Frei Antônio Moser

Editores
Aline dos Santos Carneiro
José Maria da Silva
Lídio Peretti
Marilac Loraine Oleniki

Secretário executivo
João Batista Kreuch

Editoração: Maria da Conceição B. de Sousa
Diagramação: Alex M. da Silva
Capa: Sheilandre Desenv. Gráfico

ISBN 978-85-326-5134-1 (Brasil)
ISBN 978-84-4522-0624-0 (Estados Unidos)

Editado conforme o novo acordo ortográfico.

Este livro foi composto e impresso pela Editora Vozes Ltda.

Sumário

Prefácio, 7

1 O surgimento da sociologia teórica, 9

2 A origem e o contexto da sociologia de Augusto Comte, 24

3 A sociologia de Comte, 40

4 A origem e o contexto do pensamento de Herbert Spencer, 56

5 A sociologia de Spencer, 67

6 A origem e o contexto do pensamento de Marx, 106

7 A sociologia de Marx, 132

8 A origem e o contexto do pensamento de Max Weber, 169

9 A sociologia de Weber, 187

10 A origem e o contexto do pensamento de Georg Simmel, 229

11 A sociologia de Simmel, 241

12 A origem e o contexto do pensamento de Émile Durkheim, 273

13 A sociologia de Durkheim, 299

14 A origem e o contexto do pensamento de George Herbert Mead, 337

15 A sociologia de Mead, 359

16 A emergência das perspectivas teóricas contemporâneas, 393

Índice onomástico, 439

Índice analítico, 447

Índice geral, 479

Prefácio

A primeira edição de *A emergência da Teoria Sociológica* foi publicada no começo de 1981. Naquela época, nosso objetivo era examinar os primeiros 100 anos de teorização sociológica – aproximadamente o período entre 1830 e 1930. Ao longo dos anos, o objetivo do livro permaneceu o mesmo: resumir, numa linguagem simples, os trabalhos básicos de cada teórico, buscando sempre apresentar suas ideias detalhadamente e em sua complexidade plena, sem jamais "diluir" suas posições em nossas análises desses trabalhos.

Existe uma tentação nas revisões de livros, especialmente daqueles que passaram por várias edições, de continuar acrescentando novos materiais. Na última edição, fizemos exatamente o oposto e reduzimos o texto para tornar o livro mais acessível e utilizável em uma variedade mais ampla de contextos de ensino. Nesta sétima edição, acrescentamos alguns novos materiais. Primeiro, há um capítulo introdutório novo e mais longo, e um novo último capítulo (capítulo 16), que analisa os trabalhos dos primeiros mestres em uma perspectiva mais contemporânea. O último capítulo sumariza nove perspectivas e variantes teóricas contemporâneas sobre esses autores com o objetivo de documentar como os teóricos dos primeiros 100 anos da sociologia continuam inspirando a teorização contemporânea. Nós também tentamos manter a estrutura modular dos dois capítulos sobre cada teórico. Esses dois capítulos sobre cada teórico podem ser considerados isoladamente e todos os capítulos podem ser lidos em uma ordem diferente daquela em que são apresentados no livro. No fim, então, o livro é ainda relativamente curto, enxuto e focado. Ele pode ser utilizado tanto no sistema quadrimestral como no semestral. O livro, portanto, pode ser utilizado em um curso curto e focado, no qual serão examinados somente os trabalhos-chave, ou em um curso mais longo, que tenha como objetivo a compreensão das ideias em um contexto histórico por parte dos alunos.

Jonathan H. Turner
Leonard Beeghley
Charles H. Powers

1
O surgimento da sociologia teórica

Em 1830, ele se tornara a celebridade da Europa. Vinte anos mais tarde, esse francês outrora famoso, era ridicularizado e considerado um tolo. Arrogante, rude e desagradável, ele fora sempre uma pessoa difícil. Anunciou que se envolveria em uma "higiene cerebral" e não leria mais os trabalhos daqueles que considerasse seus inferiores intelectuais, proclamando-se "o sumo sacerdote da humanidade" e o fundador da nova "religião universal". Seus seguidores eram um sortimento muito estranho e heterogêneo de trabalhadores, intelectuais de terceira categoria e outros entusiastas. Ele enviaria mensagens como papa aos seus seguidores; e, de fato, inclusive enviou missivas ao próprio papa que, com certeza, foram ignoradas. O volume final de seu enorme trabalho em vários volumes – o mesmo trabalho que o tornara famoso na Europa em 1830 – não recebeu sequer uma única crítica na imprensa francesa em 1842.

Quem foi essa figura patética? Foi Auguste Comte, o fundador titular da sociologia, cuja vida e obras serão examinadas nos capítulos 2 e 3. Talvez seja um tanto embaraçador que o fundador da sociologia seja uma pessoa que tenha se tornado claramente um pouco insana. Todavia, Comte, na priemira fase de sua carreira, foi brilhante e fez muito para criar um nicho para uma nova disciplina. Ele queria chamar essa nova disciplina de "física social" porque o termo *física* em sua época significava "o estudo da natureza fundamental dos fenômenos"; e portanto a nova disciplina estudaria a natureza fundamental dos fenômenos sociais. Para consternação de Comte, o rótulo "física social" havia sido previamente utilizado por um estatístico belga, o que o levou a construir o híbrido latino e grego: *sociologia*. Ele não gostava desse nome, mas achava que não tinha escolha. Ainda assim, o primeiro volume de seu *Curso de Filosofia Positiva* (1830) – o volume que o tornou famoso – foi uma análise brilhante de como a ciência havia avançado ao ponto em que o universo social poderia ser sistematicamente estudado. A sociologia não poderia emergir, ele argumentava, até que as outras ciências tivessem avançado e até que a ciência em geral tivesse se tornado amplamente aceita como um modo legítimo de investigação. Com a difusão da ciência hoje, talvez seja difícil reconhecer que ela teve de lutar para chegar à arena intelectual porque representava um desafio ao domínio da religião. Na verdade, no início do crescimento da ciência na Europa, mesmo Galileu teve de renunciar às suas concepções e sofrer perseguição legal pelo *insight* de que a Terra não era o centro do universo nem do nosso sistema solar. E, mesmo após centenas de anos de sucesso – na verdade, milhares de anos de sucesso, se contarmos as realizações da erudição árabe, persa, egípcia e grega – a ciência não estava ainda em uma base segura no começo do século XIX; e como a controvérsia sobre a Teoria da Evolução Biótica de Charles Darwin documentou, a ciência ainda teria de lutar por seu lugar como o árbitro final do conhecimento sobre o mundo natural. De fato, a controvérsia corrente nos Estados Unidos sobre ensinar a Teoria da Evolução nas escolas é um indício simples de que, quando a ciência contradiz crenças religiosas profundas, o conflito muitas vezes se torna político – exatamente como foi nos tempos de Galileu ou de Darwin.

Portanto, o que Comte tentou obter no primeiro volume do *Curso de Filosofia Positiva* foi monumental, e talvez mesmo arriscado. A grande ironia é que Comte começou a se ver algumas décadas mais tarde como um profeta quase religioso em vez de um cientista rigoroso, embora um profeta de uma religião mais secular (talvez como a cientologia ou o unitarianismo de hoje). Ao fornecer ao estudo sistemático do fenômeno social um nome – embora um nome de segunda escolha – que depois legitimou uma ciência do domínio social, Comte realizou um grande feito. Poucos leem Comte hoje; mas, como veremos em breve, seus argumentos estavam notadamente legitimando uma nova disciplina que tivesse de lutar pelo seu lugar na academia e na ciência de um modo mais geral.

Em uma dessas ironias cruéis da história, Comte se tornou uma figura importante novamente na França e nos Estados Unidos na virada do século XX. Infelizmente, ele não pôde desfrutar de sua nova fama, mas sua proposta de uma sociologia teórica recapturou a imaginação de departamentos emergentes em seu país nativo e nos Estados Unidos, colocando seu trabalho uma vez mais em voga. De fato, quase todos os livros-texto de sociologia nos Estados Unidos publicados nos primeiros anos do século XX possuíam seções proeminentes dedicadas a Comte. E, assim, o "sumo sacerdote da humanidade" teve mais um sopro de sucesso, pois, como veremos nos capítulos seguintes, sua proposta transmitia uma poderosa mensagem sobre o que a nova ciência da sociologia poderia se tornar.

Muito antes de Comte, é claro, os humanos haviam pensado sobre o universo em torno deles, mesmo o universo social constituído pelas atividades de pessoas se adaptando aos seus ambientes. Na verdade, os indivíduos sempre foram "sociólogos populares", assim como a maioria de nós quando faz um pronunciamento sobre as causas de algum evento social, ou quando constata o que deveria ser feito para resolver algumas condições sociais problemáticas. Também, num momento muito anterior da história, mas acelerando dramaticamente com a invenção da escrita, estudiosos começaram a desenvolver escolas e sistemas de pensamento filosófico que possuíam muitos elementos de análise sociológica. Assim, a sociologia tem existido de um modo ou de outro desde que existimos, mas Comte deu a essa atividade um nome e tentou – com sucesso apenas parcial – torná-la uma ciência como qualquer outra ciência natural. Essa ideia de "uma ciência natural da sociedade"[1] é ainda controversa na sociologia, e podemos ver as linhas de controvérsia no pensamento dos primeiros teóricos sociológicos examinadas neste livro. Alguns foram cientistas rigorosos – ou ao menos comprometidos com essa epistemologia. Outros foram céticos e, todavia, desejavam estudar o mundo social sistematicamente. Portanto, o *status* da sociologia como uma ciência não foi questionado somente no período de teorização; continua ainda um tema contencioso.

A emergência da sociologia e, por conseguinte, da Teoria Sociológica, era inevitável. Se Comte não tivesse existido, alguém teria articulado um nome para o estudo sistemático e mesmo científico do universo social. *O estudo da sociologia*[2], de Herbert Spencer, pode ter se tornado o novo manifesto para a disciplina, mas sua chegada oficial pode ter sido protelada por décadas. A emergência da sociologia foi a culminância não somente de uma história muito longa de indivíduos pensando sobre suas criações – o mundo social –, mas de movimentos sociais e intelectuais mais amplos que começaram a retirar a Europa de sua "Idade das Trevas" após o colapso do Império Romano. Essa Renascença também incluía novos modos de pensar o mundo social – por vezes coletivamente denominados *Iluminismo* – que começaram a ganhar terreno, sendo inevitável, portanto, que alguém como Comte aparecesse para dar-lhes um nome. Deveríamos, portanto, parar brevemente para ver o que o Iluminismo realizou e por que ele estabelece o estágio para a sociologia fazer sua grande entrada diante de uma audiência muitas vezes cética.

O Iluminismo e os novos modos de pensar

A revolução intelectual

Quando o Império Romano finalmente colapsou, seguiu-se um período muitas vezes denominado de *Idade das Trevas*. Grande parte do ensinamento

---

1. Essa frase foi retirada da série de conferências de 1937, de A.R. Radcliffe-Brown, na Universidade de Chicago, que foram publicadas após sua morte no livro *Uma ciência natural da sociedade*. Chicago: University of Chicago Press.

2. Herbert Spencer (*The Study of Sociology*. Londres: Kegan Paul/Trench, 1873) propôs um argumento convincente para vermos a sociologia como uma ciência explicativa que poderia superar os preconceitos humanos e desenvolver leis para explicar a dinâmica da organização social humana.

dos romanos e, mais importante, dos gregos, árabes, persas e egípcios, foi perdida; e somente os fiéis escribas dos monastérios medievais mantiveram as tradições intelectuais orientais e ocidentais vivas. A designação – o Iluminismo – tem obviamente a conotação de uma iluminação da escuridão, mas, de fato, a Idade das Trevas não foi estagnada[3]; após o declínio inicial na civilização ocidental, quando o Império Romano finalmente colapsou, as condições de vida da maior parte das pessoas eram miseráveis. Contudo, novas invenções e novas ideias foram lentamente se acumulando, a despeito da pobreza opressiva das massas, das guerras constantes entres senhores feudais e do rígido dogma da religião. Novas formas e experimentos em comércio, política, economia, religião, arte, música, ofícios e pensamento estavam emergindo lentamente. À medida que esses elementos do "grande despertar" iam se acumulando entre os séculos V e XIII, um limiar crítico foi finalmente atingido. A mudança veio mais rapidamente quando essas inovações se alimentavam uma da outra. À medida que a estrutura social e a cultura mudavam, o mesmo acontecia com o pensamento humano sobre o mundo. Grande parte do que havia sido perdido dos gregos e romanos, assim como das civilizações anteriores do Oriente Médio, foi encontrada (em bibliotecas empoeiradas de igrejas), redescoberta e muitas vezes aprimorada. Em nenhum lugar isso é mais evidente do que na concepção escolástica de ciência como um modo de compreender o universo.

Francis Bacon (1561-1626) foi o primeiro a articular claramente o novo modo de investigação: conceitualizações sobre a natureza do universo deveriam sempre ser vistas com ceticismo e confrontadas com fatos observáveis. Isso soa como senso comum científico hoje, mas foi uma ideia radical na época. Esse modo de investigar estimulou grandes realizações na astronomia do século XVI e XVII, incluindo a famosa lei da gravidade de Isaac Newton. O pensamento sobre o universo estava agora se tornando sistemático. No entanto, estava se tornando também abstrato e, todavia, empírico, o que é igualmente importante. O objetivo era articular relações fundamentais no universo que pudessem explicar os modos muito variados pelos quais essas relações podem ser expressas no mundo empírico. Explicar eventos, portanto, requeria pensamento sistemático e abstrato – em uma palavra, requeria teoria. E esse modo de pensar literalmente transformou o mundo.

O Iluminismo foi, portanto, uma revolução intelectual porque mudou nosso modo de explicar o universo, e, progressivamente, propôs a visão de que o conhecimento sobre como o universo opera pode também ser utilizado para melhorar a condição humana. De fato, o progresso não era somente possível

---

3. Há com frequência uma tendência de pensar que a Idade das Trevas foi estagnada, mas as sociedades estavam sendo lentamente reconstruídas após o colapso do Império Romano. Cf. Patrick Nolan e Gehard Lenski (*Human Societies*. Boulder, CO: Paradigm, 2009) para um exame das mudanças que estavam ocorrendo; essas terminariam conduzindo as sociedades à Modernidade.

como inevitável, uma vez que a ciência e o pensamento racional dominam o modo de explicar o mundo, incluindo o mundo social de nossa própria criação. Na Inglaterra e na Escócia, o Iluminismo foi dominado por um grupo de pensadores que buscavam justificar o capitalismo industrial que apareceu pela primeira vez nas ilhas britânicas. Estudiosos como Adam Smith acreditavam que os indivíduos deveriam ser livres de restrição externa e deveriam ser livres para competir, criando, consequentemente, uma sociedade melhor. Embora isso hoje possa ser considerado uma filosofia conservadora, era liberal, se não radical, em sua época. Na França, o Iluminismo era dominado por um grupo de estudiosos conhecidos como os *philosophes*. A despeito do fato de Adam Smith ter formulado uma das questões essenciais da sociologia – como pessoas cada vez mais especializadas trabalhando e vivendo em diferentes mundos se tornariam integradas em uma sociedade complexa, porém coerente? –, e de que um dos mais importantes pensadores do século XIX, Karl Marx, considerar que estava aprimorando sua teoria econômica, foram os *philosophes* que tiveram mais influência sobre a emergência da sociologia. A sociologia, portanto, possui suas principais raízes no fermento intelectual gerado pelos *philosophes* franceses, mas devemos sempre lembrar que pensadores no mundo anglicano também influenciaram o desenvolvimento dessa nova ciência.

O novo pensamento que guiou o Iluminismo se inspirou consideravelmente na revolução científica dos séculos XVI e XVII. A física newtoniana seja talvez o pico simbólico do Iluminismo porque rompeu o que fora um dualismo filosófico entre os sentidos e a razão. A razão e o mundo dos fenômenos *não são separados*, mas todos partes de um novo modo de conhecer. Por meio de conceitos, especulação e da lógica, os fatos do mundo empírico podem ser compreendidos; e pela acumulação dos fatos, a razão poderia ordená-los e fornecer explicações para sua existência e funcionamento que fossem mais do que voos da fantasia intelectual ou imposições do dogma religioso.

O mundo não era mais a província do sobrenatural; era o domínio do natural e sua complexidade poderia agora ser compreendida pela combinação de razão e fatos. A lei da gravidade newtoniana foi saudada como o exemplo de como a investigação científica deveria ser conduzida. E, gradualmente, o universo social foi incluído nos domínios que a ciência deveria explicar. Essa inclusão gradual foi um rompimento radical com o passado no qual o social era considerado o domínio da moral, da ética e da religião. O objetivo dos *philosophes* franceses, portanto, era emancipar o pensamento social da especulação religiosa; e embora dificilmente fossem muito científicos, desempenharam a função essencial de colocar o pensamento sobre a condição humana no domínio da razão. Como pode ser visto em suas afirmações sobre os direitos humanos universais, a lei e a ordem natural (ideias que estão no coração da Constituição americana), seu trabalho foi visto como um ataque radical à autoridade estabelecida tanto do Estado como da Igreja. Das noções de leis naturais, não é senão um pequeno passo para pensar sobre as leis fundamentais não somente dos direitos humanos, mas também da organização social humana. Como ficará evidente no próximo capítulo, muitos dos *philosophes* menos estridentes e polêmicos – primeiro, Charles Montesquieu, depois, Jacques Turgor, e finalmente Jean Condorcet – na verdade deram esse pequeno passo e buscaram compreender o domínio social através de princípios ou leis que acreditavam ser os equivalentes àqueles desenvolvidos por Newton para o domínio físico.

As condições sociais quase sempre afetam o modo de os estudiosos pensarem sobre o mundo, e isso aconteceu aos *philosophes* que se opuseram ao Antigo Regime (a monarquia) na França e que apoiaram a burguesia ao enfatizarem o livre-comércio, o trabalho livre, a livre-indústria e a opinião livre. A burguesia crescente e alfabetizada formava o público leitor que comprava os livros, artigos e panfletos dos *philosophes*. Esses trabalhos são repletos de "leis" aparentes da condição humana, que eram afirmações ideológicas derivadas das filosofias moral, política e social; não eram leis racionais do universo social. Todavia, continham apoio e na verdade anunciavam a visão de que uma ciência da sociedade moldada à imagem da física ou da biologia era uma consequência não só possível como inevitável do progresso humano.

A tese básica de todos os *philosophes* – seja Voltaire, Rousseau, Condorcet, Diderot ou outros – era que os humanos possuíam certos "direitos naturais", que foram violados pelos arranjos institucionais da época. Era, todavia, necessário desmantelar a ordem social existente e substituí-la por uma nova ordem que seria mais compatível com os direitos e necessidades humanos. Essa transformação deveria ocorrer através da legislação racional e progressiva. E, uma vez mais, uma das cruéis ironias da história forçou os *philosophes* a assistirem horrorizados a seus nomes e ideias serem usados para justificar o resultado violento da Revolução Francesa de 1789 – dificilmente a "reconstrução" da ordem social que eles tiveram em mente.

Em quase todas as formulações dos *philosophes* havia uma visão do progresso humano. A humanidade era vista como marchando em uma direção governada pela lei do progresso que era tão fundamental quanto a lei gravitacional no mundo físico. Desse modo, os *philosophes* foram claramente não científicos em sua argumentação moral, mas ofereceram ao menos a retórica da ciência pós-newtoniana em sua busca pelas leis naturais da ordem humana e em sua formulação da lei do progresso. Essas tendências intelectuais um tanto contraditórias estavam para ser consolidadas na proposta de Comte da sociologia científica.

Comte não tinha de reconciliar essas tendências sozinho porque os *philosophes* mais talentosos – estudiosos como Montesquieu, Turgot e Condorcet – haviam fornecido os contornos amplos de reconciliação para Comte: As leis da organização humana, particularmente a lei do desenvolvimento progressivo, podem ser utilizadas como instrumentos para criarmos um mundo social melhor. Com essa mistura de preocupações – moralidade, progresso e leis científicas –, esse novo panorama de possibilidades foi levado ao século XIX. Desse legado intelectual, o jovem Comte iria extrair elementos diversos e muitas vezes contraditórios para forjar uma afirmação rigorosa sobre a natureza de uma ciência da sociedade, como será explorado nos próximos dois capítulos.

Novos sistemas de pensamento não surgem apenas de debates intelectuais excitantes; novas ideias quase sempre refletem transformações mais fundamentais na organização da política e da produção. Todavia, uma vez criadas, as ideias têm a capacidade de estimular novas formas de políticas e novos modos de produção. O Iluminismo foi, portanto, mais do que uma revolução intelectual; sua emergência foi uma resposta a mudanças em padrões de organização social gerada por novas formações políticas e econômicas.

As revoluções políticas e econômicas

Durante boa parte do século XVIII, os últimos remanescentes da antiga ordem econômica foram desmoronando sob o impacto das revoluções comerciais e industriais. A expansão de mercados e comércio livres eliminou grande parte da ordem feudal durante o século XVII, mas durante o século XVIII novas restrições foram impostas pelas guildas que controlavam o acesso dos trabalhadores às ocupações especializadas, e por companhias autorizadas (pela nobreza), que controlavam vastos setores da produção econômica. A indústria de algodão foi a primeira a romper o controle das guildas dessas companhias, e em cada década subsequente, outras indústrias foram sujeitas aos efeitos liberadores do trabalho livre, do livre-comércio e da livre-produção. Na época que a produção industrial em maior escala emergiu – primeiro na Inglaterra, depois na França, e mais tarde na Alemanha –, a reorganização econômica fundamental já havia sido obtida. A nova base industrial de manufatura simplesmente acelerou no século XIX as transformações que haviam estado em funcionamento por décadas no século XVIII.

Essas transformações foram profundas: o trabalhador foi liberado da terra; a riqueza e o capital existiam independentemente das grandes propriedades no bres; a urbanização da população foi despovoando áreas rurais; indústrias competitivas geravam tecnologias sempre novas para estarem um passo adiante dos concorrentes; mercados se expandiram para distribuir os produtos finais produzidos pela indústria e para fornecer recursos básicos necessários para a manufatura; os serviços se tornaram cada vez mais uma parte importante da economia; o direito passou a se ocupar com a regularização dos novos processos econômicos, do comércio e de privilégios para elites novas e muitas vezes antigas; o regime não podia mais legitimar seus líderes por "direitos divinos"; e a religião estava perdendo grande parte de sua influência em geral, mas particularmente em sua capacidade de legitimar o regime. À medida que essas transformações destruíam metodicamente a antiga ordem feudal assim como a ordem mercantil transicional das guildas e das corporações fretadas, as vidas cotidianas das pessoas também mudavam. As estruturas familiares começaram a se contrair; novas classes como a do proletariado urbano e da burguesia se expandiram; as pessoas cada vez mais vendiam seu trabalho como uma mercadoria nos mercados; e muitas outras rotinas anteriores foram mudadas. Essas mudanças combinadas às memórias da desordem provocadas pela revolução forneceram os primeiros sociólogos franceses com seu problema intelectual básico: Como usar as leis da organização social para criar uma ordem social nova, menos volátil e mais humana?

À época da Revolução Francesa, o antigo sistema feudal era um mero esqueleto do que fora. Os camponeses haviam se tornado proprietários de terras, embora o arrendamento de terras ainda fosse praticado, mas sujeito a altas percentagens da tributação. A aristocracia rural perdera grande parte de sua riqueza devido a indolência, incompetência e pouca disposição em perseguir ocupações na ordem capitalista emergente. De fato, grande parte da nobreza vivia de modo remediado dentro dos muros de suas propriedades em desintegração, tendo de vender suas terras para a burguesia ou para procurá-la para pedir empréstimos e encontrar cônjuges para filhos nobres, porém pobres. A monarquia foi "diluída" ou " corrompida" pela venda de títulos à burguesia e pela necessidade de buscar empréstimos com aqueles que possuíam dinheiro. E assim, à época da revolução, a monarquia estava fraca e em crise fiscal, dependendo cada vez mais do apoio da burguesia.

A estrutura do Estado talvez reflita melhor essas mudanças. Ao final do século XVIII, a monarquia francesa havia se tornado quase sem função. Possuía um sistema centralizado de governo, mas os monarcas eram agora preguiçosos, indolentes e incompetentes. O poder real residia nos administradores profissionais da burocracia estatal, a maioria deles recrutada na burguesia. Os vários magistrados também eram recrutados na burguesia, e os financistas independentes, particularmente os coletores de impostos, haviam assumido as funções da coleta de taxas do governo. Em troca por uma determinada soma de dinheiro, o monarca havia delegado dos financistas o direito de coletar impostos, de modo que coletavam tudo que podiam e, no processo, geravam enorme ressentimento e hostilidade na população. Com seus lucros excessivos, os financistas se tornaram os maiores banqueiros da monarquia: o rei, a nobreza, a Igreja, os mestres de guildas, os mercadores e os fabricantes corporativos monopolistas muitas vezes iam até eles para obter empréstimos – aumentando assim o abuso do poder. Portanto, quando a revolução chegou, ela confrontou um sistema governamental que estivera por um século em severo declínio, e, todavia, a violência da revolução e as décadas de instabilidade na França que seguiram documentam que a tomada do poder pela burguesia havia sido total. As burocracias do Estado, recheadas de funcionários burgueses, mantinham o corpo do Estado funcionando, mas muitas vezes sem uma liderança. O fermento das ideias antes e depois da revolução somente acentua uma verdade básica: a mudança, e especialmente a mudança dramática, leva os indivíduos a buscarem por respostas para "o que fazer".

Na Inglaterra, as mudanças foram mais evolucionárias, de modo que a sociologia não emergiu primeiro nas Ilhas Britânicas. O equivalente dos *philosophes* nas Ilhas Britânicas também pensavam sobre a natureza dos entes humanos e sobre suas necessidades e direitos básicos, mas o faziam de um modo sutil, quase desapaixonado. O furor se deu na França porque os abusos eram maiores e a transformação mais revolucionária, levando o povo a pensar sobre como reconstruir a sociedade. A França estava pronta para a sociologia, e, uma vez que ela apareceu, os pensadores nas Ilhas Britânicas e na Alemanha a considerariam um modo atraente de lidar com as mudanças mais evolucionárias em suas sociedades. A sociologia estava agora pronta para começar sua longa escalada em direção à respeitabilidade, uma jornada que levou 100 anos para realizar em um nível inclusive modesto de sucesso.

O começo da Teoria Sociológica, 1830-1930

Nas páginas que seguem, examinaremos as teorias mais importantes desenvolvidas nos primeiros 100 anos da sociologia. Esse é, claramente, um enquadramento arbitrário do cânone "clássico" na sociologia porque, como veremos quando examinarmos o pensamento daqueles que influenciaram os pensadores clássicos, poderíamos facilmente recuar a data para a emergência da sociologia por outros 100 anos, mas a denominação e proposição da disciplina por Comte nos dão um ponto de partida claro, mesmo que seja um pouco arbitrário. O ponto-final também é um pouco arbitrário, mas a terceira década do século XX é um ponto-final apropriado para o "período clássico". Primeiro, todas as figuras centrais desse período clássico haviam morrido. Segundo, os próximos 20 anos produziram surpreendentemente poucas novas abordagens teóricas gerais como aquelas dos primeiros mestres. Foi, ao contrário, mais um período de desenvolvimento de metodologias para o estudo da vida social do que um esforço para explicar a dinâmica da vida social com teorias. Não foi senão nos anos de 1950 que teorias revelando o mesmo nível de força explanatória dos primeiros mestres começaram a aparecer. Poderíamos considerar os anos de 1950 como o começo da Teoria Contemporânea, embora em algum ponto em um futuro muito próximo, possamos necessitar encontrar um novo rótulo para ideias que têm agora muitas décadas.

Os primeiros mestres lidaram com o problema acerca do que é uma teoria e, de fato, os sociólogos ainda lidam com esse tema – como observamos anteriormente. Na ciência, teoria é um modo particular de explicar como e por que eventos ocorrem, e muitos pensadores na Teoria Sociológica Científica tentam produzir explanações que sejam consistentes com a epistemologia da ciência. Outros, contudo, não têm certeza de se a sociologia pode ou não ser, ou mesmo de se deveria ser, uma ciência; e suas dúvidas também estão refletidas nas obras dos primeiros mestres. Portanto, teoria significava algo diferente para sociólogos desde o começo da disciplina denominada sociologia. Assim, podemos perguntar: "O que torna *teórica* a obra de todos os seus primeiros mestres, mesmo que muitas de suas figuras centrais não tivessem se dedicado à epistemologia da ciência?"

Um elemento da resposta a essa questão é que todos os teóricos clássicos buscaram desenvolver *conceitos abstratos* para denotar propriedades críticas do universo social. Mesmo ao descreverem eventos empíricos durante o desenvolvimento das sociedades modernas, eles fizeram mais do que descrever. Eles abstraíram do fluxo dos eventos empíricos e buscaram compreender as forças subjacentes que os guiavam. Por exemplo, as forças do capitalismo deveriam ser explicadas por forças mais genéricas da produção e da distribuição. Ou, na política, seriam desenvolvidos conceitos sobre o poder em geral e sobre como ele opera no mundo social. Mesmo estudiosos como Max Weber, que não acreditavam que existissem propriedades universais do mundo social como aquelas no universo biofísico, desenvolveram, contudo, conceitos muito gerais para indicar a dinâmica do poder em tipos muito diferentes de sociedades.

Um outro elemento daquilo que torna teórico o trabalho dos primeiros mestres é que sua *análise é sistemática*. Ela busca explicar as conexões entre as forças sociais e como essas conexões geram, reproduzem ou mudam o mundo social. Poder, produção, distribuição, santidade e devoção, comunidades, classes e outros fenômenos sociais estão *todos conectados um ao outro*. E é importante compreender esses efeitos em explicações sobre eventos no mundo social. Por exemplo, atores políticos são influenciados por atores econômicos e vice-versa; a política é grandemente influenciada pela estrutura do sistema de classes ou pela religião; as classes são geradas pela distribuição de recursos pelas unidades organizacionais na economia, na política, na comunidade e em outras estruturas sociais; ou, todas as estruturas sociais são coagidas pela cultura, e vice-versa. Portanto, independentemente de onde uma das figuras clássicas se encontrasse em relação às perspectivas para a Teoria Científica, todos se dedicaram a descobrir as interconexões mais fundamentais e importantes nos fenômenos sociais. Sem esse tipo de conhecimento, compreender como opera o social não é possível.

Todavia, um outro elemento comum nas teorias dos primeiros mestres era a *preocupação com a modernidade* ou com as transformações da vida social que vieram com a industrialização, a urbanização, a formação do Estado-nação, alternâncias no sistema de classes, a difusão das burocracias, as mudanças nos valores e crenças, a ciência e a tecnologia, e muitas outras características do mundo moderno. Na verdade, como enfatizamos anteriormente, são esses tipos de eventos transformadores, atuando em conjunto e tendo efeitos causais um sobre o outro, que fazem as pessoas, em geral, e estudiosos interessados em explicar esses eventos, em particular, buscar desenvolver conceitos que possam indicar as propriedades principais e suas interconexões causais e explicar as mudanças dramáticas que chegam com a Modernidade. Em primeiro lugar, por que a Modernidade emergiu? Que eventos levaram ao declínio das formas sociais feudais e ao surgimento das formas capitalistas? Quais são as propriedades subjacentes da Modernidade – por exemplo, mercados, racionalidade, novas crenças culturais, ciência, políticas democráticas, e assim por diante? Respostas a essas questões permitiriam, em troca, compreender não somente por que o mundo moderno emergiu, mas também como ele opera. Na tentativa de compreender a Modernidade, os primeiros sociólogos foram muitas vezes levados a buscar nas primeiras formações da sociedade as propriedades que teriam conduzido à modernização.

Um outro elemento não tão óbvio, mas todos os primeiros teóricos na sociologia tiveram alguma noção implícita da *evolução societal** mesmo que, como Max Weber, explicitamente a rejeitassem. Comte, Spencer, Marx, Weber, Durkheim, Simmel e inclusive o filósofo George Herbert Mead tiveram todos uma concepção do mundo como sucessivamente em transformação. Alguns enfatizavam o crescimento e a diferenciação social (Comte, Spencer, Durkheim, Mead e talvez mesmo Simmel); outros enfatizavam os conflitos (Spencer, Marx e Weber); outros, contudo, o processo que Weber denominou *racionalização* (ou a ênfase nos cálculos racionais em esferas cada vez mais sociais). Alguns viam a evolução como uma série de estágios discretos (Comte, Spencer, Marx e Durkheim) ou ciclos (Spencer) operando dentro da diferenciação crescente do universo social. A evolução foi um modo importante de pensar durante o século XIX, especialmente na biologia, e muitos sociólogos emprestaram essa ideia explicitamente da biologia (particularmente Comte, Spencer e Durkheim), mas a utilizaram para analisar a natureza direcional da evolução para a maior complexidade porque podiam ver essa tendência em seus próprios mundos imediatos.

Todavia, mais um elemento é evidente nos primeiros teóricos: *o debate e o diálogo*. De um modo geral, eles responderam um ao outro, por vezes abertamente, mas por vezes também obliquamente. Por exemplo, Spencer respondeu a Comte, assim como Durkheim; Durkheim criticou Spencer mesmo quando adotava muitas de suas ideias; Weber propôs quietamente uma alternativa ao esquema de Marx da classe e da mudança social; Simmel criticou

---

* O termo *societal* é utilizado, em ciências sociais, para designar, especificamente, características da sociedade como um todo, em lugar de *social*, que possui acepções mais amplas [N.T.].

Marx sem jamais realmente mencionar seu nome em sua análise do dinheiro; Durkheim criticou implicitamente Marx em sua análise da "divisão do trabalho forçado". Assim, em graus variados, a maioria dos primeiros teóricos estavam respondendo um ao outro, muitas vezes tomando emprestado, mas mais frequentemente criticando, os conceitos-chave e explicações de outros teóricos. Uma característica da ciência, e de todas as formas de competição intelectual, é fornecer a melhor explicação dos eventos; e todos os primeiros mestres estavam tentando fazer isso, mesmo com seus interesses e modos de explicação variados. Todos buscavam um espaço de atenção[4] ao enfatizarem a força de suas ideias e, ao mesmo tempo, a fraqueza das ideias de seus concorrentes.

Assim, ainda que alguns dos primeiros teóricos não se considerassem "cientistas duros", todos eram teóricos: estavam mais interessados em explicar do que em descrever a realidade social; seus conceitos eram abstratos e gerais; suas análises eram sistemáticas e buscavam classificar as conexões causais entre os fenômenos; todos, inclusive Mead, focaram as mudanças associadas à modernidade; mesmo guiados por uma dinâmica um pouco diferente, tinham ao menos um modelo implícito e, em muitos casos, explícito, de evolução social; e estiveram muitas vezes em debates e diálogos silenciosos um com o outro (mesmo que um deles já tivesse morrido) para desenvolver a melhor explicação.

Os primeiros mestres

Nem todos os primeiros mestres se consideravam sociólogos. Karl Marx não se via como um sociólogo, e em sua mente ele estava tentando aprimorar a análise do capitalismo de Adam Smith, embora sendo um crítico revolucionário do capitalismo e da influência que exercia sobre as pessoas. Foi a sociologia que adotou Marx, e não o contrário. Mead foi um filósofo, mas também foi adotado por estudantes de sociologia em sua universidade e, mais tarde, pelo campo inteiro. E, embora Mead ainda seja mencionado na história da filosofia, ele ainda está muito "vivo" na sociologia. Comte foi, é claro, um sociólogo, embora somente por definição. Spencer foi um filósofo geral, e subsumiu seu trabalho em sociologia sob o rótulo geral de *Filosofia Sintética*, mas seus trabalhos sociológicos escritos como parte dessa filosofia geral não são, apesar disso, rotulados como sociologia. Max Weber e Georg Simmel foram sociólogos autoconscientes e, juntos, fundaram a Associação Sociológica Alemã. Durkheim foi, como Comte 60 anos antes dele, um defensor da sociologia e ocupou a primeira cátedra de sociologia na França.

Tem havido uma tendência em décadas recentes para incluir outras figuras no panteão dos "primeiros mestres" ou "teóricos clássicos". A maior parte dessas figuras não era de sociólogos, mas de estudiosos, intelectuais, ativistas sociais

---

4. COLLINS, R. *The Sociology of Philosophies*: A Global Theory of Intellectual Change. Cambridge, MA: Harvard University Press, 1998.

e jornalistas proeminentes de sua época; eles *não* eram teóricos, e seu trabalho havia tido relativamente pouca influência em grande parte da Teoria Sociológica Contemporânea. Seus trabalhos tiveram implicações sociológicas, e no caso de alguns, foram muito boa sociologia. Esse esforço para reescrever a história da sociologia é compreensível devido aos esforços gerais de hoje para serem inclusivos, mas a realidade é que as mulheres e grande parte das minorias foram excluídas da academia por meio de discriminação formal e informal. Sem um apoio acadêmico, é particularmente difícil fazer trabalho acadêmico – embora alguns como Simmel tivessem conseguido construir uma carreira acadêmica sem estarem empregados em uma universidade, praticamente até o fim de sua vida; ou, como Spencer, que foi suficientemente rico para perseguir seus interesses fora da academia; ou como Marx, que não era rico, mas teve um patrono rico que apoiou seu trabalho fora da academia. Comte perdeu em seguida sua sustentação acadêmica e na verdade toda sustentação à medida que sua vida extraviava em divagações delirantes. Todavia, não podemos transformar em teóricas, senão por decreto, essas pessoas talentosas – a despeito do desejo compreensível nesse sentido por parte de muitos comentadores. Alguns foram mais sociológicos que outros, mas nenhum foi teórico do mesmo modo que os primeiros mestres.

Não incluímos alguns estudiosos que fizeram contribuições teóricas – como Vilfredo Pareto, cujo trabalho é uma das pedras angulares da economia neoclássica moderna; William Graham Sumner, que trouxeram Comte e a preocupação com a ciência para o século XX; Robert Park, Ernest Burguess e outros pensadores que se tornaram conhecidos como A Escola de Chicago (no primeiro departamento de sociologia do mundo na Universidade de Chicago); W.E.B. Dubois que foi um excelente sociólogo e que fez algumas contribuições às teorias da dinâmica racial e étnica, mas não às teorias gerais de domínios mais amplos dos fenômenos sociais; Lester Frank Ward, que foi o único cientista de formação entre a primeira geração de sociólogos americanos; e vários outros. Eles não estão incluídos porque queremos nos ater ao núcleo da tradição clássica que *ainda inspira e guia* a teorização sociológica. Alguns, como Pareto, deveriam ser mais consultados; outros, como Comte e Spencer, que não são mais muito lidos ainda estão incluídos porque Comte é uma figura histórica-chave e as ideias de Spencer ainda inspiram a sociologia, embora muitos sociólogos permaneçam alheios à influência de Spencer por ela ser mediada por outras figuras proeminentes, começando com Durkheim e se estendendo até Talcott Parsons e muitos outros na era moderna da teorização sociológica. Talvez, uma certa arbitrariedade quanto ao que e quem foi incluído e excluído, contudo, utilizamos critérios objetivos implícitos. Primeiro, esses estudiosos eram teóricos? Segundo, eles tiveram um impacto no desenvolvimento da sociologia e, especialmente, na teorização sociológica? E eles ainda inspiram a teorização sociológica em um grau elevado? Se a resposta a essas questões é "sim", então eles foram incluídos; e por meio desses critérios, a lista dos primeiros mestres teóricos da sociologia é curta, como pode se esperar em uma nova disciplina tendo de se legitimar e encontrar nichos intelectuais em uma academia conservadora onde a discriminação e a exclusão por gênero, etnicidade e religião eram comuns.

Conclusão

Os teóricos explorados nos próximos capítulos ainda têm um grande impacto na teorização contemporânea da sociologia, como descreveremos brevemente no último capítulo sobre o legado contínuo dos primeiros mestres nas várias perspectivas teóricas. Eles descobriram algumas das propriedades e dinâmicas fundamentais do universo social e, portanto, não deveria surpreender que essas noções fundamentais sejam parte do cânone contemporâneo da sociologia. De certo modo, contudo, sua influência pode inclusive ser muito forte. Os sociólogos muitas vezes ficam na sombra[5] desses mestres em vez de em seus ombros, sem poder vislumbrar, portanto, o horizonte para além deles. Seja como ciência ou como qualquer corpo de conhecimento acumulado, é importante acrescentar à base de conhecimento; e muitas vezes há uma linha tênue entre respeito e idolatria aos primeiros mestres de uma disciplina, onde textos antigos são lidos repetidamente de um modo altamente ritualizado. Esses leitores não buscam conhecimento novo, mas, em troca, buscam expressar sua reverência por estudiosos agora deificados – de um modo reminiscente do estudo de textos sagrados. Na atividade intelectual, e especialmente na ciência, é importante expandir as noções dos primeiros mestres, seja de estudiosos como Newton, Darwin ou Durkheim, e depois ir adiante e desenvolver explicações ainda mais poderosas sobre como o universo funciona. Os primeiros teóricos dos primeiros 100 anos da sociologia forneceram um começo e uma base sólidos de noções, que foram expandidas consideravelmente ao longo dos últimos 80 anos ou mais. Mas a sociologia foi longe o bastante para superar os mestres?

Podemos apresentar um argumento convincente para respostas opostas a essa questão. Por vezes, parece que a sociologia está fadada a repetir as concepções dos primeiros teóricos. No entanto, desde 1950 em particular, vem expandindo dramaticamente sua base de conhecimento, embora essa expansão seja difícil de ver devido à superespecialização na disciplina. Não somente a pesquisa é alta-

---

5. É famosa a observação de Sir Isaac Newton em uma carta a seu rival Robert Hooke datada de 5 de fevereiro de 1676, segundo a qual "*O que Descartes fez foi um bom passo. Você acrescentou muito sob vários aspectos, e especialmente ao levar as cores de placas finas em consideração filosófica. Se eu vi um pouco mais adiante é por me encontrar sobre os ombros de Gigantes*". A metáfora fundamental aqui é que ao tomar como ponto de partida a base teórica e empírica criada por outros, um teórico vê mais longe e expande a base de conhecimento. "Estar nas sombras" enfatiza que se idolatra os mestres em vez de apoiar-se em sua base de conhecimento e expandi-la.

mente especializada como o são também as teorias que lidam com um ou dois processos no universo social, nunca, porém, com o universo inteiro nem mesmo com grandes porções desse universo. As disciplinas muitas vezes acumulam conhecimento à medida que os especialistas, de um certo modo, aprofundam-se. Porém, em algum ponto, esses corpos de conhecimento especializado devem ser integrados.

Suspeitamos que grande parte da fascinação continuada pelos primeiros mestres deriva do fato de eles terem pensado "grande" e tentado explicar grandes porções do universo social. Eles estavam preocupados com como e por que o mundo social estava mudando de formas tão dramáticas, e para tratar desse tema eles pensaram grande ao procurarem os processos sociais básicos que guiam o universo social. A leitura e releitura dos seus textos atende a uma necessidade entre sociólogos contemporâneos de visualizar o universo social como um todo e de expandir a teorização para além dos confins estreitos das tradições de pesquisa específica. Todavia, ironicamente, o resultado é que as teorias contemporâneas que tentam ser mais gerais muitas vezes se encontram muito próximas dos mestres, seguras na sombra deles, mas não vendo tão longe quanto poderiam, ou deveriam ver.

Contudo, vamos guardar a decisão final para o fim quando examinaremos como os teóricos dos primeiros 100 anos continuam a influenciar a teorização nos segundos 100 anos. O que motiva os teóricos gerais contemporâneos é o mesmo impulso que motivou os mestres: Como compreendemos as rápidas transformações da sociedade? Suas noções ainda são relevantes porque eles descobriram muitas das forças que são fundamentais a todos os padrões da organização social. É por isso que os sociólogos continuam a escrever e os estudantes continuam a ler livros-texto sobre suas realizações.

2
A origem e o contexto da sociologia de Augusto Comte

Desde que Augusto Comte deu nome à sociologia, ele é geralmente considerado seu fundador. Todavia, novas ideias são muitas vezes extensões e codificações de ideias desenvolvidas pelos predecessores e contemporâneos de um estudioso. Esse é certamente o caso de Comte, pois ele estava trabalhando dentro de uma longa tradição francesa de pensamento que lhe deu os elementos críticos para seu pronunciamento de que a era da sociologia havia chegado. Comte foi um homem estranho, e, na verdade, terminou enlouquecendo em seus últimos anos, mas, na época em que começou a visualizar um "sistema de filosofia positiva", sendo a sociologia sua ciência culminante, ele era jovem e bem-situado. Antes de explorar as influências intelectuais de Comte, vamos rever brevemente como sua biografia influenciou seu pensamento.

A estranha biografia de Augusto Comte[1]

Augusto Comte nasceu em 1798 em Montpellier, uma cidade no sul da França. O período do nascimento de Comte até seus anos de formação como estudante em Paris foi social e politicamente tumultuoso, pontuado por revoluções e revoltas. Quando nasceu, o Diretório governou a França desde o fim do Reinado de Terror imposto por Robespierre, e, dentro de poucos anos, Napoleão lideraria um golpe e se tornaria o primeiro entre iguais no conselho. Antes que Comte entrasse na escola cinco anos mais tarde, Napoleão havia sido coroado imperador da França. Após sua derrota em 1814, o irmão do rei anterior foi restaurado ao trono, que foi retomado brevemente por Napoleão em sua fuga da Ilha de Elba, e, retomado novamente por Luís XVIII em 1815 após a derrota de Napoleão em Waterloo. Pelos próximos 15 anos, Luís XVIII, e mais tarde seu irmão, Carlos X, governaram a França. Contudo, uma outra revolução estabele-

---

1. Essa breve resenha se baseou principalmente em *Masters of Sociological Thought*, de Lewis A. Coser (Nova York: Harcourt Brace Jovanovich, 1978, p. 13-40), assim como de *The Prophets of Paris*, de Frank E. Manuel (Cambridge, MA: Harvard University Press, 1962).

ceu Luís Filipe I, Duque de Orleães, como rei em 1830 – a data de publicação do primeiro volume de *O Curso de Filosofia Positiva*, de Comte. Entre 1848 e 1852, uma série de revoltas populares e golpes militares restabeleceram o império com Napoleão III como imperador.

A rápida industrialização da França acompanhou essa paisagem política em constante mudança. A industrialização trouxe novas classes de indivíduos, incluindo assalariados e quantidades maiores de burgueses, assim como novos sistemas estruturais tais como a fábrica, a burocracia e os mercados abertos. A carreira de Comte começou promissoriamente durante essas transformações e depois se deteriorou em embaraço e ridículo. Ele fora um aluno impressionante no *lycée* de sua cidade natal, mas também fora uma pessoa um tanto rebelde e difícil – traços que, no fim, provocaram sua ruína. Por meio de concursos, em 1814, ele assegurou um lugar na École Polytechnique – a escola técnica de elite da França. Em breve, ele se estabeleceria como um aluno brilhante, embora difícil. Sua geração de estudantes e intelectuais parisienses havia perdido muito de sua religiosidade; contudo, retiveram o desejo de construir uma nova ordem, mais estável, em termos de fé. Muitos acreditavam que a ciência fosse essa nova fé e que poderia ser utilizada para fazer uma sociedade melhor. Além disso, havia um sentimento crescente de que as ciências – tanto as naturais como as sociais – pudessem ser unificadas para reconstruir o mundo. A autoridade das leis científicas e suas aplicações construtivas deveriam se tornar o substituto para a religião. Essas ideias capturaram Comte, especialmente porque durante seus anos no *lycée* ele havia perdido sua fé religiosa e abandonado o catolicismo.

Mas a École Polytechnique da época de Comte fechou temporariamente em uma disputa entre seus alunos e a faculdade, de um lado, e seu benfeitor financeiro, o governo, do outro. A disputa era sobre a missão da escola: Ela deveria se dedicar à ciência pura, à engenharia, ou ao treinamento militar? Durante o fechamento da universidade, Comte retornou brevemente para casa, mas voltou logo em seguida para Paris, passando a dar aulas particulares. Ele inclusive tentou se mudar para a América, mas suas esperanças foram frustradas quando o governo americano não criou uma universidade técnica equivalente. Quando a École Polytechnique reabriu, ele não buscou a readmissão, talvez porque tivesse feito inimigos demais.

Nessa época, em 1817, Comte começou sua associação com Claude-Henri de Saint-Simon, no início como secretário e mais tarde como um colaborador. Eles trabalharam em estreita colaboração, e grande parte das principais ideias de Comte foi desenvolvida durante esse período. Mas ele também começou a se ressentir da dominância de Saint-Simon, especialmente porque Comte havia se tornado a força intelectual por trás do trabalho que estava fazendo de Saint-Simon um pensador e um reformador importante. Além disso, porque Comte estava mais interessado em desenvolver teoria do que realizar ação corretiva, entrava constantemente em conflito com o ativista Saint-Simon e seus seguidores, os saint-simonianos. Em 1824, essas tensões haviam chegado ao ponto no qual Comte acrimoniosamente rompeu com Saint-Simon, um passo que destruiria a carreira de Comte.

Em 1825, Comte se casou, mas o casamento foi problemático. A instabilidade em sua vida pessoal e intelectual acabaria por prejudicá-lo. Contudo, começou a escrever as ideias para seu trabalho mais famoso, *O Curso de Filosofia Positiva*, no qual explicitamente criava a disciplina que se tornaria a sociologia. Durante esse período de criatividade, porém, ele ainda necessitava ganhar a vida, e foi forçado a dar aulas particulares e a realizar tarefas acadêmicas marginais que estavam abaixo de suas habilidades e aspirações. Em um movimento ousado para recapturar um pouco de sua evanescente estima, ele propôs uma série de conferências públicas para comunicar suas ideias. Quarenta cientistas e intelectuais eminentes se inscreveram para as conferências, mas ele apresentou somente três antes que a pressão e a tensão da iniciativa o deixassem doente demais para continuar. Três anos mais tarde, ele estava bem o bastante para recomeçar as conferências, com muitos notáveis ainda presentes.

Contudo, seu apoio era frágil, e sua personalidade difícil afastava as pessoas. Seu grande objetivo – incorporar o desenvolvimento de todas as ciências em um esquema – foi atacado por especialistas em cada ciência, de modo que, como sói acontecer na academia, um não acadêmico pretensioso e ambicioso em breve se tornaria um objeto de derrisão e de ridículo.

Assim, quando o primeiro volume de *Filosofia Positiva* foi publicado, Comte estava se tornando mais isolado. Contudo, o primeiro volume recebeu a aclamação da crítica, e suas ideias chamaram considerável atenção. Mas essa aclamação teve vida curta. Em poucos anos, ele antagonizaria completamente o último de seus admiradores científicos importantes; perderia seus colegas acadêmicos; torna-se-ia o inimigo confirmado dos saint-simonianos; começaria a perder seus antigos amigos pessoais; continuaria a ter problemas conjugais e seria para sempre reduzido ao trabalho acadêmico insignificante e marginal como palestrante, tutor e examinador. Em 1842, quando os seis volumes de *Filosofia Positiva* foram finalizados, nem sequer uma resenha apareceu na imprensa francesa. E, para completar, nesse momento, sua esposa o abandona. O próprio Comte provocava muitos de seus problemas: ele era insolente para com seus amigos e críticos, era defensivo e dogmático, e era tão arrogante a ponto de parar de ler o trabalho de outros em um ato de oposição a seus críticos (o que ele denominava *higiene cerebral*).

O fundador titular da sociologia havia passado da genialidade promissora ao isolamento intelectual, ao menos na França. Na Inglaterra, Comte exerceu alguma influência tanto em John Stuart Mill como em Herbert Spencer, e influenciou gerações subsequentes de pensadores franceses, em particular, Émile Durkheim.

Em uma busca desesperada por audiência, Comte foi compelido a palestrar para um grupo empobrecido de trabalhadores e outros interessados. Ele havia perdido, para sempre, o respeito da comunidade científica, acadêmica e intelectual. Passou a se ver como o "sumo sacerdote da humanidade", fazendo pronunciamentos a seus seguidores. Em seu *Sistema de Política Positiva*, sua ciência deu lugar à sua militância – ironicamente, o mesmo ponto que o levou a romper com Saint-Simon décadas antes. Tornou-se uma figura patética, palestrando aos seus inferiores intelectuais e buscando criar um culto semirreligioso de seguidores. O fundador da sociologia, a pessoa com a primeira visão clara e ainda relevante sobre o que a sociologia poderia ser, morreu como um tolo demente. A promessa e a força de sua visão inicial da sociologia haviam se perdido – e só foram retomadas após sua morte em 1857.

As origens intelectuais do pensamento de Comte

A Sociologia de Comte emergiu das condições econômicas, políticas e sociais da França pós-revolucionária. Nenhum pensador social poderia ignorar a situação política oscilante na França durante a primeira metade do século XIX ou as profundas mudanças na organização social que acompanharam o crescimento da indústria de larga escala. Contudo, a despeito da influência dessas forças, o conteúdo da sociologia de Comte representa um empréstimo seletivo de ideias do Iluminismo do século XVIII. Comte absorveu, sem dúvida, o significado geral da proposta dos *philosophes*, mas parece ter tomado emprestado e sintetizado conceitos de quatro grandes figuras: Charles Montesquieu (1689-1755), Jacques Turgot (1727-1781), Jean Condorcet (1743-1794) e Claude-Henri de Saint-Simon (1760-1825). Além disso, Comte parece ter sido influenciado pela tradição liberal de Adam Smith (1723-1790), assim como pelo tradicionalismo reacionário de estudiosos como Joseph-Marie de Maistre e Louis de Bonald[2]. Ao examinarmos as origens do pensamento de Comte, focaremos primeiramente na influência de Montesquieu, Turgot, Condorcet e Saint-Simon, com uma breve menção aos elementos tradicionais e liberais de seu pensamento.

Montesquieu e Comte

No capítulo 12, quando examinarmos a culminância da sociologia francesa no trabalho de Émile Durkheim, as ideias de Montesquieu serão exploradas em maior detalhe. Por agora, enfatizaremos aqueles conceitos-chave que Comte emprestou de Montesquieu. Escrito na primeira metade do século XVIII, *O espí-*

---

2. *Masters of Sociological Thought*, de Coser (p. 25-27), é o primeiro trabalho a trazer essa linha de influência à nossa atenção.

rito das leis, de Montesquieu, pode ser considerado um dos primeiros trabalhos sociológicos tanto em estilo como em tom[3]. De fato, se quiséssemos retroceder cerca de 75 anos à fundação da sociologia, poderíamos ver *O espírito das leis* como o primeiro trabalho distintamente sociológico. Contudo, o grande trabalho de Montesquieu possuía problemas demais para representar um esforço fundador. Sua significação reside mais na influência que teve sobre estudiosos do século seguinte, particularmente sobre Comte e Durkheim.

Em *O espírito das leis*, Montesquieu argumentava que a sociedade deve ser considerada uma "coisa". Como uma coisa, suas propriedades poderiam ser descobertas pela observação e análise. Assim, para Montesquieu, a moral, o comportamento e os costumes, assim como as estruturas sociais, são receptivos à investigação assim como as coisas ou os fenômenos na física e na química. A preocupação de Comte com os "fatos sociais" e a proclamação posterior de Durkheim de que a sociologia é o estudo dos fatos sociais podem ser remontadas à ênfase particular de Montesquieu na sociedade como uma coisa.

Como uma coisa, Montesquieu argumentava, a sociedade pode ser compreendida pela descoberta das "leis" da organização humana. Montesquieu não foi completamente claro sobre esse ponto, mas o propósito de seu argumento parece ter sido o de que as leis da sociedade são passíveis de serem descobertas do mesmo modo que Newton havia, no ver de Montesquieu, descoberto as leis da matéria física. Esse ponto se tornou extremamente importante na sociologia de Comte. Na verdade, Comte preferia o título de *física social* ao de *sociologia*, pois desse modo ele poderia enfatizar que a ciência social, como as ciências físicas, devem pressupor uma busca pelas leis da estrutura e das mudanças sociais.

Montesquieu também via as leis científicas como uma hierarquia – uma noção que, junto à ênfase de Saint-Simon, intrigava Comte. As ciências no nível baixo da hierarquia, como a física, revelariam leis deterministas causais, como o princípio da gravitação de Newton. As ciências no nível mais elevado da hierarquia, como argumentava Montesquieu, seriam tipificadas por leis menos determinativas. As leis da sociedade, portanto, seriam mais probabilísticas. Desse modo, Montesquieu foi capaz de reter uma visão da liberdade e da iniciativa humanas dentro do contexto de uma investigação científica. Comte parece ter aceitado grande parte desse argumento, pois enfatizava que a complexidade dos fenômenos sociais torna leis estritamente determinantes difíceis de descobrir. Para Comte, leis sociológicas capturariam as tendências e direções básicas dos fenômenos sociais.

O espírito das leis, de Montesquieu, desenvolveu uma tipologia das formas governamentais. Grande parte desse trabalho é dedicada a analisar a estrutura e o

---

3. MONTESQUIEU, C. *The Spirit of Laws*. Vols. 1 e 2. Londres: Colonial, 1900 [publicado originalmente em 1748].

"espírito" (ideias culturais) de três formas governamentais básicas: a república, a monarquia e o despotismo. Os detalhes dessa análise são menos importantes do que o propósito geral do argumento de Montesquieu. Primeiro, sua análise implica uma sequência de desenvolvimentista, embora não tão evidente na geração seguinte de pensadores sociais, como Turgot e Condorcet. Segundo, a tipologia abstrata de Montesquieu foi construída para capturar a diversidade de sistemas empíricos no mundo e ao longo da história. Assim, ao desenvolver uma tipologia com uma sequência de desenvolvimento implícita, ele acreditava estar obtendo uma compreensão melhor da operação dos fenômenos, um ponto central no esquema de Comte. E terceiro, a análise separada de Montesquieu do "espírito de uma nação" e sua relação com variáveis estruturais, especialmente estruturas políticas, foi adotada por Comte em sua análise dos estágios societais que revelam tanto componentes "espirituais" (ideias) como "temporais" (estruturais).

Em suma, portanto, Montesquieu estabeleceu grande parte da fundação intelectual sobre a qual Comte construiu seu esquema. A ênfase na sociedade como uma coisa, a preocupação com leis, a ênfase nas hierarquias das leis, a concepção implícita de desenvolvimento de estruturas políticas, a crença de que a diversidade empírica pode ser simplificada através de tipologias analíticas, e o reconhecimento de que o mundo social é composto por forças culturais e estruturais interdependentes chegaram à sociologia de Comte, assim como à de seus sucessores intelectuais, como Durkheim. Contudo, as ideias de Montesquieu foram transformadas na mente de Comte sob a influência de outros estudiosos do século XVIII, particularmente Turgot, Condorcet e Adam Smith.

Turgot e Comte

Jacques Turgot foi um dos pensadores mais influentes do Iluminismo do século XVIII. Como um estudioso, e por um breve período como ministro das finanças da França, Turgot exerceu influência considerável dentro e fora dos círculos intelectuais. Seu trabalho, como o de vários estudiosos de sua época, não foi publicado no sentido convencional, mas apareceu inicialmente como uma série de conferências ou discursos que foram, sem dúvida, informalmente distribuídos. Somente mais tarde, no começo do século XIX, muitos de seus trabalhos foram editados e publicados[4]. Todavia, suas ideias foram bem conhecidas por seus contemporâneos e sucessores, particularmente Condorcet, Saint-Simon e Comte.

---

4. Du Pont de Nemours, p. ex., publicou *Collected Works of Baron A.R.J. Turgot*. 9 vols. (Paris, 1808-1811), que, embora deficiente em muitos aspectos, reuniu pela primeira vez os diversos panfletos, discursos, cartas, artigos publicados anonimamente, memorandos privados e outros, de Turgot. Comte certamente deve ter lido esse trabalho, embora seja provável que também tenha lido muitos dos artigos e discursos originais em sua forma não publicada. Cf. tb. STEPHENS, W.W. *The Life and Writings of Turgot*. Londres: Green, 1895.

Em 1750, Turgot apresentou dois discursos na Sorbonne e se estabeleceu como um grande pensador social. O primeiro discurso foi proferido em julho e era intitulado "As vantagens que o estabelecimento do cristianismo proporcionou para a raça humana"[5]. O segundo discurso foi proferido em 11 de dezembro, e era intitulado "Análise filosófica dos avanços sucessivos da mente humana"[6]. Embora o primeiro discurso seja muitas vezes desconsiderado nos círculos sociológicos, apresentava uma linha de raciocínio que seria refletida nos escritos de Comte. Basicamente, Turgot argumentava que a religião realizou alguns serviços valiosos para o progresso humano; e embora o cristianismo não fosse mais um ingrediente importante no desenvolvimento humano, havia tornado possível o progresso subsequente. Se o cristianismo não tivesse existido, eventos básicos e fundamentais como a preservação da literatura clássica, a abolição do tratamento cruel das crianças, a erradicação de leis extremas e punitivas, e outras condições necessárias para o progresso ulterior não teriam sido obtidas. Comte tomou essa ideia e enfatizou que cada estágio da evolução humana, particularmente o religioso ou teológico, deve atingir seu zênite, estabelecendo assim as condições necessárias para o próximo estágio do desenvolvimento humano.

O segundo discurso de 1750 influenciou mais diretamente Comte e outros pensadores sociologicamente inclinados. Nesse discurso, Turgot argumentava que por sermos basicamente semelhantes, nossas percepções de, e respostas a, situações seriam similares, e, por isso, todos avançariam pelo mesmo caminho evolucionário. A humanidade, ele argumentava, é como um indivíduo, na medida em que cresce e se desenvolve de um modo similar. Portanto, a "raça humana" seria tipificada por um avanço lento de um estado menos desenvolvido a um mais desenvolvido. Naturalmente, muitas condições influenciariam a taxa de crescimento, ou progresso, de um povo particular. Por isso, o progresso seria desigual, com alguns povos em um estágio de crescimento e outros em um estágio mais avançado. Mas, no fim, toda humanidade atingiria um "estágio de perfeição". Comte via muita coisa nesse argumento porque explicava implicitamente as variações e diversidades entre as populações do mundo. As populações diferem porque suas sociedades estão em estágios diferentes em um processo de desenvolvimento único e unificado.

Nesse segundo discurso, Turgot também apresentava uma análise econômica muito sofisticada na qual as partes são vistas como conectadas em um sistema ou estrutura. A mudança ocorre como um resultado das forças econômicas que inevitavelmente produzem alterações em várias partes e, assim, na sociedade como um todo. Por exemplo, a emergência da agricultura produz um excedente econômico, que, por sua vez, torna possível a expansão da divisão do trabalho.

---

5. Cf. DU PONT. *Collected Works*.

6. Republicado em inglês em *Turgot on Progress, Sociology, and Economics*. Cambridge, UK: Cambridge University Press, 1973 [ed. e trad. por Ronald L. Meek].

Parte dessa expansão envolve a atividade comercial, que encoraja inovações na construção naval, e o extenso uso de navios leva a avanços na navegação, astronomia e geografia. A expansão do comércio cria cidades, que preservam as artes e ciências, encorajando, assim, o avanço de tecnologias. Portanto, Turgot via o progresso não apenas num sentido moralista ou metafórico; ele reconhecia que mudanças estruturais em uma área de um sistema social, especialmente na atividade econômica, criam pressões para outras mudanças, com essas pressões provocando outras mudanças, e assim por diante. Essa forma de análise antecipava o determinismo econômico de Marx em 100 anos, e influenciou a teorização evolucionária na França por 150 anos.

Os próximos trabalhos de Turgot tornaram mais explícitos os temas desenvolvidos nesses dois primeiros discursos. *Sobre a história universal*[7] e *Sobre a geografia política*[8] foram escritos aparentemente perto do fim da estada de Turgot na Sorbonne, talvez por volta de 1755. *Sobre a geografia política* é mais importante por sua formulação dos três estágios do progresso humano, uma ideia que se tornou uma parte central da concepção de Comte acerca da evolução humana. Além disso, Turgot usava a noção de estágios universais não somente para explicar o desenvolvimento humano, mas também para explicar a diversidade das sociedades humanas, uma tática analítica similar àquela utilizada por Montesquieu. Todas as sociedades do mundo estão, argumentava Turgot, em um dos três estágios, "caçadores, pastores ou agricultores". Em *Sobre a história universal*, ele desenvolveu ainda mais a noção dos três estágios, apresentando várias ideias que se tornaram centrais à sociologia de Comte. Primeiro, Turgot dividia a evolução em progressão "mental" e "estrutural", de modo que o desenvolvimento envolve mudança nas estruturas econômicas e sociais, assim como nos sistemas de ideias. Segundo, o progresso da sociedade é visto explicitamente como o resultado de forças estruturais e culturais internas e não da intervenção divina. Terceiro, mudança e progresso podem ser entendidos como leis abstratas que descrevem a natureza da estase e da mudança nos sistemas sociais. E quarto, as descrições empíricas de Turgot sobre o que chamaríamos hoje sociedades caçadoras, hortícolas e agrárias são altamente detalhadas e cheias de discussões sobre como condições estruturais e culturais em um ponto criam pressões para novas estruturas e ideias no ponto seguinte.

Mais tarde em sua carreira, provavelmente durante a década de 1760, Turgot dirigiu sua atenção analítica cada vez mais para temas econômicos. Por volta de 1766, ele formulou *Reflexões sobre a formação e distribuição da riqueza*[9], que se compara e, em alguma extensão, antecipa as ideias desenvolvidas pelos economistas clássicos na Inglaterra. A defesa que Turgot faz do livre-comércio, sua

---

7. MEEK. *Turgot on Progress.*

8. DU PONT. *Collected Works.*

9. Cf. MEEK. *Turgot on Progress*, para uma tradução inglesa.

análise de como oferta e procura influenciam os preços, e seu reconhecimento da importância dos empreendedores para o desenvolvimento econômico são extremamente sofisticados para sua época. Dessa análise, um quarto estágio implícito de desenvolvimento é introduzido: como o capital se torna cada vez mais concentrado nas mãos dos empreendedores em sociedades agrícolas avançadas, um tipo comercial de sociedade é criado. Grande parte da descrição de Turgot sobre a transição para esse estágio, bem como seu ordenamento foi retomada por Marx, Spencer e Comte no século XIX, embora somente Comte tenha sido diretamente influenciado pelas análises econômicas de Turgot. Todavia, Comte nunca expandiu as grandes noções de Turgot sobre a importância das variáveis econômicas com relação à organização e à mudança da sociedade. Somente a ênfase na atividade empreendedora nas sociedades industriais foi retida, o que, no fim, tornou superficial a análise de Comte sobre a mudança estrutural comparada à de Turgot, Spencer e Marx.

Em suma, portanto, Turgot alterou dramaticamente o curso do pensamento social no século XVIII. Ao estender as ideias de Montesquieu de um modo sutil, mas, ainda assim, importante, Turgot desenvolveu um modo de análise que influenciou Comte tanto direta como indiretamente. A ideia dos três estágios de progresso, a noção de que estruturas em um estágio criam as condições necessárias para o próximo e a ênfase na natureza reguladora do progresso se tornaram partes integrais da sociologia de Comte. Grande parte da influência de Turgot sobre Comte, contudo, pode ter sido indireta, operando através de Condorcet, cujo trabalho foi grandemente afetado por Turgot[10].

Condorcet e Comte

Jean Condorcet foi aluno, amigo e grande admirador de Turgot; assim, não surpreende que seu trabalho represente uma elaboração das ideias desenvolvidas por ele. Ao longo da carreira de Condorcet, que floresceu durante a Revolução Francesa e depois feneceu, ele se ocupou da relação das ideias com a ação social, enfatizando, em particular, a importância da ciência como um meio de atingir a "perfectibilidade infinita" da "raça humana". A culminância de sua carreira intelectual foi o curto e poderoso *Esboço para uma figura histórica do progresso da mente humana*[11], que foi escrito durante um período em que esteve escondido devido a um clima político desfavorável.

Contudo, escrito às pressas por um homem que sabia que em breve morreria, *Esboço para uma figura histórica do progresso da mente humana* foi, sem dúvida, seu melhor trabalho. Em suas passagens apressadas, Condorcet traçou 10 está-

---

10. Na verdade, Condorcet escreveu *Life of Turgot* em 1786, o qual Comte, sem dúvida, leu com interesse.

11. CONDORCET, M. *Sketch for a Historical Picture of the Progress of the Human Mind*. Londres: Weidenfeld & Nicolson, 1955 [originalmente publicado em 1794; traduzido ao inglês em 1795].

gios do desenvolvimento humano, enfatizando a progressão de ideias da emergência da linguagem e dos costumes simples ao desenvolvimento e elaboração da ciência. Condorcet achava que com o desenvolvimento da ciência e sua extensão à compreensão da sociedade, os humanos poderiam agora dirigir seu futuro para a infinita perfectibilidade. O progresso humano, argumentava Condorcet, "está sujeito às mesmas leis gerais que podem ser observadas no desenvolvimento das faculdades do indivíduo", e uma vez que essas faculdades estão completamente desenvolvidas,

> a perfectibilidade do ente humano é verdadeiramente indefinida; e... o progresso dessa perfectibilidade, daí para frente independente de qualquer poder que possa desejar detê-lo, não possui outro limite que não a duração do globo no qual a natureza nos jogou?[12]

Os detalhes históricos da descrição de Condorcet são um pouco melhores que os de Turgot, mas várias mudanças importantes na ênfase influenciaram o pensamento de Comte. Primeiro, a concepção de Comte acerca do progresso reteve a ênfase de Condorcet no movimento das ideias. Segundo, Comte reafirmava a ênfase na ciência como representando um tipo de ponto de partida para o progresso humano. E, terceiro, a fé quase religiosa de Condorcet na ciência como o instrumento para construir a "boa sociedade" se tornou central ao argumento de Comte. Assim, a grande síntese de Comte tomou elementos dos esquemas relacionados de Turgot e Condorcet. Comte utilizou a lei dos três estágios do progresso de Turgot em vez dos dez estágios de Condorcet, mas preservou sua ênfase nas ideias e no uso da ciência para levar a cabo as leis do progresso.

Todavia, a síntese de Comte foi, sob alguns aspectos, meramente uma extensão de ideias que seu mestre, Saint-Simon, havia desenvolvido de uma forma inacabada. Assim, para compreender completamente as origens do pensamento de Comte, e, consequentemente, a emergência da sociologia, devemos explorar a volátil relação entre ele e Saint-Simon, pois foi a partir dessa interação que a sociologia surgiu como um campo autoconsciente de investigação.

Saint-Simon e Comte

De muitos modos, Claude-Henri de Saint-Simon representou uma ponte entre o século XVIII e o começo do século XIX. Nascido em uma família aristocrática, Saint-Simon inicialmente perseguiu uma carreira não acadêmica. Ele lutou com a França na Revolução Americana; viajou pelo mundo; propôs vários projetos de engenharia, incluindo o Canal do Panamá; foi politicamente ativo durante a Revolução Francesa; tornou-se um especulador imobiliário após a Revolução

---

12. CONDORCET, M. *Sketch for a Historical Picture of the Progress of the Human Mind*. Londres: Weidenfeld & Nicolson, 1955 [originalmente publicado em 1794; traduzido para o inglês em 1795].

de 1789; acumulou e depois perdeu uma grande fortuna. Somente numa idade avançada, na virada do século, ele se tornou um estudioso dedicado[13].

O relacionamento entre as ideias de Saint-Simon e de Comte tem sido debatido desde sua violenta querela e separação em 1824. Exatamente que parte do trabalho de Saint-Simon é de Comte, e vice-versa, nunca será completamente determinado. Mas está claro que entre 1800 e 1817 as ideias de Saint-Simon não foram influenciadas por Comte porque o jovem Comte não se uniu ao senescente Saint-Simon como secretário, aluno e colaborador antes de 1817. Nos sete anos entre 1817 e 1824, as ideias de Comte e de Saint-Simon estavam entremeadas, mas podemos ver nos trabalhos pré-1817 de Saint-Simon muitas das ideias que se tornaram parte da sociologia de Comte[14]. A interpretação mais razoável de sua colaboração entre eles é que Comte tomou muitas das ideias cruas e não sistemáticas de Saint-Simon, refinou-as e poliu-as de acordo com sua maior compreensão da história e da ciência, e as estendeu de um modo reduzido, porém crítico, como o resultado de sua exposição a Montesquieu, Turgot, Condorcet, Adam Smith e aos tradicionalistas. Para apreciar a contribuição única de Saint-Simon à emergência da sociologia, portanto, devemos examinar primeiro o período entre 1800 e 1817 e depois o trabalho pós-1817, especulando sobre a contribuição de Comte a esse trabalho posterior.

O trabalho inicial de Saint-Simon

Saint-Simon leu Condorcet cuidadosamente e concluiu que a revolução científica havia estabelecido o estágio para uma ciência da organização social[15]. Saint-Simon argumentava em seus primeiros trabalhos que o estudo da humanidade e da sociedade deveria ser uma ciência "positiva", baseada na observação empírica. Como muitos outros desse período, Saint-Simon via o estudo da sociedade como um ramo da fisiologia porque a sociedade é um tipo de fenômeno orgânico. Como qualquer corpo orgânico, a sociedade é governada por leis naturais de desenvolvimento, que devem ser reveladas pela observação científica. Como um *organismo*, portanto, a sociedade deveria ser estudada pela investiga-

---

13. Cf. TAYLOR, K. *Henri Saint-Simon.* Londres: Croom Helm, 1975, p. 13-29, para um esboço biográfico conciso de Saint-Simon.

14. Os mais importantes desses trabalhos são: *Letters From an Inhabitant of Geneva* (1803); *Introduction to the Scientific Studies of the Nineteenth Century* (1807-1808); *Essays on the Science of Man* (1813); *The Reorganization of the European Community* (1814). Infelizmente, grande parte do trabalho de Saint-Simon não está disponível em traduções inglesas. Para trabalhos secundários convenientes em que porções desses aparecem, cf. MARKHAM, F.M.H. *Henri Comte de Saint-Simon.* Nova York: Macmillan, 1952. • TAYLOR. *Henri Saint-Simon.* Para comentários interessantes, cf. IGGERS, G.C. *The Political Philosophy of Saint-Simon.* The Hague, Neth.: Mouton, 1958. • MANUEL, F.E. *The New World of Henri de Saint-Simon.* Cambridge, UK: Cambridge University Press, 1956. • GOULDNER, A. *Socialism and Saint-Simon.* Yellow Springs, OH: Collier, 1962.

15. Saint-Simon atribuiu explicitamente a Condorcet muitas de suas ideias.

ção da organização social, com ênfase particular na natureza do crescimento, ordem, estabilidade e patologias anormais[16].

Saint-Simon viu que um ponto de vista assim argumentava em favor de um programa tripartite: (1) "uma série de observações sobre o curso da civilização" deve ser o ponto de partida da nova ciência; (2) a partir dessas observações, as leis da organização social seriam reveladas; e (3) com base nessas leis, os humanos poderiam construir a melhor forma de organização social. De uma concepção muito ingênua e ignorante da história[17], Saint-Simon desenvolveu uma lei da história na qual as ideias se movem de um estágio politeísta para um teísmo cristão e depois a um estágio positivo. Ao seu ver, cada conjunto de ideias na história humana havia sido essencial na manutenção da ordem social, e com cada transição veio um período de crise. A transição ao positivismo, portanto, centrava-se colapso da ordem feudal e de seus fundamentos religiosos. Todavia, o estabelecimento de uma ordem industrial nas sociedades europeias, com sua cultura positivista da ciência, ainda estava incompleta.

Ao analisar essa crise na sociedade europeia, Saint-Simon notou que as observações científicas haviam, pela primeira vez, penetrado a astronomia, depois a física e a química, e, finalmente, a fisiologia, incluindo tanto os órgãos biológicos quanto os sociais[18]. Com a aplicação do método científico à organização social, a ordem tradicional deve dar lugar a um novo sistema de ideias. Tentativas transicionais para restaurar a ordem, como as ideias "metafísico-legais" do século XVIII, devem ceder à "moralidade terrestre" baseada nas ideias do positivismo – ou seja, o uso de observações para formular, testar e implementar as leis da organização social[19].

Fundado em uma moralidade terrestre, essa nova ordem resultou de uma colaboração de cientistas e industriais. No pensamento inicial de Saint-Simon, cientistas deveriam ser os teóricos, e os industriais, os engenheiros que executariam muitas das tarefas práticas de reconstrução da sociedade. Na verdade, os cientistas e os industriais deveriam ser os novos sacerdotes da religião secular do positivismo. O pensamento de Saint-Simon sobre a reorganização social, contudo, sofreu uma mudança considerável entre 1814 e 1825, quando ele adoeceu. O tom cada vez mais político e religioso de seus escritos alienou o jovem Comte, que via o estudo mais detalhado da história e o movimento de ideias como necessário para a formulação das leis científi-

---

16. A palavra francesa *organization* significa tanto "organização" como "estrutura orgânica". Saint-Simon inicialmente utilizou o termo para se referir à estrutura orgânica de humanos e animais e depois a estendeu para aplicá-la à estrutura da sociedade.

17. Para um comentário interessante, cf. SIMON, W.M. "Ignorance Is Bliss: Saint-Simon and the Writing of History". *International Review of Philosophy*, 14, n. 3 e 4, 1960, p. 357-383.

18. Cf. LYON, P.V. "Saint-Simon and the Origins of Scientism and Historicism". *Canadian Journal of Economics and Political Science*, 27, fev./1961, p. 55-63.

19. Essas ideias começam a se sobrepor à colaboração entre Saint-Simon e Comte.

cas da organização social. Ironicamente, o trabalho do próprio Comte, mais tarde em sua carreira, assumiu o mesmo fervor e extremos religiosos que os últimos esforços de Saint-Simon.

O trabalho sociológico inicial de Comte devia muito ao período inicial de atividade intelectual de Saint-Simon. A lei dos três estágios se tornou ainda mais proeminente; o reconhecimento da penetração sucessiva do positivismo na astronomia, na física, na química e na biologia foi traduzido em uma hierarquia de ciências, com a física na base e a sociologia no topo; e a crença de que a sociologia poderia ser utilizada para reconstruir a sociedade industrial se tornou parte do programa de Comte. Comte, contudo, rejeitou grande parte do argumento de Saint-Simon. Em particular, Comte não aceitava o estudo da organização social como uma parte da fisiologia; em vez disso, ele argumentava que a sociologia era uma ciência distinta com seus próprios princípios. Nesse sentido, ele também rejeitava a crença de Saint-Simon de que uma lei do universo como um todo pudesse ser descoberta; em vez disso, reconhecia que cada ciência tinha seu próprio tema, que poderia ser completamente compreendido apenas por meio de suas próprias leis e princípios. Exceto por essas objeções, grande parte do trabalho inicial de Comte representava a elaboração de ideias desenvolvidas e depois abandonadas por Saint-Simon, à medida que o senescente estudioso se tornava cada vez mais absorvido na tarefa de reconstruir a sociedade.

O trabalho posterior de Saint-Simon

Após 1814, Saint-Simon se voltou cada vez mais ao comentário político e econômico. Ele estabeleceu e editou uma série de periódicos para propagar suas ideias sobre o uso de cientistas e industriais para reconstruir a sociedade[20]. Sua moral terrestre se tornou, portanto, elaborada em um plano para uma reforma política, econômica e social.

A ênfase era sobre o *terrestre* porque Saint-Simon argumentava que a antiga base sobrenatural para atingir a ordem não poderia mais prevalecer na era positivista. Contudo, próximo de sua morte, ele reconheceu que um "senso" e um "sentimento religioso" são essenciais à ordem social. As pessoas devem ter fé e devem acreditar em um conjunto comum de ideias, um tema que marcou

---

20. Todos esses periódicos tiveram vida curta, mas terminaram dando a Saint-Simon algum grau de reconhecimento como publicista. Esses periódicos incluíam *The Industry* (1816-1818); *The Political* (1819); *The Organizer* (1819-1820); *On the Industrial System* (1821-1822), na verdade uma série de brochuras; *Disasters of Industry* (1823-1824); *Literary, Philosophic, and Industrial Opinions* (1825). Do último, uma parte sobre religião foi publicada separadamente em forma de livro como *New Christianity*, a última grande manifestação de Saint-Simon sobre a ciência e a ordem social. Um outro trabalho importante desse último período foi *On Social Organization*. Em todos esses trabalhos há uma clara mudança de tom e disposição; Saint-Simon é agora o ativista em vez do estudioso isolado.

toda sociologia francesa no século XIX. O objetivo da moral terrestre, portanto, é criar com o positivismo o equivalente funcional da religião. Os cientistas e os artistas devem ser os sacerdotes e os líderes "espirituais"[21], e os industriais devem ser os líderes "temporais" e implementar o programa espiritual através da aplicação de métodos científicos à produção e à organização do trabalho.

Para Saint-Simon, a moralidade terrestre possuía componentes tanto espirituais como temporais. Líderes espirituais dão um senso de direção e um novo senso religioso para a atividade societal. Líderes temporais asseguram a organização da indústria de modo a destruir o privilégio hereditários e dão às pessoas uma chance igual de realizar todo seu potencial. A chave para o programa de Saint-Simon, portanto, era utilizar a ciência como o equivalente funcional da religião e destruir as classes ociosas de modo que cada pessoa desenvolvesse todo seu potencial. Embora vislumbrasse um controle considerável da atividade econômica e social pelo governo (para impedir a exploração dos trabalhadores pelos "ociosos"), Saint-Simon também acreditava que, para realizarem seu potencial, as pessoas deveriam ser livres. Portanto, sua doutrina é uma mistura de economia de livre-iniciativa com uma dose temperada, porém pesada, de controle governamental (uma ênfase que muitas vezes levou comentadores a situá-lo no campo socialista).

Os programas políticos, educacionais e sociais específicos de Saint-Simon eram, mesmo para sua época, ingênuos e utópicos, mas, apesar disso, deram início a todo um movimento intelectual após sua morte. Comte, contudo, era altamente crítico em relação aos últimos escritos de Saint-Simon, travando uma guerra intelectual com os saint-simonianos após 1825. Embora tenha escrito grande parte do trabalho de Saint-Simon entre 1817 e 1824, a contribuição de Comte é reconhecível porque é mais acadêmica e mais coerente do que a proposta de Saint-Simon[22]. Mais tarde, próprio trabalho assumiria os mesmos extremos religiosos que o de Saint-Simon. Comte, portanto, aceitou claramente, de forma atrasada e subliminar, grande parte da defesa de Saint-Simon fez da ciência como um substituto funcional para a religião.

A real contribuição de Comte não vem do comentário político de Saint-Simon, mas de sua sistematização de seu trabalho histórico e científico inicial. Foi devido a essa iniciativa que a sociologia emergiu como uma disciplina autoconsciente.

---

21. Saint-Simon foi inicialmente anticristão, mas, com o Novo Cristianismo, ele mudou sua posição de modo que os novos líderes espirituais da sociedade eram "cristãos verdadeiros" à medida que capturavam e promoviam a implementação do "espírito cristão".

22. P. ex., Comte escreveu grande parte de *The Organizer* (1819-1820), especialmente as seções históricas e científicas.

Conclusão

Podemos ver que o trabalho de Saint-Simon abrangeu elementos tanto liberais como conservadores. Ele defendia a mudança e a liberdade individual; contudo, desejava que a mudança produzisse uma nova ordem social e que a liberdade individual fosse subordinada aos interesses coletivos da sociedade. O trabalho de Comte também revelou essa mistura de elementos liberais e conservadores, à medida que as ideias de liberais da economia, como Adam Smith, e de conservadores ou tradicionalistas, como de Maistre e de Bonald, desempenharam um papel em seu esquema intelectual.

Elementos liberais no pensamento de Comte

Na Inglaterra, Adam Smith (1723-1790) teve o efeito mais decisivo no pensamento social em sua proposição de um sistema econômico que consistisse de mercados livres e competitivos. Seu *A riqueza das nações* (1776), contudo, é mais do que um simples modelo do capitalismo inicial; o quinto livro revela uma teoria dos sentimentos morais e levanta a questão que preocupou Comte e, mais tarde, Durkheim: Como é possível manter a sociedade coesa ao mesmo tempo em que a divisão do trabalho compartimentaliza os indivíduos? Para Smith, esse dilema não era insuperável. Contudo, para os sociólogos franceses – que haviam experienciado os efeitos desintegradores da revolução e suas consequências –, dividir a sociedade em diversas ocupações, colocava um problema intelectual real. Para eles, a solução para esse dilema liberal envolvia criar um Estado forte que coordenasse atividades, preservasse as liberdades individuais e fomentasse um conjunto de valores e crenças unificado.

Comte também absorveu ideias liberais dos seguidores franceses de Smith, particularmente Jean-Baptiste Say, que havia visto o papel criativo desempenhado pelos empresários na organização dos principais elementos econômicos (terras, trabalho, capital). Saint-Simon também parece ter tido uma noção de empreendedorismo em sua proposta de deixar os detalhes da reconstrução societal aos "industriais". Mas é a formulação explícita de Say sobre a coordenação criativa do trabalho e do capital por aqueles com "indústria" que influenciaria explicitamente a visão de Comte sobre como os empresários poderiam criar uma sociedade melhor[23].

Elementos tradicionais no pensamento de Comte

Saint-Simon havia atacado aqueles que, no tumulto da revolução, quiseram retornar ao Antigo Regime. Escrevendo de fora da França, estudiosos católicos

---

23. Naturalmente, Say e Saint-Simon não utilizaram explicitamente o conceito de *entrepreneurs*, mas compreenderam claramente a essência dessa função econômica.

como De Maistre e De Bonald argumentavam que a revolução havia destruído a fibra estrutural e moral da sociedade[24]. A autoridade religiosa não havia sido substituída por uma alternativa, a ordem atingida pelas antigas hierarquias sociais não foi restabelecida e a coesão dada pelas comunidades e grupos locais acabou por se desintegrar. Tanto Saint-Simon como Comte, assim como uma geração inteira de pensadores franceses, estavam de acordo com o diagnóstico dos tradicionalistas sobre o problema, mas discordavam da solução proposta. Os tradicionalistas acreditavam que a solução era o restabelecimento da religião, da hierarquia e dos agrupamentos locais (segundo o modelo feudal).

Embora Comte tenha se tornado ateísta no começo de sua juventude, foi educado como católico; por isso, partilhava com muitos dos tradicionalistas de uma preocupação com a ordem e a unidade espiritual. O Iluminismo e as doutrinas econômicas liberais também o haviam influenciado, e, assim, ele viu que um retorno à ordem antiga não era possível. Em vez disso, era necessário criar o equivalente funcional da autoridade religiosa e restabelecer hierarquias e comunidades não atributivas que dessem às pessoas uma chance igual para realizarem todo seu potencial. Para Comte, portanto, o elemento religioso deve ser secular e positivista; as hierarquias devem ser baseadas na habilidade e na realização em vez de nos privilégios atribuídos; e a comunidade deve ser re-criada através da solidariedade dos grupos industriais. Ele, portanto, deu às preocupações dos tradicionalistas uma perspectiva liberal, embora seus últimos trabalhos fossem de tom decididamente autoritário, revelando talvez até que ponto as ideias dos tradicionalistas haviam permanecido com ele.

Ao revisar os pensadores que precederam Comte, podemos ver que a emergência da sociologia era provavelmente inevitável. A ciência havia se tornado muito difundida para ser suprimida por um retorno à ortodoxia religiosa, e as transformações econômicas e políticas da sociedade que a industrialização e a urbanização provocaram necessitavam de explicação. Tudo o que era necessário era que um estudioso desse esse passo final e buscasse criar uma ciência da sociedade. Com base nas indicações que seus predecessores forneceram, Augusto Comte deu esse passo final. Ao fazer isso, ele deu à ciência da sociedade um nome e uma visão sobre como deveria construir sua teoria. Agora, vamos nos voltar para a substância de sua visão.

---

24. Cf. NISBET, R.A. *Tradition and Revolt*. Nova York: Random House, 1968.

3
A sociologia de Comte

Como descrevemos no capítulo 1, talvez seja embaraçoso para a sociologia que seu fundador tenha se tornado, no final de sua vida, um homem muito patético, chamando-se o "alto sacerdote da humanidade" e pregando a um grupo diverso de discípulos. Em essência, a carreira de Comte teve duas fases: (1) o estágio científico inicial, no qual argumentou persuasivamente por uma ciência da sociedade, e, por um breve período, foi a celebridade da Europa continental, e (2) a fase final, na qual tentou tornar a ciência uma nova religião para a reconstrução da sociedade. A primeira fase culminou em seu famoso *Curso de Filosofia Positiva*[1], um trabalho monumental em cinco volumes, publicado serialmente entre 1830 e 1842. A segunda fase foi marcada pelas frustrações pessoais e pela tragédia de Comte que encontraram expressão no *Sistema de Política Positiva*[2], publicado entre 1851 e 1854. Mesmo quando agia erraticamente, Comte manteve uma crença firme de que a descoberta das leis que governam a operação das sociedades humanas deveria ser utilizada para reconstruir a sociedade. Para Comte, a ciência não se opunha a esforços para tornar o mundo melhor, mas antes era necessário desenvolver a parte científica dessa equação. Pois, sem a profunda compreensão científica de como a sociedade opera, é difícil saber como levar a cabo a construção de uma sociedade melhor. Esse tema no trabalho de Comte era simplesmente uma extensão da concepção dos *philosophes* do Iluminismo segundo a qual a sociedade humana estava progredindo para estados de organização cada vez melhores.

Em nosso exame do trabalho de Comte, focaremos na fase inicial na qual desenvolveu uma concepção da sociologia. Na verdade, ele argumentava que a sociologia deveria se tornar a "ciência rainha" que se encontraria no topo de uma hierarquia de todas as ciências – uma predição ultrajante, mas que chamou

---

1. Utilizaremos e referiremos o resumo de Harriet Martineau do manuscrito original. Esse resumo recebeu a aprovação de Comte e é a tradução mais prontamente disponível. Martineau mudou o título e acrescentou notas marginais. Nossas referências serão à edição de 1896 da edição original de 1854 de Martineau: COMTE, A. *The Positive Philosophy of Auguste Comte*. Vols. 1, 2 e 3. Londres: George Bell & Sons, 1896 [trad. e coord. de H. Martineau].

2. COMTE, A. *System of Positive Polity*. Vols. 1, 2, 3 e 4. Nova York: Burt Franklin, 1875 [publicado originalmente em 1851-1854].

uma atenção considerável em seus escritos iniciais. Sua personalidade abrasiva terminaria sendo sua ruína. À época em que o último volume do *Curso de Filosofia Positiva* foi publicado, ele era um intelecto esquecido, e sequer uma única resenha apareceu nos círculos intelectuais franceses. No entanto, sua figura estava estampada na disciplina desde o início de sua carreira, estudiosos na Inglaterra estavam começando a ler seus trabalhos e gerações subsequentes de pensadores franceses tiveram de lidar com sua proposta.

Os primeiros ensaios de Comte indicavam o começo da sociologia; seu grande *Curso de Filosofia Positiva* fez uma defesa bastante convincente da disciplina; seu declínio posterior pode ser em si ignorado – a patologia de uma mente outrora notável. Vamos começar com os primeiros ensaios e depois nos dirigir para o argumento do *Curso de Filosofia Positiva*.

Os primeiros ensaios de Comte

Às vezes, é difícil separar os primeiros ensaios de Comte dos de Saint-Simon, porque o mestre senescente muitas vezes pôs seu nome em trabalhos escritos pelo jovem Comte. Todavia, o ensaio de 1822, "Plano das Operações Científicas Necessárias para Reorganizar a Sociedade"[3], é claramente de Comte e representa a culminância de seu pensamento enquanto trabalhava com Saint-Simon. Esse ensaio também antecipa, e traça, o esquema comteano inteiro tal como se desdobraria ao longo das décadas sucessivas.

Nesse ensaio, Comte argumentava que era necessário criar uma "ciência positiva" baseada no modelo das outras ciências. Essa ciência se basearia, fundamentalmente, em observações empíricas, mas, como toda ciência, formularia as leis que governam a organização e o movimento da sociedade, uma ideia implícita em *O espírito das leis*, de Montesquieu. Comte inicialmente chamou essa nova ciência de *física social*. Uma vez que as leis da organização humana fossem descobertas e formuladas, Comte acreditava que poderiam ser utilizadas para dirigir a sociedade. Os cientistas da sociedade deveriam ser, portanto, profetas sociais, indicando o curso e direção da organização humana.

Comte acreditava que uma das leis mais básicas da organização humana era a "lei dos três estágios", uma noção claramente emprestada de Turgot, Condorcet e Saint-Simon. Ele denominava esses estágios o *teológico-militar*, o *metafísico-crítico* e o *científico-industrial* ou *"positivo"*. Cada estágio é tipifica-

---

3. COMTE, A. "Plan of the Scientific Operations Necessary for Reorganizing Society" [reimpresso em LENZER, G. (ed.). *Auguste Comte and Positivism*: The Essential Writings. Nova York: Harper Torchbooks, 1975, p. 9-69.

do por um "espírito" particular – uma noção que apareceu pela primeira vez com Montesquieu e foi expandida por Condorcet – e pelas condições temporais ou estruturais. Portanto, o estágio teológico-militar, enquanto se estrutura em torno da escravidão e das forças armadas, é dominado por ideias acerca do sobrenatural. O estágio metafísico-crítico, que segue do teológico e representa uma transição para o científico, é tipificado por ideias que se referem às essências fundamentais dos fenômenos e pelas formas políticas e legais. O estágio científico-industrial é dominado pela "filosofia positiva da ciência" e por padrões industriais de organização da sociedade.

Vários pontos nessa lei receberam grande ênfase no trabalho posterior de Comte. Primeiro, o mundo social revela tanto dimensões culturais como estruturais, predominando a natureza da cultura ou sistemas de ideias – uma ideia provavelmente retirada de Condorcet. Segundo, o sistema de ideias, e os correspondentes arranjos estruturais que produzem, devem atingir seu completo desenvolvimento antes que o próximo estágio da evolução humana possa ocorrer. Assim, um estágio de desenvolvimento cria as condições necessárias para o próximo. Terceiro, há sempre um período de crise e conflito enquanto os sistemas se movem de um estágio para outro porque os elementos do estágio anterior conflitam com os elementos emergentes do próximo estágio. Quarto, o movimento é sempre um tipo de oscilação, pois a sociedade "não avança, por assim dizer, em uma linha reta".

Esses aspectos da lei dos três estágios convenceram Comte de que as ideias culturais sobre o mundo eram sujeitas aos ditames dessa lei. Todas as ideias sobre a natureza do universo devem se mover de um estágio teológico a um científico, ou positivo. Contudo, algumas ideias sobre diferentes aspectos do universo se movem mais rápido do que outras através dos três estágios. Na verdade, somente quando todas as outras ciências – primeiro, a astronomia, depois, a física, mais tarde, a química, e, finalmente, a fisiologia – tiverem sucessivamente atingido o estágio positivo, as condições necessárias para a física social serão satisfeitas. Com o desenvolvimento dessa última grande ciência, tornar-se-á possível reorganizar a sociedade por meio de princípios científicos em vez de especulações teológicas ou metafísicas.

Comte, portanto, sentia que a era da sociologia havia chegado. Ela deveria – como a física de Newton – formular as leis do universo social. Com o desenvolvimento dessas leis, estaria estabelecido o estágio para a reorganização racional e científica da sociedade. Muito de Saint-Simon está nesse argumento, mas Comte achava Saint-Simon muito impaciente em seu desejo de reorganizar a sociedade sem a fundação científica apropriada. O resultado foi seu *Curso de Filosofia Positiva*, que buscava assentar a fundação intelectual necessária para a ciência da sociedade.

O *Curso de Filosofia Positiva*, de Comte

O *Curso de Filosofia Positiva* é digno de nota mais por sua proposta de uma ciência da sociedade do que por sua contribuição substancial para a compreensão de como os padrões da organização social são criados, mantidos e mudados representando mais uma visão acerca do que a sociologia pode se tornar do que um conjunto bem focado de princípios teóricos. Ao examinar esse grande trabalho, portanto, dedicaremos a maior parte de nossa atenção a como Comte definiu a sociologia e a como ele achava que deveria ser desenvolvida. Consequentemente, dividiremos nossa discussão nas seguintes seções: (1) a concepção de Comte sobre a Teoria Sociológica, (2) sua formulação dos métodos sociológicos, (3) sua organização da sociologia, e (4) sua defesa da sociologia.

A concepção de Comte sobre a Teoria Sociológica

Como um descendente do Iluminismo francês, Comte foi impressionado, assim como muitos dos *philosophes*, pela revolução newtoniana. Portanto, ele argumentou por uma visão particular da Teoria Sociológica: todos os fenômenos estão sujeitos a leis naturais invariáveis, e os sociólogos devem usar suas observações para descobrir as leis que governam o universo social, do mesmo modo que Newton formulou a lei da gravidade. Nas páginas de abertura de *Filosofia Positiva*, Comte enfatiza:

> A primeira característica da Filosofia Positiva é que ela considera todos os fenômenos como sujeitos a *Leis* naturais invariáveis. Nossa tarefa é – vendo quão vã é qualquer investigação sobre o que são chamadas *Causas* sejam primeiras ou finais – buscar uma descoberta acurada dessas Leis, com vistas a reduzi-las ao menor número possível. Ao especular sobre causas, não poderíamos resolver dificuldade alguma sobre a origem e propósito. Nossa ocupação real é analisar acuradamente as circunstâncias dos fenômenos e conectá-los pelas relações naturais de sucessão e semelhança. A melhor ilustração disso está no caso da doutrina da gravitação[4].

Vários pontos são importantes nessa concepção de Teoria Sociológica. Primeiro, a Teoria Sociológica não deve estar preocupada com as causas em si mesmas, mas, ao contrário, com as leis que descrevem as relações básicas e fundamentais das propriedades no mundo social. Segundo, a Teoria Sociológica deve rejeitar argumentos pelas "causas finais" – ou seja, a análise dos resultados de um fenômeno particular pelo todo social. Essa rejeição é irônica porque o trabalho mais substancial de Comte ajudou a fundar o funcionalismo sociológico – um modo de análise que muitas vezes examina as funções ou causas finais dos fenômenos. Terceiro, o objetivo da atividade sociológica é, claramente,

---

4. COMTE. *Positive Philosophy*, 1, p. 5-6 (ênfase no original).

reduzir o número de princípios teóricos buscando somente os mais abstratos e que pertencem à compreensão das propriedades fundamentais do mundo social. Comte, portanto, sustenta uma visão da Teoria Sociológica como baseada no modelo das ciências naturais, particularmente a física de sua época. Por essa razão, ele preferia o termo *física social* a *sociologia*[5].

As leis da organização e da mudança sociais, pensava Comte, serão descobertas, refinadas e verificadas através de uma interação de teoria e observação empírica. Pois, como ele enfatizava nas páginas de abertura do *Curso de Filosofia Positiva*, "se é verdade que toda teoria deve estar baseada em fatos observados, é igualmente verdadeiro que os fatos não podem ser observados sem a orientação de alguma teoria"[6]. Nas últimas páginas, Comte se torna ainda mais assertivo e argumentava contra o que poderíamos chamar agora *empirismo cru*. A coleção de dados por si só vai contra os objetivos da ciência:

> O próximo grande obstáculo ao uso da observação é o empirismo que é introduzido nela por aqueles que, em nome da imparcialidade, interditariam o uso de qualquer teoria. Nenhum outro dogma poderia ser mais completamente irreconciliável com o espírito da filosofia positiva. [...] Nenhuma observação real de qualquer tipo dos fenômenos é possível, exceto na medida em que ela é primeiro dirigida e, finalmente, interpretada, por alguma teoria[7].

E ele conclui,

> Por isso é claro que, cientificamente falando, toda observação empírica isolada é ociosa, e mesmo radicalmente incerta; e que a ciência pode utilizar somente aquelas observações que estão conectadas, ao menos hipoteticamente, com alguma lei[8].

Para Comte, então, o objetivo da sociologia era buscar desenvolver princípios teóricos abstratos. As observações do mundo empírico devem ser guiadas por tais princípios, e os princípios abstratos devem ser confrontados com fatos

---

5. Na época de Comte, o termo *física* significava o estudo da "natureza dos" fenômenos; não era meramente o termo de um ramo particular da ciência natural. Por isso, o uso por Comte do rótulo *física social* possuía um duplo significado: estudar a "natureza dos" fenômenos sociais e fazer isso aos moldes das ciências naturais. Ele abandonou o termo *física social* quando se deu conta de que o estatístico belga Adolphe Quételet estava utilizando o mesmo termo. Indignava Comte que seu rótulo original para a sociologia houvesse sido utilizado de modos que iam decididamente contra sua visão da teoria. Ironicamente, a sociologia se tornou mais como a visão de Quételet da física social, com sua ênfase na curva normal e em manipulações estatísticas, do que como a noção de Comte de física social como a busca pelas leis abstratas da organização humana – uma mudança lamentável no rumo das coisas.

6. COMTE. *Positive Philosophy*, 1, p. 4.

7. Ibid., 2, p. 242.

8. Ibid., p. 243.

empíricos. Observações empíricas que são conduzidas sem esse objetivo em mente não são úteis na ciência. A explicação teórica de eventos empíricos pressupõe, portanto, ver como se conectam de modo regulador, pois a ciência social se "esforça por descobrir... as relações gerais que conectam todos os fenômenos sociais; e cada um deles é *explicado*, no sentido científico da palavra, quando foi conectado com o todo da situação existente"[9].

Comte sustentava uma visão um tanto ambígua sobre como uma ciência abstrata assim deveria ser "utilizada" no mundo prático dos assuntos cotidianos. Ele propunha claramente que a sociologia deve inicialmente estabelecer uma fundação teórica firme antes de fazer esforços para utilizar as leis da sociologia para a engenharia social. No *Curso de Filosofia Positiva*, ele enfatizava:

> Devemos distinguir entre as duas classes de ciência Natural – a abstrata ou geral, que tem por objetivo a descoberta das leis que regulam os fenômenos em todos os casos concebíveis, e as concretas, particulares, ou descritivas, que são por vezes chamadas ciências Naturais num sentido restrito, cuja função é aplicar essas leis à história real dos entes existentes. As primeiras são fundamentais, e nossa ocupação é com elas somente; enquanto as segundas são derivadas, e, ainda que importantes, não se mostram à altura de nossos temas de contemplação[10].

Comte acreditava que a sociologia não deve permitir que sua missão científica seja confundida por descrições empíricas ou por uma preocupação excessiva com um desejo de manipular eventos. Uma vez que a sociologia esteja bem estabelecida como uma ciência teórica, suas leis podem ser usadas para "modificar" eventos no mundo empírico. Na verdade, essa deveria ser a missão histórica da física social. Como os trabalhos posteriores de Comte testemunham, ele assumiu essa missão seriamente, e às vezes de forma extremada. Mas seu trabalho inicial está cheio de argumentos mais ponderados em favor da utilização das leis da organização e da mudança sociais como ferramentas para criar novos arranjos sociais. Ele enfatizava que a complexidade dos fenômenos sociais lhes dá mais variação do que os fenômenos físicos ou biológicos, e por isso seria possível usar as leis da organização e da mudança sociais para modificar eventos empíricos em uma variedade de direções[11].

Em suma, portanto, Comte acreditava que a sociologia poderia ser concebida conforme às ciências naturais. A sociologia poderia buscar e descobrir as propriedades e relações fundamentais do universo social, e, como as outras ciências, poderia expressá-las em um pequeno número de princípios abstratos. Observações de eventos empíricos poderiam ser utilizadas para gerar, confirmar e modificar as leis da sociologia. Uma vez que leis bem desenvolvidas tivessem

---

9. Ibid., p. 240 (ênfase no original).
10. Ibid., 1, p. 23.
11. Cf., p. ex., as seguintes passagens em *Positive Philosophy*: 2, p. 217, 226, 234, 235 e 238.

sido formuladas, elas poderiam ser utilizadas como ferramentas ou instrumentos para modificar o mundo social.

A formulação de Comte dos métodos sociológicos

Comte foi o primeiro pensador social a levar as questões metodológicas a sério – ou seja, como os fatos sobre o mundo social devem ser reunidos e usados para desenvolver, assim como para testar, princípios teóricos? Ele defendia quatro métodos na nova ciência da física social: (1) a observação, (2) a experimentação, (3) a comparação e (4) a análise histórica[12].

Observação

Para Comte, o positivismo se baseava no uso dos sentidos para observar os *fatos sociais* – um termo que o próximo grande teórico francês, Émile Durkheim, tornou o centro de sua sociologia. Grande parte da discussão de Comte sobre observação envolve argumentos em favor da "subordinação da observação às leis estatísticas e dinâmicas dos fenômenos"[13] em vez de uma afirmação sobre os procedimentos pelos quais observações imparciais deveriam ser conduzidas. Ele argumentava que a observação de fatos empíricos, quando não guiada por teoria, mostrar-se-á inútil no desenvolvimento da ciência. Contudo, deve-se a ele o crédito de ter estabelecido firmemente a sociologia como uma ciência dos fatos sociais, libertando, com isso, o pensamento do reino debilitante da especulação moral e metafísica.

Experimentação

Comte reconhecia que a experimentação artificial com sociedades inteiras, e outros fenômenos sociais, era impraticável e muitas vezes impossível. Mas, conforme afirmava, a experimentação natural frequentemente "ocorre onde quer que o curso regular do fenômeno seja obstruído de alguma maneira determinada"[14]. Em particular, ele pensava que, como no caso da biologia, eventos patológicos permitiram "o equivalente verdadeiro da experimentação pura" à medida que introduziram uma condição artificial e permitiram aos investigadores verem processos normais se reafirmarem diante da condição patológica. Assim, do mesmo modo que o biólogo pode aprender sobre o funcionamento corporal normal a partir do estudo da doença, os físicos sociais podem aprender sobre os processos normais da sociedade a partir do estudo dos casos patológicos. Portanto, embora a visão de Comte da "experimentação natural" fosse

12. COMTE. *Positive Philosophy*, 2, p. 241-257.

13. Ibid., p. 245.

14. Ibid., p. 246.

certamente deficiente na lógica do método experimental, ela fascinou gerações subsequentes de estudiosos.

Comparação

Assim como a análise comparativa havia sido útil na biologia, a comparação das formas sociais com as dos animais não humanos, com Estados coexistentes e com sistemas passados poderiam gerar também um discernimento considerável sobre a operação do universo social. Ao compararmos elementos presentes e ausentes, e similares ou dissimilares, podemos obter conhecimento sobre as propriedades fundamentais do mundo social.

Análise histórica

Comte originalmente classificou a análise histórica como uma variação do método comparativo (i.e., comparar o presente com o passado). Mas sua "lei dos três estágios" enfatizava que as leis da dinâmica social poderiam ser desenvolvidas fundamentalmente apenas com observações cuidadosas dos movimentos históricos das sociedades.

Em suma, portanto, Comte via esses quatro métodos básicos como apropriados à análise sociológica. Sua formulação dos métodos é muito deficiente pelos padrões modernos, mas deveríamos reconhecer que antes de Comte, pouca atenção havia sido dada ao modo pelo qual fatos sociais deveriam ser coletados. Assim, embora os detalhes das propostas metodológicas de Comte nem sempre sejam úteis, seu espírito e intenção são importantes. A física social deveria, em sua visão, ser uma ciência teórica capaz de formular e testar as leis da organização e das mudança sociais. Sua formulação dos métodos sociológicos acrescia uma credibilidade elevada à sua pretensão.

A organização de Comte da sociologia

Como Saint-Simon havia enfatizado, Comte via a sociologia como uma extensão da biologia, que estuda os "órgãos" nos "organismos". Por isso, a sociologia deveria ser o estudo da *organ*-ização. Essa ênfase força o reconhecimento de que a sociedade é um "todo orgânico" cujos "órgãos" componentes estão em relação uns com os outros. Estudar essas partes isoladamente é violar a essência da organização social e compartimentalizar artificialmente a investigação. Conforme Comte "não pode haver estudo científico da sociedade, seja em suas condições ou em seus movimentos, caso esteja separada em porções, e suas divisões sejam estudadas à parte"[15]. (Nesse modo de análise está uma abordagem teórica que mais tarde se tornou conhecida como *funcionalismo*).

---

15. Ibid., p. 225.

À medida que o prestígio da biologia crescia durante o século XIX, aumentavam as tentativas de vincular a análise sociológica às respeitadas ciências biológicas. Com o tempo, estudiosos começaram a fazer as seguintes perguntas: Qual é a função de uma estrutura para o corpo social? Ou seja, o que uma estrutura "faz pelo" todo social? Comte fazia implicitamente essas perguntas e inclusive oferecia analogias para encorajar a comparação orgânica subsequente. Por exemplo, sua preocupação com a patologia social revelando a operação normal da sociedade é somente uma ilustração de um modo biológico de pensar. Em seu trabalho posterior, Comte concebeu várias estruturas como análogas a "elementos, tecidos e órgãos" de organismos biológicos[16]. Em seus trabalhos iniciais, contudo, essa analogia orgânica é limitada a dividir a física social em análise estatística e dinâmica.

Essa divisão, suspeitamos, representa uma fusão dos esforços de Comte para fundamentar a sociologia na biologia e para reter sua herança do Iluminismo francês. Como um estudioso que estava escrevendo no tumultuado período pós-Revolução Francesa, ele estava preocupado com ordem e estabilidade. A ordem dos organismos biológicos, com suas partes e processos independentes de automanutenção, ofereciam-lhe uma visão de como a ordem social deveria ser construída. Todavia, o Iluminismo havia enfatizado o "progresso" e o movimento dos sistemas sociais, apresentando a visão de um futuro melhor. Por essa razão, Comte foi levado a enfatizar que as "ideias de Ordem e Progresso são, na Física Social, tão rigorosamente inseparáveis como as ideias de organização e vida na Biologia, de onde, na verdade, elas são, numa perspectiva científica, evidentemente derivadas"[17]. E, assim, ele dividiu a sociologia em (1) estática social (o estudo da ordem social) e (2) dinâmica social (o estudo do progresso e da mudança sociais).

Estática social

Comte definia a estática social como o estudo da estrutura social, seus elementos e suas relações. Ele analisou primeiro os "indivíduos" como os elementos da estrutura social. Geralmente, ele via o indivíduo como uma série de capacidades e necessidades, algumas inatas e outras adquiridas através da participação na sociedade[18]. Ele não via o indivíduo como uma "verdadeira unidade social"; na verdade, ele relegava o estudo do indivíduo à biologia – uma omissão lamentável porque negava a legitimidade da psicologia como uma ciência social distinta. A unidade social mais básica, ele argumentava, é "a família". Ela é a unidade mais elementar, da qual todas as outras unidades sociais terminaram se desenvolvendo:

---

16. Cf., em particular, seu *System of Positive Polity*, 2, p. 221-276, sobre "O organismo social".

17. COMTE. *Positive Philosophy*, 2, p. 141.

18. Ibid., p. 275-281.

Como todo sistema deve ser composto de elementos da mesma natureza que ele, o espírito científico nos proíbe de considerar a sociedade como composta de indivíduos. A verdadeira unidade social é certamente a família – reduzida, se necessário, ao casal elementar que forma sua base. Essa consideração implica mais do que a verdade fisiológica de que as famílias se tornam tribos, e tribos se tornam nações: de modo que toda raça humana poderia ser concebida como o desenvolvimento gradual de uma única família. [...] Existe um ponto de vista político a partir do qual também devemos considerar essa ideia elementar, na medida em que a família apresenta o verdadeiro germe das várias características do organismo social[19].

Comte acreditava que as estruturas sociais não poderiam ser reduzidas às propriedades dos indivíduos. Ao contrário, as estruturas sociais são compostas de outras estruturas e podem ser compreendidas somente como as propriedades de, e as relações entre, essas outras estruturas. A análise que Comte faz da família se dirige, então, para descrições de sua estrutura – primeiro a divisão sexual do trabalho e depois a relação parental. Os detalhes de sua análise não são importantes porque são deficientes e inexatos. Muito mais importante é a concepção de estrutura que ele sugeria: as estruturas sociais são compostas de subestruturas e se desenvolvem a partir da elaboração de estruturas mais simples.

Após estabelecer esse ponto básico, Comte se dirigiu para a análise das estruturas societais. Suas observações iniciais revelam seu débito para com a análise biológica e para com a orientação funcional que ela inspirou:

A principal causa da superioridade do organismo social em relação ao individual está de acordo com uma lei estabelecida; a mais marcada é a especialização das várias funções realizadas por órgãos cada vez mais distintos, mas interconectados; de modo que a unidade do objetivo é cada vez mais combinada com a diversidade dos meios[20].

Portanto, enquanto os sistemas sociais se desenvolvem, eles se tornam cada vez mais diferenciados, e, contudo, como todos os organismos, mantêm sua integração. Essa concepção da estrutura social levou Comte ao problema que Adam Smith havia originalmente sugerido muito fortemente: Como a integração entre as partes é mantida a despeito da crescente diferenciação das funções? Essa questão ocupou a sociologia francesa no século XIX, culminando nas formulações teóricas de Durkheim. Conforme Comte:

Se a separação das funções sociais desenvolve um espírito útil de detalhe, por um lado, ela tende, por outro, a extinguir ou restringir o que podemos chamar o espírito agregado ou geral. Do mesmo modo, nas relações morais, embora cada um esteja em estreita dependência da

---

19. Ibid., p. 280-281.
20. Ibid., p. 289.

massa, é afastado dela pela expansão de sua atividade especial, que o lembra constantemente de seu interesse privado, o qual percebe muito vagamente estar relacionado ao público[21].

A solução proposta por Comte a esse problema revela muito sobre como ele via a manutenção da estrutura social. Primeiro, a centralização do poder no governo confirma o impacto potencialmente desintegrador da diferenciação social, que manterá, portanto, uma coordenação fluida entre as partes do sistema. Segundo, as ações do governo devem ser mais do que "materiais"; elas devem também ser "intelectuais e morais"[22]. Por isso, a organização social humana é mantida (1) pela dependência mútua das partes do sistema, (2) pela centralização da autoridade para coordenar intercâmbios entre as partes, e (3) pelo desenvolvimento de uma moralidade ou espírito comum entre os membros de uma população. À medida que os sistemas diferenciadores não podem satisfazer essas condições, estados patológicos são passíveis de ocorrer. A Figura 3.1 mostra o modelo implícito da estática social de Comte.

Ao apresentar essa análise, Comte pensava que havia descoberto várias leis da estática social porque acreditava que a diferenciação, a centralização do poder e o desenvolvimento de uma moralidade comum estavam fundamentalmente relacionados à manutenção da ordem social. Embora não tenha levado sua análise longe, concedeu tanto a Spencer como a Durkheim uma das questões teóricas básicas em sociologia e os contornos amplos da resposta.

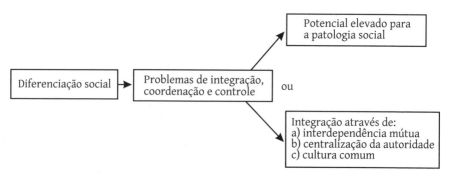

Figura 3.1 Modelo implícito de estática social de Comte

---

21. Ibid., p. 293.
22. Ibid., p. 294.

Dinâmica social

Comte parecia muito mais interessado na dinâmica do que na estática social, pois

> a concepção dinâmica não é somente a mais interessante..., mas a mais marcada em seu caráter filosófico, pelo fato de ser mais distinta da biologia pelo pensamento central do progresso contínuo, ou, mais precisamente, do desenvolvimento gradual da humanidade[23].

A dinâmica social estuda as "leis da sucessão", ou os padrões de mudança nos sistemas sociais ao longo do tempo. Nesse contexto, Comte formulou os detalhes de sua lei dos três estágios, no qual sistemas de ideias, e seus arranjos estruturais sociais correspondentes, passam por três fases: (1) a teológica, (2) a metafísica e (3) a positiva. As características básicas culturais e estruturais desses três estágios são sumarizadas na Tabela 3.1.

A Tabela 3.1 ignora muitos detalhes que possuem pouca relevância para a teoria[24], mas comunica, de um modo aproximado, a concepção de Comte acerca das leis de sucessão. Vários pontos deveriam ser observados: Primeiro, cada estágio estabelece as condições para o próximo. Por exemplo, sem os esforços para explicar as referências ao sobrenatural, esforços subsequentes em explicações mais refinadas não teriam sido possíveis; ou, sem sistemas de parentesco, o subsequente desenvolvimento político, legal e militar não teria ocorrido, e a divisão moderna do trabalho não teria sido possível. Segundo, o curso da evolução é aditivo: novas ideias e arranjos estruturais são acrescidos a, e construídos sobre, os antigos. Por exemplo, o parentesco não desaparece, nem as referências ao sobrenatural. Eles são primeiro suplementados, e, depois, dominados por novos arranjos sociais e culturais. Terceiro, durante a transição de um estágio ao outro, elementos do estágio precedente conflitam com elementos do estágio emergente, criando um período de anarquia e tumulto. Quarto, o estágio metafísico é um estágio transicional, que opera como uma ponte entre a especulação teológica e a filosofia positiva. Quinto, a natureza das ideias culturais determina a natureza dos arranjos estruturais (temporais) sociais e circunscreve quais arranjos sociais são possíveis. E, sexto, com o advento do estágio positivo, é possível a verdadeira compreensão de como a sociedade opera, permitindo a manipulação da sociedade de acordo com as leis da estática e da dinâmica.

---

23. Ibid., p. 227.

24. Grande parte de *Positive Philosophy*, Vol. 3, é dedicada à análise dos três estágios. Para uma visão geral resumida, cf. Vol. 2, p. 304-333.

Tabela 3.1   A "Lei dos Três Estágios", de Comte

Sistema	Estágios		
	Teológico	Metafísico	Positivo
1) Sistema cultural (moral)			
a) Natureza das ideias	As ideias são focadas em forças não empíricas, espíritos e entes no reino sobrenatural	As ideias são focadas nas essências dos fenômenos e na rejeição de apelos ao sobrenatural	As ideias são desenvolvidas a partir da observação e limitadas pelo método científico; especulação não baseada na observação de fatos empíricos é rejeitada
b) Líderes espirituais	Sacerdotes	Filósofos	Cientistas
2) Sistema estrutural (temporal)			
a) Unidades mais proeminentes	Parentesco	Estado	Indústria
b) Base de integração	Vinculação a pequenos grupos e espírito religioso; uso da força coercitiva para manter o comprometimento com a religião	Controle estatal, militar e legal	Dependência mútua; coordenação de funções pelo Estado e espírito geral

Embora as sociedades devam, cedo ou tarde, passar por esses três estágios, elas o fazem em ritmos diferentes. Provavelmente a mais importante das condições empíricas variáveis que influenciam o ritmo de sucessão societal é o tamanho e a densidade da população, uma ideia tomada de Montesquieu e mais tarde refinada por Durkheim. Assim, Comte acreditava ter descoberto a lei básica da dinâmica social em sua análise dos três estágios, e, juntos às leis da estática, uma ciência positiva da sociedade – ou seja, a física social ou sociologia – permitiria a reorganização do mundo tumultuoso, transicional e conflitante do começo do século XIX.

A defesa da sociologia por Comte

O *Curso de Filosofia Positiva*, de Comte, pode ser visto como uma longa e elaborada defesa de uma ciência da sociedade. Grande parte dos cinco volumes examina o desenvolvimento de outras ciências, mostrando como a sociologia representa a culminância do positivismo. Como o título *Curso de Filosofia Positiva*, enfatiza, Comte estava estabelecendo a fundamentação e a justificação filosóficas para toda ciência e depois utilizando essa fundação como um meio para apoiar a sociologia como uma verdadeira ciência. Sua argumentação tomou duas formas relacionadas: (1) ver a sociologia como o produto inevitável da lei dos três estágios e (2) ver a sociologia como a "ciência rainha", situando-se no topo de uma hierarquia de ciências. Essas duas formas de argumentação ajudaram a legitimar a sociologia no mundo intelectual e deveriam, portanto, ser examinadas brevemente.

Comte via todos os sistemas de ideias como passando através dos estágios teológico e metafísico e depois se movendo para o estágio final, positivo. Ideias sobre todos os fenômenos devem passar através dessas fases, com cada estágio estabelecendo as condições para o próximo e com o considerável tumulto intelectual ocorrendo durante a transição de um estágio ao outro. Ideias sobre vários fenômenos, contudo, não passavam através desses estágios no mesmo ritmo, e, de fato, um estágio positivo no pensamento sobre um domínio do universo deve muitas vezes ser atingido antes que as ideias sobre outros domínios possam progredir ao estágio positivo. As páginas de abertura do *Curso de Filosofia Positiva* enfatizam:

> Devemos ter em mente que nossos diferentes tipos de conhecimento passaram através dos três estágios de progresso em diferentes ritmos, e não chegaram, portanto, ao mesmo tempo. O ritmo do avanço depende da natureza do conhecimento em questão, tão distintamente que, como veremos daqui para frente, essa consideração constitui um acessório para a lei fundamental do progresso. Qualquer tipo de conhecimento atinge o estágio positivo em proporção à sua generalidade, simplicidade e independência de outros departamentos[25].

Portanto, o pensamento sobre o universo físico atinge o estágio positivo antes das concepções sobre o mundo orgânico porque o mundo inorgânico é mais simples e os fenômenos orgânicos são constituídos a partir dos inorgânicos. Na concepção de Comte, portanto, a astronomia foi a primeira ciência a atingir o estágio positivo, depois veio a física, em seguida a química, e após essas três terem atingido o estagio positivo (científico), o pensamento sobre os fenomenos orgânicos pode se tornar mais positivista. A primeira ciência orgânica a se mover do estágio metafísico ao positivo foi a biologia, ou fisiologia. Uma vez que a biologia se tornou uma doutrina positiva, a sociologia pôde se afastar das especulações metafísicas dos séculos XVII e XVIII (e dos resíduos do pensamento teológico anterior) na direção de uma forma positivista de pensamento.

A sociologia foi a última a emergir, argumentava Comte, porque é a mais complexa e teve de esperar pelas outras ciências básicas para atingir o estágio positivo. Para a época, esse argumento representou uma defesa brilhante para

---

25. COMTE. *Positive Philosophy*, 1, p. 6-7.

uma ciência da sociedade distinta, embora justificasse a ausência de um rigor científico no pensamento social quando comparado às outras ciências. Além disso, embora dependente e derivada dos avanços evolucionários nas outras ciências, a sociologia estudaria os fenômenos que a distinguem dos fenômenos inorgânicos inferiores bem como da ciência orgânica superior da biologia. Embora seja uma ciência orgânica, a sociologia seria independente e estudaria os fenômenos que "exibem, em um nível ainda mais elevado, a complexidade, a especialização e a personalidade que distinguem os fenômenos superiores da vida individual"[26].

Essa noção de hierarquia[27] representava ainda um outro modo de legitimar a investigação sociológica: ela explicava por que a sociologia não era tão desenvolvida como as outras ciências altamente respeitadas, e a situava em uma posição altamente favorável (no topo da hierarquia) em relação às outras "ciências positivas". Se a sociologia pudesse ser vista como a culminância de um longo processo evolucionário e como a culminância das ciências positivas, sua legitimidade não poderia ser questionada. Esse era o objetivo de Comte, e embora tivesse sido apenas marginalmente bem-sucedido em seus esforços, foi o primeiro a ver claramente que a sociologia poderia ser como as outras ciências e que seria uma questão de tempo até que os antigos resíduos teológicos e metafísicos do pensamento social anterior fossem postos de lado em favor de uma verdadeira ciência da sociedade. Essa argumentação, que ocupa a maioria das páginas do *Curso de Filosofia Positiva*, assegura corretamente a alegação de Comte de ser o fundador da Teoria Sociológica.

Conclusões críticas

Embora preferisse a designação *física social*, Comte deu, com relutância, o nome de sociologia à nova ciência. Mas ele fez muito mais: deu à disciplina uma visão do que ela poderia ser. Poucos argumentaram tão vigorosamente sobre o tipo de ciência que a sociologia poderia ser, e forneceu uma explicação interessante, embora um tanto peculiar, sobre por que essa disciplina deveria emergir e se tornar cada vez mais importante no domínio da ciência. Ainda que nem todos que o seguiram durante os dois últimos séculos tenham aceitado seu positivismo – o de uma ciência social teoricamente orientada que poderia ser utilizada na reconstrução da sociedade –, Comte desenvolveu vários pontos importantes. Primeiro, as teorias devem ser abstratas, buscando isolar

---

26. Ibid., 2, p. 258.

27. A hierarquia, na ordem descendente, é sociologia, biologia, química, física e astronomia. Comte acrescentou a matemática na base porque todas as ciências são fundamentalmente baseadas em raciocínio matemático.

e explicar a natureza das forças fundamentais que guiam o funcionamento na sociedade. Segundo, as teorias devem ser explícitas e sistematicamente confrontadas com o mundo empírico, utilizando uma variedade de métodos. Terceiro, coletar dados sem a orientação da teoria não contribuirá grandemente para o acúmulo de conhecimento sobre como o universo social opera. Finalmente, a sociologia deveria ser utilizada para reconstruir as estruturas sociais, mas essas aplicações da sociologia devem ser guiadas pela teoria e não ideologias e preconceitos pessoais.

Comte também antecipou o propósito substancial da fase preliminar da sociologia, especialmente de Spencer e Durkheim. Ele reconhecia que, à medida que as sociedades crescem, tornam-se mais diferenciadas, e a diferenciação requer novas bases de integração voltadas à concentração de poder e à interdependência delas. Ele não desenvolveu muito essas ideias, mas definiu uma agenda. Comte também reintroduziu a analogia orgânica no pensamento social, embora muitos não vissem isso como algo benéfico. Contudo, ao menos, alertou os sociólogos posteriores para o fato de que a sociedade é um sistema cujas partes estão interconectadas de modo que repercutem na manutenção do todo social. Essa analogia básica com os organismos evoluiu para o funcionalismo de Spencer e Durkheim.

Ainda assim, há muito o que criticar em Comte. Ele nunca desenvolveu realmente qualquer teoria substancial, exceto a do relacionamento entre diferenciação social e novos modos de integração. Grande parte de sua sociologia é uma justificação muito boa, por sinal, para a sociologia, mas não explicou como o universo social opera. Ele pensava que sua "lei dos três estágios" fosse o equivalente da lei da gravidade de Newton, mas a lei de Comte é menos uma lei do que uma visão muito simplista da história das ideias. Ela contribuiu para um modo interessante de justificar a emergência do positivismo e de sua ciência rainha, a sociologia, mas não promoveu a compreensão da sociologia sobre a dinâmica do universo social.

Acrescente as patologias pessoais de Comte, que fizeram dele uma figura verdadeiramente bizarra e patética à época de sua morte, e talvez estejamos justificados a ignorá-lo como um teórico que contribuiu para nossa compreensão do universo social. Mas deveríamos nos lembrar dele por sua defesa vigorosa em favor da sociologia científica. Ninguém fez melhor desde que começou a publicar sua filosofia positiva.

4

A origem e o contexto do pensamento de Herbert Spencer

Influências biográficas na sociologia spenceriana

Herbert Spencer nasceu em Derby, Inglaterra, em 1820. Até os 13 anos, foi educado em casa por seu pai. Subsequentemente, mudou-se para a casa de seu tio, em Bath, onde continuou sua educação privada[1]. Exceto por alguns meses de educação formal, Spencer nunca realmente frequentou a escola fora de sua família. Ainda assim, recebeu uma formação muito sólida em matemática e em ciências de seu pai e de seu tio. No fim, essa formação técnica o encorajaria a se ver como filósofo e a propor um grande projeto para unir a ética, a ciência natural e a ciência social. Esse grande projeto foi denominado *Filosofia sintética*, uma indicação de que seu trabalho ia muito além das fronteiras disciplinares da sociologia. Somente mais tarde em sua carreira (entre 1873 e 1896) ele voltaria sua atenção para a sociologia. Ele pensou grande em uma época em que o mundo intelectual em geral, e o acadêmico em particular, estava se especializando e se compartimentalizando.

Essa extensão e alcance de investigação provavelmente explica a popularidade do trabalho de Spencer na segunda metade do século XIX. Ele levantou questões que intrigavam tanto o público leigo como estudiosos de especialidades particulares. Muitos de seus trabalhos apareceram pela primeira vez de forma seriada como fascículos em revistas científicas populares, e somente mais tarde foram reunidos em volumes. Suas ideias permaneceram populares; na verdade, 100.000 cópias de seus livros foram vendidas antes da virada do século, uma cifra surpreendentemente alta para aquela época e lugar. Mais surpreendente ainda, contudo, é o fato de seus trabalhos não serem meras popularizações de ideias, mas, ao contrário, trabalhos acadêmicos. Os livros de Spencer dificilmente poderiam ser considerados leituras leves, mas, aparentemente, sua visão

---

1. TURNER, J.H. *Herbert Spencer*: a Renewed Appreciation. Beverly Hills, CA: Sage, 1985, cap. 1.
• *Herbert Spencer, an Autobiography*. Londres: Watts, 1926.

e escopo capturaram as imaginações de leitores. Ninguém que leia Spencer hoje pode evitar ficar impressionado pelo poder de suas ideias e, talvez mesmo, de sua arrogância, pois quem proclamaria agora ser possível unir todas as ciências e as questões de ética sob um conjunto geral de princípios?

Se Spencer tivesse recebido uma educação formal e formação superior em universidades estabelecidas, como seu pai recebeu, seu pensamento teria sido provavelmente mais focado e restrito. Pelos padrões de hoje, universidades de elite do século passado ofereciam uma formação muito ampla em letras e ciências, mas, mesmo por esse parâmetro, tradição e gêneros estabelecidos teriam compelido Spencer a reconhecer que ninguém se compromete a explicar o universo inteiro com alguns princípios gerais. A educação formal tem uma tendência a limitar horizontes e a forçar a concentração em tópicos restritos. Como Spencer evitou os muros da academia em sua juventude e ao longo de sua carreira, não foi limitado pelas suas regras de erudição.

De um modo silencioso, o trabalho de Spencer desconsidera as regras acadêmicas. Ele nunca lia muito; em troca, tomava ideias de estudiosos distintos. Em vez de se enterrar na biblioteca, frequentava os clubes londrinos e fazia amizade com as figuras científicas e literárias mais eminentes de sua época. Com elas, sem dúvida, ele aprendeu muito ouvindo cuidadosamente e fazendo questões incisivas[2]. Supõe-se que Spencer fosse um tipo de esponja intelectual, absorvendo ideias por contato. De que outro modo alguém escreveria trabalhos detalhados sobre ética, física, biologia, psicologia, sociologia e antropologia enquanto mantém um fluxo constante de comentários sociais incisivos e populares? Além disso, diferente dos acadêmicos que utilizavam alunos para realizarem grande parte de seu esforço de pesquisa, Spencer empregava acadêmicos profissionais. Seus assistentes de pesquisa tendiam a ser PhDs que ou necessitavam do dinheiro ou achavam interessantes as tarefas atribuídas. Parece provável que um pesquisador independente, sem credenciais e empregando acadêmicos credenciados, representasse um tipo de afronta ao *establishment* universitário. Contudo, Spencer conseguia manter relações cordiais com vários acadêmicos importantes.

A despeito da enorme popularidade de Spencer com o público leigo alfabetizado, ele era um indivíduo extremamente privado. Na verdade, era muito neurótico e estranho. Raramente dava palestras públicas; passava uma boa parte do dia na cama, fosse escrevendo ou reclamando de enfermidades reais e imaginadas; permaneceu a vida inteira solteiro, e teve, quando muito, apenas um grande caso

---

2. Cf., p. ex., ELLIOT, H. *Herbert Spencer*. Nova York: Holt, Rinehart & Winston, 1917. • DUNCAN, D. *Life and Letters of Herbert Spencer*. Londres: Methuen, 1908. Em seu *Masters of Sociological Thought* (Nova York: Harcourt Brace Jovanovich, 1977), Lewis Coser sumariza melhor a relação de Spencer com seus contemporâneos observando que a partir de conversas informais, Spencer se supria "com fatos científicos que utilizava tão avidamente como blocos de construção para suas teorias. Spencer absorvia sua ciência em grande medida como por osmose, através de discussões críticas e intercâmbios com seus amigos e associados cientistas" (p. 110).

amoroso (e mesmo aqui a natureza da relação não é clara); viveu em circunstâncias muito parcas e puritanas a despeito da riqueza herdada e de *royalties* substanciais; e quando ficou mais velho, sua disposição um tanto austera se tornou acentuada por uma considerável amargura à medida que suas ideias eram cada vez mais atacadas, passando em seguida à obscuridade. Todavia, muitos daqueles que o conheceram, e mesmo as enfermeiras que cuidaram dele durante seus últimos anos de saúde debilitada, enfatizaram que ele se manteve um indivíduo atencioso e envolvente.

Assim, talvez não surpreenda tanto que Spencer seja um enigma para nós. Ele foi um estudioso solitário e independente em uma época na qual a erudição se tornava cada vez mais um monopólio da academia; e, a despeito de sua popularidade, nunca revelou uma presença e personalidade públicas. Por fim, ele foi um pensador global em um tempo de especialização crescente. O resultado foi que à medida que suas ideias eram criticadas por acadêmicos especializados e seus comentários políticos se tornavam menos vanguardistas, ele tinha cada vez menos alunos e adeptos para continuar sua causa. Ele era muito neurótico para se defender publicamente, embora tivesse feito um celebrado e alardeado giro pelos Estados Unidos no começo da década de 1900 para apoiar sua filosofia moral (que se tornou um embaraço para aqueles que reconheceram a importância de suas ideias). Como consequência, a filosofia e a sociologia spencerianas desapareceram muito rapidamente após sua morte, e nenhum aluno nem colegas acadêmicos levaram adiante sua grande síntese.

Pelo fato de Spencer não ter recebido uma educação formal, sentiu-se desqualificado para ir à universidade. Em 1837, contudo, tentou utilizar sua formação matemática e científica como engenheiro durante a construção da Ferrovia de Londres e Birmingham. A aplicação prática de uma formação matemática teve um enorme efeito em seu pensamento posterior. Ele se colocou em sintonia com as consequências da ênfase estrutural na dinâmica do universo físico e social, apresentando-as como equações (embora as relações fossem usualmente expressas verbalmente). Nessa época, não se poderia prever o impacto que esses quatro anos como engenheiro teriam nas voltas que sua vida intelectual daria.

Em 1841, quando a ferrovia foi finalizada, Spencer retornou ao seu lugar de nascimento em Derby. Ao longo dos próximos anos, ele escreveria vários artigos para a imprensa radical (para a sua época) e numerosas cartas para o editor de um jornal dissidente, *The Nonconformist*. Nesses trabalhos, ele argumentava em favor da limitação do poder do governo, e embora essas ideias sejam muitas vezes definidas como "conservadoras" hoje, eram vistas como "liberais" e "radicais" no século XIX. Após vários anos como um tipo de figura secundária na política radical e no jornalismo, obteve uma posição permanente como subeditor do *Economist* londrino em 1848. A indicação marcou uma mudança radical em sua vida, e, dessa época em diante, sua carreira intelectual aceleraria. Em 1851, ele publicou *Estatística Social*[3], um trabalho que prejudicou sua reputação e foi responsável em grande medida por nossa compreensão atual dele como um darwinista social, libertário e, talvez, ideólogo de direita. Nesse trabalho, ele defende a causa do *laissez-faire* – livre-comércio, mercados abertos e a não intervenção governamental. Ele afirmava que os indivíduos tinham o direito de agir como quisessem, desde que permitissem aos outros fazerem o mesmo. A despeito de seu impacto negativo em nossa visão retrospectiva de Spencer, o livro foi bem recebido e abriu as portas para uma comunidade intelectual mais ampla, embora tivesse permanecido um fardo quando começou a escrever trabalhos menos ideológicos e mais acadêmicos.

Em 1853, o tio, que havia iniciado Spencer na ciência e na matemática, morre, deixando-lhe uma herança substancial. Essa herança lhe permitiu abandonar seu trabalho como editor e assumir a vida de um pesquisador independente em tempo integral. A despeito de seus problemas emocionais – depressão, insônia e reclusão –, foi enormemente produtivo como intelectual independente. Seus trabalhos reunidos ocupam volumes e chegam a milhares de páginas. Além disso, com seu tratado mais ideológico fora de seu sistema, ao menos até o fim de sua vida, ele utilizou as habilidades pragmáticas de engenheiro e cientista para escrever uma série de trabalhos brilhantes. Em 1854, ele publicou *Princípios de Psicologia*, que foi usado em Harvard e Cambridge. Em 1862, publicou *Os primeiros princípios*, que marcou o começo de sua grande Filosofia Sintética. Nesse livro, ele buscava unificar ética e ciência sob um conjunto de princípios elementares. Entre 1864 e 1867, publicou vários volumes de seu *Os princípios da Biologia*, no qual buscava aplicar os "primeiros princípios" abstratos do universo à dinâmica do reino orgânico. Em 1873, começou a pensar sobre o superorgânico – ou seja, a organização social das formas orgânicas. Em particular, iniciou uma análise sobre como a organização humana, enquanto o tipo mais óbvio de organização superorgânica, poderia ilustrar a plausibilidade de seus primeiros princípios. Ele abriu esse movimento no domínio da sociologia com um tratado metodológico sobre os problemas de os humanos estudarem a si próprios. Ao fazer isso, enfatizou que as leis da organização humana poderiam ser descobertas e usadas do mesmo modo que nas ciências físicas e biológicas. Em 1874, os primeiros fascículos seriados de seu *Os princípios da Sociologia* apareceram, e, pelos próximos 20 anos, ele se dedicaria à sociologia e à articulação das leis básicas da organização humana. As últimas porções de *Os princípios da Sociologia* foram publicadas em 1896. Enquanto preparava essas últimas partes de sua sociologia, publicou *Os princípios da ética*, que reafirmou a então liberal, mas agora conservadora, filosofia social do *laissez-faire*. Como esse trabalho

---

3. Para referências completas a esse e outros trabalhos de Spencer, cf. as notas de rodapé adiante neste e no próximo capítulo, onde esses trabalhos são discutidos.

filosófico foi publicado em volumes separados de seu trabalho acadêmico sobre sociologia, interfere menos do que se esperaria.

Assim, embora o trabalho de Spencer em sociologia ocupe apenas um período de 21 anos em uma carreira intelectual muito mais longa e abrangente, reflete preocupações acadêmicas e políticas importantes, que são o produto do ambiente intelectual geral da Inglaterra do século XIX assim como de estudiosos específicos que faziam parte desse ambiente. Para compreendermos sua sociologia, portanto, devemos atentar a algumas das forças que influenciaram seu pensamento.

A economia política da Inglaterra do século XIX

Em contraste com a França, onde décadas de tumulto político haviam criado uma preocupação excessiva com a unidade coletiva, a Inglaterra permanecia comparativamente tranquila. Como a primeira sociedade a se industrializar, desfrutava de uma prosperidade considerável sob o capitalismo inicial. Mercados abertos e competição pareciam ser um caminho para a prosperidade e produtividade crescentes. Não surpreende que, portanto, que o pensamento social na Inglaterra fosse dominado por crenças ideológicas na eficiência e na integridade moral da competição livre e desenfreada não somente no mercado como também em outros domínios[4].

Spencer defendeu uma doutrina *laissez-faire* em seus trabalhos filosóficos. Os indivíduos deveriam ter permissão para perseguir seus interesses e buscar a felicidade enquanto não infringissem os direitos de outros de fazer o mesmo. O governo deveria ser restrito e não deveria regular as buscas dos indivíduos. Como Adam Smith, Spencer assumiu um tipo de "mão invisível da ordem" como emergindo para manter uma sociedade de indivíduos autointeressados. Grande parte dos primeiros ensaios de Spencer e de seu primeiro livro, *A estática social*, representa adaptações da economia do *laissez-faire*. Mais tarde, porém, as análises mais científicas em seus trabalhos biológicos complementariam sua filosofia social e econômica.

A ambiência científica da Inglaterra de Spencer

A formação inicial de Spencer com seu pai e com seu tio foi basicamente em matemática e ciências, e seus contatos informais como intelectual independente foram com cientistas eminentes como Thomas Henry Huxley, Joseph Dal-

---

4. O principal trabalho legitimador nesse contexto foi *An Inquiry Into the Nature and Causes of the Wealth of Nations*, de Adam Smith. Londres: Cadell & Davies, 1805 [publicado originalmente em 1776].

ton Hooker, John Tyndall e mesmo Darwin. Na verdade, Spencer lia menos do que ouvia, tendo certamente adquirido uma extensão enorme de conhecimento apenas conversando com cientistas proeminentes de sua época. Seus biógrafos muitas vezes mencionaram a falta de livros em sua biblioteca, especialmente para um estudioso que escrevia com tamanha acuidade sobre várias disciplinas diferentes. A despeito de sua confiança em contatos informais com colegas cientistas, vários trabalhos importantes em biologia e física parecem ter tido um impacto considerável em seu pensamento.

Influências da biologia

Em 1864, Spencer escreveu o primeiro volume de seu *Os princípios da Biologia*, que na época representou um dos tratados mais avançados sobre conhecimento biológico[5]. Mais tarde, como veremos, ele tentaria aplicar as leis da biologia aos "corpos superorgânicos"[6], revelando até que ponto o conhecimento biológico influenciara suas formulações mais puramente sociológicas. Ele creditou três fontes por algumas das principais concepções que ele mais tarde aplicaria aos fenômenos sociais: os trabalhos de Thomas Malthus (1766-1834), de Karl Ernst Von Baer (1792-1876) e de Charles Darwin (1809-1882).

Malthus

Spencer foi profundamente influenciado por *Ensaio sobre a população*, de Malthus. (Malthus, claro, não era biólogo, mas seu trabalho teve uma grande influência nessa esfera e por isso é discutido nesta seção.) Nesse trabalho, Malthus enfatizava que o crescimento geométrico da população criaria condições favoráveis para conflitos, fome, pestilências, doenças e morte. Na verdade, ele argumentava que as populações cresciam até "serem confrontadas" pelos "quatro cavaleiros": guerra, pestilência, fome e doenças.

Spencer chegou a uma conclusão muito menos pessimista que a de Malthus, pois a competição e a luta que derivam do crescimento populacional levariam, como acreditava Spencer, à "sobrevivência do mais apto" e, com isso, ao aprimoramento da sociedade e das "raças". Uma visão como essa correspondia, é claro, ao viés *laissez-faire* de Spencer e lhe permitia ver a competição livre e aberta não apenas como boa política econômica, mas também como uma "lei" fundamental

---

5. Em *Principles of Biology* (Nova York: Appleton-Century-Crofts, 1864-1867) Spencer formulou algumas leis originais da biologia que ainda vigoram. Por exemplo, sua formulação da relação entre crescimento, tamanho e estrutura é ainda axiomática em biologia. Todavia, alguns biólogos são conscientes de que Spencer, o engenheiro que se tornou cientista, formulou a lei segundo a qual, entre corpos regularmente formados, a área da superfície aumenta como o quadrado das dimensões lineares e o volume aumenta conforme o cubo dessas dimensões – requerendo com isso novos arranjos estruturais para suportar e nutrir corpos maiores.

6. Essa era a frase de Spencer para descrever padrões de organização social.

"do universo orgânico"[7]. Além desses usos ideológicos das ideias de Malthus, a noção de competição e luta se tornou central à sociologia mais formal. Spencer via a evolução das sociedades como o resultado de conflitos territoriais e políticos, e foi um dos primeiros sociólogos a compreender completamente a significação da guerra e do conflito nos padrões internos da organização social em uma sociedade.

Von Baer

Spencer também foi influenciado pelos estudos embriológicos de William Harvey assim como pelo trabalho de Henri Milne-Edward, que havia emprestado do pensamento social a frase "a divisão fisiológica do trabalho". Na verdade, como Spencer enfatizava tão habilmente, os biólogos haviam muitas vezes se apropriado de termos do discurso social que ele estava meramente tomando de volta e aplicando de um modo mais refinado ao "domínio superorgânico". Todavia, ele deu a um alemão, Von Baer, o crédito por ter reconhecido que as formas biológicas se desenvolvem a partir de formas embrionárias e indiferenciadas para estruturas altamente diferenciadas, revelando uma divisão fisiológica do trabalho.

Os princípios de Von Baer permitiram a Spencer organizar suas ideias em evolução biológica, psicológica e social. Spencer chegou a enfatizar que a evolução é um processo de desenvolvimento de uma massa incoerente, indiferenciada e homogênea para um padrão coerente no qual as funções das estruturas são bem coordenadas[8]. Inversamente, a dissolução pressupõe um movimento de um estado coerente e diferenciado para uma massa mais homogênea e incoerente. Assim, Spencer chegou a ver o foco principal da sociologia como o estudo das condições sob as quais a diferenciação e a des-diferenciação social ocorrem.

Darwin

Entre Darwin e Spencer há uma relação de influência recíproca, uma vez que as primeiras ideias de Spencer sobre desenvolvimento exerceram uma influência considerável na formulação de Darwin da Teoria da Evolução[9], embora a noção de Darwin da "seleção natural" tenha sido formulada aparentemente

---

7. Cf., p. ex., sua *Autobiography*. Cf. tb. a longa nota de rodapé em *First Principles*. Nova York: A.L. Burt, 1880 [publicado originalmente em 1860].

8. Essa ideia pode ser encontrada em sua forma inicial em um dos primeiros ensaios de Spencer: "Progress: Its Law and Cause". *Westminster Review*, abr./1857 [publicado pela primeira vez em 1857]. Cf. tb. artigo de Spencer "The Developmental Hypothesis" (*The New Leader*, 1852).

9. Na verdade, como observamos anteriormente, Darwin reconhece explicitamente o trabalho de Spencer na introdução a *On the Origin of Species*. Londres: Murry, 1890 [publicado originalmente em 1859). Além disso, em um determinado momento de sua vida, Darwin foi levado a observar que Spencer lhe fora "intelectualmente uma dúzia de vezes superior". Para mais detalhes sobre a influência, cf. *Life and Letters of Charles Darwin*. Nova York: Appleton-Century-Crofts, 1896.

de forma independente da ênfase de Spencer na competição e na luta. Somente depois de *Sobre a origem das espécies* ter sido publicado, Darwin reconheceu a afinidade entre os conceitos de *sobrevivência do mais apto* e *seleção natural*. Inversamente, sua formulação explícita da Teoria da Evolução reforçaria e legitimaria a concepção de Spencer da evolução social como o resultado da competição entre populações, com o mais organizacionalmente "apto" conquistando o menos apto e, consequentemente, aumentando o nível e a complexidade da organização social. Além disso, as ideias de Darwin encorajaram Spencer a ver diferenças entre as "raças" e as sociedades do mundo como o resultado da "especiação" de populações isoladas, cada qual adaptada às condições ambientais variáveis. A ênfase contínua de Spencer nas condições ambientais, tanto ecológicas como societais, como moldando a estrutura da sociedade, é o resultado, sem dúvida, das formulações de Darwin.

A Teoria da Evolução também ofereceu a Spencer uma ferramenta intelectual respeitada para justificar suas crenças políticas *laissez-faire*. Tanto para os corpos orgânicos como para os superorgânicos, ele argumentava, é necessário deixar a competição e a luta operarem livres da regulação governamental. Proteger alguns segmentos de uma população é preservar o "menos apto" e assim reduzir a "qualidade" geral "da civilização"[10].

Da biologia, portanto, Spencer tomou três elementos essenciais: (1) a noção de que vários atributos críticos tanto de indivíduos como da sociedade emergem da competição entre indivíduos ou populações coletivas, (2) a concepção de que a evolução social pressupõe o movimento de estruturas indiferenciadas para diferenciadas marcado pelas funções inter-relacionadas, e (3) o reconhecimento de que diferenças entre indivíduos e sistemas sociais são o resultado de sua adaptação às condições ambientais variáveis. Para forjar os "primeiros princípios" de sua Filosofia Sintética geral, Spencer complementou essas noções biológicas amplas com várias descobertas das ciências físicas.

Influências das ciências físicas

Da educação informal em sua família e de contatos com os cientistas mais eminentes de sua época, Spencer adquiriu uma formação considerável em astronomia, geologia, física e química. Ao lermos seus vários trabalhos, é impossível não nos impressionarmos com seu conhecimento de amplas variedades de fenômenos físicos bem como das leis sob as quais operam. Sua Filosofia Sintética, portanto, refletia seu débito para com as ciências físicas, particularmente (1) pelo modo geral de sua análise e (2) pelos princípios específicos dessa filosofia:

---

10. Não é difícil ver como essas ideias seriam transformadas no que se tornou conhecido na América como darwinismo social. Um termo mais acurado teria sido *spencerianismo social*. Cf. HOFSTADTER, R. *Social Darwinism in American Thought*. Boston: Beacon, 1955.

1) Todo trabalho de Spencer está em débito com a concepção pós-newtoniana de ciência – ou seja, a ênfase nas leis universais que poderiam explicar o funcionamento dos fenômenos no mundo. Na verdade, Spencer foi além de Newton e argumentou que existiam leis que transcendiam a todos os fenômenos, tanto físicos como orgânicos. Em outras palavras, leis do universo ou cosmos podem ser descobertas e utilizadas para explicar, ao menos em termos gerais, eventos físicos, orgânicos e superorgânicos (sociais). Spencer enfatizava que cada domínio da realidade – astronômico, geológico, físico, químico, biológico, psicológico e sociológico – revelava suas próprias leis pertencentes às propriedades e forças de seu domínio delimitado. Ele também acreditava que no nível mais abstrato, contudo, alguns princípios fundamentais, ou primeiros, permeassem todos os domínios da realidade.

2) Ao buscar esses primeiros princípios, Spencer se apoiou fortemente na física de sua época. Ele incorporou em sua Filosofia Sintética as noções de força, da indestrutibilidade da matéria, da persistência do movimento e outros princípios que estavam emergindo na física. (Discutiremos esses princípios mais adiante, quando examinarmos seu pensamento em detalhe, mas deveríamos enfatizar agora que grande parte da inspiração para seu *grande esquema* veio da promessa da física newtoniana.)

Portanto, a Filosofia Sintética de Spencer emergiu de uma síntese de ideias e princípios que estavam sendo desenvolvidos na física e na biologia. Todavia, o modo preciso por meio do qual ele utilizou essas ideias em seu trabalho sociológico foi grandemente influenciado por sua exposição à concepção de Augusto Comte acerca de uma filosofia positiva (cf. o capítulo anterior). Antes que possamos apreciar completamente a filosofia de Spencer, contudo, necessitamos examinar sua reação um tanto ambivalente e defensiva ao trabalho de Comte.

A filosofia sintética de Spencer e a sociologia de Comte

Em 1864, Spencer publicou um artigo intitulado *"Razões para discordar da filosofia do Sr. Comte"*[11], no qual buscava listar os pontos de acordo e desacordo com o grande pensador francês. Nesse trabalho, Spencer enfatizou que discordava de Comte sobre os seguintes temas: (1) que as sociedades passam por três estágios, (2) que a causalidade é menos importante do que as relações de afini-

---

11. O artigo está convenientemente republicado em SPENCER, H. *Reasons for Dissenting From the Philosophy of M. Comte and Other Essays*. Berkeley, CA: Glendessary, 1968. O artigo foi escrito de um modo um tanto defensivo em um esforço para distinguir o primeiro livro de Spencer: *Social Statics* (Nova York: Appleton-Century-Crofts, 1888 [publicado originalmente em 1850]) do uso desses termos por Comte. Spencer parece ter "protestado demais", buscando talvez ocultar algum débito seu para com a filosofia positiva de Comte.

dade na construção da Teoria Social, (3) que o governo pode utilizar as leis da sociologia para reconstruir a sociedade, (4) que as ciências se desenvolveram numa ordem particular, e (5) que a psicologia é meramente uma subdisciplina da biologia.

Spencer também observou vários pontos nos quais estava de acordo com Comte, mas enfatizou que muitos outros estudiosos além de Comte haviam defendido similarmente (1) que o conhecimento provém de experiências ou fatos observados e (2) que existem leis invariáveis no universo. Mais reveladoras são as poucas passagens em que Spencer explicitamente reconhece um débito intelectual para com Comte. Ele aceitou o termo *sociologia* de Comte, para a ciência dos corpos superorgânicos, e, mais importante, deu, relutantemente, a Comte o crédito por reintroduzir a analogia orgânica no pensamento social. Spencer enfatizava, contudo, que Platão e Thomas Hobbes haviam feito analogias similares e que Von Baer havia influenciado grande parte de seu pensamento orgânico.

Todavia, temos a impressão de que Spencer se esforçava demais para dissociar suas ideias das de Comte. Que seus companheiros intelectuais mais íntimos, George Elliot e George Lewes, fossem bem versados na filosofia de Comte depõe a favor da considerável influência intelectual de seu trabalho nas investigações sociológicas iniciais de Spencer. Na verdade, Spencer nunca aceitaria o coletivismo de Comte, mas estenderia duas ideias críticas claramente evidentes no trabalho dele: (1) os sistemas sociais revelam muitas propriedades da organização em comum com organismos biológicos, e, assim, alguns princípios da organização social podem ser inicialmente emprestados (e, até certo ponto, alterados) da biologia e (2) quando visto como um "corpo social", um sistema social pode ser analisado pela contribuição de seus vários órgãos à manutenção do todo social. Pode haver poucas dúvidas, portanto, sobre o fato de que Spencer foi estimulado pelo funcionalismo analogizante e implícito de Comte. Mas como Spencer incorporou essas ideias, elas foram alteradas pela sua absorção das noções-chave das ciências físicas e biológicas.

Por que ler Spencer?

As influências no pensamento de Spencer são pouco claras comparadas às que exerceu em outros estudiosos (que iremos estudar em capítulos posteriores). Ele não frequentou uma universidade, e por isso seus mentores não podem ser buscados aí. Nem ocupou uma posição acadêmica, evitando, com isso, a compartimentalização em um departamento ou em uma escola particular de pensamento. Como um intelectual independente, apropriou-se à vontade e nunca foi restringido pelos modismos e idiossincrasias que grassam na academia. O escopo irrestrito de seu esquema o torna fascinante, e talvez essa mesma característica torne seu trabalho menos atraente aos estudiosos atuais, que tendem a trabalhar dentro de estreitas tradições intelectuais.

Contudo, como exploraremos em profundidade no próximo capítulo, Spencer ofereceu muitas noções importantes sobre a estrutura e a dinâmica dos sistemas sociais. Embora apresentasse essas noções no vocabulário da física e da biologia de sua época, eles ainda possuem uma relevância considerável para a teorização sociológica. À medida que abordamos a análise dos trabalhos básicos de Spencer, portanto, devemos estar preparados para apreciar não somente o escopo de suas ideias, mas também as profundas concepções que teve sobre a natureza dos sistemas sociais.

5
A sociologia de Spencer

Spencer se via mais como filósofo do que como sociólogo. Seu grande esquema foi denominado *Filosofia sintética*, e deveria abarcar todos os domínios do universo: o físico, o psicológico, o biológico, o sociológico e o ético. A inclusão do componente ético torna essa filosofia problemática porque afirmações ideológicas ocasionalmente invadem sua sociologia. Sua filosofia era um grande esquema cósmico, mas quando se voltou para a sociologia, fez muitas declarações precisas e introduziu uma quantidade copiosa de dados empíricos para ilustrar suas ideias teóricas. Spencer foi, quando muito, um filósofo medíocre, mas um sociólogo muito competente, mesmo que tenha se ocupado da sociologia numa fase bastante avançada de sua carreira. Começaremos com a filosofia moral, apenas para nos liberarmos dela, e depois nos voltaremos para as suas importantes contribuições sociológicas[1].

A filosofia moral de Spencer: A estática social e os princípios da ética

Em seus últimos anos, Spencer muitas vezes reclamava de que seu primeiro trabalho, *A estática social*[2], havia recebido atenção demais. Ele via esse livro como uma tentativa inicial e deficiente de delinear sua filosofia moral e, consequentemente, como não representativo de seu pensamento mais maduro. To-

---

1. Os trabalhos completos de Spencer, exceto por seu *Descriptive Sociology* (cf. análise posterior), estão convenientemente reunidos na seguinte coleção: *The Works of Herbert Spencer*. 21 vols. Osnabruck: Otto Zeller, 1966. Contudo, nossas referências serão às edições separadas de cada um de seus trabalhos individuais. Além disso, muitas das datas para os trabalhos discutidos abarcam vários anos porque Spencer às vezes publicava seus trabalhos serialmente em vários volumes (frequentemente após terem aparecido em periódicos). Faremos citações completas quando discutirmos trabalhos particulares. Para uma análise recente das fontes primárias e secundárias sobre Spencer, cf. PERRIN, R.G. *Herbert Spencer*: A Primary and Secondary Bibliography. Nova York: Garland, 1993.

2. SPENCER, H. *Social Statics*: Or, the Conditions Essential to Human Happiness Specified, and the First of Them Developed. Nova York: Appleton/Century/Crofts, 1888. Esse foi publicado originalmente em 1851; a edição citada aqui é de um offset impresso do original.

davia, a premissa básica do trabalho é repetida em um de seus últimos livros, *Princípios da ética*[3]. A despeito de seus protestos, seus argumentos morais têm uma continuidade considerável, embora devamos enfatizar uma vez mais que suas declarações mais científicas podem e devem ser separadas de seus argumentos éticos.

Como os argumentos morais de Spencer não mudaram dramaticamente, vamos nos concentrar em *A estática social*. O argumento básico desse trabalho pode ser expresso da seguinte maneira: a felicidade humana pode ser atingida somente quando os indivíduos podem satisfazer suas necessidades e desejos sem infringirem os direitos dos outros a fazerem o mesmo. Como Spencer enfatizava,

> cada membro da raça [...] não deve ser dotado somente de faculdades que o capacitem a receber a mais elevada alegria no ato de viver, mas deve ser constituído de tal modo que possa obter completa satisfação para cada desejo, sem diminuir o poder dos outros de obterem a satisfação similar: na verdade, para satisfazer o propósito perfeitamente, deve derivar prazer de ver prazer em outros[4].

Em seu trabalho inicial, assim como em *Os princípios da ética*, Spencer via essa concepção como a lei básica da ética e da moralidade. Ele achava que essa lei era uma extensão das leis do mundo natural, e grande parte de sua busca por leis científicas representou um esforço por desenvolver uma justificação científica para sua posição moral. Na verdade, ele enfatizava que o universo social, assim como os domínios físico e biológico, revelava leis invariáveis. Mas ele converteu essa noção em uma máxima moral interessante. Uma vez que essas leis são descobertas, os humanos deveriam obedecê-las e parar de tentar construir, através da legislação política, formas sociais que violam essas leis. Desse modo, ele foi capaz de basear suas ideias políticas *laissez-faire* no que ele via como uma posição científica sólida: as leis da organização social não podem ser violadas mais do que aquelas do universo físico, e tentar fazer isso simplesmente criará, a longo prazo, mais problemas severos[5]. Em contraste com Comte, portanto, que via a descoberta de leis como as ferramentas para a engenharia social, Spencer assumiu a direção contrária e argumentou que, uma vez que as leis estabelecidas, as pessoas deveriam "obedecê-las implicitamente!"[6] Para Spencer, o grande axioma ético, "derivado" das leis da natureza, é o de que os humanos deveriam ser tão livres quanto possível da regulação externa. Na verdade, a maior parte de *A estática social* tenta mostrar como sua lei moral e as leis do capitalismo

---

3. SPENCER, H. *Principle of Ethics*. Nova York: Appleton-Century-Crofts, 1892-1898. Uma edição de alta qualidade e acessível desse trabalho foi publicada pela Liberty Press, Indianápolis.

4. SPENCER. *Social Statics*, p. 448.

5. Ibid., p. 54-57.

6. Ibid., p. 56.

laissez-faire convergem e, implicitamente, como refletem as leis biológicas da competição e da luta desenfreadas entre as espécies. Os títulos de alguns dos capítulos comunicam melhor o argumento de Spencer: "O direito à vida e à liberdade pessoal", "O direito ao uso da terra", "O direito à propriedade", "Os direitos de intercâmbio", "Os direitos das mulheres"[7], "O direito a ignorar o Estado", "O limite do dever estatal", e assim por diante.

Ao buscar unir as leis da ética, da economia política e da biologia, Spencer iniciou modos de análise que se tornaram partes proeminentes de sua sociologia. Primeiro, ele tentou descobrir as leis e princípios invariáveis da organização social. Segundo, começou a empregar analogia orgânica, traçando comparações entre a estrutura de organismos individuais e a das sociedades:

> Assim, descobrimos não somente que a analogia entre uma sociedade e uma criatura viva é confirmada a um grau quase insuspeito por aqueles que comumente a traçam, mas também que a mesma definição de vida se aplica a ambas. Essa união de muitos humanos em uma comunidade – essa dependência cada vez mais mútua de unidades que eram originalmente independentes –, essa segregação gradual de cidadãos em corpos separados, com funções reciprocamente subservientes – essa formação de um todo, consistindo de várias partes essenciais –, esse crescimento de um organismo, do qual uma porção não pode ser prejudicada sem que o resto o sinta – podem todos ser generalizados sob a lei da individuação. O desenvolvimento da sociedade, assim como o desenvolvimento humano e da vida em geral, pode ser descrito como uma tendência a individuar – *a se tornar algo*. E, corretamente interpretadas, as formas múltiplas de progresso ocorrendo ao nosso redor são uniformemente significativas dessa tendência[8].

A analogia orgânica muitas vezes chega a extremos em *A estática social* – os quais evitou em seus trabalhos posteriores. Por exemplo, em um certo momento ele argumenta que "[...] uma sociedade está organizada tde umm modo tão similar ao sistema de organização de um ente individual que quase podemos dizer existir algo mais além de uma analogia entre eles"[9].

Terceiro, *A estática social* também revela o começo do funcionalismo de Spencer. Ele via as sociedades, assim como os indivíduos, como tendo necessidades de sobrevivência com órgãos especializados emergindo e persistindo para satisfazer essas necessidades. E ele definia "saúde social" em função de quão bem os vários "órgãos sociais" especializados satisfazem essas necessidades.

Quarto, a ênfase posterior de Spencer na guerra e no conflito entre sociedades como uma força crítica em seu desenvolvimento também pode ser observada.

---

7. Os argumentos de Spencer aqui são altamente modernos e, quando comparados aos de Marx, Weber ou Durkheim, são bem radicais. Spencer foi um feminista muito antes de haver "feminismo".

8. SPENCER. *Social Statics*, p. 497.

9. Ibid., p. 490.

Embora condenando abertamente a guerra como destrutiva, ele argumentava que ela permite que "raças" mais organizadas conquistem as "raças menos organizadas e inferiores" – aumentando, assim, o nível e a complexidade da organização social. Esse argumento foi dramaticamente temperado em seus trabalhos científicos posteriores, resultando no fato de Spencer ter sido um dos primeiros pensadores sociais a ver a importância do conflito na evolução das sociedades humanas[10].

Em suma, *A estática social* e *Os princípios da ética* são trabalhos muito falhos, portanto, que representam deambulações morais de Spencer. Examinamos esses trabalhos primeiro porque são muitas vezes utilizados para condenar seus esforços mais acadêmicos. Embora alguns dos pontos científicos importantes possam ser vistos nesses trabalhos morais, e embora sua posição moral extrema esteja disseminada em seus trabalhos científicos, seus esforços éticos e científicos, possuem, apenas disso, uma diferença distinta de estilo, tom e concepção. Assim, concluiríamos que o valor do pensamento de Spencer deve ser encontrado nos tratados mais científicos, relegando sua ética à merecida obscuridade. Vamos dedicar o restante deste capítulo, portanto, para compreender sua perspectiva sociológica[11].

Os primeiros princípios de Spencer

Na década de 1860, Spencer começou a publicar seu *Filosofia sintética* para assinantes. O objetivo dessa filosofia era tratar as grandes divisões do universo – matéria inorgânica, vida, mente e sociedade – como sujeitos à compreensão pelos princípios científicos. A manifestação inicial nesse esquema filosófico muito abrangente foi *Os primeiros princípios*, publicado em 1862[12]. Nesse livro, Spencer delineou os princípios "cardinais" ou "primeiros" do universo. Com base na biologia e na física de sua época, ele achava que havia percebido, no nível mais abstrato, certos princípios comuns que se aplicam a todos os domínios do universo. Na verdade, deve ter sido uma visão excitante sentir que se desvendava os mistérios do universo físico, orgânico e superorgânico (societal).

Provavelmente, não vale a pena examinar os próprios princípios em detalhe; porém, as imagens que comunicam são importantes. Para Spencer, a evolução é

---

10. Ibid., p. 498.

11. Deveríamos lembrar que essa perspectiva foi desenvolvida entre 1873 e 1896. Para uma análise mais completa e detalhada da sociologia de Spencer durante esse período, cf. TURNER, J.H. *Herbert Spencer*: A Renewed Appreciation. Beverly Hills: Sage, 1985.

12. SPENCER, H. *First Principles*. Nova York: A.L. Burt, 1880 [originalmente publicado em 1862]. Os conteúdos desse trabalho haviam sido antecipados em ensaios anteriores, o mais importante deles sendo "Progress: Its Law and Cause" (*Westminster Review*, abr./1857) e "The Ultimate Laws of Physiology" (*National Review*, out./1857). Além disso, alusões a esses princípios estão espalhadas ao longo da primeira edição de *Principles of Psychology*. Nova York: Appleton/Century/Crofts, 1880 [publicado originalmente em 1855].

o principal processo do universo, e diz respeito ao movimento das formas de estrutura simples a complexas. Como a matéria é agregada – seja ela células de um organismo, elementos de uma filosofia moral ou entes humanos – a força que une essa matéria é retida, fazendo com que a massa maior se diferencie em vários componentes, que então se tornam integrados em um todo mais complexo. Esse todo complexo deve sustentar-se em um ambiente, e enquanto as forças que agregaram, diferenciaram e integraram a "matéria" são sustentadas, o sistema permanece coerente no ambiente. Ao longo do tempo, contudo, essas forças se dissipam, e como resultado a base para integração é enfraquecida, tornando assim o sistema vulnerável a forças no ambiente. Em certos momentos, essas forças ambientais podem revitalizar um sistema, dando-lhe uma nova vida para agregar, diferenciar e integrar. Em outros momentos, essas forças simplesmente sobrepujam a base de integração enfraquecida e destroem o sistema. Portanto, a evolução é um processo dual de construção de estruturas mais complexas por meio da interação e da dissolução dessas estruturas quando a força que as integra é enfraquecida.

Isso tudo é muito vago, com certeza, mas nos dá uma visão metafórica de como Spencer via a evolução: como o processo de agregação de matéria – no caso da sociedade, populações de entes humanos e as estruturas que organizam as pessoas – e a subsequente diferenciação e integração dessa matéria. As forças que agregam essa matéria – forças como imigração, novas formas produtivas, uso do poder, padrões de conquista, e todos aqueles fenômenos que têm a capacidade de unir os humanos – são retidas, e, como consequência, tornam-se também forças que diferenciam e integram a matéria. Por exemplo, se a guerra e a conquista foram a base para agregação de duas populações, o poder coercitivo e organizacional que levou à sua agregação é também a força que orientará o padrão de diferenciação e integração do conquistado e seus conquistadores. Quando essa força é exaurida ou se mostra ineficaz na integração da nova sociedade, a sociedade se torna vulnerável às forças ambientais, como, por exemplo, a agressão militar por uma outra sociedade.

Essa imagem da evolução ajuda a explicar os temas que mais preocupavam Spencer quando ele finalmente se voltou para a sociologia na década de 1870. Sua visão da evolução como a agregação, diferenciação, integração e desintegração da matéria o levou a conceituar a dinâmica societal em função dos aumentos do tamanho da população (o componente da "agregação"), a diferenciação da população junto a vários proeminentes eixos, das bases para integrar essa população diferenciada, e da desintegração potencial da população em seu ambiente. A evolução é, portanto, a análise do movimento societal, de formas simples ou homogêneas para formas diferenciadas ou heterogêneas, assim como dos mecanismos para integrar essas formas em seus ambientes. Isso é tudo que necessitamos tomar de *Os primeiros princípios*, de Spencer.

Contudo, ele se moveu consideravelmente além dessa metáfora geral da evolução, porque propôs muitas proposições e diretrizes para uma ciência da sociedade. Fundamentalmente, sua contribuição para a teorização sociológica não reside em suas fórmulas abstratas sobre a evolução cósmica, e sim em suas análises específicas dos sistemas sociais societais – o que ele chamava fenômenos *superorgânicos*. Essa contribuição pode ser encontrada em dois trabalhos distintos, *O estudo da sociologia*, que foi publicado de forma seriada em revistas populares em 1872, e o mais acadêmico *Os princípios da sociologia*, que foi publicado em vários volumes entre 1874 e 1896. O trabalho anterior é basicamente uma apresentação metodológica sobre os problemas de parcialidade na sociologia, enquanto o segundo é um trabalho substancial que busca desenvolver princípios abstratos da evolução e da dissolução e, ao mesmo tempo, descrever a interação complexa entre as instituições da sociedade.

O estudo da sociologia, de Spencer

O estudo da sociologia[13] foi publicado originalmente como uma série de artigos na *Contemporary Review*, na Inglaterra, e na *Popular Science Monthly*, nos Estados Unidos. Esse livro representa o esforço de Spencer em popularizar a sociologia e em tratar de "várias considerações que pareciam necessárias a título de introdução a *Os princípios da sociologia*"[14]. A maior parte de *O estudo da sociologia* é uma discussão sobre os problemas metodológicos que confrontam a ciência da sociologia. Ao mesmo tempo, várias concepções substanciais formaram mais tarde o núcleo de seu *Os princípios da sociologia*. Vamos examinar primeiro a discussão metodológica de Spencer e depois sua análise mais teórica, embora essa divisão não corresponda à ordem de sua apresentação.

Os problemas metodológicos que confrontam a sociologia

O parágrafo de abertura do capítulo 4 de *O estudo da sociologia* dá o tom da análise de Spencer:

> Das naturezas intrínsecas dos fatos, de nossas naturezas como observadores de seus fatos e da relação peculiar na qual nos encontramos em relação aos fatos a serem observados, surgem impedimentos no caminho da sociologia maiores do que os de qualquer outra ciência[15].

Ele enfatizou ainda que as fontes básicas de parcialidade derivam da inadequação dos instrumentos de medida nas ciências sociais e da natureza dos

---

13. SPENCER, H. *The Study of Sociology*. Boston: Routledge & Kegan Paul, 1873.

14. Ibid., p. iv.

15. Ibid., p. 72.

cientistas que, em virtude de serem membros da sociedade, observam os dados a partir de um ponto de vista particular. Em uma série de capítulos incisivos – muito superiores a qualquer explicação de qualquer outro sociólogo do século XIX – Spencer traça mais detalhadamente o que ele denominou dificuldades *objetivas* e *subjetivas*.

Nas dificuldades objetivas, Spencer analisa os problemas associados à "incerteza de nossos dados". O primeiro problema encontrado diz respeito à dificuldade de mensurar os "estados subjetivos" de atores e, correspondentemente de investigadores para suspenderem sua própria orientação subjetiva ao examinarem a de outros. Um segundo problema diz respeito a permitir as paixões, disposições e caprichos públicos determinarem o que os sociólogos investigam, porque é muito fácil deixar o popular e imediatamente relevante obscurecerem a visão para questões mais fundamentais. Um terceiro problema metodológico envolve a "hipótese preferida", que um investigador pode ser levado a perseguir enquanto negligencia problemas mais importantes. Um quarto problema é com relação aos interesses pessoais e organizacionais influenciando o que é visto como cientificamente importante. Burocracias governamentais em larga escala, bem como os indivíduos nelas tendem a buscar e interpretar os dados de modo a apoiarem seus interesses. Um quinto problema está relacionado ao segundo, na medida em que investigadores muitas vezes permitem que os fenômenos mais visíveis ocupem sua atenção, criando um viés em direção aos fenômenos mais prontamente acessíveis (não necessariamente os mais importantes) na coleta de dados. Um sexto problema se origina do fato de que qualquer observador ocupa uma posição na sociedade e por isso tenderá a ver o mundo em termos dos ditames dessa posição. E o sétimo, dependendo da época do processo social em curso em que as observações são feitas, resultados variados podem ser induzidos – sinalizando consequentemente que a mudança "social" não pode ser julgada... pela inspeção de qualquer porção pequena dela"[16].

A discussão de Spencer é atual mesmo hoje, e seu conselho para amenizar essas dificuldades objetivas é relevante também: A ciência social deve basear-se em fontes múltiplas de dados, coletados em diferentes momentos em lugares variados por diferentes investigadores. Combinados aos esforços dos investigadores para reconhecer seus preconceitos, seus interesses e suas posições na sociedade assim como ao seu compromisso com problemas teoricamente importantes (em vez de populares), essas dificuldades também podem ser atenuadas. Todavia, muitas dificuldades subjetivas persistem.

Spencer enfatizava duas classes de dificuldades subjetivas: intelectuais e emocionais. Nas dificuldades intelectuais, Spencer retornava à primeira das dificuldades objetivas: Como os investigadores devem se colocar no mundo subjetivo

---

16. Ibid., p. 105.

daqueles a quem observam? Como podemos evitar representar "os pensamentos e sentimentos" de outros "em termos dos nossos próprios pensamentos e sentimentos"?[17] Pois, se os investigadores não podem suspender seus próprios estados emocionais para entender os daqueles sob investigação, os dados da ciência social serão sempre tendenciosos. Um outro problema intelectual concerne à profundidade da análise, pois quanto mais investigamos um fenômeno em detalhe, mais complicado são seus elementos e suas conexões causais. Assim, quão longe devem os investigadores irem antes que de estarem satisfeitos com sua análise de um fenômeno particular? Em que ponto as conexões causais são desveladas? Voltando-se às dificuldades subjetivas emocionais, Spencer argumentava que o estado emocional de um investigador pode influenciar diretamente as estimativas de probabilidade, a importância e a relevância dos eventos.

Após revisar essas dificuldades e enfatizar que a distinção entre subjetivo e objetivo é um tanto arbitrária, Spencer dedica capítulos separados para o "viés educacional", o "viés de patriotismo", o "viés de classe", o "viés político" e o "viés teológico". Portanto, mais do que qualquer outro sociólogo do século XIX, Spencer viu os vários problemas metodológicos que confrontavam a ciência da sociedade.

Para Spencer, os problemas de parcialidade poderiam ser mitigados não somente pela atenção aos nossos interesses, emoções, condições sociais e outras fontes subjetivas e emocionais de dificuldade, mas também pelo desenvolvimento da "disciplina mental". Ele acreditava que ao estudarem os procedimentos das ciências mais exatas, os sociólogos poderiam aprender a abordar seus temas de um modo disciplinado e objetivo. Em uma série de passagens esclarecedoras[18], ele argumentava que, ao estudarmos as ciências puramente abstratas como a lógica e a matemática, poderíamos nos tornar sensibilizados para "a necessidade de relação" – ou seja, que os fenômenos estão conectados e revelam afinidades. Ao examinarmos as "ciências concreto-abstratas" como a física e a química, somos alertados para a causalidade e para a complexidade das conexões causais. Ao examinarmos as "ciências concretas" como a geologia e a astronomia, tornamo-nos alertas para os "produtos" das forças causais e para a operação de relações reguladoras. Pois é sempre necessário, enfatiza Spencer, ver o contexto no qual os processos ocorrem. Assim, ao abordarmos problemas com a disciplina mental apropriada – com um senso de relação, causalidade e contexto – podemos superar muitas dificuldades metodológicas.

O argumento teórico

Os capítulos de abertura de O estudo da sociologia apresentam um poderoso argumento contra aqueles que sustentariam que o domínio social não é como os

17. Ibid., p. 114.
18. Ibid., p. 314-326.

domínios físico e biológico. Ao contrário, argumentava Spencer, todas as esferas do universo estão submetidas a leis. Toda vez que as pessoas expressam opiniões políticas sobre o que os legisladores deveriam fazer, elas estão admitindo implicitamente as regularidades, que podem ser compreendidas no comportamento e na organização humanos.

Dada a existência de leis descobríveis, Spencer enfatizava que o objetivo da sociologia deve ser descobrir os princípios da morfologia (estrutura) e da fisiologia (processo) de todas as formas orgânicas, incluindo as superorgânicas (sociedade). Mas, ele prevenia, nós não devemos dedicar nossas energias a analisar o historicamente único, peculiar ou transitório. Em vez disso, a sociologia deve buscar pelas propriedades universais e duradouras da organização social[19]. Além disso, os sociólogos não deveriam se tornar excessivamente preocupados com predizer eventos futuros, porque condições empíricas inesperadas sempre influenciarão os pesos das variáveis e, consequentemente, os resultados dos eventos. Muito mais importante é a descoberta das relações básicas entre os fenômenos e as forças causais fundamentais que geram essas relações.

Nos primeiros e últimos capítulos de *O estudo da sociologia*, Spencer buscou delinear, de forma superficial, alguns princípios comuns aos corpos orgânicos antecipando, portanto, a análise posterior mais extensa de *Os princípios da sociologia*. Ele reconhecia a influência de Augusto Comte em conceber a biologia e a sociologia como ciências paralelas das formas orgânicas e em reconhecer que a compreensão dos princípios da biologia é um pré-requisito para descobrir os princípios da sociologia[20]. Como Spencer enfatizou em todos os seus trabalhos sociológicos, certos princípios de estrutura e função são comuns a todos os corpos orgânicos.

Spencer inclusive fez alusão a alguns desses princípios, os quais ele detalharia nos volumes de *Os princípios da sociologia*. Um desses princípios expressa que aumentos no tamanho tanto de agregados biológicos como sociais criam pressões para diferenciação de funções. Um outro princípio expressa que essa diferenciação resulta na criação de processos distintivos, regulatórios, operativos e distributivos. Ou seja, à medida que os sistemas orgânicos se diferenciam, torna-se fundamental que algumas unidades regulem e controlem a ação para outras produzirem o que é essencial para a manutenção do sistema, ou para outras, ainda, distribuírem as substâncias necessárias entre as partes. Um terceiro princípio expressa que a diferenciação inicialmente pressupõe separar centros reguladores de centros produtivos, e somente com os aumentos no tamanho e diferenciação posterior é que emergem centros de distribuição distintos.

Tais princípios são suplementados por uma das primeiras orientações funcionais em sociologia. Em vários lugares, Spencer enfatizou que, para desvelar

---

19. Ibid., p. 58-59.
20. Ibid., p. 328.

os princípios da organização social, é necessário examinar o todo social, determinar suas necessidades de sobrevivência e avaliar várias estruturas pela forma como satisfazem essas necessidades. Embora esse funcionalismo tenha permanecido sempre de alguma forma implícito e subordinado à sua busca pelos princípios de organização entre corpos superorgânicos, influenciou pensadores subsequentes, particularmente Émile Durkheim.

Em suma, *O estudo da sociologia* é um trabalho preliminar a *Os princípios da sociologia*, que: analisa em detalhe os problemas metodológicos que confrontam a sociologia; oferece diretrizes para erradicar preconceitos e para desenvolver a "disciplina científica" adequada; alude à utilidade da análise funcional; e, o mais importante, começa a esboçar o que Spencer pensava ser os princípios fundamentais da organização social. Durante as duas décadas após a publicação de *O estudo da sociologia*, Spencer buscou utilizar os princípios básicos enunciados em seu *Os primeiros princípios* como axiomas para derivar os princípios mais específicos dos corpos superorgânicos.

Uma nota sobre *Sociologia descritiva*, de Spencer

Usando sua herança e os *royalties*, Spencer encomendou uma série de volumes para descrever as características de diferentes sociedades[21]. Esses volumes não deveriam conter, em sua concepção, qualquer teoria ou suposição, porém, constituir os "dados brutos" a partir dos quais induções teóricas poderiam ser feitas ou por meio dos quais deduções a partir da teoria abstrata poderiam ser testadas. Essas descrições se tornaram a fonte de dados para o trabalho sociológico de Spencer, particularmente de seu *Os princípios da sociologia*. Como ele mencionou no "Prefácio Provisional" do vol. 1 de *Sociologia descritiva*,

> na preparação para *Os princípios da sociologia*, requerendo como bases
> de indução grandes acumulações de dados, comparações adequada-

---

21. O título completo do trabalho é *Descriptive Sociology, or Groups of Sociological Facts*. A lista de volumes de *Descriptive Sociology* é a seguinte: Vol. 1: *English* (1873); Vol. 2: *Ancient Mexicans, Central Americans, Chibchans, Ancicent Peruvians* (1874); Vol. 3: *Types of Lowest Races, Negritto, and Malayo-Polynesian Races* (1874); Vol. 4: *African Races* (1875); Vol. 5: *Asiatic Races* (1876); Vol. 6: *North and South American Races* (1878); Vol. 7: *Hebrews and Phoenicians* (1880); Vol. 8: *French* (1881); Vol. 9: *Chinese* (1910); Vol. 10: *Hellenic Greeks* (1928); Vol. 11: *Ancient Egyptians* (1929); Vol. 12: *Ancient Romans* (1930); e Vol. 13: *Mesopotamia* (1934). Uma edição revisada do Vol. 3, editada por D. Duncan e H. Tedder, foi publicada em 1925; uma segunda edição do Vol. 6 apareceu em 1885; o Vol. 14 é uma reelaboração do Vol. 4 por Emil Torday. Em acréscimo a esses volumes, que são *in folio*, dois trabalhos não numerados apareceram: LONG, R. *The Sociology of Islam*. 2 vols. (1931-1933). • GARSTANG, J. *The Heritage of Solomon*: An Historical Introduction to the Sociology of Ancient Palestine (1934). Para uma análise mais detalhada desses volumes, cf. TURNER, J.H. & MARYANSKI, A. "Sociology's Lost Human Relations Area Files". *Sociological Perspectives*, 31, 1988, p. 19-34.

mente ordenadas, eu... comecei, por intermédio de outros, a coleção e a organização dos fatos apresentados por sociedades de diferentes tipos, passadas e presentes... os fatos coletados e ordenados para fácil referência e o estudo conveniente de suas relações, sendo assim apresentados, com exceção das hipóteses, de modo a auxiliar todos os estudantes da ciência social a testarem essas conclusões como foram extraídas e a extraírem outras[22].

A intenção de Spencer era utilizar categorias comuns para classificar "fatos sociológicos" em diferentes tipos de sociedades. Desse modo, ele esperava que a sociologia tivesse uma sólida base de dados para desenvolver as leis dos corpos superorgânicos. Tendo em vista os dados disponíveis a Spencer, os volumes de *Sociologia descritiva* são notavelmente detalhados. Além disso, as categorias para descrever diferentes sociedades ainda são úteis. Embora essas categorias difiram ligeiramente de volume a volume, basicamente, como a complexidade das sociedades variam muito, há um esforço para manter uma série consistente de categorias para classificar e ordenar fatos sociológicos. O vol. 1, *Os ingleses*, ilustra a abordagem de Spencer.

Primeiro, os fatos são registrados para classes gerais de variáveis sociológicas. Assim, para os "fatos" são registrados do seguinte modo:

1) Ambiente inorgânico

   a) Características gerais

   b) Características geológicas

   c) Clima

2) Ambiente orgânico

   a) Vegetal

   b) Animal

3) Ambiente sociológico

   a) Antecedentes

   b) Sociedades passadas a partir das quais o sistema atual se formou

   c) Vizinhos atuais

4) Características dos povos

   a) Físicas

   b) Emocionais

   c) Intelectuais

Essa base inicial de classificação é consistente com os capítulos de abertura de Spencer em *Os princípios da sociologia* (cf. sua seção sobre "Variáveis críticas").

---

22. *The English*. Nova York: Appleton-Century-Crofts, 1873, p. vi [classificado e ordenado por Herbert Spencer, compilado e resumido por James Collier].

Segundo, a maior parte de *Os ingleses* é dedicada a uma descrição do desenvolvimento histórico da sociedade britânica, de origens mais remotas à época de Spencer, dividida nos seguintes títulos:

Divisão do trabalho

Regulamentação do trabalho

Leis domésticas: maritais

Leis domésticas: filiais

Leis políticas: criminais, civis e industriais

Governo geral

Governo local

Exército

Eclesiástico

Profissional

Instituições auxiliares

Ritos funerais

Leis de intercurso

Hábitos e costumes

Sentimentos estéticos

Sentimentos morais

Ideias e superstições religiosas

Conhecimento

Língua

Distribuição

Comércio

Produção

Artes

Agricultura, criação etc.

Terra – cultivo

Habitações

Alimento

Vestimenta

Armamentos

Implementos

Produtos estéticos

Materiais suplementares

Terceiro, para alguns volumes, como *Os ingleses*, descrições mais detalhadas sob esses cabeçalhos são representadas de forma tabular. *Os ingleses*, por exemplo, abre com uma série de tabelas grandes e detalhadas, organizadas sob os cabeçalhos gerais "regulativo" e "operativo", assim como "estrutural" e "funcional". As tabelas começam com a formação inicial dos povos ingleses por volta de 78 d.C. e documentam por meio de uma série de breves relatos, organizados em torno de tópicos básicos (cf. lista anterior), até cerca de 1850 d.C. Ao ler as linhas das tabelas, em qualquer período dado, o leitor pode encontrar um perfil dos ingleses para esse período. Ao ler de cima para baixo as colunas da tabela, o leitor pode observar os padrões de mudança dessa sociedade.

Os volumes excessivamente grandes de *Sociologia descritiva* tornam a leitura fascinante. Eles estão, sem dúvida, entre as descrições mais abrangentes e detalhadas das sociedades humanas jamais elaboradas, ultrapassando certamente as de Max Weber ou qualquer outro cientista social comparativo do final do século XIX e do começo do século XX. Embora as descrições sejam prejudicadas pelas fontes de dados (descrições históricas e registros publicados de viajantes), a metodologia de Spencer é sólida, e como empregou estudiosos profissionais para compilar os dados, eles são tão detalhados quanto poderiam ser na época. Se os volumes de *Sociologia descritiva* não tivessem caído na obscuridade e se tivessem sido atualizados com descrições mais acuradas, a ciência social moderna teria, acreditamos, uma base de dados muito mais firme para a análise sociológica comparativa e para a atividade teórica.

Os princípios da sociologia, de Spencer

Os princípios da sociologia é um trabalho enorme – mais de 2.000 páginas[23] – repleto de ricos detalhes empíricos extraídos de *Sociologia descritiva*. Porém, a importância do livro reside na teoria que Spencer desenvolvia à medida que os sucessivos fascículos desse trabalho foram publicados entre 1874 e 1896. Em *Os princípios da sociologia*, Spencer define a sociologia como o estudo dos fenômenos *superorgânicos* – ou seja, das relações entre organismos. A sociologia poderia, portanto, estudar sociedades não humanas, como a de formigas e de outros insetos, mas o fenômeno superorgânico mais importante é a sociedade humana. Spencer empregou um modelo evolucionário. Para ele, ao longo do extenso curso da his-

---

23. SPENCER, H. *The Principles of Sociology*. 3 vols. 8 partes. Nova York: Appleton-Century-Crofts, 1885 [iniciado originalmente em 1874). Essa edição particular é a terceira e foi publicada em cinco livros separados; referências subsequentes são todas a essa terceira edição. Outras edições variam em número de volumes, embora números parciais sejam consistentes ao longo de várias edições. Cf. tb. a reimpressão editada por Turner dessa edição, publicada pela Transaction Publishers. Essa reimpressão contém um longo sumário e uma análise de *The Principles of Sociology*.

tória, as sociedades se tornaram cada vez mais complexas. As sociedades humanas seguiam os princípios básicos – articulados em *Os primeiros princípios* – do movimento evolucionário de pequenas massas homogêneas a massas mais complexas e diferenciadas. Assim, para Spencer, a evolução é o processo de diferenciação crescente das populações humanas à medida que aumentam de tamanho.

Spencer argumentava que vários fatores importantes sempre influenciam esse movimento de formas sociais pequenas e homogêneas a maiores e mais complexas. Um é a natureza do povo envolvido, outro, os efeitos das condições ambientais, e um terceiro, que ele denominava *fatores derivados*, que envolvia novos ambientes criados pela evolução da sociedade. Esse último fator é o mais importante porque, quanto maiores e mais complexas as sociedades se tornam, mais sua cultura e estrutura moldam o ambiente ao qual as pessoas e grupos devem se adaptar. De particular importância são os efeitos de (1) tamanho e densidade de uma população e (2) as relações das sociedades com seus vizinhos. À medida que o tamanho e a densidade de uma população aumentam, ela se torna mais estruturalmente diferenciada, levando os indivíduos a viverem e se adaptarem a ambientes sociais e culturais altamente diversos. À medida que as sociedades aumentam, elas começam a ter contato com seus vizinhos, e esse contato pode variar de relações cordiais de intercâmbio econômico a guerra e conquista. Como veremos, esses dois fatores derivados estão relacionados no esquema de Spencer uma vez que a natureza da diferenciação interna de uma população é muito influenciada pelo grau de seu envolvimento em guerras com seus vizinhos.

Os superorgânico e a analogia orgânica

A Parte 2 do vol. 1 de *Os princípios da sociologia* contém praticamente todos os enunciados teóricos da sociologia spenceriana. Empregando a analogia orgânica – ou seja, a comparação entre a organização orgânica (corporal) e a superorgânica (societal) –, Spencer desenvolveu uma perspectiva para analisar a estrutura, função e transformação dos fenômenos societais. Muitas vezes, os comentadores criticaram Spencer por seu uso da analogia orgânica, mas, a bem da verdade, deveríamos enfatizar que ele geralmente empregava a analogia de forma cautelosa. O ponto básico da analogia é que, como os sistemas orgânicos e superorgânicos revelam organização entre as partes componentes, deveriam revelar certos princípios comuns de organização. Como Spencer enfatizava,

> entre a sociedade e qualquer outra coisa, a única semelhança concebível deve resultar do *paralelismo de princípio no arranjo dos componentes*[24].

Spencer começa sua analogia pela discussão das similaridades e diferenças entre sistemas orgânicos e superorgânicos. Entre as similaridades importantes, ele delineava as seguintes:

---

24. SPENCER, H. *Principles of Sociology*, 1, p. 448 [ênfase no original].

1) Tanto a sociedade como os organismos podem ser distinguidos da matéria inorgânica, pelo crescimento e pelo desenvolvimento.

2) Tanto na sociedade como nos organismos, um aumento no tamanho significa um aumento na complexidade e na diferenciação.

3) Em ambos, uma diferenciação progressiva na estrutura é acompanhada por uma diferenciação na função.

4) Em ambos, partes do todo são interdependentes, com uma mudança em uma parte afetando outras partes.

5) Em ambos, cada parte do todo é também uma microssociedade ou organismo por si só.

6) E tanto em organismos como em sociedades, a vida do todo pode ser destruída, mas as partes viverão por um tempo[25].

Dentre as diferenças críticas entre uma sociedade e um organismo, Spencer enfatizava as seguintes:

1) O grau de conexão das partes é vastamente diferente em corpos orgânicos e inorgânicos. Há uma estreita proximidade e contato físico das partes nos corpos orgânicos, embora nos sistemas superorgânicos exista dispersão e somente contato físico ocasional dos elementos.

2) A natureza da comunicação entre elementos é vastamente diferente nos sistemas orgânicos e superorgânicos. Nos corpos orgânicos, a comunicação ocorre como ondas moleculares passando através de canais de vários graus de coerência, enquanto entre humanos a comunicação ocorre em virtude da capacidade do uso da linguagem para comunicar ideias e sentimentos.

3) Nos sistemas orgânicos e superorgânicos, existem grandes diferenças nas respectivas consciências das unidades. Nos corpos orgânicos, somente alguns elementos em apenas algumas espécies revelam a capacidade para deliberações conscientes, enquanto nas sociedades humanas todas as unidades individuais exibem a capacidade para pensamento consciente.

A análise da dinâmica superorgânica

Se Spencer tivesse feito apenas essas analogias, haveria poucas razões para examinar seu trabalho. As analogias representam somente um marco sensibilizador, mas o núcleo real da sociologia spenceriana é seu retrato das propriedades dinâmicas dos sistemas superorgânicos. Começamos examinando seu modelo geral do crescimento, da diferenciação e da integração do sistema; depois, veremos como ele aplicou esse modelo aos processos da sociedade como um todo.

---

25. Essa lista particular é tomada de TURNER, J.H. *The Structure of Sociological Theory*. Belmont, CA: Wadsworth, 2004.

Crescimento, diferenciação e integração do sistema

Como Spencer indicou em *Os primeiros princípios*, a evolução envolve o movimento de um estado homogêneo a um estado mais diferenciado. Spencer enfatizava que certos padrões comuns de movimento de estados indiferenciados podem ser observados.

Primeiro, o crescimento em um organismo e na sociedade envolve o desenvolvimento de unidades inicialmente pequenas para unidades maiores.

Segundo, tanto organismos individuais como sociedades revelam uma ampla variabilidade no tamanho e nível de diferenciação.

Terceiro, o crescimento tanto em corpos orgânicos como em superorgânicos ocorre através da composição e recomposição; ou seja, unidades menores são inicialmente agregadas para formarem unidades maiores (composição), e então essas unidades maiores se juntam a outras unidades (recomposição) para formar um todo ainda maior. Desse modo, sistemas orgânicos e superorgânicos se tornam maiores e mais diferenciados estruturalmente. Portanto, o crescimento em tamanho é sempre acompanhado pela diferenciação estrutural daquelas unidades que foram compostas. Por exemplo, pequenos agrupamentos de células em um organismo corporal ou em uma pequena sociedade primitiva se juntam inicialmente a outras células ou pequenas sociedades (tornando-se, assim, compostos); depois, essas unidades maiores se jutam a outras unidades (tornando-se, assim, recompostas) e formam organismos ou sociedades ainda mais diferenciados; e assim sucessivamente tanto para o crescimento orgânico como para o superorgânico.

Quarto, o crescimento e a diferenciação estrutural devem ser acompanhados pela integração. Assim, os corpos orgânicos e societais devem revelar integração estrutural em cada estágio de composição. Sem essa integração, a recomposição não é possível. Por exemplo, se duas sociedades são unificadas, elas devem ser integradas antes que possam, como uma unidade, compor-se em uma outra sociedade. No processo de composição, crescimento, diferenciação e integração, Spencer via mecanismos paralelos de integração em organismos e sociedades. Tanto para sistemas orgânicos como para superorgânicos, a integração é obtida progressivamente através do duplo processo de (1) centralização das funções reguladoras e (2) dependência mútua de partes diferentes. Nos organismos, por exemplo, o sistema nervoso e as funções do cérebro se tornam progressivamente centralizados e os órgãos se tornam progressivamente interdependentes; nos sistemas superorgânicos, os processos políticos se tornam cada vez mais centralizados e as instituições cada vez mais dependentes umas da outras.

Quinto, a integração da matéria através da dependência e da centralização do controle aumenta a "coerência" do sistema e de sua capacidade adaptativa em um determinado ambiente. Essa maior capacidade adaptativa cria, muitas vezes, condições que favorecem o crescimento, a diferenciação e a integração posteriores – embora Spencer enfatizasse que a dissolução muitas vezes ocorre quando um sistema se amplia em demasia ao crescer além de sua capacidade para integrar novas unidades.

Essas considerações gerais, que Spencer inicialmente teceu em seu *Os primeiros princípios*, de 1862, oferecem um modelo de estruturação em sistemas sociais. Nesse modelo, os processos básicos são (1) forças que provocam o crescimento no tamanho do sistema, (2) a diferenciação de unidades, (3) os processos por meio dos quais as unidades diferenciadas se tornam integradas e (4) a criação de uma "heterogeneidade coerente", que aumenta o nível de adaptação ao ambiente.

Assim, para Spencer, a institucionalização é um processo de crescimento em tamanho, diferenciação, integração e adaptação. Com a integração e a maior adaptação, um novo sistema é instituído e capaz de crescimento posterior. Por exemplo, uma sociedade que cresce em decorrência de ter conquistado outra sociedade tenderá a se diferenciar de acordo com o conquistador e o conquistado. Ela centralizará a autoridade, criará relações de interdependência e, como consequência, tornar-se-á mais adaptada ao seu ambiente. O resultado dessa integração e adaptação é uma capacidade maior para conquistar mais sociedades, colocando em movimento uma outra onda de crescimento, diferenciação, integração e adaptação. Similarmente, um sistema social não societal como uma companhia pode começar a crescer por meio de fusões ou dispêndios de capital, mas em breve deve diferenciar as funções e então integrá-las por meio de uma combinação de dependência mútua das partes e da centralização da autoridade. Se essa integração é bem-sucedida, ela aumentará a capacidade adaptativa do sistema, que pode crescer caso algum excedente de capital esteja disponível.

Inversamente, se a integração é incompleta, a dissolução do sistema é provável. Assim, os sistemas sociais crescem, diferenciam-se, integram-se e atingem algum nível de adaptação ao ambiente, mas, em algum momento, as unidades não podem se integrar, colocando o sistema em uma fase de dissolução. A Figura 5.1 ilustra esse processo.

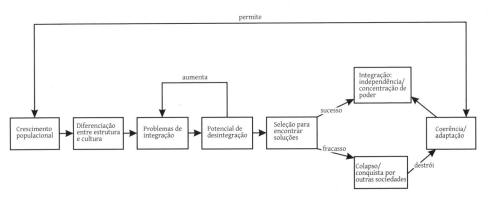

Figura 5.1 Modelo Geral de Evolução de Spencer

Assim, Spencer não vê o crescimento, a diferenciação e a integração como inevitáveis. Ao contrário, à medida que a diferenciação aumenta, problemas de integração da "massa" social maior geram pressões para encontrar soluções para esses problemas. Por exemplo, as pessoas buscam soluções, caso: os papéis que elas ocupam seja pobremente coordenados, crimes e anomalias estejam elevados, compromissos para com os valores da sociedade sejam fracos, não tenham onde trabalhar e predominem muitas outras pressões desintegradoras. Essas tendências desintegradoras são um tipo de "pressão seletiva" porque, à medida que os problemas de integração se elevam, os membros de uma população percebem esses problemas e tentam fazer algo sobre eles. Caso os membros encontrem modos de desenvolver relações de interdependência mútua e de regular suas ações com a autoridade centralizada, eles podem evitar essas pressões pela desintegração e impedir a dissolução. Muitas sociedades, argumentava Spencer, fracassaram em responder adequadamente às pressões pela integração, e, como resultado, colapsaram ou, muito provavelmente, foram conquistadas por uma população mais integrada e poderosa. Na verdade, Spencer argumentava que a guerra tem sido uma força importante na evolução humana porque a sociedade mais integrada e organizada, em geral, vencerá as guerras contra as sociedades menos integradas. À medida que os conquistados são integrados à estrutura social e à cultura de seus conquistadores, o tamanho e a escala da sociedade aumentam, e, assim, mesmo que algumas se dissolvam ou sejam conquistadas, sua escala vai crescendo lentamente ao longo da história. A famosa frase de Spencer "a sobrevivência do mais apto" foi parcialmente pensada para comunicar essa dimensão geopolítica da evolução societal.

Dinâmica geopolítica

O modelo de geopolítica de Spencer é muito sofisticado para sua época. Como mencionamos anteriormente, ele argumentava que uma das forças mais importantes que aumentam o tamanho e a escala das sociedades é a guerra. Ao longo de *Os princípios da sociologia*, ele desenvolve uma teoria geopolítica – a qual, surpreendentemente, a sociologia contemporânea ignora.

Nessa teoria, Spencer argumentava que, quando o poder se torna centralizado em sua base coercitiva, os líderes muitas vezes usam a mobilização do poder coercivo para reprimir conflitos na sociedade e, com igual frequência, para conquistar seus vizinhos. O inverso é também verdadeiro: quando líderes devem lidar com conflitos internos ou ameaças externas de outras sociedades, eles centralizarão o poder para mobilizar recursos para lidar com essas fontes de ameaça. Assim, por exemplo, se existe um conflito de classe ou étnico em uma sociedade, o poder coercivo será utilizado para reprimi-lo, ou se uma sociedade vizinha é vista como perigosa, líderes políticos centralizarão o poder coercivo para enfrentar essa ameaça percebida. Na verdade, os líderes muitas vezes utilizarão ameaças internas ou externas, reais ou imaginadas, como um modo de legitimar sua apropriação de mais poder; uma vez que esse poder está consolidado, pode ser utilizado para centralizá-lo ainda mais.

O resultado é que, uma vez que esse ciclo de ameaças e poder centralizado é iniciado, torna-se autorrealizável, por várias razões. Primeiro, quando o poder é concentrado, é utilizado para usurpar a riqueza e os recursos de uma população, resultando no aumento da desigualdade. Aqueles com poder simplesmente tributam ou se apropriam dos recursos de outros para financiarem guerras e suplementarem seus privilégios. E, à medida que a desigualdade aumenta, a sensação de ameaça interna também se agrava porque aqueles que tiveram seus recursos tomados são geralmente hostis e representam uma ameaça às elites que devem então concentrar ainda mais poder para lidar com a ameaça intensificada, aumentando, assim, a desigualdade e engendrando novas ameaças. No longo prazo, pensava Spencer, esse ciclo em ascensão provocaria potencialmente a desintegração de uma sociedade, ou a tornaria vulnerável a conquistas por parte de outras sociedades. Segundo, quando o poder é concentrado e utilizado para guerrear contra outras sociedades, devem ser extraídos recursos para pagar por esse esforço militar, provocando, potencialmente, assim, o aumento da desigualdade e da ameaça interna, o que agravaria os problemas decorrentes de se fazer guerras. Enquanto uma sociedade é bem-sucedida em aventureirismo, os ressentimentos daqueles que devem pagar por isso permanecem muitas vezes emudecidos, mas quando a guerra externa não dá certo, os ressentimentos daqueles que tiveram seus recursos tomados aumentarão e representarão ameaças internas aos líderes, forçando-os a mobilizar mais poder coercivo, caso possam. Terceiro, quando o poder está concentrado em guerrear, e esses esforços de conquista são bem-sucedidos, torna-se necessário, então, controlar aqueles que foram conquistados. A necessidade de administrar uma população perturbada e ressentida leva os líderes políticos a concentrarem mais poder, extraindo, assim, cada vez mais recursos para o controle social. À medida que os recursos são canalizados para esse fim, a desigualdade aumenta, agravando, assim, as ameaças internas, que requerem ainda mais usurpação de recursos para manter o controle social.

Para Spencer, portanto, a concentração do poder é uma faca de dois gumes. Ela permite uma população conquistar outra e aumentar o tamanho, a escala e a complexidade das sociedades humanas, mas também aumenta as desigualdades e ameaças internas que, a menos que o ciclo de concentração de mais poder seja quebrado, provoca a desintegração da sociedade nova, maior e mais complexa. É por isso que, argumentava Spencer, o aventureirismo militar na era industrial é imprudente; ele exaure os recursos de uma população na obtenção para atividades coercivas, desviando-os da inovação e do investimento em produção doméstica. Em essência, Spencer estava argumentando contra a criação do que chamaríamos hoje o *complexo industrial-militar*. Além disso, Spencer achava que uma vez que o poder está concentrado na base coerciva (exército e polícia) de poder, a tomada de decisões pelos líderes no governo é voltada ao uso da coerção em vez de alternativas, como a negociação, acordos, uso de incentivos etc. para repressão e controle rígido. Por exemplo, se Spencer tivesse visto a ascensão da União Soviética durante a maior parte do século XX, sua teoria de geopolítica poderia tê-lo levado a predizer seu colapso na década de 1990.

A Teoria Geopolítica de Spencer é tecida ao longo das páginas de *Os princípios da sociologia*, e é parte de uma teoria muito mais geral da evolução das sociedades se movendo de formas simples a mais complexas. Spencer conceituou esses movimentos como uma série de estágios proeminentes.

Estágios de evolução da sociedade

Spencer argumentava que aumentos no tamanho de um agregado social necessitavam da elaboração de sua estrutura. Esses aumentos de tamanho são o resultado de altas taxas de natalidade, migrações e populações que se juntam por meio das conquistas e assimilação. Embora Spencer visualizasse grande parte do crescimento como o resultado de composição e recomposição – ou seja, a união de sistemas sociais previamente separados por meio de tratados, conquista, expropriação e outros meios –, ele também empregou o conceito de composição e um outro sentido: para denotar estágios sucessivos de crescimento interno e de diferenciação de sistemas sociais.

Spencer empregava os termos *composição primária, secundária* e *terciária* com as quais pretendia significar que uma sociedade havia experienciado uma mudança qualitativa no nível de diferenciação de uma forma mais simples para uma mais complexa[26]. Esses estágios de composição marcaram um novo nível de diferenciação entre e dentro do que Spencer via como os três principais eixos de diferenciação nos sistemas sociais: (1) o *regulatório*, no qual as estruturas, mobilizando e utilizando o poder, controlam as relações com o ambiente externo, enquanto envolvidas na coordenação interna de membros de uma sociedade; (2) o *operativo*, no qual as estruturas satisfazem as necessidades do sistema para produção de bens e produtos e para a reprodução dos membros do sistema e de sua cultura; e (3) o *distributivo*, no qual as estruturas movem materiais, pessoas e informações. Em sociedades simples, esses três grandes eixos de diferenciação estão integrados, mas à medida que as sociedades crescem e se compõem, estruturas distintas emergem para cada um deles. O curso subsequente de evolução ocorre então com mais diferenciação entre e dentro desses eixos.

A composição primária ocorre quando estruturas mais simples se tornam de algum modo mais complexas. Em primeiro lugar, somente uma diferenciação de processos regulatórios e operativos é evidente. Por exemplo, a divisão sexual do trabalho entre homens e mulheres pode ter se dirigido para uma visão na qual

---

26. SPENCER, H. *Principles of Sociology*, 1, p. 479-483.

alguns homens têm mais autoridade do que as mulheres (funções regulatórias), à medida que as mulheres começarem a assumir uma responsabilidade maior na coleta de alimentos e na socialização dos jovens (funções operativas). Assim, a primeira grande mudança no nível de diferenciação ocorre nos eixos regulatório e operativo; um conjunto distinto de estruturas dedicadas à distribuição de recursos, pessoas e informações só emerge com mais crescimento e diferenciação populacional. Segundo, a composição ocorre, argumentava Spencer, quando as estruturas envolvidas nas funções regulatórias, operativas e distributivas experimentam mais diferenciação. Por exemplo, estruturas administrativas internas podem se tornar distintas das funções de combate no sistema regulatório; várias atividades domésticas, com pessoas ou grupos envolvidos nessas atividades separadas, podem se tornar evidentes; ou pessoas ou grupos distinguíveis envolvidos em comércio externo e interno podem se tornar diferenciados. A composição terciária ocorre quando essas estruturas secundárias experimentam diferenciação interna, de modo que podemos observar estruturas distintas envolvidas em vários processos regulatórios, operativos e distributivos.

A Figura 5.2 representa essas dinâmicas diagramaticamente como um modelo. Esse modelo descreve os "estágios" da evolução da sociedade em três aspectos. Primeiro, Spencer via cinco estágios básicos: (1) simples, sem comando ou liderança, (2) simples, com comando ou liderança, (3) composto, (4) duplamente composto, e (5) triplamente composto. Segundo, ele visualizava cada estágio como sendo representado por (1) um determinado grau de diferenciação *entre* processos regulatórios, operativos e distributivos e (2) um nível de diferenciação *dentro* de cada processo. Terceiro, ele mostrava a maneira como a natureza da regulação, operação e distribuição muda com cada estágio de composição (como indicado pelos títulos descritivos em cada caixa na Figura 5.2).

Na visão de Spencer sobre os estágios da evolução encontramos um modo de análise funcional. Ao ver as estruturas sociais com referência aos processos regulatórios, operativos e distributivos, Spencer implicitamente argumentava que esses três processos representam "necessidades funcionais" básicas de todos os sistemas orgânicos e superorgânicos. Assim, uma estrutura particular deve ser avaliada por sua contribuição a uma ou mais dessas três necessidades básicas. Mas o funcionalismo de Spencer é ainda mais detalhado, e em diferentes momentos ele argumenta que todas as estruturas sociais possuem suas próprias necessidades regulatórias, operativas ou distributivas internas, independentemente de quais dessas três funções elas desempenham no todo social maior no qual estão localizadas[27]. Por exemplo, a família pode ser vista como uma estrutura operativa para a sociedade como um todo, mas também revela sua própria divisão do trabalho nas funções regulatórias, operativas e distributivas.

---

27. Ibid., p. 477.

Sequências de diferenciação

Spencer dedicou grande parte de sua atenção à análise do sistema regulatório porque foi, acima de tudo, um teórico do poder[28]. Sua discussão trata da delineação daquelas condições sob as quais o sistema regulatório (1) se torna diferenciado dos processos operativo e distributivo e (2) se torna internamente diferenciado. Podemos considerar Spencer um teórico político devido à sua ênfase no sistema regulador – ou seja, o centro do poder na sociedade.

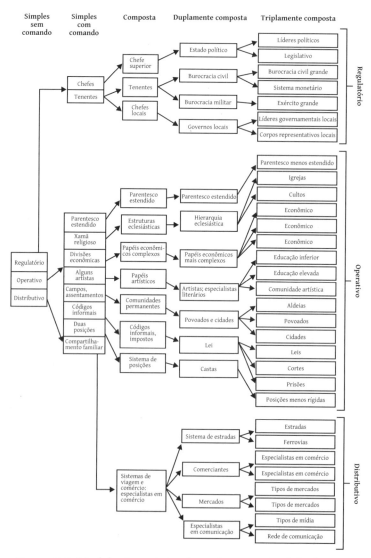

Figura 5.2 Modelo de estágios da evolução societal de Spencer

---

28. Ibid. Parte 2, p. 519-548.

Se traduzirmos a diferenciação entre funções regulatórias e operativas em terminologia mais moderna, então a primeira fase da diferenciação entre a emergência de um sistema político e estruturas especializadas envolvidas (a) na produção ou a conversão de recursos em produtos úteis e (b) na reprodução ou a regeneração do povo assim como de sua cultura. A maior parte da sociologia de Spencer é dedicada ao sistema regulatório, especialmente à causa e às consequências do poder centralizado nos processos operativos e distributivos. Para ele, de um modo geral, as condições que aumentam a concentração e a centralização de poder são:

1) Quando os processos produtivos se tornam complexos, requerem algum tipo de autoridade externa para coordenar a atividade para: assegurar que os intercâmbios continuem fluidamente, manter as obrigações contratuais, prevenir fraude e corrupção e assegurar que as atividades produtivas necessárias sejam conduzidas. Essas pressões pela autoridade externa levam à mobilização do poder. Uma vez que existe essa capacidade para regular a economia, o nível de produção pode se expandir mais, criando novas pressões para o uso expandido do poder para coordenar níveis mais complexos de atividade econômica.

2) Quando existem ameaças internas, surgindo tipicamente de conflitos sobre desigualdades, os centros de poder se mobilizam para controlar o conflito. Ironicamente, o uso do poder para controlar o conflito muitas vezes aumenta a desigualdade porque aqueles com poder começam a usurpar os recursos para si próprios. Como resultado, à medida que mais poder é concentrado, mais desigualdade e conflito sobrevirão em um ciclo de conflito, uso de poder para controlar e usurpar, maior desigualdade e maior potencial para o conflito.

3) Quando existem ameaças externas de outras sociedades surgindo de competição econômica ou confrontos militares, os centros de poder mobilizam forças coercivas para lidarem com essas ameaças. Consequentemente, eles também iniciarão as dinâmicas descritas em (2), porque quando o poder é mobilizado para lidar com ameaças, é também usado para aumentar o bem-estar das elites, aumentando assim a desigualdade e o potencial para conflito. Além disso, conforme a teoria geopolítica de Spencer, quando um sistema político é mobilizado para conflito com outras sociedades, geralmente buscará a guerra como a primeira opção (em vez da diplomacia), e, como consequência, caso ganhe a guerra, esse próprio sucesso cria novas ameaças internas, como especificado em (2) acima, que trata das desigualdades entre conquistadores e conquistados.

À medida que os processos regulatórios e operativos se desenvolvem, argumentava Spencer, aumentam as pressões para transporte, comunicação e intercâmbio entre unidades mais diferenciadas. Como em resultado dessas pressões, novas estruturas emergem como parte de uma expansão geral de funções distributivas. Spencer dedicou considerável atenção aos eventos históricos que provocam aumentos no transporte, estradas, mercados e processos de comunicação, e, por si mesmas, essas descrições tornam a leitura fascinante. No nível mais geral, ele concluiu,

> a verdade que carregamos conosco é que o sistema de distribuição no organismo social, assim como no organismo individual, tem seu desenvolvimento determinado pelas necessidades de transferência entre partes interdependentes. Situado entre os dois sistemas originais – que conduzem respectivamente transações externas com existências adjacentes – e as transações internas com materiais requeridos para a conservação, sua estrutura se torna adaptada aos requisitos dessa função de condução entre os dois grandes sistemas como todos, e entre as subdivisões de cada um[29].

À medida que os sistemas regulatórios e operativos se expandem, provocando assim a elaboração do sistema distributivo, esse terceiro grande sistema se diferencia de modo a facilitar aumentos (1) na velocidade com que circulam materiais e informações e (2) nos vários materiais e informações que são distribuídos. À medida que as capacidades para a distribuição rápida e variada aumentam, processos regulatórios e operativos podem se desenvolver ainda mais; à medida que o último se expande e se diferencia, são criadas novas pressões para distribuição variada e rápida. Além disso, em uma série de observações perspicazes, Spencer menciona que esse ciclo de realimentação envolve um aumento na proporção de informações dos materiais distribuídos em sistemas complexos e diferenciados[30].

Em suma, portanto, a concepção de Spencer sobre a elaboração estrutural enfatiza os processos de crescimento e de diferenciação estruturais através da união de sistemas separados e através dos aumentos internos de tamanho. Como evolucionista, Spencer assumia a visão de longo prazo do desenvolvimento social como crescimento, diferenciação, integração e maior capacidade adaptativa; e então, com esse novo nível como base, seria possível mais crescimento, diferenciação, integração e capacidade adaptativa. Sua concepção de elaboração estrutural é, portanto, altamente sofisticada, e embora deficiente sob muitos aspectos, é equivalente a qualquer outra teoria social do século XIX.

Dialética e fases do sistema

Como enfatizamos, Spencer via a guerra como uma força causal importante nas sociedades humanas. A guerra impulsiona uma sociedade a desenvolver estruturas regulatórias centralizadas para expandir e coordenar processos operativos e distributivos internos. Todavia, a guerra pode ter um efeito irônico

---

29. Ibid., 1, p. 518.

30. Claramente, as quantidades absolutas de ambos aumentam, mas o processamento da informação – créditos, contas, ordens de compra e assim por diante – aumenta como uma proporção das coisas circuladas.

sobre uma sociedade: uma vez que esses processos operativos e distributivos são expandidos sob condições de conflito externo, exercem cada vez mais pressões por menos atividade militar e por menos centralização autoritária. Por exemplo, uma nação em guerra irá inicialmente governar de modo autoritário, para mobilizar recursos, mas à medida que essa mobilização expande o escopo de processos operativos e distributivos, aqueles ocupados com a operação e a distribuição desenvolvem autonomia e começam a pressionar por maior liberdade em relação ao controle central. Desse modo, Spencer foi capaz de visualizar a guerra como uma força importante no desenvolvimento da sociedade, mas, ao mesmo tempo, como um impedimento para o desenvolvimento caso o poder concentrado seja utilizado para concentrar ainda mais poder. E em um capítulo esclarecedor sobre "metamorfoses sociais"[31], ele argumentava que a força dinâmica subjacente à evolução em geral do superorgânico, de estados homogêneos a heterogêneos, era o movimento sucessivo das sociedades dentro e fora das fases "militante" (politicamente centralizada e autoritária) e "industrial" (menos centralizada). Essa dinâmica cíclica é apresentada na Figura 5.3, que examina essas fases de um modo um pouco mais abstrato do que o retratado por Spencer.

A Figura 5.3 apresenta um dos argumentos mais interessantes (e muitas vezes ignorado) da sociologia de Spencer. Para ele, sempre existe uma subcorrente dialética durante a evolução (e dissolução) societal que diz respeito à relação entre processos regulatórios e operativos. Por um lado, cada um desses eixos iniciais de diferenciação encoraja o crescimento e desenvolvimento do outro em um ciclo positivo de retroalimentação, mas, por outro lado, existe uma tensão inerente e dialética entre os dois. Por exemplo, a guerra expande as funções regulatórias; a maior capacidade regulatória permite mais coordenação extensiva de processos operativos; a maior capacidade operativa encoraja esforços de guerra expandidos e, com isso, a expansão do sistema regulatório. Mas, em um determinado ponto desse ciclo, o desenvolvimento de estruturas operativas internas para fazer a guerra inicialmente se torna contraprodutente, limitando o escopo e a diversidade do desenvolvimento nos processos operativos. Na verdade, Spencer argumentava que controle político demais provoca estagnação econômica e, na esfera reprodutiva, suscita ressentimentos. Ao longo do tempo, e sob pressões crescentes do setor interno conforme a mobilização contra o controle rígido aumenta, o perfil belicoso do sistema regulatório é reduzido. Assim, à medida que surgem ressentimentos contra muito poder, não é inevitável que as elites continuem a concentrá-lo para lidarem com essas ameaças, como examinamos antes na teoria de geopolítica de Spencer. Ele via uma alternativa: O ressentimento crescente leva os líderes políticos a fazerem concessões e a reconhecerem que devem dispor de parte de seu controle. Spencer nunca especifica as condições sob as quais líderes abrirão mão de poder; ele sim-

---

31. SPENCER, H. *Principles of Sociology*, 1, p. 577-585.

plesmente assume que essa teria sido uma importante dinâmica na evolução das sociedades humanas de formas simples para complexas. Quando o poder é disponibilizado, estruturas operativas se expandem e se diferenciam em muitas direções, mas ao longo do tempo essas estruturas se tornam muito divergentes, pobremente coordenadas e desreguladas. Uma guerra pode fornecer, acreditava Spencer, o estímulo necessário para maior regulação e coordenação desses processos operativos diversificados e expandidos, pondo assim, uma vez mais, o ciclo em movimento. Alternativamente, os problemas de coordenação se tornam tão sérios que o governo deve intervir para restaurar a ordem.

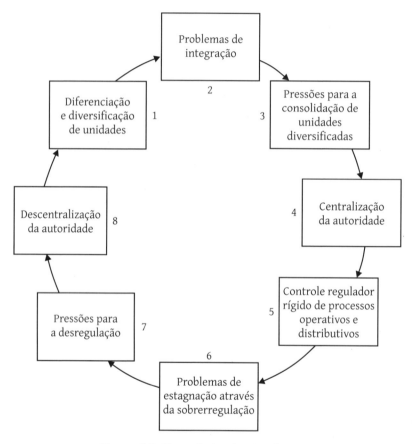

Figura 5.3 Fases de institucionalização

Isso teria ocorrido ao longo da história evolucionária, pensava Spencer. Curiosamente, ele também parecia argumentar que o capitalismo moderno industrial tornou obsoletas a necessidade de guerrear e a regulação extensiva por meio de um Estado central. Na utopia capitalista de Spencer, não seria mais necessário para o governo centralizado, operando sob pressões de guerra, buscar regulação extensiva de processos operativos e distributivos. Em sua concepção, esses processos estavam agora suficientemente desenvolvidos e sujeitos a crescimento, expansão e integração sem doses massivas de intervenção governamental. Aqui, a ideologia de Spencer distorce claramente suas percepções porque o capitalismo avançado requer o exercício de controle pelo governo. Todavia, a análise da dialética entre sociedades militantes e industriais lhe permitiu ver o quanto o poder concentrado poderia ser reduzido sem desintegração.

Classificação de sistemas sociais

Spencer também utilizou esses modelos de evolução societal (Figura 5.2) e das fases do sistema (Figura 5.3) como uma base para classificar as sociedades. Sua tipologia mais famosa (Tabela 5.1) é sobre o que ele denominou sociedades *militantes* e *industriais* – uma tipologia que os comentadores frequentemente compreenderam mal. Muitas vezes ela é vista como representando um curso unilinear de movimento evolucionário das formas societais tradicional e militante para moderna e industrial. Embora Spencer muitas vezes tratasse a evolução das sociedades de um perfil primitivo para um perfil moderno, ele não se apoiou muito na tipologia militante-industrial ao descrever tipos ou estágios da mudança evolucionária. Em vez disso, como é enfatizado na Figura 5.3, a distinção militante-industrial é dirigida basicamente para capturar a diferença entre sistemas de autoridade altamente centralizados, em que predominam os processos regulatórios, e sistemas menos centralizados em que predominam os processos operativos[32]. O termo *industrial* não se refere à produção industrial no sentido das fábricas e mercados modernos, porém, à redução no poder centralizado e à vitalidade e diversidade dos processos operativos. As sociedades mais simples e as mais modernas podem ser militantes ou industriais; Spencer esperava que o capitalismo industrial fosse industrial em vez de militarista. Como mencionamos na última seção, contudo, Spencer via as sociedades como se movendo em ciclos dentro de fora das fases centralizadas e descentralizadas. A tipologia foi pensada para capturar essa dinâmica.

---

32. A má compreensão da intenção de Spencer deriva da sua introdução da tipologia em vários pontos em *Principles of Sociology*. Desse uso em sua discussão sobre instituições políticas e industriais (econômicas), seria fácil ver a tipologia como sua versão dos estágios de evolução. Mas se lemos a descrição mais analítica no primeiro capítulo sobre os tipos e constituições sociais no vol. 1, prestando atenção particular ao fato de que esse capítulo precede aquele sobre metamorfoses sociais, então nossa interpretação é clara. Como Spencer usa uma outra tipologia para descrever as tendências evolucionárias de longo prazo, parece improvável que ele duplicasse esse esforço com uma outra tipologia sobre sociedades militantes industriais. Cf., em particular, *Principles of Sociology*. Vol. 1. Parte 2, p. 569-580.

Tabela 5.1 A tipologia das sociedades militantes e industriais de Spencer

Processos básicos do sistema	Militante	Industrial
1) Processos regulatórios		
a) Objetivos da sociedade	Defesa e guerra	Produtividade interna e provisão de serviços
b) Organização política	Centralizada, autoritária	Menos centralizada; autoridade menos direta sobre as unidades do sistema
2) Processos operativos		
a) Individuais	Graus elevados de controle pelo Estado; níveis elevados de estratificação	Liberdade em relação aos controles extensivos pelo Estado; menos estratificação
b) Estruturas sociais	Coordenadas para satisfazer os objetivos politicamente estabelecidos de guerra e defesa	Coordenadas a facilitar a expansão e o crescimento de cada estrutura
3) Processos distributivos		
a) Fluxo de materiais	De organizações para o Estado; do Estado para os indivíduos e outras unidades sociais	De organizações para outras unidades e indivíduos
b) Fluxo de informação	Do Estado para os indivíduos	Tanto dos indivíduos para o Estado como do Estado para os indivíduos

A distinção entre sociedades militantes e industriais enfatiza que durante o curso de crescimento, diferenciação, integração e melhoramento adaptativo social[33], as sociedades se movem dentro e fora das fases militante (dominância do regulatório) e industrial (operativo). As fases militantes consolidam as estruturas operativas diversificadas das fases industriais. As causas de um perfil militante ou industrial para um sistema em um determinado momento são variadas, mas Spencer via como críticos (1) o grau de ameaça externa de outros sistemas e (2) a necessidade de integrar populações e culturas dissemelhantes. Quanto maior a ameaça de sistemas externos a um sistema ou quanto mais diversa a população (uma ameaça interna), mais provável é que se revele um perfil militante. Contudo, uma vez que as ameaças externas e internas tenham sido reduzidas por meio da conquista, tratados,

---

33. Estamos utilizando aqui os termos de Parsons porque expressam melhor a intenção de Spencer. Cf. PARSONS, T. *Societies*, citado na nota 34.

assimilação e outros processos, aumentam as pressões para o movimento em direção a um perfil industrial. Essa é a dinâmica básica que subjaz às amplas tendências evolucionárias de um estado de organização social homogêneo para um heterogêneo.

A outra tipologia de Spencer, que recebeu consideravelmente menos atenção do que a distinção militante-industrial, trata dos principais estágios na evolução das sociedades. Embora a tipologia militante-industrial busque capturar a dinâmica cíclica subjacente ao movimento evolucionário, Spencer também tenta descrever os estágios distintivos do desenvolvimento societal de longo prazo, como foi formulado anteriormente na Figura 5.2. Essa tipologia trata da descrição do padrão e da direção da diferenciação societal, ocupando-se, assim, do processo de composição. Como evidenciado na Figura 5.2, Spencer nomeou os estágios distintivos do crescimento e da diferenciação societal: simples (com e sem liderança), composto, duplamente composto e triplamente composto.

Na Tabela 5.2, tomamos a narrativa de Spencer e a organizamos de um modo um pouco mais formal. Mas a listagem das características para sociedades simples (tanto aquelas com líderes como aquelas sem), compostas, duplamente compostas e triplamente compostas para dimensões regulatórias, operativas e distributivas assim como demográficas (características populacionais), captura a essência do intento de Spencer. Vários pontos necessitam ser enfatizados. Primeiro, embora certos aspectos da descrição de Spencer sejam imprecisos, seu sumário dos estágios distintivos da evolução societal é igual, ou superior, a qualquer outro que antropólogos e sociólogos recentes tenham delineado[34]. Segundo, essa descrição é muito superior a qualquer outra desenvolvida por outros antropólogos e sociólogos da época de Spencer.

Com essa tipologia, Spencer pretendia expressar o que podemos chamar *explicações estruturais*. O intento básico desse modo de explicação é ver certos tipos de estruturas como tendendo a coexistir. Como Spencer concluiu,

> as induções conseguiram... mostrar que nos fenômenos sociais existe uma ordem geral de coexistência e sequência; e, portanto, os fenômenos sociais formam o tema de uma ciência redutível, ao menos em alguma medida, à forma dedutiva[35].

---

34. Cf., p. ex., PARSONS, T. *Societies*, 1966. • *The System of Modern Societies*. Englewood Cliffs, NJ: Prentice Hall, 1971. • LENSKI, G.; LENSKI, J. & NOLAN, P. *Human Societies*. Nova York: McGraw-Hill, 1991. • FRIED, M.H. *The Evolution of Political Society*. Nova York: Random House, 1967.

35. SPENCER. *Principles of Sociology*. Vol. 1. Parte 2, p. 597.

Tabela 5.2 Os estágios da evolução de Spencer

Dimensões do sistema	Sociedade simples	
	Sem liderança	Liderada
1) Sistema regulatório	Líderes temporários que emergem em resposta a problemas particulares	Chefes permanentes e vários tenentes
2) Sistema operativo		
a) Estrutura econômica	Caça e coleta	Pastoral; agricultura simples
b) Estrutura religiosa	Adoração religiosa individualizada	Começo do especialista religioso: xamã
c) Estrutura familiar	Simples; divisão sexual do trabalho	Grande, complexa; divisão sexual e política do trabalho
d) Formas artístico-literárias	Pouca arte; nenhuma literatura	Alguma arte; nenhuma literatura
e) Leis e costumes	Códigos informais de conduta	Códigos informais de conduta
f) Estrutura da comunidade	Pequenos grupos de famílias itinerantes	Pequenos agrupamentos assentados de famílias
g) Estratificação	Nenhum	Chefe e seguidores
3) Sistema distributivo		
a) Materiais	Compartilhamento na família e no grupo	Intercâmbio e compartilhamento intra e interfamiliar
b) Informação	Oral, pessoal	Oral, pessoal
4) Perfil demográfico		
a) Tamanho	Pequeno	Grande
b) Mobilidade	Mobilidade dentro do território	Menos mobilidade; frequentemente vinculada ao território

Sociedade composta	Duplamente composta	Triplamente composta (nunca formalmente listada)
Hierarquia de chefes, com chefe principal, chefes locais e variedades de tenentes	Elaboração de Estado político burocratizado, diferenciação entre administração doméstica e militar	Estado político moderno
Agrícola; divisão geral e local do trabalho	Agrícola; divisão extensiva do trabalho	Capitalismo industrial
Arranjos eclesiásticos estabelecidos	Hierarquia eclesiástica; rituais e observância religiosa rígidos	Diversidade religiosa em estrutura de igrejas separadas
Grande, complexa; numerosas divisões sexual, etária e política	Grande, complexa; numerosas divisões sexual, etária e política	Pequena, simples; diminuição da divisão sexual do trabalho
Artistas	Artistas; especialistas literários; estudiosos	Muitos especialistas literários artísticos; estudiosos
Códigos informais; impostos por elites políticas e por membros da comunidade	Leis e códigos escritos	Códigos legais civis e criminais elaborados
Aldeias; edificações permanentes	Cidades grandes; estruturas permanentes	Cidades, povoados e vilarejos
Cinco ou seis posições claras	Casta; divisões rígidas	Classes; menos rígida
Viagens e comércio entre as aldeias	Estradas entre os povoados; viagens e intercâmbio consideráveis; comerciantes e outros especialistas	Estradas, ferrovias e outros transportes não manuais; muitos especialistas
Oral, pessoal; por vezes, mediada pelas elites ou viajantes	Oral e escrita; decretos; oráculos; professores e outros especialistas em comunicações	Oral e escrita; estruturas formais de mídia para editais; muitos especialistas em comunicações
Maior; confluência de várias sociedades simples	Grande	Grande
Menos mobilidade; vinculada ao território; movimento entre aldeias de um território definido	Estabelecida; muitas viagens entre os povoados	Estabelecida; concentrações urbanas em crescimento; muitas viagens; movimento de centros rurais para urbanos

Assim, ao lermos as colunas da Tabela 5.2, podemos ver que certas estruturas provavelmente coexistirão em um sistema. E ao lermos as linhas da tabela, os padrões de mudança nas estruturas com cada incremento de diferenciação societal podem ser observados. Além disso, como Spencer enfatizava, esses padrões de evolução social estavam de acordo com a lei geral da evolução enunciada em *Os primeiros princípios*.

> Os vários fatos considerados se unem para provar que a evolução social forma uma parte da evolução como um todo. Como agregados em desenvolvimento em geral, as sociedades mostram *integração*, tanto pelo simples aumento da massa como pela coalescência e recoalescência das massas. A mudança da *homogeneidade* para a *heterogeneidade* é abundantemente exemplificada; da simples tribo, similar em todas as suas partes, até à nação civilizada, cheia de dissimilaridades estruturais e funcionais. Com a integração e a heterogeneidade em andamento segue o aumento da coerência. Vemos o grupo itinerante se dispersando, dividindo-se, unido sem vínculo algum; a tribo com partes se tornou mais coerente pela subordinação a um homem dominante; o agrupamento de tribos se reuniu em um plexo político comandado por subchefes; e assim por diante até à nação civilizada, consolidada o bastante para se manter coesa por mil anos ou mais. Simultaneamente chega a maior *definição*. A organização social é no início vaga; o avanço traz arranjos estabelecidos que se tornam lentamente mais precisos; os costumes se tornam leis que, embora ganhando fixidez, também se tornam mais específicas em suas aplicações às várias ações; e todas as instituições, no início confusamente misturadas, lentamente se separam, ao mesmo tempo em que cada uma dentro de si mesma delimita mais distintamente suas estruturas componentes. Assim, em todos os aspectos, a fórmula da evolução é realizada. Há progresso em direção ao tamanho, coerência, multiformidade e definição maiores[36].

Em suma, portanto, Spencer forneceu duas tipologias básicas para classificar os sistemas de societais. Uma tipologia – a distinção militante-industrial – enfatiza as fases cíclicas de todas as sociedades em qualquer estágio de evolução. A segunda tipologia é menos conhecida, mas provavelmente mais importante. Ela delineia as características estruturais e o perfil demográfico das sociedades em diferentes estágios de evolução. Nessa tipologia encontramos uma série de afirmações sobre quais estruturas tendem a se agrupar durante o crescimento e a diferenciação societais. Ela é, sob muitos aspectos, o guia implícito para a análise estrutural e funcional de Spencer das instituições societais básicas, que abrange da Parte 3 até a 7 nos vols. 1 e 2 de *Os princípios da sociologia*. Deveríamos, portanto, fechar nosso exame de *Os princípios da sociologia* mencionando

---

36. Ibid., p. 596.

brevemente algumas das generalizações mais interessantes que emergem da descrição de Spencer das instituições humanas básicas.

A análise das instituições societais

Ao menos dois terços de *Os princípios da sociologia* são dedicados a uma descrição e explicação evolucionárias das instituições humanas básicas[37]. Para Spencer, as instituições são padrões duradouros de organização social que (1) satisfazem necessidades funcionais fundamentais ou requisitos da organização humana e (2) controlam as atividades de indivíduos e grupos na sociedade. Spencer empregava um argumento de "seleção social" em sua análise da dinâmica social. As instituições mais básicas emergem e persistem porque fornecem uma população com vantagens adaptativas em um ambiente dado, tanto natural como social. Ou seja, aqueles padrões de organização que facilitam a sobrevivência de uma população no ambiente natural e no contexto de outras sociedades serão retidos, ou "selecionados"; em consequência, esses padrões se tornarão institucionalizados na estrutura de uma sociedade. Como certos problemas de sobrevivência sempre confrontam a organização dos povos, é inevitável que entre as populações sobreviventes várias instituições comuns sejam evidentes para todas as sociedades duradouras – por exemplo, parentesco, cerimônias, política, religião e economia. Spencer discute outras instituições, além dessas, mas nosso exame enfatizará somente essas, porque fornecem algumas das concepções mais interessantes de sua sociologia.

Instituições domésticas e parentesco

Spencer argumentava que o parentesco emergia para satisfazer a necessidade mais básica de todas as espécies: a reprodução[38]. Como uma população deve regular sua própria reprodução para que possa sobreviver por muito tempo, o parentesco foi uma das primeiras instituições humanas. Essa regulação da reprodução envolve o controle da atividade sexual, o desenvolvimento de vínculos mais permanentes entre homens e mulheres e a provisão de um ambiente seguro para criar os filhos.

A discussão de Spencer sobre o parentesco era extremamente sofisticada para sua época. Após formular os argumentos funcionais prévios, ele inicia uma

---

37. Cf. TURNER. *Herbert Spencer* (citado na nota 11), para um exame mais detalhado da análise institucional de Spencer.

38. SPENCER. *Principles of Sociology*. Vol. 1. Parte 3, p. 603-757. Cf. tb. BEEGHLEY, L. "Spencer's Analysis of the Evolution of the Family and the Status of Women: Some Neglected Considerations". *Sociological Perspectives* [anteriormente *Pacific Sociological Review*], 26, ago./1983, p. 299-313.

análise evolucionária dos vários tipos de sistemas de parentesco. Embora imperfeita em alguns aspectos, essa abordagem foi perspicaz e antecipou argumentos similares de antropólogos do século XX. Algumas das generalizações mais interessantes que emergiram de sua análise são as seguintes:

1) Na ausência de modos alternativos de organizar uma população, os processos de parentesco se tornarão o principal mecanismo de integração social.

2) Quanto maior o tamanho de uma população desprovida de formas alternativas de organização das atividades, mais elaborado será um sistema de parentesco e mais revelará regras explícitas de descendência, casamento, endogamia e exogamia.

3) Aquelas sociedades que se engajam em conflito perpétuo tenderão a criar sistemas de descendência patrilineares e autoridade patriarcal; como consequência, revelarão menos igualdade entre os sexos e serão mais propensas a definir e tratar as mulheres como propriedades[39].

Instituições cerimoniais

Spencer reconhecia que as relações humanas eram estruturadas por símbolos e rituais[40]. Na verdade, ele tendia a argumentar que outras instituições – parentesco, governo e religião – teriam sido fundadas sobre uma base "pré-institucional" centrada em cerimônias interpessoais, como o uso de (1) formas particulares de tratamento, (2) títulos, (3) intercâmbios ritualizados de saudações, (4) condutas, (5) padrões de deferência, (6) insígnias de honra, (7) moda e vestimenta, e (8) outros meios de ordenar as interações dos indivíduos. Assim, à medida que as pessoas interagem, elas "se apresentam" por meio de sua conduta, moda, formas de falar, insígnias, títulos e rituais, e ao fazerem isso esperam certas respostas de outros. A interação é, portanto, mediada por símbolos e cerimônias que estruturam o modo pelo qual indivíduos devem se comportar um em relação ao outro. Sem esse controle de relações por meio de símbolos e cerimônias, estruturas institucionais maiores não poderiam ser mantidas.

Spencer se interessava particularmente pelos efeitos da desigualdade nos processos cerimoniais, especialmente nas desigualdades criadas pela centralização do poder (como ocorre nas sociedades militantes descritas na Tabela 5.1). Algumas generalizações interessantes emergem de sua análise mais detalhada:

1) Quanto maior o grau de centralização política que existe em uma sociedade, maior será o nível de desigualdade e, assim, maior será a preocupação com os símbolos e cerimoniais que demarcam as diferenças de posição entre indivíduos.

---

39. Cf. TURNER. *Herbert Spencer* (citado na nota 11).

40. SPENCER. *Principles of Sociology*. Vol. 2. Parte 4, p. 3-216.

2) Quanto maior a preocupação com as diferenças de posição, (a) maior a probabilidade de as pessoas em diferentes posições possuírem objetos e títulos distintivos para marcarem suas respectivas posições, e (b) maior a probabilidade de as interações das pessoas em diferentes posições serem ritualizadas por formas padronizadas de tratamento e por padrões estereotipados de deferência e conduta.

3) Inversamente, quanto menor o grau de centralização política e quanto menor o nível de desigualdade, menos as pessoas se preocupam com os símbolos e cerimônias que demarcam posição e regulam a interação[41].

Instituições políticas

Em sua análise dos processos políticos na sociedade, Spencer também desenvolveu uma perspectiva para examinar as estruturas da classe social[42]. Em sua concepção, os problemas de conflito interno resultantes do autointeresse desenfreado e a existência de hostilidade para com outras sociedades têm sido as principais forças causais por trás da emergência e elaboração dos governos. Embora esses revelem variabilidade considerável, todos evidenciam certas características comuns: (1) líderes supremos, (2) grupos de sublíderes e de administradores, (3) grandes massas de seguidores que subordinam alguns de seus interesses para os ditames dos líderes, e (4) crenças e valores legitimadores que dão aos líderes "o direito" de regular outros. Spencer argumentava que uma vez que as estruturas governamentais existem, elas são autoperpetuadoras e se expandirão a menos que colapsem internamente por falta de legitimidade ou que sejam externamente conquistadas. Em particular, guerras e ameaças de guerra centralizam o governo no uso da força para conquistar territórios adicionais e para regular internamente os processos operativos, resultando na expansão das estruturas governamentais. Além disso, a expansão do governo e sua centralização cria ou exacerba divisões de classe em uma sociedade porque aqueles com recursos podem usá-los para mobilizar o poder e as decisões políticas que aumentam posteriormente seu controle sobre recursos valiosos. Podemos dizer, assim, que Spencer desenvolveu uma sociologia política muito robusta, e embora uma listagem de apenas algumas generalizações não possa fazer justiça à sofisticação de sua abordagem, algumas de suas conclusões mais interessantes são as seguintes:

1) Quanto maior o número de pessoas e de transações internas entre indivíduos em uma sociedade, maior será o tamanho e o grau de diferenciação interna do governo.

2) Quanto maior o nível real ou potencial de conflito com outras sociedades e dentro de uma sociedade, maior será o grau de centralização de poder no governo.

---

41. Cf. TURNER. *Herbert Spencer*, p. 122.

42. SPENCER. *Principles of Sociology*. Vol. 2. Parte 5, p. 229-643.

3) Quanto maior a centralização de poder, mais visíveis serão as divisões de classe e maior será a probabilidade de essas divisões criarem conflito interno potencial ou real.

Instituições religiosas

A análise de Spencer enfatizava que todas as religiões compartilham de certos elementos comuns: (1) crenças em entes e forças sobrenaturais, (2) grupamentos organizados de indivíduos que partilham essas crenças, e (3) atividades rituais dirigidas para aqueles entes e forças que são vistas como tendo a capacidade de influenciar os assuntos humanos[43]. As religiões emergem em todas as sociedades, ele argumentava, porque aumentam a sobrevivência de uma população ao (1) reforçarem valores e crenças por meio do poder ratificador do sobrenatural e (2) fortalecerem ordenamentos estruturais sociais existentes, especialmente aqueles relacionados ao poder e à desigualdade, ao fazê-los parecerem extensões da vontade sobrenatural.

Spencer apresentou um cenário interessante sobre a evolução da religião, de noções primitivas de "espíritos ancestrais" às religiões monoteístas altamente burocratizadas que atualmente dominam o mundo. Ele via a evolução e os padrões estruturais da religião como intimamente conectados a processos políticos, levando-o a propor as seguintes generalizações:

1) Quanto maior o nível de guerra e conquista de uma sociedade, maiores são os problemas de consolidação das diversas crenças religiosas, forçando assim a expansão da classe religiosa de sacerdotes a reconciliar essas diversas religiões e a criar religiões politeístas.

2) Quanto maior a centralização política e o nível de desigualdades em uma sociedade, maior a probabilidade de a classe sacerdotal criar um panteão de deidades hierarquizadas.

3) Quanto mais o governo se apoia na classe sacerdotal para lhe conferir legitimação através de um complexo sistema de crenças e símbolos religiosos, mais essa classe extrai riqueza e privilégios dos líderes políticos, consolidando assim sua posição de classe distintiva e criando uma elaborada estrutura burocrática para organizar atividades religiosas.

4) Quanto mais centralizado é um governo e quanto mais ele se apoia na legitimação religiosa por uma classe privilegiada e burocratizada de sacerdotes, maior é a probabilidade de uma revolta religiosa e da criação de uma religião simplificada e monoteísta.

---

43. Ibid. Vol. 2, Parte 6, p. 3-159. Deveríamos observar quão perto essa concepção de funções religiosas é daquela que será desenvolvida por Durkheim.

Instituições econômicas

Para Spencer, a evolução de longo prazo das instituições econômicas é determinada (1) pelos incrementos na tecnologia ou no conhecimento de como manipular o ambiente natural, (2) pela expansão da produção e na distribuição de bens e serviços, (3) pela acumulação de capital ou dos instrumentos de produção, e (4) pelas mudanças na organização do trabalho[44]. Em troca, esses processos relacionados são o resultado de esforços para atingir níveis maiores de adaptação ao ambiente e satisfazer constantemente necessidades humanas cada vez maiores. Ou seja, à medida que um nível de adaptação econômica é criado, as necessidades das pessoas por novos produtos e serviços aumentam e geram pressões pela reorganização econômica. Assim, à medida que novas tecnologias, modos de produção, mecanismos de distribuição, formas de capital e meios para organizar o trabalho em torno de processos produtivos são desenvolvidos, um nível mais efetivo de adaptação ao ambiente natural é atingido; à medida que essa capacidade adaptativa maior é estabelecida, as pessoas começam a desejar mais. Como resultado, a produção econômica se torna cada vez menos vinculada a problemas de sobrevivência no ambiente natural durante a evolução societal e cada vez mais o resultado do aumento das vontades e desejos entre os membros de uma sociedade.

Spencer argumentou mais adiante que a guerra diminuía os avanços na produtividade econômica em geral porque a mobilização para a guerra desvia a economia da produção doméstica em direção ao desenvolvimento de tecnologias militares e à organização da produção em torno de produtos ou serviços militares. Para Spencer, a guerra esgota o capital, suprime vontades e desejos por consumir bens, encoraja somente as tecnologias militares e mobiliza o trabalho para a produção em tempo de guerra (embora dizima boa parte da força produtiva de trabalho). Somente em tempos de relativa paz, portanto, correrá crescimento econômico. Esse crescimento na economia doméstica tenderá particularmente a ocorrer quando houver aumentos no tamanho da população. Na concepção de Spencer, o aumento no tamanho da população sob condições de paz cria pressão para a expansão da produção enquanto aumenta as necessidades por novos produtos e serviços. Essas e muitas outras linhas de argumentação em sua análise da economia possuem um sabor altamente moderno, mas diferente de sua abordagem a outras instituições, apresenta poucas generalizações abstratas, de modo que não tentaremos concluir com alguma delas aqui.

Esse breve sumário da análise de Spencer das instituições básicas não faz jus à sofisticação de sua abordagem. Como qualquer estudioso de sua época, ou de hoje, ele via as complexas inter-relações das estruturas sociais. Uma razão para essa sofisticação em sua análise é seu conhecimento profundo de diversas socie-

---

44. Ibid. Vol. 2. Parte 8, p. 327-608.

dades, que ele adquiriu através dos esforços de pesquisadores contratados para elaborarem descrições das sociedades históricas e contemporâneas. Ao longo de seu trabalho, suas ideias são ilustradas por referências a diversas sociedades. Essa familiaridade com muitas sociedades históricas e contemporâneas veio de seus esforços para construir uma "sociologia descritiva".

Conclusões críticas

Herbert Spencer é, sem dúvida, o mais negligenciado dos primeiros teóricos da sociologia. Comte é, com certeza, também negligenciado, mas, diferente de Spencer, nunca desenvolveu realmente uma teoria. Spencer articulou uma teoria que, em sua maior parte, os sociólogos contemporâneos ignoram. Por que isso deveria ser assim?

A filosofia moral de Spencer claramente o estigmatizou, especialmente sua concepção de que o governo não deveria intervir tão extensivamente para ajudar o desafortunado. Uma visão como essa ia contra a expansão do estado de bem-estar no século XX. Essa ideologia macula sua sociologia, e claramente deixou os estudiosos relutantes em dar a ela uma leitura justa.

A frase "sobrevivência do mais apto", cunhada por Spencer, e o uso dessa ideia em grande parte da filosofia conservadora, e pior ainda, no movimento eugênico do século XX, estigmatizaram ainda mais sua sociologia. Na verdade, aqueles que defendiam a criação seletiva de humanos, ou, alternativamente, a morte natural dos "menos aptos", apelaram, por vezes, a Spencer, um fato que certamente não ajudou nossa visão retrospectiva dele.

Spencer também foi o supremo generalista em uma época em que as disciplinas acadêmicas estavam começando a se especializar. Sua sociologia é uma parte de uma visão quase cósmica muito maior da evolução em todos os domínios do universo. Sociólogos do século XX foram menos propensos a adotar esses pronunciamentos grandiosos e muito vagos, e isso se aplica muito mais hoje para a disciplina, que passa por um momento de hiperespecialização muito rápida.

A ênfase de Spencer na evolução como o processo societal principal também o colocou em apuros. Por volta da segunda década do século XX, o pensamento evolucionário esteve sob pesado ataque, e como o pensador evolucionário supremo nas ciências sociais, Spencer esteve sob crítica constante. Quando o paradigma evolucionário colapsou e caiu na obscuridade na década de 1930, o mesmo ocorreu com a sociologia de Spencer. Mesmo com o ressurgimento do pensamento evolucionário na década de 1960 na sociologia, Spencer nunca foi ressuscitado, exceto por alguns estudiosos dedicados.

Spencer provavelmente escreveu demais. As ideias-chave de sua sociologia devem ser extraídas de milhares de páginas, e muitos sociólogos relutam em ler todo esse material. Todavia, caso os estudiosos tivessem a paciência para ler essas muitas páginas, a sociologia de Spencer teria muitos pontos fortes que mereceriam ser ouvidos novamente. Primeiro, ele desenvolveu uma teoria muito sofisticada da política em sua sociologia. Essa teoria enfatiza que a concentração do poder transforma dramaticamente todos os outros sistemas institucionais – como pode ser visto pelas proposições que listamos no texto – e põe em movimento a dinâmica tanto geopolítica como dialética. Mesmo pelos padrões de hoje, essa porção da sociologia de Spencer é muito sofisticada. Na verdade, ele deveria ser considerado um teórico político tanto quanto um pensador funcionalista ou evolucionista, e, se esse fato fosse reconhecido, talvez os sociólogos estivessem dispostos a dar ao seu trabalho uma outra chance. Segundo, as concepções de Spencer sobre a dinâmica da diferenciação merecem ser revisitadas. As relações básicas entre tamanho do sistema, nível de diferenciação e integração através da interdependência e do poder representam algumas das mais poderosas leis da sociologia. Embora sociólogos mais contemporâneos tenham trabalhado com essas ideias, eles parecem esquecer de onde elas vieram. E terceiro, apesar da utilização de uma grande quantidade de dados de sua *Sociologia descritiva* tornar a leitura de *Os princípios da sociologia* uma tarefa árdua, podemos aprender muito com esses materiais. Poucos sociólogos sequer documentaram seus argumentos com tantos detalhes etnográficos e históricos. Sob alguns aspectos, Spencer pode servir como um modelo de como isso deveria ser feito.

6
A origem e o contexto do pensamento de Marx

Influências biográficas no pensamento de Marx

Karl Marx, teórico e revolucionário, filho de Heinrich e Henrietta Marx, nasceu em 5 de maio de 1818, na cidade de Trier. Localizada em Rhineland, Trier era (e é) o centro comercial da área vitícola de Moselle na Alemanha. Descendente de uma longa linhagem de rabinos em ambos os lados da família, o jovem Marx viveu em um lar burguês (ou classe média) estável. Seu pai, um advogado e amante das ideias, converteu-se ao luteranismo em 1817 para proteger sua posição. Embora judeu por nascimento, Marx pai parece ter tido pouco interesse na religião organizada, tendo sido atraído para o deísmo característico do Iluminismo. O jovem Marx foi aparentemente próximo a seu pai e aprendeu com ele sobre o individualismo e o progresso humano em Voltaire, Rousseau e outros escritores.

Enquanto crescia, Marx foi influenciado por um prussiano de classe alta, Ludwig von Wesphalen, com cuja filha, Jenny, terminou se casando. A despeito das diferenças de *status* entre as duas famílias, Von Wesphalen passou a gostar de Marx, encorajando-o a ler, e apresentou-o aos trabalhos de grandes escritores alemães da época, Johan Goethe e Friedrich Schiller, assim como aos filósofos gregos clássicos.

Esse histórico intelectual pavimentou o caminho para o subsequente estudo que Marx realizou da filosofia de G.W.F. Hegel e da economia política de Adam Smith, e que terminou por levá-lo a uma crítica teórica da ordem social capitalista. Igualmente importante, contudo, esses aspectos do histórico de Marx o tornaram peculiar entre os revolucionários do século XIX, pois ele não foi cerceado nem perseguido quando jovem. Assim, embora fosse arrogante, vaidoso e vingativo com relação aos inimigos, Marx também foi positivo e autoconfiante ao longo de sua vida adulta[1].

---

1. BERLIN, I. *Karl Marx*: His Life and Environment. Nova York: Oxford University Press, 1963, p. 33.

Hegel e os Jovens Hegelianos

Após se graduar no ginásio (ou escola secundária) de Trier, aos 17 anos, Marx se matriculou na Universidade de Bonn em 1835. Um ano depois, contudo, ele a trocou pela mais cosmopolita e sofisticada Universidade de Berlim, onde encontrou o idealismo de Hegel. O grande filósofo, que morrera apenas alguns anos antes, dominava a vida intelectual na Alemanha naquela época. Marx também encontrou jovens intérpretes acadêmicos de Hegel, que se chamavam Jovens Hegelianos. Eles constituíram o primeiro contato de Marx com pessoas que não aceitavam cegamente os valores e normas dominantes da sociedade alemã.

Os Jovens Hegelianos, incluindo nomes esquecidos como Max Stirner, Bruno Bauer, David Strauss e Ludwig Feuerbach, viam-se como radicais. E eram, de fato, irreligiosos e liberais. Eles questionavam a ordem estabelecida na Prússia (onde Berlim estava situada). Marx observou a influência desses pensadores sobre ele em uma agora famosa carta a seu pai. "Há momentos na vida de alguém", ele escreveu, "que são como postos de fronteira marcando a finalização de um período, mas ao mesmo tempo indicando claramente uma nova direção". Após estudar o idealismo de Hegel, ele continua, "cheguei ao ponto de buscar a ideia na própria realidade"[2]. A última frase é importante, pois Marx estava afirmando que havia rejeitado o idealismo de Hegel em favor do estudo da "própria realidade", como definida pelos Jovens Hegelianos – na verdade, ele questiona o *status quo* –, iniciando, assim, o longo processo de transformar a filosofia em ciência social.

Essa transição, contudo, ocorreu em um contexto social muito despótico. Durante grande parte do século XIX, a Prússia foi talvez a nação mais repressora na Europa, com a religião organizada apoiando as atividades do Estado. Aqueles que questionassem a ordem estabelecida, religiosa ou política, eram tratados como subversivos. Por isso, com o tempo os Jovens Hegelianos viram seus escritos serem censurados e eles próprios destituídos de seus cargos na universidade.

Apesar disso, o jovem Marx se preparava para uma vida na academia. Além de estudar filosofia, escreveu centenas de poemas, um romance, uma peça aos moldes de uma tragédia grega e muito mais. Em 1841, obteve seu doutoramento com uma tese intitulada "A diferença entre a filosofia da natureza de Demócrito e de Epicuro"[3]. Infelizmente, seus patronos acadêmicos haviam sido destituídos de seus postos e foram impossibilitados de lhe obter uma colocação. Marx ficou, portanto, sem perspectivas de carreira.

---

2. MARX, K. "Discovering Hegel" [a carta de Marx a seu pai]. In: TUCKER, R.C. (ed.). *The Marx--Engels Reader*. Nova York: Norton, 1978, p. 7-9.

3. MARX, K. "The Difference Between the Democritean and Epicurean Philosophy of Nature". In: LIVERGOOD, N.D. (ed.). *Activity in Marx's Philosophy*. The Hague, Netherlands: Martinus--Nijhoff, 1967, p. 57-109.

Sem alternativas, Marx tentou o jornalismo, passando a escrever para – e depois a editar – um jornal liberal, o *Rheinisch Zeitung*. Nesse papel, ele combatia constantemente os censores prussianos, escrevendo artigos sobre a pobreza dos viticultores do Vale Moselle, o duro tratamento legal recebido pelos camponeses que roubavam madeira para aquecer suas casas no inverno, e a repressão de vários governos europeus. Em seis meses, as autoridades prussianas extinguiram o jornal, e Marx ficou sem trabalho, uma situação recorrente durante sua vida. No fim, voltou a estudar Hegel. O resultado foi "Uma contribuição à Crítica da *Filosofia do Direito* de Hegel"[4]. Embora não publicado na época, esse ensaio constitui o rompimento decisivo de Marx com o idealismo de Hegel, particularmente sua justificação religiosa e filosófica do *status quo* político na Alemanha.

Paris e Bruxelas

Em 1843, Marx se muda para Paris. Ele está agora com 25 anos e casado com Jenny von Wesphalen. Paris era o centro intelectual da Europa naquela época, e os anos que Marx passou lá lhe permitiram encontrar muitos radicais e revolucionários: o russo Mikhail Bakunin, o poeta Heinrich Heine e o alfaiate Wilhelm Weitling, dentre outros. Além disso, durante esse período, Marx deparou-se com a emergente disciplina de economia política, lendo Adam Smith, David Ricardo, Pierre Proudhon e muitos outros. Talvez o mais importante, contudo, seja o encontro de Marx, em setembro de 1844, com o homem que se tornaria seu amigo e seu parceiro de toda vida: Friedrich Engels (1820-1895). Filho de um rico industrial alemão, Engels escreveu a primeira grande etnografia urbana, *A condição da classe trabalhadora na Inglaterra em 1844*, e um ensaio, "Esboço de uma Crítica da economia política", durante esse mesmo período[5]. Esses trabalhos ajudaram Marx a ver a nova classe trabalhadora urbana, os proletários, como entes humanos reais com problemas práticos piorados pela exploração sistemática característica do capitalismo naquela época. Um resultado foi que Marx agora rejeitava as ideias dos Jovens Hegelianos como politicamente tímidas. De fato, o primeiro produto de sua colaboração com Engels, um pomposo e praticamente ilegível volume intitulado *A Sagrada Família*, consistia em uma diatribe contra os Jovens Hegelianos[6]. Como discutiremos mais adiante, de todos os Jovens Hegelianos, somente Feuerbach teve um impacto duradou-

---

4. MARX, K. "A Contribution to the Critique of Hegel's *Philosophy of Right*". *Marx-Engels Reader*, nota 2, p. 16-26, 53-66.

5. ENGELS, F. *The Condition of the Working Class in England*. Palo Alto, CA: Stanford University Press, 1968. Essa tradução omite o ano 1844 do título. • ENGELS, F. "Outlines of a Critique of Political Economy". • MARX, K. (ed.). *The Economic and Philosophic Manuscripts*. Nova York: International, 1964, p. 197-228.

6. MARX, K. & ENGELS, F. *The Holy Family*. Moscou: Foreign Languages, 1956.

ro sobre os trabalhos de Marx. Um outro resultado, mais importante, foi que Marx escreveu uma série de cadernos, os agora famosos *Manuscritos econômicos e filosóficos*, nos quais ele estabelece sua interpretação inicial do capitalismo como inerentemente explorador e alienador[7]. Em 1845, Marx se mudou para Bruxelas após o governo francês tê-lo obrigado a deixar Paris.

Logo após chegarem a Bruxelas, Marx e Engels escreveram *A ideologia alemã*, um trabalho mais efetivo, que eles idealizaram como um acerto de contas com os Jovens Hegelianos. De acordo com Marx e Engels, os filósofos alemães estavam menos preocupados com a "própria realidade" do que com ideias sobre a realidade; eles não haviam, em outras palavras, rejeitado realmente Hegel. Nesse trabalho, Marx e Engels usaram a oportunidade para zombar de Stirner, Bauer e outros, como no seguinte exemplo:

> Era uma vez um sujeito honesto que teve uma ideia de que os humanos se afogavam somente porque estavam possuídos pela ideia da gravidade. Caso tirassem essa ideia de suas cabeças, digamos, ao considerá-la uma superstição, uma ideia religiosa, estariam sublimemente salvos de qualquer perigo em relação à água. Toda sua vida ele lutaria contra a ilusão da gravidade, de cujos resultados prejudiciais toda estatística lhe traria novas e múltiplas evidências. Esse sujeito honesto era o protótipo dos filósofos revolucionários alemães de nossa época[8].

Em contraste com os Jovens Hegelianos, Marx queria entender os problemas práticos que as pessoas enfrentavam. Ele também se via como um verdadeiro revolucionário, dedicado à deposição da sociedade capitalista – violentamente, se necessário. Assim, ele e Engels se juntaram a outros *émigrés* e radicais europeus em uma variedade de organizações revolucionárias: a Liga dos Justos, a Associação Educacional dos Trabalhadores Alemães e a Liga Comunista. Tanto Marx como Engels eram personalidades dominantes, determinados a levar a classe trabalhadora a uma reorganização revolucionária da sociedade. Aqui, uma profética descrição de Marx por Paul Annenkov, um russo que o conheceu durante esses anos:

> Ele era muito extraordinário em sua aparência. Tinha uma vasta cabeleira preta e mãos cabeludas, e seu casaco era abotoado errado; mas ele parecia um homem com o direito e o poder de exigir respeito, independente de como ele aparecesse diante de você e independente do que ele fizesse. Seus movimentos eram desajeitados, mas confiantes e autossuficientes; seus modos desafiavam as convenções usuais nas relações humanas, mas eram dignos e um tanto desdenhosos; sua voz metálica penetrante era maravilhosamente adaptada aos juízos radicais que ele fazia sobre pessoas e coisas. Ele sempre falava com palavras imperativas que não aceitariam contradição e se tornavam mais pene-

---

7. MARX, K. *Economic and Philosophic Manuscripts*. Cf. nota 5.
8. MARX, K. & ENGELS, F. *The German ideology*. Nova York: International, 1947, p. 3.

trantes pela quase dolorosa impressão do tom que perpassava tudo que dizia. Esse tom expressava a firme convicção de sua missão de dominar as mentes das pessoas e lhes prescrever suas leis. Diante de mim se encontrava a corporificação de um ditador democrático tal como podemos imaginar em um devaneio[9].

Em 1847, Marx e Engels decidiram compor uma declaração dos princípios revolucionários sob a égide da Liga Comunista. Para tanto, Engels escreve um esboço inicial sob a forma de catecismo intitulado "Princípios do comunismo" e o enviou a Marx[10]. Durante os primeiros dias de 1848, Marx reescreve completamente o esboço e, embora a versão final incorporasse muitas das ideias de Engels, o documento impresso em fevereiro daquele ano resulta notadamente diferente e original: *O manifesto comunista*[11]. Embora tenha tido pouco impacto imediato, a publicação do trabalho ocorreu durante grande comoção política na Europa. Muitos observadores, nem todos radicais, acreditavam que alguma forma de revolução comunista era inevitável nas sociedades europeias ocidentais. Mais tarde naquele ano, revoltas irromperam em todo o continente. Em Paris, por exemplo, os trabalhadores defenderam a cidade do ataque do exército francês por seis semanas. No fim, contudo, trabalhadores e camponeses foram derrotados em toda Europa, muitas vezes após batalhas sangrentas. Em 1849, Marx retornou a Paris, ainda (como muitos outros) acreditando que uma insurreição comunista era iminente. Subsequentemente, sob pressão do governo francês, ele partiu para Londres, onde viveu o restante de sua vida.

Os anos em Londres

Agora com 30 anos, Marx se retira da vida pública completamente por cerca de 15 anos, concentrando-se, em troca, na concepção de sua análise teórica do capitalismo. Ele estudou e escreveu copiosamente, produzindo cadernos e mais cadernos de observações sobre a natureza das sociedades capitalistas e críticas às economia como praticada na época. Esses materiais, quase todos não publicados naquela época, terminaram aparecendo como *Grundrisse*, *Teoria da Mais-Valia* e *Uma contribuição à Crítica da economia política*[12]. Finalmente, o maior trabalho de Marx apareceu em 1867, quando ele estava com 49 anos: *O capital*, vol. 1[13].

---

9. Apud McCLELLEN, D. *Karl Marx*: His Life and Thought. Nova York: Harper & Row, 1973, p. 452.

10. ENGELS, F. "Principles of Communism". In: STRUIK, D.J. (ed.). *Birth of the Communist Manifesto*. Nova York: International, 1971, p. 169-192.

11. A edição que estamos usando está republicada em *Birth of the Communist Manifesto*, p. 85-126.

12. MARX, K. *The Grundisse*. Nova York: Random House, 1973. • *The Theory of Surplus Value*. Moscou: Foreign Languages, 1963. • *A Contribution to the Critique of Political Economy*. Nova York: International, 1970. Somente o último foi publicado em vida, em 1859.

13. MARX, K. *Capital*. Vol. 1. Nova York: International, 1967.

Embora Marx pretendesse produzir um trabalho em vários volumes, somente o vol. 1 apareceu na época. Subsequentemente, Engels editou e publicou o segundo e o terceiro volumes, mas considerava que o primeiro – que é uma análise teórica do capitalismo – é uma grande medida um todo em si, e por mais de vinte anos se posicionou como um trabalho independente"[14]. Como veremos no próximo capítulo, *O capital* é mais do que um trabalho restrito sobre a economia; é, antes, uma análise teórica dos sistemas sociais capitalistas.

A tremenda quantidade de trabalhos, contudo, não trouxe muito dinheiro a Marx. Embora sua renda fosse adequada, nem ele nem Jenny conseguiam lidar muito bem com dinheiro. Como resultado, a família viveu em constante risco financeiro ao longo da maior parte desses anos. Durante grande parte desse período, Marx serviu como correspondente europeu para o *New York Daily Tribune*, e a remuneração por esses artigos constituiu sua principal fonte de suporte financeiro. Além disso, Engels, que se beneficiara de uma herança, periodicamente lhe enviava dinheiro ou escrevia artigos para o *Tribune* em nome de Marx. Exceto por suas circunstâncias econômicas e pela morte de dois filhos ainda pequenos, Marx e sua família parecem ter desfrutado de uma vida tranquila e feliz durante esses anos. Somente após a morte de sua mãe em 1863 e do recebimento de uma herança de um socialista, Wilhelm Wolff, as preocupações de Marx diminuem.

Embora distante da vida pública durante os anos em Londres, Marx, como muitos outros radicais, ainda acreditava que as crises econômicas produziriam alguma forma de revolta dos trabalhadores. Em 1864, a Associação Internacional dos Trabalhadores foi formada em Londres. Composta de trabalhadores da maior parte das nações europeias, a organização propunha destruir o sistema capitalista e substituí-lo por alguma forma de controle coletivo da sociedade. Abandonando sua longa reticência, Marx se juntou ao grupo e, caracteristicamente, tornou-se rapidamente sua força dominante. Além do trabalho em andamento em *O capital*, toda sua energia era dedicada para a Internacional (como era chamada a Associação). Um benefício secundário, talvez pretendido, foi que *O capital* recebeu considerável publicidade. Diferente dos trabalhos anteriores de Marx, que haviam sido em geral ignorados, *O capital* foi amplamente lido e rapidamente traduzido ao francês, russo, inglês e italiano – com Marx supervisionando esses esforços. Além dessa atividade, ele se engajou na vida política, tentando mostrar como teoria e revolução poderiam ser combinadas na prática.

Em 1871, depois da Guerra Franco-prussiana ocorreu a tão esperada revolta dos trabalhadores. Como em 1848, contudo, os proletários foram reprimidos, e, novamente, houve perda de muitas vidas. Nessa época, Marx produziu seu último grande panfleto político, *A Guerra Civil na França*, no qual defendia os

---

14. ENGELS, F. "Preface to the First English Edition". In: MARX, K. *Capital*. Vol. 1, p. 5.

trabalhadores parisienses que protestavam contra o governo[15]. Logo depois, a Internacional se desfez e deixou de existir. Esse foi o último papel político efetivo de Marx.

Nos anos após 1870, Marx finalmente atingiu um estilo de vida confortável. Engels, muito rico para aquela época, concedeu uma herança a Marx, que passou a levar a vida de um cavalheiro vitoriano – ainda que radical. Um homem famoso, reverenciado por socialistas e revolucionários ao redor do mundo, Marx era procurado por aqueles que buscavam orientação para defender os direitos dos trabalhadores. Mas ele escrevia muito menos e sem muita criatividade. Foi como se a relativa prosperidade tivesse lhe roubado sua fúria, a força de sua sagacidade.

A morte de Jenny em 1881 privou Marx de sua companheira de vida. Sua filha mais velha, também chamada Jenny, morreu em janeiro de 1883. E, em 14 de março desse mesmo ano, aos 65 anos, Marx morreria em sua poltrona.

A análise do capitalismo por Marx representa um dos feitos mais surpreendentes e originais na história do pensamento social. Como mostraremos no capítulo 7, ele construiu uma análise teórica que buscava explicar as origens do capitalismo, sua estabilidade histórica e seu subsequente colapso. Nesse processo, ele combinou teoria social e ação revolucionária de um modo que nunca foi reproduzido. Que seu trabalho seja limitado em alguns aspectos e malconcebido em outros, não reduz seu caráter evocativo.

Como todo estudioso, ele se beneficiou do legado de conceitos e ideias que outros haviam desenvolvido. Marx foi um leitor voraz, e seus escritos são repletos de análises detalhadas de filósofos e economistas políticos da época. No restante deste capítulo, descreveremos como ele foi influenciado por Hegel, Feuerbach e os outros Jovens Hegelianos, Adam Smith e os outros economistas políticos capitalistas, e, é claro, Engels.

Hegel e Marx

Encontramos a origem da Teoria Sociológica de Marx em sua reação de juventude aos escritos de Georg Wilhelm Friedrich Hegel (1770-1831). Em quatro livros principais, *A fenomenologia do espírito* (1807), *A ciência da lógica* (1816), *A Enciclopédia de Filosofia* (1817) e *A Filosofia do Direito* (1821), Hegel desenvolveu uma das mais originais, complexas e obscuras doutrinas filosóficas jamais concebidas[16]. Marx transformou a filosofia de Hegel em uma ciên-

---

15. MARX, K. "The Civil War in France". In: MARX, K. & ENGELS, F. *Selected Works*. Vol. 2. Moscou: Progress, 1969, p. 178-244.

16. HEGEL, G.W.F. *The Phenomenology of Mind*. Nova York: Macmillan, 1961. • *The Science of Logic*. Londres: Allen & Unwin, 1969. • *The Encyclopedia of Philosophy*. Nova York: Philosophical, 1959. • *The Philosophy of Right*. Oxford, UK: Clarendon, 1942.

cia social de base empírica, embora peculiar, rejeitando decisivamente o seu idealismo ainda que retendo sua confiança na análise dialética e aplicando-a ao mundo material. Para apreciar a influência de Hegel em Marx, necessitamos discutir brevemente a filosofia idealista e as principais críticas que Marx faz a ela. Somente então a continuidade e descontinuidade entre as ideias de ambos se tornarão claras.

O idealismo de Hegel

Nos escritos de Hegel, o idealismo é uma doutrina filosófica complexa que pode ser esboçada aqui apenas superficialmente. Sua essência consiste em negar que as coisas no mundo finito – como árvores, casas, pessoas, ou qualquer outro objeto físico – sejam ao fim e ao cabo reais. Nas palavras de Hegel, o idealismo "não é senão o reconhecimento de que o finito não possui existência real"[17]. Para Hegel, a realidade verdadeira está incorporada naquilo que é descoberto por meio da razão. Ao enfatizar desse modo a importância do pensamento, ele seguia uma tradição filosófica que se originara em Platão. Desse ponto de vista, os objetos percebidos pelos sentidos não são reais: eles são meramente a aparência fenomênica de uma realidade última de ideias. Somente "objetos lógicos", ou conceitos, constituem a realidade última. Como Hegel escreveu, "é *somente* no pensamento que [um] objeto é verdadeiramente em e para si; na intuição ou na percepção ordinária ele é somente aparência"[18]. Hegel continua afirmando que se apenas conceitos são reais, então o conceito último é Deus. Sua filosofia é essencialmente uma tentativa de provar a existência de Deus através da aplicação da razão. De acordo com Hegel, os filósofos anteriores haviam visto somente coisas finitas como reais e haviam relegado o infinito (ou Deus) ao "mero 'ideal'". Ele argumentava que essa separação era artificial e não poderia mostrar como Deus existia e agia através das pessoas porque ela envolve uma impossibilidade lógica: o infinito, que é absoluto e não pode perecer, é mantido separado das coisas finitas, que devem inevitavelmente perecer, e é situado em um "além" abstrato e mentalmente concebido. Se essa última afirmação fosse verdadeira, Hegel argumentava, Deus não poderia ter vindo à Terra na forma de Jesus, e o pão e o vinho da Última Ceia seriam meramente pão e vinho.

Hegel argumentava que havia uma relação dialética inerente entre Deus (o infinito) e as pessoas (o finito). A essência da dialética é a contradição: cada conceito implica seu oposto, ou, nos termos de Hegel, cada conceito implica sua negação. Assim, após propor que "o finito não possui existência real", Hegel imediatamente diz, "o finito é ideal"; ou seja, sua essência reside naquilo que o contradiz: o infinito, Deus. Desse modo, o mundo finito de carne e osso é ani-

---

17. HEGEL, G.W.F. *Science of Logic*, p. 154.
18. Ibid., p. 585 [ênfase no original].

quilado (ao menos em pensamento), e o "infinito pode passar do além para o aqui e agora" – ou seja, tornar-se carne e adotar uma forma terrena, como Jesus fez há muito tempo[19]. Assim, embora essa frase expresse o tema de modo muito simples, Hegel acreditava que a história humana poderia ser considerada a autobiografia de Deus, porque a história só "existe" através de sua própria negação pelo infinito e pelas manifestações dela neste mundo. Como no cristianismo, mesmo quando o mundo finito das coisas é destruído, ele é salvo. Nas palavras de Hegel, "o finito evanesceu no infinito e, o que *existe*, é somente o *infinito*", ou a vida eterna[20]. Uma implicação dessa análise é uma crença na realidade da transubstanciação (que o pão e o vinho se tornam o corpo e o sangue de Jesus). Uma outra implicação, que também é característica de algumas formas de cristianismo, é uma aceitação relativamente passiva do *status quo* político. Por exemplo, Hegel dizia, "tudo que é real é racional; e tudo que é racional é real"[21]. Afirmações como essa foram tomadas por muitos como a santificação do Estado prussiano, com seu despotismo, governo policialesco, procedimentos arbitrários e censura. Por essa razão, o governo prussiano glorificou a filosofia de Hegel para seus próprios fins e, quando ele morreu, deu-lhe um funeral de Estado.

A rejeição de Marx do idealismo de Hegel

Marx reagiu fortemente contra o idealismo de Hegel, criticando-o de vários modos. Primeiro, e mais importante, ele rejeitava completamente a afirmação de Hegel de que os fenômenos finitos ou empíricos não são reais. Todas as suas outras críticas derivam desse ponto básico. Marx acreditava que, quando os fenômenos empíricos são compreendidos somente como pensamentos, os problemas práticos mais significativos das pessoas são ignorados. Nem os objetos materiais nem as relações podem ser mudados ao meramente pensarmos sobre eles. A qualidade pueril do ponto de Hegel é evidente, Marx sugeria, em um simples exemplo: se as pessoas são alienadas a tal ponto de não terem controle sobre suas vidas ou sobre as coisas materiais produzidas por seu trabalho, elas não podem acabar com sua alienação simplesmente mudando sua percepção da realidade (ou, igualmente, rezando)[22]. Em vez disso, as pessoas devem mudar a estrutura social na qual vivem; ou seja, devem fazer uma revolução neste mundo em vez de esperar pelo próximo. Marx acreditava que a vida neste mundo colocava uma variedade de problemas muito práticos que as pessoas poderiam

---

19. COLLETTI, L. *Marxism and Hegel*. Atlantic Highlands, NJ: Humanities, 1973, p. 12. Essa é uma boa fonte marxista. Um dos melhores comentários não marxistas é: FINDLAY, J.N. *Hegel*: A Re-Examination. Londres: Allen & Unwin, 1958.

20. HEGEL, G.W.F. *Science of Logic*, p. 138 [ênfase no original].

21. Apud ENGELS, F. "Ludwig Feuerbach and the End of Classical German Philosophy". *Marx and Engels* – Selected Works, vol. 3, p. 337.

22. MARX, K. *Economic and Philosophical Manuscripts*, p. 175.

resolver somente de modos obstinados e que a razão humana era de pouca valia a menos que fosse aplicada aos problemas que existem no mundo finito.

Segundo, de acordo com Marx, a ênfase de Hegel na realidade última do pensamento o conduziu à percepção equivocada de algumas das características essenciais dos entes humanos. Por exemplo, Marx sustentava que embora Hegel "compreenda", corretamente, "o trabalho como a essência do ente humano", "o único trabalho que [ele] conhece e reconhece é o trabalho abstratamente mental"[23]. Todavia, conforme Marx, as pessoas têm necessidades físicas de alimento, vestimenta e abrigo, que podem ser satisfeitas somente pela atividade produtiva no mundo finito. Assim, para Marx, o trabalho mais significativo é a atividade produtiva e não a atividade mental. Similarmente, Marx dizia que a crença de Hegel na irrealidade das coisas finitas o havia levado a uma posição na qual as pessoas eram consideradas como entes não objetivos, espirituais. Mas Marx afirmava que as pessoas eram "entes naturais"; ou seja, elas possuem necessidades físicas que podem ser satisfeitas somente neste mundo:

> Como um ente objetivo natural, corpóreo, sensível [uma pessoa] é uma criatura que sofre, condicionada e limitada, como animais e plantas. Ou seja, os objetos de seus instintos existem fora dela, como objetos independentes dela; todavia, esses objetos de que ela necessita – objetos essenciais, indispensáveis à manifestação e confirmação de suas forças essenciais. Dizer que o ente humano é um ente corpóreo, vivo, real, sensível, objetivo cheio de vigor natural é dizer que ele tem objetos reais, sensíveis, como os objetos de seu ser ou de sua vida, ou que ele pode expressar sua vida somente em objetos reais, sensíveis[24].

A terceira crítica de Marx foi também um resultado da primeira, na medida em que ele rejeitava o motivo religioso que permeia o trabalho de Hegel. Como mencionado anteriormente, Hegel negava realidade ao mundo finito para provar a existência de Deus – todavia, um Deus cristão. Apesar disso, Marx acreditava que, quando a "razão" é aplicada para esses problemas não práticos, as pessoas são impedidas de reconhecer que são exploradas e que têm um interesse em mudar o *status quo* nesta vida. Para Marx, a vida após a morte é uma fantasia religiosa com a qual não vale a pena se preocupar. Portanto, ele era particularmente vitriólico, mas também, estranhamente poético, em sua denúncia das implicações religiosas da filosofia de Hegel:

> A religião é o suspiro da criatura oprimida, o sentimento de um mundo sem coração, e a alma das condições desalmadas. É o ópio do povo. A abolição da religião como felicidade ilusória dos humanos é uma exigência para sua real felicidade. O chamado para o abandono de suas ilusões sobre suas condições é um chamado para o abandono a uma

---

23. Ibid., p. 177.
24. Ibid., p. 181.

condição que requer ilusões. A crítica da religião é, portanto, a crítica embrionária de seu vale de lágrimas do qual a religião é o halo[25].

Marx acreditava que uma das principais funções da religião era cegar as pessoas para suas verdadeiras situações e interesses. A religião faz isso ao enfatizar que a compensação pela miséria e exploração no mundo virá na próxima vida.

A quarta crítica de Marx a Hegel era que o idealismo é politicamente conservador em vez de revolucionário. O idealismo cria a ilusão de uma comunidade de pessoas em vez da realidade de uma sociedade permeada de interesses opostos. Essa ilusão resulta parcialmente da asserção de Hegel de que o Estado, uma entidade prática e física, emerge do Espírito, ou pensamento. Desse modo, Hegel imbuiu o Estado com uma qualidade sagrada. Como Marx mencionou, Hegel "não diz 'na vontade do monarca reside a decisão final', mas 'a decisão final da vontade é – o monarca'"[26]. Quando o Estado é sagrado, a história pode ser vista como parte de um plano divino geral que não somente é razoável como necessário. Por essa razão, Marx considerava a filosofia de Hegel como politicamente conservadora.

A aceitação de Marx do método dialético de Hegel

A despeito de sua completa rejeição do idealismo, Marx via uma ferramenta significativa no uso da dialética por Hegel. Nas mãos de Hegel, contudo, toda análise é formulada em termos de uma teologia mística. Assim, como Marx mencionou em *O capital*, a dialética de Hegel "está de cabeça para baixo. Ela deve ser virada de cabeça para cima novamente, para descobrirmos o núcleo racional dentro dessa concha mística"[27]. Como veremos no capítulo 7, o processo pelo qual Marx vira a dialética de cabeça para cima envolvia sua aplicação no mundo finito no qual as pessoas fazem história ao produzirem seu sustento a partir do ambiente. Em vez de estarmos preocupados com a existência de Deus, Marx enfatizava que deveríamos focar as sociedades concretas (vistas como sistemas sociais) e as pessoas reais que possuem interesses conflitantes.

A significação de virar Hegel "de cabeça para cima" é que, para Marx, nenhum produto do pensamento ou ação humano pode ser final; não pode haver verdade absoluta que, quando descoberta, necessite somente ser memorizada. Desse ponto de vista, a ciência pode somente aumentar o conhecimento; ela não pode descobrir conhecimento absoluto. Além disso, não pode haver fim para a história humana, ao menos no sentido de atingir uma utopia imutável, uma sociedade perfeita. Essas estruturas sociais podem existir somente na imaginação. Em troca, cada sociedade é somente um estado transitório em um curso inter-

---

25. MARX, K. "Contribution to the Critique of Hegel's *Philosophy of Right*", p. 54.

26. Apud HOOK, S. *From Hegel to Marx*. Ann Arbor: University of Michigan Press, 1962, p. 23.

27. MARX, K. *Capital*, p. 20.

minável de desenvolvimento humano. Esse desenvolvimento ocorre enquanto o conflito é sistematicamente gerado a partir dos interesses opostos das pessoas. Embora cada estágio da história seja necessário, e, assim, justificado pelas condições nas quais se originou, o progresso ocorre à medida que a antiga sociedade perde inevitavelmente sua razão de ser. No trabalho de Marx, o método dialético significa que nada pode ser final ou absoluto ou sagrado: tudo é transitório, e o conflito está em toda parte.

Ludwig Feuerbach e Karl Marx

Os Jovens Hegelianos também afetaram a sociologia de Marx. A influência mais importante dentre eles foi inquestionavelmente a de Ludwig Feuerbach. Nesta seção vamos destacar algumas das ideias dos Jovens Hegelianos e depois sugerir mais especificamente como as concepções de Feuerbach alteraram a direção do pensamento de Marx.

Os Jovens Hegelianos e o pensamento de Marx

Como Hegel, os Jovens Hegelianos tentaram compreender a natureza da realidade bem como sua relação entre as crenças religiosas. No entanto, como a religião legitimava as condições políticas opressivas, os Jovens Hegelianos rejeitaram o conservadorismo político que parecia inerente ao pensamento de Hegel. Eles reagiram desse modo porque durante grande parte do século XIX a Prússia fora uma nação extremamente opressiva, com a religião servindo como um dos pilares principais do Estado repressor. Os Jovens Hegelianos acreditavam que a ênfase da Igreja na santidade da tradição, na autoridade e na renúncia aos prazeres mundanos ajudaram a sustentar um aparato governamental opressivo. Mas com a agitação política não era possível (sem o risco de prisão ou expatriação), eles buscaram criticar o Estado indiretamente ao investigarem os textos sagrados, as doutrinas e as práticas do cristianismo.

Por exemplo, em 1835, David Strauss publicou *A vida de Jesus criticamente examinada*, onde tentava mostrar que os evangelhos não eram narrativas históricas acuradas[28]. Esse livro despertou grande controvérsia porque se não fosse possível acreditar na vida de Jesus retratada nos evangelhos, então a autoridade da Igreja seria minada. Logo depois, Bruno Bauer publicou uma série de artigos nos quais negava completamente a existência histórica de Jesus e tentava explicar os evangelhos como trabalhos de pura ficção[29]. Ao desmascarar a natureza e lógica dos princípios cristãos (e, com isso, da Igreja) desse modo, os Jovens

---

28. STRAUSS, D. *The Life of Jesus Critically Examined*. Londres: Swan Sonneschein, 1902.

29. Sobre Bauer, cf. HOOK. *From Hegel to Marx*.

Hegelianos esperavam também impugnar a autoridade do Estado. O governo prussiano reconheceu as implicações subversivas desses trabalhos, e, como resultado, os Jovens Hegelianos sofreram vários graus de vigilância, assédio político e destituição de suas posições na universidade.

A despeito de sua posição política, todos eles eram ainda de orientação hegeliana, e isso terminou levando Marx a romper com eles. Por exemplo, em *O único e sua propriedade – O caso do indivíduo contra a autoridade* (1844), Max Stirner argumentava que nada era objetivo fora do indivíduo[30]. De acordo com Stirner, instituições sociais, como a Igreja, são opressivas ao espírito do indivíduo. Como um verdadeiro hegeliano, Stirner afirmava, portanto, que a realidade não era baseada nas percepções sensíveis. Para Hegel, a realidade é criada pela imaginação e pela vontade de cada pessoa e, como um corolário, não há realidade objetiva além do ego. Assim, de acordo com Stirner, os indivíduos deveriam evitar participar na sociedade o máximo possível, e desse modo podem evitar também serem oprimidos pela autoridade. Com esse argumento, ele antecipava o desenvolvimento do pensamento anarquista alguns anos mais tarde. Marx, contudo, acreditava que a posição de Stirner era politicamente fútil porque as instituições devem ser controladas e não ignoradas.

Como veremos em nossa discussão de *A ideologia alemã* no capítulo 7, para Marx, os Jovens Hegelianos eram impostores intelectuais, e ele escreveu centenas de páginas com vituperações contra eles. Por exemplo, ele e Engels zombavam de Stirner, Bauer e outros chamando-os "A Sagrada Família" e se referindo a eles como "Santo Max" e "Santo Bruno". De um modo mais geral, Marx desenvolveu quatro críticas principais aos Jovens Hegelianos, que podem ser vistas como variações de suas críticas a Hegel. Primeiro, seus escritos tratavam do desenvolvimento da teologia independentemente das atividades efetivas da Igreja e de outras instituições sociais que as ideias teológicas permeavam. Uma ênfase como essa ignorava o fato de que o desenvolvimento de ideias nunca se dá fora do âmbito das práticas humanas. Segundo, os Jovens Hegelianos eram essencialmente idealistas, uma vez que a origem do pensamento religioso assim como a de outros tipos de pensamento deveria ser encontrada no Espírito. Mas, para Marx, a religião e todas as outras ideias emergem das relações sociais efetivas das pessoas e de sua necessidade de sobreviver. Como enfatizaria alguns anos mais tarde em *O manifesto comunista*, as ideias, visões de mundo e interesses políticos das pessoas dependem de suas posições na sociedade[31]. Terceiro, os escritos dos Jovens Hegelianos eram fatalistas, uma vez que o processo

---

30. STIRNER, M. *The Ego and His Own*: The Case of the Individual Against Authority. Nova York: Libertarian Book Club, 1963.

31. MARX, K. & ENGELS, F. "The Communist Manifesto". *Birth of the Communist Manifesto*, p. 85-125.

histórico era visto como automático e inexorável, fosse por ser dirigido pelo Espírito ou pelos indivíduos (e.g., o rei prussiano) que de algum modo eram vistos como conectados ao Espírito. Para Marx, embora a história tenha direção e continuidade, é moldada pela ação humana. Quarto, e mais fundamental, os Jovens Hegelianos acreditavam tolamente que ao mudarem as ideias eles poderiam mudar o comportamento humano. Portanto, eles lutaram uma guerra contra o Estado, usando palavras como armas principais. Guerras devem ser lutadas com armas, acreditava Marx, e aqueles que não reconhecem esse fato elementar são muito pouco realistas.

Contudo, Marx fez uma exceção à sua reprovação aos Jovens Hegelianos. O único membro do grupo que Marx não vilificou, embora discordassem entre si, foi Feuerbach.

Feuerbach e o pensamento de Marx

Como outros Jovens Hegelianos, Feuerbach também estava interessado nas implicações religiosas da filosofia de Hegel, mas, diferente dos outros, ele alterou fundamentalmente a direção do pensamento de Marx. Essa alteração ocorreu na crítica de Marx a Hegel e no desenvolvimento da versão peculiar, porém altamente efetiva, da Teoria Social de Marx.

Em seu livro *A essência do cristianismo* (1841), Feuerbach desestabilizou tanto Hegel como os Jovens Hegelianos ao argumentar que as crenças religiosas surgiam da deificação inconsciente das pessoas de si próprias[32]. De acordo com Feuerbach, os entes humanos tomaram tudo que acreditam que é bom neles próprios e simplesmente projetam essas características em Deus. Ele mostrou como os "mistérios" do cristianismo – a criação, o sofrimento de Deus, a Santíssima Trindade, a Imaculada Concepção, a Ressurreição etc. – representavam ideais humanos. Assim, ele argumentava que a teologia era simplesmente uma visão mítica das aspirações humanas e que "o que os humanos enaltecem e aprovam é, para eles, Deus; o que culpam [e] condenam é o não divino"[33]. A verdadeira essência da religião, acreditava Feuerbach, deve ser buscada na antropologia, não na teologia, pois a "religião é a forma humana [...] mais antiga de autoconhecimento"[34].

Essa análise revela que Feuerbach foi o mais original dos Jovens Hegelianos. Embora grande parte deles tivesse se contentado em analisar e criticar a teologia cristã, Feuerbach rejeitou decisivamente qualquer análise que tratasse a teologia como existindo independentemente de atividades empíricas. Além disso, embora muitos Jovens Hegelianos ainda aceitassem a ideia de que Deus ne-

---

32. FEUERBACH, L. *The Essence of Christianity*. Nova York: Harper & Row, 1957.

33. Apud HOOK. *From Hegel to Marx*, p. 246.

34. FEUERBACH. *Essence of Christianity*, p. 13.

cessariamente dirigisse os assuntos humanos, Feuerbach argumentava que um Espírito abstrato e amorfo não poderia ser a força orientadora na história porque as pessoas estavam simplesmente adorando projeções de suas próprias características e desejos. Finalmente, embora os outros Jovens Hegelianos continuassem envolvidos com o idealismo, Feuerbach era um materialista no sentido de que acreditava que a consciência que as pessoas possuem do mundo era o produto de seus cérebros e, assim, da matéria física. Para Marx e outros, essa posição parecia lúcida após as ofuscações e a lógica pueril de Hegel, Strauss, Bauer e Stirner.

O argumento de Feuerbach teve uma outra consequência ainda para Marx. No trabalho de Feuerbach, Marx encontrou a chave para criticar Hegel e, fundamentalmente, para desenvolver uma teoria social destinada a promover a ação revolucionária. Marx percebeu que a análise que Feuerbach fez da religião como uma expressão dos desejos humanos poderia ser generalizada para as relações das pessoas com outras instituições sociais (especialmente o Estado) e para qualquer situação na qual os entes humanos fossem governados por suas próprias criações. Assim, segundo Feuerbach, Marx inverteu o argumento de Hegel, que afirmava que o Estado emergia do Espírito, ao argumentar que o Estado moderno emergia das relações da sociedade capitalista (que ele chamava "sociedade civil"). Esse argumento tem implicações importantes, pois se o Estado é o produto da ação humana, ele pode ser mudado por ela. A Teoria Social madura de Marx provém dessa noção fundamental.

Adam Smith e Karl Marx

Ao final do século XVIII, a Inglaterra já havia se tornado uma nação relativamente industrializada e comercial. Como tal, constituiu-se a primeira sociedade completamente capitalista, levando seus estudiosos a tentarem explicar as origens, natureza e desenvolvimento futuro do capitalismo. Homens como Adam Smith, David Ricardo e muitos outros desenvolveram um novo modo de análise chamado economia política, por meio do qual buscavam compreender as características do capitalismo industrial. Após ser iniciado no estudo da economia política por Engels e outros, Marx começou a lidar com os tópicos característicos da nova disciplina. Por exemplo, em *Os manuscritos econômicos e filosóficos*, ele analisou (entre outras coisas) a origem do valor das mercadorias, a origem do lucro, o papel da terra em uma economia capitalista e a acumulação de capital. Contudo, suas análises e críticas mais detalhadas não ocorreriam antes da década de 1850 em seus cadernos (subsequentemente publicados como *Grundrisse*) e *Uma contribuição a uma Crítica à economia política*. Desses esforços, emergiria o grande trabalho de Marx, *O capital*.

A economia política e o pensamento de Marx

As análises detalhadas de Marx dos vários economistas políticos são menos importantes hoje do que suas críticas mais gerais de seus trabalhos. Em sua opinião, a literatura na economia política exibia dois defeitos fundamentais. Primeiro, considerava-se que as relações sociais capitalistas refletiam "leis naturais irrefutáveis da sociedade". Devido a essa ênfase, tipos básicos de relações sociais, como o comércio, exploração e alienação, eram considerados (ao menos por implicação) historicamente imutáveis. Segundo, os economistas políticos analisavam cada parte da sociedade separadamente, como se ela não tivesse conexão com qualquer outra coisa[35]. Por exemplo, mesmo categorias estritamente econômicas como produção, comércio, distribuição e consumo eram geralmente tratadas como se fossem fenômenos separados e não conectados. Mas Marx havia aprendido com Hegel e Feuerbach que a história se move em um padrão dialético. Como resultado, Marx via o capitalismo como um padrão historicamente único de relações sociais que seria inevitavelmente suplantado no futuro. Assim, ele se colocou a tarefa de desenvolver uma análise científica da sociedade capitalista que pudesse descrever tanto seu desenvolvimento como seu consequente colapso.

Embora, para Marx, a maioria dos economistas políticos fosse composta simplesmente de ideólogos burgueses defendendo o *status quo*, ele considerava Adam Smith e David Ricardo os observadores mais objetivos e perspicazes da economia do capitalismo. Ao longo da análise de seus trabalhos, Marx chegou a muitas de suas noções fundamentais sobre a dinâmica do capitalismo. Para propósitos ilustrativos, focaremos aqui o trabalho de Smith.

A influência de Adam Smith

Adam Smith foi um filósofo moral e um economista político. Em seu primeiro livro, *A Teoria dos sentimentos morais*, originalmente publicado em 1759, ele argumentava que havia uma ordem natural no mundo – que incluía tanto seus aspectos físicos como sociais – criada por Deus e cuidadosamente equilibrada para beneficiar todas as espécies[36]. Assim, ele enfatizava as qualidades benéficas da ordem natural e da inadequação geral das instituições humanas que tentavam mudar ou alterar essa ordem. Seu livro subsequente, *Uma investigação sobre a natureza e as causas da riqueza das nações*, publicado em 1776, representava sua tentativa de aplicar os princípios do naturalismo aos problemas da economia política[37].

---

35. MARX, "Introduction". *Contribution to the Critique of Political Economy*, p. 188-217.

36. SMITH, A. *The Theory of Moral Sentiments*. Oxford, UK: Clarendon, 1976.

37. SMITH, A. *An Inquiry Into the Nature and Causes of the Wealth of Nations*. Oxford, UK: Clarendon, 1976.

A riqueza das nações focava em três temas principais. Primeiro, Smith queria descobrir as "leis do mercado" que mantinham a sociedade coesa. Ao lidar com esse tema, ele esperava mostrar como as mercadorias adquiriam valor e por que esse valor incluía lucro para o capitalista. Segundo, ele queria compreender as leis da evolução característica da sociedade capitalista. Terceiro, como grande parte do trabalho em economia política (ao menos de acordo com Marx), *A riqueza das nações* é uma defesa completa da sociedade capitalista, uma defesa que Marx achava inadequada.

Leis do mercado

A tentativa de Smith de mostrar como as leis econômicas do mercado mantêm a sociedade coesa começa com a asserção de que as pessoas agem por interesse próprio quando produzem mercadorias para outros membros da sociedade comprarem. Pois,

> não é da benevolência do açougueiro, do cervejeiro ou do padeiro que devemos esperar nosso jantar, mas de sua consideração para com seu próprio interesse. Dirigimo-nos não à sua humanidade, mas ao seu amor-próprio, e nunca lhes falamos de nossas necessidades, mas de suas vantagens[38].

A vantagem obtida pelos açougueiros, padeiros e outros capitalistas é o lucro. Na verdade, na concepção de Smith, o comércio de mercadorias com vistas ao lucro se torna uma característica fundamental da sociedade onde quer que a divisão do trabalho e da propriedade privada se desenvolvam para além de um certo ponto. Para Marx, contudo, Smith tentou tornar válidos para todas as épocas e lugares padrões de interação que eram característicos apenas das relações sociais capitalistas. Em troca, Marx concebia uma sociedade moderna sem relações de comércio, porque achava que elas eram inerentemente exploratórias. A origem do valor e do lucro, para Smith, residia no processo da comercialização de mercadorias. E, ao distinguir entre o "valor de uso" e "valor de troca" de mercadorias, ele chega a uma noção que mais tarde guiaria o pensamento de Marx.

Smith formulou ainda uma versão da Teoria do Valor-trabalho na qual a quantidade de tempo de trabalho envolvida em um produto era a fonte de seu valor, uma tese que Marx adotou cerca de 90 anos depois. Porém, embora o trabalho seja a fonte do valor, Smith não pôde explicar a origem do lucro porque aqueles que lucram geralmente contribuem com muito pouco trabalho para a criação do produto. Eles meramente investem dinheiro e obtêm um retorno sobre ele. Assim, ainda que *A riqueza das nações* exiba muita vacilação e confusão, Smith termina abandonando a Teoria do Valor-trabalho e simplesmente argu-

---

38. Ibid., p. 26-27.

menta que o lucro é acrescido aos custos da produção pelo capitalista. Como veremos no próximo capítulo, Marx foi capaz de adotar a Teoria do Valor-trabalho e ainda explicar a origem do lucro ao distinguir entre o trabalho dos trabalhadores e sua força de trabalho (ou capacidade para trabalhar).

Ao argumentar que o lucro era meramente parte do custo da produção, Smith criava um problema potencial: é difícil de determinar o "preço natural" de uma mercadoria porque nada impede o capitalista de constante e arbitrariamente aumentar os preços. Sua solução foi argumentar que a competição impedia pessoas avaras de elevar demais os preços. Aqueles capitalistas que tentam elevar os preços indevidamente (e Smith era muito consciente de que eles constantemente tentam fazer exatamente isso) encontrarão inevitavelmente outras pessoas empreendedoras vendendo por preço inferior, forçando desse modo os preços para baixo. Similarmente, os capitalistas que tentam manter os salários muito baixos terminarão sem trabalhadores porque outros oferecerão salários maiores. Desse modo, portanto, tanto lucros como salários são regulados mais ou menos automaticamente – como se por uma "mão invisível". Paradoxalmente, o motivo egoístico das pessoas promove a harmonia social por meio da operação natural do mercado, mesmo que esse objetivo não seja o mesmo delas. Nas palavras de Smith,

> ao direcionar essa indústria de tal maneira que sua produção tenha o maior valor, visa apenas ao seu próprio ganho... ele é, nesse e em muitos outros casos, conduzido por uma mão invisível para promover um fim que não era parte de sua intenção[39].

O passo final na análise de Smith foi argumentar que essas leis do mercado também asseguravam que as quantidades próprias dos produtos fossem produzidas. Por exemplo, se o público prefere possuir casacos em vez de mesas, um número maior do primeiro será produzido porque o lucro envolvido em fazer mesas cairá, e capitalistas (e trabalhadores) se voltarão à manufatura de casacos. Assim, os mecanismos naturais inerentes ao mercado governam a alocação de recursos na sociedade e, consequentemente, a produção de bens. Uma vez mais, esse processo ocorre porque as pessoas agem movidas por seus próprios interesses.

Leis da evolução

Durante a última porção do século XVIII e já no século XIX, muitos economistas políticos especulavam que, à medida que o capitalismo avançasse, a percentagem de lucro sobre o investimento cairia. Contudo, Smith, tinha uma visão muito otimista do processo da história, e ele não acreditava que essa calamidade viesse a ocorrer. Para ele, além de ser autorregulada, a sociedade parecia estar melhorando devido à operação de duas leis relativamente simples da evolução.

---

39. Ibid., p. 73.

A primeira pode ser chamada "lei da acumulação de capital". Smith via que os capitalistas tentavam continuamente acumular suas economias ou lucros, investi-los, acumular ainda mais economias ou lucros, e investi-los novamente. O impacto desse processo é o aumento tanto da produção como do emprego. Assim, do ponto de vista de Smith, motivos egoístas podem ser vistos contribuindo uma vez mais para o bem público, porque a expansão da produção e do emprego ajuda todos de algum modo. (Smith não tinha, porém, a preocupação de se as economias seriam investidas ou não; isso se tornou um problema para os economistas posteriores.)

Alguns observadores argumentavam, contudo, que se a acumulação fosse continuar e a produção, expandir, cada vez mais trabalhadores seriam necessários. Quando o fornecimento de trabalhadores estivesse exaurido, os lucros cairiam, e, assim, a percentagem de acumulação também cairia – exatamente como muitos temiam. Smith lidou com esse problema formulando uma "lei de população", sua segunda lei da evolução. Essa hipótese afirma que, quando os salários são altos, o número de trabalhadores aumenta; quando os salários são baixos, o número de trabalhadores diminui. Smith foi literal nessa afirmação: as pessoas realmente viviam e morriam e não apenas se aventuraram periodicamente dentro ou fora do mercado de trabalho. Os índices de mortalidade, especialmente entre crianças, eram extraordinariamente altos naqueles dias. Era comum para uma mulher ter uma dúzia ou mais de filhos e ter somente um ou dois que sobreviveram. Todavia, era ainda possível que um padrão de vida mais elevado afetasse decisivamente a habilidade das pessoas de alimentar, vestir e proteger seus filhos. Como resultado, argumentava Smith, salários mais altos permitiriam que um número maior de crianças sobrevivesse e se tornasse trabalhadores. Salários mais baixos, é claro, teriam o efeito inverso. Assim, Smith acreditava que o avanço do capitalismo seria acompanhado por um aumento na população e que esse aumento permitiria, por sua vez, que a acumulação de capital continuasse. Portanto, de acordo com Smith, a percentagem de lucro não cairia e uma sociedade capitalista iria constantemente melhorar, tudo devido às forças naturais, livres das restrições das regras e regulações estabelecidas pelo Estado. Embora ele reconhecesse que uma população em expansão sempre contribuiria para reduzir os salários, enquanto a acumulação de capital continuasse, os salários teriam que permanecer acima do nível de subsistência. Certamente, o argumento de Smith, na visão de Marx, assume que as relações sociais capitalistas são de algum modo "leis naturais" irrefutáveis do universo social.

A defesa do capitalismo

Como enunciado por Smith, a implicação lógica de *A riqueza das nações* é relativamente simples: deixe o mercado sozinho. Do ponto de vista de Smith, essa restrição significava que a regulação natural do mercado ocorreria à medida que as práticas de compra dos consumidores forçassem os negócios a satisfazerem suas necessidades. Um processo assim só poderia acontecer, ele acreditava, se o negócio não estivesse protegido pelo governo e não formasse monopólios. Assim, ele se opunha a todos os esforços para proteger as vantagens comerciais. Sua análise, contudo, tornou-se rapidamente uma justificação ideológica para impedir a regulação governamental em algumas áreas importantes. Além disso, porque qualquer ato de governo poderia ser visto como interferindo com a operação natural do mercado, *A riqueza das nações* foi usada para contrapor a legislação humanitária destinada a proteger os trabalhadores de muitos dos abusos já aparentes na época de Smith.

Para Marx, esse resultado mostrava a fraqueza inerente na economia política clássica, porque nada há de natural na operação do mercado ou qualquer outra relação social. O mercado é deixado sozinho pelo governo porque os capitalistas, como todas as classes dominantes, controlam o governo. Assim, Marx argumentava que a teoria deve levar em conta as interconexões das partes na sociedade, com atenção especial ao modo pelo qual a força política é usada para justificar e impor relações sociais exploratórias. Os capitalistas, como todas as classes dominantes, também controlavam a disseminação de ideias, o que explicava, para Marx, sua capacidade de usar *A riqueza das nações* para seus propósitos ideológicos. Em sua teoria, Marx enfatizava a importância (e a dificuldade) de estimular uma consciência nas classes trabalhadores sobre seus verdadeiros interesses.

Friedrich Engels e Karl Marx

Friedrich Engels e Karl Marx foram amigos e colaboradores por mais de 40 anos. Quando possível, eles se viam todos os dias; em outras ocasiões, correspondiam-se quase diariamente. A despeito do temperamento por vezes rude de Marx, os dois nunca romperam sua relação. Muitos comentadores veem o papel de Engels no desenvolvimento da teoria de Marx como secundário, e com relação aos seus trabalhos conjuntos, especialmente *A ideologia alemã* e *O manifesto comunista*, essa parece ser uma avaliação acurada. Todavia, dois dos escritos de Engels, "Esboço de uma Crítica da Política Econômica" (1844) e seu clássico muito negligenciado, *A condição da classe trabalhadora na Inglaterra* (1845), influenciaram fundamentalmente o desenvolvimento do pensamento de Marx em época em que ele ainda estava buscando um modo de compreender e mudar o mundo.

A crítica da economia política de Engels

O ensaio curto e indignado de Engels, "Esboço de uma Crítica da Política Econômica", apareceu na mesma revista em que foi publicada a crítica de Marx à filosofia de Hegel. Nesse trabalho, que é caracterizado pela prosa excessivamente acerba de um jovem, Engels critica tanto a ciência da economia política como a existência da propriedade privada. Ele começa afirmando causticamente que a economia política deveria ser chamada "economia privada" porque existia somente para defender o controle privado dos meios de produção. Ele continua (embora de um modo um tanto desorganizado) atacando estridentemente a instituição da propriedade privada. De acordo com Engels, uma sociedade industrial moderna baseada na posse privada da propriedade é inevitavelmente desumana, ineficiente e alienante. Ao longo desse ataque, Engels também sugere (embora vagamente) que, a despeito dessas faltas, o capitalismo foi historicamente necessário para que uma sociedade comunista emergisse no futuro.

Do ponto de vista de Engels, o capitalismo é desumano por duas razões. Primeiro, as pessoas não confiam nem podem confiar umas nas outras. Quando a propriedade privada existe em um contexto industrial, escreve Engels, o comércio e a competição são o centro da vida. E como todos buscam comprar barato e vender caro, as pessoas devem desconfiar e tentar explorar umas às outras. Nas palavras de Engels, "o comércio é a fraude legalizada"[40]. A segunda razão pela qual o capitalismo é desumano é que a competição gera uma divisão maior do trabalho, do qual uma das principais manifestações é o sistema de fábrica. Como veremos, Engels considerava o trabalho de fábrica e o estilo de vida urbana que o acompanhava como uma das formas de organização social mais desumanas e exploradoras da história. Contudo, o sistema de fábrica estava se tornando mais difundido na década de 1840, e, como resultado, a sociedade capitalista parecia estar se dividindo em dois grupos: aqueles que detinham a posse dos meios de produção e aqueles que não a detinham.

Engels argumentava que o capitalismo era ineficiente porque aqueles que o dominavam não podiam entender nem controlar as crises econômicas recorrentes e em piora constante que afligiam cada nação. A sociedade capitalista é, portanto, afligida por um curioso paradoxo: embora sua força produtiva seja incrivelmente grande, a superprodução periodicamente resulta em miséria e fome para as massas. "O economista nunca foi capaz de explicar essa situação insana", escreveu Engels[41]. Além disso, ele acreditava que as pessoas vivendo sob o capitalismo eram inevitavelmente alienadas porque não possuíam senso de comunidade. No ambiente competitivo característico do capitalismo, os interesses de cada pessoa são sempre opostos ao da outra. Consequentemente "a propriedade privada isola cada um em sua própria solidão crua", e, assim, as vidas das pessoas têm pouco significado e não envolvem quaisquer recompensas intrínsecas[42]. Todavia, subjacente a todo esse argumento encontramos a crença

---

40. ENGELS. "Outlines of a Critique of Political Economy", p. 202.

41. Ibid., p. 217.

42. Ibid., p. 213.

de Engels de que o surgimento do capitalismo é historicamente necessário para tornar a sociedade comunista possível, pois somente agora as pessoas estão "situadas em uma posição da qual podemos ir além da economia da propriedade privada" e acabar com a separação "não natural" dos indivíduos uns dos outros e de seu trabalho[43].

Antes de 1843, o ainda jovem Marx era relativamente familiar à economia política. O ensaio de Engels, tanto quanto qualquer outro evento, iniciou-se no tema e o fez reconhecer sua importância no desenvolvimento de uma teoria da sociedade. Após lê-lo, Marx inicia um estudo intensivo da economia política que durou mais de 20 anos, no qual termina criticando a ciência da economia política essencialmente pela mesma razão que Engels a havia criticado: sua defesa da sociedade capitalista. Além dessa, todas as principais ideias de Engels que descreveremos a seguir apareceram de um modo mais sofisticado na teoria de Marx.

A análise de Engels sobre a classe trabalhadora

Para continuar sua formação empresarial nas tecelagens das quais seu pai era coproprietário, Engels partiu de seu país natal para Manchester, na Inglaterra, em 1842. Naquela época, Manchester era a maior cidade industrial na nação mais industrializada do mundo; para muitos observadores, ela foi o epítome do novo tipo de sociedade que estava se formando como resultado da ascensão do capitalismo e da Revolução Industrial. Engels passou dois anos em Manchester, levando um tipo de vida dupla porque ele não só aprendia sobre o negócio têxtil, como também reunia os materiais para seu livro. Durante esse período, praticamente todo seu tempo livre ele dedicava caminhando por Manchester e seus arredores, conversando e bebendo com as pessoas da classe trabalhadora e lendo os vários relatórios governamentais e outras descrições das condições de vida na cidade. O resultado foi a primeira etnografia urbana – e uma denúncia condenatória da classe dominante inglesa.

A análise de *A condição da classe trabalhadora na Inglaterra* pode ser dividida em três partes. Primeiro, ele esboça uma sociedade rural idílica que existiria antes da industrialização e sugere brevemente os fatores que destruíram aquela sociedade. Segundo, descreve as condições da vida da classe trabalhadora em Manchester. Terceiro, denuncia a postura da burguesia com relação ao proletariado e conclui que uma violenta revolução era inevitável.

A vida rural antes da industrialização

Como muitos observadores em sua época, Engels viu que a Revolução Industrial estava transformando completamente a sociedade ocidental. E, como outros comentadores, acreditava que sob muitos aspectos a sociedade feudal te-

---

43. Ibid., p. 199, 212.

ria sido melhor para as pessoas, descrevendo-a, portanto, de uma forma idílica. Embora tenha sido justificadamente criticado por idealizar o passado, não está completamente claro como (na metade do século XIX) ele poderia ter obtido um retrato sólido ou acurado da sociedade feudal. Assim, *A condição da classe trabalhadora* começa com uma descrição dos camponeses simples, tementes a Deus, que viviam em uma sociedade estável e patriarcal na qual "as crianças cresciam numa simplicidade idílica e em feliz intimidade com seus amiguinhos". Engels via a vida feudal como "confortável e pacífica" e acreditava que a maioria dos camponeses teve um padrão de vida mais elevado no passado do que os trabalhadores da indústria em 1844:

> Eles não eram forçados a trabalhar horas excessivas; eles próprios fixavam a duração de seu dia de trabalho e ainda ganhavam o bastante para suas necessidades. Tinham tempo para o trabalho saudável em seus jardins ou sítios e esse trabalho era em si uma recreação. Também se reuniam com seus vizinhos para praticarem vários esportes como bocha e futebol e isso também os mantinha em boas condições físicas. A maioria deles era forte, pessoas robustas, cujo físico era praticamente igual àquele dos trabalhadores agrícolas da vizinhança. As crianças cresciam ao ar livre do campo, e se tinham idade suficiente para ajudar seus pais no trabalho, isso era somente uma atividade ocasional e de modo algum havia um dia de oito ou doze horas de trabalho[44].

Ao mesmo tempo, argumentava Engels, esses camponeses estavam "espiritualmente mortos", porque eram ignorantes, envolvidos apenas com seus "interesses privados triviais", e contentes com sua "existência vegetativa"[45].

Embora essa descrição da vida antes da industrialização seja claramente inacurada, ela identifica alguns temas que Engels utilizou em sua denúncia da sociedade capitalista: as pessoas são forçadas a trabalhar horas excessivas, estão com enfermidades crônicas e o trabalho infantil é generalizado. Além disso, seu esboço da vida feudal também implicava a inevitabilidade histórica da revolução comunista. De acordo com Engels, a industrialização não somente destruiu para sempre esse estilo de vida idílico como também tornou as pessoas conscientes de sua subordinação, exploração e alienação. Como veremos, Marx e Engels acreditavam que esse reconhecimento era o primeiro passo necessário para uma revolução comunista. Assim, o retrato de Engels das atrocidades características da vida urbana na década de 1840 deveria ser visto à luz de sua visão otimista do desenvolvimento histórico de um proletariado revolucionário capaz por si próprio de se apoderar do mundo. Todo trabalho subsequente de Marx está imbuído dessa visão, que ele e Engels compartilhavam e tentavam efetivar no conteúdo político.

---

44. ENGELS, F. *Condition of the Working Class*, p. 10.
45. Ibid., p. 11-12.

Tendo descrito a vida rural antes da industrialização, Engels registrou os quatro fatores inter-relacionados que constituíam a classe trabalhadora que ele observou em Manchester. Primeiro, o uso da água e da máquina a vapor no processo produtivo significava que, pela primeira vez na história, a força muscular não era a força motriz principal na produção de bens. Segundo, a introdução massiva da maquinaria moderna no processo produtivo indicava não somente que as máquinas em vez de pessoas determinavam o ritmo do trabalho, mas também que estavam sendo produzidas mais mercadorias do que jamais se produzira. Terceiro, a intensificação da divisão do trabalho significava que o número de tarefas no processo produtivo aumentava à medida que os requisitos para cada tarefa eram simplificados. Quarto, a tendência na sociedade moderna para a concentração tanto do trabalho como da posse provocava não somente o surgimento do sistema de fábrica, mas também uma divisão da sociedade em proprietários e produtores. De acordo com Engels – e ele não estava sozinho –, esses fatores foram os "grandes alavancadores" da Revolução Industrial que havia sido utilizada para "tirar o mundo dos eixos"[46]. Em *O capital*, Marx toma essas mesmas ideias e as coloca em um contexto teórico que, a seus ver, permitia-lhe demonstrar por que uma revolução proletária era inevitável.

A vida da classe trabalhadora em Manchester

O mundo que Engels via estava, na verdade, fora dos eixos. Sua descrição começa com um retrato dos bairros nos quais a classe trabalhadora era forçada a viver. Manchester passara de uma cidade de 24.000 pessoas em 1773 para uma área metropolitana de mais de 400.000 em 1840. Ao longo desse período, não teve qualquer administração municipal efetiva, pouca proteção policial e nenhum sistema de esgotos. Engels observou que a classe média e os proprietários das fábricas e moinhos viviam separados e se proviam de serviços urbanos, proteção policial e sistema de esgotos. Em contraste, as classes trabalhadoras eram forçadas a viver com porcos nas favelas disponíveis a elas. (Quando Engels disse que os entes humanos viviam com porcos – e, inevitavelmente, como porcos –, ele o disse literalmente.)

Como Manchester não possuía serviços de esgoto, as pessoas tinham de utilizar privadas públicas. E, algumas partes da cidade, mais de 200 pessoas utilizavam um único receptáculo. Em uma cidade sem administração, havia poucas provisões para limar as ruas ou remover detritos. Engels descreve o resultado em detalhes: por exemplo, em um pátio, "logo na entrada, onde a passagem coberta termina, há uma privada sem porta. Essa privada é tão suja que os habitantes só podem entrar ou sair do pátio se esquivando com dificuldade em meio

---

46. Ibid., p. 27-29.

a poças malcheirosas de urina e excremento"[47]. Assim, em *A condição da classe trabalhadora*, Engels retrata uma situação na qual milhares de homens, mulheres e crianças estavam vivendo em meio aos seus próprios resíduos corporais. Caso se possa imaginar, a situação era ainda pior para aquelas milhares de pessoas que viviam em porões, abaixo do nível da água. Como Steven Marcus afirmou, "essa substância [o resíduo corporal] era também uma objetificação virtual de sua condição social, de seu lugar na sociedade: isso é o que eram"[48].

Engels prossegue, descrevendo agora os bairros onde porcos e pessoas viviam juntos:

> Montes de resíduos, sobras e imundície nauseante estão por toda parte espalhados entre poças de líquido estagnado. A atmosfera é contaminada pelo fedor e é escurecida pela fumaça de uma dúzia de chaminés de fábricas. Uma horda de mulheres e crianças desgrenhadas pululam pelas ruas e são quase tão sujos quanto os porcos que chafurdam alegremente nos montes de lixo e nas poças de imundícies. Em suma, a pequena e horrenda favela provê um espetáculo tão odioso e repulsivo quanto os piores pátios que serão encontrados nas margens do [rio] Irk. Os habitantes vivem em chalés dilapidados, cujas janelas estão quebradas e remendadas com lona. As portas e marcos estão quebrados e podres. As criaturas que habitam essas moradias e mesmo seus escuros e úmidos porões, e que vivem confinados em meio a toda essa imundície e ar impuro – que não pode ser dissipado devido aos prédios grandes dos arredores – devem ter com certeza descido ao nível mais baixo da humanidade[49].

Não é difícil de concluir, como muitos fizeram, que há algo terrível e profundamente errado com uma sociedade na qual as pessoas voltaram a viver como animais. Para muitos observadores, contudo, Manchester tipificou um mundo novo e melhor, um mundo industrial.

A burguesia, o proletariado e a revolução

Engels conclui *A condição da classe trabalhadora* descrevendo a postura da burguesia em relação aos proletários. Em sua prosa, a burguesia era retratada como pessoas dissolutas que não conhecem nada senão avareza e veem todos os vínculos humanos como tendo um "nexo monetário". Ele utilizou a seguinte vinheta para ilustrar esses traços:

> Um dia, caminhei com um desses cavalheiros de classe média para Manchester. Falei-lhe sobre as deploráveis favelas insalubres e chamei sua atenção para a condição repugnante da parte da cidade na qual os

---

47. Ibid., p. 58.
48. MARCUS, S. *Engels, Manchester, and the Working Class*. Nova York: Vintage, 1975, p. 184-185.
49. ENGELS, F. *Condition of the Working Class*, p. 71.

trabalhadores de fábrica viviam. Declarei que nunca tinha visto uma cidade tão malconstruída em minha vida. Ele me ouviu pacientemente e na esquina da rua em que nos separamos, ele comentou: "E, todavia, ganha muito dinheiro aqui. Bom dia, Senhor"[50].

Mesmo assim os proletários foram capazes, às vezes, de reagir à sua condição na vida. Embora um comportamento muito autodestrutivo sempre ocorra entre pessoas oprimidas (como o uso de drogas, álcool etc.), Engels verificou que Manchester era a "força propulsora de todos os movimentos da classe trabalhadora" na Inglaterra[51]. Ele descreveu a longa história dos esforços de organização da classe trabalhadora contra os donos de fábricas; pois só agindo em conjunto em vez de competirem entre si eles poderiam efetivamente se opor aos capitalistas. De um modo mais geral, contudo, ele argumentava que o verdadeiro interesse dos proletários era estabelecer uma sociedade não competitiva, o que significava a abolição da posse privada dos meios de produção (embora esse último ponto não fosse explicitamente expresso):

> Cada dia fica mais claro aos trabalhadores o quanto são afetados pela competição. Eles apreciam de forma ainda mais clara do que a classe média, que a competição entre os capitalistas é a responsável pelas crises comerciais que provocam esse terrível sofrimento entre os trabalhadores. Os sindicalistas percebem que as crises comerciais devem ser abolidas, e em breve descobrirão *como* fazer isso[52].

A condição da classe trabalhadora termina com a profecia de Engels sobre uma violenta revolução proletária. Embora Engels acreditasse que essa "revolução devesse ocorrer", ele não mostra por quê. Seu trabalho não explicava como a sociedade capitalista funcionava nem por que ela inevitavelmente seria destruída. Em suma, ele não havia desenvolvido uma teoria para explicar o que observara. Mas em um momento em que Marx estava procurando pela dinâmica subjacente da sociedade, Engels demonstrou a significação do proletariado. Além disso, ele reconheceu (embora não tenha expressado isso muito claramente) que os males do capitalismo eram um prelúdio necessário a uma revolução comunista. Todavia, Marx, e não Engels, desenvolveu um conjunto de conceitos e proposições teóricos que visavam a mostrar por que uma revolução ocorreria nas sociedades capitalistas. Ao desenvolver esses argumentos teóricos, Marx contribuiu para a emergência da Teoria Sociológica.

---

50. Ibid., p. 312.
51. Ibid., p. 50.
52. Ibid., p. 249 [ênfase no original].

7

A sociologia de Marx

A industrialização e o capitalismo destruíram as relações sociais feudais que existiram por um milênio, mas aos olhos de Marx essas mudanças haviam produzido um resultado paradoxal. Industrialização e capitalismo significavam que sustento e amenidades poderiam estar disponíveis a todos, porém, somente aqueles que possuíssem capital (bens geradores de renda), na verdade, beneficiar-se-iam. Esses capitalistas exploravam as massas, que viviam em grande miséria e depravação. Para remediar essa situação, Marx propôs novas formas de arranjos sociais nas quais as necessidades de cada um poderiam ser atendidas. Ele argumentava que a mudança era inevitável, a única questão era quando ocorreria. Ao longo de sua vida, ele serviu como participante, organizador e líder de grupos revolucionários dedicados a terminar com a exploração das massas.

De todos os sociólogos clássicos, Marx foi único na medida em que atuou como revolucionário e cientista social, uma combinação que constitui a maior falha em sua sociologia. Sua orientação pode ser sumarizada do seguinte modo: como revolucionário, ele buscava depor a ordem existente e substituí-la pelo controle coletivo da sociedade por parte das pessoas, de modo que, em um contexto cooperativo, elas pudessem ser livres para desenvolver seu potencial como entes humanos. Como cientista social, ele tentou mostrar que esse controle coletivo era historicamente inevitável. De acordo com Marx, a história tem uma direção que pode ser observada. Essa direção, ele e Engels escreveram em *O manifesto comunista*, conduzirá inevitavelmente a uma sociedade comunista na qual "o livre desenvolvimento de cada um é a condição para o livre desenvolvimento de todos"[1]. Em um contexto assim, acreditava Marx, os poucos não mais explorarão os muitos.

A ideologia alemã

A ideologia alemã foi finalizada em 1846, quando Marx tinha 28 anos e Engels, 26. Grande parte do livro muito longo é dedicada a polêmicas severas e

---

1. MARX, K. & ENGELS, F. "The communist Manifesto". STRUIK, D.J. (ed.). *Birth of the Communist Manifesto*. Nova York: International, 1971, p. 112.

satíricas contra vários Jovens Hegelianos. A editora se recusou a aceitar o manuscrito na época, talvez por razões políticas, porque Marx já era bem conhecido como radical e havia sido expulso tanto da Alemanha como da França, ou talvez devido ao estilo arcano de escrita. De qualquer modo, recorda Marx mais tarde, o manuscrito foi "abandonado à crítica fastidiosa dos ratos [...] uma vez que atingimos nosso propósito principal – o autoesclarecimento"[2].

Em *A ideologia alemã*, Marx inicia com um ataque acerbo aos Jovens Hegelianos, os quais ele descreve, em certo momento, como engajados em "inflar bolhas teóricas"[3]. Para os Jovens Hegelianos, comenta Marx, grandes conflitos e revoluções ocorrem somente no domínio do pensamento porque nenhum prédio é destruído nem pessoa alguma é ferida ou morre. Assim, a despeito de sua excessiva verbosidade, Marx acreditava, os Jovens Hegelianos criticaram meramente a natureza essencialmente religiosa do trabalho de Hegel e a substituíram por seus próprios cânones religiosos negativos. "É um evento interessante com o qual estamos lidando", diz ele causticamente, "a putrescência do espírito absoluto"[4]. No processo de desmascarar os escritos dos Jovens Hegelianos, contudo, Marx desenvolveu uma compreensão da Teoria Social, uma descrição das características de todas as sociedades e uma metodologia teórica para compreender essas características.

A natureza da Teoria Social

Como uma alternativa ao "embuste idealista" dos Jovens Hegelianos, Marx argumentava que análises teóricas deveriam ser baseadas empiricamente. A Teoria Social, ele dizia, deveria estar fundada na "existência dos indivíduos humanos vivos" que têm de sobreviver, muitas vezes em um ambiente relativamente hostil[5]. Essa orientação é necessária porque os entes humanos são diferentes dos outros animais na medida em que manipulam o ambiente para satisfazer suas necessidades. Eles "começam a produzir seus meios de subsistência, um passo que é condicionado por sua organização física [i.e., social]"[6]. Essa ideia implica que as pessoas são "conscientes" – ou seja, autorreflexivas. Assim, os entes

---

2. MARX, K. "Preface". *A Contribution to the Critique of Political Economy*. Nova York: International, 1970, p. 22.

3. MARX, K. & ENGELS, F. *The German Ideology*. Nova York: International, 1947, p. 3. Somente a Parte 1 do texto está traduzida, e é geralmente assumido que a contribuição de Engels a essa porção do livro foi mínima. Isso se deve principalmente porque o texto parece ser uma elaboração de "Teses sobre Feuerbach" de Marx, que ele próprio esboçou em 1845. Cf. TUCKER, R.C. (ed.). *The Marx-Engels Reader*. Nova York: Norton, 1978, p. 43-45. Além disso, Engels declarou repetidamente que Marx já havia desenvolvido sua concepção de história antes de sua colaboração. Portanto, no que segue nos referiremos geralmente a Marx.

4. MARX & ENGELS. *German Ideology*, p. 3.

5. Ibid., p. 7.

6. Ibid., p. 8.

humanos são também diferentes dos outros animais na medida em que podem olhar para si próprios e para o seu ambiente e então agir racionalmente por seus próprios interesses. A consciência surge, então, da experiência. Um argumento desses se opunha diretamente ao idealismo de Hegel, que considerava as noções de moralidade, religião e outras formas de consciência como existindo independentemente dos entes humanos. Dito numa linguagem moderna, Marx estava afirmando que as pessoas produziam suas ideias sobre o mundo à luz das estruturas sociais nas quais vivem e das experiências que têm nessas estruturas. Além disso, à medida que as estruturas sociais mudam, o conteúdo das ideias das pessoas (sua consciência) muda também. Ao romper com os idealistas desse modo, Marx não sugere uma orientação materialista ingênua. Ele não via a mente humana como um receptáculo passivo, mas, como ativa, respondendo ao mundo material e mudando-o.

De acordo com Marx, portanto, a Teoria Social deveria focar a forma como as pessoas influenciam e são influenciadas pelas condições materiais: por exemplo, seu grau de fome, de proteção em relação ao ambiente, de oportunidade para desfrutar das amenidades da vida e de habilidade para realizar seu potencial criativo. Essa ênfase constitui um rompimento epistemológico fundamental com o idealismo. Com efeito, Marx colocou Hegel "de cabeça para cima" ao transformar a filosofia em uma ciência social empírica.

As características de todas as sociedades

Com base nessa visão da Teoria Social, Marx enfatizava que as análises teóricas deveriam ser orientadas para o que ele chamava "o processo real da produção"[7]. A primeira característica de todas as sociedades é que os entes humanos, diferente de outras espécies, produzem o sustento a partir do ambiente em que vivem e, assim, "fazem história". Marx observou que a vida humana "envolve antes de qualquer outra coisa comer e beber, uma habitação, vestimenta e muitas outras coisas [materiais]"[8]. Essas necessidades são satisfeitas pelo emprego da tecnologia para manipular o ambiente de um modo socialmente organizado. Para Marx, isso implicava claramente que a Teoria Social tem que lidar com mais do que ideias apenas. Ela deve ser fundada na "existência dos indivíduos humanos vivos", que têm necessidades materiais que devem ser satisfeitas por meio da produção. Desse ponto de vista, a tarefa da Teoria Social é explicar como as pessoas "produzem seus próprios meios de subsistência".

A segunda característica de todas as sociedades é que as pessoas criam novas necessidades ao longo do tempo. A criação de necessidades ocorre porque a produção (ou trabalho) sempre envolve o uso de ferramentas ou instrumentos de

---

7. Ibid., p. 18.

8. Ibid., p. 16.

vários tipos, que são periodicamente melhorados, produzindo mais e melhores bens de consumo. Assim, Marx dizia que os processos de produção e consumo se realimentam sempre de uma forma cumulativa, de modo que à medida que um conjunto de necessidades é satisfeito, novos emergem[9] (cf. Figura 7.1 para uma representação gráfica).

O processo de criação de necessidades envolve o desejo não somente por comida, vestimenta e abrigo melhorados, mas também pelas várias amenidades da vida. Marx afirmava que na produção e consumo de bens além do mínimo necessário para a sobrevivência – que são chamados amenidades – as pessoas se tornam "civilizadas" no sentido de que podem distinguir suas características unicamente humanas daquelas das outras espécies. Assim, em *Os manuscritos econômicos e filosóficos* (escrito em 1844), ele descrevia o trabalho produtivo como servindo a um duplo propósito: (1) satisfazer as necessidades físicas e (2) expressar a criatividade unicamente humana. De acordo com Marx, essa razão de dualidade é que outros animais trabalham somente para satisfazer uma "necessidade física imediata, enquanto o ente humano produz mesmo quando está livre de necessidade física, e só produz verdadeiramente nesta liberdade"[10]. Infelizmente, acreditava Marx, a maioria das pessoas é impossibilitada de expressar seu potencial humano através do trabalho porque a exploração e a alienação inerentes à divisão do trabalho impedem isso.

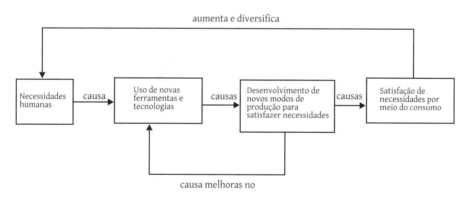

Figura 7.1 A visão de Marx acerca das necessidades, produção e história humanas

A terceira característica de todas as sociedades é que a produção é baseada em uma divisão do trabalho, que nos escritos de Marx implica sempre uma estrutura de estratificação hierárquica, com sua consequente exploração e alienação. A divisão do trabalho significa que as tarefas devem ser feitas em cada

---

9. MARX. "Introduction". *A Contribution to the Critique of Political Economy*, p. 188-217.
10. MARX, K. *The Economic and Philosophical Manuscripts*. Nova York: International, 1964, p. 111.

sociedade – apaziguar os deuses, decidir prioridades, produzir bens, criar os filhos e assim por diante – são divididas entre seus membros. Mas Marx afirmou que em todas as sociedades a base para essa divisão era a posse privada da terra ou capital, que ele chamava os *meios de produção*. A posse privada dos meios de produção leva a um sistema de estratificação composto pelo grupo dominante – os proprietários – e pelas classes restantes, ordenadas abaixo dele em graus variados de exploração e alienação. Os não proprietários são explorados e alienados porque não podem controlar seja o trabalho que fazem ou os produtos que produzem. Por exemplo, os capitalistas, não os empregados, organizam uma linha de produção para fabricar bens de consumo, detendo os produtos finalizados. Mas como os empregados – a quem Marx chamava *proletários* – necessitam desses produtos para sobreviver, são forçados a devolver seus salários aos capitalistas, que usam o dinheiro para produzir mais bens de consumo e se enriquecerem ainda mais. Nesse contexto, a alienação assume a forma de uma reversão fantástica na qual as pessoas se sentem verdadeiramente livres somente em suas funções animais – como comer, beber e fornicar –, enquanto em suas tarefas peculiarmente humanas, como o trabalho, eles não se sentem humanas porque não controlam o processo nem o resultado. Com base nisso, concluía Marx, no capitalismo "o que é animal se torna humano e o que é humano se torna animal"[11]. Assim, paradoxalmente, a divisão do trabalho significa que os proletários continuamente recriam aquilo que os escraviza: o controle do capital pelos poucos.

De um modo ou de outro, argumentava Marx, exploração e a alienação ocorrem em todas as sociedades caracterizadas pela posse privada dos meios de produção. Ou seja, nessas sociedades, membros das classes subordinadas são forçados a continuamente trocar sua força de trabalho por sustento e amenidades de modo que possam se manter produzindo bens para o benefício dos membros da classe dominante. Para Marx, essa situação implicava que a Teoria Social tinha de focar em quem se beneficia com os arranjos sociais existentes descrevendo sistematicamente a estrutura de estratificação que acompanha a posse privada dos meios de produção. Essa situação também implicava para Marx que somente a posse coletiva poderia eliminar esses problemas.

A quarta característica de todas as sociedades é que as ideias e valores emergem da divisão do trabalho. Dito de outro modo, ideias e valores resultam dos esforços práticos das pessoas na obtenção de sustento, criação de necessidades e trabalho coletivo. Como resultado, as ideologias usualmente justificam o *status quo*. "Ideologias" são visões sistemáticas sobre como o mundo deveria ser, como manifestadas nas doutrinas religiosas e nos valores políticos. Assim, Marx argumentava, crenças religiosas e políticas nas sociedades capitalistas afirmam que os indivíduos têm um direito de possuir terras ou capital; que têm direito de

---

11. Ibid.

utilizar os meios de produção para seu próprio benefício em vez de no benefício da coletividade. É perverso, ele afirmava, todos aceitarem esses valores mesmo que somente algumas pessoas – como os proprietários de terras e capitalistas – possam exercer esse direito.

Marx acreditava que os valores (ou *ideologias*, para usar sua palavra) característicos de uma sociedade eram as ferramentas da classe dominante porque elas enganam as massas sobre seus verdadeiros interesses. É por isso que ele descrevia a religião como "o ópio das massas"[12], pois servia para cegar as pessoas para sua exploração e para seus interesses políticos concretos, e, ao enfatizar que a salvação, a compensação pela miséria e alienação na Terra viriam na próxima vida terminavam justificando a desigualdade social. Para Marx, o fato de que ideias e valores emergem da divisão do trabalho implica que a Teoria Social deve focar tanto nas fontes estruturais das ideias dominantes como o quanto essas crenças influenciam as pessoas.

A metodologia teórica de Marx

A exposição em *A ideologia alemã* é um primeiro exemplo do materialismo dialético de Marx. Embora ele não use essa frase, ela expressa a descontinuidade e a continuidade entre ele e Hegel. Marx rejeitou Hegel ao fundamentar a Teoria Social no mundo real, onde as pessoas devem satisfazer suas necessidades físicas e psicológicas. O termo *materialismo* denota isso. Tendo rejeitado a substância do idealismo de Hegel, Marx continuou a utilizar o método hegeliano de análise. O termo *dialético* denota isso. Nas mãos de Marx, o *materialismo dialético* transforma a análise histórica.

O materialismo dialético apresenta quatro características. Primeiro, a sociedade é uma estrutura, ou *sistema*, social. Marx não usou esse termo moderno, mas isso significa que as sociedades podem ser vistas como tendo partes inter-relacionadas, como classes, instituições sociais, valores culturais e assim por diante. Essas partes formam um todo integrado. Assim, o ângulo do observador é muito importante ao contemplar uma sociedade. Ao traçar as conexões entre as partes do sistema de estratificação, por exemplo, podemos ver que, por um ângulo, uma caracterização específica pode ser aplicada (e.g., burguesia), enquanto, por outro, uma caracterização oposta pode ser igualmente aplicada (p. ex., proletariado). Mas há uma conexão inerente entre as duas classes, por isso Marx afirmou em *O manifesto comunista* que era tautológico falar de trabalho assalariado e capital, pois um não pode existir sem o outro. Similarmente, é por isso que descreveu a produção e o consumo como "idênticos" ou como ocorrendo "simultaneamente". Com isso ele pretendia dizer que ambos eram partes de uma

---

12. MARX, K. "A Contribution to the Critique of Hegel's Philosophy of Right". *Marx-Engels Reader*, p. 16-25, 53-66.

estrutura, ou sistema, coerente, e que havia uma conexão inerente entre eles. Além disso, o processo de produção e consumo (que hoje seria chamado economia) está conectado à estratificação. De um modo mais geral, as relações de classe são refletidas em todos os contextos do comportamento social: economia, parentesco, doença e tratamento médico, crime, religião, educação, governo etc. Embora Marx enfatizasse a primazia dos fatores econômicos – especialmente a posse dos meios de produção –, seu trabalho não é estritamente econômico; é uma análise de como as estruturas sociais funcionam e mudam.

Segundo, a mudança social é inerente a todas as sociedades na medida em que as pessoas fazem história ao satisfazerem suas necessidades cada vez mais crescentes. Para Marx, a fonte mais fundamental de mudança vem de dentro e não de fora das sociedades. A força por trás dessas mudanças geradas internamente é a *contradição* inerente ao sistema. Não somente todas as partes da sociedade estão conectadas, como contêm também suas próprias contradições inerentes, que levarão seus opostos a se desenvolverem. Por exemplo, como descreveremos na próxima seção, Marx argumentava que o feudalismo continha em si as relações sociais que terminariam se transformando no capitalismo. Similarmente, em *O Manifesto* e em *O Capital*, Marx sustentava que o capitalismo continha em si as relações sociais que engendrariam inevitavelmente uma nova forma de sociedade: o comunismo.

Terceiro, a mudança social avança em uma direção reconhecível. Por exemplo, assim como uma flor é inerente à natureza de uma semente, o desenvolvimento histórico de uma estrutura social mais complexa, como o capitalismo, é inerente à natureza de uma estrutura social menos complexa, como o feudalismo. A história se dirige, portanto, de estruturas sociais menos complexas a mais complexas – o que é sugerido pelo padrão de criação de necessidades descrito anteriormente. Marx foi um filho do Iluminismo, e acreditava na inevitabilidade do progresso humano[13]. Ele tinha uma visão do desenvolvimento evolucionário na direção de um ponto-final utópico, que seria, para ele, uma sociedade comunista.

Quarto, agindo livremente, as pessoas moldavam decisivamente a direção da história, tendo em vista os padrões previsíveis de oposição e conflito de classes que se desenvolvem a partir das contradições na sociedade. Como todos os conceitos de Marx, seu uso do termo *classe* é por vezes confuso. A chave para entender esse conceito se encontra na ideia de oposição, pois ele sempre via as classes como opostas umas às outras. Devemos lembrar, contudo, que essa oposição ocorre dentro de um sistema de estratificação; classes são opostas, mas ainda assim conectadas[14].

---

13. NISBET, R.A. *Social Change and History*. Nova York: Oxford University Press, 1968.

14. OLLMAN, B. "Marx's Use of 'Class'". *American Journal of Sociology*, 73, mar./1968, p. 573-580.

Portanto, independentemente de seu número ou composição, os membros de diferentes classes são inimigos porque têm interesses opostos. Isso não é um resultado de escolha, mas da localização dentro do sistema de estratificação. Por exemplo, se a posição de um agregado de pessoas faz da obtenção de comida e de abrigo um problema e se essas pessoas não podem controlar suas próprias atividades ou expressar seu potencial humano, elas estão claramente em uma posição subordinada em relação a outras. Em sua alienação, elas têm um interesse em mudar o *status quo*, estejam elas conscientes disso ou não. Por outro lado, se a posição de um agregado de pessoas é tal que suas necessidades básicas são saciadas, se elas podem controlar suas atividades diárias e se podem se dedicar a realizar seu potencial humano, elas têm um interesse em preservar o *status quo*. Marx acreditava que esses interesses opostos não poderiam ser reconciliados.

Por isso, com base em um determinado conhecimento da divisão do trabalho no capitalismo, os interesses e oportunidades diferentes dos proletários e capitalistas são previsíveis, assim como a geração do conflito de classes. O último, contudo, é uma questão de escolha. A história não age, as pessoas sim. Desse ponto de vista, a tarefa teórica de Marx era identificar as condições sociais sob as quais as pessoas reconhecerão seus interesses de classe, unir-se-ão e produzirão uma revolução comunista. Como se tornará claro mais adiante, Marx acreditava ter atingido esse objetivo. O ponto importante a lembrar é que sua metodologia teórica combina determinismo, ou direção, com liberdade humana: uma revolução comunista é um evento histórico previsível introduzido por pessoas que, agindo livremente, reconhecem e atuam por seus próprios interesses.

O materialismo dialético pode, portanto, ser sumarizado do seguinte modo: dentro de qualquer sociedade, existe um modo de produzir coisas, tanto para o que é produzido como para a organização social da produção. Marx chamava esse aspecto da sociedade de *forças produtivas*[15]. Em todas as sociedades, as forças produtivas são estabelecidas e mantidas através de uma divisão do trabalho. Aqueles poucos que detêm os meios de produção compõem a classe dominante, que se beneficia do *status quo*. As massas compõem a classe (ou classes) subordinada. Elas são exploradas e alienadas porque têm pouco controle sobre suas vidas, e assim têm interesse de mudar. Com o tempo, novos modos de produzir coisas são concebidos, seja com base nos avanços da tecnologia ou nas alterações no modo que a produção é organizada, ou em ambos. Essas novas forças de produção satisfazem melhor necessidades antigas e estimulam novas. Elas estão

---

15. Às vezes, Marx usa a frase *forças de produção* estritamente, para se referir somente aos instrumentos usados no processo produtivo. Às vezes, contudo, ele usa a frase para se referir tanto aos instrumentos usados na produção como à *organização social* que acompanha seu uso. Organização social significava não somente a organização do trabalho (como em fábricas), mas também a vida familiar, a lei, a política, e todas as outras instituições. Essa tática ocorre com muitos dos conceitos-chave de Marx. Cf. OLLMAN, B. *Alienation*: Marx's Conception of Man in Capitalist Society. Nova York: Oxford University Press, 1976.

nas mãos da nova classe, e existem em oposição às atuais relações de propriedade e formas de interação. No longo prazo, a tensão entre essas classes opostas irrompe em um conflito revolucionário e uma nova classe dominante emerge[16].

O ponto-final desse *continuum* é uma sociedade comunista, uma organização social comunal na qual há o controle coletivo dos meios de produção (nas sociedades de hoje, isso é capital) de modo que as pessoas, agindo cooperativamente, podem ser livres. Em um contexto social assim, Marx argumentava, a exploração e a alienação não existirão porque a divisão do trabalho não será baseada na posse privada da propriedade.

A ideologia alemã constitui a primeira apresentação da teoria de Marx. Contudo, é incompleta. Ela não levanta, por exemplo, uma das questões mais cruciais: como os proletários oprimidos se tornarão conscientes de seus verdaderios interesses e assumirão o controle da sociedade para o benefício de todos? Esse e outros problemas da ação revolucionária são tratados em *O manifesto comunista*.

O manifesto comunista

Em 1847, Marx e Engels se uniram à Liga Comunista, a qual em breve dominariam. Sob sua influência deles, seu objetivo era depor a sociedade burguesa e estabelecer uma nova ordem social sem classes e propriedade privada. Para esse fim, Marx e Engels decidiram compor um manifesto que declarasse publicamente as doutrinas dessa liga. O resultado constitui um dos mais importantes panfletos políticos jamais escritos.

O *Manifesto* inicia com uma frase ameaçadora que revela imediatamente sua intenção revolucionária: "Um espectro ronda a Europa – o espectro do comunismo. Todas as forças da velha Europa entraram em uma sagrada aliança para exorcizar esse espectro". Em um contexto político no qual partidos de oposição de todas as orientações políticas eram chamados comunistas, escreve Marx, era hora para os próprios comunistas "responderem à lenda do espectro do comunismo com um manifesto do próprio partido"[17]. O restante do *Manifesto* é organizado em quatro seções, que serão sumarizadas abaixo.

A burguesia e os proletários

Marx apresentou sua posição teórica e política no início do texto quando enfatiza, "A história de toda sociedade existente até hoje é a história das lutas de classes". Ele prossege, afirmando que em cada era passada

---

16. Cf. APPELBAUM, R. "Marx's Theory of the Falling Rate of Profit: Towards a Dialectical Analysis of Structural Change". *American Sociological Review*, 43, fev./1978, p. 73-92.

17. MARX & ENGELS. *Communist Manifesto*, p. 87.

opressor e oprimido se encontravam em constante oposição um ao outro [e] prosseguiram uma luta ininterrupta – ora oculta, ora aberta –, que, em cada época, terminava seja em uma reconstituição revolucionária da sociedade como um todo ou na ruína comum das classes em luta[18].

Dito de outro modo, Marx acreditava que em cada ordem social aqueles que possuem os meios de produção sempre oprimem aqueles que não os possuem. Assim, em sua concepção, a sociedade burguesa meramente substituiu uma nova forma de opressão e, com isso, de luta em lugar da antiga forma feudal. Marx argumentava, contudo, que a sociedade burguesa era distinta na medida em que havia simplificado os antagonismos de classe, porque a "sociedade como um todo está se cindindo cada vez mais em dois grandes campos hostis, em duas grandes classes confrontando diretamente uma a outra: a burguesia e o proletariado"[19]. Como uma classe possui os meios de produção e a outra não, as duas possuem interesses absolutamente opostos: a burguesia, na manutenção do *status quo* e o proletariado, em uma completa reorganização da sociedade, de modo que a produção possa beneficiar a coletividade como um todo. Essa situação refletia um longo processo histórico. Como em *A ideologia alemã*, a análise no *Manifesto* é um exemplo do materialismo dialético de Marx.

Historicamente, Marx argumentava, o capitalismo emergira inexoravelmente do feudalismo. "Dos servos da Idade Média se originaram os burgueses privilegiados das primeiras cidades. Desses burgueses os primeiros elementos da burguesia [os capitalistas]" foram desenvolvidos"[20]. Essas mudanças não foram acidentes históricos, dizia Marx, mas o resultado inevitável das pessoas agindo por seus próprios interesses. O surgimento do comércio e das trocas, estimulados pela descoberta europeia das Américas, instituiu novas e poderosas forças produtivas, que enfrentaram uma nobreza feudal que havia se exaurido por constantes guerras. Além disso, como estavam cada vez mais expostos a outras culturas, os membros da nobreza passaram a desejar novas amenidades, e assim cercaram a terra para promover o cultivo comercial usando novos métodos de produção. Convém lembrar que a produção e o consumo se afetam reciprocamente – são parte de um sistema social – e estão vinculados à natureza da estrutura de classes. À medida que esse processo histórico ocorria, os servos foram forçados a sair da terra e a ir para as cidades, onde tinham de encontrar trabalho.

Durante esse mesmo período, uma classe mercantil surgiu. No início, os capitalistas nascentes existiam para servir às necessidades da nobreza através da facilitação do comércio e da troca. Ao longo do tempo, contudo, o capital se tornou a força produtiva dominante. Esse processo ocorreu à medida que: novas

---

18. Ibid., p. 88.
19. Ibid., p. 89.
20. Ibid., p. 90.

fontes de energia (como o vapor) foram descobertas, máquinas foram inventadas e usadas para acelerar o processo de produção, e os antigos servos foram forçados a trabalhar nas novas indústrias como trabalhadores assalariados. O resultado, Marx afirmava, foi que no lugar dos servos feudais e vínculos patriarcais, "não restou outro nexo entre as pessoas senão o puro interesse individual, senão o duro 'pagamento em dinheiro'"[21].

O *Manifesto* sumariza a situação do seguinte modo:

> O sistema feudal de indústria, no qual a produção industrial era monopolizada por guildas fechadas, agora não mais o bastante para as necessidades crescentes dos novos mercados. O sistema de manufatura tomou seu lugar; os mestres das guildas foram pressionados pela classe média manufatureira; a divisão do trabalho entre as diferentes guildas corporativas desapareceu diante da divisão de trabalho em cada oficina.
>
> Enquanto isso, os mercados continuavam sempre crescendo, a demanda sempre aumentando. Mesmo a manufatura não bastava mais. Por isso, o vapor e a maquinaria revolucionaram a produção industrial. O lugar da manufatura foi tomado pela gigante indústria moderna, o lugar da classe média industrial, pelos milionários industriais, os líderes de todo exército industrial, os burgueses modernos.
>
> Vemos, então, o seguinte: Os meios de produção e de troca, em cuja fundação a burguesia se edificou, foram gerados na sociedade feudal. Em um certo estágio no desenvolvimento desses meios de produção e de troca, as condições sob as quais a sociedade produzia e trocava, a organização feudal da agricultura e da indústria manufatureira, em uma palavra, as relações feudais de propriedade, tornaram-se incompatíveis com as já desenvolvidas forças produtivas; tornaram-se grilhões que necessitavam ser rompidos, e forma rompidos[22].

Assim, a ascensão do capitalismo representou a mudança das forças de produção, e, com elas, a estrutura de classes, também mudou. Marx dizia que embora esses desdobramentos tivessem sido o resultado de pessoas agindo livremente em busca de seus próprios interesses, também tinham sido eventos históricos previsíveis – na verdade, inevitáveis. Além disso, com o surgimento do capitalismo, a estrutura de classes se tornou simplificada. Agora existia uma nova classe oprimida, os proletários, que tinha de vender seu trabalho para sobreviver. Como essas pessoas não podiam mais produzir bens em casa para seu próprio consumo, constituíam uma vasta força de trabalho explorada e alienada que aumentava constantemente. Oposta aos proletários estava uma

21. Ibid., p. 91.
22. Ibid., p. 90, 94.

nova classe opressora, a burguesia (ou os capitalistas), à medida que alguns antigos artesãos e pequeno-burgueses se tornaram empresários e terminaram enriquecendo. Essas pessoas detinham as novas forças produtivas das quais os proletários dependiam.

Marx descreveu, então, a natureza verdadeiramente revolucionária do modo capitalista de produção. Como um resultado da Revolução Industrial, a burguesia "realizou maravilhas que ultrapassavam, em muito, as pirâmides egípcias, os aquedutos romanos e as catedrais góticas; ela conduziu expedições que ofuscaram todos os antigos êxodos das nações e cruzadas"[23]. Para a burguesia existir, previa Marx, deve desenvolver constantemente novos instrumentos de produção e assim criar novas necessidades que os produtos manufaturados possam satisfazer. À medida que esse processo ocorre, a burguesia também se apropria de poder político em cada país, de modo que "o poder executivo do Estado moderno não é senão um comitê para gerenciar os assuntos comuns de toda burguesia"[24].

Tendo descrito as grandes mudanças históricas que acompanharam a ascensão do capitalismo, Marx faz, então, duas de suas mais famosas previsões com relação à derrocada final do sistema. Primeiro, o capitalismo é inerentemente insustentável. Períodos de crescimento econômico e alto emprego são seguidos de declínio econômico e desemprego. Para Marx, esses ciclos – que hoje chamamos de "ciclos econômicos" – são endêmicos ao capitalismo. Capitalistas e proletários não lhes podem escapar porque no fim são produzidos bens demais em relação à demanda por eles, levando à redução da produção e forçando assim os capitalistas a dispensar trabalhadores. Uma vez que esse processo começa, ele acelera, à medida que aqueles que foram dispensados não podem mais adquirir mercadorias, levando os capitalistas a dispensar ainda mais trabalhadores em um ciclo crescente que pode conduzir a uma depressão econômica. Os capitalistas tentam evitar esse ciclo de muitos modos. Por exemplo, eles podem destruir produtos antigos e vender somente novos; podem tentar eliminar seus competidores e assim explorar seus mercados mais eficientemente; e podem buscar novos mercados. Por mais que tentem, contudo, não podem escapar à inerente tendência das economias capitalistas de experienciar recessões e depressões. À medida que a vida dos proletários se torna miserável por essas circunstâncias, começam a perceber que seus interesses não estão com os capitalistas, levando Marx à sua segunda grande previção.

A segunda previção de Marx era que "a classe trabalhadora moderna, os proletários", empobreceria e se alienaria cada vez mais no capitalismo. Como não poderiam mais ser autossuficientes, os proletários haviam se tornado "uma classe de trabalhadores que vivem somente enquanto encontram trabalho, e

---

23. Ibid., p. 92.
24. Ibid., p. 91.

quem encontra trabalho, somente enquanto seu trabalho aumenta o capital"[25]. Assim, em um contexto caracterizado pelo uso extensivo de maquinário pertencente a outros, os proletários não têm controle algum sobre sua vida cotidiana ou sobre os produtos de suas atividades. Cada pessoa se torna, com efeito, um acessório necessário, porém barato, de uma máquina. Nessa situação, dizia Marx, mulheres e crianças são jogadas no redemoinho. Portanto, no capitalismo, os entes humanos são simplesmente instrumentos de trabalho cujo único valor é o custo de mantê-los minimamente alimentados, vestidos e abrigados. Confrontados com sua própria miséria, Marx previa, os proletários terminarão se tornando uma classe consciente e derrubarão o sistema inteiro, especialmente enquanto viverem ao longo de ciclos de recessão e depressão, nos quais suas vidas se tornam cada vez mais miseráveis.

A ascensão do proletariado como uma classe se dá, contudo, com grande dificuldade, principalmente porque os proletários são forçados a competir entre si. Por exemplo, alguns têm permissão para trabalhar nas fábricas dos capitalistas e outros não. Dentro das fábricas, alguns têm permissão para trabalhar em tarefas melhor pagas ou mais fáceis, quando a maior parte trabalha por pagamentos inferiores e em tarefas mais difíceis. Após o trabalho, os proletários com muito pouco dinheiro ainda competem entre si por alimento, vestimenta e abrigo inadequados que estão disponíveis. Sob essas condições competitivas, é difícil criar uma consciência de classe. Marx mostrou, contudo, que, ao passo que a burguesia introduz melhoras na educação, forçando os proletários a se tornarem melhor educados (para operar as máquinas), ela os arrasta para o contexto político, e, assim, a habilidade dos proletários em reconhecer a fonte de sua exploração aumenta. Mas esse processo é lento e difícil. Quando os trabalhadores se revoltavam, eles usualmente dirigiam seus ataques contra os instrumentos de produção e não contra os capitalistas. Quando se organizavam, os proletários foram cooptados para servirem aos interesses da burguesia[26].

Com o desenvolvimento da indústria em larga escala, o proletariado aumenta constantemente de tamanho. Como muitos outros observadores da sociedade do século XIX, Marx previu que o número de pessoas da classe trabalhadora aumentaria continuamente à medida que os elementos da classe média baixa – artesãos, lojistas e camponeses – fossem gradualmente absorvidos nela. Além disso, ele acreditava que mesmo aqueles em profissões como medicina, direito, ciências e artes se tornariam cada vez mais trabalhadores assalariados. A indústria moderna, desse modo, deixava de lado todas as habilidades do passado, criando apenas duas grandes classes.

---

25. Ibid., p. 96.

26. Cf. MARX, K. "The Civil War in France". In: MARX, K. & ENGELS, F. *Selected Works*. Moscou: Progress, 1969, p. 178-244. Marx mostra aqui como os proletários participaram ativamente na sujeição de outras classes ao domínio da burguesia.

Conforme Marx, o desenvolvimento revolucionário do proletariado seria auxiliado pelo fato de estar se tornando cada vez mais urbano, e, com isso, permitindo a seus membros se comunicarem mais uns com os outros. Além disso, eles estavam se tornando melhor educados e politicamente sofisticados, parcialmente porque a burguesia os arrastava constantemente à esfera política. Embora os esforços dos proletários em se organizar contra a burguesia fossem muitas vezes dificultados, Marx acreditava que eles estavam destinados a destruir o capitalismo porque os fatores mencionados aqui estimulariam o desenvolvimento de sua consciência de classe.

Proletários e comunistas

Para Marx, o objetivo mais importante dos comunistas poderia ser formulado, de um modo simples, como a abolição da propriedade privada. Afinal, como ele afirma, no capitalismo 9/10 da população não possui propriedade. Como se poderia imaginar, a burguesia era especialmente crítica dessa posição. Mas Marx sentia que assim como a Revolução Francesa havia abolido as formas feudais de propriedade privada em favor das formas burguesas, a revolução comunista aboliria o controle burguês sobre o capital – sem substituí-lo por uma nova forma de posse privada. Marx enfatizava, contudo, que a abolição da propriedade pessoal do pequeno artesão ou do pequeno camponês não estava em questão. Em vez disso, os comunistas desejavam abolir o "capital burguês, isto é, aquele tipo de propriedade que explora o trabalho assalariado e que não pode aumentar exceto na condição de gerar novo suprimento de trabalho assalariado para novamente explorá-lo"[27].

Para mudar essa situação, os proletários se organizaram e se rebelaram periodicamente durante o século XIX. Na verdade, logo após a publicação do *Manifesto*, ocorreram revoltas por toda Europa. E mesmo que esses esforços fossem sempre debelados, Marx acreditava que o proletariado estava destinado a surgir novamente, "mais forte, mais firme, mais poderoso", pronto para a batalha final.

Marx via esse processo como um desenvolvimento evolucionário inevitável. No *Manifesto*, Marx enfatizava que "as conclusões teóricas dos comunistas... expressam, em termos gerais, as relações reais que surgem de uma luta de classes existente, de um movimento histórico que se passa diante de nossos próprios olhos"[28]. De acordo com Marx, a burguesia, assim como a nobreza feudal antes dela, "forjou as armas que a levam à própria morte". Esse processo ocorria porque as forças produtivas do capitalismo tornaram possível para todas as pessoas satisfazerem suas necessidades e realizarem seu potencial humano. Para essa possibilidade ocorrer, afirmava Marx, as forças produtivas devem ser liberadas

---

27. MARX & ENGELS. *Communist manifesto*, p. 104.
28. Ibid., p. 103-104.

da posse privada para trabalhar pelo bem comum. Além disso, a burguesia também "criou aqueles que deverão empunhar essas armas – a classe trabalhadora moderna –, os proletários". Marx acreditava que as classes trabalhadoras em todas as sociedades, em sua exploração e alienação, terminariam levando a cabo uma revolução comunista mundial.

Embora Marx não tivesse falado muito sobre o futuro, ele sabia que a transição para o comunismo seria difícil, provavelmente violenta. Isso porque os comunistas visavam a destruir o cerne do sistema capitalista: a posse privada dos meios de produção. Para atingir esse objetivo, Marx acreditava que os meios de produção tinham de ser um "produto coletivo" controlado pela "ação unida de todos os membros da sociedade". Esses arranjos cooperativos não são possíveis na sociedade burguesa, com sua ênfase na "livre" concorrência e em sua apoteose da propriedade privada. O controle coletivo da sociedade, pensava Marx, só é possível no comunismo, onde o capital pode ser usado como um meio para ampliar, enriquecer e promover a existência do trabalhador. Essa mudança drástica requeria uma revolução.

O primeiro passo em uma revolução da classe trabalhadora, argumentava Marx, seria o proletariado assumir o controle do Estado. Uma vez alcançada a supremacia política, a classe trabalhadora arrestaria, então, "todo capital da burguesia", "centralizaria todos os instrumentos de produção nas mãos do Estado", e "aumentaria o total das forças produtivas tão rapidamente quanto possível"[29]. Além disso, as seguintes medidas também seriam adotadas na maioria dos países:

1) A abolição da posse privada da terra.

2) Um pesado imposto de renda progressivo.

3) A abolição de todos os direitos de herança.

4) O confisco da propriedade de emigrantes e rebeldes.

5) A centralização do crédito e dos serviços bancários nas mãos do Estado.

6) A centralização da comunicação e do transporte nas mãos do Estado.

7) A posse estatal das fábricas e de todos os outros instrumentos de produção.

8) Obrigação de trabalhar igual para todos.

9) A combinação de indústrias agrícolas e de manufatura em abolir a distinção entre cidade e campo.

10) Educação pública gratuita para todas as crianças e a abolição do trabalho infantil.

Marx entendia perfeitamente que essas medidas só poderiam ser implantadas arbitrariamente, e previra um período temporário de despotismo comunista no

---

29. Ibid., p. 111.

qual o Partido Comunista atuaria pelos interesses do proletariado como um todo. Em um ensaio escrito muitos anos depois do *Manifesto*, Marx chamou esse período de transição de "ditadura revolucionária do proletariado"[30]. Por fim, contudo, essa visão apocalíptica da transição para o comunismo era a de que as pessoas se tornariam livres, autogovernadas e cooperativas, em vez de alienadas e competitivas. Elas não seriam mais mutiladas por uma divisão do trabalho sobre a qual não tivessem controle. "O poder público perderá seu caráter político", escreveu Marx. "Em lugar da antiga sociedade burguesa com suas classes e antagonismos de classes, teremos uma associação na qual o livre desenvolvimento de cada um é a condição para o livre desenvolvimento de todos"[31]. É uma visão esplêndida; infelizmente, não a do feiticeiro, mas a do aprendiz de feiticeiro.

Literatura socialista e comunista

Na terceira seção do *Manifesto*, Marx ataca a literatura política da época. Ele reconhecia que em todos os períodos de conturbação e mudança, alguns, inevitavelmente, desejam retornar a tempos passados ou inventar utopias fantásticas como uma forma de resolver os males da humanidade. Ele acreditava que esses sonhos eram, na melhor das hipóteses, um desperdício de tempo e, na pior, uma trama viciosa por parte de reacionários. Assim, essa seção do *Manifesto* é uma breve crítica da literatura socialista que existia na época. Ele classificava essa literatura como (1) socialismo reacionário (incluindo aqui o socialismo feudal, o socialismo pequeno-burguês e o "verdadeiro" socialismo alemão); (2) o socialismo conservador ou burguês; e (3) o socialismo utópico-crítico.

O socialismo reacionário

Uma vez que a burguesia havia suplantado a nobreza feudal como a classe dominante na sociedade, os representantes remanescentes da aristocracia empreenderam uma vingança ao tentar persuadir os proletários de que a vida fora melhor sob seu domínio. Marx caracterizava essa literatura como "meio lamentação, meio sátira; meio eco do passado, meio ameaça do futuro" e dizia que seus esforços foram malconcebidos basicamente porque o modo de exploração era diferente em um contexto industrial e um retorno ao passado não era possível.

O socialismo pequeno-burguês é também a-histórico e reacionário. Embora seus adeptos tenham dissecado a sociedade capitalista com grande acuidade, eles também não tinham a oferecer senão um retorno ridículo ao passado: uma situação na qual as guildas corporativas existem na manufatura e as relações patriarcais dominam a agricultura. Como consegue ser tanto reacionária como utópica, o que é difícil, essa forma de socialismo sempre termina "em uma mise-

---

30. MARX, K. "Critique of the Gotha Program". In: MARX & ENGELS. *Selected Works*, p. 9-11.
31. MARX & ENGELS. *Communist Manifesto*, p. 112.

rável crise depressiva". Marx havia criticado previamente o socialismo alemão, ou "verdadeiro", em *A ideologia alemã*. No *Manifesto*, ele apenas enfatiza uma vez mais (com uma prosa tipicamente acerba) que os alemães haviam escrito *"nonsense* filosófico" sobre o "interesse da natureza humana, daqueles, em geral, que não pertencem a classe alguma, que não possuem realidade, que existem somente no domínio nebuloso da fantasia filosófica"[32].

O socialismo conservador ou burguês

Na avaliação de Marx, os socialistas burgueses queriam melhorar as condições miseráveis características da vida proletária sem abolir o próprio sistema. Hoje, ele poderia chamar essas pessoas de liberais. De qualquer modo, Marx acreditava que esse objetivo era impossível de atingir, pois o que Proudhon e outros não entendiam era que a burguesia não poderia existir sem o proletariado e todos os abusos infligidos a ele.

O socialismo utópico-crítico

Os socialistas utópicos tinham uma perspectiva crítica sobre a natureza da sociedade, mas Marx acreditava que seus esforços eram historicamente prematuros porque o completo desenvolvimento do proletariado não havia ocorrido ainda, e, portanto, eles não foram capazes de ver as condições materiais necessárias para sua emancipação. Como resultado, eles tentaram construir uma nova sociedade independente do fluxo da história. Para os socialistas utópicos, os proletários eram meramente a seção da sociedade que mais sofria em vez de uma classe revolucionária destinada a abolir a existência de todas as classes.

O Partido Comunista e outros partidos de oposição

Na seção final do *Manifesto*, Marx descreve a relação entre o Partido Comunista – que representa o segmento mais avançado da classe trabalhadora – e outros partidos de oposição da época. Basicamente, em toda nação os comunistas eram favoráveis a todos os esforços de oposição à ordem existente de coisas, pois Marx acreditava que o processo de oposição terminaria "instilando na classe trabalhadora o reconhecimento mais claro possível do antagonismo hostil entre a burguesia e o proletariado"[33]. A esse respeito, os comunistas sempre enfatizariam a importância prática e teórica da propriedade privada como o meio de exploração na sociedade capitalista.

Marx, o revolucionário, conclui o *Manifesto* com um ataque estrondoso à burguesia:

---

32. Ibid., p. 117.
33. Ibid., p. 125.

Os comunistas se recusam a ocultar suas visões e objetivos. Eles declaram abertamente que seus fins podem ser obtidos somente pela violenta deposição de todas as condições sociais existentes. Deixe as classes dominantes tremerem em uma revolução comunista. Os proletários nada têm a perder senão suas cadeias. Eles têm um mundo a conquistar. TRABALHADORES DE TODOS OS PAÍSES, UNI-VOS![34]

Tabela 7.1 A visão de Marx dos estágios da história

Estágio	Classe opressora	Classe oprimida
Comunismo primitivo	Sem classes	
Escravidão	Donos de escravos	Escravos
Feudalismo	Proprietários de terras	Servos
Capitalismo	Burguesia	Proletariado
Socialismo	Administradores do Estado	Trabalhadores
Comunismo	Sem classes	

A visão de Marx sobre o capitalismo no contexto histórico

O manifesto comunista deixa claro que Marx via as sociedades humanas como tendo se desenvolvido através de uma série de estágios históricos, cada qual caracterizado por suas divisões e explorações únicas de classe. Sua visão é sumarizada na Tabela 7.1[35].

Para Marx, os humanos teriam vivido originalmente em sociedades caçadoras-coletoras nas quais cada um trabalhava nas mesmas tarefas para subsistir. Nelas não existiam propriedade privada nem a divisão do trabalho, por isso, não havia classes nem exploração baseada em classes. Essas sociedades, em suma, eram comunistas, com todos os membros contribuindo de acordo com suas habilidades e recebendo de acordo com suas necessidades. Porém, em sua interpretação da história, esse comunismo primitivo colapsou à medida que a organização social mudou.

O primeiro sistema de exploração foi a escravidão, na qual a posse de outros entes humanos determinava *status* e posição. Nas sociedades escravocratas, os interesses dos proprietários e escravos eram obviamente opostos. Os escravos tinham interesse em minimizar as exigências do trabalho diário, melhorar suas condições de vida, providenciar mecanismos pelos quais pu-

---

34. Ibid.
35. MARX. "Preface". *A Contribution to the Critique of Political Economy*, p. 22.

dessem escapar do cativeiro e prevenir a hereditariedade do *status* de escravo (assim, seus filhos nasceriam livres). Os proprietários de escravos tinham interesse em maximizar o trabalho diário (produtividade), minimizar despesas com alimento e outros custos de manutenção, tornar difícil para os escravos escaparem do cativeiro e assegurar a hereditariedade do *status* de escravo. Esses conflitos de interesse se tornaram mais difíceis de controlar à medida que o número de escravos aumentava e os proprietários competiam entre si, tornando mais difícil a vida dos escravos – por exemplo, exigindo mais trabalho, mas reduzindo as quantidades de alimentos. O conflito resultante, na interpretação de Marx, levou a uma revolução na qual os escravos se insurgiram e aboliram o mecanismo de sua exploração: o sistema de escravidão.

A escravidão foi seguida pelo feudalismo, no qual os servos desprovidos de terras e os proprietários de terras representavam as duas grandes classes. Uma vez mais, eles tinham interesses opostos. Aqueles que possuíam a terra queriam aumentar a produtividade e, ao longo do tempo, gerar mais receita. Os servos eram obrigados a trabalhar a terra sob a crença de que teriam uma parcela de gratificação. Seu interesse era reter o maior controle possível sobre suas colheitas. Em países como a Inglaterra, o feudalismo declinou porque os proprietários de terras expulsaram os camponeses da área rural para abrir espaço para produtos que gerariam renda. Por exemplo, criavam-se ovelhas não para alimento, mas como uma fonte de matéria-prima para a nascente indústria de lã. As ovelhas geravam mais lucro, habilitando os donos de terra a adquirir bens e amenidades caras.

Como descrito no *Manifesto*, a época feudal foi sucedida pelo capitalismo. Nesse sistema de produção, a terra dá lugar ao capital enquanto fonte de exploração. As duas grandes classes, é claro, são o proletariado e a burguesia (capitalistas). Os capitalistas contratam os proletários somente se gerarem lucro, é por isso que os capitalistas são muitas vezes descritos como parasitas nos escritos de Marx. Ele acreditava que o capitalismo cresceria como um polvo gigante, espalhando seus tentáculos ao longo de todo globo, até que quase toda a atividade humana se tornasse degradada à condição de uma mercadoria passível de ser adquirida.

Marx argumentava que à medida que aumentavam as contradições inerentes ao capitalismo, ele colapsaria e seria substituído pelo socialismo. Marx descrevia esse estágio como uma "ditadura do proletariado" transitória, na qual o Partido Comunista assumiria o controle do Estado em nome da classe trabalhadora e expropriaria a propriedade privada (capital). Ele acreditava que, no fim, o comunismo emergiria, uma sociedade sem classes na qual todos dariam de acordo com sua capacidade e receberiam de acordo com suas necessidades. O círculo, assim, estaria completo.

Essa descrição dos estágios da história é superficial e, na verdade, bastante errada[36]. Convém lembrar, contudo, que Marx não teve acesso aos dados disponíveis aos historiadores modernos. Sua visão revela uma concepção da história como sistemas sucessivos de exploração nos quais a mudança emerge dentro de uma sociedade à medida que as pessoas com interesses concorrentes tentam satisfazer suas necessidades crescentes, refletindo, portanto, o uso do materialismo dialético como um método histórico. Porém, a despeito de suas falhas empíricas, é possível construir um modelo de estratificação e conflito que permanece útil.

O modelo de estratificação e de conflito de classes de Marx

Os leitores modernos apresentam, muitas vezes, apresentam duas reações contrastantes ao estudarem *O manifesto comunista*; nenhuma delas é articulada muito claramente. Por um lado, é fácil ver como aspectos da análise de Marx podem ser aplicados às sociedades hoje. Afinal, a exploração ocorre, e as pessoas em diferentes classes possuem interesses opostos. Por outro lado, a orientação política de Marx parece tanto ingênua como ameaçadora. Parece ingênua porque é difícil imaginar uma sociedade industrial verdadeiramente cooperativa. Parece ameaçadora porque a história subsequente mostra que um governo totalitário (como aquele da antiga União Soviética) parece seguir de qualquer aplicação de suas ideias. Ambas as reações refletem a combinação peculiar de Marx de revolução e teoria, o que constitui o ponto mais fraco de seus escritos.

Antes de fazermos isso, contudo, devemos reconhecer que qualquer discussão sobre o legado de Marx exige uma confissão política: Nós não somos marxistas. Assim, no que segue, a análise implica apenas a inevitabilidade de uma revolução comunista ou da transformação da sociedade. Ou, melhor dito, implica uma preocupação com aquelas ideias nos escritos de Marx que ainda podem servir à Teoria Sociológica.

A Figura 7.2 mostra um modelo de estratificação e de conflito de classes tomado do *Manifesto*. Ela ilustra algumas variáveis importantes para procurarmos ao estudarmos estratificação e conflito sociais, e implica uma orientação sociológica moderna. Marx afirmava que em uma estrutura social estável, os bens são produzidos para satisfazerem as necessidades materiais das pessoas, um processo que necessita de uma divisão do trabalho e é justificado em termos de valores dominantes. Essa situação é descrita na primeira caixa na Figura 7.2.

---

36. Cf. BRAUDEL, F. *Civilization and Capitalism, 15th-18th Centuries*. Vol. 1. Nova York: Harper & Row, 1981. • WALLERSTEIN, I. *The Modern World System*. Vols. 1 e 2. Nova York: Academic, 1980.

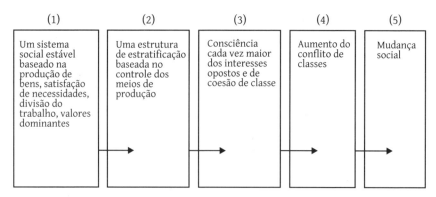

Figura 7.2 O modelo de Marx de geração de estratificação, conflito de classes e mudança

Muitos observadores do passado interpretaram a ênfase de Marx na atividade produtiva como sendo uma forma de determinismo econômico. Mas essa também é uma leitura restrita. O ponto de Marx não é que a atividade econômica determina o comportamento em outras áreas, mas, em troca, que toda a ação social é condicionada pelo, e reciprocamente relacionada ao tipo de atividade produtiva que existe. Por exemplo, a vida familiar em uma sociedade caçadora-coletora deve provavelmente ser diferente daquela em uma sociedade industrial, assim como as formas de governo, educação, crenças religiosas, leis, valores culturais e assim por diante. Essas variações ocorrem, em parte, porque as formas pelas quais as pessoas obtêm alimento, vestimenta e abrigo diferem. Alternativamente, em duas sociedades no mesmo nível de desenvolvimento econômico, a organização da atividade econômica provavelmente varie, devido às diferenças nas crenças religiosas, leis, vida familiar, e assim por diante[37].

O reconhecimento dessa variação implica uma orientação sociológica essencial: O âmbito das opções disponíveis às pessoas é moldado pela natureza da sociedade, seu modo de produzir bens, sua divisão do trabalho, e seus valores culturais. Essa orientação é fundamental à sociologia hoje. Alguns escritores gostam de começar com temas econômicos, outros focam em algum aspecto da divisão do trabalho (e.g., a família ou a justiça criminal), e outros ainda começam olhando para o modo pelo qual os valores determinam o comportamento. Em todo caso, contudo, os sociólogos enfatizam que a sociedade é um sistema social com partes inter-relacionadas e que os fatos sociais delimitam o comportamento.

Marx argumentava – e ele provavelmente estava correto – que uma estrutura de estratificação emerge em todas as sociedades baseadas, ao menos em parte, no controle dos meios de produção. Esse fato, que é descrito na segunda

---

37. Todos esses fatores constituem o que Marx chamava as forças de produção. Cf. nota 15.

caixa na Figura 7.2, indica que a classe superior também tem a capacidade de influenciar a distribuição de recursos porque domina o Estado. Assim, aqueles que se beneficiam porque controlam os meios de produção têm um interesse em manter o *status quo*, em manter a distribuição corrente de recursos, e esse interesse é predominante em todas as arenas institucionais. Por exemplo, as classes nos Estados Unidos hoje possuem diferentes fontes de renda, diferentes recursos políticos, são tratadas de modo diferente no sistema de justiça criminal, sustentam seus filhos de modo diferente, frequentam igrejas diferentes, e assim por diante[38].

Ao avaliarmos o que os sociólogos modernos podem aprender com Marx, o uso da palavra *controle* em vez de *posse* na caixa 2 da Figura 7.2 é uma mudança importante porque o controle sobre os meios de produção pode ocorrer de modos que ele não percebeu. Por exemplo, nas sociedades capitalistas a base da estratificação social é a posse privada da propriedade, enquanto que nas sociedades comunistas a base da estratificação social é o controle da propriedade pelo Partido Comunista. Com efeito, o Partido Comunista é um novo tipo de classe dominante introduzida pela revolução[39]. Em ambos os casos, o grupo que controla os meios de produção explora os que não controlam, enquanto atua para justificar seus benefícios, dominando o Estado e promulgando seus valores entre as massas que legitimam sua exploração.

Quando olhava para os arranjos sociais, Marx se fazia sempre uma pergunta simples, a qual os sociólogos modernos também fazem: Quem se beneficia? Por exemplo, as longas seções empíricas de *O capital* (a serem examinadas brevemente) são destinadas a mostrar como as tentativas para prolongar a jornada de trabalho e aumentar a produtividade também aumentavam a exploração da classe trabalhadora para beneficiar os capitalistas. Marx também formulou essa questão para relações não óbvias. Por exemplo, sua análise do "fetichismo da mercadoria" na parte inicial de *O capital* mostra como as relações sociais das pessoas são alteradas pela reificação (ou veneração) das máquinas e produtos que ocorre comumente nas sociedades capitalistas, uma vez mais para o benefício dos detentores dos meios de produção. Com efeito, Marx ensina aos observadores modernos que uma ênfase em quem está se beneficiando dos arranjos sociais e políticas públicas pode sempre melhorar a análise. Por exemplo, decisões macroeconômicas que enfatizam a manutenção da inflação baixa e o alto desemprego beneficiam a classe média e os ricos na sociedade americana às custas dos trabalhadores. Em cada contexto – em casa, no trabalho, na corte, na

---

38. Cf. BEEGHLEY, L. *The Structure of Stratification in the United States*. 4th ed. Boston: Allyn & Bacon, 2005.

39. Cf. DJILAS, M. *The New Class*. Nova York: Praeger, 1965. • *Rise and Fall*. Nova York: Harcourt Brace Jovanovich, 1985. Cf. tb. VOSLENSKY, M. *Nomenklatura*: The Societ Ruling Class. Garden City, NY: Doubleday, 1986.

igreja, no consultório médico, e assim por diante – é útil averiguar quem está se beneficiando dos arranjos sociais presentes.

A segunda caixa na Figura 7.2 é igualmente importante de um outro modo. Como enfatizado no *Manifesto*, Marx dividia as sociedades capitalistas modernas em duas grandes classes: (1) a burguesia e (2) o proletariado. Embora reconhecesse que essa distinção básica fosse muito simplista para análises detalhadas, seu propósito era sublinhar a divisão mais fundamental dentro dessas nações. Quando queria, Marx descrevia os interesses e experiências opostos de vários segmentos da sociedade, como o dos banqueiros, o da "classe média baixa" ou os do *Lumpenproletariat* (os muito pobres).

As caixas 3, 4, e 5, na Figura 7.2, esboçam o processo de conflito de classes e de mudança social. Sob certas condições, os membros das classes subordinadas se tornavam conscientes que seus interesses se opunham aos daqueles da classe dominante. Em um contexto assim, Marx ensinava, o conflito de classes emerge e ocorre a mudança social.

No trabalho de Marx, é claro, esse processo é vinculado a hipóteses sobre a direção da história e a inevitabilidade de uma revolução comunista. Mas esse não necessita ser o caso. Membros de uma classe podem se tornar conscientes de seus verdadeiros interesses e estarem dispostos a agir politicamente sem buscar uma transformação revolucionária da sociedade. Embora as classes possam ser opostas umas às outras em qualquer estrutura social atual, esse processo ocorre porque elas também estão vinculadas entre si de modos muito variados. Como argumenta Reinhard Bendix, cidadania, nacionalismo, religião, etnicidade, língua e muitos outros fatores unem agregados de pessoas a despeito de divisões de classe[40]. Além disso, na medida em que uma classe subordinada participa efetivamente em um sistema político, como quando obtém alguns objetivos relacionados à classe, ela adquire então um interesse na manutenção desse sistema e seu lugar nele. Nos Estados Unidos, ao menos, muitos movimentos de massa compostos de pessoas politicamente privadas de direitos buscavam entrar no sistema em vez de depô-lo. O movimento trabalhista, vários movimentos raciais e étnicos e o movimento feminista são exemplos dessa tendência. Assim, embora a classe média e os ricos dominem o processo político nos Estados Unidos, as classes subordinadas também possuem recursos que podem influenciar as políticas públicas. Isso vai contra uma transformação revolucionária da sociedade americana.

A ênfase no conflito de classes que permeia os escritos de Marx implica o que os sociólogos chamam hoje uma abordagem *estrutural* – ou seja, um foco em como padrões de comportamento entre agregados de pessoas são influencia-

---

40. BENDIX, R. "Inequality and Social Structure: A comparison of Marx and Weber". *American Sociological Review*, 39, abr./1974, p. 149-161.

dos por sua posição na sociedade. Essas diferentes posições das classes determinam que tenham interesses opostos. Além disso, Marx costumava evitar olhar para a ação individual porque ela é influenciada por variáveis diferentes. Em vez disso, ele queria saber como o conjunto de oportunidades (ou horizonte de opções) que as pessoas tinham influenciava os padrões de comportamento. Por exemplo, sua análise das condições sob as quais os proletários se transformam em uma classe revolucionária não lida com os processos de tomada de decisões ou cálculos de custo-benefício dos indivíduos; em troca, mostra que a urbanidade, a educação, a sofisticação política e outros fatores são as condições sociais que produzirão a consciência de classe entre os proletários. A sociologia, em sua melhor forma, lida com variáveis estruturais. Embora seu trabalho seja malconcebido sob muitos aspectos, Marx foi um pioneiro a esse respeito.

O capital

Em *A ideologia alemã*, Marx ataca os Jovens Hegelianos porque eles haviam evitado um exame empírico da vida social. Em *O capital*, ele demonstra o objetivo dessa crítica ao analisar a sociedade capitalista. Usando a Inglaterra (e uma quantidade copiosa de dados do governo britânico) como seu principal exemplo, tenta mostrar que a característica mais importante do modo capitalista de produção era a constante motivação para acumular capital usando o trabalho explorado e alienado. Como resultado da necessidade de acumular capital, Marx argumentava, os processos de produção são incessantemente revolucionados, e ao longo do tempo, a instabilidade e a degradação das pessoas características da sociedade capitalista conduzirão à sua completa transformação. Assim, em contraste com o *Manifesto*, que é um apelo às armas, *O capital* é uma tentativa acadêmica de mostrar por que uma tal transformação da sociedade capitalista ocorrerá inevitavelmente, e, como tal, é muito mais do que um trabalho limitado de economia; é uma análise da estrutura social capitalista e de sua inevitável transformação.

A Teoria do Valor-trabalho

Marx esboçou a Teoria do Valor-trabalho no capítulo de abertura de *O capital*. Embora tenha abordado esse tema a partir do que parece ser uma perspectiva estritamente econômica – a natureza e valor das mercadorias –, sua discussão termina tendo implicações consideravelmente mais amplas. Uma *mercadoria* é "um objeto fora de nós, uma coisa que por suas propriedades satisfaz desejos humanos de um tipo ou outro"[41]. Para seus propósitos, tanto a origem dos de-

---

41. MARX, K. *Capital*: A Critical Analysis of Capitalist Production. Vol. 1. Nova York: International, 1967.

sejos das pessoas como a maneira pela qual as mercadorias as satisfazem são irrelevantes. O mais importante para a análise de Marx da sociedade capitalista é a determinação daquilo que torna uma mercadoria valiosa.

Duas fontes diferentes de valor são inerentes a todas as mercadorias: (1) o valor de uso e (2) o valor de troca. Ambos indicam que as mercadorias são produzidas para serem consumidas. Por exemplo, as pessoas usam papel para escrever, automóveis para se transportarem e assim por diante. Claramente, algumas coisas que têm valor, como o ar e a água, não são produzidos, mas estão aí para serem utilizados (ao menos no século XIX). Marx, contudo, estava interessado, principalmente, em itens manufaturados. Mercadorias que têm valor de uso são qualitativamente diferentes umas das outras; por exemplo, um casaco não pode ser comparado a uma mesa. O *valor de troca* de mercadorias fornece uma base para comparar o tempo de trabalho requerido para produzi-las. Para Marx, o valor das mercadorias é determinado pelo tempo de trabalho necessário para produzi-las. Ele formulou essa *Teoria do Valor Trabalho* do seguinte modo:

> Aquilo que determina a magnitude do valor de qualquer artigo é a quantidade de trabalho socialmente necessária, ou de tempo de trabalho socialmente necessário, para sua produção. Cada mercadoria individual, nessa conexão, deve ser considerada como um exemplo médio de sua classe. As mercadorias, portanto, nas quais quantidades iguais de trabalho são incorporadas, ou que podem ser produzidas ao mesmo tempo, têm o mesmo valor. O valor de uma mercadoria está para o valor de qualquer outra como o tempo de trabalho necessário para a produção de uma está para o tempo necessário para a produção da outra. Enquanto valores, todas as mercadorias são apenas massas definidas de tempo de trabalho congelado[42].

Marx suplementou a Teoria do Valor Trabalho de cinco maneiras. Primeiro, tipos diferentes de *trabalho útil* não são comparáveis. Por exemplo, as tarefas envolvidas na produção de um casaco são qualitativamente diferentes daquelas envolvidas na produção do linho. Tudo que é comparável é o custo de trabalho humano sob a forma de cérebros, nervos e músculos. Assim, a magnitude do valor de troca é determinada pela quantidade de trabalho como indicada por sua duração em horas, dias ou semanas. Marx chamava essa quantidade de *trabalho médio simples*.

Segundo, embora existam diferentes habilidades entre os trabalhadores, Marx reconhecia que "o trabalho qualificado conta somente como trabalho simples intensificado, ou, melhor, como trabalho simples multiplicado"[43]. Portanto, para simplificar a análise, ele assumiu que todo trabalho era desqualificado. Na prática, como afirmava, as pessoas fazem uma suposição similar em suas vidas cotidianas.

42. Ibid., p. 39-40.
43. Ibid., p. 44.

Terceiro, o valor de uma mercadoria difere de acordo com a tecnologia disponível. Com a mecanização, o tempo de trabalho necessário para produzir um pedaço de tecido é enormemente reduzida (e, igualmente, a propósito, é o valor do tecido – ao menos de acordo com Marx). Durante os estágios iniciais de sua análise, Marx desejava manter a tecnologia constante. Portanto, ele afirmava que o tempo de trabalho socialmente necessário para produzir um artigo sob as condições normais de produção existentes na época determinavam o valor de uma mercadoria.

Quarto – e esse ponto se tornará muito importante mais tarde –, no capitalismo, o próprio trabalho é uma mercadoria com valor de troca, assim como o linho e casacos. Portanto, "o valor da força de trabalho é determinado como no caso de quaquer outra mercadoria, pelo tempo de trabalho necessário para a produção, e, consequentemente, para a reprodução, desse artigo especial"[44].

Quinto, uma implicação importante da Teoria do Valor-trabalho é o desenvolvimento do que Marx chamava o *fetichismo das mercadorias*, segundo o qual as pessoas passam a acreditar que as mercadorias possuem atributos humanos e que a exploração e a alienação surgem das relações com máquinas, como um tipo de mercadoria, e não das relações com aqueles que possuem as máquinas. Na sociedade capitalista, o fetichismo das mercadorias se manifesta de dois modos diferentes: (1) As máquinas (como uma forma reificada de capital e como uma mercadoria) são vistas como trabalhadores explorados, que é algo que somente outras pessoas podem fazer. Assim, os produtos que as pessoas concebiam e elaboravam e que podem ser usados ou descartados livremente passam a ser vistos como possuindo atributos humanos e como participantes independentes das relações sociais humanas. (2) Quando se considera que máquinas exploram os trabalhadores, os vínculos sociais entre as pessoas são encobertos, de modo que sua habilidade para entender ou alterar a forma como vivem é prejudicado. Nesse contexto, escreve Marx, "Há uma relação social definida entre humanos, que assume, aos seus olhos, a forma fantástica de uma relação entre coisas"[45].

Nos últimos capítulos de *O capital*, Marx ilustra o que ele entendia por fetichismo das mercadorias, mostrando que as máquinas em vez dos trabalhadores estabelecem o ritmo e estilo do trabalho e que elas, em vez de seus proprietários, "necessitavam" do trabalho noturno dos trabalhadores, de modo a poderem estar em operação contínua. Os proprietários – os capitalistas – escondem-se detrás de suas máquinas, e são os vilões reais nessa relação de exploração e de alienação.

Os capitalistas têm pouco interesse no valor de uso das mercadorias produzidas pelo trabalho humano. Em vez disso, é o valor de troca que lhes interessa. Marx

---

44. Ibid., p. 170.
45. Ibid., p. 72.

escreve, "o incansável e interminável processo de geração de lucros é unicamente o que [o capitalista] almeja"[46]. O termo que empregava para lucro era *mais-valia*.

Mais-valia

Como para Marx a fonte de todo o valor era o trabalho, ele tinha de mostrar como os trabalhadores criam mais-valia para os capitalistas. Para tanto ele distinguia entre "trabalho" e "força de trabalho". *Trabalho* é o que as pessoas efetivamente fazem quando são empregadas pelos capitalistas, enquanto *força de trabalho* é a capacidade para trabalhar, que os capitalistas compram do trabalhador. Conforme Marx, "por força de trabalho ou capacidade para o trabalho devemos entender o agregado daquelas capacidades físicas e mentais que existem em um ente humano, que ele exerce sempre que produz um valor de uso de qualquer tipo"[47]. A força de trabalho é uma mercadoria como qualquer outra, e é tudo o que os trabalhadores têm para vender. Marx afirmou que o trabalhador, "em vez de estar na posição de vender mercadorias nas quais seu trabalho é incorporado, [é] obrigado a oferecer à venda como uma mercadoria a própria força de trabalho, que existe somente em seu ser vivo"[48]. Além disso, em uma sociedade capitalista os proletários podem vender sua força de trabalho somente para os capitalistas, que têm a posse dos meios de produção. Os dois se encontram, presumivelmente, em uma base igual: um para vender a força de trabalho e o outro para comprá-la. Na realidade, Marx via o trabalhador sempre em desvantagem nessa troca.

O valor, ou preço de venda, da força de trabalho é "determinado, como no caso de qualquer outra mercadoria, pelo tempo de trabalho necessário para a produção, e consequentemente também para a reprodução, desse artigo especial"[49]. Assim, a força de trabalho é, ao menos para o capitalista, uma massa de tempo de trabalho congelado – como representado pelo custo do alimento, vestimenta, abrigo e todas as outras coisas necessárias para manter os trabalhadores retornando ao mercado com sua mercadoria peculiar. Como os trabalhadores devem também reproduzir novas gerações de trabalhadores, o custo de manutenção de famílias inteiras deve ser incluído. Tendo descoberto que a força de trabalho é a fonte da mais-valia, Marx quis calcular sua taxa. Para fazer isso, ele distinguiu entre mais-valia absoluta e relativa.

A *mais-valia absoluta* ocorre quando os capitalistas prolongam a jornada de trabalho para aumentar a produtividade dos trabalhadores. Esse tema se tornou um tema conflituoso ao longo do século XIX. Por isso, Marx dedicou um espaço

---

46. Ibid., p. 149.
47. Ibid., p. 167.
48. Ibid., p. 168-169.
49. Ibid., p. 170.

considerável documentando como os primeiros capitalistas haviam forçado os trabalhadores a trabalharem tantas horas quanto possível por dia[50]. Os dados que ele apresentou são importantes por duas razões. Primeiro, a despeito de sua qualidade anedótica (pelos padrões atuais), eles são claramente corretos: os capitalistas buscavam estender a jornada de trabalho e manter os proletários em uma condição completamente degenerada. Para Marx, o esforço para prolongar o número de horas de trabalho dos trabalhadores era inerente ao capitalismo; e, além disso, os proletários seriam sempre incapazes de resistir. Segundo, essas páginas notáveis de *O capital* se basearam em dados históricos e governamentais. Na verdade, Marx ficava muito satisfeito em utilizar informações que o governo britânico havia fornecido para condenar o capitalismo.

A *mais-valia relativa* ocorre quando os capitalistas aumentam a produtividade dos trabalhadores ao capacitá-los a produzir mais na mesma quantidade de tempo. Esse resultado pode ser atingido de dois modos, ele dizia. Um é alterar a organização do trabalho – por exemplo, colocando os trabalhadores juntos em fábricas. O outro, mais prevalente à medida que o capitalismo avança, é aplicar tecnologia avançada ao processo produtivo. Ao utilizar máquinas, os trabalhadores podem produzir mais bens (botas, canetas, computadores, ou qualquer outra coisa) em menos tempo. Isso significa que os capitalistas podem vender por menos que seus concorrentes e ainda assim obter lucro. Como a reorganização do local de trabalho e o uso de máquinas eram métodos de exploração dos trabalhadores, eles também foram objetos de muito conflito durante o século XIX. Pois essas mudanças significavam que os proletários tinham de trabalhar ou mais duro ou em um ambiente mais desumanizador. Como em sua análise da mais-valia absoluta, Marx dedicou muito tempo documentando os esforços dos capitalistas para aumentar a mais-valia relativa[51]. Ao utilizar dados históricos e governamentais, ele mostrou uma vez mais como a produtividade havia aumentado firmemente por meio da maior exploração dos proletários.

Essa análise das fontes da mais-valia forneceu a Marx uma definição precisa da exploração. Em suas palavras, "a taxa da mais-valia é, portanto, uma expressão exata do grau de exploração da força do trabalhador pelo capital, ou do trabalhador pelo capitalista"[52]. Com efeito, a mais-valia é o valor criado pelos trabalhadores, mas recolhido pelos capitalistas, assim como os apicultores recolhem uma (grande) fração do mel das abelhas que o produzem.

De um modo mais geral, embora origine a Teoria do Valor-trabalho a exploração não é simplesmente uma forma de injustiça econômica. As classes sociais que resultam da aquisição da mais-valia por um segmento da sociedade também

---

50. Ibid., p. 231-312.

51. Ibid., p. 336-507.

52. Ibid., p. 218.

são precisamente definidas. A classe que surge da mais-valia –, a qual administra o governo, aprova leis e regula a moral – é a *burguesia*; e aquela classe que é explorada, o *proletariado*.

Ao descobrir as vantagens de aumentar a produtividade, Marx pensava ter descoberto a dinâmica oculta do capitalismo que conduziria inexoravelmente ao aumento da exploração dos proletários, crises industriais mais frequentes e, por fim, à deposição do próprio sistema capitalista. Seu raciocínio era que os lucros maiores dos capitalistas eram efêmeros, porque outros capitalistas imediatamente copiavam qualquer inovação. Assim, a mais-valia extra gerada pelo aumento da produtividade desaparecia "tão logo o novo método de produtividade tivesse se tornado geral e, consequentemente, feito desaparecer a diferença entre o valor individual da mercadoria barateada e seu valor social"[53]. O resultado de longo prazo, previa Marx, seria o tipo de caos originalmente descrito em *O manifesto comunista*.

O colapso do capitalismo

A descrição de Marx da mais-valia foi uma tentativa sistemática de mostrar a dinâmica da exploração capitalista. Sua próxima tarefa era revelar as razões pelas quais, a despeito de sua enorme produtividade, o capitalismo continha as sementes de sua própria destruição. Ele procede em dois passos.

O primeiro lida com o que ele chamava *reprodução simples*. Ela ocorre à medida que os trabalhadores produzem continuamente mercadorias que se traduzem em mais-valia para os capitalistas e salários para eles mesmos. Os proletários usam seus salários de modo a perpetuar o sistema capitalista. Como os capitalistas detêm os meios de produção e as mercadorias produzidas com esses meios, os proletários devem devolver seus salários aos capitalistas à medida que adquirem o indispensável para a vida. Os capitalistas, é claro, usam esse dinheiro para fazer ainda mais dinheiro para si próprios. Em acréscimo, após satisfazerem minimamente suas necessidades, os trabalhadores retornam ao mercado prontos para vender sua força de trabalho e preparados uma vez mais para aumentar o capital ao criarem mais-valia. Ao longo do tempo, então, a sociedade capitalista é continuamente renovada, porque os proletários produzem não apenas mercadorias, seus próprios salários e mais-valia, mas também relações sociais capitalistas: trabalhadores explorados e alienados de um lado e capitalistas de outro.

O segundo passo foca no que Marx chamava a *conversão da mais-valia em capital*. Hoje, referimo-nos ao reinvestimento do capital. Assim, após consumir uma pequena parte da mais-valia que obtiveram dos proletários, os capitalistas reinvestem o restante para fazer ainda mais dinheiro. Como Marx afirmava, "o círculo no

---

53. Ibid., p. 319.

qual a simples reprodução se move, altera sua forma e... se transforma em uma espiral"[54]. O resultado é uma contradição tão grande que o colapso do capitalismo e sua transformação em "uma forma mais elevada de sociedade" se tornam inevitáveis.

Com base nisso, Marx fez três, agora famosas, previsões. A primeira foi que os proletários estariam eternamente separados da posse ou do controle da propriedade privada, e mesmo de seu próprio trabalho. Os trabalhadores estariam sempre em uma desvantagem nos mercados de trabalho, e, como resultado, venderiam sua força de trabalho, dando, assim, mais-valia aos capitalistas. Sem essa mais-valia, o proletariado nunca possuiria ou controlaria a propriedade privada. Eles teriam apenas o bastante, talvez, para sobreviver e reproduzir a próxima geração de trabalhadores explorados. Todavia, paradoxalmente, os trabalhadores não foram defraudados – ao menos de acordo com as regras capitalistas do jogo –, pois, como vimos antes, os capitalistas meramente pagam os trabalhadores pelo valor de sua mercadoria, a força de trabalho. Além disso, como os proletários têm somente a força de trabalho para vender, têm pouca escolha a não ser participar do processo de acordo com as regras dos capitalistas.

A segunda previsão de Marx foi que os proletários se tornariam cada vez mais empobrecidos e que seria criado um exército de reserva industrial de pessoas pobres. Essa consequência ocorreria cada vez mais à medida que os capitalistas usam cada vez mais máquinas nas fábricas para tornar o trabalho mais produtivo e baixar o preço dos produtos; como resultado, menos trabalhadores seriam necessários, e sua força de trabalho poderia ser comprada por um preço menor. Assim, Marx previu não somente que os proletários reproduziriam continuamente suas relações com os capitalistas – ou seja, vender seu trabalho e gerar lucros para os capitalistas –, mas também que produziriam os meios pelos quais seriam convertidos em uma população supérflua forçada a trabalhar em qualquer lugar, em qualquer hora e por qualquer salário. Sob essas condições extremas, acreditava Marx, os proletários se tornariam uma classe revolucionária autoconsciente.

A terceira previsão de Marx foi que a *taxa de lucro* cairia e provocaria crises ainda mais severas. Como os capitalistas competem entre si, o preço das mercadorias teria de cair ao ponto em que não fosse possível lucrar. Mesmo uma organização mais eficiente do trabalho ou a adoção de novas tecnologias de redução de custos pelos capitalistas não poderiam, no fim, impedir que os lucros caíssem. Como Marx enfatizava, os concorrentes em breve copiariam cada nova inovação, erodindo, assim, quaisquer vantagens de preço. Todavia, a competição impiedosa continuaria forçando os capitalistas a baixar os preços relativos aos custos. No fim, uma crise insuperável começaria a emergir: os capitalistas teriam cada vez mais problemas em gerar lucros. E o fato de os capitalis-

---

54. Ibid., p. 581.

tas terem demitido os trabalhadores à medida que adotaram novas tecnologias agravaria essa situação, diminuindo, assim, a habilidade dos trabalhadores de comprar mercadorias a qualquer preço. Como uma consequência, o capitalismo colapsaria. As contradições inerentes à sua própria natureza, pensava Marx, perturbariam a operação do sistema capitalista, tornando, ao mesmo tempo, no entanto, o proletariado mais consciente de seus interesses na deposição da burguesia. Na verdade, o capitalismo está trancado em vários ciclos autodestrutivos descritos na Tabela 7.2. Assim, de acordo com Marx, a lógica do desenvolvimento capitalista produzirá as condições necessárias para essa deposição: uma base industrial junto a um proletariado empobrecido e com consciência de classe. Por fim, essas pessoas despossuídas introduzirão uma sociedade sem classe na qual a produção ocorre pelo bem comum.

O capitalismo no contexto histórico

A análise de Marx do capitalismo pressupunha que ele fosse um sistema social em curso. Assim, nas páginas finais de *O capital*, ele esboça uma vez mais as origens do capitalismo, que ele chamaria agora o processo de *acumulação primitiva*. Deveríamos lembrar que as relações sociais capitalistas ocorrem somente sob circunstâncias muito específicas; ou seja, os donos do dinheiro (os meios de produção) que desejam aumentar suas posses confrontam trabalhadores livres que não possuem outra forma de obtenção do sustento senão através da venda de sua força de trabalho. Assim, para entender as origens das relações sociais capitalistas, Marx tinha de explicar o surgimento tanto do proletariado como da burguesia, optando, tipicamente, por uma explicação estrutural.

De acordo com Marx, o proletariado moderno surgiu porque os camponeses autossuficientes foram expulsos das terras (e das guildas) e transformados em habitantes urbanos itinerantes e dependentes. Esse processo começou na Inglaterra durante os séculos XV e XVI se espalhou pela Europa Ocidental. Usando a Inglaterra como seu exemplo, Marx argumentava que esse processo havia começado com a desocupação das antigas propriedades pela eliminação dos servos feudais, privando os camponeses do uso das terras comuns e abolindo seus direitos de posse de terra sob circunstâncias que ele descreve como "terrorismo irresponsável". Além disso, argumentava Marx, um dos maiores efeitos da Reforma Protestante foi "a espoliação da propriedade da Igreja" por sua conversão à propriedade privada – ilegalmente, é claro. Finalmente, o roubo extensivo da terra do Estado e de sua conversão em propriedade de posse privada asseguraram que em nenhum lugar da Inglaterra os camponeses poderiam continuar a viver como viveram durante a época medieval. Em todos esses casos (embora essa análise seja claramente muito simplista), os métodos usados estavam longe de ser idílicos, mas foram efetivos, e resultaram no aumento da agricultura capitalista capaz de suprir as necessidades de um proletário "livre". Além disso, dado que eles não tinham lugar algum para ir, milhares de camponeses desalojados se tornaram mendicantes, ladrões e vagabundos. Por isso, ao longo de toda Europa Ocidental, no começo do século XVI, havia uma "legislação sangrenta contra a vagabundagem" com sanções severas contra aqueles que não trabalhassem para os capitalistas nascentes que estavam então emergindo.

Marx acreditava que a emergência do agricultor capitalista e do capitalista industrial ocorreu concomitantemente ao surgimento do proletariado moderno. No século XV, aqueles que possuíam ou controlavam a terra tinham normalmente garantias de ocupação a longo prazo, podiam empregar trabalhadores recém-"libertos" por salários muito baixos, e se beneficiar de um aumento no preço dos produtos agrícolas. Além disso, eram capazes de aumentar a produção agrícola, a despeito do menor número de pessoas trabalhando a terra, através do uso de métodos e equipamentos melhorados, que aumentavam a cooperação entre os trabalhadores no processo agrícola e concentravam a posse da terra nas mãos de poucos. Assim, a acumulação primitiva de capital poderia ocorrer.

Tabela 7.2 As visões de Marx sobre por que o capitalismo colapsaria

---

1) Os capitalistas devem explorar o trabalho – ou seja, extrair mais-valia da força de trabalho – para obterem lucros. Essa exploração não pode ser escondida dos trabalhadores, especialmente à medida que os capitalistas aumentam continuamente a taxa de exploração.

2) Os capitalistas devem competir entre si, forçando-se a baixarem os preços e a encontrar novos modos de reduzir custos para manter algum lucro. Como buscam encontrar novos modos de baixar custos, os capitalistas obtêm somente uma vantagem de curto prazo até que os competidores copiem seus esforços, mas aumentam a possibilidade de longo prazo de que o proletariado se torne consciente de seus interesses.

   a) À medida que os capitalistas constroem fábricas maiores para tirar vantagem dos custos-benefícios que advêm com as "economias de escala", eles reúnem os trabalhadores de modo que possam comunicar melhor seus descontentamentos uns aos outros e formar uma força revolucionária mais efetiva.

   b) À medida que os capitalistas adotam novas tecnologias para reduzir sua dependência dos trabalhadores, eles aumentam o desemprego, o que torna os trabalhadores mais hostis aos capitalistas, mas também reduz a demanda pelas mercadorias produzidas.

   c) À medida que os capitalistas copiam as inovações uns dos outros, um novo ciclo de competição de preços ocorre, terminando por criar um declínio na taxa de lucro que começa a destruir as empresas.

3) O capitalismo sempre produzirá mais mercadorias em relação à demanda, provocando recessões e depressões que tornam os trabalhadores ainda mais conscientes de sua miséria e de quem é responsável por ela.

Marx acreditava que o capitalismo industrial havia se desenvolvido como o resultado de uma variedade de eventos inter-relacionados. Primeiro, ele enfatizava, a usura e o comércio existiram ao longo da Antiguidade – a despeito de leis contra essa atividade – e lançaram uma base para que a acumulação primitiva de capital ocorresse. Segundo, a descoberta e a exploração do Novo Mundo trouxeram grande riqueza para as mãos de apenas poucas pessoas. A esse respeito, Marx apontava especialmente para a descoberta de ouro e prata, e para a existência de populações nativas que poderiam ser exploradas. Por fim, mencionou a emergência de um sistema de crédito público e de sua expansão em um sistema de crédito internacional. Sobre essa base, ele afirmava, o capitalismo emergiu na Europa Ocidental.

Conclusões críticas

Contradições substantivas

Marx possuía uma visão utópica de uma sociedade sem classes dentro da qual as pessoas agiriam cooperativamente pelo bem comum e, ao mesmo tempo, realizariam seu potencial humano. Paradoxalmente, ele acreditava que esse objetivo poderia ser atingido através da centralização do poder político nas mãos do Estado. É devido a essa crença que ele foi descrito como aprendiz de feiticeiro. A imagem é a de um líder sem sabedoria que inadvertidamente libera o poder do inferno na Terra. Em termos simples, a visão de Marx sobre a transição do capitalismo para o comunismo convida ao estabelecimento de um regime no qual o Estado possui controle estrito sobre todos os aspectos da vida de um indivíduo; ele convida, em outras palavras, ao totalitarismo moderno.

Para entender por que Marx procedeu desse modo, necessitamos apreciar o dilema que ele enfrentava. Como um revolucionário, ele buscava depor uma sociedade brutal e exploradora em favor de uma comunidade humana e justa. Vale a pena lembrar que a descrição de Engels das condições de vida da classe trabalhadora era terrivelmente acurada, e muitos observadores do século XIX viram a situação começar a ficar cada vez pior. Assim, para Marx, o problema era ir de uma sociedade competitiva para uma comunal, que libertasse os indivíduos para realizarem seu potencial como entes humanos.

Portanto, Marx fez uma série de propostas que vale a pena reiterar: a abolição da posse privada da terra, o confisco da propriedade de emigrantes e rebeldes, a centralização do crédito, da comunicação e do transporte pelo Estado, a posse de fábricas pelo Estado, e várias outras. Essas medidas implicam uma crença de que um poder político irrestrito pode ser redentor, de que o caminho para a liberdade é através do controle totalitário. Para Marx, a transição ao comunismo demandaria uma ditadura temporária do proletariado. Mas a experiência mostrou que essa estratégia pode significar somente o controle total pelo Partido Comunista, que justifica sua exploração das massas ao invocar o bem comum. Ora, a questão política não é se os fins justificam os meios; mas se os meios podem produzir os fins; ou seja, o poder, isento de responsabilidades, pode produzir liberdade para os indivíduos? A resposta é não. Não há evidência de que o totalitarismo possa produzir liberdade. A despeito de sua visão grandiosa, os escritos de Marx tiveram consequências políticas perversas.

Onde a profecia falha

As predições ou profecias de Marx dão errado não somente porque ele falhou em reconhecer que o poder, uma vez concedido, não "definha", mas também porque ele assumia que seria o proletariado que se rebelaria e deporia o capitalismo. Todavia, as grandes revoluções comunistas na Rússia e na China foram, na verdade, consequências de guerras civis de prazo mais longo, e os atores centrais não foram o proletariado, mas os camponeses. O Estado não definhou em nenhum dos casos, e, ironicamente, somente com o surgimento do capitalismo nesses países, particularmente na China, alguma esperança por um regime menos totalitarista pode ser encontrada. Claramente, as grandes predições de Marx contêm vários erros de cálculo importantes.

Primeiro, Marx via o valor das mercadorias como inerente à força de trabalho necessária para produzi-las (menos outros custos como máquinas e *marketing*). Essa suposição é talvez seu erro mais fundamental, e, a despeito de esforços por parte de marxistas[55] contemporâneos de continuarem com essa ideia por ela oferecer uma medida da exploração, ela é fundamentalmente falha. O valor inere no que alguém está disposto a pagar, ou deve pagar sob condições restritas, por algo em um mercado, e embora marxistas condenassem isso como categorias capitalistas impostas, não é, contudo, verdadeiro. As pessoas podem ainda ser exploradas quando recebem pouco e são forçadas a trabalhar sob condições terríveis, mas não necessitamos recorrer à Teoria do Valor-trabalho como nossa medida do grau de exploração. Em troca, recorremos a outros valores, como salários justos, padrões básicos de vida e condições seguras de trabalho para avaliar a exploração. A noção de exploração é, portanto, avaliativa; não pode ser um construto objetivo, como Marx propôs. Podemos ainda ver os lucros e a riqueza capitalistas como vindo da exploração, se quisermos, mas a Teoria do Valor-trabalho é uma ideologia disfarçada de ciência. Como Adam Smith, que havia trabalhado com a ideia, deveríamos abandonar a noção de uma Teoria do Valor-trabalho porque ela não é útil.

Segundo, Marx calculou mal a extensão da rota de colisão entre capitalistas e proletários. O capitalismo inicial que ele analisou não parecia, na verdade, estar fechado em um sistema autodestrutivo. Contudo, ele simplesmente assumiu que essas crises de recessão/depressão e de descontentamento dos trabalhadores

---

55. Cf., p. ex., ROEMER, J.A. *A General Theory of Exploitation and Class*. Cambridge, MA: Harvard University Press, 1982. • WRIGHT, E.O. *Class Counts*. Cambridge, UK: Cambridge University Press, 1997.

não eram resolvíveis dentro da estrutura do capitalismo. Parte da razão para esse erro de cálculo foi que Marx superestimou o Estado como meramente uma ferramenta da burguesia, uma vez que, de fato, o capitalismo está associado ao surgimento das democracias políticas nas quais todos os cidadãos têm alguma participação, ainda que os ricos tenham mais influência que os pobres. Uma outra parte da razão para os erros de cálculos de Marx é que as crises persistentes forçam o Estado a buscar acordos entre capitalistas e trabalhadores sobre salários e condições de trabalho. Essas crises levaram o Estado a regular os mercados e os capitalistas à medida que recessões ameaçavam a estabilidade política. Marx assumiu que essa flexibilidade da parte do Estado e dos capitalistas não poderia existir. De fato, durante o começo do capitalismo, essa flexibilidade não era tão evidente, mas ao longo do tempo as massas de trabalhadores urbanos se tornaram capazes de obter poder político.

Terceiro, Marx assumiu incorretamente que os trabalhadores eram, e sempre seriam, impotentes nos mercados de trabalho. Embora isso fosse certamente verdade no começo do capitalismo à medida que trabalhadores rurais migravam para as cidades (e na verdade é ainda verdadeiro para aqueles que migram do campo para as cidades), os trabalhadores foram capazes de obter poder político ao forçarem intervenções políticas nos mercados de trabalho. Esse ganho de poder foi parcialmente o resultado dos sindicatos trabalhistas que foram muito melhor sucedidas do que Marx poderia ter previsto na época em que estava escrevendo. Além disso, não há sempre uma perpétua escassez de mão de obra ou de reserva de força de trabalho que possa ser utilizada quando os trabalhadores exigem salários mais elevados. A escassez de mão de obra emerge, e, sob essas condições, o proletariado está numa posição melhor de barganha. Além disso, à medida que investimentos em tecnologia e instalações crescem, os custos de investimentos de capital não utilizados que surgem de disputas trabalhistas prolongadas muitas vezes forçam os capitalistas a barganhar com os trabalhadores em vez de deixar o maquinário parado.

Quarto, Marx não antecipou o surgimento das classes médias, outra ocorrência que colocou problemas aos teóricos marxistas[56]. Na verdade, ele fez a predição contrária: a maioria das pessoas seria forçada ao proletariado. A história mostra, contudo, que à medida que a economia se expande, especialmente quando novas tecnologias guiam a expansão, a proporção de trabalhadores administrativos qualificados cresce e termina constituindo a maioria dos trabalhadores. Esses trabalhadores mais qualificados estão em uma posição muito melhor para barganhar salários e condições de trabalho do que os trabalhadores do começo da era industrial.

---

56. WRIGHT, E.O. *Classes*. Londres: Verso, 1985. • WRIGHT, E.O. & PERRONE, L. "Marxist Class Categories and Income Inequality". *American Sociological Review*, 42, 1977, p. 32-55.

Quinto, Marx não reconhecia a importância do governo como um grande empregador, tendia a vê-lo apenas como a ferramenta da burguesia. Contudo, uma vez que o governo intervém em todas as esferas da sociedade – de escolas à regulação da economia –, uma proporção significativa da força de trabalho passa a trabalhar para o governo. Como resultado, é difícil tipificar os interesses dos trabalhadores governamentais como parte dos conflitos entre um proletariado explorado e os capitalistas[57].

Sexto, posteriormente em seus escritos, Marx começou a ver algumas das implicações das sociedades anônimas, mas ele não poderia ter previsto a revolução introduzida pelo lançamento de ações nos mercados. A posse deveria se tornar mais difusa, com muitos trabalhadores interessados no capitalismo à medida que adquiriam ações. Além disso, não apenas a posse ficou difusa, mas também foi separada da administração de modo que os proprietários não administrariam diretamente as companhias e, conquetentemente, as relações trabalhistas. Sob essas condições, o gerenciamento estaria cada vez mais interessado em racionalizar as relações com os trabalhadores para manter a produção andando.

Assim, muitas forças específicas no capitalismo atuaram fortemente contra as predições de Marx. Não poderíamos esperar que ele antecipasse algumas dessas forças, porém, caso não estivesse tão comprometido ideologicamente com a deposição do capitalismo, poderia ter visto os efeitos de outras. É sempre arriscado fazer predições baseadas em uma tendência histórica, como fez Marx, porque eventos históricos podem mudar a trajetória de uma predição. Marx tinha confiança em suas profecias porque todo seu esquema intelectual forçava essas predições, mas ele nunca questionou algumas das suposições sobre as quais esses esquema estava assentado; quando algumas se mostraram questionáveis, o sistema inteiro colapsou.

Marx ainda é relevante?

Então, por que os sociólogos ainda leem Marx? Afinal, a maioria de suas predições sobre revolução e a difusão do comunismo não falhou em se materializar? A revolução comunista pelo proletariado nunca ocorreu realmente. A estrutura de classes do sistema capitalista não se polarizou, mas, em troca, tornou-se mais complexa. O Estado não "definhou" nos países comunistas (na verdade, somente quando se tornaram capitalistas). E o mundo se tornou mais capitalista em vez de comunista. Alguns sociólogos contemporâneos continuam a resistir, argumentando que, como o capitalismo se tornou completamente global, as contradições no sistema vão finalmente emergir e instaurar a revolução comunista. Outros têm nutrido um interesse na exploração e na Teoria do Valor-trabalho, retrabalhando essas ideias para que se ajustem melhor às con-

---

57. WRIGHT, E.O. "Rethinking, Once Again, The Concept of Class". In: WRIGHT, E.O. (ed.). *The Debate on Classes*. Londres: Verso, 1989.

dições contemporâneas. Todavia, devemos dizer que grande parte do sistema de pensamento de Marx, especialmente seus retratos mais ideologicamente carregados do futuro, tornou-se obsoleta.

Ainda assim, Marx antecipou e formulou muitos dos temas que ocupam a discussão sobre a economia e a sociedade hoje[58]. Marx viu, mais do que qualquer outro estudioso do último século, que a economia é a força propulsora da sociedade, e previu que o capitalismo se difundiria ou, no vocabulário de hoje, tornar-se-ia uma força global. Ele compreendia que o poder econômico e o poder político estão altamente correlacionados e que aqueles com poder podem desproporcionalmente influenciar a formação de ideologias e os outros elementos da cultura. Ele explicou as incríveis capacidades de geração de riqueza dos mercados livres e que seu dinamismo é temperado pelas desigualdades, exploração e alienação geradas por seu sistema, assim como por sua tendência inerente aos ciclos constantes de recessões e depressões cada vez mais profundas. Além disso, ele antecipou inclusive o poder do grande capitalismo de padronizar atividades, empobrecer pequenos negócios e artesãos, e de destruir antigas culturas na motivação incansável para a produção mais eficiente e para penetrar todos os mercados. Assim, Marx teve uma percepção muito clara de muitas das consequências da liberação do capitalismo. Por que, então, suas predições mais específicas sobre a revolução do proletariado deram errado? A resposta deve residir no fervor ideológico de Marx. Ele estava ofuscado por suas convicções e, por isso, não pôde ver que o Estado, a burguesia e os trabalhadores poderiam mudar o sistema capitalista de modo a torná-lo mais benigno.

---

58. Para uma análise recente do pensamento contemporâneo marxista, cf. BURAWOY, M. & WRIGHT, E.O. "Sociological Marxism". In: TURNER, J.H. (ed.). *Handbook of Sociological Theory*. Nova York: Kluwer Academic, 2002.

8
A origem e o contexto do pensamento de Max Weber

Influências biográficas no pensamento de Weber

Max Weber, o primeiro de sete filhos de Max e Helene Weber, nasceu em 21 de abril de 1864, na cidade de Erfurt na Turíngia. A Turíngia era situada na Prússia, o mais poderoso dos estados alemães da época. Weber descendia de protestantes de ambos os lados de sua família. Os ancestrais de seu pai eram luteranos refugiados da Áustria, e, os de sua mãe, huguenotes emigrantes da França. Como veremos, o protestantismo de Weber pesou fortemente sobre ele, servindo como uma fonte de tormento e, no fim, como uma motivação para uma das maiores análises sociológicas jamais escritas, *A ética protestante e o espírito do capitalismo*[1].

Os primeiros anos

O pai de Weber, advogado e juiz em Erfurt, tornou-se político em Berlim, para onde a família se mudou em 1869. Em Berlim começou sua carreira política como vereador e subsequentemente serviu como membro da Landtag (Assembleia Regional) e da Reichstag (Parlamento Imperial). Nesse contexto, a família de Weber recepcionou uma ampla variedade de pessoas distintas. Por exemplo, os historiadores Theodor Mommsen e Wilhelm Dilthey viviam perto e frequentemente visitavam a família Weber[2]. Esse ambiente permitiu ao jovem Weber encontrar políticos e estudiosos importantes da época, ouvir e participar de suas discussões, e se tornar consciente dos problemas que a nação enfrentava.

---

1. WEBER, M. *The Protestant Ethic and the Spirit of Capitalism*. Nova York: Scribner's, 1958. O original apareceu em duas partes, em 1904 e em 1905.

2. WEBER, M. *Max Weber*: A Biography. Nova York: Wiley, 1975, p. 39. O original foi publicado em 1926. Exceto quando registrado de outro modo, todo material biográfico provém dessa fonte.

Sem dúvidas, o pai de Weber gozou de um estilo de vida liberal de um político alemão, com sua ênfase no sucesso material, sua falta de religiosidade e seu mundo desregrado de fofocas, acordos e barganhas. Foi um hedonista, um homem que desfrutou da vida burguesa ao máximo. Dentro da família, contudo, seu pai reinava absolutamente. Não tolerava jovens com opiniões diferentes das suas e se sentia compelido, como patriarca, a controlar o comportamento de sua esposa. Apesar disso, era dedicado a seus filhos, supervisionando sua educação e levando-os a passeios no campo. Durante sua juventude, Weber foi muito próximo de seu pai, uma orientação que mais tarde mudaria.

Sua mãe era completamente diferente. Helene Weber, uma mulher tímida e sensível, era religiosamente devota. Quando tinha 16 anos, um velho amigo da família a molestara sexualmente; como resultado desse episódio, ela passou a repudiar a sexualidade. Marianne Weber, a esposa de Max Weber, relata que o aspecto físico do casamento não era para Helene uma fonte de alegria, mas um pesado sacrifício e também um pecado que era justificado somente pela procriação. Devido a isso, em sua alegria juvenil ela muitas vezes ansiou pela velhice para liberá-la desse dever. Uma mãe amorosa e afetuosa, Helene Weber, contudo, aderiu aos estritos padrões do trabalho duro, comportamento ascético e moralidade pessoal do calvinismo, que ela tentou instilar em seus filhos. "Ela nunca estava satisfeita consigo mesma e se sentia sempre inadequada diante de Deus", o que a levava a um grande conflito interno que marcou sua vida[3]. Além disso, como eram muito incompatíveis, os pais de Weber terminaram se distanciando um do outro muito cedo em seu casamento, o que o afetou demasiadamente. Na verdade, ele acreditava que tinha de escolher entre seus pais e que essa escolha seria decisiva para o desenvolvimento de sua própria personalidade, tornando-se para ele uma fonte permanente de agonia emocional. De fato, alguns argumentaram que os escritos sociológicos de Weber são uma tentativa de resolver esses conflitos internos[4].

Weber foi uma criança doentia. Ele contraiu uma doença séria, possivelmente meningite, aos 2 anos, e a experiência o deixou menor e menos capaz fisicamente que outras crianças. Contudo, ele foi intelectualmente precoce. Suas cartas de juventude, muitas das quais sobrevivem, estão repletas de reflexões sobre os escritores clássicos gregos e romanos assim como sobre os filósofos Johann Goethe, Benedito de Espinosa e Immanuel Kant. As conversas de Weber em casa também garantiram que ele se tornasse politicamente sofisticado muito jovem ainda, uma característica que aparentemente fez dele um problema de disciplina na escola, onde achava o nível de instrução muito baixo e a ignorân-

---

3. Ibid., p. 21-30.
4. Ibid., p. 84. Sobre o relacionamento entre a perturbação psíquica de Weber e seu trabalho acadêmico, cf. COLLINS, R. *Max Weber*: A Skeleton Key. Beverly Hills, CA: Sage, 1986.

cia de seus colegas de aula chocante. De um modo mais geral, a natureza e uso da autoridade o preocuparam ao longo de sua vida, tanto pessoal como intelectualmente.

Em 1882, Weber completou o ensino médio e se inscreveu na Universidade de Heidelberg. Como seu pai, escolheu o direito como um campo de estudo e de formação profissional. Além disso, também estudou economia, história, filosofia e teologia (Sociologia não era oferecida naquela época). Weber se tornou ativo na fraternidade de seu pai, juntando-se às competições de bebedeiras e duelos rituais característicos da universidade alemã naquela época. A grande quantidade de cerveja consumida e o estilo de vida hedonista transformaram o frágil adolescente em um jovem corpulento, com cicatrizes de esgrima em sua face.

Em 1883, Weber prestou serviço militar obrigatório por um ano e, durante esse período, esteve sob a influência de uma tia, Ida Baumgarten (a irmã de sua mãe), e de um tio, o historiador Herman Baumgarten. Esse período foi decisivo na vida de Weber. Mais forte e mais poderosa que a irmã, Ida Baumgarten levava uma vida religiosa simples e ascética, o que ajudou Weber a compreender e apreciar a devoção religiosa cristã de sua mãe. Como resultado, Weber passou a se identificar mais com sua mãe do que com seu pai.

Antes do colapso

No ano seguinte, Weber retornou a Berlim, onde se inscreveu na Universidade de Berlim, voltando a morar com seus pais. Por sete anos, enquanto completava sua formação em direito, dependeu financeiramente de um pai do qual desgostava e condenava cada vez mais. Como Marx, Weber era uma pessoa de conhecimento enciclopédico. Durante os vários anos em que trabalhou sem remuneração em tempo integral como estagiário de direito ele completou uma tese de doutorado intitulada "A história das companhias de comércio na Idade Média", e uma tese de pós-doutorado intitulada "A história agrária romana", que o qualificou para lecionar no nível universitário. Ele também se juntou à União Social Evangélica, um grupo político protestante de reação ao excesso de industrialização na Alemanha, e à União Social-Política, uma organização acadêmica comprometida com a pesquisa de problemas sociais. Sob a égide da segunda, ele investigou as condições dos trabalhadores rurais. O resultado, um livro de 900 páginas intitulado *A situação dos trabalhadores agrícolas no leste da Alemanha do Rio Elbe*, estabeleceu sua reputação como um jovem erudito[5]. Para produzir três

---

5. Somente um fragmento desse livro foi traduzido sob o título "Development Tendencies in the Situation of East Elbian Rural Laborers". In: TRIBE, K. (ed.). *Reading Weber*. Londres: Routledge, 1989, p. 158-187. O trabalho inteiro está sumarizado em BENDIX, R. *Max Weber*: An intellectual Portrait. Garden City, NY: Doubleday, 1962, p. 14-30.

livros enquanto trabalhava em tempo integral como advogado assistente, Weber "reprimiu tudo", vivendo uma vida ascética estritamente regulada pelo relógio[6]. Essas características de sua própria vida assumiram significação intelectual em seu trabalho posterior, *A ética protestante*.

Convencido de que não era um "verdadeiro estudioso", Weber, contudo, decidiu perseguir uma carreira acadêmica combinada a uma jurídica. Assim, em 1892, ele aceitou uma posição de professor na Universidade de Berlim. Durante esse mesmo período, ele cortejou e casou com sua prima, Marianne Schnitger, cuja adorável biografia de Weber permanece a fonte padrão sobre sua vida.

Weber tinha uma paixão pelo trabalho: "Uma [tarefa] mal estava completa e seu intelecto incansável já assumia uma nova"[7]. Assim, seu trabalho cronicamente excessivo e um estilo de vida não saudável se tornaram um motivo de preocupação tanto de sua mãe como de sua esposa, que insistiam com ele para que diminuísse seu ritmo. Seus protestos, contudo, tiveram pouco efeito. Em 1894, o casal se mudou para Friburgo, onde ele assumiu uma posição como professor de Economia Política. De acordo com Marianne Weber, a carga de trabalho lá "ultrapassou tudo até então"[8]. Ao longo dos próximos anos, Weber manteria uma árdua agenda acadêmica, jurídica e política. Aparentemente, era considerado um professor excepcional, um advogado promissor e um homem com um futuro no serviço público. Além disso, os Weber (que eram, segundo a opinião geral, não apenas a de Marianne, felizes no casamento) mantinham um estilo de vida não convencional para a época. Com o tempo, Marianne Weber se tornou aluna de Heinrich Rickert, historiador e assistente social e um apoiador dos direitos das mulheres. Ela, aparentemente, teria convertido Weber, pois, em breve, ele se tornaria "mais feminista do que ela"[9].

Nesse contexto, a raiva por longo tempo gestada em relação a seu pai irrompeu em 1897, com consequências desastrosas para todos[10]. Todo ano a mãe de Weber passava várias semanas visitando seus filhos e suas famílias. Seu pai, contudo, sempre tornava essas viagens difíceis, acreditando que ele deveria controlar cada atividade de sua esposa. Durante o verão, pai e filho discutiram violentamente sobre esse problema e se separaram sem reconciliação. Pouco tempo depois, seu pai falece. Em seguida, aos 33 anos e agora professor de Política Econômica na Universidade de Heidelberg, Weber sofreria um completo colapso nervoso, que o incapacitaria por mais de cinco anos.

---

6. WEBER. *Max Weber*, p. 149.

7. Ibid., p. 195.

8. Ibid., p. 195-201.

9. Ibid., p. 229.

10. Cf. DIGGINS, J.P. *Max Weber*: Politics and The Spirit of Tragedy. Nova York: Basic Books, 1996, p. 62-63.

É, com certeza, intrigante especular sobre as causas do colapso psíquico de Weber[11]. Embora haja pouca dúvida de que a briga com seu pai e sua morte subsequente tenham constituído o incidente precipitante, as questões mais gerais que contribuíram para o trauma psicológico de Weber foram dificuldades não resolvidas de identificação com seus pais e conflitos interiores com relação aos seus valores contraditórios. Além disso, seu hábito crônico de trabalhar em excesso serviu tanto como um sintoma de seu estresse subjacente como uma causa adicional do colapso. Weber produziu pouco entre 1897 e 1903. Sustentado por uma herança, ele viajou extensamente, recuperando-se, às vezes, por breves períodos, somente para colapsar novamente. Em 1900, a Universidade de Heidelberg o aposentou. Ele não lecionaria novamente por quase duas décadas.

A transição para a sociologia

No começo de 1903, Weber se encontrava apto a escrever novamente. Primeiro, ele produziu um trabalho muito difícil em que critica os economistas históricos Wilhelm Roscher e Karl Knies[12]. Pouco depois, ele escreveu um importante ensaio metodológico, "'Objetividade' na Ciência Social e na Política Pública", no qual analisa o lugar dos valores na emergência das disciplinas científicas sociais[13]. Esse trabalho foi seguido em 1904 e 1905 pelo livro seminal pelo qual Weber é principalmente lembrado, *A ética protestante*, no qual ele esboça a significação histórica do protestantismo para o desenvolvimento dos valores culturais capitalistas. Esses trabalhos marcam o começo da identificação autoconsciente de Weber como sociólogo.

Entre 1906 e 1914, Weber continuou a pesquisar e a escrever, agora se restringindo ao papel de pesquisador independente. Ele estudou religião, as origens das cidades e a metodologia científica social, produzindo uma série de livros e ensaios. Entre eles estão os metodológicos *Crítica a Stammler* (1907), *A sociologia da religião* (1912), *A religião da China* (1913), *A religião da Índia* (que apareceu em 1916-1917), e *O judaísmo antigo* (que apareceu em 1917)[14].

---

11. Cf. "Introduction: The Man and His Work". In: GERTH, H. & MILLS, C.W. (eds.). *From Max Weber*. Nova York: Oxford University Press, 1946, p. 3-32. • MITZMAN, A. *The Iron Cage*: A Historical interpretation of Max Weber. Nova York: Knopf, 1970. • COLLINS. *Max Weber*: A Skeleton Key.

12. WEBER, M. *Roscher and Knies*: The Logical Problems of Historical Economics. Nova York: Free Press, 1975.

13. WEBER, M. "'Objectivity' in Social Science and Social Policy". In: SHILS & FINCH (eds.). *The Methodology of the Social Sciences*. Nova York: Free Press, 1949, p. 50-112. O original apareceu em 1904.

14. WEBER, M. *Critique of Stammler*. Nova York: Free Press, 1977. • *The Sociology of Religion*. Boston: Beacon, 1963. • *The Religion of China*. Nova York: Free Press, 1951. • *The Religion of India*. Nova York: Free Press, 1958. • *Ancient Judaism*. Nova York: Free Press, 1952.

Além do trabalho intelectual, Weber também participava da vida social dos intelectuais alemães[15]. Sua casa servia como um lugar de encontro para pessoas distintas em muitos campos. Os sociólogos Georg Simmel e Robert Michels, o historiador Heinrich Rickert e o filósofo Karl Jaspers estavam entre os vários estudiosos que regularmente participavam das discussões bastante variadas sobre política e ciência social. Em 1910, Weber ajudou a fundar a Associação Sociológica Alemã, servindo como seu secretário por vários anos. Nesse contexto, ele continuou a expressar suas concepções sobre a natureza da sociologia, especialmente sobre a importância da objetividade na pesquisa social.

Com o início da Primeira Guerra Mundial, Weber, um nacionalista alemão apaixonado, tornou-se administrador de um hospital na área de Heidelberg. Com o tempo, contudo, começou a se opor à conduta alemã na guerra, defendendo objetivos limitados e profetizando a derrota caso a guerra submarina irrestrita trouxesse os Estados Unidos ao conflito. Poucas pessoas lhe deram atenção.

Em 1918, Weber aceitou uma posição acadêmica na Universidade de Viena e ofereceu um curso pela primeira vez em vinte anos. No ano seguinte, lecionou na Universidade de Munique, proferindo duas de suas mais famosas conferências: "Ciência como vocação" e "Política como vocação"[16]. Durante esse período, começou a retrabalhar o material dos anos pré-guerra, escrevendo o que se tornou a Parte 1 de seu *Economia e sociedade*[17]. Ele também deu uma série de conferências que foram postumamente publicadas sob o título *História econômica geral*[18].

No crepúsculo de sua vida, Weber encontrou, sem dúvida, algum alívio em relação aos traumas do passado. Embora tivesse pouco tempo para relaxar, Marianne Weber diz que sua capacidade de trabalho se tornou mais estável e seu sono mais regular. Durante o verão de 1920, Max Weber desenvolveu uma pneumonia, vindo a falecer no dia 14 de junho.

Marx e Weber

A despeito do fato de Weber raramente citar Marx em seus trabalhos, ele manteve um "diálogo silencioso" com o revolucionário morto. Alguns argumentavam que os escritos de Weber deveriam ser vistos como um esforço de "arredondar", ou suplementar, a interpretação de Marx do surgimento e queda da sociedade capitalista[19], em vários sentidos. Primeiro, em *A ética protestante*,

---

15. Cf. DIGGINS. *Max Weber*, p. 110-113.
16. Esses ensaios estão reimpressos em *From Max Weber*, p. 7-158.
17. WEBER, M. *Economy and Society*. Nova York: Bedminster, 1968.
18. WEBER, M. *General Economic History*. Nova York: Collier, 1961.
19. GERTH & MILLS. "Introduction". *From Max Weber*, p. 3-76.

Weber mostrou a relação entre os valores culturais associados à Reforma Protestante e o surgimento da cultura do capitalismo no Ocidente, sem negar, porém, a importância dos fatores materiais que Marx havia previamente identificado. Exceto pelo impacto transformador do puritanismo, Marx e Weber geralmente concordavam sobre os fatores estruturais envolvidos no surgimento da sociedade moderna. Segundo, ambos podem ser vistos como "teóricos de sistemas" no sentido de que seus esquemas conceituais representam uma tentativa de mapear as conexões entre os contextos situacionais e ambientais nos quais as pessoas agem. Terceiro, ambos reconheciam a extensão dos limites para a ação dos indivíduos nas sociedades capitalistas, embora tenham feito isso de formas um tanto diferentes[20]. No trabalho de Marx, lemos que as pessoas são alienadas porque não controlam os meios de produção, enquanto, no trabalho de Weber, os indivíduos muitas vezes se encontram em uma "jaula de ferro" construída pelas burocracias cada vez mais onipresentes e "racionalizadas". Finalmente, a despeito das restrições recém-mencionadas, tanto Marx como Weber mencionaram a importância da tomada de decisão humana na construção da história. Para Marx, que foi sempre um esperançoso utópico e revolucionário, a ação introduziu uma nova era de liberdade para todas as pessoas. Para Weber, que era menos esperançoso em relação ao futuro, os indivíduos têm um âmbito de escolhas maior nas sociedades modernas do que era possível nas comunidades tradicionais do passado.

A despeito dessas áreas de similaridade, o trabalho de Weber era diferente comparado ao de Marx em origem, propósito e estilo. Marx combinava revolução com teoria para explicar o que ele via como o padrão da história. Weber ajudou a estabelecer uma sociologia fundamentada academicamente e comprometida com a observação objetiva e com a compreensão dos processos históricos, que ele considerava inerentemente imprevisíveis. Essas diferenças na orientação não podem ser reconciliadas sem a eliminação da distinção do trabalho de cada um. Com isso, em vez de "arredondar" Marx, Weber tentou refutar o pensamento marxista tal como existia na virada do século. Por exemplo, em *A ética protestante*, Weber saiu de seu caminho para declarar que seus achados contrariavam completamente aqueles postulados pelo "materialismo histórico", e se admirava com a ingenuidade dos marxistas que adotaram essas doutrinas[21]. De um modo mais geral, Weber discordava de Marx e dos marxistas (os dois não são o mesmo) sobre três tópicos fundamentais e inter-relacionados: (1) a natureza da ciência, (2) a inevitabilidade da história, e (3) o determinismo econômico.

---

20. LÓWITH, K. *Marx and Weber*. Londres: Routledge, 1993.
21. WEBER. *Protestant Ethic*, 55, p. 75, 90-92, 266-277.

A natureza da ciência

Como vimos no capítulo 7, Marx combinava ciência e revolução de um modo tal que as teorias fossem verificadas pelo que elas levavam as pessoas a fazerem (ou não). Weber, por outro lado, via a ciência como a busca pela verdade e argumentava que a observação verificava o conhecimento. Ao fazer observações, a pesquisa deve ser "isenta de juízo de valor" no sentido de que conceitos sejam claramente definidos, regras de evidência estabelecidas sejam seguidas, e inferências lógicas sejam feitas. Somente desse modo, argumentava Weber, pode haver uma ciência objetiva da sociologia[22].

Embora reconhecendo que os marxistas eram muitas vezes motivados pelo ultraje moral com relação às condições nas quais a maioria das pessoas era forçada a viver, Weber afirmava que as posições éticas não eram cientificamente demonstráveis, não importando quão louváveis pudessem ser. Além disso, ao combinarem ciência e revolução para justificarem sua visão do futuro, Weber acreditava que os marxistas confundiam inevitavelmente "o que é" com "o que deve ser", resultando na subversão de seus motivos éticos[23]. Essa confusão deveria ser eliminada tanto quanto possível, insistia Weber, tornando a ciência social objetiva por meio de uma ênfase exclusiva no "que é". Contudo, Weber reconhecia que os valores dos cientistas sociais inevitavelmente se imiscuíam na investigação social por influenciarem os tópicos considerados importantes para a pesquisa. Esse fato, sustentava Weber, não elimina a possibilidade de que o processo de pesquisa possa e deva ser objetivo. Assim, Weber acreditava que a ciência não poderia dizer às pessoas como viver ou como se organizar, mas poderia fornecer-lhes o tipo de informação necessária para tomarem essas decisões.

A inevitabilidade da história

Marx postulava a existência de leis históricas de desenvolvimento, o que o levou a ver o feudalismo como levando inevitavelmente ao capitalismo e esse como levando inexoravelmente a uma sociedade comunista mais humana. Contra essa posição, Weber argumentava que não havia leis do desenvolvimento histórico e que o capitalismo havia surgido no Ocidente como resultado de uma série de acidentes históricos, incluindo a industrialização da produção, o surgimento de uma força livre de trabalho, o desenvolvimento de métodos lógicos de contabilidade, a expansão dos mercados livres, a codificação das formas modernas de direito, o uso de comprovantes formais de posse (e.g., certificado de

---

22. WEBER. "Science as a Vocation". Cf. nota 17.

23. ROTH, G. "[Weber's] Historical Relationship to Marxism". In: BENDIX, R. & ROTH, G. (eds.). *Scholarship and partisanship*: Essays on Max Weber. Berkeley: University of California Press, 1971, p. 227-252.

ações), e a emergência do que Weber chamava o *espírito do capitalismo*[24]. Weber acreditava que esse último fator fosse o mais importante. Além disso, ele argumentava que nenhum desses fenômenos poderia ter sido previsto antecipadamente; ao contrário, foram todos eventos acidentais.

Determinismo econômico

No começo do século XX, muitos marxistas estavam argumentando que certos arranjos econômicos, especialmente o da posse privada dos meios de produção, provocam inevitavelmente o desenvolvimento de formas políticas específicas assim como de outras estruturas sociais. Weber tentou refutar essa forma muito congelada da análise de Marx de dois modos diferentes. Primeiro, em *A ética protestante*, Weber mostrou a importância das ideias religiosas na determinação do comportamento dos puritanos e, por extrapolação, de todo povo ocidental. Segundo, em *Economia e sociedade*, ele esboçou até que ponto os sistemas de dominação são vistos como legítimos pelos cidadãos, um compromisso que geralmente sobrepuja as divisões de classes que sempre existiram. Nas palavras de Weber,

> é uma das ilusões arraigadas na sobrestimação moderna do "fator econômico" [...] acreditar que a solidariedade nacional não possa sobreviver às tensões de interesses econômicos antagônicos, ou mesmo assumirem que a solidariedade política é *meramente* um reflexo da subestrutura econômica[25].

O *Methodenstreit** e Weber

Na Alemanha, existia uma divisão muito rígida entre as ciências naturais e as disciplinas culturais. Os fenômenos naturais – como aqueles estudados na física, química e biologia – eram vistos como prontamente suscetíveis à análise teórica (i.e., científica), enquanto o mundo do "espírito" era considerado estar para além da análise em termos científicos. Com isso, estudos de fenômenos naturais e sociais se desenvolveram em direções muito diferentes na Alemanha[26].

Essas visões apresentavam um problema acerca de como estudar os fenômenos sociais, especialmente os econômicos. Havia dois modos principais para lidar com o problema metodológico acerca de como estudar o mundo social. Um era desenvolver uma teoria melhor, e o outro era evitar completamente a ciência e se concentrar em descrever o desenvolvimento histórico de sistemas econô-

---

24. WEBER. *General Economic History*, p. 207-276.
25. WEBER. Apud ROTH. "[Weber's] Historical Relationship to Marxism", 234 [ênfase no original].
* Termo alemão para "disputa, controvérsia, sobre métodos" [N.T.].
26. Cf. PARSONS, T. *The Structure of Social Action*. Nova York: Free Press, 1948, p. 473-486.

micos particulares. Os membros da escola histórica de economia escolheram a segunda via, uma posição que se adequava confortavelmente à tradição intelectual alemã dominante. Contudo, vários estudiosos (embora fossem uma minoria nos círculos acadêmicos alemães) escolheram desenvolver uma teoria econômica. Em sua maior parte, esses economistas teóricos eram não alemães que buscavam por uma abordagem mais científica. Como o *Methodenstreit* é lembrado principalmente pelo debate acre e muitas vezes severo entre Karl Menger e Gustav Schmoller durante a década de 1870, vamos nos referir a eles como representantes de cada escola de pensamento.

Pontos que dividiam as escolas histórica e teórica

A escola histórica e a escola teórica discordavam sobre quatro pontos fundamentais, todos se originando da divergência entre teoria econômica e realidade econômica[27]. A primeira envolvia a importância relativa da dedução e indução. Gustav Schmoller e os economistas históricos declaravam que o uso dos métodos dedutivos pelos teóricos era imperfeito, principalmente porque suas teorias não podiam explicar a realidade. Com isso, os economistas históricos enfatizavam como uma alternativa a importância de observar e descrever os padrões concretos de ação das pessoas (muitas vezes até aos mínimos detalhes), e passavam muitos anos compilando esses dados. Diferente de alguns historiadores, para quem a descrição se tornara rapidamente um fim em si, Schmoller afirmava que o resultado de longo prazo desse trabalho descritivo seria a descoberta de leis econômicas por meio de métodos indutivos. Ele acreditava que as proposições resultantes descreveriam melhor a realidade porque levariam em conta a complexidade do comportamento efetivo das pessoas. Alternativamente, Karl Menger e os economistas teóricos cobravam (corretamente, como se verificou depois) que os historiadores estavam tão imersos nos dados que nenhuma lei jamais seria encontrada.

O segundo ponto que dividia as suas escolas tinha a ver com a universalidade *versus* a relatividade dos achados. Schmoller e os economistas históricos afirmavam que a ênfase dos teóricos na aplicabilidade universal das leis econômicas era absurda. Em troca, do ponto de vista dos historiadores, a pesquisa empírica havia mostrado que o desenvolvimento econômico ocorre em estágios evolucionários únicos para cada sociedade, o que implica que é possível entender um estágio presente de avanço econômico da sociedade somente verificando os estágios anteriores. Menger e os teóricos responderam, declarando que a

---

27. Os parágrafos seguintes se beneficiaram de BURGER, T. *Max Weber's Theory of Concept Formation*: History, Laws, and ideal Types. Durham, NC: Duke University Press, 1976, p. 140-150. • SCHUMPETER, J. *Economic Doctrine and Method*. Nova York: Oxford University Press, 1954, p. 152-201. • GIDE, C. & RIST, C. *A History of Economic Doctrine*. Lexington, MA: D.C. Heath, 1948, p. 383-409.

teoria, seja nas ciências sociais ou nas ciências naturais, está orientada para o que é comum a todas as sociedades e não para o que é único. Por isso, as teorias econômicas podem (ao menos em princípio) explicar certos aspectos do comportamento humano que são comuns a todas as sociedades, mas, sem dúvida, nem todo elemento da ação social pode ser explicado teoricamente. Com base nisso, Menger argumentava que tanto teoria como história tinham um lugar na economia e nas outras ciências sociais.

O terceiro ponto de debate no *Methodenstreit* dizia respeito ao grau de racionalidade *versus* não racionalidade no comportamento humano. Schmoller e os economistas históricos acreditavam que a visão dos economistas teóricos dos entes humanos como racionais e motivados somente pelo estreito autointeresse era irreal. Eles afirmavam ainda que havia uma unidade em toda vida social, no sentido de as pessoas agirem por uma multiplicidade de motivos, que nem sempre são racionais. Assim, para obter uma visão compreensiva da realidade social, a pesquisa histórica muitas vezes foi além dos estreitos limites da ação econômica, lidando com relações entre fenômenos econômicos, políticos, legais, religiosos e outros fenômenos sociais. Embora Schmoller estivesse correto, Menger respondeu simplesmente que a Teoria Econômica lidava somente com um lado do comportamento humano (i.e., os esforços das pessoas para satisfazerem suas necessidades materiais) e que as outras ciências sociais deveriam focar nos diferentes aspectos da ação social. No longo prazo, acreditava Menger, o resultado seria uma compreensão abrangente do comportamento humano.

Finalmente, o quarto ponto que separava as duas escolas: economia como uma disciplina ética *versus* economia como uma ciência. Schmoller e outros membros da escola histórica viam inquestionavelmente a economia como uma disciplina ética que poderia ajudar a resolver muitos dos problemas que a sociedade alemã enfrentava, o que levava os escritos acadêmicos muitas vezes a uma intenção francamente política. Essa atitude foi parcialmente uma consequência da divisão alemã duradoura entre as ciências naturais e as disciplinas culturais e parcialmente uma consequência do fato de que Schmoller e muitos outros mantinham importantes posições universitárias e governamentais. Em oposição, Menger alegava que os julgamentos de valor político de Schmoller eram completamente confusos com suas análises eruditas, em detrimento de ambos. Na ciência, dizia Menger, os dois devem se manter separados.

A resposta de Weber ao Methodenstreit

Na economia, o *Methodenstreit* terminou se dissipando, embora mais pela força dos desenvolvimentos teóricos do que pela retórica dos participantes. Em várias ocasiões, contudo, Weber parece ter usado os argumentos levantados na controvérsia como ponto de partida para desenvolver sua própria orientação metodológica[28].

Com relação ao primeiro ponto – a importância relativa dos métodos indutivo e dedutivo –, Weber tentou preencher a lacuna entre as duas escolas para criar uma ciência social historicamente fundamentada. Com os economistas históricos, ele argumentava que se as ciências sociais imitassem as ciências naturais buscando descobrir leis gerais no comportamento social, então nenhum conhecimento muito útil seria produzido. Ele argumentava também que qualquer ciência social orientada para o desenvolvimento de leis eternamente válidas enfatizaria, necessariamente, aqueles padrões de ação que fossem comuns de uma sociedade para outra, resultando inevitavelmente na omissão de eventos ideográficos. Fenômenos únicos, como a Reforma Protestante, são muitas vezes os fatores mais importantes a influenciarem o desenvolvimento de uma sociedade. Por isso, uma ciência que busque compreender a estrutura da ação social deve necessariamente focar precisamente aqueles fatores não suscetíveis a formulações normativas. Dito de outro modo, Weber argumentava que as ciências sociais tinham de fazer uso de materiais históricos. Contudo, com os economistas teóricos ele afirmava que o desenvolvimento de conceitos abstratos era absolutamente necessário para guiar a pesquisa empírica. Como veremos no próximo capítulo, seu objetivo era uma compreensão objetiva (i.e., científica) da sociedade moderna, e por essa razão ele necessitava desenvolver um conjunto de conceitos claros e precisos, que ele chamou *tipos ideais*, que poderiam ser usados na compreensão de processos históricos.

A resposta de Weber ao segundo ponto que dividia as duas escolas deriva da primeira. Ou seja, uma ciência social historicamente fundamentada não pode ser universalmente aplicável; em troca, os achados são sempre relativos a uma cultura ou sociedade particular. Uma implicação desse ponto de vista é que, embora Weber tentasse compreender as origens da sociedade ocidental moderna, suas descobertas podem não ter qualquer relevância para o processo de modernização no Terceiro Mundo hoje porque aquelas sociedades estão operando em um contexto histórico muito diferente. Deveríamos enfatizar, contudo, que Weber discordava fortemente das interpretações evolucionárias dos economistas históricos. Para ele, o desenvolvimento econômico não ocorre em estágios evolucionários porque eventos imprevisíveis – como guerras, mudanças ecológicas, líderes carismáticos e miríades de outros fenômenos – alteraram o curso da história.

O terceiro ponto no *Methodenstreit* se tornou essencial à sociologia de Weber, pois os protagonistas inadvertidamente identificavam uma das características

---

28. Para as visões de Weber sobre Menger e os economistas teóricos, cf. seu "Objectivity" e seu "Marginal Utility Theory and the So-Called Fundamental Law of Psychophysics". *Social Science Quarterly*, 56, jun./1975, p. 48-159. Para suas visões sobre os economistas teóricos, cf. seu *Roscher and Knies*.

fundamentais da sociedade ocidental moderna: a tensão entre a ação racional e a não racional. Assim, o argumento de Menger de que o comportamento econômico racional necessita ser conceitualmente distinguido de outros modos de ação parecia razoável a Weber porque ele havia observado que a ação no mercado era caracterizada por uma ênfase na lógica e no conhecimento, que muitas vezes estava ausente em outras áreas. Ao mesmo tempo, a ênfase de Schmoller na unidade da vida social e na multiplicidade de motivos das pessoas, alguns dos quais são baseados em valores não ilógicos, também parecia razoável. Por isso, Weber tentou sumarizar conceitualmente os "tipos de ação social" para distinguir sistematicamente as sociedades modernas ocidentais das tradicionais e para mostrar o âmbito mais amplo de escolhas comportamentais disponíveis ao povo ocidental[29].

A reação de Weber ao quarto ponto na controvérsia metodológica foi similar à sua resposta a Marx e aos marxistas: as ciências sociais devem ser isentas de juízo de valor. Embora Schmoller e outros economistas históricos fossem geralmente liberais políticos com quem Weber simpatizava, ele acreditava que não poderia haver justificação científica para qualquer ponto de vista ético ou político. Em troca, argumentava que análises científicas objetivas poderiam prover as pessoas com o conhecimento necessário para tomarem decisões inteligentes e éticas baseadas em seus valores.

Wilhelm Dilthey e Max Weber

A origem da resposta de Weber ao *Methodenstreit* pode ser encontrada nos trabalhos de Wilhelm Dilthey e Heinrich Rickert. Weber construiu sua sociologia com as ferramentas metodológicas que eles forneceram, embora tenha ido além em vários aspectos fundamentais. Nem Rickert nem Dilthey são bem conhecidos no mundo anglófono, principalmente porque os problemas que eles tratavam eram peculiares à cena intelectual alemã durante o final do século XIX. Todavia, não podemos compreender completamente a sociologia de Weber sem alguma atenção a essas figuras agora obscuras.

A metodologia das ciências sociais de Dilthey

Dilthey argumentava que tanto a natureza quanto o comportamento humano poderiam ser estudados cientificamente, mas seriam tipos diferentes de estudos que produziriam conhecimentos diferentes. Ele, então, explorou algumas das implicações desse argumento. Primeiro, e mais óbvio, as duas ciências têm

---

29. WEBER. *Economy and Society*, p. 24-26.

temas distintos. As ciências naturais são orientadas para a explicação de eventos físicos e naturais, enquanto as ciências sociais são orientadas para a explicação da ação humana. Segundo, e como resultado do primeiro, os pesquisadores em cada campo obtêm formas muito diferentes de dados. Nas ciências naturais, o conhecimento é externo no sentido de que os fenômenos físicos são afetados uns pelos outros de modos que podem ser vistos e explicados por leis eternamente válidas. Nas ciências sociais, contudo, o conhecimento é interno no sentido de que cada pessoa tem uma "natureza interior" que deve ser compreendida de algum modo para explicar os eventos. Terceiro, os pesquisadores nas duas esferas devem ter orientações completamente diferentes para seu tema. Nas ciências naturais, basta observar eventos e relações. Por exemplo, um objeto caindo através do espaço pode ser explicado pela força da gravidade, e essa explicação é verdadeira independentemente da bagagem cultural dos diferentes pesquisadores que se ocupam desse tópico. Nas ciências sociais, contudo, os estudiosos devem ir além da mera observação e buscar compreender a "natureza interna" de cada pessoa para explicar eventos e relações. Além disso, as explicações oferecidas podem variar dependendo da bagagem cultural dos diferentes pesquisadores.

Para Dilthey, portanto, os meios pelos quais os observadores obtêm uma compreensão da "natureza interna" de cada pessoa é a chave para o conhecimento científico da ação humana. Sob essa luz, ele tentou classificar os vários campos dedicados ao estudo do comportamento social através do modo de análise típico de cada um. O primeiro tipo de análise consiste em descrições da realidade, de eventos que ocorreram; esse é o campo da história. O segundo modo de discutir a ação humana consiste nos juízos de valor feitos à luz de eventos históricos; esse é o campo da ética ou da política. O terceiro modo de lidar com o comportamento social consiste em formular abstrações a partir da história; esse é o campo das ciências sociais. Esse último modo de análise é o mais importante para compreender a ação, afirmava Dilthey, porque os conceitos abstratos fornecem as ferramentas necessárias para compreender o comportamento. Contudo, ele não foi capaz de enfrentar as implicações dessa perspectiva, pois argumentou ainda que o desenvolvimento de conceitos abstratos não seria de uso duradouro na compreensão da "natureza interna" das pessoas. Em troca, optou pela necessidade de nos apoiarmos na intuição (o que ele chamava a "fantasia do artista") na compreensão da ação social. Essa compreensão intuitiva ocorre quando, de um modo inexplicável e imperfeito, os observadores reexperienciam em sua própria consciência as experiências de outros.

A resposta de Weber ao trabalho de Dilthey

Do ponto de vista de Weber, a orientação metodológica de Dilthey era útil de três maneiras[30]. Primeiro, Dilthey estava correto ao mencionar que as ciências sociais poderiam obter uma forma de conhecimento bem diferente daquele das ciências naturais. Segundo, as afirmações científicas são diferentes e, acrescentava Weber, devem ser mantidas separadas de juízos de valor de qualquer tipo. Terceiro, a chave para o conhecimento científico social é compreender os significados subjetivos que as pessoas vinculam às suas ações.

Weber acreditava que o maior problema no trabalho de Dilthey residia na ênfase sobre a compreensão da "natureza interna" de cada pessoa, como se uma ciência social objetiva pudesse ser baseada em algum tipo de reexperienciação mística e intuitiva dos desejos e pensamentos de outros. Assim, Weber desenvolveu um modo diferente de enfatizar a importância da compreensão, que se mostrou muito melhor sucedido do que o de Dilthey. Para Weber, a ação social pode ser compreendida somente quando "é situada em um contexto inteligível e mais inclusivo de significado", a chave para essa compreensão é o desenvolvimento de um conjunto de conceitos abstratos (tipos ideais) que classificam as dimensões da ação social e as propriedades das estruturas sociais dentro das quais a ação social ocorre.

Heinrich Rickert e Max Weber

Como Dilthey, Rickert estava preocupado com os problemas criados pela disjunção entre o mundo da natureza e o mundo da atividade humana. Rickert começou sua tentativa de demonstrar que a história pode ser uma ciência objetiva trabalhando vários temas epistemológicos relativamente não controversos[31]. Ele argumentava que a realidade empírica é infinita no espaço e no tempo, o que para ele significava que a realidade poderia, em princípio, ser dividida em um número infinito de objetos para estudo e que esses objetos poderiam, por sua vez, ser dissecados em um número infinito de partes. Uma implicação importante dessa visão é que a realidade nunca pode ser completamente conhecida porque haverá sempre algum outro modo de olhar para ela. O problema prático

---

30. Embora Weber nunca tenha escrito um comentário formal sobre o trabalho de Dilthey, seus escritos sugerem uma familiaridade natural com os ensinamentos de Dilthey. Cf. DIGGINS. *Max Weber*, p. 114. Para a análise de Weber da *verstehen*, e sua relação com os tipos ideais, cf. seu *Economy and Society*, p. 8-20.

31. Os trabalhos de Heinrich Rickert permanecem não traduzidos. Essa descrição se baseia em BRUUN, H.H. *Science, Values, and Politics in Max Weber's Methodology*. Copenhague: Muunksgaard, 1972, p. 84-99. • BURGER. *Weber's Theory of Concept Formation*, p. 3-56. • HUGHES, H.S. *Consciousness and Society*: The Reorientation of German Social Thought, 1890-1930. Nova York: Vintage, 1958, p. 190-191.

se torna, então, saber como podemos conhecer qualquer coisa sobre o mundo ao nosso redor. Para Rickert, pela formulação de conceitos, selecionamos aqueles aspectos da realidade que são importantes para nós. Assim, conceitos são os meios pelos quais conhecemos o mundo, pois sem eles não poderíamos distinguir suas partes significativas. Dada essa necessidade, Rickert chegou à conclusão peculiar segundo a qual a essência da ciência se centrava no problema da formação de conceitos. Desse ponto de vista, uma disciplina pode ser considerada uma ciência se utiliza um princípio de seleção de conceitos para produzir conhecimento objetivo com o qual todos estão de acordo. Rickert afirma, então, que há dois princípios de seleção de conceitos – aqueles usados nas ciências naturais e aqueles usados na história –, tentando mostrar, assim, que a História era uma disciplina científica.

Nas ciências naturais, afirmava Rickert, os conceitos são destinados a identificar os traços comuns dos objetos empíricos aos quais se referem. Essa tática permite aos conceitos se tornarem cada vez mais abstratos e, assim, adequarem-se à teoria que sumariza regularidades empíricas (e.g., os movimentos dos planetas e seus efeitos uns nos outros através da força da gravidade). O resultado é um conjunto de conceitos gerais que podem, ao menos em princípio, ser usados em uma lei de natureza única e abrangente. Com base nisso, Rickert concluiu que o princípio de seleção de conceitos usado nas ciências naturais era válido porque era bem-sucedido em identificar características regulares e recorrentes do ambiente físico.

Na história, contudo, Rickert argumentava que os interesses dos estudiosos eram completamente diferentes, o que significa que o princípio da seleção de conceitos deve igualmente diferir. Para relatar os eventos do passado e sua importância para o presente, os historiadores devem focar em sua unicidade. Com esse propósito em mente, os conceitos históricos são formulados para identificar aqueles aspectos do passado que os torna distintos e diferentes uns dos outros (e.g., a "sociedade tradicional" ou o "espírito do capitalismo"). Assim, os historiadores produzem conceitos – que Rickert chamava "indivíduos históricos" – que sumarizam um conjunto complexo de eventos por sua significação histórica (i.e., sua unicidade). Com base nisso, Rickert concluiu que o princípio de seleção de conceitos usados na história era válido porque permitia aos observadores compreenderem como as sociedades particulares haviam desenvolvido suas características específicas. Todavia, a despeito dessas diferenças na formação de conceitos, Rickert via a história como uma ciência.

Rickert confrontou a seguir o problema de como os estudiosos selecionavam tópicos para estudo. Ele afirmava que os pesquisadores escolhem tópicos por "relevância de valor". Ou seja, alguns eventos são vistos como dignos de conceitualização com base nas interpretações dos cientistas acerca do que os membros de uma sociedade valorizam. Essa ênfase na relevância de valor implica uma concepção subjetiva em vez de objetiva do conhecimento, porque os cientistas são inevitavelmente forçados a confiar em seus próprios valores na determinação de quais tópicos devem ser conhecidos ou conceitualizados. Rickert tentou evitar essa implicação ao postular que um tipo de "consciência normal" caracterizava todos os entes humanos. Com base nisso, ele argumentava, todos os membros de cada sociedade compartilham de áreas de interesse – por exemplo, a religião, o direito, o Estado, os costumes, o mundo físico, a língua, a literatura, a arte e a economia. Mas esse postulado é inerentemente metafísico porque assume que os valores têm uma existência independente dos entes humanos.

A resposta de Weber a Rickert

A preocupação de Weber em refutar o marxismo e resolver o dilema criado pelo Methodenstreit provavelmente lhe permitiu reconhecer o que Rickert falhou em ver[32]. A essência da ciência envolve não somente um esquema conceitual, mas, também, e tão importante quanto, o uso de procedimentos lógicos e sistemáticos na interpretação de observações. Por isso, mesmo que as ciências sociais devam lidar com dados muito diferentes que os das ciências naturais, o que une as duas como ciências é sua similaridade procedural. Essa noção permeia todos os escritos de Weber e constitui a base de sua resposta a Rickert.

Primeiro, Weber simplesmente aceita o argumento de Rickert de que a realidade é infinita e os entes humanos só podem conhecê-la através da seleção de conceitos para denotar propriedades-chave do mundo social[33]. Segundo, por que um estudioso escolhe um tópico em vez de outro é menos importante do que assegurar para o estudo que o processo de pesquisa é objetivo[34]. Terceiro, é necessário desenvolver um conjunto de conceitos nas ciências sociais que capture a distinção dos processos históricos[35].

A síntese teórica de Weber

Ao adaptar algumas das ferramentas conceituais fornecidas por Dilthey e Rickert, Weber foi capaz de forjar uma resposta a Marx e ao Methodenstreit que constitui um legado permanente para a sociologia. Antes de tudo, na mente de

---

32. Cf. WEBER. "Objectivity", p. 50. • Roscher and Knies, p. 211-218.

33. WEBER. "Objectivity", p. 78-79.

34. WEBER. "Science as a Vocation" (cf. nota 17). • "Critical Studies in the Logic of the Cultural Sciences". The Methodology of the Social Sciences, p. 113-188.

35. WEBER. Economy and Society, p. 18-20. • "Objectivity", p. 87-112. O termo de Rickert indivíduos históricos aparece no ensaio de Weber sobre Roscher and Knies e (uma vez) em Protestant Ethic, p. 47. Weber parece ter adotado o termo tipo ideal de George Jellinek. Cf. BENDIX & ROTH. Scholarship and Partisanship, p. 160-164.

Weber estava a necessidade de ser objetivo na análise dos fenômenos sociais. Os valores podem influenciar que tópicos são selecionados para estudo, mas, uma vez selecionados, a objetividade deve ser mantida. Ao tentar compreender os processos históricos, é necessário desenvolver conceitos que denotam propriedades-chave desses processos. Esses conceitos deveriam ser abstrações que enfatizam a essência dos fenômenos denotados pelos conceitos. Finalmente, é essencial compreender os eventos causais que produziram resultados históricos. A forma mais robusta de análise causal examina as condições culturais e sociais que levam a resultados históricos, assim como as orientações de atores que operam dentro dessas condições.

Como veremos no próximo capítulo, esses elementos básicos da metodologia de Weber são usados para analisar uma ampla variedade de eventos históricos. Contudo, toda sociologia de Weber tinha um tema comum: a racionalização das estruturas sociais que vem com a industrialização.

9
A sociologia de Weber

Em um de seus últimos trabalhos, Weber definiu a nascente disciplina de Sociologia do seguinte modo:

> A Sociologia... é uma ciência que se ocupa da compreensão interpretativa da ação social e, assim, com uma explicação causal de seu curso e consequências. Devemos falar de "ação" à medida que o indivíduo que age vincula um significado subjetivo ao seu comportamento – seja manifesto ou não manifesto, omissão ou aquiescência. A ação é "social" à medida que seu significado subjetivo leva em conta o comportamento de outros e é, portanto, orientada em seu curso[1].

Weber acreditava que essa definição lhe permitiria atingir dois objetivos inter-relacionados que, considerados juntos, significam uma abordagem completamente original ao estudo da organização social[2]. Primeiro, ele queria entender a origem e as características únicas das sociedades ocidentais modernas. Segundo, construir um sistema de conceitos abstratos que fossem úteis na descrição e, por conseguinte, compreensão da ação social nessas sociedades. Sem um conjunto de conceitos claros e precisos, argumentava Weber, a pesquisa científica social sistemática é impossível. O resultado foi uma série de conceitos destinados a aumentar a compreensão do mundo moderno.

A metodologia das ciências sociais de Weber

Em 1904, Weber levantou uma questão fundamental: "Em que sentido existem 'verdades objetivamente válidas' naquelas disciplinas que se ocupam com os fenômenos sociais e culturais?"[3] Todos os seus escritos posteriores podem ser vistos como uma resposta a essa simples pergunta. Na verdade, o

---

1. WEBER, M. *Economy and Society*. Nova York: Bedminster, 1968 [trad. e ed. de Guenther Roth e Claus Wittich].

2. MOMMSEN, W. *The Age of Bureaucracy*: Perspectives on the Political Sociology of Max Weber. Nova York: Harper Torchbooks, 1974, p. 2.

3. WEBER, M. "'Objectivity' in social Science and Social Policy". *The Methodology of the Social Sciences*. Nova York: Free Press, 1949, p. 51 [trad. de Edward A. Shils e Henry A. Finch].

objetivo de Weber era mostrar que a pesquisa objetiva era possível naquelas disciplinas acadêmicas que lidam com fenômenos subjetivamente significativos. A forma como ele perseguiu esse objetivo é apresentada aqui em duas partes. Primeiro, mostraremos sua descrição do problema dos valores na pesquisa sociológica. Esse era o tema metodológico central para Weber, pois, para que a sociologia fosse uma verdadeira ciência da sociedade, ele acreditava, ela teria de ser objetiva. A seguir, mostraremos seus "tipos ideais", um sistema de conceitos que começou a desenvolver por acreditar que cada ciência requeria um mapa conceitual, um inventário dos conceitos-chave que descrevem o fenômeno que está sendo estudado.

O problema dos valores

Na época de Weber, muitos observadores não pensavam que uma ciência social objetiva fosse plausível porque parecia impossível separar valores do processo de pesquisa. Assim, muitos estudiosos que tentavam descrever o comportamento humano imbuíam suas análises de valores políticos, religiosos e outros. Os escritos de Marx constituem um exemplo extremo dessa tática. Weber confrontou o problema dos valores afirmando que a investigação sociológica deveria ser objetiva, ou, para usar sua expressão, *isenta de juízos de valor*. Com base nisso, ele então mostra de que modo valores e interesses econômicos estavam conectados às análises científicas sociais.

A sociologia isenta de juízos de valor

O uso que Weber faz da expressão *isenção de juízos de valor* é infeliz, porque implica que os cientistas não deveriam possuir quaisquer valores, claramente uma impossibilidade. O que ele pretendia dizer é que os valores pessoais e interesses econômicos dos pesquisadores não deveriam afetar o processo de análise científica social. Ele acreditava que se esses fatores influenciassem o processo de pesquisa, a estrutura da ação social não poderia ser descrita objetivamente. Essa preocupação fundamental com obter um conhecimento objetivo e verificável vincula todas as ciências, naturais e sociais[4].

Na perspectiva de Weber, a sociologia não deveria ser uma ciência moral. Não é possível declarar cientificamente que normas, valores ou padrões de ação são corretos ou melhores, mas apenas descrevê-los objetivamente. Weber acreditava que essas descrições representariam um feito considerável. Afinal, eles não existiam na época. Assim, diferente de muitos outros, Weber distinguiu explicitamente entre "o que deve ser", a esfera dos valores, e "o que é", a esfera da ciência, argumentando que a sociologia deveria focar so-

---

4. WEBER. "Objectivity", p. 143.

mente a última. Essa distinção implica a visão de Weber do valor subjacente que deve guiar a investigação científica social: a busca pela verdade[5].

Uma outra implicação do argumento de Weber para uma sociologia isenta de juízos de valor é que a nova ciência reflete um processo histórico em curso no qual a magia e outras formas de sabedoria herdadas se tornaram menos aceitáveis como meios para explicar eventos. Weber se referia a essa mudança como o processo de *racionalização*, e é o tema dominante em seu trabalho. Diferente de Marx, que usou a dialética como um *leitmotiv*, Weber acreditava que a vida social estava se tornando cada vez mais "racionalizada" no sentido de que as pessoas levavam vidas relativamente metódicas: confiavam na razão apoiadas em evidência objetiva. A racionalização da economia – por exemplo, por meio da contabilidade melhorada, do uso da tecnologia e de outros métodos – produziu o capitalismo moderno. A racionalização do governo – baseada em treinamento técnico e em procedimentos legais, por exemplo – resultou no surgimento do Estado político moderno. As ciências, é claro, são as disciplinas metódicas arquetípicas[6]. Em uma "disciplina racionalizada", valores não deveriam afetar o processo de pesquisa. Mas permanecem relevantes.

A conexão entre valores e ciência

Embora Weber soubesse que a separação entre valores e ciência fosse difícil de manter na prática, a distinção enfatizou a relevância dos valores antes e depois do processo de pesquisa. A escolha de tópicos vem antes de ocorrer a pesquisa. A única base para tomar uma decisão é o conjunto de crenças religiosas, interesses econômicos e outros valores dos cientistas, que levam alguns desses para cada tópico. Mas, uma vez tendo escolhido um tópico para estudo, de acordo com a máxima de Weber, os cientistas devem seguir um processo objetivo de pesquisa.

A situação é mais complexa quando lida com temas de política pública. Dado um objetivo político específico, Weber dizia que os sociólogos poderiam determinar (1) as estratégias alternativas para atingi-lo, (2) as consequências de

---

5. Em geral, os sociólogos seguiram a orientação de Weber ao fazerem a distinção entre "o que é" e "o que deve ser". Apesar disso, alguns críticos do positivismo argumentam que o objetivo metodológico de Weber do conhecimento objetivo não é atingível, uma posição da qual discordamos. Para uma discussão desses temas relacionados ao trabalho de Weber, cf. SCOTT, A. "Value Freedom and Intellectual Autonomy". *History of the Human Sciences*, 8, 1995, p. 69-88.

6. Weber usou o conceito de racionalização de diversos e diferentes modos e, por isso, os estudiosos posteriores diferem em como interpretá-lo. Cf., p. ex., COLLINS, R. *Max Weber*: A Skeleton Key. Beverly Hills, CA: Sage, 1986. • KALBERG, S. "Max Weber's Types of Rationality: Cornerstones for the Analysis of Rationalization Processes in History". *American Journal of Sociology*, 85, 1980, p. 1.145-1.179. • DIGGINS, J.P. *Max Weber*: Politics and the Spirit of Tragedy. Nova York: Basic Books, 1996.

utilizar estratégias diferentes, e (3) as consequências de atingir o objetivo[7]. Uma vez isso feito, contudo, não há meio científico de escolher políticas públicas. Selecionar um objetivo em vez de outro e uma estratégia em vez de outra termina dependendo dos valores políticos, interesses econômicos e outros fatores não objetivos das pessoas.

Tendo dito que o processo de pesquisa deve ser objetivo e que a esfera de valores e a esfera da ciência devem ser mantidas separadas, Weber extraiu uma conclusão única. Diferente de quase todos os outros sociólogos clássicos (exceto Marx), Weber rejeitava a busca por leis gerais em favor de teorias históricas que fornecessem uma "compreensão interpretativa·da ação social e [...] uma explicação causal de seu curso e consequências"[8]. Uma busca por leis universais exclui necessariamente da consideração eventos históricos importantes e únicos. Weber sumarizou sua posição do seguinte modo:

> Para o conhecimento dos fenômenos históricos e sua concretude, as leis mais gerais, por serem muito desprovidas de conteúdo são também os menos úteis. Quanto mais abrangente a validade – ou escopo – de um termo, mais nos distancia da riqueza da realidade, uma vez que, a fim de incluir os elementos comuns do maior número possível de fenômenos, deve necessariamente ser tão abstrato quanto possível e, assim, desprovido de conteúdo. Nas ciências [sociais], o conhecimento do universal geral nunca é útil em si[9].

Com efeito, portanto, Weber estava mais interessado em focar nas "grandes questões empíricas" – como por que o capitalismo havia se originado no Ocidente e não em outro lugar –, e ele sabia que uma ênfase no desenvolvimento de teorias gerais não levaria em conta o exame de temas como esses. Os tipos ideais foram seu método para lidar com esses temas.

Tipos ideais

Para estudarmos os fenômenos sociais, Weber argumentava que era necessário termos uma descrição dos elementos principais dos fenômenos. O objetivo é descrever formas de ação e padrões de organização social enquanto buscamos identificar as causas históricas dessas formas e padrões. O uso do que ele denominava *tipos ideais* é central à sua abordagem[10]. Um *tipo ideal* ou *tipo puro* resu-

---

7. WEBER. "Objectivity", p. 53.

8. WEBER. *Economy and Society*, p. 4.

9. WEBER. "Objectivity", p. 80.

10. Cf. ABEL, T. "The Operation Called Verstehen". *American Journal of Sociology*, 54, 1948, p. 211-218. • MUNCH, P.A. "Empirical Science and Max Weber's Verstehen Sociologie". *American Sociological Review*, 22, 1957, p. 26-32. • WAX, M.L. "On Misunderstanding Verstehen: A Reply to Abel". *Sociology and Social Research*, 51, 1967, p. 322-333. • ABEL, T. "A Reply to Professor Wax". *Sociology and Social Research*, 51, 1967, p. 334-336. Um bom sumário recente está em

me as propriedades básicas dos fenômenos sociais, que, por sua vez, podem ajudar a buscar por suas causas históricas. Weber propôs dois grupos distintos de tipos ideais[11]: os históricos e os gerais. A seguir, um sumário de cada um deles.

Tipos ideais históricos

Eventos históricos podem ser descritos ao acentuarmos analiticamente seus componentes centrais. Por exemplo, na famosa análise de Weber do "espírito do capitalismo", ele formulou uma lista das características desse sistema de crenças. Uma vez que a essência ou forma pura desse sistema de crenças é destacada, torna-se possível então buscar as causas para as emergências desse evento histórico distinto. (E, na análise de Weber, a emergência do protestantismo parece ter sido o evento histórico crucial do espírito do capitalismo, como examinaremos mais tarde). Assim, um tipo ideal histórico acentua as propriedades essenciais de eventos específicos na história, mas faz ainda mais: uma vez que os componentes principais de um fenômeno são delineados, a busca pelas causas assume foco e direção.

Tipos ideais gerais

Embora Weber não acreditasse que fosse possível produzir leis universais da organização humana nas ciências sociais, ele desejava fazer generalizações sobre fenômenos sociais. Esse desejo o levou a formular tipos ideais de fenômenos que estão sempre na ação humana. Esses tipos ideais não descrevem eventos históricos, mas, ao contrário, acentuam certas propriedades fundamentais dos atores, da ação e da organização social em geral. O mais famoso desses tipos ideais mais abstratos e gerais é a conceitualização que Weber faz dos tipos de ação.

De acordo com Weber, as ações das pessoas podem ser classificadas de quatro modos analiticamente distintos[12]. O primeiro tipo de ação é a *instrumentalmente racional*, que ocorre quando meios e fins estão sistematicamente relacionados um ao outro com base no conhecimento. Weber sabia que o conhecimento que as pessoas possuem pode não ser acurado. Assim, tanto a dança da chuva como o momento para a compra de uma ação são atos instrumentalmente racionais, do ponto de vista dos dançarinos e dos compradores, ainda que o vínculo meio-fim possa ser baseado em crenças mágicas ou em rumores.

DIGGINS, J.P. *Max Weber*, p. 114-122. Para uma análise mais geral da metodologia de Weber, cf. KALBERG, S. *Max Weber's Historical-Comparative Sociology*. Chicago: University of Chicago Press, 1994.

11. Cf. BURGER, T. *Max Weber's Theory of Concept Formation*: History, Laws, and Ideal Types. Durham, NC: Duke University Press, 1976, p. 130-134.

12. WEBER. *Economy and Society*, p. 24-26. Uma vez mais, estudiosos interpretaram os tipos de ação social de vários modos. Cf., p. ex., COLLINS. *Max Weber*, p. 42-43. • ARON, R. *Main Currents in Sociological Thought, II*. Garden City, NY: Doubleday, 1970, p. 220-221.

Assim, a ação instrumentalmente racional ocorre em todas as sociedades. Apesar disso, Weber dizia, a forma arquetípica de ação instrumentalmente racional se baseia em conhecimento objetivo, idealmente científico. A ação apoiada por um conhecimento objetivo tende a ser mais efetiva. Sua efetividade é uma razão pela qual as esferas nas quais a ação instrumentalmente racional ocorre têm se ampliado ao longo do tempo, e sua difusão nas sociedades modernas reflete o processo histórico de racionalização. O segundo tipo de ação é a *racional valorativa*, que é o comportamento assumido pelo indivíduo à luz de seus valores básicos. Weber enfatizava que a "ação racional valorativa sempre envolve 'ordens' ou 'exigências' que, na opinião do ator, são obrigatórias"[13]. As pessoas religiosas evitando o álcool devido à sua fé, os pais pagando pelos aparelhos dentários e pela escola de seus filhos, os políticos votando leis e os soldados obedecendo às ordens estão agindo como resultado de seus valores. A característica essencial da ação racional valorativa é que ela constitui um fim em si. O terceiro tipo de ação é o *tradicional*, que é o comportamento "determinado pelo hábito arraigado". O ponto de Weber é que em um contexto em que crenças e valores são uma segunda natureza e padrões de ação têm sido estáveis por muitos anos, as pessoas respondem a situações usualmente a partir do hábito. De certo modo, elas regulam seu comportamento pelos costumes herdados através de gerações. Nessas sociedades, as pessoas relutam em alterar modos de vida há muito estabelecidos, e que são muitas vezes santificados em termos religiosos. Como resultado, quando confrontadas com novas situações ou escolhas, elas muitas vezes continuam do modo antigo. A ação tradicional tipifica o comportamento em contextos em que as escolhas são (ou são percebidas como) limitadas. A ação tradicional caracteriza, portanto, as pessoas nas sociedades pré-industriais. O quarto tipo de ação é o *afetivo*, que é o comportamento determinado pelas emoções das pessoas em uma dada situação, como, por exemplo, os pais esbofeteando um filho e o jogador de futebol soqueando um oponente. Esse tipo de comportamento ocorre, é claro, em todas as sociedades, embora constitua uma categoria residual que Weber reconheceu, mas mão explorou em detalhe.

Esses tipos de ação classificam o comportamento ao visualizarem suas quatro "formas puras". Embora Weber soubesse que situações reais não refletiriam perfeitamente esses conceitos, eles fornecem um ponto de referência comum para comparação. Ou seja, uma variedade de casos empíricos pode ser sistematicamente comparada uma com a outra e com o tipo ideal, nesses casos, os tipos de ação social. Essa estratégia é apresentada na Figura 9.1. Os tipos ideais, portanto, representam, para Weber, um método semiexperimental. O "ideal" serve como o equivalente funcional do grupo de controle em um experimento. Variações ou desvios do ideal são vistos como o resultado de forças causais (ou um estímulo em um experimento real de laboratório), e o esforço é então em-

---

13. WEBER. *Economy and Society*, p. 26.

preendido para encontrar essas causas. Nesse sentido, Weber pôde atingir dois objetivos: (1) acentuar analiticamente os elementos da ação social e (2) descobrir as causas dos vários tipos de ação.

A imagem de Weber da organização social

A análise da organização social de Weber é detalhada e complexa, e na verdade é muitas vezes difícil de se ter uma noção de como ele visualizava a sociedade como um todo. Como mencionamos antes, Weber definia a sociologia como o estudo da *ação social*, e como vimos na análise dos tipos ideais, ele achava que havia quatro tipos básicos de ação: a instrumental-racional, a racional-valorativa, a tradicional e a afetiva[14]. Assim, o comportamento humano é guiado ou, nos termos de Weber, "orientado" por considerações de racionalidade, tradição ou afeto. Esses tipos de ação, contudo, não necessitam ser mutuamente exclusivos; eles podem ser combinados, embora algumas orientações sejam mais compatíveis entre si do que outras. Por exemplo, a ação afetiva e a racional-valorativa tendem a se combinar mais do que, digamos, a instrumental-racional e a tradicional. Ainda assim, mesmo quando combinadas, Weber sugeria que um tipo de ação geralmente dominará uma relação social.

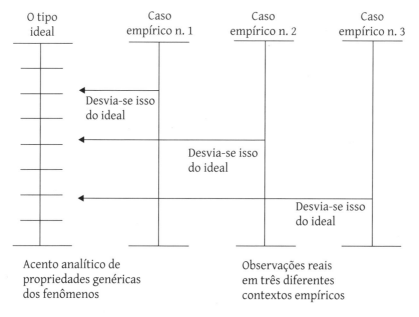

Figura 9.1 O tipo ideal de metodologia

---

14. Ibid., p. 22-26.

Como é típico de Weber, a natureza das relações sociais[15], como as ações que as formam, é retratada como um tipo ideal. Há dois tipos básicos de relações sociais que surgem da ação social: um é o das relações *coletivas*, que são formadas pelos sentimentos dos indivíduos uns pelos outros, e esses sentimentos se baseiam em ações afetivas ou tradicionais; o outro é o das relações *associativas*, que se baseiam na racionalidade, seja racional-instrumental ou racional-valorativa. Assim, na visão de Weber, os dois tipos básicos de relações sociais – coletivas e associativas – são motivados por uma divisão nos quatro tipos de ação, sendo que uma parte circunscreve os dois tipos de ação racional (valorativa e instrumental) e, a outra, as orientações afetivas e tradicionais.

Relações sociais, sejam coletivas ou associativas, estão geralmente conectadas ao que Weber chamava *ordens legitimadas*[16]. Uma "ordem" parece ser o modo de Weber de conceitualizar as estruturas mais amplas que são construídas a partir das relações sociais. A ação e as relações sociais quase sempre ocorrem no contexto de uma ordem legitimada existente. Tais ordens "garantem" que as ações e as relações sociais sejam conduzidas de acordo com "máximas" ou regras, cuja violação acarretará sanções negativas àqueles que falham em cumprir com suas obrigações. Assim, a estrutura que conecta os processos mais micro de ação e relações sociais a níveis mais macro da realidade é a ordem legitimada. Assim como muitos conceitos no trabalho de Weber, há uma classificação das ordens em dois tipos básicos. Um é organizado em torno das garantias "subjetivas" de que as relações sociais procederão de acordo com as regras da ordem, com essa subjetividade surgindo de uma das três vias: (a) afeto, ou "rendição emocional" à ordem; (b) racionalidade valorativa, ou uma crença na validade absoluta da ordem como o meio mais eficiente para um fim; e (c) crenças religiosas de que a salvação depende da ordem. O outro tipo de ordem é organizado pelas expectativas entre os atores por certos "efeitos externos" que são consequências previsíveis para ações empreendidas; assim, como os agentes calculam suas ações de acordo com resultados esperados, Weber sugeria que esse tipo de ordem é organizado pela ação racional-instrumental.

Weber então se deslocou para a base da legitimação de ordens – ou seja, rotas pelas quais os atores atribuem à "ordem" o direito de controlar sua conduta. Uma vez mais, como é típico em Weber, há vários tipos básicos de legitimação: (a) tradição, ou como as coisas sempre foram; (b) afetivo, ou vínculos emocionais aos modos como as coisas são organizadas; (c) racional-valorativa, ou a "dedução" de que a ordem atual é o melhor modo possível de organizar as ações; e (d) legal, que é composta de acordos vinculantes (celebrados pelas considerações da racionalidade instrumental) entre atores ou por uma autoridade externa que é considerada com o direito de impor e de compelir acordos.

---

15. Ibid., p. 26-28, 40-43.

16. Ibid., p. 31-39.

Na Figura 9.2, diagramamos o que pensamos ser a intenção de Weber, embora devamos confessar que, a despeito de todas as definições e categorias, seu esquema analítico é pouco preciso ou claro. O tema da sociologia é a ação social, por meio da qual os atores tomam conhecimento dos comportamentos uns dos outros. As ações são "orientadas" ao afeto, tradição, racionalidade valorativa ou à racionalidade instrumental; aqui, Weber sugere que essas orientações são culturais ou parte dos valores, crenças e ideologias de uma sociedade, mas também se tornam motivações que impelem os atores a se comportar de certas maneiras. Várias ações sociais orientadas e motivadas levam, portanto, à formação de mais relações sociais estáveis que podem ser coletivas ou associativas, dependendo da configuração das orientações culturais e das motivações envolvidas. Relações coletivas são guiadas por orientações e motivações afetivas e tradicionais, enquanto relações associativas são compostas de considerações de racionalidade, seja instrumental ou valorativa. As relações sociais são tipicamente parte de uma ordem que estrutura a ação de acordo com regras. Essas ordens são organizadas por orientações culturais que enfatizam o afeto, a racionalidade valorativa, a religião e a racionalidade; a legitimação básica da ordem pode ser tradicional, afetiva, racional-valorativa ou legal.

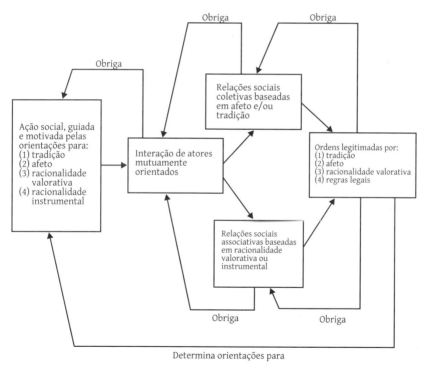

Figura 9.2 A concepção de ação, relações e ordens de Weber

Nesse ponto, a visão de Weber da organização social parece muito vaga sobre como o modelo na Figura 9.2 nos conduz aos tópicos mais importantes da sociologia weberiana. As distinções definidoras no modelo foram escritas muito tarde na carreira de Weber, após ele ter escrito grande parte de sua sociologia; assim, o modelo não fornece orientações claras que apoiem os tópicos substanciais tratados por Weber mais cedo em sua carreira. Contudo, vamos fazer um esforço, ainda que somente para preparar o caminho para nossa discussão neste capítulo sobre a sociologia de Weber. A Figura 9.3 começa onde a Figura 9.2 termina, com a formação das ordens legitimadas. Weber sugere, mas não afirma claramente, que há dois tipos básicos de ordens: (1) *ordens organizacionais* compostas de estruturas que revelam uma divisão do trabalho e perseguem objetivos particulares e (2) *ordens de estratificação* compostas de categorias de indivíduos em um sistema de desigualdade. Elas não são mutuamente exclusivas porque as organizações podem sustentar um sistema de desigualdade, uma vez que uma organização pode existir como o resultado de uma configuração particular de desigualdade na distribuição de recursos. Essas ordens se reúnem sob o conceito de Weber de *dominação*, como veremos a seguir. Com esse termo, Weber indicava que alguns segmentos da sociedade têm a autoridade para dizer a outros o que fazer e, como resultado, aqueles com autoridade podem controlar a distribuição dos recursos. Ordens legitimadas, portanto, geram sistemas de dominação.

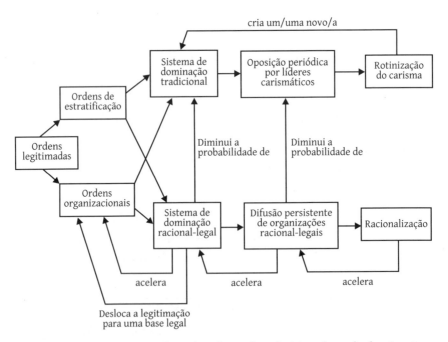

Figura 9.3 A concepção de Weber das ordens legitimadas e da dominação

Na sociologia weberiana, portanto, uma sociedade não pode ser compreendida sem a investigação de seus padrões de dominação. Weber considerava que as tendências de longo prazo tinham relação com uma mudança na base da dominação das sociedades humanas. Para ele, a história havia sido tipificada por períodos de relativa estabilidade nos padrões de dominação centrados na autoridade tradicional, pontuados pela emergência periódica de líderes carismáticos que haviam organizado movimentos de oposição e estabelecido novos padrões de dominação baseados em sua autoridade carismática que, com o tempo, tendia a se transformar em uma nova forma de autoridade tradicional. Com a expansão dos mercados durante o capitalismo, contudo, a dominação vem cada vez mais da *autoridade racional-legal* como personificada pela lei e por organizações burocráticas. Essas organizações estavam, aos olhos de Weber, obtendo controle de todas as ordens legitimadas, substituindo a legitimação afetiva, tradicional e mesmo a racional-valorativa das ordens pelo domínio da lei, e ao mesmo tempo orientando a ação em todas as esferas da vida social para a racionalidade instrumental. O mundo social estava se tornando, portanto, "racionalizado", à medida que organizações burocráticas no Estado e na economia se tornavam a base para a dominação na sociedade.

Essa era a visão geral de Weber do mundo social quando ele olhava para as tendências históricas e para o capitalismo industrial conforme emergia na Alemanha em torno do século XX. Ele queria explicar a mudança nos padrões de dominação, e isso o levou a explorar uma variedade de tópicos importantes – organizações burocráticas, estratificação, cidades, direito, religião, geopolíticas e mercados – para ver como poderiam ajudar a explicar a mudança na direção da autoridade racional-legal. Infelizmente, não há teoria clara sobre todos eles, somente um conjunto de tópicos organizados em torno do tema da racionalização.

A análise da dominação de Weber

Tipos de dominação

Uma sociedade pode ser tipificada por seu sistema de dominação (*Herrschaft*)[17]. Qualquer sistema de dominação, ao fim e ao cabo, é constituído do que denominamos *ordens de estratificação* e *ordens organizacionais*. Todas as ordens devem ser legitimadas; assim, aqueles que detêm o poder buscam legitimá-lo como "autoridade" aos olhos daqueles que são sujeitos a ele[18]. A dominação também requer ordens

---

17. O termo alemão *Herrschaft* significa tanto dominação como autoridade, e essa era provavelmente a pretensão de Weber. (Existe uma controvérsia considerável sobre a tradução correta de *Herrschaft*.)

18. WEBER. *Economy and Society*, p. 946.

organizacionais para administrar e monitorar a conformidade à diretivas dadas a subordinados. Como era típico de Weber, ele via três tipos básicos de dominação – a carismática, a tradicional e a racional-legal –, com cada tipo repousando sobre bases diferentes de legitimação e em um tipo diferente de aparato administrativo[19].

Dominação carismática

O primeiro tipo de dominação é chamado carismático. O termo *carisma* tem uma origem religiosa e significa literalmente "dom da graça", indicando que uma pessoa é dotada de poderes divinos[20]. Na prática, Weber não restringiu seu uso do carisma a manifestações de divindade, mas, em vez disso, empregou o conceito para referir àqueles indivíduos extraordinários que de algum modo se identificavam com os fatos ou problemas centrais das vidas das pessoas e que, pela força de suas personalidades, comunicavam sua inspiração aos outros e os conduziam a novas direções. Assim, as pessoas em papéis não religiosos podem por vezes ser consideradas carismáticas: por exemplo, políticos, soldados ou artistas[21].

Weber acreditava que a liderança carismática emerge durante tempos de crise, quando modos dominantes de confrontar os problemas que uma sociedade enfrenta parecem inapropriados, antiquados ou inadequados. Em um contexto assim, a dominação carismática é revolucionária. As pessoas rejeitam o passado em favor de uma nova direção baseada na inspiração do líder. Conforme Weber, cada líder carismático argumenta implicitamente que "está escrito... mas eu vos digo". Assim, a dominação carismática é um veículo para a mudança social tanto em contextos tradicionais como racionais-legais, que são outros dois tipos de dominação.

A legitimidade da dominação carismática reside tanto na demonstração do líder de sua percepção e talento extraordinários como na sua aceitação por seus seguidores. É irrelevante, do ponto de vista de Weber, se um líder carismático termina se mostrando um charlatão ou um herói; tanto Hitler como Gandhi foram líderes carismáticos. Em troca, o importante é que as massas são inspiradas a seguirem-no livremente. Weber acreditava que o carisma constituía uma forma instável de autoridade ao longo de períodos prolongados porque sua legitimação dependia da alegação do líder de possuir uma percepção e um talento

---

19. Ibid., p. 956-958.

20. Ibid., p. 241.

21. Cf. BENDIX, R. "Charismatic Leadership". In: BENDIX, R. & ROTH, G. (eds.). *Scholarship and Partnership*: Essays on Max Weber. Berkeley: University of California Press, 1971, p. 170-187.
• SHILS, E.A. "Charisma, Order, and Status". *American Sociological Review*, 30, 1965, p. 199-213.

especiais. Assim, se o sucesso ilude o líder por muito tempo e as crises não são resolvidas satisfatoriamente, as massas vão provavelmente rejeitar a figura carismática, e sua autoridade desaparecerá.

Na dominação carismática, o aparato administrativo do líder consiste usualmente apenas de um bando de discípulos fiéis que servem às suas necessidades imediatas pessoais e políticas. No longo prazo, contudo, cada regime conduzido por um líder carismático enfrenta o "problema da rotinização", que envolve tanto encontrar um sucessor ao líder como cuidar das decisões diárias que devem ser tomadas.

Weber notou que o problema da sucessão poderia ser resolvido de vários modos: por exemplo, pela busca de um novo líder carismático por parte das massas, pela designação de um sucessor por parte do líder, ou pela designação de um sucessor por parte dos discípulos. Mas todos esses métodos envolvem instabilidade política. Por essa razão, os costumes ou os procedimentos legais permitem a transferência ordenada do poder usualmente desenvolvida ao longo do tempo.

O problema de tomar decisões no dia a dia (i.e., de governar) é usualmente resolvido seja pelo desenvolvimento de uma equipe administrativa qualificada ou pelo controle de uma organização já existente. Em ambos os casos, o resultado típico é a transformação da relação entre o líder carismático e os seguidores: de uma relação baseada nas crenças nas qualidades extraordinárias do líder para uma baseada no costume ou lei. "É o destino do carisma", dizia Weber, "recuar diante dos poderes da tradição ou da associação racional após ter penetrado as estruturas permanentes da ação social"[22]. Essas novas bases de legitimação representam os outros tipos de dominação.

Dominação tradicional

O segundo tipo de dominação se baseia na tradição. Nas palavras de Weber, "a autoridade será dita tradicional se a legitimidade lhe for atribuída e acreditada em virtude da santidade das antigas regras e poderes"[23]. Dito de um outro modo, a dominação tradicional é justificada pela crença de que é antiga e incorpora um estado de coisas inerente (muitas vezes religiosamente santificado) que não pode ser questionado pela razão. Weber distinguia duas formas de autoridade tradicional: o patriarcalismo e o patrimonialismo. O *patriarcalismo* é um tipo de dominação tradicional que ocorre nas famílias e outros pequenos grupos onde o uso de uma equipe organizacional para impor as ordens não é necessário. O *patrimonialismo* é uma forma de dominação tradicional que ocorre em estruturas maiores que requerem um aparato administrativo para executar decretos.

---

22. WEBER. *Economy and Society*, p. 1.148.
23. Ibid., p. 226.

Na forma patrimonial da dominação tradicional, o aparato administrativo consiste de um conjunto de funcionários pessoais exclusivamente leais ao governante. Weber afirmava que além de estarem baseadas nos costumes, as lealdades dos funcionários também se baseiam em sua dependência do governante para manutenção de suas posições e remuneração ou em sua promessa de fidelidade a ele, ou em ambas. Como um tipo ideal, a essência do patrimonialismo (autoridade tradicional combinada a uma equipe administrativa) é expressa pelas seguintes características:

1) As pessoas obtêm posições com base no costume e na lealdade ao líder.

2) Os funcionários devem obediência ao líder que emite as ordens.

3) Assuntos pessoais e oficiais são combinados.

4) Linhas de autoridade são vagas.

5) A tarefa de especialização é mínima.

Em um contexto assim, decisões são baseadas nas visões dos funcionários sobre o que os beneficiará e sobre o que o líder quer. Além disso, os funcionários se apropriam dos meios de produção ou esses lhes são garantidos pelo líder. Por isso, onde sua jurisdição começa e termina permanece não codificado. Um delegado, por exemplo, poderia tanto capturar criminosos como coletar impostos (se apropriando de tanto quanto possível). Mas a forma como essas tarefas são realizadas será idiossincrática, sujeita ao capricho dos funcionários em vez de à lei. Assim, não deveria nos surpreender que em *Economia e sociedade*, Weber tenha descrito a dominação tradicional como inibidora do desenvolvimento do capitalismo, basicamente, porque as regras não são logicamente estabelecidas, os funcionários têm um âmbito amplo de arbitrariedade pessoal, e não são tecnicamente treinados[24]. O capitalismo moderno exige uma ênfase na lógica, no procedimento e no conhecimento.

Dominação racional-legal

O terceiro tipo de dominação é aquele baseado na lei, o que Weber chamava autoridade racional-legal. Conforme Weber, "a dominação legal [existe] em virtude do estatuto [...]. A concepção básica é que qualquer norma legal pode ser criada ou modificada por um decreto proceduralmente correto"[25]. Assim, a base para a legitimidade em um sistema de dominação racional-legal se encontra no procedimento. As pessoas acreditam que as leis são legítimas quando são criadas e impostas do modo próprio. Similarmente, as pessoas veem os líderes como tendo o direito de agir quando obtêm posições de formas proceduralmente corretas – por exemplo, por meio da eleição ou indicação. Nesse contexto, por-

---

24. Ibid., p. 237-241.

25. Apud BENDIX, R. *Max Weber*: An Intellectual Portrait. Londres: Heinemann, 1960, p. 418-419. Para uma análise das visões de Weber sobre a racionalidade, cf. KALBERG, S. "Max Weber's Types of Rationality". *American Journal of Sociology*, 85, 1980, p. 1.145-1.179.

tanto, Weber definia o Estado moderno como baseado no monopólio da coerção física, um monopólio legitimado por um sistema de leis que obrigam tanto líderes como cidadãos. O domínio da lei, e não o das pessoas, reflete o processo de racionalização. Em nenhum outro lugar isso é mais claramente observado do que em uma burocracia moderna.

Weber denominava *burocracia* o aparato administrativo em um sistema racional-legal orientado à criação e imposição de regras de interesse público. Uma burocracia é o exemplo arquetípico da ação instrumentalmente racional. Embora muitas pessoas hoje condenem as burocracias como ineficientes, rígidas e incompetentes, Weber argumentava que esse modo de administração era o único meio de obter uma regulação eficiente, flexível e competente em um Estado de direito. Em sua forma logicamente pura (como um tipo ideal), um aparato administrativo burocrático possui características diferentes das encontradas em sociedades tradicionais[26]:

1) As pessoas obtêm posições com base no conhecimento e na experiência.

2) Deve-se obedecer às regras uniformemente aplicáveis a todos.

3) Assuntos pessoais e oficiais são mantidos separados.

4) Linhas de autoridade são explícitas.

5) A tarefa de especialização é grande.

De acordo com Weber, a administração burocrática em um sistema racional-legal é realizada na medida em que os membros da equipe "são bem-sucedidos em eliminar dos assuntos oficiais o amor, o ódio e todos os elementos puramente pessoais, irracionais e emocionais"[27]. Mas esse é um tipo ideal. Weber sabia que nenhuma burocracia de fato operava desse modo. As pessoas muitas vezes obtêm posições com base em quem conhecem. As regras são muitas vezes aplicadas arbitrariamente. Assuntos pessoais e oficiais são muitas vezes combinados. Assim, a tarefa empírica se torna a de avaliar até que ponto uma burocracia se conforma ao tipo ideal (recorde da Figura 9.1). O tema é importante porque o tipo ideal burocrático reflete uma característica de valor fundamental das sociedades modernas: a administração política deveria ser impessoal, objetiva e baseada no conhecimento, pois somente desse modo o Estado de direito pode ser realizado. Além disso, Weber enfatizava que, embora esse valor pareça um lugar comum hoje, é historicamente novo. Ele surgiu no Ocidente e se tornou a forma dominante de autoridade somente nos últimos anos. Finalmente, a definição de Weber de burocracia indica uma arena fundamental de conflito nas sociedades

---

26. WEBER. *Economy and Society*, p. 217-220. Nossa interpretação do impacto da burocracia é mais benigna do que a de Weber. Ele via as burocracias como enclausurando as pessoas em uma "jaula de ferro" de razão e, assim, reprimindo a liberdade; como tais, as burocracias são os arquétipos do processo de racionalização. É por isso que Diggins subtitula seu livro sobre Weber de *Politics and the Spirit of Tragedy*.

27. WEBER. *Economy and Society*, p. 975.

modernas: quem deve elaborar as leis, e quem deve administrá-las por meio de seu controle da burocracia?

No contexto de um sistema racional-legal de autoridade, os partidos políticos são as formas por meio das quais os estratos sociais lutam pelo poder. Conforme Weber, "um partido político... existe para o propósito de lutar pela dominação" para promover os interesses econômicos ou valores do grupo que ele representa, mas faz isso sob a égide da regulação[28]. Em geral, o objetivo do conflito é dirigir a burocracia por meio da criação da lei, porque desse modo os objetivos dos vários estratos sociais são atingidos. Por exemplo, os muito ricos, que possuem propriedades produtoras de rendas, nos Estados Unidos, procuram se certificar de que seus interesses econômicos sejam codificados na lei. Similarmente, as pessoas em todos os estratos sociais procuram proteger seus interesses e valores, e as necessidades daqueles que não participam são ignoradas[29]. O processo político nas sociedades ocidentais, portanto, reflete os valores culturais básicos: o sucesso econômico e o social devem ser obtidos através da competição no Estado de direito, e o processo é racional no sentido de ser perseguido de uma maneira metódica.

Estratificação social: classe, grupo de status e partido

Weber tentou prover os observadores com um mapa conceitual delineando as partes do sistema de estratificação. Ele acreditava que um inventário de conceitos permitiria uma descrição objetiva dos processos de estratificação nas sociedades capitalistas modernas. No núcleo de seu esquema há três tipos ideais: classe, grupo de *status* e partido.

Classe

Para Weber, uma *classe* consiste daquelas pessoas que têm uma habilidade similar para obter posições na sociedade, bens e serviços para si próprios, e desfrutá-los por meio de um estilo de vida apropriado[30]. Deveríamos reconhecer imediatamente que uma classe é definida, em parte, por considerações de *status*: o estilo de vida do estrato ao qual alguém pertence. Na terminologia de Weber, *classes* são agregados estatísticos em vez de grupos. O comportamento é orientado pela classe, uma vez que o processo pelo qual as pessoas obtêm posições, adquirem bens e serviços e desfrutam deles é caracterizado por uma perspectiva individualista em vez de uma perspectiva de grupo. Por exemplo, mesmo investidores – tentando ganhar dinheiro no mercado de ações – podem ter alguns interesses comuns, compartilhar certos tipos de informação entre si, e inclusive se unir para evitar que estranhos

---

28. Ibid., p. 951.

29. Cf. BEEGHLEY, L. "Social Structure and Voting in the United States: A Historical and International Analysis". *Perspectives on Social Problems*, 3, 1992, p. 265-287.

30. WEBER. *Economy and Society*, p. 302, 927.

participem do processo, cada um agindo sozinho ao buscar lucros ou experienciar perdas. Além disso, nesse procedimento de buscar lucros, seu comportamento é tipicamente caracterizado por uma orientação instrumentalmente racional – ou seja, a ação reflete um cálculo sistemático de meios e fins com base no conhecimento (mesmo que esse conhecimento seja imperfeito).

Na análise de Weber, as classes são essencialmente fenômenos econômicos que podem existir somente em um mercado financeiro legalmente regulado no qual renda e lucro sejam objetivos desejados. Em um tal contexto, a pertença das pessoas a uma classe pode ser determinada objetivamente, com base em seu poder de dispor de bens e serviços. Por essa razão, Weber acreditava que a "situação de classe" de alguém "é, nesse sentido, ao fim e ao cabo, [uma] situação de mercado"[31]. A característica mais importante de um mercado financeiro é o fato de ser impessoal e democrático em sua forma logicamente pura. Assim, tudo o que deveria importar na compra de ações, alimentos, moradia ou qualquer outra mercadoria são fatores como a capacidade da pessoa para comprar à vista ou a prazo. Similarmente, a situação de classe de uma pessoa é também objetivamente determinada, de modo que as pessoas podem ser classificadas por suas características econômicas comuns e perspectivas de vida.

Na terminologia de Weber, *rentistas* são aqueles que vivem basicamente de rendimentos fixos de investimentos ou fundos fiduciários. Por exemplo, os grandes proprietários de terras alemães de sua época eram rentistas porque essas famílias haviam controlado grande parte da terra por várias gerações e recebiam seus rendimentos dos camponeses ou dos arrendatários que a trabalhavam de fato. Como resultado de sua posse do capital e dos valores que haviam adquirido ao longo do tempo, os proprietários de terras escolhiam levar um estilo de vida menos abertamente aquisitivo – usualmente, suas famílias possuíam riquezas há muitas gerações. Weber os chamava de rentistas porque não trabalhavam para aumentar suas posses, mas simplesmente viviam delas, usando seu tempo para outros propósitos que não o de ganhar a vida. Por exemplo, eles poderiam ocupar uma função pública ou levar vidas ociosas.

De acordo com Weber, os *empresários* são aqueles que – assim como os comerciantes, donos de navios e banqueiros – possuem e operam negócios. Weber os chamava uma classe comercial, ou empresarial, porque trabalhavam de fato sua propriedade para o ganho econômico que ela produzia, de modo que em termos absolutos os membros da classe empresarial muitas vezes possuíam mais poder econômico, mas menos honra social (ou prestígio), do que os rentistas.

Essa distinção entre os usos aos quais se destina a propriedade produtora de renda permitiu a Weber diferenciar entre aqueles que trabalham como um passatempo e aqueles que trabalham porque querem aumentar suas posses – ou

---

31. Ibid., p. 303, 927.

seja, essa distinção reflete diferenças fundamentais de valores. Em muitas sociedades, existem grupos de *status* privilegiados, como os rentistas, cujos membros "consideram quase qualquer tipo de participação aberta em aquisição econômica absolutamente estigmatizante" a despeito de suas vantagens econômicas potenciais. Assim, embora a ação orientada à economia (ou à classe) seja individualista e dominada pela ação instrumentalmente racional, o comportamento racional-valorativo também ocorre. A ação em cada nível do estrato varia ao longo dessas duas dimensões.

Weber afirmava que a posse do capital tanto pelos rentistas como pelos empresários os provia de grande poder econômico e político e os distinguia claramente daqueles desprovidos dessa propriedade. Tanto rentistas como empresários podem monopolizar a aquisição de itens de consumo caros. Ambos buscam vendas monopolistas e políticas de preço, seja legalmente ou não. Em alguma medida, ambos controlam as oportunidades para outros adquirirem riqueza e propriedade. Finalmente, tanto rentistas como empresários monopolizam privilégios de *status* caros, como educação, que provê os jovens de futuros contatos e habilidades. Nesses termos, portanto, rentistas e empresários podem ser considerados como tendo (de um modo geral) níveis similares de poder; e, como são sempre uma proporção pequena da população, muitas vezes agem juntos para proteger seus estilos de vida. Mesmo que vivam de modo muito diferente, sua fonte de renda (a posse de capital) os separa das outras classes sociais. A distribuição da propriedade, em suma, tende a impedir os não proprietários de competirem por bens altamente valorizados e perpetua a estrutura de estratificação de uma geração a outra.

Ao construir seu mapa conceitual da estrutura de classe, Weber a seguir considera aqueles que não possuem propriedade produtora de renda. A despeito de não possuírem os meios de produção, essas pessoas não são econômica e politicamente desprovidas de recursos importantes nas sociedades modernas, e podem se diferenciar significativamente em várias classes. Os principais critérios que Weber utilizou ao fazer distinções de classe entre aqueles sem propriedade são o valor de seus serviços e o nível de suas habilidades; ambos os fatores são indicadores importantes da habilidade das pessoas para obterem posições, adquirirem bens e desfrutá-los. No esquema classificatório de Weber, a "classe média" abrange aqueles indivíduos que hoje poderiam ser chamados trabalhadores administrativos porque as habilidades que eles vendem não envolvem trabalho manual: agentes públicos, como políticos e administradores; gerentes de negócios; membros das profissões, como médicos e advogados; professores e intelectuais; e especialistas de vários tipos, como técnicos; empregados administrativos de baixo escalão; e funcionários públicos. Por suas habilidades serem de demanda relativamente alta nas sociedades industriais, essas pessoas geralmente possuem mais poder econômico e político do que aqueles que executam trabalho manual[32].

Os menos privilegiados, as classes sem propriedade, abrangem aqueles que hoje seriam chamados operários porque suas habilidades envolvem basicamente trabalho manual. Sem explicação, Weber disse que essas pessoas poderiam ser divididas em três níveis: trabalhadores qualificados, semiqualificados e não qualificados. Ele não elabora muito sobre os estilos de vida daqueles sem propriedade.

Por meio desses tipos ideais, Weber descreve as partes de uma estrutura de classe moderna. Os fatores-chave que distinguem uma classe da outra são (1) os usos aos quais a propriedade é destinada por aqueles que a possuem e (2) o valor das habilidades e serviços oferecidos por aqueles que não a possuem. Esses fatores se combinam no mercado para produzir agregados identificáveis, ou classes, cujos membros possuem uma habilidade similar para obterem posições, adquirir bens e desfrutá-los por meio de um estilo de vida apropriado.

Como descrevemos no capítulo 7, Marx afirmava que as sociedades modernas exibem uma divisão básica entre capitalistas – aqueles que possuem propriedade produtora de renda – e os proletários – aqueles que são forçados a vender sua força de trabalho para sobreviver. Em suas palavras, "a sociedade como um todo está se dividindo cada vez mais em dois grandes campos hostis, em duas grandes classes que se enfrentam: a burguesia e o proletariado"[33].

Marx sabia que essa afirmação era um exagero. O que ele queria dizer é que a evolução histórica colocou esses dois grupos no centro de uma luta de classes, que produziria inevitavelmente uma sociedade comunista. Mas, ao examinar os eventos históricos reais, Marx muitas vezes olhava para segmentos específicos da sociedade – banqueiros, a "baixa classe média", o *Lumpenproletariat* (os muito pobres), analisando suas diferentes experiências e interesses com grande discernimento[34]. Diferente de Weber, contudo, Marx não desenvolveu um modelo (ou mapa) sistemático da estrutura de classes.

A Tabela 9.1 mostra que tanto Marx como Weber consideraram as diferenças entre os que possuíam e não possuíam capital como divisões fundamentais na estrutura de classes. A tabela também mostra que o mapa de Weber da estrutura de classes é muito mais detalhado do que o de Marx. Tanto aqueles que possuem propriedade como os que não a possuem podem ser separados em classes (ou estratos) de um modo que é útil aos observadores e subjetiva-

---

32. Ibid., p. 304.

33. MARX, K. & ENGELS, F. *The Birth of the Communist Manifesto*. Nova York: International, 1975, p. 90.

34. MARX, K. *The Eighteenth Brumaire of Louis Bonaparte*. Nova York: International, 1963. • "Critique of the Gotha Program". In: MARX, K. & ENGELS, F. (eds.). *Selected Works*. Vol. 3. Nova York: International, 1969, p. 9-30.

mente significativo para as pessoas ordinárias. Assim, aqueles capitalistas que não levavam vidas aquisitivas são rentistas e os que levam são empresários. Por vezes os membros desses dois estratos agem juntos para preservar e proteger sua fonte de renda, sua propriedade, mas por vezes não, principalmente porque possuem valores diferentes. A distinção de Weber alerta os observadores para a necessidade de especificar as condições sob as quais cada um ocorre. Similarmente, as pessoas da classe média se veem como diferentes daqueles que são trabalhadores qualificados. Como resultado, elas tendem a viver em bairros diferentes, fazer amigos diferentes, frequentar escolas diferentes e participar de atividades de lazer diferentes. Pesquisas atuais revelam que uma fronteira semipermeável separa a classe média (trabalhadores administrativos) da classe trabalhadora (operários) em todos os níveis de qualificação.

Tabela 9.1 Os modelos de Marx e Weber da estrutura de classes

O modelo de Marx	O modelo de Weber
1) Capitalistas	1) Proprietários de terras a) Rentistas b) Empresários
2) Proletários	2) Não proprietários de terras a) Classes médias b) Trabalhadores qualificados c) Trabalhadores semiqualificados d) Trabalhadores não qualificados

O tópico final de importância na análise que Weber faz das classes é a possibilidade da formação de grupo e da ação política unificada pelas classes sem propriedade. Como Marx, Weber dizia que esse fenômeno era relativamente raro na história porque aqueles que não possuem propriedade geralmente falham em reconhecer seus interesses comuns. Como resultado, a ação baseada em uma situação de classe similar é muitas vezes restrita às reações de massa incipientes e relativamente breves. Apesar disso, ao longo da história, diferenças perceptíveis nas oportunidades de vida conduziram periodicamente a conflitos de classe, embora em muitos casos o ponto de conflito focasse em questões econômicas muito restritas, como salários ou preços, e não a natureza do sistema político que perpetua sua situação de classe[35].

Embora Weber tenha aludido apenas brevemente às condições sob as quais os membros das classes sem propriedade podem desafiar a ordem política existente, ele identificava algumas das mesmas variáveis que Marx havia identificado:

---

35. Ibid., p. 305, 930-931.

1) Um grande número de pessoas deve se considerar como estando na mesma situação de classe.

2) Elas devem estar ecologicamente concentradas, como em áreas urbanas.

3) Objetivos claramente compreendidos devem ser articulados por uma *intelligentsia*. (Aqui, Weber sugeria que tinha de ser mostrado às pessoas que as causas e consequências de sua situação de classe resultavam da estrutura do próprio sistema político.)

4) Os oponentes devem ser claramente identificados.

Quando essas condições são satisfeitas, conforme Weber, o resultado é uma classe organizada. Vamos nos voltar agora para uma outra base para a ação exibida pelas pessoas em cada estrato: o grupo de *status*.

O grupo de *status*

No trabalho de Weber, um grupo de *status* consiste daqueles indivíduos que partilham de "uma estimativa social específica de honra, seja positiva ou negativa"[36]. Weber, então, usou os conceitos de "*status*" e "grupos de *status*" para distinguir a esfera de avaliação de prestígio (expressa pelos estilos de vida das pessoas) da esfera do cálculo monetário (expressa pelo seu comportamento econômico). Embora as duas estejam inter-relacionadas, a distinção enfatiza que as ações das pessoas não podem ser compreendidas apenas em termos econômicos. Em troca, seus valores muitas vezes canalizam a ação em direções específicas.

A renda do trabalho de uma pessoa lhe permite adquirir bens e desfrutá-los; a pertença à classe é, portanto, objetivamente determinada por um simples cálculo monetário. O *status* e a honra são baseados nos julgamentos que as pessoas fazem sobre a circunstância social, a criação, o caráter, a moralidade e a posição na comunidade de outras pessoas; e, assim, a pertença de uma pessoa a um grupo de *status* é sempre subjetivamente determinada. O comportamento orientado para o *status* ilustra a ação racional valorativa – ou seja, a ação baseada em algum valor ou valores mantidos. Em vez de se conduzirem por seus próprios interesses econômicos, as pessoas orientadas para o *status* agem como membros de um grupo com quem partilham um estilo específico de vida e de nível de honra social. Nas palavras de Weber, "em contraste com as classes, grupos de *status* (*Stände*) são normalmente grupos, porém, de um tipo amorfo"[37].

O *status* "se baseia sempre em distanciamento e em exclusividade", no sentido de que os membros de um grupo de *status* ativamente expressam e protegem seus estilos de vida de vários modos específicos: (1) as pessoas estendem a hospitalidade somente aos socialmente iguais. Assim, tendem a convidá-los para

---

36. Ibid., p. 305-306, 932.

37. Ibid., p. 932.

suas casas, fazer amizades, comer e socializar com aqueles que são como eles na medida em que partilham estilos de vida similares. (2) As pessoas restringem parceiros potenciais de casamento aos socialmente iguais (essa prática é chamada conúbio). Assim, eles tendem a viver em áreas e enviar seus filhos para escolas com os filhos de outros que são como eles, levando sua prole geralmente a se casar com aqueles com valores e modos de vida similares. (3) As pessoas praticam convenções e atividades sociais únicas. Assim, elas tendem a se juntar a organizações, como igrejas e clubes, e a passar seu tempo livre com outros que partilham de crenças e estilos de vida similares. (4) As pessoas tentam monopolizar "modos privilegiados de aquisição", como suas propriedades ou ocupações[38].

Essa última tática é importante, pois aqueles com posições comuns de *status* a fim de protegerem seu capital ou investimentos ocupacionais atuam politicamente para impedir que pessoas fora do seu meio acessem as oportunidades sociais e econômicas. Por exemplo, devido a habilidades particulares (e.g., prática médica ou em carpintaria) adquiridas com o tempo limitarem a possibilidade de adquirir outras habilidades, indivíduos concorrentes "se tornam interessados em contê--las" e impedir a operação livre do mercado. Assim, eles se reúnem e, a despeito da competição continuada entre eles, tentam impedir o acesso de outros de fora do grupo às oportunidades, influenciando, assim a criação e administração das leis. Essas tentativas de fechamento ocupacional são sempre recorrentes em todos os níveis de estrato, e são "a fonte da propriedade da terra assim como de todos os monopólios de guildas [ou sindicatos]"[39].

O partido

Como um teórico do poder, Weber acrescentava uma outra dimensão à estratificação: o partido. Para Weber, o *partido* representa a "casa do poder" ou o modo pelo qual o poder é organizado e utilizado para controlar os membros de uma sociedade; a distribuição do poder representa uma outra dimensão de estratificação. Em contraste com Marx, que tendia a ver o poder e o *status* como meras reflexões sobre quem possuía os meios de produção, Weber argumentava que classe, grupo de *status* e partido constituem bases separadas de estratificação, embora muitas vezes estejam altamente correlacionados; o sucesso nos mercados permite aos indivíduos comprarem títulos de grupos de *status* e exercerem uma influência desproporcional nas decisões políticas. Ainda assim, Weber via a estratificação como multidimensional. As pessoas poderiam ocupar diferentes lugares ao longo das três hierarquias que marcam um sistema de estratificação.

De fato, a análise de Weber da estratificação enfatizava que quando há uma alta correlação entre classe, grupo de *status* e partido – ou seja, aqueles que estão

---

38. WEBER. *Economy and Society*, p. 306, 935.

39. Ibid., p. 342-343.

numa posição superior ou inferior em um também estão numa posição superior ou inferior nos outros dois –, o potencial para conflitos políticos aumenta. Assim, quando as elites econômicas, políticas e de grupo de *status* são compostas em grande parte pelos mesmos indivíduos, aqueles sem poder, dinheiro ou honra se tornarão ressentidos. E caso eles possuam muito pouco poder, dinheiro ou honra e poucas chances de ascender socialmente em uma ou outra dessas três dimensões de estratificação, é muito provável que se tornem rancorosos e receptivos a líderes que defendam mudanças em uma sociedade. Assim, quanto maior a correlação das filiações na classe, grupo de *status* e partido mais aqueles que se encontram em posições elevadas (na classe, grupo de *status* e partido) acumulam recursos, aumentando a tendência para o surgimento de tensões em uma sociedade. Essas tensões sobre desigualdades são muitas vezes o combustível que energiza a mudança social.

O modelo de mudança social de Weber

A análise de Weber dos sistemas de dominação, especialmente sua distinção entre os três tipos de autoridade, implica um modelo de mudança social. Como Marx, Weber via a fonte da mudança como interna à sociedade. A Figura 9.4 descreve a visão de Weber da dinâmica do sistema interno que muda as sociedades.

Weber via a luta pelo poder como contínua em todas as sociedades. Aqueles com poder se organizam e tentam monopolizar os meios de coerção embora também busquem legitimar seu controle do poder. Os partidos agem estrategicamente por meio do uso da força militar, da cooptação, do patrocínio, de alianças políticas e de muitas outras táticas para manter o poder. Ao mesmo tempo, outros segmentos de uma sociedade podem buscar mobilizar o poder e substituir aqueles que controlam o governo. As sociedades organizadas por padrões de dominação tradicional podem permanecer relativamente estáveis por muitos anos, mas as tensões terminam se desenvolvendo. Essas tensões podem surgir por muitas razões, como rancor com relação a um tratamento injusto, abuso de poder, tributação excessiva, falta de oportunidades, desigualdades em riqueza e renda e praticamente quase toda discrepância em uma sociedade estratificada. À medida que essas tensões crescem, aumenta a probabilidade do surgimento de líderes carismáticos que articulem os descontentamentos dos subordinados no sistema de estratificação. Caso sejam bem-sucedidos, eles enfrentam o problema de como "rotinizar" seu carisma, estabelecendo, assim, um outro sistema de dominação tradicional ou, potencialmente, um novo sistema de dominação racional-legal. Se o carisma é rotinizado por meio da autoridade tradicional, então um novo sistema de estratificação emergirá, revelando novas fontes de tensão que terminarão levando à emergência de novos líderes carismáticos para desafiar o partido dominante. Contudo, se um sistema racional-legal é posto em funcionamento, ele terá uma capacidade maior para resolver tensões.

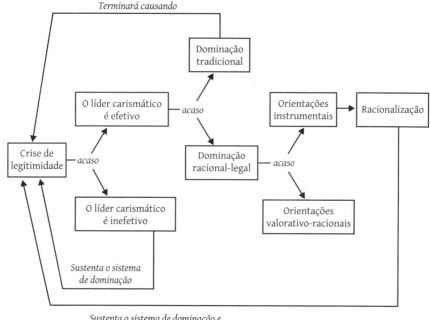

Figura 9.4 A visão de Weber do acaso e da mudança social

O modelo de estratificação e de geopolítica de Weber

Como um sociólogo do poder, buscando explicar como é usado nos sistemas de dominação, Weber estava interessado no desenvolvimento do Estado como uma estrutura organizacional que poderia ser utilizada para administrá-lo. Assim, ele propôs uma teoria geopolítica do poder, vendo a autoridade política e o potencial para a emergência de líderes carismáticos como vinculados às relações de uma sociedade com outras sociedades. Em geral, Weber argumentava que existe, muitas vezes, uma competição por prestígio entre Estados, na qual aqueles que são bem-sucedidos na guerra e na competição econômica desfrutam de mais prestígio do que aqueles que não são tão bem-sucedidos[40]. Além disso, o prestígio nas relações externas com outros Estados aumenta a legitimidade concedida à autoridade política pelas massas dentro da sociedade. Assim, a administração do poder, o grau de legitimidade dado àqueles com poder, e o potencial para o conflito estão muitas vezes vinculado a eventos geopolíticos externos, além das fronteiras de uma sociedade.

Weber via essa dinâmica como orientada por vários fatores inter-relacionados. O primeiro era o tamanho do Estado, ou a escala das estruturas administrativas usadas para exercer o poder. Para o Estado crescer, a produção na

---

40. Ibid., p. 901-1.372. Cf. em particular p. 901-920.

economia deve ser suficiente para criar o excedente necessário para dar suporte o pessoal administrativo especializado.

Uma outra relação crítica é entre atores econômicos fundamentais e o Estado. Na economia, quando os atores dependem do Estado para ter direito a se envolver em tipos particulares de atividade econômica – como no caso de uma companhia que recebeu do Estado um monopólio –, esses atores econômicos pressionarão o Estado para se envolver em conflitos externos, caso seus interesses estejam vinculados ao sucesso no sistema externo. Por exemplo, companhias autorizadas na América antes da Guerra Revolucionária deram aos atores econômicos na Inglaterra um forte incentivo para fazer o governo inglês entrar em guerra ou usar a coerção para proteger seus interesses. Contudo, quando os atores econômicos dependem pouco do Estado, mas ainda assim possuem interesses no sistema externo, é muito provável que, como acreditava Weber, exerçam pressões sobre o Estado para que se envolva em estratégias de cooptação – como acordos de comércio – em vez de guerras. O sucesso do Estado seja em promover a guerra seja em fazer acordos no comércio determina o prestígio da sociedade e de suas elites governantes não somente *vis-à-vis* outros Estados, mas também em relação às massas dentro de uma sociedade. Por exemplo, o prestígio do Japão no sistema econômico global tem sido muito alto desde a Segunda Guerra Mundial por conta de seu sucesso em obter relações comerciais favoráveis com outros países. Esse prestígio, por sua vez, deu legitimidade ao partido político dominante e aos seus líderes, enquanto tiveram sucesso militar nas fases iniciais da Guerra, declinando, contudo, a cada revés no Pacífico e na Ásia.

Uma outra força que entra nessa relação básica entre prestígio no sistema mundial e a legitimidade de suas elites governantes é o nível de desigualdade. Weber reconhecia que, quando existem níveis altos de desigualdade e quando afiliações em classes, partidos e grupos de *status* estão altamente correlacionadas (i.e., membros da classe alta também são membros de partidos governantes e de grupos de *status* de alto prestígio e vice-versa), aumenta o potencial para a emergência da liderança carismática. Assim, um Estado que se envolve em um aventureirismo diplomático ou militar com relação a outros estados é mais vulnerável se o poder político for utilizado para aumentar o nível de desigualdade dentro da sociedade. O sucesso nas relações externas afastará a emergência de um líder carismático, mas, se o Estado perder o prestígio nas relações externas, então o conflito potencial inerente no sistema de estratificação aumenta dramaticamente, especialmente se os líderes carismáticos puderem emergir para levar vantagem com a perda de prestígio do Estado[41].

---

41. Theda Skocpol se ocupou desse argumento weberiano em seu *States and Social Revolutions*. Nova York: Cambridge University Press, 1979.

Assim, as dinâmicas da dominação são muito vinculadas às geopolíticas, e, nessas, Weber pode ser considerado um teórico dos primeiros sistemas mundiais. Ele via claramente a conexão entre legitimação de uma ordem de estratificação e o Estado, de um lado, e a posição geopolítica da sociedade em relação a seus vizinhos, do outro.

Weber: sobre o capitalismo e a racionalização

Como enfatizamos, Weber se ocupou muito com o processo de racionalização. Por que a dominação racional-legal havia se disseminado? Parte da resposta pode ser encontrada na famosa análise que Weber faz da religião, na qual argumenta que uma mudança nas crenças religiosas (em direção ao protestantismo) foi a força crítica no direcionamento das sociedades europeias ocidentais para o capitalismo. Vamos examinar essa tese famosa e controversa na próxima seção, mas antes discutiremos o que Weber via como uma relação fundamental entre o uso do dinheiro em mercados livres e a racionalização de ordens nos contextos político e econômico[42]. Weber reconhecia que as forças do mercado foram uma pré-condição importante para a emergência do capitalismo; além disso, uma vez estabelecidas, elas aceleraram dramaticamente o processo de racionalização.

Para Weber, quando o dinheiro é introduzido nos intercâmbios, torna-se possível a prática de cálculos de valor mais precisos e eficientes. Ou seja, o valor de um bem ou mercadoria é mais prontamente apurado com o dinheiro como uma medida comum de valor. O uso do dinheiro para mediar as transações e as relações sociais se expandiu lentamente na história, basicamente como o resultado (1) da expansão dos mercados onde o dinheiro facilitaria grandemente as transações e (2) do crescimento do Estado onde receitas líquidas poderiam ser tributadas para expandir o poder do Estado. O dinheiro é um meio generalizado que pode ser usado para comprar qualquer bem ou mercadoria, e desse modo facilitou enormemente as transações de mercado em detrimento de padrões mais antigos de escambo (onde uma mercadoria é trocada por outra). Como resultado, ele deu ao Estado um meio de comprar trabalho e outros recursos necessários para exercer o poder. Além disso, Weber argumentava que a burocracia racional-legal fosse a do Estado ou dos agentes econômicos, não seria possível sem trabalhadores livres dispostos a vender seus serviços por dinheiro em um mercado de trabalho. Assim, a racionalização dependeu muito da emergência de mercados livres que utilizam dinheiro.

O dinheiro também facilita a extensão do crédito porque um débito pode ser expresso com uma medida – o valor do dinheiro – e a taxa de juros pode ser igualmente calculada. Com o crédito, a atividade econômica pode ser expandi-

---

42. WEBER. *Economy and Society*, p. 63-212.

da, assim como as atividades do Estado que, como qualquer outro ator, pode ingressar nos mercados de créditos. O uso do crédito também estende a calculabilidade das utilidades, e, ao fazerem isso, o dinheiro e o crédito racionalizam as transações de mercado. À medida que essa transação ocorre, acreditava Weber, a tradição, a patronagem e outros modos de regular os mercados declinarão. Em seu lugar vêm os cálculos racionais de preço, pagamentos, débitos e juros. Como modos mais antigos de organizar a atividade econômica e o intercâmbio são postos de lado, unidades produtivas se tornam mais racionais e começam a calcular seus custos e lucros de acordo com os parâmetros do dinheiro, do crédito, das notas de dos juros e forças de mercado. Similarmente, a relação entre os trabalhadores e seus empregadores muda: passa a ser baseada em cálculos racionais em lugar do patrimônio ou algum outro mecanismo não racional para organizar a força de trabalho.

Uma vez que esse nível de racionalização ocorreu, pensava Weber, alimentar-se-á, expandindo constantemente a racionalidade do Estado. À medida que o Estado se torna dependente da produtividade voltada ao mercado para financiar suas operações, introduzirá regras legais, fazendo com que sejam cumpridas, para assegurar que contratos e acordos sejam honrados. Assim, a racionalidade do mercado se torna uma dominação racional-legal por parte do Estado à medida que cada vez mais agentes usam a lei em vez da tradição, do afeto, da religião e de outras bases não racionais de regulação para organizar suas transações. Na verdade, um dos instrumentos jurídicos mais importantes é o código tributário, que especifica quanto da receita, e de que modo, o Estado pode tomar de outros atores para financiar suas operações. Como o Estado depende mais de sua fonte monetária de receita, combinada ao seu acesso aos mercados de crédito, ele decreta mais leis e expande sua estrutura administrativa para assegurar um fluxo constante de receita. Como resultado, o Estado burocratizado se torna mais instrumentalmente racional à medida que busca modos de garantir dinheiro (e.g., impostos, crédito) para expandir suas funções e, assim, sua capacidade de dominação.

Similarmente, uma vez que o dinheiro e o crédito custeiam agentes econômicos e mercados, os mercados e a produção se expandem, estendendo também o uso do dinheiro e do crédito. Quando o Estado começa a apoiar os mercados por meio da lei, o uso do dinheiro e do crédito em mercados livres pode aumentar a escala de produção e a distribuição do mercado ainda mais. Uma vez que existe um certo nível de racionalização na economia, as organizações reguladas pela lei e orientadas pela racionalidade instrumental (por lucros) passam a dominar.

Portanto, tal como Marx, Weber via, um dinamismo no capitalismo, mas com uma predição diferente: o desencantamento do mundo social pela dominação racional-legal nas esferas econômica e política. Em vez de semear a destruição, como Marx argumentava, Weber achava que a racionalização havia plantado as sementes para sua própria perpetuação. A capacidade de se opor a esse monólito seria reduzida, e cada vez mais aspectos da vida social poderiam ser calculáveis, racionais, eficientes e tediosos. A conclusão a que Weber chega sobre o potencial liberador dos mercados e do capitalismo difere muito da conclusão de Marx. Os humanos, nas palavras de Weber, seriam aprisionados na "jaula de ferro" da burocracia e da autoridade racional-legal. Weber também discordava de que esse rolo compressor racional-legal fosse inevitável. Ele não via a história como marchando inexoravelmente para algum lugar, e certamente não para uma utopia liberadora. Ao contrário, a história foi muitas vezes aleatória, movendo-se em resposta à confluência fortuita de eventos, como ocorreu no caso do surgimento do capitalismo e da difusão da autoridade racional-legal. Por que a história teria dado essa guinada cada vez mais na direção da racionalização? Para Weber, a resposta residia na emergência do protestantismo.

Durante muito tempo, Weber esteve interessado na religião intrinsecamente, e, particularmente, em uma compreensão de como ela funcionava para legitimar ordens e sistemas de dominação. Outra razão para esse interesse foi seu desejo de compreender o surgimento do capitalismo. Talvez seu trabalho mais famoso, certamente fora da sociologia, seja *A ética protestante e o espírito do capitalismo*. Nesse ensaio, Weber argumenta que o evento aleatório fundamental que mudou o rumo histórico na direção das formas racionais-legais de dominação havia sido o surgimento do protestantismo no Ocidente. Esse trabalho controverso foi somente parte de um estudo mais abrangente da religião, mas, mesmo aqui, Weber estava interessado em explicar como a religião em outras sociedades, igualmente desenvolvidas, do Oriente havia inibido o surgimento do capitalismo. Portanto, uma das razões mais importantes para Weber ter estudado a religião foi a de tentar descobrir o evento causal crítico que havia desencadeado o capitalismo e a racionalização.

O estudo de Weber sobre a religião

A ética protestante é o trabalho mais famoso de Weber e provavelmente seu estudo mais importante[43]. Publicado em duas partes, em 1904 e 1905, foi a primeira aplicação de sua orientação metodológica madura. Como resultado, *A ética protestante* não é uma análise histórica nem uma interpretação politicamente comprometida da história. Em troca, é um exercício de testagem de hipóteses históricas no qual Weber constrói um experimento lógico usando tipos ideais como ferramentas conceituais.

---

43. WEBER, M. *The Protestant Ethic and the Spirit of Capitalism*. Nova York: Scribner's, 1958 [trad. de Talcott Parsons]. Para uma tradução mais recente e melhor, cf. KALBERG, S. *The Protestant Ethic and the Spirit of Capitalism*. Los Angeles: Roxbury, 2002. Cf. especialmente a Introdução.

Embora *A ética protestante* seja o mais conhecido dos estudos de Weber na sociologia da religião, é, contudo, somente uma pequena porção de uma iniciativa intelectual muito mais ampla que ele empreendeu intermitentemente por cerca de 15 anos. Nesse "experimento lógico" grandioso, Weber tenta explicar não apenas a confluência de eventos que estavam associados ao surgimento do capitalismo moderno no Ocidente, mas também por que o capitalismo não tendeu a se desenvolver em outra parte do mundo – ou seja, "por que o desenvolvimento científico, artístico, político e econômico [da China, Índia e de outras áreas] não tomaram aquele caminho da racionalização que é peculiar ao Ocidente?"[44] Portanto, *A ética protestante* é a primeira parte de um semiexperimento de dois estágios. O segundo elemento no experimento de Weber está contido em uma série de estudos extensos: *A religião da China* (1913), *A religião da Índia* (1916-1917) e o *Judaísmo antigo* (1917)[45].

O modelo semiexperimental

Antes de examinarmos seja *A ética protestante* ou outro trabalho sobre religião de Weber, devemos explicitar o modelo implícito de investigação desses trabalhos. Ao fazermos isso, descreveremos um outro sentido no qual Weber construiu "modelos semiexperimentais" para compreender as causas dos eventos históricos. A questão básica de Weber é "Por que o capitalismo moderno ocorreu inicialmente no Ocidente e não em outras partes do mundo?" Para isolar a causa dessa mudança histórica monumental, Weber construiu o "modelo semiexperimental" diagramado na Figura 9.5.

Na Figura 9.5, os passos 1 a 5 se aproximam aos estágios de uma situação de laboratório à medida que devem ser adaptados a uma análise histórica, razão pela qual o denominamos um experimento lógico. O Ocidente representa o grupo experimental na medida em que alguma coisa estimulou o capitalismo, enquanto China e Índia representam os grupos de controle porque seus sistemas econômicos não mudaram, ainda que fossem tão avançados como o Ocidente em tecnologias e outras formas sociais. O estímulo que originou o capitalismo no Ocidente foi um conjunto de crenças religiosas associadas ao protestantismo (cf. passo 3 da Figura 9.5). Weber escreveu *A ética protestante* por essa razão.

---

44. WEBER. "Author's Introduction". *Protestant Ethic*, p. 25. É importante reconhecer que Weber escreveu essa introdução em 1920 para a edição alemã de seu *Collected Essays in the Sociology of Religion*. Portanto, é uma visão geral do trabalho de Weber na sociologia da religião em vez de uma introdução a *A ética protestante*. A edição de 1976 de Scribner não deixa isso claro.

45. WEBER. *The Religion of China*. Nova York: Free Press, 1951 [trad. de Hans Gerth]. • *The Religion of India*. Nova York: Free Press, 1958 [trad. de Hans Gerth e Don Martindale]. • *Ancient Judaism*. Nova York: Free Press, 1952 [trad. de Hans Gerth e Don Martindale]. Em acréscimo, a Parte 2 de *Economy and Society* contém um estudo extenso, "Religious Groups (The Sociology of Religion)", que também está disponível em capa mole sob o título *The Sociology of Religion*. Boston: Beacon, 1963 [trad. de Eprahim Fishoff].

GRUPO	PASSO 1	PASSO 2	PASSO 3	PASSO 4	PASSO 5
	Encontrar sociedades "compatíveis" em termos de suas condições mínimas	Fazer pesquisa histórica sobre suas propriedades antes que o estímulo fosse introduzido	Examinar o impacto do estímulo-chave, crenças religiosas	Usar evidência histórica para avaliar o impacto do estímulo	Ver as diferenças entre Europa, China/Índia como produzidas por crenças religiosas
GRUPO SEMIEXPERIMENTAL	Europa Ocidental	Descrições da Europa (usando tipos ideais históricos)	Estímulo de experiências com a emergência do protestantismo	Capitalismo moderno	A Europa Ocidental muda
GRUPO DE SEMICONTROLE	China	Descrições da China (usando tipos ideais históricos)	Experiências sem estímulo	Não capitalismo	A China é muito semelhante ao que era antes
GRUPO DE SEMICONTROLE	Índia	Descrições da Índia (usando tipos ideais históricos)	Experiências sem estímulo	Não capitalismo	A Índia é muito semelhante ao que era antes

Figura 9.5 O modelo semiexperimental de Weber no estudo da religião

A ética protestante *e o espírito do capitalismo*

Weber inicia *A ética protestante* com o que era uma observação comum no final do século XIX: estatísticas ocupacionais naquelas nações de composição religiosa mista parecem mostrar que aquelas nas posições socioeconômicas mais elevadas eram preponderantemente protestantes. Essa relação parecia especialmente verdadeira, escreve Weber, "onde quer que o capitalismo... tenha tido carta branca"[46]. Muitos observadores em economia, literatura e história haviam comentado esse fenômeno antes de Weber, e ele citou vários deles[47]. Assim, em *A ética protestante* Weber não estava tentando provar que existia uma relação entre o protestantismo e o sucesso econômico nas sociedades capitalistas, pois ele assumia sua existência como dada. Em suas palavras, "não é novo que a existência dessa relação seja preservada... Nossa tarefa aqui é explicar essa relação"[48].

Para mostrar que o protestantismo estava relacionado à origem do *espírito do capitalismo* no Ocidente, Weber começa com um esboço de sua concepção dessa expressão. Como muitos de seus conceitos-chave, o espírito do capitalismo é um tipo ideal na medida em que acentua conceitualmente certos aspectos do mundo real como um instrumento para compreender os processos históricos[49]. Embora não expresse muito claramente sua concepção, uma omissão que contribuiu para a tremenda controvérsia sobre a tese de *A ética protestante*, seu conceito do espírito do capitalismo parece ter os seguintes componentes[50]:

1) O trabalho é valorizado como um fim em si mesmo. Weber era fascinado pelo fato de que o "dever" de uma pessoa "em uma vocação [ou ocupação] é o que é mais característico da ética social da cultura capitalista, e é em um sentido sua base fundamental".

2) O comércio e o lucro são tomados não apenas como evidências do sucesso ocupacional, mas também como indicadores de virtude pessoal. Nas palavras de Weber, "o ganho de dinheiro na ordem econômica moderna é, contanto que feito legalmente, [visto como] o resultado e a expressão da virtude e proficiência em uma vocação".

---

46. WEBER. *Protestant Ethic*, p. 25.

47. Ibid., p. 43-45, 191 (cf. nota 23). Cf. tb. BENDIX, R. "The Protestant Ethic – Revisited". In: BENDIX, R. & ROTH, G. (eds.). *Scholarship and Partisanship*: Essays on Max Weber. Berkeley: University of California Press, 1971, p. 299-310.

48. Ibid., p. 191.

49. Weber alude à sua estratégia do tipo ideal, mas não se dá ao trabalho de explicá-la nos parágrafos iniciais do capítulo 2 de *A ética protestante*, p. 47. Ele se refere à necessidade de desenvolver um "indivíduo histórico" – ou seja, "um complexo de elementos associados na realidade histórica que unimos em um todo conceitual do ponto de vista de sua importância cultural". Essa formulação revela a influência de Heinrich Rickert, como discutimos no último capítulo.

50. WEBER. *Protestant Ethic*, p. 53-54.

3) Uma vida metodicamente organizada governada pela razão é valorizada não apenas como um meio para um objetivo de longo prazo – sucesso econômico –, mas também como um estado inerentemente próprio e inclusive íntegro de ser.

4) Uma crença de que a felicidade e o prazer imediatos deveriam ser renunciados em favor da satisfação futura está incorporada na busca íntegra do sucesso econômico. Como Weber observa, "o *summum bonum* dessa ética, o ganho de cada vez mais dinheiro, combinado à evitação estrita de todo prazer espontâneo da vida, é acima de tudo completamente destituído de uma mistura eudemonista, para não dizer hedonista".

Em suma, portanto, esses valores – a virtude do trabalho, o sucesso como retidão pessoal, o uso da razão para guiar a própria vida e a gratificação posposta – refletem alguns dos mais importantes valores culturais no Ocidente porque constituem percepções do comportamento apropriado que são compartilhadas por todos. Weber enfatizava, contudo, que a aplicação ampla desses valores na vida cotidiana foi historicamente única e de origem relativamente recente. Para ele, a força inercial dos valores tradicionais havia sido a maior barreira para o surgimento do espírito do capitalismo no Ocidente. Em graus variados, as sociedades europeias antes do século XVII foram dominadas pelos "modos tradicionais de ação". Por exemplo, a religião em vez da ciência foi usada como o meio principal de verificação do conhecimento. Burocracias compostas de especialistas tecnicamente treinados eram desconhecidas. Padrões de comércio e muitas outras formas de vida diária eram dominados por *status* em vez de considerações de classe – ou seja, as ações econômicas das pessoas eram ditadas por seu pertencimento a grupos religiosos e não por fatores de mercado. Finalmente, a adjudicação legal não envolveu a aplicação igual da lei a todos os indivíduos. Em suma, a escolha entre a ação instrumentalmente racional e a ação valorativo-racional não existia. Em troca, o costume ditava o comportamento.

Em um tal contexto, é claro, alguns indivíduos tentavam ganhar dinheiro. Como Weber afirma, "o capitalismo existia na China, na Índia, na Babilônia, no mundo clássico e na Idade Média"[51]. Mas foi o capitalismo tradicional em que o ideal era simplesmente ganhar bastante dinheiro sem dedicar muito tempo fazendo isso de modo a se poder viver como estava "acostumado". Weber descreveu as iniciativas tradicionais da nobreza como "capitalismo aventureiro", referindo-se ao investimento no comércio de longa distância (e.g., em especiarias ou seda) do qual se pode obter um lucro inesperado o suficiente para durar uma vida ou para a compra de funções governamentais (e.g., arrecadação de impostos) das quais se retirava uma porção da receita. "A aquisição capitalista

51. Ibid., p. 52.

como uma aventura estava à vontade em todos os tipos de sociedade econômica que conheciam o comércio com o uso do dinheiro"[52]. Essas atividades, contudo, não eram o centro das vidas dessas pessoas. A existência dos capitalistas aventureiros individuais, além disso, difere de uma economia capitalista racionalizada, baseada na produção em massa de bens de consumo, na qual toda população é orientada a ganhar dinheiro.

Em seu *História econômica geral*, escrito alguns anos mais tarde, Weber identificava as maiores mudanças estruturais que ele acreditava, tomadas em conjunto, terem levado ao desenvolvimento das economias capitalistas racionalizadas na Europa Ocidental em vez de em outra parte:

1) O processo de industrialização por meio do qual a força muscular foi suplantada por novas formas de energia.

2) O surgimento de uma força de trabalho livre cujos membros tinham de trabalhar por salários ou passariam fome.

3) O aumento no uso de métodos contábeis sistemáticos.

4) O surgimento de um mercado livre desimpedido de restrições religiosas.

5) A imposição gradual e a legitimação de um sistema de lei previzível.

6) A comercialização crescente da vida econômica por meio do uso de títulos de ações e outros instrumentos de papel.

7) O surgimento do espírito do capitalismo.

Embora todos esses desdobramentos históricos fossem em graus variados exclusivos ao Ocidente, em *História econômica geral*, Weber ainda considerava o último fator o mais decisivo. Assim, na tentativa de compreender a origem das diferenças econômicas entre protestantes e católicos, ele não estava tentando negar a significação fundamental dessas mudanças estruturais, mas mostrar a importância da cultura do capitalismo e de sua relação não intencional com os ensinamentos da ética protestante.

Weber acreditava que o puritanismo e as outras seitas protestantes haviam destruído os valores culturais da sociedade tradicional, embora esse não tenha sido o objetivo daqueles que adotaram as novas crenças, nem que esse efeito pudesse ter sido previsto. Em *A ética protestante*, Weber focava principalmente no calvinismo, com discussões muito mais curtas sobre o pietismo, metodismo e batismo apensas à análise principal. Sua estratégia era descrever as doutrinas calvinistas citando extensivamente escritos de seus vários teólogos, determinar as consequências psicológicas que aquelas doutrinas tiveram sobre as pessoas que organizaram suas vidas nesses termos, e finalmente mostrar como resultaram em valores e modos de vida seculares específicos (e historicamente novos).

---

52. Ibid., p. 57-58. Cf. tb. WEBER, M. "Anticritical Last Word on the Spirit of Capitalism". *American Journal of Sociology*, 83, 1978, p. 1.127 [trad. de Wallace A. Davis].

Nas palavras de Weber, ele estava interessado em determinar "aquelas sanções psicológicas que, originadas na crença religiosa e na prática da religião, davam uma direção à conduta prática e mantinham o indivíduo nela"[53]. Assim, ele poderia dar um exemplo contundente de como os fenômenos culturais influenciam a ação social e, ao mesmo tempo, refutar os marxistas vulgares que pensavam que os fatores econômicos fossem os únicos atores causais da mudança histórica.

Com base em uma análise dos escritos calvinistas, como *A confissão de fé de Westminster de 1647*, da qual faz muitas citações, Weber interpretava a doutrina calvinista como tendo quatro consequências para aqueles que aceitavam seus preceitos.

Primeiro, como a doutrina calvinista da predestinação levava as pessoas a acreditarem que Deus, por razões incompreensíveis, havia dividido a população humana em dois grupos, os salvos e os condenados, um problema fundamental para todos os indivíduos era determinar o grupo ao qual pertenciam. Segundo, como as pessoas não poderiam saber com certeza se foram salvas, sentiam inevitavelmente uma grande solidão e isolamento interiores. Terceiro, embora uma mudança no estado relativo de graça de alguém fosse visto como impossível, as pessoas começavam inevitavelmente a buscar por sinais de que estivessem entre as eleitas. Em geral, os calvinistas acreditavam que duas indicações poderiam ser usadas como evidência: (a) a fé, pois todos tinham um dever absoluto de se considerarem escolhidos e de combater todas as dúvidas como tentações do demônio, e (b) a atividade mundana intensa, pois, desse modo, a autoconfiança necessária para reduzir as dúvidas religiosas poderia ser gerada. Quarto, todos os crentes deveriam levar vidas metódicas e ascéticas desimpedidas de emoções irracionais, superstições ou desejos carnais. Como Weber coloca, o bom calvinista deveria "supervisionar metodicamente seu estado de graça em sua conduta, penetrando-a, portanto, com ascetismo", de modo que cada pessoa se engajasse em "um planejamento racional de toda sua vida conforme a vontade de Deus"[54]. A significação dessa última doutrina é que nas comunidades calvinistas o ascetismo mundano não era restrito aos monges e outros "virtuoses religiosos" (para usar a frase de Weber), mas exigia de todos enquanto conduziam suas vidas cotidianas em suas ocupações ou profissões mundanas.

Para mostrar a relação entre o ascetismo mundano promovido pelas seitas protestantes e o surgimento do espírito do capitalismo, Weber escolheu focar nas diretrizes dos pastores puritanos para o comportamento diário, como conti-

---

53. Ibid., p. 97. Cf. tb. KALBERG, S. "The Rationalization of Action in Max Weber's Sociology of Religion". *Sociological Theory*, 8, 1990, p. 58-84.

54. Ibid., p. 153. Como protestante, Weber pode ter sobre-enfatizado a distinção entre protestantismo e catolicismo.

das em seus escritos pastorais. Os ensinamentos do clérigo, que eram estabelecidos em livros como *O manual cristão*, de Richard Baxter, tendiam a refletir os principais problemas pastorais que eles encontravam. Como tais, seus escritos fornecem uma versão idealizada da vida cotidiana nas comunidades puritanas. Embora devamos reconhecer que os padrões de ação social nem sempre se conformam aos ideais culturais, esses valores fornecem uma direção geral para os comportamentos das pessoas. A maior parte delas tenta, mesmo que imperfeitamente, aderir a esses padrões de comportamento apropriado dominante em suas comunidades, e os puritanos não foram exceções. Além disso, o uso desses tipos de dados sugere o modo amplo pelo qual Weber interpretou a ideia de "compreensão explanatória": como as explicações das pessoas sobre suas ações muitas vezes envolvem motivos contraditórios difíceis de reconciliar, ele estava perfeitamente disposto a usar um meio indireto de determinar o significado subjetivo da ação social entre os puritanos.

Com base na análise de Weber, parece que as comunidades puritanas foram dominadas por três máximas inter-relacionadas, que, embora uma consequência direta da teologia puritana, resultaram, no fim, em uma cultura secular do capitalismo.

O primeiro desses pronunciamentos é que Deus exige o trabalho racional em uma profissão. Como Weber afirma, a literatura pastoral é caracterizada "pela prece continuamente repetida, muitas vezes quase apaixonada, do trabalho corporal ou mental contínuo duro"[55]. Desse ponto de vista, não há relaxamento nem alívio para o trabalho duro, pois o trabalho é um exercício de virtude ascética, e o comportamento racional e metódico em uma profissão é considerado um sinal da graça. Por isso, do ponto de vista dos puritanos, "o desperdício de tempo é... o primeiro e, em princípio, o mais terrível dos pecados", porque "cada hora perdida está perdida para o trabalho pela glória de Deus". Como Weber afirma, essa máxima não fornece somente uma justificação ética para a divisão moderna do trabalho (na qual tarefas ocupacionais são divididas eficientemente), mas também reserva seus elogios mais elevados para aqueles indivíduos sóbrios da classe média que melhor exemplificam a natureza metódica do ascetismo mundano. Como um aparte, deveríamos observar que os membros desse estrato se tornaram os primeiros portadores das crenças religiosas puritanas precisamente porque acumularam um imenso poder econômico, social e político como resultado. Em geral, Weber enfatiza que aqueles que eram capazes de definir e santificar padrões de comportamento apropriado também se beneficiavam materialmente[56].

---

55. Ibid., p. 158.

56. WEBER. *Protestant Ethic*, p. 176. Embora o ponto de Weber fosse que os valores religiosos influenciavam o comportamento, ele enfatizava que valores e estilos de vida estão inter-relacionados. A religiosidade permeava cada aspecto da vida cotidiana. Cf. WUTHNOW, R. *Communities of Discourse*: Ideology and Social Structure in the Reformation, the Enlightenment, and European Socialism. Cambridge, MA: Harvard University Press, 1989.

A segunda diretiva declara que é proibido desfrutar daqueles aspectos da vida social que não têm valor religioso claro. Assim, do ponto de vista dos pastores puritanos, a literatura secular, o teatro e praticamente todas as outras formas de atividade de tempo livre eram irrelevantes ou mesmo moralmente suspeitas. Como consequência, eles tentavam inculcar em seus paroquianos uma abordagem extraordinariamente séria da vida, pois as pessoas deveriam dirigir sua atenção para problemas práticos que dominam a vida cotidiana e sujeitá-los a soluções racionais.

A terceira diretriz especifica que as pessoas têm um dever de usar suas posses para propósitos socialmente benéficos que contribuam para a glória de Deus. Assim, a busca pela riqueza por si só era considerada pecado, pois poderia levar ao prazer, à preguiça e às "tentações da carne". Desse ponto de vista, aqueles que adquirem riqueza por meio da graça divina e do trabalho duro são meros depositários que têm uma obrigação de usá-la responsavelmente.

Mesmo permitindo a quantidade usual de imperfeição humana, conforme Weber, a acumulação de capital e o surgimento da burguesia moderna foram os resultados inevitáveis de comunidades inteiras compartilhando os valores que ditavam o trabalho duro, prazer e consumo limitados e o uso prático do dinheiro. Assim, o capitalismo moderno emergiu. O argumento causal de Weber é diagramado na Figura 9.6. Com o tempo, é claro, os ideais puritanos sucumbiram sob a influência secularizante da riqueza porque as pessoas começaram a desfrutar de suas posses materiais. Assim, embora as raízes religiosas do espírito do capitalismo tenham perecido, o puritanismo legou "uma consciência surpreendentemente boa, podemos mesmo dizer farisaicamente boa, na aquisição de dinheiro".

A predominância de um valor assim nas sociedades ocidentais é historicamente única. Ela levou Weber a algumas observações muito pessimistas nos parágrafos conclusivos de A ética protestante. Ele acreditava que o surgimento do capitalismo moderno refletia o processo de racionalização que referimos anteriormente. As pessoas são ensinadas agora a levar vidas metódicas, usando a razão apoiada pelo conhecimento para atingir seus objetivos. Conforme Weber, "a ideia de dever em nossa profissão ronda nossas vidas como o fantasma das crenças religiosas mortas", de modo que, enquanto "os puritanos queriam trabalhar em uma profissão, nós somos forçados a fazê-lo". Com efeito, a cultura do capitalismo, combinada às instituições capitalistas sociais e econômicas, coloca as pessoas em uma "jaula de ferro" da qual parece não haver escapatória e para a qual não há mais uma justificação religiosa. Esse reconhecimento leva ao último, e triste, lamento de Weber: "especialistas sem espírito, sensualistas sem coração; essa nulidade imagina ter atingido um nível de civilização nunca antes atingido"[57].

---

57. Ibid., p. 180-183.

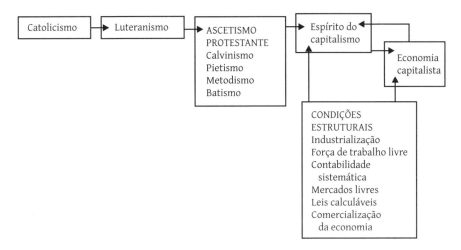

Figura 9.6 Argumento causal de Weber para a emergência do capitalismo

Os estudos comparativos de Weber sobre a religião e o capitalismo

Durante os anos que se seguiram à publicação de *A ética protestante*, Weber continuou sua análise da relação entre crenças religiosas e estrutura social para mostrar por que era muito pouco provável que o capitalismo como um sistema econômico pudesse ter emergido em outra parte do mundo[58]. Os trabalhos mais importantes de Weber a esse respeito são *A religião da China* e *A religião da Índia*. Eles representam a extensão do "experimento lógico" iniciado alguns anos antes.

Esses dois extensos ensaios são de formato similar, uma vez que Weber os inicia pela determinação daquelas características da estrutura social chinesa e indiana que ou inibiram ou, sob certas circunstâncias, poderiam ter contribuído para o desenvolvimento do capitalismo naquela parte do mundo. Para propósitos de ilustração, os exemplos utilizados aqui vieram de *A religião da China*. Assim, durante o período em que o capitalismo surgiu no Ocidente, existiam vários fatores estruturais na China que poderiam tê-la levado a um desenvolvimento similar. Primeiro, havia uma grande quantidade de comércio e intercâmbio internos com

---

58. Cf. "Anticritical Last Word", de Weber, assim como as várias notas de rodapé explanatórias em *Protestant Ethic*. Muitas dessas notas de rodapé foram adicionadas em torno de 1920. O debate sobre o "experimento lógico" de Weber continuou enquanto os observadores se esforçavam para entender as origens da Modernidade. Cf. GREEN, R.L. (ed.). *Protestantism and Capitalism*: The Weber Thesis and Its Critics. Lexington, MA: D.C. Heath, 1959. • EISENSTADT, S.N. (ed.). *The Protestant Ethic and Modernization*. Nova York: Basic Books, 1968. • MARSHALL, G. *In Search of the Spirit of Capitalism*: An Essay on Max Weber's Protestant Ethic Thesis. Nova York: Columbia University Press, 1982. • LEHMANN, H. & ROTH, G. (eds.). *Weber's Protestant Ethic*: Origins, Evidence, Context. Nova York: Cambridge University Press, 1993. • INNES, S. *Creating the Commonwealth*: The Economic Culture of Puritan New England. Nova York: W.W. Norton, 1995. • LIEBERSON, S. "Einstein, Renoir, and Greeley: Some Thoughts about Evidence in Sociology". *American Sociological Review*, 57, 1992, p. 1-15.

outras nações. Segundo, devido ao estabelecimento e manutenção (por mais de 1.200 anos) de concursos públicos, havia um grau inusual de igualdade de oportunidades no processo de consecução de *status*. Terceiro, a sociedade era geralmente estável e pacífica, embora Weber aceitasse claramente também o mito da "China imutável". Quarto, a China possuía muitos centros urbanos grandes, e a mobilidade geográfica era uma ocorrência relativamente comum. Quinto, havia relativamente poucas restrições formais à atividade econômica. Finalmente, na mesma época, vários desenvolvimentos tecnológicos estavam mais avançados na China do que na Europa – o uso da pólvora, o conhecimento da astronomia, a impressão de livros etc. Conforme Weber, todos esses fatores estruturais poderiam ter ajudado no desenvolvimento de uma versão chinesa do capitalismo moderno.

Ele enfatizava, contudo, que a estrutura social chinesa também exibia várias características que teriam claramente inibido o desenvolvimento amplo de qualquer forma de capitalismo naquela parte do mundo. Primeiro, embora os chineses possuíssem uma abundância de metais preciosos, especialmente prata, um sistema monetário adequado jamais foi desenvolvido. Segundo, devido à antiga unificação e centralização do Império Chinês, as cidades nunca se tornaram unidades políticas autônomas. Como resultado, o desenvolvimento de empresas capitalistas locais foi inibido. Terceiro, a sociedade chinesa era caracterizada pelo uso do "direito ético material" em vez de no procedimento legal previzível. Como resultado, os juízos legais eram formulados com base nas características particulares dos participantes e na tradição sagrada e não na imposição igual de padrões comuns. Finalmente, a burocracia chinesa se constituída de pessoas de formação clássica em vez de especialistas tecnicamente treinados. Assim, os concursos públicos que regulavam a consecução de *status* "testavam se a mente do candidato estava completamente imersa na literatura e se ele possuía ou não as formas de pensamento adequadas a uma pessoa cultural"[59]. Assim, a ideia do especialista treinado era estranha à experiência chinesa.

Em suma, de acordo com Weber, todas essas características da estrutura social chinesa inibiram o desenvolvimento de uma forma oriental de capitalismo moderno. Apesar disso, os exemplos apresentados sugerem que um desenvolvimento assim permanecia possível. Todavia, Weber argumentava que o surgimento do capitalismo como um sistema econômico era muito improvável tanto na China como na Índia, porque não encontrou evidência alguma de padrões de crenças religiosas que pudessem ser compatíveis com o espírito do capitalismo. Além disso, ele acreditava que sem o poder transformador da religião, o surgimento de novos valores culturais não seria possível. Na China de antes desse século, a religião das classes dominantes, os burocratas, era o confucionismo. Weber caracterizou o confucionismo afirmando que ele não possuía o conceito de pecado, mas somente de faltas resultantes de uma educação deficiente. Além

---

59. WEBER. *The Religion of China*, p. 156.

disso, o confucionismo não possuía metafísica, e, portanto, nenhuma preocupação com a origem do mundo ou com a possibilidade de uma vida após a morte, e, assim, nenhuma tensão entre lei sagrada e lei secular. De acordo com Weber, o confucionismo era uma religião racional ocupada com eventos deste mundo, mas com uma ênfase peculiarmente individualista. Bons confucianos estavam menos interessados no estado da sociedade do que em suas propriedades, como indicavam seu desenvolvimento como pessoas educadas e sua dedicação em suas relações com outros (especialmente seus pais). Nas palavras de Weber, a pessoa chinesa educada "controla todas as suas atividades, gestos físicos e movimentos, com polidez e com graça, de acordo com as convenções do *status* e com os mandamentos da 'decência'"[60]. Em vez de buscar salvação na próxima vida, o confuciano aceitava esta vida como dada e desejava meramente se comportar prudentemente.

Com base nisso, Weber afirmava que era pouco provável que o confucionismo viesse a resultar numa forma asiática de cultura do capitalismo. Ele argumentou de forma similar sobre o hinduísmo quatro anos mais tarde em *A religião da Índia*. Portanto, por meio desses estudos comparativos, Weber tentou mostrar logicamente não apenas por que o protestantismo estava associado com o surgimento da cultura do capitalismo no Ocidente, mas também por que outras religiões não poderiam ter estimulado desenvolvimentos similares em outras partes do mundo[61].

O esboço de Weber do sistema social

Em todo o seu trabalho, Weber empregou, ao menos implicitamente, uma visão da sociedade como um sistema social que consiste de três dimensões analiticamente separáveis: (1) cultura, (2) estrutura social (padrões de ação social) e (3) orientações psicológicas (cf. Figura 9.7). Valores culturais e crenças, modos padronizados de agir no mundo e estados psicológicos estão reciprocamente relacionados[62]. *A ética protestante* fornece uma ilustração desse modelo. Weber também tinha de considerar até que ponto tanto a estrutura social como as orientações psicológicas das pessoas estavam reciprocamente relacionadas aos valores culturais que ele estava analisando. Assim, ele argumentava que as crenças características das novas religiões influenciassem fundamentalmente os

---

60. Ibid.

61. Eventos subsequentes, contudo, mostraram que o confucionismo é congenial ao capitalismo. Cf. BERGER, P.M. *The Capitalist Revolution*. Nova York: Basic Books, 1986.

62. A base para nossa interpretação é PARSONS, T. "Introduction". In: WEBER, M. (ed.). *The Theory of Social and Economic Organization*. Glencoe, IL: Free Press, 1947, p. 3-86. Alguns estudiosos estão de acordo com a interpretação de Parsons. Cf. MOMMSEN. *The Age of Bureaucracy*, p. 1-21. Outros discordam dele. Cf. BENDIX, R. *Max Weber*: An Intellectual Portrait. Garden City, NY: Doubleday, 1962.

padrões de ação social entre as pessoas – não apenas entre os puritanos, mas também entre aqueles que encontravam as crenças subjacentes dessas religiões. Como os valores puritanos se desenvolveram durante uma época de grande mudança, as pessoas achavam que eles fossem congeniais às suas ambições seculares; por isso, eles se difundiram. Consequentemente, à medida que as pessoas adotavam novas crenças e valores, alteravam suas vidas diárias; inversamente, à medida que os indivíduos começavam a viver de novos modos (muitas vezes porque eram forçados), mudavam suas crenças e valores fundamentais. Assim, historicamente, novos padrões de ação social reforçavam os novos valores que haviam surgido.

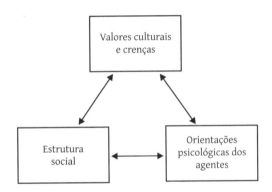

Figura 9.7 O modelo de Weber do sistema social

Weber, contudo, concentrou-se nos puritanos, descrevendo as consequências psicológicas que suas crenças devem ter tido para suas vidas diárias. Devido à sua incerteza e isolamento, as pessoas buscavam por sinais de sua salvação e os encontravam na habilidade para trabalhar duro e manter sua fé. Assim, as necessidades psicológicas dos puritanos os levou a padrões historicamente novos e únicos de ação social caracterizada não apenas pelo trabalho duro (os camponeses medievais trabalhavam certamente tão duro quanto), mas também por uma busca metódica por bens pessoais. O resultado foi a secularização dos valores religiosos puritanos e sua transformação no que Weber chamou o espírito do capitalismo. Assim, é possível extrapolar de sua análise um conjunto de fatores genéricos – cultura, estrutura social e orientações psicológicas – que são consideradas hoje características fundamentais da organização social.

O modelo implícito de Weber dos componentes mais gerais da organização social se mostrou de tremenda importância no desenvolvimento da sociologia. Por exemplo, praticamente todos os manuais introdutórios de sociologia (que usaremos aqui como um indicador aproximado do estado do campo) contêm agora uma série de capítulos, usualmente situados no início, intitulados como

"Cultura", "Estrutura Social" ou "Sociedade" e "Personalidade e Socialização". A razão para essa prática é que esses tópicos fornecem uma orientação conceitual para a disciplina de sociologia. O modelo de Weber serve, portanto, como um dispositivo heurístico em vez de uma análise dinâmica do processo de interação. Ele pode, contudo, levar a uma análise assim – que é tudo o que Weber pretendia. Seu modelo é, por fim, um primeiro passo essencial na construção de um conjunto de conceitos que seriam úteis na descrição e, assim, na compreensão das sociedades modernas.

Conclusões críticas

Weber não acreditava que leis atemporais universais pudessem algum dia ser desenvolvidas porque grande parte do que ocorria na história era o resultado de eventos aleatórios. Mesmo sem a habilidade para conduzir a investigação do mesmo modo que nas ciências naturais, Weber ainda desejava ser científico e objetivo. Além disso, ele tentou fazer mais do que escrever descrições históricas; desejava também fornecer uma metodologia para afirmações mais abstratas e analíticas. O resultado foi um arranjo estranho: o estudo das causas históricas por meio dos tipos ideais. Para cada causa e efeito, Weber constrói um tipo ideal de suas características essenciais, e algumas dessas características estão entre as descrições mais duradouras das formas sociais básicas da sociologia. Desse modo, Weber pode ter sido mais abstrato e analítico do que os historiadores, mas não postulou leis da organização humana. Grande parte da história, ele acreditava, foi o resultado da confluência aleatória ou ao acaso de eventos. Assim, recebemos várias descrições muito ponderadas das relações básicas entre fenômenos retratados como tipos ideais, mas, ao seguirmos a metodologia de Weber, somos impedidos de formular a questão mais interessante de qualquer ciência: Algumas dessas relações são tão genéricas e básicas de modo a poderem constituir leis sociológicas?

Metodologia à parte, os trabalhos substanciais de Weber variam amplamente. Tentamos dar a eles mais coerência do que eles na verdade revelam ao enfatizarmos o tema da racionalização. Assim como o trabalho de Spencer, que também é altamente descritivo, a apresentação que Weber faz dos detalhes é muitas vezes tão convoluta que se torna difícil de seguir a linha principal de seu argumento. Suspeitamos que Weber tenha chegado ao tema da racionalização muito tarde em seu trabalho, e, assim, tentou encaixar à força trabalhos anteriores nesse tema ou, em muitos casos, nem se incomodou em fazê-lo. Embora o resultado fosse ensaios fascinantes, ainda que densos, em vários tópicos diversos, esses não são consistentes como os de Herbert Spencer, Karl Marx e Émile Durkheim. Como consequência, é difícil extrair uma teoria geral de Weber; em troca, o que emerge são ricas descrições, tipos ideais de casos empíricos e afirmações causais complexos sobre muitos tópicos sem um modelo geral para nos guiar. Assim, temos simplesmente que viver com o caráter disperso da sociologia weberiana, tirando dela o que acharmos útil[63].

---

63. Para uma compilação recente do alcance da erudição de Weber, cf. KALBERG, S. (ed.). *Max Weber*: The Confrontation with Modernity. Oxford, UK: Blackwell.

10
A origem e o contexto do pensamento de Georg Simmel

Influências biográficas no pensamento de Simmel

A marginalidade de Simmel

Georg Simmel nasceu em 1858 bem no centro de Berlim[1]. Seu pai, um empresário judeu bem-sucedido, convertera-se ao cristianismo. Contudo, a formação judaica de Simmel o perseguiria ao longo de sua carreira. Com a morte do pai, em sua juventude, um amigo da família foi indicado como seu guardião. Com a mãe, Simmel parece ter tido uma relação emocionalmente distante, sendo, assim, razoável concluir que ele nunca teve quaisquer vínculos fortes com sua família.

O trabalho de Simmel foi enormemente influenciado por sua marginalidade não somente em relação à sua família, mas também em relação ao *establishment* acadêmico na Alemanha[2]. É difícil saber quão ressentido ele foi por essa existência. Como veremos no próximo capítulo, essa característica ajuda a explicar o brilhantismo da análise que faz do indivíduo em relações sociais diferenciadas e transversais. Na verdade, em contraste com outros desse período, que tendiam a ver as estruturas sociais modernas e diferenciadas como prejudiciais ao indivíduo, Simmel enfatizava seus efeitos liberadores. Ele acreditava que a diferenciação de estrutura, a elaboração de mercados e o envolvimento desapegado das pessoas nas estruturas burocráticas racionais lhes davam opções, escolhas e oportunidades não disponíveis nas sociedades tradicionais. Nunca poderemos

---

1. Este esboço da biografia de Georg Simmel se baseia em COSER, L.A. *Masters of Sociological Thought*. Nova York: Harcourt Brace Jovanovich, 1971, p. 177-217. Cf. tb. COSER, L.A. *Georg Simmel*. Englewoold Cliffs, NJ: Prentice Hall, 1965. • WOLFF, K.H. "Introduction". *The Sociology of Georg Simmel*. Nova York: Free Press, 1950. • WOLFF, K.H. (ed.). *Georg Simmel, 1858-1918*. Columbus: Ohio State University Press, 1959. • SPYKMAN, N. *The Social Theory of Georg Simmel*. Chicago: University Press, 1925.

2. COSER. *Masters of Sociological Thought*.

saber se ele estava justificando ou não sua própria posição nesse argumento, mas um ponto é claro: ele não conceitualizou a sociedade moderna nos termos patológicos severos de Marx (que enfatizava a opressão e a alienação), de Durkheim (que se preocupava com a anomia e o egoísmo) ou de Weber (que alertava para o fato de que o processo de racionalização confinava os indivíduos na "jaula de ferro" da burocracia). De qualquer modo, a carreira de Simmel teve uma qualidade trágica, a despeito de seus muitos períodos de sucesso e de realizações.

A carreira intelectual de Simmel

Após concluir o ensino secundário, Simmel estudou filosofia na Universidade de Berlim, onde se doutorou em 1881. Sua tese foi sobre Immanuel Kant[3], que, como veremos a seguir, exerceu uma influência enorme em sua abordagem de análise sociológica. Na época da graduação de Simmel, a Alemanha de um modo geral e, em particular, Berlim, estavam passando por uma transição extraordinária. A nação como um todo estava se industrializando em tempo recorde, e, na vida adulta de Simmel, a Alemanha ultrapassara tanto a Inglaterra como a França em produtividade, ficando atrás somente dos Estados Unidos. Essa rápida industrialização revelava uma disjunção importante: embora a burguesia tivesse provocado o crescimento rápido, falhou em promover suas pretensões ao poder, que permaneceu nas mãos da antiga elite feudal[4]. Esta tensão entre o velho e o novo produziu as políticas desastrosas que levaram à Primeira Guerra Mundial e aos seus resultados, que terminaram criando as condições para a ascensão de Hitler e do nazismo.

Dentro desse contexto nacional mais amplo e nefasto, a vida intelectual floresceu, especialmente em Berlim, que em cinco décadas passou de 500.000 para 4 milhões de habitantes às vésperas da Primeira Guerra Mundial. Contudo, mesmo nesse ambiente intelectual próspero, havia uma dualidade entre liberdade e repressão autoritária. Na vida intelectual e na contracultura vigorosas em torno da universidade e na própria cidade, havia uma mistura vibrante de atividades. Dentro do sistema universitário, que nas primeiras décadas do século XIX havia servido como o modelo para as universidades americanas orientadas para a pesquisa, havia uma subcorrente conservadora e por vezes autoritária. Como o sistema da universitário era próspero, encontrou-se diante do dilema entre encorajar a liberdade acadêmica e a franca expressão, de um lado, e manter sua posição confortável em um clima social e político carregado de tensão entre a burguesia capitalista e o sistema político semifeudal, de outro.

---

3. O título de sua tese era *A natureza da matéria de acordo com a monadologia física de Kant*, e nessa primeira confrontação com as ideias de Kant podem ser vistas as sementes da "sociologia formal" de Simmel.

4. DAHRENDORF, R. "The New Germanys – Restoration, Revolution, and Reconstruction". *Encounter*, 23, abr./1964, p. 50.

Muitos estudiosos fizeram um grande trabalho nesse sistema – sendo Weber o melhor exemplo na sociologia. Os judeus, especialmente, tiveram negado acesso completo ao sistema acadêmico ou, como ocorreu com muitos, foram encaminhados para universidades provinciais fora dos principais centros urbanos. Outros ainda, que revelavam simpatias políticas mais radicais que poderiam perturbar o *status quo*, também tiveram o mesmo destino[5].

Simmel foi pego nessa corrente conflitante, e, no início de sua carreira, decidiu ficar em Berlim e esperar pelo melhor. Em decorrência disso, tornou-se *Privatdozent* – um docente não assalariado, que vive de honorários pagos diretamente por estudantes. O padrão mais típico dessa época para os acadêmicos era mudarem de uma universidade para outra, trilhando lentamente seu caminho para posições em universidades maiores.

Talvez Simmel tenha visto que, por ser judeu, tinha as cartas embaralhadas contra ele, mas os resultados de sua decisão de assumir, em 1885, uma posição secundária e permanecer em Berlim foram profundos. Ele se tornou um docente popular que atraía um grande número de seguidores leigos e acadêmicos. Ele lecionava uma grande variedade de temas – de sociologia e psicologia social a lógica, filosofia e ética. Mas esse sucesso popular parece ter antagonizado o *establishment* acadêmico. Sua popularidade deixou muitos com inveja, e sua amplitude e brilhantismo ameaçavam os especialistas. O resultado foi que, além da subcorrente de antissemitismo, um senso de ameaça e inveja, bem como uma intolerância ao ensino interdisciplinar, trabalharam contra Simmel. Seu estilo afrontava o *establishment* acadêmico de vários modos específicos. Por exemplo, ele nunca documentava seus trabalhos com notas de rodapé e citações acadêmicas em detalhes; pulava de tópico para tópico, sem jamais perseguir um tema em grande profundidade (exceto, talvez, em seu brilhante trabalho sobre *A filosofia do dinheiro*). Ele também escreveu ensaios para revistas e jornais populares, uma tática que sempre, mesmo hoje, antagoniza os acadêmicos tradicionais. Na verdade, ele parecia ter saído de seu caminho para aborrecê-los.

Além de sua popularidade entre a comunidade intelectual e artística mais ampla, Simmel desfrutou de bastante sucesso acadêmico. Com Weber e Ferdinand Tönnies, ele foi o cofundador da Sociedade Alemã para a Sociologia, e seus trabalhos foram amplamente lidos, citados e respeitados pela primeira geração de sociólogos. A despeito de seu *status* acadêmico marginal, ele não sofreu financeiramente porque seu guardião lhe deixara uma fortuna considerável. Após seu casamento em 1890, viveu uma existência confortável de classe média alta. Devido à sua fama como professor e sua associação ativa com artistas, críticos,

---

5. Wilhelm Dilthey, Heinrich Rickert e Wilhem Windelband estavam entre aqueles que impediram o avanço de Simmel. A despeito das diferenças e sua abordagem da sociologia, Weber apoiou fortemente Simmel. Cf. DIGGINS, J.P. *Max Weber*: Politics and the Spirit of Tragedy. Nova York: Basic Books, 1995, p. 138.

comentadores, jornalistas e escritores, Simmel desfrutou de uma vida estimulante e plena.

Ainda assim, teve de lidar com o estigma e a frustração de ser um renomado estudioso e uma figura intelectual sem uma posição acadêmica real. Por 15 anos, Simmel permaneceu como *Privatdozent*, a despeito dos esforços de amigos como Weber para lhe assegurar uma posição de tempo integral. Em 1901, ele recebeu o *status* de professor-adjunto honorário na Universidade de Berlim, o que confirmou sua posição como um membro de fora do grupo que não era pago nem qualificado para tomar parte nos assuntos administrativos da universidade. Essa nomeação foi, na realidade, um insulto para Simmel, que era agora um estudioso de fama mundial, tendo escrito seis livros e dezenas de artigos que haviam sido traduzidos para o inglês, francês, italiano, polonês e russo.

Quando Simmel finalmente recebeu uma nomeação acadêmica regular em 1914, foi na universidade provincial em Estrasburgo na fronteira entre a França e a Alemanha. Além disso, ele estava agora com 56 anos, mais de uma década além do tempo normativo para promoção a professor titular. Para completar as frustrações em sua carreira, ele chegou em Estrasburgo precisamente no começo da Primeira Guerra Mundial. Com a vida na universidade de fronteira suspensa durante a guerra, ficou impedido de lecionar. Em 1915, fracassa em seu último esforço para obter uma cátedra na Universidade de Heidelberg vindo a morrer de câncer, três anos depois.

Essa futilidade e marginalidade diante da forma mundial deve claramente ter contribuído para o estilo de erudição de Simmel: ele manteve um pé tanto na filosofia como na sociologia enquanto sustentava um compromisso com a análise formal e o comentário social de acontecimentos e questões correntes[6]. O resultado é a ausência de uma erudição minuciosa sobre temas sociológicos; em troca, ele analisava tópicos sociológicos específicos com lampejos de acuidade e sofisticação, somente para se mover para outro tópico, muitas vezes desconectado. Seus trabalhos mais minuciosos, particularmente *A filosofia do dinheiro*, são tão pesadamente imbuídos de comentário filosófico que a Teoria Sociológica neles pode facilmente passar despercebida.

A despeito desse caráter tópico do trabalho de Simmel, sua sociologia apresenta dois temas importantes. Primeiro, ele estava interessado – assim como todos os teóricos sociais desse período inicial da sociologia – pelo processo de diferenciação e seus efeitos no indivíduo. Segundo, a unidade metodológica em seu trabalho está voltada para a tentativa de extrair a essência e a forma subja-

---

6. Não mencionamos a repentina explosão de patriotismo de Simmel durante a guerra porque é muito embaraçosa: desaparece o Simmel tranquilo e analítico, e, em seu lugar, surge o patriota apaixonado. Como enfatiza Coser, a última parte da carreira de Simmel for marcada por um emocionalismo romântico um tanto similar ao de Augusto Comte, que, próximo do fim, sofreu um destino muito semelhante ao de Simmel (cf. capítulo 2 deste livro).

centes dos tópicos empíricos particulares. Além disso, contudo, ele muitas vezes mudava o conteúdo substantivo de sua análise, sempre buscando descobrir a estrutura subjacente da interação e da organização sociais que vinculava diversas áreas importantes. Esses temas emergiam de seu contato pessoal e intelectual com vários pensadores – particularmente Max Weber, Herbert Spencer, Immanuel Kant e Karl Marx.

Influências intelectuais no pensamento de Simmel

Uma nota sobre Simmel e Weber

Os escritos sociológicos de Simmel se estendem ao longo das mesmas três décadas (1890 a 1920) que os de seu colega e amigo Weber. Apesar de trabalharem em ambientes sociais e culturais similares, suas respectivas orientações para a sociologia diferiam muito – em parte devido às suas formações –, o que os fazia reagir a influências um tanto distintas. Weber evitou o desenvolvimento de leis abstratas porque acreditava que esses enunciados teóricos não podiam revelar a significação daqueles fenômenos históricos nos quais ele mais estava interessado. Em contraste, Simmel foi filósofo assim como sociólogo; seus trabalhos publicados incluem livros e artigos sobre diversas figuras como os filósofos Arthur Schopenhauer, Friedrich Wilhelm Nietzsche e Kant; o escritor Johann Goethe e o pintor Rembrandt. Além disso, ele considerava a moral, a ética e a estética, bem como muitos outros tópicos, de uma perspectiva filosófica. Como se pode esperar, seu tipo de sociologia é muito diferente do de Weber. Após um flerte inicial com Spencer e alguns elementos do darwinismo social, os trabalhos maduros de Simmel refletem sua adaptação a algumas doutrinas filosóficas de Kant ao estudo da sociedade. Para Simmel, os processos sociais que constituem estruturas organizadas e estáveis afetam a ação de modos sistemáticos e previsíveis. Assim, diferente de Weber, Simmel sustentava que a sociologia deveria focar no desenvolvimento de leis atemporalmente válidas da organização social.

Contudo, Simmel e Weber se assemelhavam ao menos em um aspecto. Ambos se sentiram compelidos a reagir ao desafio ideológico e teórico posto pelo marxismo existente na virada do século. Embora esse interesse seja mais central na sociologia de Weber do que na de Simmel, sua análise é uma rejeição sociologicamente sofisticada de Marx e do marxismo.

Spencer, o darwinismo social e o pensamento de Simmel

Como a maioria dos outros teóricos sociais clássicos, Simmel queria entender a natureza das sociedades industriais modernas. O título de seu primeiro tratado sociológico, *A diferenciação social*, publicado em 1890, sugere imediatamente a mudança fundamental que ele via: as sociedades modernas são muito mais diferenciadas (ou complexas) do que as do passado[7]. Como Spencer (cf. cap. 5), Simmel via essa mudança em termos evolucionários e como uma indicação do progresso humano. Na verdade, ele a chamava "desenvolvimento ascendente". Além disso, assim como Spencer, Simmel utilizou muitas vezes analogias orgânicas para ilustrar seus argumentos. Por exemplo, em *Diferenciação social*, ele argumentava que, assim como um organismo mais complexo, uma sociedade mais altamente diferenciada podia guardar energia em relação ao ambiente e utilizar essa energia para realizar tarefas mais difíceis e complexas[8]. Como Spencer, Simmel nunca confundia analogias biológicas com fatos sociais, parcialmente porque ele também ilustrava seus argumentos com muitos outros tipos de analogias e exemplos. Embora alguns dos últimos trabalhos de Simmel não revelem muita preocupação sistemática seja com o problema da evolução ou com o da transição histórica para a industrialização, exibem um interesse permanente em compreender a estrutura das sociedades diferenciadas modernas e em mostrar como a participação das pessoas em sistemas sociais complexos afeta seu comportamento.

A discussão evolucionária em *Diferenciação social* também mostra um lado menos atrativo do jovem Simmel porque ele adotava alguns dos aspectos mais questionáveis do darwinismo social que predominavam durante o final do século XIX. Por exemplo, ele insistia no "caráter hereditário da inclinação criminal" e inclusive protestou contra "a preservação dos fracos, que transmitirão sua inferioridade às gerações futuras"[9]. Contudo, seus trabalhos maduros não revelam traço algum dessas visões. De fato, embora ele geralmente não comente eventos políticos de um modo partidário, suas análises sobre os pobres, as mulheres e a classe trabalhadora sugerem uma compreensão simpática às suas dificuldades[10]. Em todos esses casos, sua discussão reflete uma tentativa mais geral de focar nas consequências da diferenciação social nas sociedades modernas. Em particular, ele estava preocupado com *a forma* das estruturas sociais diferenciadas e com o modo como suas dinâmicas afetam os indivíduos independentemente de seus propósitos – um ponto importante que Simmel tomou de Immanuel Kant.

---

7. SIMMEL, G. *Über sociale Differenzierung*. Leipzig: Duncker & Humboldt, 1890. Embora grande parte desse livro permaneça não traduzida, dois capítulos, "Differentiation and the Principle of Saving Energy" e "The Intersection of Social Spheres", aparecem em· *Georg Simmel*: Sociologist and European. Nova York: Barnes & Noble, 1976 [trad. de Peter Laurence].

8. SIMMEL. "Differentiation and the Principle of Saving Energy".

9. HONIGSHEIM, P. "The Time and Thought of the Young Simmel". In: WOLFF, K. (ed.). *Essays on Sociology, Philosophy and Aesthetics by Georg Simmel et al.* Nova York: Harper & Row, 1965, p. 170.

10. Cf. SIMMEL, G. "The Poor". *Georg Simmel on Individuality and Social Forms*. Chicago: University of Chicago Press, 1971, p. 150-178. Sobre os trabalhadores e as mulheres, cf. SIMMEL, G. *Conflict and the Web of Group Affiliations*. Nova York: Free Press, 1955. Cf. tb. COSER, L.A. "Georg Simmel's Neglected Contributions to the Sociology of Women". *Signs*, 2, verão/1977, p. 869-876.

Immanuel Kant e o pensamento de Simmel

As ideias básicas de Kant

Kant concluiu seu trabalho mais importante, *Crítica da razão pura*, aos 52 anos. Esse livro, publicado em 1781, suscitou uma revolução na filosofia[11]. O livro é uma investigação do potencial da "razão pura" que existe independente das impressões sensíveis mundanas e desorganizadas que os entes humanos experienciam. A definição de Kant de *razão pura* é crucial. Kant entende por ela as capacidades e formas cognitivas do pensamento que existem independentemente da experiência sensível, sendo, portanto, inerentes à estrutura da mente. Assim, para Kant, todas as concepções humanas do mundo externo são produtos da atividade da mente, que molda a sucessão disforme e caótica das impressões sensíveis em uma unidade conceitual.

Embora filósofos anteriores, como John Locke e David Hume, tivessem assumido que os fenômenos materiais são inerentemente organizados e que as sensações que os entes humanos possuem de objetos e eventos no mundo refletem meramente essa organização, Kant sustentava que essas suposições não eram verdadeiras. Em troca, ele afirmava que as sensações humanas são intrinsecamente caóticas, não refletindo senão a interminável sucessão de percepções visuais, gustativas, sonoras, olfativas e outros estímulos que, por si sós, são desorganizadas e sem sentido. Ele argumentava que a mente transformava esse caos de impressões sensíveis em percepções significativas por meio de um processo que ele chamava *estética transcendental*. Simmel sumarizou essa parte da filosofia de Kant ao afirmar que as sensações humanas são "formas e conexões dadas que não são inerentes a elas, mas que são impostas a elas pela mente cognoscente enquanto tal"[12]. Essa transformação de sensações desorganizadas em percepções organizadas é obtida por meio de duas formas fundamentais, a saber, espaço e tempo, que são partes inerentes da mente. Espaço e tempo não são coisas percebidas, mas modos de perceber que existem independentemente de nosso conhecimento do mundo.

Todavia, sermos meramente capazes de perceber objetos e eventos não é o bastante, pois nossas percepções também não são espontaneamente organizadas. Em troca, como as sensações, as percepções são experienciadas como sequências confusas de observações. Assim, Kant enfatiza que a razão pura visa ao estabelecimento de formas mais elevadas de conhecimento: verdades gerais

---

11. KANT, I. *The Critique of Pure Reason*. Nova York: Macmillan, 1929. Para uma análise mais completa, cf. WILKERSON, T.E. *Kant's Critique of Pure Reason*: A Commentary for Students. Nova York: Oxford University Press, 1976.

12. SIMMEL, G. "The Nature of Philosophy". *Essays on Sociology*, p. 291.

que sejam independentes da experiência. Essas são as leis da ciência, verdades que são abstratas e absolutas. Desse modo, em um processo que Kant chama *lógica transcendental*, a mente transforma o conhecimento perceptual em conhecimento conceitual – por exemplo, a transformação da observação de uma maçã caindo na lei da gravidade ou (em um nível diferente) a transformação das observações da ação durante um conflito em leis que expressam as consequências do conflito social para o comportamento humano. Kant sustenta que a mente utiliza um conjunto de "categorias" preconcebidas, por meio das quais ordena as percepções. Por exemplo, as ideias de causa, unidade, relações recíprocas, necessidade e contingência são modos de conceitualização de processos empíricos que são inerentes à mente; são elementos da razão pura. Nas palavras de Simmel, é somente por meio da atividade da mente que as percepções "se tornam o que chamamos natureza: uma coerência significativa inteligível na qual a diversidade de coisas aparece como uma unidade virtuosa, unificada por leis"[13]. A esse respeito, Kant também insiste que o modo pelo qual as observações são conceitualizadas depende sempre dos propósitos da mente. Por exemplo, considere um sistema de pensamento como a Teoria da Evolução de Charles Darwin ou a Teoria da Revolução de Marx. Kant diz que esses meios de conceitualizar dados empíricos (percepções) revelam a atividade intencional da mente, pois em nenhum dos casos ou objetos ou eventos no mundo estão preordenados do modo conceitualizado pela teoria. Assim, no longo prazo, o conhecimento científico é um resultado da existência da razão pura como uma característica intrínseca dos entes humanos.

Nesse contexto, é importante lembrar que Kant nunca nega a existência do mundo material; ele meramente declara que o conhecimento humano de fenômenos externos ocorre por meio das formas impostas a ele pela mente ativa. Dito de outro modo, o mundo empírico é um lugar ordenado porque as categorias de pensamento organizam nossas sensações, nossas percepções e nossas concepções para produzimos conhecimento científico sistemático. Para Kant esse conhecimento não é absoluto, sendo, portanto, limitado ao campo da experiência efetiva. Logo, ele acreditava que é impossível conhecer como os objetos e acontecimentos são "fundamentalmente" fora da receptividade dos sentidos humanos. Uma das mais importantes implicações desse ponto de vista é que tentativas de descobrir a natureza da realidade última, seja por meio da religião ou da ciência, são impossíveis. Nas palavras de Kant, "o entendimento nunca pode ir além dos limites da sensibilidade".

---

13. Ibid.

A adaptação de Simmel às ideias de Kant

O vínculo entre Kant e Simmel é mais claramente explicado em seu ensaio "Como a sociedade é possível?", que foi originalmente inserido no primeiro capítulo como um excurso em *Sociologia: estudos sobre as formas de associação*[14]. De acordo com Simmel, a questão básica na filosofia de Kant é "como é possível a natureza?" Ou seja, como o conhecimento da natureza (o mundo externo) é possível? Kant respondia a essa questão postulando a existência de certas categorias *a priori* que os observadores utilizam para moldar as sensações caóticas que recebem em conhecimento conceitual. Esse ponto de vista significa que, quando os elementos da natureza são conceitualizados de alguma maneira, sua unidade depende inteiramente do observador.

Em contraste, a unidade da sociedade é experienciada pelos participantes como observada pelos sociólogos. Nas palavras de Simmel, "a unidade da sociedade não necessita de observador. Ela é diretamente realizada por seus próprios elementos [entes humanos], porque esses elementos são eles próprios unidades conscientes e sintetizadoras"[15]. Portanto, enquanto as pessoas conduzem suas vidas diárias, elas são absorvidas em inumeráveis relações específicas umas com as outras – econômicas, políticas, sociais e familiares, por exemplo – e essas conexões dão às pessoas um sentido amorfo de sua unidade, um sentimento de que são parte de uma estrutura social contínua e estável. Weber acreditava que, como as pessoas experienciam e atribuem significado às estruturas sociais das quais participam, nem os métodos nem os objetivos das ciências naturais são apropriados para as ciências sociais. Desse modo, como vimos no último capítulo, ele formula a versão da sociologia orientada para a compreensão científica dos processos históricos.

Simmel assumia uma visão diferente, que teve consequências mais duradouras para a emergência da Teoria Sociológica. Com base em seu estudo de Kant, Simmel argumenta que as estruturas sociais (que ele chama *formas de interação*) influenciam sistematicamente o comportamento das pessoas antes e independentemente de seus propósitos específicos. Ele utilizava esse argumento para mostrar que princípios teóricos da ação social poderiam ser usados como prova a despeito das complicações inerentes devido ao fato de as próprias experiências humanas serem os objetos de estudo. De acordo com Simmel, o conteúdo inteiro de *Sociologia: estudos sobre as formas de associação* constitui uma investigação "sobre os processos – aqueles que residem, fundamentalmente, nos indivíduos – que condicionam a existência dos indivíduos na sociedade"[16]. De um modo mais geral, como descreveremos no próximo capítulo, a sociologia de Simmel está

---

14. SIMMEL, G. "How Is Society Possible?" *Essays on Sociology*, p. 337-356.

15. Ibid., p. 338.

16. Ibid., p. 340.

orientada para a identificação daquelas formas sociais básicas – conflito, afiliações grupais, intercâmbios, tamanho, desigualdade e espaço – que influenciam a ação social independentemente das intenções dos participantes. Como essas formas constituem a estrutura (ou, como Kant diria, as "categorias") na qual os indivíduos buscam realizar seus objetivos, o conhecimento do modo como elas afetam o comportamento social pode levar à teoria. Nesse sentido, portanto, a sociologia de Simmel é de orientação completamente kantiana, mas se desvia de Kant ao ver as formas sociais como operando *independentemente* da lógica transcendental ou das categorias da mente.

Karl Marx e o pensamento de Simmel

Parte da sociologia de Simmel constitui uma crítica ao principal trabalho de Marx, *O capital*, assim como uma rejeição de seu objetivo revolucionário básico: o estabelecimento de uma sociedade cooperativa onde as pessoas seriam livres para desenvolverem seu potencial humano[17]. *O capital* é uma tentativa de demonstrar que o valor das mercadorias (incluindo os entes humanos) resulta da força de trabalho necessária para produzi-las; Marx chamava isso de a Teoria do Valor Trabalho. Em *A filosofia do dinheiro* (1900), Simmel rejeita essa teoria, argumentando de um modo mais geral que as pessoas em todas as sociedades situam o valor dos itens com base em sua relativa desejabilidade e escassez[18]. Simmel acreditava que poderia explicar melhor o valor que os indivíduos atribuem às mercadorias nas diferentes sociedades (na capitalista assim como na socialista), mostrando como os fenômenos cultuais e estruturais influenciam sistematicamente o que é escasso e o que é desejado. Desse modo, portanto, enfraqueceu a base teórica para a análise de Marx.

Simmel também rejeitava o argumento de Marx ao focar na importância do dinheiro como um meio de troca. Em *O capital*, Marx tenta mostrar que uma das consequências necessárias do capitalismo era a alienação das pessoas em relação a si próprias e às mercadorias que produziam. A esse respeito, ele enfatizava que os atores não têm controle sobre aquelas atividades que os distinguem, como entes humanos, de outros animais. Simmel abordou o problema da alienação simplesmente reconhecendo que em qualquer sociedade altamente diferenciada, algumas pessoas serão inevitavelmente alienadas. Na verdade, ele via o declínio no contato pessoal e emocional entre os humanos como mais fundamental do que a falta de controle das pessoas sobre suas próprias atividades. Aparentemente, ele acreditava que, em muitas sociedades, faltava à maioria dos indivíduos o controle sobre suas atividades diárias. Tendo reconhecido a inevitabilidade da alienação, contudo, Simmel passou a se opor a Marx argumentan-

---

17. MARX, K. *O Capital*. Nova York: International, 1967.

18. SIMMEL, G. *The Philosophy of Money*. Boston: Routledge & Kegan Paul, 1978.

do que o predomínio do dinheiro como um meio de intercâmbio nos sistemas sociais modernos reduz a alienação. Em contraste com Marx, Simmel argumentava que o uso difundido do dinheiro permite intercâmbios entre pessoas que estão espacialmente separadas umas das outras, criando assim múltiplos vínculos sociais e diminuindo o nível de alienação. Além disso, ele sugeria que a aceitação generalizada do dinheiro nos intercâmbios aumenta a solidariedade social porque representa um nível relativamente alto de confiança e na estabilidade e futuro da sociedade. Finalmente, ele conclui que o predomínio do dinheiro permite aos indivíduos perseguirem uma diversidade mais ampla de atividades do que é possível em economias de escambo ou mistas, dando-lhes, assim, muito mais opções de autoexpressão. O resultado desse último fator, claro, é que nas economias monetárias as pessoas possuem um controle maior sobre suas vidas diárias. Como um aparte, a explicação de Simmel sobre as consequências do dinheiro nas sociedades modernas é um bom exemplo de como os processos sociais "condicionam a existência dos indivíduos na sociedade" independentemente de seus propósitos particulares. Nesse caso, os modos específicos pelos quais o dinheiro é usado são menos importantes, sociologicamente, do que seus efeitos sobre a natureza geral da forma das relações humanas nos sistemas em que o dinheiro é o meio usual de intercâmbio social.

Finalmente, Simmel também discute a formulação de Marx do problema da alienação em seu ensaio sobre as funções do conflito social. Nesse contexto, Simmel argumentava que em uma sociedade competitiva os indivíduos têm provavelmente melhores chances do que em uma sociedade cooperativa de desenvolver ao máximo suas capacidades:

> Uma vez que a solidariedade estreita e ingênua das condições sociais primitivas cederam à descentralização (que estava destinada a ser o resultado imediato do aumento quantitativo do grupo), o esforço do ente humano em direção ao ente humano, sua adaptação ao outro, parece possível somente ao preço da competição, ou seja, da luta simultânea *contra* um semelhante *por* um terceiro – *contra* quem, a propósito, ele pode bem competir em alguma outra relação *pelo* primeiro. Dada a extensão e individualização da sociedade, muitos tipos de interesse, que terminarão mantendo o grupo unido através de seus membros, parecem ganhar vida e se manterem vivos somente quando a urgência e as exigências da luta competitiva se impõem ao indivíduo[19].

Simmel não negava, claro, que a competição poderia ter "efeitos nefastos, desagregadores e destrutivos"; em troca, ele simplesmente menciona que esses inconvenientes devem ser avaliados à luz das consequências positivas da competição. Como o dinheiro, Simmel sustentava, a competição dá às pessoas mais liberdade para satisfazerem suas necessidades, e, nesse sentido, os cidadãos de

---

19. SIMMEL. *Conflict*, p. 6.

uma sociedade organizada competitivamente são provavelmente menos alienados. Além disso, como indicado na citação, ele acreditava que a competição é uma forma de conflito que promove a solidariedade social em sistemas sociais diferenciados porque as pessoas estabelecem vínculo umas com as outras que envolvem uma "concentração nas vontades e nos sentimentos dos semelhantes" relativamente constante – um argumento que também implica uma diminuição da alienação. Finalmente, Simmel indicava que a competição é um meio importante de criar valores na sociedade, um processo que ocorre à medida que os entes humanos produzem valores objetivos (e.g., mercadorias) para propósitos de intercâmbio; desse modo, eles obtêm a satisfação de suas necessidades e desejos subjetivos. Esse argumento não sugere apenas que as sociedades competitivas exibem menos alienação do que as não competitivas, mas também implica que o objetivo revolucionário de Marx – uma sociedade completamente cooperativa e coesa – é impraticável nos sistemas sociais modernos, industriais e altamente diferenciados. Com base nisso, Simmel rejeitava os experimentos socialistas e comunistas inspirados pelo pensamento marxista. Ele acreditava que eram tentativas de institucionalizar, na verdade forçar, relações cooperativas entre as pessoas para evitar o desperdício de energia e de desigualdades que inevitavelmente ocorre em um ambiente competitivo. Contudo, ele insistia que, ainda que esses resultados parecessem positivos, só poderiam ser "produzidos por meio de uma [política] central que desde o início organiza todas [as pessoas] para sua interpenetração e suplementação recíproca"[20]. Ele sugere que um fim para a alienação não ocorreria e não poderia ocorrer em um tal contexto social autoritário. Assim, embora seus trabalhos não representem um debate duradouro com Marx, como talvez fosse verdadeiro para Weber, Simmel tratou dos mesmos temas que Marx e outros teóricos anteriores – temas como as propriedades da diferenciação social, a desigualdade, o poder, o conflito, a cooperação e os procedimentos para compreender a natureza do mundo social.

O Simmel enigmático

De muitos modos, o trabalho de Simmel permanece um enigma. Vários aspectos de seu trabalho exerceram enorme influência na Teoria Sociológica moderna; todavia, é difícil vê-lo como tendo inspirado uma "escola" de pensamento, como Marx, Weber, Durkheim e Mead. Talvez o papel marginal de Simmel no *establishment* acadêmico alemão o tenha impedido de desenvolver coortes de alunos que pudessem levar adiante sua "sociologia formal". O resultado é que sua sociologia não é – mesmo agora que os mestres anteriores são tema de muito comentário – completamente apreciada por seu escopo e brilhantismo.

---

20. Ibid., p. 72-73.

11
A sociologia de Simmel

Até uma fase muito tardia de sua carreira, Simmel nunca conseguira ocupar uma posição acadêmica regular. Como judeu, foi submetido à discriminação e, a despeito dos esforços de Weber, passou a maior parte de sua carreira como *Privatdozent*, palestrando para audiências leigas em troca de honorários. Essa posição marginal entre os mundos leigo e acadêmico pode tê-lo impedido de desenvolver um sistema teórico coerente. Em troca, o que emerge são lampejos de intuições sobre a dinâmica básica de uma ampla variedade de fenômenos. Além disso, Simmel tinha uma tendência de lidar com os mesmos tópicos repetidamente, revisando e atualizando seu pensamento a cada vez. Se grande parte de seu trabalho parece ser uma série de conferências, muitas vezes foi exatamente isso: conferências que incitavam e estimulavam, muitas vezes sem anotações detalhadas e acadêmicas. Todavia, desde 1950, a importância da visão de Simmel para a sociologia tem sido cada vez mais reconhecida. Pois, a despeito do caráter um tanto desarticulado do trabalho de sua vida, sua metodologia para o desenvolvimento da Teoria Sociológica e a substância de suas intuições sobre a forma da sociedade moderna apresentam um programa razoavelmente coerente de análise sociológica.

A abordagem metodológica de Simmel do estudo da sociedade

Em um ensaio intitulado "O problema da sociologia", Simmel conclui em 1894 que uma exploração das formas básicas e gerais da interação oferecia o único tema viável para a disciplina nascente de sociologia[1]. No capítulo 1 de *Sociologia: estudos sobre as formas de associação*, escrito em 1908, ele reformula e reafirma seus pensamentos sobre esse tema[2]. Em 1918, ele revisa seu pensa-

---

1. A tradução apareceu no ano seguinte. Cf. SIMMEL, G. "The Problem of Sociology". *Annals of the American Academy of Political and Social Science*, 6,1895, p. 412-423.

2. SIMMEL, G. "The Problem of Sociology. *Essays on Sociology, Philosophy and Aesthetics by Georg Simmel et al.* Nova York: Harper & Row, 1959, p. 310-336 [Ed. e trad. de Kurt Wolff]. Esse é o capítulo 1 do trabalho de Simmel: *Sociology: Studies on the Forms of Sociation* (1908). Esse livro,

mento novamente em um de seus últimos trabalhos, *Problemas fundamentais da sociologia*[3]. No que segue, vamos nos basear mais nesse breve esboço final porque representa seu testemunho mais maduro.

Simmel começa *Problemas fundamentais da sociologia* lamentando que "a primeira dificuldade que surge se alguém deseja fazer uma afirmação sustentável sobre a ciência da sociologia é que sua pretensão de ser uma ciência não é incontestável". Na Alemanha, após a virada do século, muitos estudiosos ainda negavam que a sociologia constituísse uma ciência legítima; e para manter seu poder dentro do sistema universitário, esses críticos queriam impedir a sociologia de se tornar um campo acadêmico. Parcialmente por essas razões, foi proposto que a sociologia deveria ser meramente um título para referir todas as ciências sociais que lidassem com áreas de conteúdo específico – como a economia, a ciência política e a linguística. Essa tática foi um ardil, é claro, pois Simmel (e muitos outros) reconhecia que as disciplinas existentes já haviam dividido o estudo da vida humana e que nada seria "obtido jogando-se sua soma total em um pote e colocando um novo rótulo: 'sociologia'"[4]. Para combater essa estratégia e justificar a sociologia como um campo de estudo acadêmico, Simmel argumentava que era necessário que a nova disciplina desenvolvesse um conteúdo único e "inequívoco, dominado por um problema metodologicamente definido"[5]. Sua discussão está organizada em torno de três questões: (1) O que é sociedade? (2) Como a sociologia deveria estudar a sociedade? (3) Quais são as áreas-problema da sociologia?

O que é sociedade?

A resposta de Simmel à primeira questão é muito simples: "Sociedade" existe quando ocorre "interação entre humanos" com frequência e intensidade suficientes de modo que as pessoas afetem mutuamente umas às outras e se organizem em grupos ou outras unidades sociais. Portanto, ele usa o termo *sociedade* muito frouxamente para referir qualquer padrão de organização social no qual ele estivesse interessado. De acordo com Simmel, o termo sociedade se refere a

---

que é o maior trabalho de Simmel, não foi traduzido ao inglês, mas partes dele aparecem em várias coleções editadas. Cf. nota 17.

3. SIMMEL. *Fundamental Problems of Sociology* aparece como a Parte 1 de *The Sociology of Georg Simmel*. Nova York: Free Press, 1950, p. 3-86 [trad. de Kurt Wolff].

4. Ibid., 4.

5. Essa observação é do prefácio a *Sociology: Studies on the Forms of Sociation*; é citada na introdução de Kurt Wolff a *The Sociology of Georg Simmel*, p. xxvi. Para outra avaliação e análise da metodologia de Simmel, cf. LEVINE, D.N. "Simmel and Parsons Reconsidered". *American Journal of Sociology*, 86, 1991, p. 1.097-1.116. • "Simmel as a Resource for Sociological Metatheory". *Sociological Theory*, 7, 1989, p. 161-174. • "Sociology's Quest for the Classics: the Case of Simmel". In: RHEA, B. (ed.). *The Future of Sociological Classics*. Londres: Allen & Unwin, 1981, p. 60-80.

interações relativamente permanentes. Mais especificamente, as interações que temos em mente quando falamos sobre "sociedade" são cristalizadas como estruturas defináveis, e consistentes como o Estado e a família, a guilda e a Igreja, as classes sociais e as organizações baseadas em interesses comuns[6].

A importância de definir sociedade desse modo reside em reconhecer que os padrões de organização social são construídos a partir de processos básicos de interação. Assim, a interação torna por si só uma área significativa de estudo. A sociologia, em suas palavras, está fundada "no reconhecimento de que o ente humano em toda sua natureza e em todas as suas manifestações é determinado pelas circunstâncias de viver em interação com outros entes humanos"[7]. Assim, como uma disciplina acadêmica,

> a sociologia pergunta pelo que acontece aos humanos e por meio de que regras se comportam, não na medida em que desdobram suas existências individuais compreensíveis, mas na medida em que formam grupos e são determinados por sua existência de grupo devido à interação[8].

Com essa declaração, Simmel deu à sociologia um tema único e inequívoco: as formas básicas da interação social.

Como a sociologia deveria estudar a sociedade?

A resposta de Simmel à segunda questão é novamente muito simples: os sociólogos deveriam começar seu estudo da sociedade pela distinção entre *forma* e *conteúdo*. Estudiosos posteriores muitas vezes compreenderam mal seu uso desses termos particulares, principalmente porque sua origem kantiana foi ignorada[9]. O que deve ser lembrado para compreendermos esses termos é que os escritos de Simmel são permeados pelas analogias, sendo a distinção entre forma e conteúdo extraída de uma analogia com a geometria. A geometria investiga as formas espaciais de objetos materiais; embora essas formas espaciais possam ter conteúdos materiais de vários tipos, o processo de abstração em geometria pressupõe ignorar seus conteúdos específicos em favor de uma ênfase nas características comuns, ou formas, dos objetos sob exame. Simmel simplesmente aplicava essa

---

6. SIMMEL. *Fundamental Problems*, p. 9.

7. Ibid., p. 12.

8. Ibid., p. 11.

9. As críticas mais conhecidas ao "formalismo" presumidamente excessivo de Simmel são as de ABEL, T. *Systematic Sociology in Germany*. Nova York: Octagon, 1965. • SOROKIN, P. *Contemporary Sociological Theories*. Nova York: Harper & Row, 1928. As melhores defesas de Simmel contra essa acusação espúria são aquelas de TENBRUCK, F.H. "Formal Sociology". *Essays in Sociology*, p. 61-69. • LEVINE, D.N. "Simmel and Parsons Reconsidered". • *Simmel and Parsons*: Two Approaches to the Study of Society. Nova York: Arno, 1980.

distinção geométrica entre forma e conteúdo para o estudo da sociedade para sugerir de que modo a sociologia poderia investigar os processos sociais independentemente de seu conteúdo. A distinção entre as formas e conteúdos de interação oferece a única "possibilidade para uma ciência especial da sociedade" porque é um meio de focar nos processos básicos genéricos pelos quais as pessoas estabelecem relações sociais e estruturas sociais, embora ignorando para propósitos analíticos os conteúdos (objetivos e propósitos) das relações sociais.

Portanto, as formas de interação se referem aos modos "de interação entre indivíduos por meio dos quais, ou na forma dos quais, esse conteúdo adquire realidade social"[10]. Simmel argumentava que a atenção às formas sociais levava a sociologia a objetivos que eram fundamentalmente diferentes daqueles de outras disciplinas científicas, especialmente na Alemanha de sua época. Por exemplo, a sociologia tenta descobrir as leis que influenciam a interação de pequenos grupos em vez de descrever famílias ou casamentos particulares; ela tenta descobrir os princípios da interação formal e impessoal em vez de examinar organizações burocráticas específicas; busca compreender a natureza e consequências da luta de classes em vez de retratar um conflito particular ou algum conflito específico. Ao focar nas propriedades genéricas e básicas da interação por si sós, Simmel acreditava que a sociologia poderia descobrir os processos subjacentes da realidade social[11]. Embora as estruturas sociais possam revelar conteúdos diversos, elas podem ter formas similares:

> Os grupos sociais, que são os mais diversos imagináveis em propósito e significação geral, podem apesar disso mostrar formas idênticas de comportamento em relação um ao outro da parte dos membros individuais. Encontramos superioridade e subordinação, competição, divisão do trabalho, formação de partidos, representação, solidariedade interna combinada a exclusividade com relação ao exterior, e inúmeras características similares no Estado, em uma comunidade religiosa, em um bando de conspiradores, em uma associação econômica, em uma escola de arte, na família. Não importa quão diversos sejam os interesses que dão origem a essas associações, as *formas* nas quais os interesses são realizados podem, todavia, ser idênticas[12].

Com base nisso, então, Simmel acreditava que era possível desenvolver "leis válidas atemporalmente" sobre a interação social. Por exemplo, o processo de competição ou outras formas de conflito podem ser examinados em contextos sociais muito diferentes em épocas diferentes: em e entre partidos políticos, em e entre diferentes grupos religiosos, em e entre negócios, entre artistas e

---

10. SIMMEL. "Problem of Sociology", p. 315.

11. SIMMEL. *Fundamental Problems*, p. 18.

12. Ibid., p. 22 (ênfase no original). Cf. LEVINE. "Simmel and Parsons Reconsidered", para uma elaboração sobre esse ponto importante no trabalho de Simmel.

mesmo entre membros da família. O resultado pode ser alguma noção teórica sobre como o processo de competição (como uma forma de conflito) afeta os participantes independentemente de seus propósitos ou objetivos específicos. Assim, ainda que a terminologia tenha mudado ao longo dos anos, a distinção de Simmel entre forma e conteúdo constitui uma de suas contribuições mais importantes para a emergência da Teoria Sociológica. Contudo, a próxima tarefa que ele enfrentou foi a de identificar as formas mais básicas de interação; em suas palavras, a sociologia deve delinear suas áreas-problema específicas. Tristemente, sua falta de habilidade para completar essa tarefa representa a falha mais significativa em seu trabalho metodológico.

Quais são as áreas-problema da sociologia?

Diferente de suas respostas às outras duas questões, a resposta de Simmel à terceira pergunta não se mostrou de duração significativa para o desenvolvimento da Teoria Sociológica. Em suas tentativas iniciais de conceitualizar as formas sociais básicas com as quais a sociologia deveria se ocupar, ele mencionava "uma dificuldade na metodologia". Para o presente, ele pensava, o ponto de vista sociológico pode ser expresso somente por meio de exemplos porque apenas mais tarde será possível "compreendê-lo por métodos que sejam completamente conceitualizados e guias claros para a pesquisa"[13].

Tanto o título como a organização de *Problemas fundamentais* (1918) de Simmel sugerem que o maior ímpeto para escrever esse último pequeno livro foi seu reconhecimento de que a "dificuldade na metodologia" permanecia sem solução. Infelizmente, esse esforço final para desenvolver procedimentos sistemáticos para identificar as propriedades genéricas do mundo social estudado pela sociologia também não foi bem-sucedido. Nesse livro, Simmel identificava três áreas que ele dizia constituírem os problemas fundamentais da sociologia. A primeira é o estudo sociológico da vida e desenvolvimento históricos, que ele chamava *sociologia geral*. A segunda é o estudo sociológico da forma de interação independentes da história, que ele chamava *sociologia pura*, ou *formal*. A terceira é o estudo sociológico dos aspectos epistemológicos e metafísicos da sociedade, que ele chamava *sociologia filosófica*. Em *Problemas fundamentais*, que possui apenas quatro capítulos, Simmel dedica um capítulo separado para cada uma dessas áreas-problema.

Sociologia geral

Simmel começa observando que a "sociologia geral" estava ocupada com o estudo "da totalidade da vida histórica na medida em que ela é formada socialmente" – ou seja, através da interação. O processo de desenvolvimento histórico

---

13. SIMMEL. "Problem of Sociology", p. 323-324.

pode ser interpretado de vários modos, contudo, e Simmel acreditava que era necessário distinguir a abordagem sociológica da não sociológica. Por exemplo, ele indicava que Émile Durkheim via o desenvolvimento histórico "como um processo que procede da simplicidade orgânica à simultaneidade mecânica", enquanto Augusto Comte a via como ocorrendo por meio de três estágios distintos: o teológico, o metafísico e o positivo[14]. Embora ambas as afirmações sejam razoáveis, observava Simmel, nenhuma constitui uma justificação para a existência da sociologia. Em troca, o desenvolvimento daquelas estruturas sociais observáveis pelas disciplinas existentes (política, economia, religião, direito, linguagem e outras) deve estar sujeito a uma análise sociológica, que faça a distinção entre formas e conteúdos sociais. Por exemplo, quando a história das comunidades religiosas e dos sindicatos trabalhistas é estudada, é possível mostrar que os membros de ambos são caracterizados pelos padrões de autossacrifício e devoção a ideais. Essas similaridades podem, em princípio, ser sumarizadas por leis abstratas.

O que Simmel estava aparentemente argumentando, embora isso não seja inteiramente claro, é que os estudos dos conteúdos da interação podem produzir intuições teóricas válidas somente quando se presta atenção às propriedades mais genéricas das estruturas sociais das quais as pessoas participam. Contudo, seu capítulo sobre a sociologia geral, que lida com o problema do desenvolvimento da individualidade na sociedade, desenvolve-se de um modo, na melhor das hipóteses, confuso[15]. Assim, o resultado geral é que os leitores ficam se perguntando afinal qual é o tema da sociologia geral e como ela se relaciona com outras áreas-problema.

Sociologia pura, ou formal

Para Simmel, a "sociologia pura, ou formal," consiste na investigação das "próprias formas sociais". Assim, quando "a sociedade é concebida como a interação de indivíduos, a descrição dessa interação é a tarefa da ciência da sociedade em seu sentido mais estrito e essencial"[16]. O problema de Simmel era, portanto, isolar e identificar as formas fundamentais de interação. Em seu trabalho anterior, ele tentou fazer isso ao focar em várias formas sociais menos observáveis, mas altamente importantes, que podem ser divididas aproximadamente em duas categorias gerais, embora ele não use essas designações: (1) processos sociais genéricos, como diferenciação, conflito e intercâmbio, e (2) relações de papéis estruturados, como o papel do estrangeiro na sociedade. Quase todo

---

14. SIMMEL. *Fundamental Problems*, p. 19-20. Em geral, Simmel não cita suas fontes. Nessas duas páginas, contudo, suas referências são relativamente claras, ainda que nem Durkheim nem Comte sejam mencionados pelo nome.

15. Ibid., p. 26-39.

16. Ibid., p. 22.

seu trabalho substancial consiste de estudos sobre essas formas sociais menos observáveis. Por exemplo, uma listagem parcial da tábua de conteúdos de *Sociologia: estudos sobre as formas de associação* revela que os seguintes tópicos são considerados[17]:

1) A determinação quantitativa do grupo.

2) Superordenação e subordinação.

3) Conflito.

4) O segredo e a sociedade secreta.

5) Nota sobre o adornamento.

6) A interseção dos círculos sociais (a rede de afiliações grupais).

7) Os pobres.

8) A autopreservação do grupo.

9) Nota sobre fidelidade e gratidão.

10) Nota sobre o estrangeiro.

11) O aumento do grupo e o desenvolvimento do indivíduo.

12) Nota sobre a nobreza.

Todavia, a descrição de Simmel da sociologia pura, ou formal, sofre de um defeito fundamental: ela não remedia a "dificuldade metodológica" a que ele se refere[18]. Em *Problemas fundamentais*, Simmel não conseguiu desenvolver um método preciso seja para identificar as formas mais básicas de interação ou para analisar sua variação sistemática.

Sociologia filosófica

A "sociologia filosófica" de Simmel é uma tentativa de reconhecer a importância de temas filosóficos no desenvolvimento da sociologia como uma disciplina acadêmica. Para ele, a atitude científica moderna em relação à natureza dos fatos empíricos sugere um "complexo de questões concernentes à 'sociedade' de fato". Essas questões são filosóficas, e se centralizam na epistemolo-

---

17. Os itens 1, 2, 4, 5 e 9 estão disponíveis em *The Sociology of Georg Simmel*. Os itens 3 e 6 estão em *Conflict and the Web of Group Affiliations*. Nova York: Free Press, 1955 [trad. de Reinhard Bendix]. O item 10 está em *Essays on Sociology*. O item 8 está no *American Journal of Sociology*, 3, mar./1900, p. 577-603. Os itens 7, 11 e 12 estão em *Georg Simmel on Individuality and Social Forms*. Chicago: University of Chicago Press, 1971 [trad. de Donald Levine]. Os capítulos restantes, cerca de um quarto do livro, permanecem sem tradução. Eles lidam com tópicos como psicologia, ocupação hereditária de cargos, a organização espacial da sociedade e a relação entre fenômenos psicológicos e sociológicos.

18. SIMMEL. *Fundamental Problems*, p. 40-57. Cf. LEVINE. "Simmel and Parsons Reconsidered", p. 1.107. • "Sociology's Quest for the Classics", p. 69-71, como um esforço para extrair as formas básicas do trabalho de Simmel.

gia e metafísica. O problema epistemológico tem a ver com uma das principais pressuposições cognitivas subjacentes à pesquisa sociológica: A sociedade é o propósito da existência humana, ou é meramente um meio para os fins do indivíduo?[19] O capítulo explanatório de Simmel sobre a sociologia filosófica trata dessa questão ao estudar a relação entre o indivíduo e a sociedade nos séculos XVIII e XIX[20]. Como ocorre com outros capítulos em *Problemas fundamentais*, contudo, esse material é tão confuso que é pouco útil. Aparentemente, Simmel queria argumentar que questões sobre o propósito da sociedade ou as razões para a existência individual não poderiam ser respondidas em termos científicos, mas mesmo essa conclusão razoável é incerta[21]. No fundo, então, sua visão da sociologia filosófica foi simplesmente ignorada, principalmente porque sua análise é superficial e obscura.

No fim, Simmel havia confessado que ele falhara em estabelecer uma fundação metodológica completa para a nova disciplina. Essa falha se origina de sua incerteza sobre sua habilidade para isolar estruturas e processos verdadeiramente básicos ou genéricos. Assim, tanto *Sociologia* como *Problemas fundamentais* contêm retratações, sugerindo que sua análise de tópicos específicos – como a significação das afiliações grupais, as funções do conflito social e o processo de intercâmbio social – podem demonstrar apenas o valor potencial de uma análise das formas sociais[22]. Vamos examinar agora os três estudos mais importantes de Simmel na sociologia formal, ou pura.

A rede de afiliações grupais

"A rede de afiliações grupais" é uma análise sociológica de como os padrões de participação grupal são alterados com a diferenciação social, assim como uma análise das consequências dessas alterações para o comportamento cotidiano das pessoas. Simmel trata desse tópico pela primeira vez em seu *Diferenciação social* (1890)[23]. Contudo, essa versão inicial não é muito útil, e o texto explicado aqui é tomado de *Sociologia: estudos sobre as formas da associação*. Como todos os sociólogos clássicos, Simmel via uma tendência geral para o aumento da diferenciação social nas sociedades industrializadas modernas. Em vez de traçar esse desenvolvimento cronologicamente ou pela especiali-

---

19. Esse mesmo tema foi tratado 10 anos antes em SIMMEL, G. "Note on the Problem: How Is Society Possible?" *Essays on Sociology*, p. 337-356.

20. SIMMEL. *Fundamental Problems*, p. 58-86.

21. Ibid., p. 25.

22. Ibid., p. 18.

23. Cf. SIMMEL, G. "The Intersection of Social Spheres". *Georg Simmel*: Sociologist and European. Nova York: Barnes & Noble, 1976, p. 95-110 [trad. de Peter Lawrence].

zação funcional crescente, ele foca na natureza e a importância das afiliações grupais. Desse modo, ele é capaz de identificar uma forma social única.

A rede de afiliações grupais como uma forma social

As formas sociais se referem aos modos de interação por meio dos quais as pessoas atingem seus propósitos e objetivos. Em "A rede de afiliações grupais", Simmel estava interessado em até que ponto as mudanças na rede de estruturas sociais que constituem a sociedade afetam as pessoas. Na verdade, ele acreditava que o número de grupos a que uma pessoa pertence e a base na qual eles são formados influenciam a interação independentemente dos interesses que os grupos pretendem satisfazer[24].

Uma das variáveis mais importantes que influenciam vários grupos aos quais as pessoas pertencem, assim como a base de sua vinculação aos grupos, é o grau de *diferenciação social*, ou o número de atividades ou estruturas diferentes que organizam essas atividades. Por exemplo, em uma sociedade caçadora-coletora, quase todas as tarefas são feitas em e pela família (coletar e produzir comida, educar as crianças, cultuar os deuses, elaborar leis etc.). Assim, em uma sociedade indiferenciada, há apenas uns poucos papéis a desempenhar, e, como consequência, as pessoas são similares entre si. Em contraste, em uma sociedade industrial, muitas tarefas importantes são divididas. Esse aumento na complexidade, o que os sociólogos chamam diferenciação, afeta a interação. As pessoas ainda produzem bens, cultuam, educam e adjudicam, mas de um modo diferente. Essa disparidade ocorre porque as pessoas cada vez mais escolhem a quais grupos pertencer com base na "similaridade de talentos, inclinações, atividades" e outros fatores sobre os quais elas têm algum controle[25]. Assim, as pessoas desempenham um número muito maior e variado de papéis e, ao fazerem isso, muitas vezes interagem com pessoas diferentes. O restante de "A rede de afiliações grupais" explora as mudanças estruturais resultantes. Desse modo, Simmel demonstra como a análise sociológica pode revelar o que ocorre às pessoas "na medida em que elas formam grupos e são determinadas pela sua existência grupal devido à interação". Ele também demonstra algumas implicações da Modernidade.

---

24. O restante dessa seção se baseia em BEEGHLEY, L. "Demystifying Theory: How the Theories of Georg Simmel (and Others) Help Us to Make Sense of Modern Life", cap. 34 de GUBBAY, J.; MIDDLETON, C. & BALLARD, C. (eds.). *The Blackwell Companion to Sociology*. Nova York: Blackwell, 1997.

25. SIMMEL. "Web of Group Affiliations". *Conflict and The Web of Group Affiliations*, p. 127.

Mudanças estruturais que acompanham a diferenciação social

Simmel observou que o processo de diferenciação social produziu duas mudanças fundamentais nos padrões de interação. Primeiro, o princípio subjacente à formação de grupos mudou, em suas palavras, dos critérios *orgânicos* para os *racionais*. De acordo com o uso de Simmel, o termo *orgânico* é uma metáfora biológica que sugere que uma família ou uma aldeia é como um organismo vivo no qual as partes estão inerentemente conectadas[26]. Assim, quando grupos possuem um fundamento "orgânico", as pessoas se afiliam a eles com base no nascimento – em uma família, uma religião, aldeia – e são tão fortemente identificadas com o grupo ao qual pertencem que não são vistas como indivíduos. (Na peça de Shakespeare, *Romeu e Julieta*, por exemplo, Romeu não possui uma identidade fora de sua família e aldeia; eles constituíam quem ele era. É por isso que seu banimento foi tão devastador.) Em contraste, o termo *racional* sugere o uso da razão e da lógica. Assim, conforme o uso de Simmel, quando grupos possuem uma base "racional", as pessoas se afiliam a eles por escolha. Por exemplo, Simmel observou que os sindicatos ingleses originalmente "tendiam à exclusividade local" e eram fechados aos trabalhadores que vinham de outras cidades ou regiões[27], mas ao longo do tempo os trabalhadores deixavam de confiar nas relações locais, escolhendo formar e se unir a sindicatos nacionais para perseguir seus interesses[28].

Segundo, a diferenciação social também leva a um aumento no número de grupos aos quais as pessoas podem se afiliar. Quando os grupos possuem uma base "orgânica", as pessoas podem pertencer apenas a poucos grupos primários (i.e., a grupos pequenos, íntimos, face a face): sua família, sua aldeia e não muitos mais. Em contraste, quando os grupos possuem uma base "racional", as pessoas podem se afiliar a um número maior e variado deles, com base em habilidades, interesses mútuos, dinheiro e outros tipos de associação. Simmel observou uma tendência das pessoas nas sociedades modernas a se afiliarem a muitos grupos e dessas afiliações serem baseadas em reflexão consciente. Essa tendência se aplica inclusive a relacionamentos íntimos, como os casamentos. Muitos desses grupos, contudo, são maiores e mais formais e são chamados *grupos secundários*. Assim, as pessoas podem também pertencer a grupos ocupacionais de vários tipos, grupos puramente sociais e a um número praticamente ilimitado de grupos de interesse especial. Além disso, os indivíduos também podem identificar-se como membros de uma classe social e de uma unidade de reserva militar. Finalmente, elas podem se ver como cidadãos de cidades, Estados, regiões e nações. Não surpreende, conclui Simmel, que

---

26. Os teóricos clássicos estiveram muitas vezes tentando se comunicar. Parcialmente, por essa razão, eles muitas vezes usaram os mesmos conceitos ou similares com significados muito diferentes. Assim, a noção de "orgânico" de Simmel é a oposta à de Durkheim (tratado no cap. 13).

27. SIMMEL. "Web of Group Affiliations", p. 129.

28. Ibid., p. 137.

essa seja uma grande variedade de grupos. Alguns desses grupos são integrados. Outros são, contudo, ordenados de modo que um grupo aparece como o foco original da afiliação de um indivíduo, do qual então ele parte para a afiliação a outros grupos muito diferentes com base em suas qualidades especiais, que o distinguem de outros membros de seu grupo primário[29].

Dito de outro modo, as afiliações grupais em sociedades diferenciadas são caracterizadas por uma superestrutura de grupos secundários que se desenvolvem além da afiliação de grupo primária. Do ponto de vista de Simmel, as características sociológicas mais importantes desses grupos – tanto primários como secundários – são: as pessoas que escolhem se afiliar pertencem a grupos diferentes e são muitas vezes tratadas como indivíduos com experiências únicas. Esses atributos significam que, sob aspectos muito importantes, cada pessoa difere da outra.

As consequências da diferenciação

As implicações dessa mudança são profundas. Simmel sugere, por exemplo, que quando grupos são formados por escolha e as pessoas pertencem a um grande número deles, a possibilidade do conflito de papel surge porque o pertencimento a diversos grupos coloca exigências concorrentes sobre as pessoas. "Como o indivíduo deixa sua posição estabelecida em um grupo primário, ele passa a situar-se em um ponto em que muitos grupos 'entrecruzam'". Em consequência, "surgem conflitos externos e internos por meio da multiplicidade de afiliações grupais, que ameaçam o indivíduo com tensões psicológicas ou mesmo uma crise esquizofrênica"[30]. Assim, agora é comum para as pessoas terem obrigações múltiplas. Por vezes esses deveres levam a escolhas difíceis; isso acontece, por exemplo, quando obrigações de alguém para com seu empregador concorrem com suas obrigações para com sua família. Usualmente, diz Simmel, as pessoas tentam equilibrar suas responsabilidades concorrentes mantendo-as espacial e temporalmente separadas. Apesar disso, o impacto de expectativas conflitantes pode levar ao estresse psicológico e, assim, influenciar o comportamento.

A análise de Simmel também leva a noções sobre as consequências positivas da Modernidade. Por exemplo, as pessoas agora desempenham muitos papéis diferentes: esposos, pais, filhos ou filhas, atletas, empregados, ativistas políticos, dentre outros. Essa lista, que poderia ser estendida, dá a cada um deles uma identidade distinta em relação às outras pessoas. Essas outras pessoas também possuem um conjunto único de características (papéis) que as diferencia. Assim, a teoria de Simmel implica que as mudanças produzidas pela dife-

29. Ibid.
30. Ibid., p. 141.

renciação social levam a uma maior individualidade (o que ele chamava "uma unidade central ou interna") que torna cada pessoa distinta. Nas palavras de Simmel, "a estrutura objetiva da sociedade fornece uma estrutura na qual as características não intercambiáveis e singulares de um indivíduo podem se desenvolver e encontrar expressão"[31]. Um resultado assim é impossível quando todos se parecem entre si. Ironicamente, então, a Modernidade não somente produz conflito de papéis e estresse psicológico, mas também cria as condições sob as quais a individualidade emerge.

Essa individualidade emerge precisamente porque as pessoas nas sociedades modernas podem, na verdade devem, fazer escolhas. Além disso, elas devem ajustar seu comportamento a diferentes pessoas em diferentes situações – uma ideia que traz muitas implicações. Por exemplo, à medida que as pessoas escolhem e se tornam conscientes de sua singularidade, desfrutam de uma liberdade pessoal maior. Conforme Simmel, embora "o costume estreitamente circunscrito e estrito de condições anteriores fosse aquele no qual o grupo social como um todo... regulava a conduta do indivíduo dos modos mais variados", essa regulação não é possível em sociedades diferenciadas porque as pessoas pertencem a muitos grupos diferentes[32]. Não é acidental, desse ponto de vista, que a ideologia da liberdade pessoal como um direito inalienável de cada adulto tenha surgido durante os dois últimos séculos. Sua base estrutural, dizia Simmel, reside na diferenciação social.

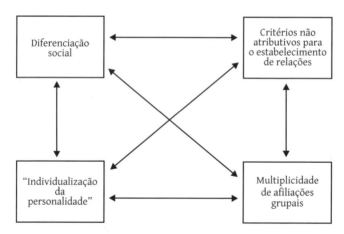

Figura 11.1 Imagem de Simmel das afiliações grupais

Essas ideias levaram a outras. Por exemplo, quando as pessoas desempenham muitos papéis e enfrentam expectativas conflitantes, elas desenvolvem

---

31. SIMMEL. "Web of Group Affiliations", p. 150. Cf. tb. p. 139, 149, 151.
32. Ibid., p. 165.

a capacidade de empatia – a habilidade de se identificar com e compreender a situação ou os motivos de outra pessoa[33]. Essa capacidade pode às vezes reduzir o nível de conflito entre as pessoas. Assim, a complexidade crescente das sociedades modernas fornece uma base estrutural para uma importante característica de personalidade. Observe duas implicações desse argumento: primeiro, o conflito de papéis parece agora ser uma característica positiva das sociedades modernas. Segundo, a distribuição de características psicológicas em uma população (e.g., o sentido de individualidade e de empatia das pessoas) não ocorre ao acaso; eles refletem a estrutura social. Além disso, embora o conflito de papéis sobrecarregue os indivíduos, também os força a fazer escolhas e, com isso, encoraja a criatividade[34]. Afinal, em uma sociedade complexa, os papéis não podem ser tidos como garantidos; eles devem ser negociados; e, portanto, as pessoas têm de considerar tanto suas situações como as dos outros e serem criativas. Além disso, a atitude para pensar imaginativa e originalmente se estende a todas as arenas da vida à medida que as pessoas confrontam problemas. A lógica dessa análise sugere que a Modernidade resulta de, e ao mesmo tempo, produz um efeito espiral tal que à medida que as sociedades se tornam mais diferenciadas, mais pessoas se tornam criativas e, à medida que mais pessoas se tornam criativas, as sociedades se tornam mais complexas (cf. Figura 11.1).

Conflito

Embora esse esboço inicial de "A Sociologia do Conflito" tenha aparecido em 1903, a base para nosso comentário é uma versão muito revisada que foi incluída como um capítulo em *Sociologia: estudos sobre as formas da associação*[35]. Simmel começa esse ensaio observando que embora a "importância [social] do conflito em princípio nunca tenha sido contestada", ela tem sido vista muito comumente como um fator puramente destrutivo nos relacionamentos das pessoas, cuja ocorrência deveria, se possível, ser evitada. Ele acreditava que essa orientação se originava de uma ênfase na exploração de conteúdos de interação; as pessoas observam as consequências destrutivas do conflito sobre outros indivíduos (tanto física como psicologicamente) e assumem que ele deve ter um efeito similar nas coletividades. Na visão de Simmel, essa ênfase é limitada, uma vez que falha em reconhecer que o conflito muitas vezes serve como um meio de manter ou aumentar a integração nos grupos. Em suas palavras, "é um modo de obter algum tipo de unidade". Por exemplo, a habilidade das pessoas

---

33. MERTON, R.K. *Social Theory and Social Structure*. Nova York: Free Press, 1968, p. 436.

34. COSER, R.L. *In Defense of Modernity*. Stanford, CA: Stanford University Press, 1991.

35. SIMMEL, G. "The Sociology of Conflict". *American Journal of Sociology*, 9, 1903-1904, p. 490-525, 672-689, 798-811.

para expressarem suas hostilidades umas em relação às outras pode lhes dar um senso de controle sobre seus destinos e com isso aumentar a solidariedade social dentro de um grupo.

Conflito como forma social

Os entes humanos, observava Simmel, possuem um "instinto de luta *a priori*" – ou seja, eles possuem um sentido facilmente estimulado de hostilidade em relação a outros. Embora esse instinto de luta seja provavelmente a causa última do conflito social, ele dizia, os humanos se distinguem de outras espécies porque, em geral, os conflitos são meios para objetivos em vez de meramente reações instintivas a estímulos externos. Esse princípio fundamental na discussão de Simmel significa que o conflito é um veículo pelo qual os indivíduos obtêm seus propósitos em inumeráveis contextos sociais, como casamento, trabalho, diversão, política e religião. Como tal, o conflito revela certas propriedades comuns em todos os contextos, e, assim, pode ser visto como uma forma social básica.

Além disso, o conflito está quase sempre combinado à cooperação: as pessoas concordam com normas que regulam quando, onde e como litigarem entre si, e isso é verdadeiro em casamentos, negócios, jogos, guerra e disputas teológicas. Como Simmel escreve,

> provavelmente não exista unidade social à qual correntes convergentes e divergentes entre seus membros não sejam inseparavelmente entrelaçadas. Um grupo absolutamente centrípeto e harmonioso... não é somente empiricamente irreal, mas não poderia mostrar qualquer processo real de vida[36].

A importância dessa fusão entre conflito e cooperação pode ser vista mais claramente naquelas instâncias em que parece estar faltando um elemento cooperativo, por exemplo, a interação de assaltantes e suas vítimas ou quando o conflito é produzido exclusivamente pelo desejo de conflitar. Contudo, Simmel acreditava que esses exemplos são casos claramente limitados, pois se "há qualquer consideração, qualquer limite à violência, já existe um fator socializante, mesmo que somente como a qualificação da violência"[37]. É por isso que ele enfatizava que o conflito social é usualmente um meio para um fim; seu "propósito superior" implica que as pessoas podem mudar ou modificar suas táticas dependendo da situação.

Em seu ensaio sobre o conflito, Simmel esboçou algumas das formas alternativas de conflito, o modo como são combinadas com normas regulatórias, e a

---

36. SIMMEL. "Conflict". *Conflict and the Web of Group Affiliations*, p. 15. Cf. LEVINE. "Sociology's Quest for the Classics", p. 68, para um esforço para extrair as propriedades formais do conflito no ensaio de Simmel.

37. SIMMEL. "Conflict", p. 26.

significação que essa forma de interação tem para os grupos aos quais as pessoas pertencem. Ele examina primeiro como o conflito dentro de grupos afeta as relações recíprocas das partes envolvidas, depois ele se encaminha para as consequências que o conflito com um exogrupo possui para as relações sociais dentro de um grupo. As próximas seções tratam de cada um desses tópicos.

Conflito dentro de grupos

A investigação de Simmel sobre a significação sociológica do conflito dentro de grupos se concentra em três formas: (1) conflitos nos quais as partes opostas possuem qualidades pessoais comuns, (2) conflitos nos quais as partes opostas percebem uma a outra como uma ameaça à existência do grupo, e (3) conflitos nos quais as partes opostas reconhecem e aceitam uma a outra como oponentes legítimos.

Conflito entre aqueles com qualidades pessoais comuns[38]

Simmel observa que "as pessoas que possuem muitas características comuns com frequência prejudicam muito mais às outras que completos estranhos", principalmente porque possuem tão poucas diferenças que mesmo o menor conflito é magnificado em sua importância. Como exemplos, ele se refere ao conflito nas "relações íntimas", como casamentos, e aos relacionamentos entre renegados e seus antigos colegas. Em ambos os casos, a solidariedade do grupo é baseada nas partes que possuem muitas características comuns (ou complementares). Como resultado, as pessoas estão envolvidas umas com as outras como pessoas integrais, e mesmo pequenos antagonismos entre elas podem ser altamente inflamatórios, independentemente do conteúdo dos desacordos. Assim, quando ocorre o conflito, a batalha resultante é às vezes tão intensa que áreas anteriores de acordo são esquecidas. A maior parte do tempo, observa Simmel, os participantes desenvolvem normas implícitas ou explícitas que mantêm os conflitos dentro de limites razoáveis. Quando as emoções se intensificam ou os membros do grupo veem o conflito como transcendendo seus interesses individuais, contudo, o embate pode se tornar violento. Nesse ponto, ele sugere, a própria existência daqueles que diferem pode ser considerada uma ameaça ao grupo.

O conflito como uma ameaça ao grupo[39]

O conflito por vezes ocorre entre oponentes que possuem uma afiliação comum em um grupo. Simmel argumenta que esse tipo de conflito deveria ser tratado como uma forma distinta porque quando um grupo é dividido em ele-

---

38. Ibid., p. 43-48.
39. Ibid., p. 48-50.

mentos conflitantes, as partes antagonistas "se odeiam não apenas pelo motivo concreto que produziu o conflito, mas também no campo sociológico do ódio ao inimigo do grupo". Esse antagonismo é especialmente intenso e pode facilmente se tornar violento porque cada parte se identifica como representando o grupo e vê a outra como um inimigo mortal do coletivo.

Conflitos entre oponentes reconhecidos e aceitos

Simmel distinguia duas formas de conflito entre partes que se reconhecem e se aceitam como oponentes. Quando um conflito é "direto", as partes oponentes agem sinceramente umas contra as outras para atingirem seus objetivos[40]. Quando um conflito é "indireto", os oponentes interagem somente com uma terceira parte para atingir seus objetivos. Simmel nomeava essa forma de conflito *competição*[41]. Todavia, ambas as formas compartilham de certas características distintivas que as diferenciam das formas de conflito observadas anteriormente: oponentes são considerados com um direito de aspirar ao mesmo objetivo; o conflito é perseguido impiedosa, porém, não violentamente; antagonismos e sentimentos pessoais de hostilidade são muitas vezes excluídos do conflito; e os oponentes ou desenvolvem acordos entre si ou aceitam a imposição de normas determinantes que regulam o conflito.

Os exemplos mais puros de conflito direto são jogos e conflitos por causas. Ao jogarmos, "*unimo-nos* [precisamente] a fim de lutar, e lutamos sob o controle mutuamente reconhecido de normas e regras"[42]. Similarmente, no caso de conflitos por causas, como batalhas legais, a unidade essencial dos oponentes é uma vez mais a base subjacente para a interação porque, para lutar na corte, os oponentes devem sempre seguir procedimentos normativos acordados. Assim, mesmo quando as partes se confrontam, elas afirmam seu acordo sobre princípios mais amplos. A análise do conflito direto dentro de grupos era, contudo, de menos interesse para Simmel, não dedicando, assim, muito espaço a ela. Em troca, enfatizou a importância sociológica da competição porque essa forma de lutar ilustra com mais clareza como o conflito pode ter consequências sociais positivas. Ao proceder indiretamente, a competição funciona como uma fonte vital de solidariedade social dentro de um grupo.

Embora reconhecendo os aspectos destrutivos e mesmo vergonhosos da competição aos quais Marx e outros observadores haviam apontado, Simmel argumenta que mesmo depois de todos os seus aspectos negativos terem sido levados em conta, a competição possui consequências positivas para o grupo porque força as pessoas a estabelecerem vínculos umas com as outras, aumen-

40. Ibid., p. 34-43.
41. Ibid., p. 57-86.
42. Ibid., p. 35 (ênfase no original).

tando assim a solidariedade social. Como a competição entre as partes se origina quando os oponentes tentam vencer uma terceira parte, cada um deles é envolvido em uma rede de afiliações que os conecta entre si[43].

Com algumas exceções, Simmel observa, o processo de competição é restrito porque o conflito sem regulação pode muito facilmente se tornar violento e levar à destruição do próprio grupo[44]. Assim, todas as coletividades que permitem a competição usualmente a regulam de algum modo, seja através de restrições interindividuais, nas quais normas regulatórias são simplesmente acordadas pelos participantes, ou através de restrições superindividuais, nas quais leis e outros princípios normativos são impostos sobre os competidores[45]. Na verdade, a existência de competição muitas vezes estimula a regulação normativa, fornecendo assim uma base de integração social.

Finalmente, Simmel reconhecia instâncias nas quais grupos ou sociedades tentam eliminar a competição em prol de um princípio mais elevado. Por exemplo, em sociedades socialistas ou comunistas, a competição é suspensa em favor de uma ênfase na organização dos esforços individuais de modo a (1) eliminar o desperdício de energia que acompanha o conflito e (2) assegurar o bem comum. Apesar disso, Simmel parece ter considerado um ambiente competitivo como mais útil do que um não competitivo nas sociedades modernas e altamente diferenciadas, não somente em termos econômicos, mas também em muitos outros setores da vida social. Ele acreditava que um ambiente assim fornece um escape para os "instintos de luta" das pessoas que contribui para o bem comum e fornece um estímulo para acordos regulatórios que também contribuem para o bem comum.

Conflito entre grupos

Na seção final de seu ensaio, Simmel examina as consequências que o conflito entre grupos tem "para a estrutura interna de cada parte"[46]. Dito de outro modo, ele estava interessado em compreender o efeito que o conflito tem nas relações sociais em cada parte respectiva do conflito. Para expressar isso, Simmel identifica as seguintes consequências do conflito entre grupos: (1) aumenta o grau de centralização da autoridade dentro de cada grupo; (2) aumenta o grau de solidariedade social dentro de cada grupo e, ao mesmo tempo, diminui o nível de tolerância para divergência e dissensão; e (3) aumenta a probabilidade de coalizões entre grupos que possuem oponentes similares.

---

43. Ibid., p. 62.

44. Ibid., p. 68-70. Simmel reconhecia que dentro das famílias e, em alguma extensão, de grupos religiosos, os interesses do grupo muitas vezes ditam que os membros do grupo se abstenham de competir uns com os outros.

45. Ibid., p. 76.

46. Ibid., p. 87.

Conflito e centralização[47]

Assim como lutadores devem "se recompor" psicologicamente, observa Simmel, o mesmo deve ocorrer com um grupo quando está engajado em um conflito com outro grupo. Há uma "necessidade de centralização, pela firme atração entre todos os elementos, que sozinha garante seu uso, sem perda de energia e tempo, para quaisquer que sejam as exigências do momento". Essa necessidade é maior durante a guerra, que "necessita de uma intensificação centralista da forma grupal". Além disso, observa Simmel, o desenvolvimento e manutenção de um grupo centralizado é muitas vezes "melhor garantido pelo despotismo", e ele argumenta que é mais provável um regime centralizado e despótico iniciar uma guerra precisamente porque as energias acumuladas (ou "impulsos hostis") das pessoas necessitam de algum meio de expressão. Finalmente, Simmel afirmava que os grupos centralizados geralmente preferem se engajar em conflitos com grupos que também sejam centralizados. Pois, a despeito das consequências geradoras de conflitos advindas do combate a um oponente fortemente organizado, esse tipo de conflito pode ser mais facilmente resolvido, não somente porque os limites que separam cada lado são claramente demarcados, mas também porque cada parte "pode fornecer um representante com quem certamente é possível negociar". Por exemplo, em conflitos entre trabalhadores e empregados ou entre nações, argumenta Simmel, é muitas vezes "melhor" se cada lado é organizado de modo que a resolução do conflito possa se dar de uma forma sistemática.

Conflito, solidariedade e intolerância[48]

Simmel argumenta que o conflito muitas vezes aumenta a solidariedade social dentro de cada grupo opositor. Em suas palavras, "ocorre um fortalecimento das relações entre os membros [do partido] e a intensificação de sua unidade, na consciência e na ação". Isso é especialmente verdadeiro, declara Simmel, durante guerras ou outros conflitos violentos. Além disso, o aumento da intolerância também acompanha o aumento da solidariedade, pois, enquanto membros antagonistas podem muitas vezes coexistir durante tempos de paz sem prejudicarem o grupo, isso não é possível durante a guerra. Como resultado, "grupos de qualquer tipo de situação de guerra são intolerantes" com a divergência e dissensão porque muitas vezes se veem como lutando pela existência do próprio grupo e exigem lealdade total dos membros. Assim, de um modo geral, o conflito entre grupos significa que os membros devem desenvolver solidariedade uns com os outros, e aqueles que não conseguem são muitas vezes ou expelidos ou punidos. Como consequência de sua intolerância para com a discordância e dissensão,

---

47. Ibid., p. 88-91.
48. Ibid., p. 17-19, 91-98.

conforme Simmel, os grupos em conflito muitas vezes se tornam menores, uma vez que aqueles que podem prejudicá-los são silenciados ou expulsos. Essa tendência pode tornar mais difícil de resolver um conflito em curso, porque "os grupos, e especialmente as minorias, que vivem em conflito e perseguição, muitas vezes rejeitam aproximações ou tolerância da parte do outro". A aceitação dessas aproximações significaria que "a natureza fechada de sua oposição sem a qual eles não podem lutar seria obscurecida". Finalmente, Simmel sugere que a solidariedade interna de muitos grupos depende de seu conflito continuado com outras partes e que sua completa vitória sobre um oponente poderia resultar em uma diminuição da solidariedade social interna.

Conflito, coalizões e formação de grupo[49]

Sob certas condições, escreve Simmel, o conflito entre grupos pode conduzir à formação de coalizões e, por fim, a novas solidariedades entre grupos onde antes não havia qualquer solidariedade. Em suas palavras, "cada elemento em uma pluralidade pode ter seu próprio oponente, mas porque esse oponente é o mesmo para todos os elementos, eles se unem – e, nesse caso, podem, antes disso, não terem tido quaisquer relações uns com os outros". Por vezes, essas combinações são apenas para um propósito único, e a solidariedade dos aliados declina imediatamente na conclusão do conflito. Contudo, argumenta Simmel, quando as coalizões estão envolvidas em guerras ou conflitos violentos e quando seus membros se tornam altamente interdependentes por um longo período, é provável que sucedam relações sociais mais coesas. Esse fenômeno é ainda mais pronunciado quando uma coalizão está sujeita a uma ameaça em curso ou relativamente permanente. Conforme Simmel,

> a força sintética de uma oposição comum pode ser determinada, não [somente] pelo número de pontos de interesses compartilhados, mas [também] pela duração e intensidade da unificação. Nesse caso, é especialmente favorável à unificação que, em vez de um conflito real com um inimigo, haja uma *ameaça* permanente da parte dele.

Como grande parte do trabalho de Simmel, o ensaio sobre conflitos não expressa uma perspectiva conceitual unificada; em troca, temos uma série de observações provocativas. Em acréscimo, como ocorre com escritos discursivos, surgem problemas na apresentação de suas ideias. Apesar disso, podemos extrapolar um modelo do processo de diferenciação na Figura 11.2. À medida que as sociedades se diferenciam (se tornam mais complexas), aumenta o número de unidades organizadas e seu potencial para conflitos. O aumento do número de unidades por si só cria pressões para a regulação das relações sociais por mecanismos como centralização de poder, leis, cortes, agências

---

49. Ibid., p. 98-107.

mediadoras e coalizões entre unidades sociais variadas. O conflito aumenta essas pressões embora unificando ou consolidando as unidades sociais estruturalmente (centralização da autoridade, claridade normativa, aumento de sanções) e ideologicamente (aumento da importância de crenças e valores). Se os conflitos são suficientemente frequentes, de baixa intensidade e regulados, eles liberam tensões, encorajando, assim, a diferenciação e elaboração posteriores de estruturas reguladoras. Essas estruturas também encorajam a diferenciação posterior ao fornecerem a capacidade para coordenar o aumento do número de unidades, gerenciar tensões entre elas e reduzir seu respectivo sentido de ameaça quando em conflito potencial.

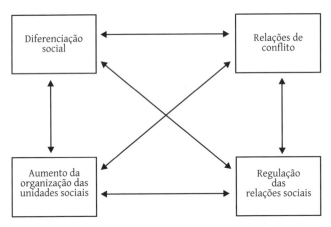

Figura 11.2 Imagem de Simmel do conflito social

A filosofia do dinheiro

A filosofia do dinheiro, de Simmel, é um estudo das consequências sociais das relações humanas de intercâmbio, com ênfase especial naquelas formas de intercâmbio nas quais o dinheiro é utilizado como uma medida abstrata de valor. Como todos os seus outros trabalhos, *A filosofia do dinheiro* é uma tentativa de expor como as formas de interação afetam a natureza básica das relações sociais independentemente de seu conteúdo específico. Embora Simmel já tivesse considerado esse tema em 1889 em um artigo intitulado "A psicologia do dinheiro", a formulação final de suas ideias não aparece até a segunda edição de *A filosofia do dinheiro* ser publicada em 1907[50]. Diferente dos trabalhos examinados ante-

---

50. SIMMEL, G. "Psychologie des Geldes". *Jahrbücher für gesetzgebung, Verwaltung und Volkswirtschaft*, 23, 1889, p. 1.251-1.264. *The Philosophy of Money*. 2. ed. Boston: Routledge, 1990 [trad. de Tom Bottomore e David Frisby].

riormente, esse é um tratado tanto sociológico como filosófico[51], forçando-nos a extrair as ideias mais sociológicas de um texto filosófico.

A mudança como uma forma social

A *filosofia do dinheiro* representa o esforço de Simmel para isolar uma outra forma social básica. Nem toda interação é intercâmbio, mas o intercâmbio é uma forma universal de interação[52]. Ao analisar o intercâmbio social, Simmel se concentrou no "intercâmbio econômico" em geral e nos monetários em particular. Embora nem todo intercâmbio econômico envolva o uso do dinheiro, esse passou cada vez mais a ser utilizado historicamente como um meio de intercâmbio. Essa tendência histórica, enfatiza Simmel, reflete o processo de diferenciação social. Mas faz muito mais: o dinheiro é também uma causa e uma força importantes por trás desse processo. Assim, as partes sociológicas de *A filosofia do dinheiro* são dedicadas à análise dos efeitos transformadores da vida social do uso cada vez maior do dinheiro nas relações sociais.

Ao analisar a diferenciação a partir da perspectiva do intercâmbio, Simmel desenvolveu várias hipóteses filosóficas e as vinculou à análise sociológica do mundo moderno. Como seu amigo e defensor intelectual, Max Weber, Simmel estava interessado em compreender não apenas as formas da vida moderna, mas também suas origens históricas[53]. Porém, diferente de Weber, Simmel não empregou análises históricas detalhadas, nem se interessou em construir taxonomias elaboradas. Em troca, seus trabalhos buscavam sempre vincular certas visões filosóficas sobre os humanos e o universo social para compreender as propriedades de uma forma social particular. Assim, antes de explicar a análise específica que Simmel faz do dinheiro e do intercâmbio, é necessário situar sua análise no contexto filosófico.

As hipóteses de Simmel sobre a natureza humana

Em *A filosofia do dinheiro*, Simmel apresenta uma visão implícita da natureza humana, mas menos visível em seus trabalhos sociológicos. Ele começa afirmando que as pessoas são entes teleológicos; ou seja, que agem no ambiente na

---

51. Muitas vezes esquecemos que Simmel foi filósofo e também sociólogo. Como observamos no cap. 9, ele escreveu livros e artigos sobre os trabalhos de Kant, Goethe, Schopenhauer e Nietzsche, e tratou de temas e problemas mais gerais de filosofia.

52. SIMMEL. *The Philosophy of Money*, p. 82.

53. Como observamos no cap. 9, Simmel foi excluído de posições acadêmicas importantes durante grande parte de sua carreira, e seu trabalho foi muitas vezes atacado. Weber foi um de seus mais importantes defensores e aparentemente o ajudou a manter ao menos uma posição intelectual secundária na Alemanha. Mas Weber revelou alguma ambivalência em relação a Simmel. Cf. "Georg Simmel as a Sociologist", de Weber, com uma introdução de Donald N. Levine: *Social Research* 39, 1972, p. 154-165.

busca de objetivos antecipados. No ensaio sobre conflito, Simmel enfatiza que essa característica tornou o conflito humano diferente daquele que ocorre entre outros animais. Em *A filosofia do dinheiro*, Simmel assume a posição de que embora os objetivos das pessoas variem de acordo com seus impulsos biológicos e necessidades sociais, toda ação reflete a habilidade humana de manipular o ambiente em uma tentativa de atingir objetivos. Ao fazer isso, os indivíduos usam uma variedade de "instrumentos", mas não apenas no sentido material óbvio. Em troca, as pessoas usam instrumentos simbólicos mais sutis, como a linguagem e o dinheiro, para atingir seus objetivos. Em geral, Simmel argumenta que quanto mais instrumentos as pessoas possuem, maior será sua capacidade de manipular o ambiente e, assim, maior a influência que poderão causalmente exercer no fluxo de eventos. Além disso, o uso de instrumentos permite que muitos eventos sejam conectados em cadeias que podem formar relações sociais mais extensas, como quando o dinheiro é utilizado para comprar um bem. O dinheiro, por exemplo, paga o salário do vendedor, torna-se o lucro do fabricante e é transformado nos salários dos trabalhadores e assim por diante, em uma cadeia de relações sociais. Assim, Simmel pensava que toda ação revela as propriedades apresentadas na Figura 11.3. (Como um aparte interessante, compare o modelo de Simmel com a análise de George Herbert Mead das fases do "ato", examinadas no capítulo 15.)

O dinheiro, afirma Simmel, é o instrumento social último porque é generalizado; ou seja, as pessoas podem usá-lo de muitos modos para manipular o ambiente para atingirem seus objetivos. Isso significa que o dinheiro tem a potencialidade de conectar muitos eventos e pessoas que de outro modo não estariam relacionadas. De um modo indireto, portanto, o uso do dinheiro permite um vasto aumento no número de grupos aos quais os indivíduos podem pertencer; ele é, portanto, uma força importante por trás da diferenciação social.

Uma hipótese conexa é que os humanos têm a capacidade de dividir seu mundo em um estado interno, subjetivo, e em um estado externo, objetivo. Essa divisão ocorre somente quando os impulsos não são imediatamente satisfeitos – ou seja, quando o ambiente apresenta barreiras e obstáculos. Quando essas barreiras existem, os humanos separam suas experiências subjetivas dos objetos do ambiente que são a fonte da satisfação de necessidades ou impulsos. Como Simmel enfatiza, desejamos objetos somente se eles não nos são imediatamente dados para nosso uso e fruição; ou seja, na medida em que resistem a nosso desejo. O conteúdo de nosso desejo se torna um objeto tão logo se oponha a nós, não somente no sentido de nos ser impérvio, mas também em termos de sua distância como algo não desfrutável[54].

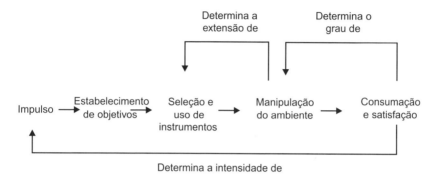

Figura 11.3 O modelo de Simmel da dinâmica da ação humana

O *valor* é inerente a essa divisão sujeito-objeto. Em contraste com Marx, Simmel enfatiza que o valor de um objeto existe não na "força de trabalho" requerida para produzi-lo, mas em até que ponto ele é tanto desejado como inatingível; ou seja, o valor reside no processo de buscar objetos que sejam escassos e distantes. O valor é, portanto, vinculado à capacidade humana básica de distinguir um mundo subjetivo de um objetivo e na relativa dificuldade em obter objetos. Padrões de organização social, enfatiza Simmel, realizam grande parte dessa separação sujeito-objeto: eles apresentam barreiras e obstáculos; criam exigências para alguns objetos; e determinam como os objetos vão circular. A produção econômica de bens e sua venda em um mercado é somente um caso especial do processo mais geral da divisão sujeito-objeto entre humanos. Muito antes que o dinheiro, os mercados e as corporações produtivas existissem, os humanos desejavam objetos que não fossem facilmente obteníveis. Assim, seja no mercado econômico ou na arena mais geral da vida, o valor é uma função positiva do quão difícil é obter um objeto de desejo[55].

O dinheiro, como mostra Simmel, aumenta enormemente a criação e a aceleração de valor porque fornece um parâmetro comum para um cálculo rápido de valores ("quanto" uma mercadoria ou serviço "vale"). Além disso, como um "instrumento", o dinheiro facilita enormemente a aquisição de objetos. À medida que o dinheiro circula é usado em cada situação para calcular valores, todos os objetos no ambiente vêm a ser estimados por seu valor monetário. Diferente de Marx, Simmel não via esse como um processo perverso, mas como uma refle-

---

54. SIMMEL. *Philosophy of Money*, p. 66.
55. Ibid., p. 80-98.

xão natural da nossa capacidade e necessidade inatas de criarmos valores para os objetos de nosso ambiente.

Uma outra hipótese sobre a natureza humana pode ser encontrada na discussão de Simmel sobre "visão de mundo"[56]. Segundo ele, as pessoas naturalmente buscam estabilidade e ordem em seu mundo. Elas buscam conhecer o lugar dos objetos e de sua relação com esses objetos. Por exemplo, observa Simmel, os humanos desenvolvem totens e rituais religiosos para regularizar suas relações com o sobrenatural. Similarmente, o desenvolvimento do dinheiro como uma medida padronizada de valor não é senão uma outra manifestação dessa tendência humana de buscarmos ordem e estabilidade em nossa visão do mundo. Ao desenvolvermos o dinheiro, podemos comparar prontamente objetos por seu valor respectivo e podemos, portanto, desenvolver um "senso de ordem" sobre nosso ambiente.

Em suma, Simmel acreditava, portanto, que o desenvolvimento do dinheiro é uma expressão e uma extensão da natureza humana básica. O dinheiro é um tipo de instrumento em atos teleológicos; é um modo de expressar o valor inerente na capacidade dos humanos para a divisão sujeito-objeto; e é um meio para obter estabilidade e ordem na visão de mundo das pessoas. Todas essas tendências inatas são a força propulsora por trás de grande parte da ação humana, e é por isso que o intercâmbio é uma forma básica de interação social, pois não é mais do que o sacrifício de um objeto de valor para a obtenção de outro. O dinheiro facilita enormemente esse processo porque fornece um ponto de referência comum para calcular os valores respectivos de objetos que são intercambiados.

O dinheiro no intercâmbio social

Para Simmel, o intercâmbio social envolve os seguintes elementos:

1) O desejo por um objeto valioso que não possuímos.

2) A posse do objeto valioso por um outro identificável.

3) A oferta de um objeto de valor para obter de outra pessoa o objeto desejado.

4) A aceitação dessa oferta pelo possuidor do objeto valioso[57].

Nesse retrato do intercâmbio estão contidos vários pontos adicionais que Simmel enfatizava. Primeiro, o valor é idiossincrático e é, fundamentalmente, vinculado aos impulsos e necessidades de um indivíduo. Certamente, o que é definido como valioso é tipicamente circunscrito pelos padrões culturais e sociais, mas o quanto um objeto é valioso será uma função positiva tanto da intensidade das necessidades de uma pessoa como da escassez do objeto. Segun-

---

56. Ibid., p. 102-110.

57. Ibid., p. 85-88.

do, grande parte do intercâmbio envolve esforços para manipular situações de modo que a intensidade das necessidades em relação a um objeto seja oculta e a disponibilidade de um objeto se mostre menor do que na verdade é. Portanto, há uma tensão básica inerente ao intercâmbio, que pode muitas vezes irromper em outras formas sociais, como o conflito. Terceiro, possuir um objeto é diminuir seu valor e aumentar o valor dos objetos que não possuímos. Quarto, os intercâmbios ocorrerão somente se ambas as partes perceberem que o objeto dado é menos valioso do que aquele que uma delas recebeu[58]. Quinto, unidades coletivas assim como individuais participam nas relações de intercâmbio e, assim, são sujeitas aos quatro processos listados. Sexto, quanto mais líquidos são os recursos de um ator em um intercâmbio – ou seja, quanto mais recursos que possam ser usados em muitos tipos de intercâmbios – maiores serão suas opções e poder. Se um ator não é obrigado a fazer intercâmbio com um outro e puder prontamente retirar recursos e intercambiá-los com outros, possuirá um poder considerável para manipular qualquer intercâmbio.

O intercâmbio econômico envolvendo dinheiro é somente um caso especial dessa forma social mais geral. Mas é um caso muito especial. Quando o dinheiro se torna o meio predominante para estabelecer valor nas relações sociais, as propriedades e dinâmicas das relações são transformadas. Esse processo de substituir outros critérios de valor, como lógica, ética e estética por um critério monetário é precisamente a tendência histórica de longo prazo nas sociedades. Essa tendência é, como mencionamos antes, tanto uma causa e um efeito do dinheiro como um meio de intercâmbio, pois emergiu para facilitá-lo e para realizar de modo ainda mais completo as necessidades humanas básicas. Uma vez estabelecido, contudo, o uso do dinheiro tem o poder de transformar a estrutura das relações sociais na sociedade. Ao buscar compreender como o dinheiro tem esse poder de alterar as relações sociais, *A filosofia do dinheiro* se torna distintamente sociológica.

O dinheiro e suas consequências para as relações sociais

Encontramos um funcionalismo implícito em grande parte do trabalho de Simmel. Ele muitas vezes pergunta: "Quais são as consequências de uma forma social para o todo social mais amplo, ou que funções ela desempenha?" Esse funcionalismo é mais evidente na análise que Simmel faz do conflito, mas também o encontramos em sua análise do dinheiro. Ele formula duas questões

---

58. Surpreendentemente, Simmel não explorou em detalhe as consequências de intercâmbios desequilibrados, nos quais as pessoas são forçadas a abrir mão de um objeto mais valioso por um menos valioso. Ele simplesmente assumia que no momento do intercâmbio, uma parte sente que ocorreu um aumento no valor. Retrospectivamente, uma redefinição pode ocorrer, mas o intercâmbio não ocorrerá se no momento as pessoas não perceberem que estão recebendo mais valor do que aquele do que estão abrindo mão.

relacionadas ao traçar as consequências do dinheiro para os padrões sociais: (1) Quais são as consequências do dinheiro para a estrutura da sociedade como um todo? (2) Quais são as consequências do dinheiro para os indivíduos?

Ao responder essas duas perguntas, Simmel acrescenta à sua preocupação permanente vários temas. Já os mencionamos para situar no contexto sua análise específica das consequências do dinheiro para a sociedade e o indivíduo. Um tema proeminente em todo o trabalho de Simmel é a dialética entre vínculos e a liberdade do indivíduo em relação aos grupos. Por um lado, ele exaltava as relações sociais que permitem aos indivíduos a liberdade de escolher suas opções, mas, por outro lado, ele se desconcertava um pouco com a alienação dos indivíduos em relação à fibra coletiva da sociedade (embora não tanto quanto outros teóricos durante sua época). Esse tema está vinculado a outra preocupação proeminente em seu trabalho: a racionalização crescente da sociedade, ou, como ele expressa, a "objetificação" da vida social. À medida que as relações sociais perdem seu conteúdo tradicional e religioso, elas se tornam mediadas por padrões impessoais – as leis, o intelecto, a lógica e o dinheiro. A aplicação desses padrões aumenta a liberdade individual e a justiça social, mas também torna a vida menos emocional e envolvente. Ela reduz as relações a cálculos racionais, desprovidos de vínculos emocionais associados aos símbolos religiosos e tradições duradouras. A análise de Simmel das "funções" do dinheiro para os indivíduos e o todo social deve ser vista no contexto desses dois temas.

O dinheiro e o todo social

Como Weber, mas de um modo menos sistemático, Simmel estava preocupado com a tendência histórica à racionalização, ou objetificação, das relações sociais. Em geral, tendemos a simbolizar nossas relações, tanto um com o outro como com o ambiente natural. No passado, isso foi feito com totens religiosos e mais tarde com leis. Mais recentemente, acreditava Simmel, as pessoas passaram a expressar suas relações entre si e com entidades físicas em termos monetários, perdendo, assim, o contato íntimo e direto umas com as outras e também com os objetos do ambiente. Desse modo, o dinheiro representa a simbolização objetiva última das relações sociais – diferente das entidades materiais, o dinheiro não possui valor intrínseco. O dinheiro representa meramente valores, e é usado para expressar o valor de um objeto em relação a outro. Embora formas iniciais de dinheiro – como moedas de metais preciosos e pedras que poderiam ser convertidas em joias – possuíssem valor intrínseco, a tendência evolucionária é na direção do uso do papel-moeda e crédito, que meramente expressam valores nos intercâmbios. Como o papel-moeda e o crédito dominam, as relações sociais na sociedade são profundamente alteradas, pelo menos, dos seguintes modos:

1) O uso do dinheiro capacita os atores a fazerem cálculos rápidos dos valores respectivos. As pessoas não têm de barganhar e regatear os padrões a serem usados no estabelecimento dos valores respectivos de objetos – sejam mercadorias ou trabalho. Como resultado, a "velocidade" do intercâmbio aumenta dramaticamente. As pessoas se movem através das relações sociais mais rapidamente[59].

2) Como o dinheiro aumenta a taxa de interação e intercâmbio social, ele também aumenta o valor. Para Simmel, as pessoas não se envolvem em intercâmbios a menos que percebam que ganharão mais do que aquilo do que estão abrindo mão. Assim, quanto maior a taxa de intercâmbio, maior a acumulação de valor das pessoas – ou seja, mais elas perceberão que suas necessidades e desejos podem ser realizados[60].

3) O uso do dinheiro como uma fonte líquida e não específica permite uma continuidade muito maior nas relações sociais. Ele impede as diferenças de desenvolvimento nas relações sociais, como muitas vezes ocorre quando as pessoas possuem somente bens paupáveis, como produtos alimentícios e joias, para intercambiar nas relações sociais[61].

4) De um modo similar, o dinheiro também permite a criação de múltiplos vínculos sociais. Com ele, as pessoas se unem a grupos que não aqueles estabelecidos por nascimento e assim interagem com muito mais pessoas do que é possível com um meio mais restrito de intercâmbio[62].

5) O dinheiro também permite intercâmbio entre pessoas localizadas em grandes distâncias. Como a interação envolve intercâmbio de objetos concretos, existem limites para o quão distantes as pessoas podem estar umas das outras e quantos atores podem participar em uma sequência de intercâmbios. Com o dinheiro, essas limitações são removidas. As nações podem praticar intercâmbios; indivíduos que nunca se viram antes – como um operário de fábrica e consumidores de bens produzidos na fábrica – podem estar indiretamente conectados em uma sequência de intercâmbio (porque parte do pagamento por um bem ou mercadoria terminará sendo convertido em salários para o trabalhador). Assim, o dinheiro estende enormemente o escopo da organização social permitindo a organização além do contato face a face ou além da simples permuta de bens, bem como a conexão de cada vez mais pessoas por meio de vínculos diretos e indiretos[63].

---

59. SIMMEL. *Philosophy of Money*, 143, p. 488-512.
60. Ibid., p. 292.
61. Ibid., p. 124.
62. Ibid., p. 307.
63. Ibid., p. 180-186.

6) O dinheiro também promove solidariedade social, no sentido de que representa uma "confiança"; ou seja, se as pessoas recebem dinheiro em troca de bens ou serviços, elas acreditam que ele pode ser utilizado em um futuro para comprar outros bens ou serviços. Essa confiança implícita na capacidade do dinheiro satisfazer necessidades futuras reforça a fé das pessoas na sociedade e seu comprometimento para com ela[64].

7) Em um argumento conexo, o dinheiro aumenta o poder de uma autoridade central, pois seu uso requer a existência de estabilidade social e de uma autoridade central garanta o valor do dinheiro[65]. As relações de intercâmbio dependem da manutenção da estabilidade do dinheiro por parte do governo, que, com isso, adquire poder. Além disso, o dinheiro torna muito mais fácil para um governo central tributar as pessoas[66]. Enquanto apenas a propriedade podia ser tributada, havia limitações sobre a efetividade da tributação por um governo central remoto porque o conhecimento da posse da propriedade seria incompleto e porque a propriedade, como a terra, não é facilmente convertida em valores que possam ser usados para aumentar o poder desse governo central. (Como pode, e.g., a propriedade efetivamente comprar os serviços do trabalhador no exército da equipe administrativa de um governo?) Como uma fonte líquida, contudo, o dinheiro dos impostos pode ser usado para comprar esses serviços e bens necessários para efetivar a autoridade central.

8) A criação de um imposto sobre o dinheiro também promove uma nova base de solidariedade social. Como todos os estratos sociais e outras coletividades estão sujeitos a um sistema de tributação monetária, eles têm ao menos um objetivo comum: o controle e a regulação da tributação imposta pelo governo central. Essa semelhança entrelaça diversos grupamentos devido a seu interesse comum nos poderes de tributação do governo.

9) O uso do dinheiro muitas vezes se estende a praticamente todas as esferas de interação. Como um meio eficiente de comparar valores, o dinheiro substitui outros modos, menos eficientes, de calcular valor. À medida que o dinheiro começa a penetrar todas as relações sociais, aumenta a resistência à sua influência em áreas de valor pessoal, bem como os esforços para manter o "elemento pessoal" nas transações, sendo, assim, estabelecidas normas sobre quando é inapropriado usar o dinheiro. Por exemplo: as tradições de pagar um dote desaparecem, usar o dinheiro para comprar influência é considerado muito mais ofensivo do que a persuasão pessoal, pagar um preço como punição por certos crimes diminui, e assim por diante[67].

---

64. Ibid., p. 177-178.
65. Ibid., p. 171-184.
66. Ibid., p. 317.
67. Ibid., p. 369-387.

10) Embora esses esforços sejam feitos para criar esferas em que o uso do dinheiro declina, existe uma "quantificação" e uma "objetificação" gerais das relações sociais[68]. As interações se tornam quantificadas à medida que seu valor é expresso como dinheiro. Como resultado, as restrições morais sobre o que é possível diminuem porque qualquer coisa é possível se simplesmente temos o dinheiro. O dinheiro libera as pessoas das restrições da tradição e da autoridade moral, criando um sistema no qual é difícil restringir as aspirações e desejos individuais. O desvio e a "patologia" são, portanto, mais prováveis em sistemas onde o dinheiro se torna o meio prevalente de interação[69].

O dinheiro e o indivíduo

Para Simmel, o uso extensivo do dinheiro na interação social tem várias consequências para os indivíduos. A maioria delas reflete a tensão inerente entre a ausência de restrições individuais, por um lado, e a alienação e a indiferença em relação aos grupos sociais, por outro. O dinheiro dá às pessoas novas escolhas e opções, mas também despersonaliza seu meio social. Simmel isolou as seguintes consequências do dinheiro para os indivíduos:

1) Como um "instrumento", o dinheiro é não específico e, portanto, dá às pessoas uma oportunidade de perseguirem atividades muito diversas. Diferente de formas menos líquidas de expressar valor, o dinheiro não determina como pode ser usado. Assim, os indivíduos em uma sociedade que usa dinheiro como seu meio principal de intercâmbio desfrutam consideravelmente de mais liberdade de escolha do que é possível em uma sociedade que não usa o dinheiro[70].

2) De um modo similar, na medida em que indivíduos buscam se expressar por meio dos objetos de sua posse, o dinheiro lhes permite meios ilimitados de autoexpressão. Como resultado, o uso do dinheiro para esse fim leva (e na verdade encoraja) à diversidade em uma população que não se restrin-

---

68. Ibid., p. 393.

69. Ibid., p. 404. Muitos analistas de Simmel enfatizam essas patologias, especialmente quando incluídas em sua análise em outros trabalhos, como aqueles traduzidos por Peter Etzkorn em *The Conflict in Modern Culture and Other Essays* (Nova York: Teacher's College Press, 1980) e ensaios famosos como "The Metropolis and Mental Life". Cf., p. ex., FRISBY, D. *Sociological Impressionism*: A Reassessment of Simmel's Social Theory. Londres: Heinemann, 1981. • *Georg Simmel*. Chichester, UK: Ellis Horwood, 1984. Para uma análise equilibrada correspondente à oferecida aqui, cf. LEVINE, D.R. "Simmel as Educator: On Individuality and Modern Culture". *Theory, Culture and Society*, 8, 1991, p. 99-117.

70. SIMMEL. *Philosophy of Money*, p. 307.

ge mais na busca de suas necessidades (exceto, é claro, pela quantidade de dinheiro de que dispõem seus membros)[71].

3) Todavia, o dinheiro também cria uma distância entre nosso sentido de individualidade e os objetos de autoexpressão. Com dinheiro, objetos são facilmente adquiridos e descartados, e por isso não desenvolvemos vínculos duradouros com eles[72].

4) O dinheiro permite a uma pessoa entrar em vários tipos diferentes de relações sociais. Podemos, por exemplo, comprar essas relações ao pagarem taxas de afiliação em organizações ou ao gastar dinheiro em várias atividades que garantem contatos com tipos particulares de pessoas. Assim, o dinheiro encoraja uma multiplicidade de relações sociais e afiliações grupais. Ao mesmo tempo, contudo, o dinheiro desencoraja vínculos íntimos. Ao aumentar a multiplicidade de envolvimentos do indivíduo, atomiza e compartimentaliza suas atividades e muitas vezes os afasta de envolvimento emocional em cada uma de suas atividades segregadas. Essa tendência é, para Simmel, melhor personificada pela divisão do trabalho que é possível graças a pagamentos em dinheiro, mas que também compartimentaliza os indivíduos, muitas vezes os alienando de outros e de seu trabalho[73].

5) O dinheiro também torna menos necessário conhecer pessoalmente alguém porque seu dinheiro "fala" por ela. Em sistemas com dinheiro, as relações sociais são mediatas pelo conhecimento íntimo de outros, e ajustes entre as pessoas são feitos por meio das características de cada indivíduo. À medida que o dinheiro começa a mediar a interação, a necessidade de conhecer alguém pessoalmente é correspondentemente reduzida.

Assim, na análise de Simmel das consequências, o dinheiro apresenta vantagens e desvantagens tanto para o indivíduo como para a sociedade. O dinheiro permite uma liberdade maior e fornece modos novos e múltiplos de conexão entre os indivíduos. Ele também isola, atomiza e inclusive aliena os indivíduos das pessoas e objetos em seu meio social. Como resultado, altera a natureza das relações sociais entre os indivíduos na sociedade, e, portanto, uma análise de suas consequências é decididamente um tópico sociológico.

Inserido nessa análise descritiva das consequências do dinheiro encontramos um modelo mais geral de intercâmbio, diferenciação e individualização da pessoa. A diferenciação social aumenta o volume, a taxa, a velocidade e o escopo potencial de vínculos sociais entre indivíduos e grupos porque há mais tipos diferentes de unidades e, assim, mais oportunidades para contatos sociais múltiplos e variados. Aumentos no número de relações sociais criam pressões para o uso

---

71. Ibid., p. 326-327.
72. Ibid., p. 297.
73. Ibid., p. 454.

dos meios simbólicos objetivos ou racionais, como o dinheiro, para facilitar transações de intercâmbio. Reciprocamente, o uso do dinheiro permite um aumento sempre crescente de vínculos sociais porque torna fácil determinar o valor dos recursos de cada ator e conduzir transações sociais. Aumentos nos intercâmbios sociais mediados pelo dinheiro retroalimentam e estimulam mais diferenciação, que por sua vez aumenta o volume, a taxa, a velocidade e o escopo dos vínculos sociais mediados pelo dinheiro. Esses processos promovem cada vez mais a individualização das pessoas – ou seja, envolvimento maior de algumas pequenas partes de sua personalidade em grupos, maiores afiliações de grupo e maior potencial de alienação da sociedade. Todavia, essas tendências para a individualização são fatores importantes que contribuem para o aumento tanto do volume e das taxas de interação como do uso do dinheiro, de que a diferenciação social depende.

Conclusões críticas

Ao avaliarmos o trabalho de Simmel como um todo, sua maior contribuição teórica à sociologia reside em sua preocupação com as formas básicas da interação. Ao olhar para além das diferenças nos "conteúdos" das diversas relações sociais e ao tentar descobrir suas formas mais genéricas, ele foi capaz de mostrar que situações aparentemente diversas revelam similaridades básicas. Ele argumentava implicitamente que essas similaridades poderiam ser expressas como modelos ou leis abstratos, embora possamos criticar Simmel por não estabelecer explicitamente essas leis.

Assim, ainda que Simmel não tenha empregado o vocabulário da Teoria Abstrata, seus vários ensaios sobre diferentes tópicos revelam um compromisso com a formulação de afirmações abstratas sobre formas básicas de relações humanas. Essa orientação, contudo, nem sempre é clara porque Simmel tendia a argumentar pelo exemplo. Seus trabalhos tendem a focar em uma ampla variedade de tópicos empíricos, e mesmo quando ele explorava um tipo particular de relação social, como o conflito e o intercâmbio, a discussão se desenvolvia com muitas ilustrações. Ele fala, por exemplo, sobre conflitos entre indivíduos e guerras entre estados-nações praticamente na mesma passagem. Essas tendências dão ao seu trabalho um estilo indutivo e descritivo, mas uma leitura mais cuidadosa indica que ele sustentava claramente uma visão dedutiva da teoria na sociologia[74]. Por exemplo, se o conflito entre essas diversas entidades como dois indivíduos e duas nações revela certas formas comuns, situações empíricas diversas podem ser compreendidas pela mesma lei ou princípio abstrato.

---

74. Ou seja, a explanação ocorre por dedução de casos empíricos de leis abstratas, que são universais e livres de contexto.

Muitos poderiam criticar Simmel por seu funcionalismo implícito. Ele tendia a perguntar: "Quais são as consequências de um fenômeno – por exemplo, a diferenciação, o conflito, o intercâmbio, o dinheiro – para o todo social?" Essas questões são funcionais porque analisam os processos sociais em termos de suas consequências. Simmel não caiu na armadilha funcionalista de vê-las como as causas delas próprias, mas seu trabalho tende a enfatizar as consequências positivas. De fato, ele reconhecia os efeitos atomizadores e alienantes da diferenciação da estrutura e a objetificação (racionalização) dos padrões sociais, mas, em geral, tendia a ver o conflito, o dinheiro e a diferenciação em termos de suas consequências positivas. De algum modo, essa orientação é renovadora porque a maioria dos teóricos alemães tendia a ver a Modernidade como um mal e como promovendo coisas prejudiciais às pessoas. Em contraste, Simmel argumentava que os grandes eventos que estavam tornando a sociedade mais complexa, impessoal e objetificada poderia libertar os indivíduos de restrições e lhes dar opções não disponíveis em sociedades mais simples. Além disso, ele via o potencial para conflitos de baixa intensidade, frequentes e regulados em sociedades diferenciadas, como aumentando potencialmente sua integração. Em um sentido, portanto, o trabalho de Simmel representa um corretivo ao prognóstico muito sombrio de Max Weber sobre a racionalização ou às visões polêmicas de Karl Marx sobre os males do capitalismo.

Simmel desfrutou de um grande renascimento recentemente porque reconhecia as tendências históricas que foram identificadas pelos estudiosos na teoria contemporânea "pós-moderna". Simmel via essa diferenciação e a difusão dos intercâmbios que usam dinheiro criarem um novo tipo de pessoa, com potencialmente tantas identidades quanto afiliações em diversos grupos. Esse tema foi usado para acusar a sociedade do capitalismo tardio de destruir o eu unificado. Simmel reconheceu esse potencial, mas, diferente dos pós-modernos, viu os efeitos liberadores de sermos capazes de formarmos nossas próprias afiliações de grupo e, assim, nossa identidade. Simmel mais do que qualquer outro teórico dos fundadores clássicos viu os efeitos transformadores do dinheiro e dos mercados na sociedade. Para os pós-modernos, tudo é "passível de se tornar mercadoria" – as pessoas, a individualidadde, a cultura de grupo, os símbolos sagrados, as afiliações –, e consideram que esse poder do dinheiro e dos mercados cria um mundo de estruturas de grupo instáveis cuja cultura é comercializada e comprada por pessoas buscando adquirir uma identidade. Simmel via esse potencial, mas, de novo, escolheu o lado mais positivo, enfatizando que as pessoas são liberadas das restrições opressivas associadas às sociedades tradicionais e coletivas. Assim, como Simmel tratou os temas de interesse do pós-modernismo, ele se moveu de um lugar muito menor no panteão da sociologia para um plano logo acima daquele em que Marx, Weber e Durkheim se encontram.

12
A origem e contexto do pensamento de Émile Durkheim

Influências biográficas no pensamento de Durkheim[1]

Émile Durkheim nasceu em Épinal, França, em 1858. Por sua família judia ser profundamente religiosa, o jovem Durkheim estudou hebraico, o Antigo Testamento e o Talmude, aparentemente com a intenção de seguir o exemplo de seu pai e se tornar um rabino. Contudo, ele começou a se afastar da religião no começo da adolescência, e terminou abandonando o envolvimento religioso pessoal e se proclamando um agnóstico. Como se tornará evidente no próximo capítulo, ele nunca perderia o interesse pela religião como um tópico de investigação intelectual; talvez igualmente importante, o elevado sentido de moralidade que sua família e a formação religiosa inicial instilaram alimentou sua paixão por criar uma nova "moralidade civil" na França.

Durkheim era um excelente aluno, e em 1879 ele foi admitido na École Normale Superiéure, o campo de instrução tradicional para a elite intelectual da França no século XIX. No novo ambiente, ele se tornou indiferente, achando aparentemente pouco atrativos os temas da literatura, estética e retórica. Em troca, ele preferia a disciplina lógica dos argumentos filosóficos e os fatos e achados concretos das ciências. Contudo, vários professores na École influenciaram Durkheim. O grande historiador francês Fustel de Coulanges lhe proveu de um firme apreço pela avaliação cuidadosa das causas históricas, e o filósofo Émile Boutroux lhe incutiu uma compreensão de como a realidade consiste de níveis descontínuos que revelam propriedades emergentes que as distinguem umas das outras. Como veremos, esses interesses pelas causas históricas e pelas realidades emergentes se tornaram centrais à sociologia de Durkheim, e ele reconheceu seu débito ao dedicar mais tarde suas duas teses doutorais a esses professores.

---

1. Fundamentamos esta seção basicamente em COSER, L.A. *Masters of Sociological Thought*. Nova York: Harcourt Brace Jovanovich, 1977. • LUKE, S. *Émile Durkheim*: His Life and Work. Londres: Allen Lane, 1973. • JONES, R.A. *Émile Durkheim*. Beverly Hills, CA: Sage, 1986.

Entre 1882 e 1887, Durkheim lecionou em várias escolas ao redor de Paris, exceto por um ano na Alemanha, onde estudou a vida acadêmica alemã e escreveu uma série de relatórios sobre a sociologia e filosofia alemãs. Esses relatórios lhe deram alguma visibilidade nos círculos acadêmicos e lhe renderam contatos com autoridades importantes do *establishment* educacional na França. Mais importante ainda, na década de 1880, sua orientação sociológica assumiu uma forma mais coerente. Essa orientação representava uma mistura de compromisso moral com criar uma sociedade integrada e coesa, por um lado, e a aplicação de análise rigorosa dos processos sociais, por outro. Do mesmo modo que Comte antes dele, Durkheim acreditava que as observações dos fatos e o desenvolvimento de teorias para explicá-los conduziriam a um corpo de conhecimento que poderia ser usado para criar uma "sociedade melhor". Para atingir esse objetivo, Durkheim tinha de recriar a sociologia em uma era em que as ideias de Comte não estavam em alta conta e a estrutura acadêmica tradicional era hostil a qualquer "ciência da sociedade". Assim, é ao crédito de Durkheim que ele pôde usar seus poderes de persuasão assim como seus contatos pessoais pra obter uma posição na Universidade de Bordeaux no departamento de filosofia, onde foi autorizado a ministrar um curso de ciência social, um tema outrora inaceitável nas universidades francesas.

Durante esse período em Bordeaux, Durkheim escreveu três trabalhos que o tornaram famoso e o colocaram em uma posição para mudar a estrutura e o conteúdo do sistema educacional francês, das escolas primárias às universidades. Na verdade, em nenhuma outra época na história da sociologia, um sociólogo exerceu esse grau de influência em uma sociedade.

Em Bordeaux, Durkheim escreveu *A divisão do trabalho na sociedade*, *As regras do método sociológico* e *Suicídio*[2]. Esses três livros estabeleceram a força da análise sociológica, gerando uma enorme controvérsia e respeito ressentido por Durkheim como um estudioso. Talvez mais significativo para sua influência última no pensamento intelectual francês tenha sido sua criação do *L'Année Sociologique* em 1898. Essa revista se tornaria em breve a peça central de um movimento intelectual em torno de sua abordagem da sociologia. Cada tiragem anual continha contribuições de Durkheim e de um grupo diverso de estudiosos jovens e criativos que, embora de várias disciplinas, estavam comprometidos com a defesa de sua posição básica.

Em 1902, a estatura de Durkheim lhe permitiu se mudar para a Sorbonne em Paris, e, em 1906, ele se tornou professor de ciência e educação. Em 1913, por um decreto ministerial especial, o nome de sua cátedra foi mudado para Ciência

---

2. DURKHEIM, É. *The Division of Labor in Society*. Nova York: Free Press, 1947 [publicado originalmente em 1893]. • *The Rules of the Sociological Method*. Nova York: Free Press, 1938 [publicado originalmente em 1895]. • *Suicide*. Nova York: Free Press, 1951 [publicado originalmente em 1897].

da Educação *e Sociologia*. Como Lewis Coser declara, a propósito desse evento[3], "após mais de três quartos de um século, a invenção de Comte havia finalmente obtido entrada na Universidade de Paris". Em Paris, Durkheim continuava a editar o *L'Année*, inspirando uma nova geração de estudiosos talentosos. Além disso, ele foi capaz de ajudar a reformar o sistema educacional francês. Ao mesmo tempo ele ganhou notoriedade, o governo havia iniciado um difícil processo de secularização das escolas e de criação de um sistema de educação pública que rivalizasse e depois ultrapassasse o sistema escolar católico que, até as primeiras décadas do século XX, dominara a educação das crianças. Por meio de seus contatos em posições governamentais de alto nível, Durkheim criou um novo tipo de currículo nas escolas públicas e um programa revolucionário de formação de professores. A ênfase era em tópicos seculares, com as escolas servindo como um substituto funcional para a Igreja. Em essência, a escola deveria ensinar reverência pela "sociedade", e o professor deveria ser o "sacerdote" que guiaria esse culto à sociedade civil. O desejo de Durkheim era criar uma "moralidade civil" sob a qual os alunos se tornassem comprometidos com as instituições da sociedade e, ao mesmo tempo, desenvolvessem as habilidades e conhecimento seculares para analisar e mudar a sociedade para melhor. Embora ele fosse muito cauteloso em ditar a natureza precisa do currículo escolar e em propor a direção desejável da sociedade, nenhum cientista social jamais exerceu influência maior no perfil geral de uma estrutura institucional tão importante em uma sociedade.

Essa preocupação com uma moralidade civil foi, é claro, herdada de Comte, que por sua vez havia meramente levado adiante a bandeira de filósofos franceses anteriores – os mais proeminentes sendo Charles Montesquieu e Jean-Jacques Rousseau. Para Durkheim, a questão central de toda análise sociológica é esta: *Que forças integram a sociedade, especialmente quando ela passa por mudanças e diferenciações rápidas?* Durkheim acreditava que a integração sempre envolverá uma "moralidade" ou um conjunto de valores, crenças e normas que guiam as orientações cognitivas e os comportamentos dos indivíduos. Ele abordava a análise da integração moral de modos muito diferentes, mas a necessidade de uma moralidade comum permeia toda sua obra – de seu primeiro grande trabalho, *A divisão do trabalho na sociedade*, ao seu livro mais importante, *As formas elementares da vida religiosa*[4]. Assim, o menino que deveria ter sido rabino, tornou-se o acadêmico secular que deveria defender a integração social.

A Primeira Guerra Mundial interrompeu a "Escola Année", como viria a ser conhecida. Na verdade, ela destruiu muitos de seus membros mais promissores, incluindo o filho de Durkheim, André, que teria tido, sem dúvida, uma carreira distinta como sociolinguista. Durkheim nunca se recuperou emocionalmente

---

3. COSER. *Masters of Sociological Thought*, p. 147.

4. DURKHEIM, É. *The Elementary Forms of Religious Life*. Nova York: Free Press, 1947 [publicado originalmente em 1912].

desse golpe porque esperava que seu filho levasse adiante seu trabalho nas ciências sociais. Emocionalmente drenado e fisicamente decaído, ele simplesmente perdera o interesse pela vida. Assim, em 1917, dois anos após a morte de seu filho, Durkheim morre aos 59 anos.

Durkheim morre no auge de sua proeminência intelectual e política. Como veremos no próximo capítulo, ele deixou um legado intelectual que é tão influente na teorização sociológica hoje como foi na virada do século XX. Seu trabalho representa a culminância da tradição intelectual francesa que começou com o Iluminismo. Ao mesmo tempo, sua sociologia é uma resposta aos pontos fortes e fracos aparentes da sociologia alemã e da inglesa. O resultado é uma abordagem que é fiel à sua linhagem francesa – especialmente os trabalhos de Charles Montesquieu, Jean-Jacques Rousseau, Augusto Comte e Alexis de Tocqueville. Todavia, a linhagem é condicionada pela reação de Durkheim a Spencer e, em menor extensão, a Marx. Vamos agora nos voltar a essa lista de pensadores influentes e observar como eles influenciaram o pensamento de Durkheim. Desse modo, podemos situar em um contexto intelectual e histórico mais amplo os trabalhos a serem examinados no próximo capítulo.

Montesquieu e Durkheim

Como mencionamos em nossa análise do trabalho de Comte, Montesquieu marcou o começo de uma linha intelectual francesa que culminou com Durkheim. Para apreciar muitos dos conceitos e pontos importantes de Durkheim, bem como sua abordagem metodológica, devemos retornar a Montesquieu, um dos grandes intelectuais do século XVIII.

Montesquieu como o primeiro cientista social

Montesquieu introduziu uma abordagem inteiramente nova ao estudo da sociedade. Se olharmos para vários estudiosos cujo pensamento era proeminente em sua época, podemos imediatamente observar diferenças dramáticas entre a abordagem deles e a de Montesquieu ao estudo da sociedade. Muitos estudiosos do século XVIII foram filósofos que estiveram preocupados basicamente com a questão "Qual é a origem última da sociedade?" Suas respostas a essa questão eram mais filosóficas do que sociológicas e tendim a ser dadas em duas partes. Primeiro, os humanos outrora teriam vivido em um "estado natural", antes que a primeira sociedade fosse criada. A teoria sobre a sociedade, portanto, começou com especulações sobre "o estado de natureza" – fosse esse estado belicoso (Thomas Hobbes), pacífico (John Locke) ou idílico (Rousseau). Segundo, nesse estado de natureza, os humanos fazem um "contrato social" criando, assim, a "sociedade". As pessoas concordavam em se subordinar ao governo, à lei, aos valores, às crenças e contratos.

Em contraste com essas doutrinas filosóficas, Montesquieu enfatizava que os humanos nunca existiram sem sociedade. Em sua visão, os humanos são o produto da sociedade, e, portanto, uma especulação sobre seu estado primordial não representa uma análise dos fatos da vida humana. Ele foi um empirista preocupado com dados reais e não com a especulações sobre a essência humana e as origens últimas de nossa sociedade. Sob muitos aspectos, ele foi atraído pelos procedimentos empregados por Newton na física: observar os fatos do universo e a partir deles fazer afirmações sobre suas propriedades básicas e relações reguladoras. Embora tenha cabido a Comte no século seguinte a tarefa de proclamar a nova ciência da "física social", Montesquieu foi o primeiro a ver que uma ciência da sociedade, sob a forma das ciências físicas, era possível.

Na perspectiva de Durkheim, Montesquieu concebia a sociedade como uma "coisa" ou "fato" no mesmo sentido que a matéria física constituía uma coisa ou fato. Montesquieu foi o primeiro a reconhecer, conforme Durkheim, que "a moralidade, o comportamento, os costumes" e o "espírito de uma nação" são sujeitos à investigação científica. A partir dessa percepção inicial, basta um pequeno passo para reconhecer, como fez Comte, que uma disciplina chamada Sociologia pode estudar a sociedade. Durkheim deu crédito específico a Montesquieu por reconhecer que uma "disciplina pode ser chamada uma ciência somente se tiver um campo definido para explorar. A ciência se ocupa de coisas, realidades. Antes que a ciência social pudesse existir, seu tema deveria ser determinado"[5].

Montesquieu nunca levou adiante completamente sua visão de que a sociedade poderia ser estudada da mesma maneira que os fenômenos nas outras ciências, mas seu livro clássico, *O espírito das leis*, representa um dos primeiros trabalhos sociológicos com um tom distintamente científico. Embora tivesse se tornado famoso inicialmente por outros trabalhos, *O espírito das leis* teve a influência mais direta sobre Durkheim[6]. Na verdade, a tese em latim de Durkheim foi sobre *O espírito das leis* e foi publicada um ano antes de sua famosa tese em francês, *A divisão do trabalho na sociedade*[7]. De *O espírito das leis*, Durkheim extraiu tanto ideias metodológicas como concretas, conforme enfatizamos a seguir na análise do trabalho de Montesquieu e sua influência sobre Durkheim.

---

5. DURKHEIM, É. *Montesquieu and Rousseau*. Ann Arbor: University of Michigan Press, 1960, p. 3.

6. O trabalho mais importante de Montesquieu inclui *The Persian Letters*. Nova York: Meridian, 1901 [publicado originalmente em 1721]. • *Considerations on the Grandeurs and Decadence of the Romans*. Nova York: Free Press, 1965 [publicado originalmente em 1734]. Sob muitos aspectos, esses dois primeiros livros representaram uma fonte de dados para as análises mais sistemáticas em *The Spirit of Laws*. 2 vols. Londres: Colonial, 1900 [publicado originalmente em 1748].

7. Nos círculos acadêmicos da época de Durkheim eram exigidas duas teses de doutorado, uma em francês e outra em latim. A tese em latim, sobre Montesquieu, foi publicada em 1892, e, a tese em francês, sobre a divisão do trabalho, em 1893.

A concepção de Montesquieu sobre as "leis"

Nas linhas de abertura de *O espírito das leis*, lemos:

> As leis, em sua significação mais geral, são relações necessárias que surgem da natureza das coisas. Nesse sentido, todos os entes possuem suas leis: a deidade, suas leis, o mundo material, suas leis, as inteligências superiores aos humanos, suas leis, os animais, suas leis, os humanos, suas leis[8].

Há uma ambiguidade nessa passagem que nunca é esclarecida, pois Montesquieu usava o termo *lei* em dois sentidos distintos: (1) lei como um comando, ou regra, criada pelos humanos para regular sua conduta e (2) lei como um enunciado científico sobre as relações entre propriedades do universo em suas manifestações físicas, biológicas e sociais. A primeira é uma concepção substantiva de lei – a do jurista e do cientista político. A segunda é uma concepção de leis científicas que explicam as regularidades entre propriedades do mundo natural. Durkheim incorporou implicitamente essa distinção em seus trabalhos. *A divisão do trabalho na sociedade*[9], seu primeiro grande trabalho, por um lado, trata da lei, pois usa variações nas leis e nas penalidades para sua violação como indicadores concretos de integração na sociedade mais ampla, e, por outro, envolve uma busca pelas leis científicas que explicam a natureza da integração social nas sociedades humanas.

Montesquieu também propôs uma "hierarquia de leis" implícita, uma ideia que pode ter sugerido a Comte a hierarquia das ciências (cf. capítulo 3). Para Montesquieu, fenômenos de "ordem inferior", como a matéria física, não podem se desviar das leis científicas que governam sua operação, mas entes de ordem superior com inteligência podem violar e transgredir leis, dando às leis científicas da sociedade um caráter probabilístico em vez de absoluto. Durkheim, que conceberia índices estatísticos como fatos sociais em muitos de seus trabalhos, também adotou essa ideia de relações probabilísticas entre fenômenos sociais.

A tipologia dos governos de Montesquieu

Para buscarmos as leis científicas do mundo social, argumentava Montesquieu, são necessárias a classificação e a tipologia. A enorme diversidade de padrões sociais pode facilmente obscurecer as propriedades comuns dos fenômenos, a menos que o tipo subjacente esteja exposto. Os primeiros 13 livros de *O espírito das leis* são, portanto, dedicados à famosa tipologia das formas de governo de Montesquieu: (1) república, (2) monarquia, e (3) despotismo. Tanto as facetas metodológicas como substantivas da tipologia de Montesquieu influenciaram Durkheim. Do lado metodológico, Durkheim considerava importante a

---

8. MONTESQUIEU. *Spirit of Laws*, p. 1.
9. DURKHEIM. *Division of Labor*.

forma como Montesquieu inicia a construção de sua tipologia. Durkheim enfatizava a técnica mais estritamente metodológica de usar "o número, o arranjo e a coesão de suas partes componentes" para classificar as estruturas sociais. Sob muitos aspectos, em relação a esse tema, ele estava fazendo suposições sobre as concepções de Montesquieu que nunca fora muito explícito. Todavia, a classificação das formas governamentais de Montesquieu aparentemente inspiraram em Durkheim a defesa permanente da tipologia e o uso que ele faz do número, do arranjo e da coesão das partes como a base para a construção de tipologias.

Uma outra técnica metodológica que Durkheim parece ter apropriado de Montesquieu é a noção de que as leis promulgadas pelos governos refletirão não somente a "natureza" (forma estrutural) do governo, mas também seu "princípio" (valores e crenças subjacentes). Além disso, as leis refletirão as outras instituições que a natureza e o princípio do governo influenciam. As leis são, portanto, um bom indicador da cultura e estrutura da sociedade. Essa premissa se tornou o preceito metodológico central do primeiro grande trabalho de Durkheim sobre a divisão do trabalho.

Do lado substantivo, a visão de Montesquieu do governo como composto de dois elementos inseparáveis, natureza e princípio, provavelmente influenciou Durkheim mais do que ele reconheceria. Para Montesquieu, a natureza, ou estrutura, de cada governo, é um reflexo de quem detém o poder e de como é exercido. Cada governo revela também um princípio, levando à classificação dos governos pelas unidades estruturais e crenças culturais. Para uma república, o princípio subjacente é a "virtude", que faz as pessoas respeitarem as leis e o bem-estar do grupo; para uma monarquia, o princípio orientador é o respeito pelo *status*, autoridade e hierarquia; e para o despotismo, o princípio é o medo. Os detalhes da sociologia política de Montesquieu são menos importantes do que a noção geral que ela ilustra: as estruturas sociais são mantidas por um sistema correspondente de valores e crenças que os indivíduos internalizaram. Além disso, como Montesquieu enfatizava, quando a natureza e princípio de um governo não estão em harmonia – ou, de um modo mais geral, quando as estruturas sociais e as crenças culturais estão em contradição –, a mudança social é inevitável. Durkheim confrontou esses temas teóricos ao longo de toda sua carreira intelectual. Todavia, dificilmente encontraremos em sua tese alguma observação sobre a intuição mais profunda de Montesquieu acerca desse aspecto da realidade social.

Um outro tema substantivo – pelo qual Montesquieu é mais famoso – é a tese do "equilíbrio de poderes". O argumento básico é que uma separação, ou divisão, de poderes entre os elementos do governo é essencial para um governo estável. O poder deve ser seu próprio corretivo, pois somente o contrapoder pode limitar seu abuso. Assim, Montesquieu via os dois ramos da legislatura (um para a nobreza, outro para os plebeus), de acordo com o modo pelo qual interagem um com o outro e com a monarquia, fornecendo freios e contrapesos (*checks and balances*) um do outro[10]. O judiciário – o terceiro elemento do governo – não era considerado por Montesquieu uma fonte independente de poder, como se tornou no sistema governamental americano. Vários pontos nessa análise, sem dúvida, influenciaram Durkheim. Primeiro, a desconfiança que Montesquieu tinha da democracia de massa, na qual a população geral diretamente influencia as decisões políticas, foi mantida na análise de Durkheim das sociedades industriais. Aos olhos de Durkheim, a representação deve sempre ser mediada para evitar instabilidade nas decisões políticas. Segundo, Durkheim compartilhava da desconfiança que Montesquieu tinha de um centro único de poder. Montesquieu temia o despotismo, enquanto Durkheim desconfiava do Estado monolítico e burocratizado, mas ambos reconheciam que, para evitar o perigo do poder altamente centralizado, o contrapoder deve ser criado.

As causas e funções dos governos

Além da noção de tipos sociais e leis científicas, as porções mais conspícuas da tese doutoral em latim de Durkheim são as das "causas" e "funções" do governo, uma distinção que se tornou central à sua sociologia.

O espírito das leis, de Montesquieu, é em geral um trabalho confuso, e comentadores com frequência compreenderam mal sua análise das causas. Após a tipologia dos governos nos primeiros 13 livros de *O espírito das leis*, Montesquieu repentinamente se lança a uma análise que poderia parecer minar sua ênfase na importância do "princípio" na formação da "natureza", ou estrutura, do governo. Do livro 14 ao 25, ele passa a enumerar uma variedade de causas físicas e morais das formas de governo: clima, fertilidade do solo, comportamento, moralidade, comércio, dinheiro, tamanho da população e religião, que são introduzidos, um após o outro, como causas das formas governamentais e sociais.

A confusão muitas vezes registrada nessa discussão das causas pode ser mitigada pelo reconhecimento das suposições subjacentes de Montesquieu. Primeiro, essas causas não afetam diretamente as formas governamentais. Em troca, cada uma delas afeta o comportamento, o temperamento e a disposição das pessoas de modo a criar um "espírito geral da nação", uma ideia que não estava distante da conceitualização que Durkheim faz da "consciência coletiva" e das "representações coletivas" ou das noções similares de Comte. Assim, as "causas físicas", como clima, solo e tamanho da população, assim como as "causas morais", como comércio, moralidade, comportamento e os costumes, restringem

---

10. Se computarmos esses balanços, eles consistentemente trabalham em favor da nobreza e contra as pessoas comuns. A nobreza e os plebeus se unem para controlar a monarquia, e a nobreza e a monarquia controlam os plebeus. Mas o monarca não pode, com uma figura elevada, unir-se aos plebeus. O viés aristocrático de Montesquieu é claramente evidente.

o modo como as pessoas agem, comportam-se e pensam. Da vida coletiva restringida e moldada por essas causas vem o "espírito de uma nação", que é um conjunto de ideias implícitas que vinculam as pessoas umas às outras, e lhes dá uma noção de seu propósito comum[11].

Uma vez que reconhecemos que essas causas não operam diretamente na estrutura do governo, um segundo ponto de clarificação é possível. De acordo com Montesquieu, o princípio subjacente do governo está vinculado ao espírito geral que emerge das ações e pensamentos das pessoas à medida que essa lista de causas as restringe. Montesquieu é ambíguo sobre esse tema, mas sua interpretação é mais consistente com o modo como Durkheim provavelmente via seu argumento. Curiosamente, a despeito da similaridade de suas visões sobre a importância das ideias ou "espíritos" coletivos para as relações sociais, Durkheim não deu a Montesquieu muito crédito para esse aspecto de sua sociologia.

Contudo, Durkheim deu crédito explícito a Montesquieu por reconhecer que uma sociedade deve assumir uma "forma definida" devido à sua "situação particular" e que essa forma se origina nas "causas eficientes". Em particular, Durkheim indicava que a visão de Montesquieu das variáveis ecológicas e populacionais estimulou sua preocupação com a "densidade material" e com o modo como ela influencia a "densidade moral". Durkheim reconhecia que ver as estruturas e ideias sociais como o resultado de causas identificáveis representou um avanço dramático no pensamento social, especialmente porque muitos pensadores sociais da época muitas vezes se fechavam em discussões sobre a natureza humana e as "origens" do primeiro contrato social.

Contudo, Durkheim criticava seriamente a análise causal de Montesquieu sob um aspecto: ele via Montesquieu como argumentando pelas "causas finais" – ou seja, os fins atendidos por uma estrutura como a lei a fazem emergir e persistir. Como enfatiza Durkheim, "qualquer um que limite sua investigação às causas finais dos fenômenos sociais perde de vista suas origens e é desleal à ciência. Isso é o que aconteceria à sociologia se seguíssemos o método de Montesquieu"[12]. Durkheim reconhece que Montesquieu havia sido um dos primeiros estudiosos a argumentar em favor do que agora é denominado *relativismo cultural*. As estruturas sociais devem ser avaliadas não em relação a algum padrão absoluto, etnocêntrico ou moralístico, mas em seus próprios termos e em vista do contexto particular no qual são encontradas. Por exemplo, Montesquieu poderia ver a escravidão nem tanto como um mal moral, mas como uma instituição viável em certos tipos de sociedades em períodos históricos particulares. Nesse tipo de argumento encontramos implícita a no-

---

11. Esse argumento é derivado de ALTHUSSER, L. *Politics and History*. Paris: Universidade de Paris, 1959.

12. DURKHEIM. *Montesquieu and Rousseau*, p. 44.

ção de "função": uma estrutura deve ser avaliada por suas funções para o todo social; se um padrão social, mesmo como a escravidão, promove a persistência e a integração de uma sociedade, não pode ser considerado um padrão bom ou mau. Durkheim achava que Montesquieu via com demasiada facilidade a consequência das estruturas – ou seja, a integração – como sua causa, a ponto de suas análises funcionais e causais muitas vezes se tornarem confusas. Todavia, Montesquieu talvez tenha sugerido a Durkheim uma distinção crítica entre análise causal e funcional.

Em suma, Durkheim deu crédito a Montesquieu por muitas noções que se tornaram uma parte de sua sociologia: o mundo social pode ser estudado como uma "coisa"; é melhor desenvolver tipologias; é necessário examinar o número, arranjo e relações entre as partes no desenvolvimento dessas tipologias; é importante ver a lei como um indicador de forças sociais e culturais mais amplas; e é prudente empregar análises tanto causais como funcionais.

A despeito de Durkheim enaltecer Montesquieu, é interessante notar que ele não reconhece no trabalho de Montesquieu a visão de que as leis, como as da física, podem ser formuladas para o domínio social (na tese, Durkheim deu a Comte o crédito por essa ideia)[13]; o reconhecimento de que a morfologia social e os símbolos culturais estão interconectados; a posição de que as causas das estruturas morfológicas são mediadas, e mitigadas, pelas ideias culturais; a noção de que as causas, e as leis que expressam relações entre eventos, são de natureza probabilística; e a visão de que o poder nas relações sociais deve ser controlado pelo contrapoder. Essas ideias se tornaram uma parte integral do pensamento de Durkheim, e, assim, muito do legado teórico de Montesquieu vive em sua sociologia[14].

Jean-Jacques Rousseau e Durkheim

Escrevendo seus principais trabalhos na década seguinte à publicação de *O espírito das leis* de Montesquieu em 1748, Jean-Jacques Rousseau produziu uma doutrina filosófica que, em lugar da orientação de Montesquieu para a ciência

---

13. Como Durkheim observa, "nenhum progresso poderia ser feito até que fosse reconhecido que as leis das sociedades não são diferentes das que governam o resto da natureza e que o método pelo qual elas são descobertas é idêntico ao das outras ciências. Essa foi a contribuição de Augusto Comte" (*Montesquieu and Rousseau*, p. 63-64).

14. Para outros comentários sobre o trabalho de Montesquieu, cf. ALTHUSSER. *Politics and History*, p. 13-108. • ARON, R. *Main Currents in Sociological Thought*. Vol. 1. Garden City, NY: Doubleday, 1968, p. 13-72. • STARK, W. *Montesquieu*: Pioneer of the Sociology of Knowledge. Toronto, Ontario: University of Toronto Press, 1961. • PANGLE, T.L. *Montesquieu's Philosophy of Liberalism*: A Commentary on "The Spirit of Laws". Chicago: University of Chicago Press, 1973.

social, dirige-se para a natureza da ordem social[15]. Embora não muito admiradas em sua época, as ideias de Rousseau, no começo do século XIX, foram vistas a uma luz altamente favorável. Na verdade, em retrospecto, Rousseau foi considerado a figura importante do Iluminismo, ultrapassando Hobbes, Locke, Voltaire e, certamente Montesquieu. Não surpreende, portanto, que Durkheim tenha lido com interesse a doutrina filosófica de Rousseau e extraído dela muitas ideias.

A doutrina de Rousseau

A doutrina de Rousseau foi uma combinação única de noções cristãs da queda que veio com o pecado original e a crença de Voltaire no progresso humano[16]. Rousseau postulou inicialmente um "estado de natureza" pré-social no qual os indivíduos eram dependentes da natureza e tinham somente necessidades físicas, pois os desejos "humanos não vão além de suas necessidades físicas; em todo o universo as únicas coisas desejáveis" que conhecemos são o alimento, o sexo e o resto. No "estado de natureza", os humanos tinham pouco contato entre si, ou dependência uns dos outros, e possuíam apenas "sensações" cruas que refletiam suas experiências diretas com o ambiente físico.

A grande "queda" veio desse estado natural. A descoberta da agricultura, o desenvolvimento da metalurgia e outros eventos criaram uma entidade nova e distinta: a sociedade. As pessoas estabeleceram relações sociais, inventaram a propriedade privada, apropriaram-se dela e passaram a competir entre si. Aquelas que possuíam propriedade exploravam as que não a possuíam, surgindo, então, sentimentos de ciúme e de inveja, o que as levou a brigar e a guerrear entre si, criando, assim, o mundo moderno. Rousseau sentia que esse mundo não somente se desviava do estado natural dos entes humanos, mas também tornara impossível seu retorno a esse estado.

Como uma realidade emergente que destrói o estado de natureza, a sociedade moderna coloca uma série de problemas que tornam a vida uma miséria agonizante. Em particular, não percebemos quaisquer limites em nossos desejos e paixões, o autointeresse predomina e exploramos uns aos outros. Para Rousseau, a sociedade é corrupta e má, destruindo não somente os controles naturais sobre as paixões e o autointeresse, mas também a imunidade à exploração pelos semelhantes que tipificava o estado natural.

---

15. ROUSSEAU, J.-J. *The Social Contract and Discourses*. Nova York: Dutton, 1950 [trad. de G.D.H. Cole]. Esse livro é uma compilação dos vários *Discursos* e de *O contrato social* – seus trabalhos mais importantes – que foram escritos separadamente entre 1750 e 1762. Durkheim analisou *O contrato social*, e ele aparece, com sua tese em latim sobre Montesquieu, em seu *Montesquieu and Rousseau*, p. 65-138.

16. BROOME, J.H. *Rousseau*: A Study of His Thought. Nova York: Barnes & Noble, 1963, p. 14.

A solução de Rousseau para esse mal era tão original quanto ingênua, e, todavia, exerceu uma influência considerável sobre Durkheim. A solução de Rousseau foi eliminar o autointeresse e a desigualdade criando uma situação na qual os humanos tivessem a mesma relação com a sociedade que outrora tiveram com a natureza. Ou seja, as pessoas deveriam ser livres umas em relação às outras e, ainda assim, igualmente sujeitas à sociedade. Na visão de Rousseau, somente o Estado político poderia assegurar as liberdades individuais, e somente quando os indivíduos tivessem totalmente subordinado seu interesse ao que ele denominava a *vontade geral*, a desigualdade, a exploração e o autointeresse poderiam ser eliminados. Se todos os indivíduos se submetem igualmente à vontade geral e ao Estado, eles são iguais. Se o Estado pode assegurar a liberdade individual e manter equilibrada a dependência dos indivíduos à vontade geral, então os elementos básicos da natureza são recriados: livre-arbítrio, liberdade e igual dependência de uma força externa (a sociedade em vez da natureza).

O que é a vontade geral? E como ela deve ser criada? Rousseau nunca foi muito claro sobre exatamente em que consistia a vontade geral, mas parece ter se referido a um conjunto emergente de valores e crenças que expressa "as vontades individuais". A vontade geral pode ser criada e mantida, conforme Rousseau, somente por vários meios: (1) a eliminação das religiões além da vida, como o cristianismo, e sua substituição por uma "religião civil" com a vontade geral como o ente supremo; (2) a eliminação da socialização familiar e sua substituição por uma socialização comum de todos os jovens na vontade geral (presumivelmente por meio de escolas); e (3) a criação de um Estado poderoso que incorpore a vontade geral e a correspondente eliminação de grupos, organizações e outras "associações menores" que desviem o poder da vontade geral e gerem setores de autointeresse e dissenso potencial entre as pessoas[17].

Influências específicas de Durkheim

A sociedade como uma realidade emergente

Em seus cursos, Durkheim deu crédito a Rousseau pela ideia de que a sociedade abrange uma realidade moral, *sui generis*, que poderia ser distinguida da moralidade individual[18]. Embora Montesquieu tenha chegado a uma compreensão similar, Rousseau formulou o tema de um modo que Durkheim emulou em

---

17. Para análises mais detalhadas das doutrinas de Rousseau, cf. BROOME. *Rousseau*. • CASSIRER, E. *The Question of Jean-Jacques Rousseau*. Bloomington: Indiana University Press, 1963. • GRIMSLEY, R. *The Philosophy of Rousseau*. Nova York: Oxford University Press, 1973. • CHARVET, J. *The Social Problem in the Philosophy of Rousseau*. Cambridge, UK: Cambridge University Press, 1974. • CAMERON, D. *The Social Thought of Rousseau and Burke*: A Comparative Study. Toronto, Ontario: University of Toronto Press, 1973.

18. O ensaio de Durkheim sobre Rousseau em *Montesquieu and Rousseau* foi esboçado a partir de um curso que ele ministrou em Bordeaux. O trabalho foi publicado postumamente em 1918.

diversas ocasiões. Para Rousseau, assim como para Durkheim, a sociedade é "uma entidade moral que possui qualidades específicas [separadas] daquelas que os entes individuais que a compõem, possuem; do mesmo modo que componentes químicos possuem propriedades que não derivam de quaisquer de seus elementos"[19].

Assim, Durkheim apropriou de Rousseau a visão da sociedade como uma entidade emergente e moral, muito semelhante a fenômenos físicos emergentes. Como Rousseau, Durkheim abominava uma sociedade na qual a competição e o intercâmbio controlassem uma moralidade comum. Na verdade, para Durkheim, a sociedade não era possível sem um componente moral orientando os intercâmbios entre indivíduos.

A patologia social

Durkheim via a discussão de Rousseau sobre o estado natural como um "desvio metodológico" que poderia ser usado para destacar as patologias da sociedade contemporânea e para fornecer diretrizes para o refazimento da sociedade. Embora muitos outros nos séculos XVIII e XIX também tenham enfatizado os males do mundo social, Durkheim parece ter sido atraído por três condições centrais enfatizadas por Rousseau. Ele as denominou de (1) *egoísmo*, (2) *anomia* e (3) *a divisão forçada do trabalho*, mas seu débito para com Rousseau é claro. Para Durkheim, o egoísmo é uma situação na qual o autointeresse e a preocupação consigo próprio tomam precedência sobre o compromisso para com a coletividade mais ampla. A anomia é um estado de desregulação no qual o coletivo não controla mais os desejos e paixões das pessoas. A divisão forçada do trabalho é uma condição na qual uma classe pode usar seu privilégio para explorar outra e forçar as pessoas a certos papéis. Na verdade, a herança de privilégio e o uso do privilégio de uma classe para explorar outra repugnavam Durkheim. Como Rousseau, ele achava que as desigualdades deveriam ser baseadas nas diferenças "naturais" que surgem de "uma diferença de idade, saúde, força física e qualidades mentais e espirituais"[20].

Portanto, Durkheim simpatizava muito com a concepção de Rousseau acerca do que afligia a sociedade: as pessoas forçam outros a cumprirem suas ordens, elas são desreguladas e desvinculadas de um propósito maior. Por isso a ordem social deveria ser estruturada de forma a mitigar essas patologias.

O problema da ordem

Durkheim aceitava o dilema da sociedade moderna tal como Rousseau o via: Como é possível manter as liberdades individuais, sem também liberar os

---

19. DURKHEIM. *Montesquieu and Rousseau*, p. 82. Durkheim emprestou essa citação de Rousseau.

20. Ibid., p. 86.

desejos das pessoas e encorajar o autointeresse desenfreado, enquanto se cria uma ordem social forte e coesa que não agrave a desigualdade e a opressão?

Para Rousseau, essa questão poderia ser respondida com um Estado político forte que assegurasse a liberdade individual e uma vontade geral que emulasse a natureza. Como Rousseau, Durkheim acreditava que o Estado era a única força que garantiria as liberdades individuais, mas ele alterou a noção de Rousseau de uma sociedade como o equivalente do ambiente físico no estado de natureza. Para Durkheim, a sociedade e as restrições que ela impõe devem ser vistas como naturais, de modo que as pessoas devem ser ensinadas a aceitarem-nas do mesmo modo que aceitam as limitações de sua constituição biológica e do ambiente físico. Somente desse modo tanto o egoísmo como a anomia podem ser controlados. Durkheim acreditava que a restrição pela força moral da sociedade está na ordem natural das coisas.

Como Rousseau, ele argumentava em favor de uma visão da sociedade como "sagrada" e pela transferência para a sociedade civil e secular dos mesmos sentimentos que as pessoas haviam tradicionalmente nutrido pelos deuses (que, como Durkheim mais tarde enfatizou, são apenas simbolizações da sociedade)[21]. Além disso, como Rousseau, Durkheim enfatizava a necessidade de uma educação moral fora da família na qual as crianças pudessem aprender nas escolas a compreender e aceitar a importância do compromisso com a moralidade do coletivo. Um compromisso assim poderia ser obtido, como ele argumentava, por meio de uma "consciência coletiva" ou de um conjunto de "representações coletivas" que pudesse regular os desejos e paixões das pessoas. Essa visão representava um retrabalho da visão de Rousseau sobre o compromisso absoluto para com a vontade geral. Em nítido contraste com Rousseau, contudo, Durkheim veio a acreditar que somente por meio do vínculo a subgrupos coesos, ou o que Rousseau chamara "associações menores", o egoísmo poderia ser reduzido. Esses grupos, conforme Durkheim, podem vincular os indivíduos à consciência coletiva remota e lhes dar uma comunidade imediata de outros. Além disso, como Montesquieu, ele desconfiava de um Estado onipotente e, por isso, passou a ver esses subgrupos como um contrapeso político aos poderes do Estado.

Portanto, Durkheim se apropriou de muitas ideias de Rousseau. Alguns de seus conceitos centrais sobre patologias sociais – anomia, egoísmo e a divisão forçada do trabalho – devem muito ao trabalho de Rousseau. A visão de Durkheim da sociedade como integrada por um Estado forte e por um conjunto de

---

21. Muitas das ideias específicas de Durkheim sobre a religião como a simbolização da sociedade foram emprestadas de Roberton Smith. Cf. LUKES. *Émile Durkheim*, p. 450. Para uma documentação posterior das influências sobre a sociologia da religião de Durkheim, cf. JONES, R.A. & EVANS, M. "The Critical Moment in Durkheim's Sociology of Religion". Trabalho lido no encontro da American Sociological Association, em setembro de 1978.

valores e crenças comuns refletia a visão de Rousseau de como eliminar essas patologias. Rousseau também inspirou o desejo de Durkheim de utilizar as escolas para fornecer educação moral para os jovens e para reacender o espírito de comprometimento para com a sociedade secular que as pessoas outrora tiveram em relação ao sagrado.

Todavia, Durkheim nunca poderia aceitar a confiança de Rousseau no Estado. Durkheim acreditava que o poder do Estado deve ser controlado. As pessoas devem ser livres para se associarem e para formarem agrupamentos que encorajem a diversidade baseada nas experiências comuns e que criem centros de contrapoder para reduzir o poder do Estado. Durkheim, portanto, internalizou a visão de Rousseau de uma sociedade integrada na qual as liberdades individuais predominam. Durkheim aceitou também o desafio de propor modos de atingir essa sociedade, mas ele nunca conseguiu tolerar a visão de Rousseau de um Estado onipotente e sua vontade geral opressiva[22].

Apesar de Rousseau ter impactado profundamente Durkheim, os extremos de sua filosofia se encontram mitigados em seu trabalho. A ênfase de Montesquieu no equilíbrio de poder e contrapoder e nos fatos empíricos e não nos preceitos morais representaram uma influência moderada em Durkheim. Uma outra influência moderada ainda veio de Comte, cujo trabalho consolidou muitas tendências intelectuais em um programa claro para uma ciência que pudesse ser usada para criar a "boa sociedade".

Comte e Durkheim

É difícil saber quanto da tradição intelectual francesa do século XVIII veio para Durkheim através de Comte, porque Durkheim nem sempre reconhecia seu débito para com o fundador titular da sociologia. Essa dificuldade é exacerbada porque, como o trabalho de Durkheim, o esquema intelectual de Comte representa uma síntese de ideias de Montesquieu, Rousseau, Saint-Simon[23], e outros, na linhagem francesa. Muitas das características específicas da sociologia de Durkheim devem muito à grande visão de Comte para a ciência da sociedade. Analisamos o pensamento de Comte no capítulo 3, e, portanto, focaremos aqui somente nos aspectos específicos de seu esquema intelectual que parece ter exercido a maior influência sobre Durkheim.

---

22. Para uma discussão sobre as diferenças entre Durkheim e Rousseau, cf. LUKES. *Émile Durkheim*, cap. 14.

23. Muitos notaram o quanto Comte se apropriou de seu professor, Saint-Simon. Podemos argumentar, contudo, que as preocupações mais científicas de Saint-Simon alcançaram Durkheim por meio da reinterpretação de Comte, embora Durkheim rejeitasse o socialismo utópico de Saint-Simon.

A ciência do positivismo

Comte deve ter reforçado para Durkheim a insistência de Montesquieu de que os "fatos" e os "dados", em vez da especulação filosófica, devem guiar a ciência da sociedade. Apropriando-se da visão de Comte de uma ciência dos "fatos sociais", Durkheim concordava com sua visão de que as leis da organização humana poderiam ser descobertas. Essas leis, como Montesquieu enfatizava, não serão tão "rígidas" ou "deterministas" como nas ciências inferiores na hierarquia, mas serão o equivalente daquelas leis na física, química e biologia na medida em que permitem a compreensão dos fenômenos. Assim, Comte cimentou na mente de Durkheim a máxima segundo a qual os fatos empíricos devem guiar a busca pelas leis sociológicas, e, inversamente, os princípios teóricos devem direcionar a reunião dos fatos.

Os preceitos metodológicos do positivismo

Coletar fatos requer uma metodologia, e Comte foi o primeiro a tornar explícita a variedade de métodos que poderiam guiar a nova ciência da sociedade. Como ele indica, quatro procedimentos são aceitáveis: (1) a "observação" do mundo social pelo uso dos sentidos humanos (melhor feita, ele enfatiza, quando guiada pela teoria); (2) a "experimentação", especialmente como a permitida pelas patologias sociais; (3) a observação "histórica", na qual os padrões regulares de mudança na natureza da sociedade – especialmente na natureza de suas ideias – podem ser vistos; e (4) a "comparação", na qual as sociedades humana e animal, sociedades humanas coexistentes e diferentes elementos da mesma sociedade são comparados para isolar os efeitos de variáveis específicas. Durkheim empregou todos esses métodos em sua sociologia, e, assim, podemos concluir que a abordagem metodológica de Comte influenciou sua metodologia.

Um outro aspecto metodológico do pensamento de Comte está centrado na analogia orgânica. Como vimos no capítulo 3, Comte muitas vezes comparava a sociedade a um organismo biológico, consequentemente, uma parte, como a família ou o Estado, poderia ser compreendida a partir do que fazia, ou contribuía, para o "corpo social". Montesquieu havia argumentado de modo similar, embora Comte tenha traçado pela primeira vez a analogia clara entre os organismos sociais e biológicos. O método funcional que Durkheim desenvolveu, portanto, deve muito à analogia biológica de Comte. Na verdade, como Durkheim enfatiza, a completa compreensão dos fatos sociais não é possível sem que se avalie suas funções a fim de manter a integração do todo social[24].

---

24. Para uma análise mais completa do organicismo de Comte e seu impacto no funcionalismo de Durkheim, cf. TURNER, J.H. & MARYANSKI, A. *Functionalism*. Menlo Park, CA: Benjamin/ Cummings, 1979.

A ênfase na tipologia foi muito menos proeminente no esquema de Comte do que no de Montesquieu; no entanto, Comte reconhece que a construção de tipos um pouco "idealizados" de fenômenos sociais poderia ajudar na análise sociológica. Embora muitos casos intermediários não se conformem a esses tipos extremos, seus desvios dos tipos permitem sua comparação com um parâmetro comum – ou seja, o tipo idealizado[25]. Em seu trabalho inicial, Durkheim desenvolveu tipologias das sociedades; portanto, podemos assumir que a ênfase de Montesquieu nos tipos, como reforçada pela ênfase de Comte no uso de tipos como um dispositivo analítico para comparação, deve ter determinado a abordagem de Durkheim. Ao longo de sua carreira, Durkheim insistiu em que a classificação dos fenômenos por sua "morfologia", ou estrutura, deveria preceder ou uma análise causal ou uma análise funcional.

Estática e dinâmica social

Durkheim foi influenciado também pela substância do esquema de Comte. Comte dividia a sociologia em "estática" e "dinâmica", uma distinção que Durkheim implicitamente manteve. Além disso, Durkheim adotou os conceitos específicos que Comte usava para entender a estática e a dinâmica.

Com relação à estática social, Durkheim compartilhava da preocupação de Comte com a solidariedade social e com o impacto da divisão do trabalho sobre essa solidariedade. Em particular, Durkheim formulou a mesma pergunta que Comte: Como pode o *consensus universalis*, ou o que Durkheim chamava a *consciência coletiva*, ser uma base para a integração social tendo em vista a crescente especialização de funções na sociedade? Como pode o consenso sobre ideias, crenças e valores ser mantido ao mesmo tempo em que as pessoas são diferenciadas e separadas por sua especialização ocupacional? *A divisão do trabalho na sociedade*, o primeiro trabalho importante de Durkheim, trata dessas questões, e, embora Rousseau no século XVIII e vários outros no século XIX também tenham tentado tratar desses mesmos temas, a abordagem de Durkheim deve mais a Comte do que a qualquer outro pensador[26].

Com respeito à dinâmica social, Comte sustentava uma visão evolucionária do progresso humano. As sociedades, especialmente suas ideias, movem-se do modo de pensar teológico, passando pelo metafísico, em direção ao positivo. Durkheim adotou essa visão específica da evolução das ideias mais tarde em sua carreira e em seu trabalho sobre a religião. Mais fundamentalmente, contudo, ele reteve a abordagem evolucionária para estudar a mudança social defendida por Comte e vários outros pensadores. Durkheim via as sociedades como se movendo de padrões simples para complexos de estrutura social e, correspon-

---

25. Essa abordagem antecipou obviamente em meio século o método do tipo ideal de Max Weber.
26. DURKHEIM. *Division of Labor*.

dentemente, de sistemas de ideias religiosos para seculares. Quase tudo que ele examinou estava formulado nesses termos evolucionários, que, em grande medida, adotara de Comte.

Ciência e o progresso social

Como seu professor e colaborador Saint-Simon, Comte via o desenvolvimento da sociologia como um meio de criar uma sociedade melhor. Embora a percepção de Durkheim acerca da patologia no mundo moderno deva mais a Rousseau do que a Saint-Simon ou Comte, Durkheim aceitou a esperança desses dois últimos pensadores de uma sociedade baseada na aplicação das leis sociológicas. Durkheim foi muito menos extremo do que Saint-Simon ou Comte, que tendiam a fazer da ciência uma religião e a defender utopias inatingíveis, mas Durkheim reteve a visão de Comte de que uma ciência da sociedade poderia ser utilizada para facilitar o progresso social. Na verdade, Durkheim nunca abandonou seu sonho de que a aplicação das leis de sociologia poderia criar uma ordem social justa e integrada.

Em suma, portanto, o débito de Durkheim para com Rousseau foi mitigado por sua exposição a Comte. Sua visão de ciência como dependente dos dados e como geradora de leis da organização humana veio tanto de Comte como de qualquer outro pensador, assim como sua adoção de técnicas metodológicas específicas. Sua visão substancial da sociedade refletia similarmente a ênfase de Comte: uma preocupação com a integração social de unidades diferenciadas e com a determinação de como as ideias (valores, crenças e normas) estão envolvidas nessa integração. A insistência de Comte de que a ciência deveria ser usada para promover o melhoramento da condição humana traduzia a avaliação apaixonada e moralista que Rousseau fazia dos males sociais em uma preocupação mais racional com a construção de uma sociedade integrada empregando princípios sociológicos.

Alexis de Tocqueville e Durkheim

Em 1835, Alexis de Tocqueville, um membro jovem de uma família de elite, publicou o primeiro de dois volumes de um livro baseado em suas observações sobre a sociedade americana. *Da democracia na América* foi um sucesso quase imediato, lançando Tocqueville a uma posição duradoura de proeminência intelectual e política na França. O terceiro e quarto volumes desse trabalho apareceram em 1840[27], e após uma curta carreira política que culminou em sua

---

27. TOCQUEVILLE, A. *Democracy in America*. Nova York: Knopf, 1945 [publicado originalmente em 2 vols. em 1835 e 1840, respectivamente].

nomeação sumária como ministro do exterior da França, ele se aposenta para escrever o que ele considerava seu trabalho mais importante, *O Antigo Regime e a Revolução Francesa*, cuja primeira parte apareceu em 1857[28]. Sua morte em 1859 abreviou a conclusão desse trabalho, mas os volumes completos de *Da democracia na América* e a primeira parte de *O Antigo Regime e a Revolução Francesa* o estabeleceram como o principal pensador político na França, que levou a tradição de Montesquieu ao século XIX e foi lido cuidadosamente por Durkheim.

Tocqueville provavelmente nunca leu Comte, mas seu esforço por emular o método de Montesquieu da análise deve ter tido uma influência considerável em Durkheim. Na verdade, da análise de Tocqueville da democracia na América, Durkheim extraiu muitas das ideias que mitigaram os extremos das soluções políticas de Rousseau para as patologias sociais.

A democracia de Tocqueville na América

Tocqueville via a tendência contínua em direção à democracia como a chave para compreender o mundo moderno. Em *Da democracia na América*, o jovem Tocqueville tentou descobrir por que as liberdades individuais estavam sendo preservadas nos Estados Unidos e, implicitamente, por que os esforços franceses na direção da democracia tinham experienciado problemas (um tema desenvolvido mais explicitamente em *O Antigo Regime e a Revolução Francesa*). Nesse esforço, ele isolou duas tendências que tipificavam as democracias:

1) *A tendência para um nivelamento de* status *social*: embora preservem posições econômicas e políticas, as sociedades democráticas concedem igual *status* aos seus membros – criando, aos olhos de Tocqueville, uma massa cada vez mais homogênea.

2) *A tendência para a centralização de poder*: governos democráticos tendem a criar burocracias grandes e centralizadas e a concentrar o poder cada vez mais nas mãos dos corpos legislativos.

Tocqueville via vários perigos potenciais nessas duas tendências. Primeiro, à medida que as diferenças entre as pessoas são niveladas, o único modo para o reconhecimento social se torna a aquisição material incessante motivada pela ambição cega. Tocqueville achava que o *status* tradicional e as distinções de honra haviam mantido a ambição e a aspiração ao *status* sob controle. À medida que a antiga base hereditária para conceder honra é destruída, o indivíduo é liberado das restrições impostas pelos padrões sociais. Esse ponto – a liberação do indivíduo do controle social – é reminiscente da análise de Rousseau e, sem dúvida, estimulou a conceitualização de Durkheim do egoísmo e da anomia.

---

28. TOCQUEVILLE, A. *The Old Regime and the French Revolution*. Garden City, NY: Doubleday, 1955 [publicado originalmente em 1857].

Segundo, a centralização do poder administrativo pode se tornar tão grande que resulte em despotismo, o que então mina as liberdades. Além disso, governos centralizados tendem a contar com a guerra externa e a suprimir a dissensão interna em um esforço para promover a posterior consolidação de poder.

Terceiro, a centralização da tomada de decisão no ramo legislativo pode tornar o governo muito suscetível aos sentimentos imediatos, breves e irracionais das massas sociais. Sob essas condições, o governo se torna instável à medida que é dragado para uma direção, e, depois, para outra, pelo sentimento público.

A influência de Montesquieu é evidente nessas preocupações. Diferente de Montesquieu, contudo, Tocqueville via um outro lado da democracia, um lado no qual as liberdades individuais poderiam ser preservadas mesmo com a centralização do poder, e onde as ambições pessoais e a atomização poderiam ser controladas enquanto o antigo sistema de honra e prestígio recedesse. O padrão democrático na América, para Tocqueville, fornecia uma ilustração das condições que poderiam promover esse outro lado da democracia.

Não surpreende que Tocqueville, como estudioso de Montesquieu, fizesse referências a causas históricas da democracia americana, posicionando a ênfase na geografia, nas circunstâncias históricas únicas, no sistema de leis (em particular a Constituição), e, mais importante, "nos costumes, comportamentos e crenças" do povo americano. A partir dessas causas, Tocqueville descreveu várias condições que reduziam a concentração do poder político e a sobreatomização dos indivíduos:

1) O sistema de freios e contrapesos no governo, com o poder no governo federal dividido em três ramos.

2) O sistema federalista, no qual o Estado e os governos locais, com suas próprias divisões de poder, controlam o poder uns dos outros assim como o do governo federal.

3) Uma imprensa livre e independente.

4) Um forte compromisso das pessoas em utilizarem e confiarem nas instituições locais.

5) A liberdade para formar e usar associações políticas e civis para atingir objetivos individuais e coletivos.

6) Um poderoso sistema de valores e crenças com ênfase na liberdade individual.

O poder e a sutileza da descrição que Tocqueville faz da América não pode ser capturado como uma lista curta como essa. Todavia, essa lista provavelmente comunica melhor o que Durkheim extraiu do trabalho de Tocqueville. Rousseau e Tocqueville haviam sublinhado os males do mundo moderno – as paixões desreguladas e o autointeresse desenfreado. A solução de Rousseau para esses problemas era muito extrema para o Durkheim liberal. Em contraste, a análise que Tocqueville faz da América fornecia uma visão de uma estrutura social moderna e diferenciada na qual a liberdade e o individualismo poderiam ser mantidos sem patologias severas e sem o recurso a um Estado ditatorial.

Influências específicas sobre Durkheim

Durkheim via a estrutura social moderna como integrada quando (1) as funções diferenciadas eram bem coordenadas, (2) os indivíduos eram vinculados a organizações coletivas, (3) a liberdade individual era preservada por um Estado central, (4) o Estado central estabelecia objetivos coletivos amplos e reforçava valores comuns, e (5) os amplos poderes do Estado eram controlados e balanceados por fontes contrárias de poder.

Não é difícil encontrar esses temas no trabalho de Tocqueville. Em particular, Durkheim achava interessante a ideia de associações "civis e políticas". Essas associações podem prover as pessoas de uma base para vínculo e identificação, e podem servir como um mecanismo para mediar entre seus membros e o Estado. Durkheim chamava essas associações de grupos *ocupacionais*, ou corporativos, e se apropriou muito da análise das associações voluntárias civis e políticas de Tocqueville. Além disso, ao adotar a ênfase de Montesquieu nos costumes, comportamentos e crenças que promove fortes compromissos com as liberdades, sem com isso promover a atomização, ele reconhecia no trabalho de Tocqueville a importância dos valores e crenças gerais (a *vontade geral* de Rousseau e o *consensus universalis* e o *espírito geral* de Comte) para promover a integração entre os agrupamentos diversificados das sociedades modernas. Pois mesmo se esses valores e crenças enfatizam as liberdades individuais, eles podem ser usados para unir as pessoas ao enfatizarem um respeito coletivo pelos direitos do indivíduo.

Assim, Tocqueville deu a Durkheim uma noção sobre algumas das condições gerais que poderiam atenuar as patologias das sociedades modernas. Essas condições se tornaram uma parte do programa prático de Durkheim assim como de sua análise mais estritamente teórica.

Spencer e Durkheim

Montesquieu, Rousseau, Comte e Tocqueville representam a herança intelectual francesa da qual Durkheim apropriou muitos de seus conceitos mais importantes[29]. Sua crítica a esses pensadores não é severa, e podemos perceber

---

29. Isso não é negar a influência de professores específicos e estudiosos renomados. Mas pensamos que tem sido subestimado em comentários o quanto Durkheim se apropriou dos gigantes do pensamento francês. Há muito mais similaridade no legado combinado de Montesquieu, Rousseau, Comte e Tocqueville, por um lado, e o pensamento de Durkheim, por outro, para que o impacto desses pensadores sociais proeminentes seja ignorado.

que ele nunca reagiu contra o pensamento deles. Ele se apropriou do que era útil e ignorou os pontos fracos óbvios. Isso, porém, não ocorreu com Spencer, pois ao longo de sua carreira Durkheim o escolheu para uma crítica muito especial.

Durkheim e o utilitarismo de Spencer

Durkheim reagiu veementemente contra qualquer visão da ordem social que ignorasse a importância dos valores e crenças coletivos. As doutrinas utilitárias enfatizam a importância da concorrência e do intercâmbio na criação de uma ordem social mantida pelos contratos entre os atores na busca de seus próprios interesses. Durkheim não ignorava a importância da concorrência, do intercâmbio e do contrato, mas via o autointeresse cego como uma patologia social. A coesão de uma sociedade não poderia ser mantida apenas por meio do autointeresse e dos contratos legais; um componente "moral" ou um sistema subjacente de valores e crenças coletivos deve também guiar as interações das pessoas na busca de objetivos ou interesses "coletivos".

Durkheim foi, portanto, altamente crítico em relação a Spencer, que, como vimos nos capítulos 4 e 5, cunhou frases como "a sobrevivência do mais apto" e enfatizou que a coesão da sociedade moderna era mantida por contratos negociados a partir da concorrência e do intercâmbio de agentes autointeressados. De fato, os trabalhos de Durkheim são tão repletos de referências às inadequações da sociologia de Spencer que podemos vê-los como uma reação exagerada e duradoura aos males atribuídos a ela[30].

Durkheim e o organicismo spenceriano

Spencer assumia dois papéis intelectuais distintos: (1) o do moralista, que era um individualista e utilitarista resoluto individualista, e (2) o do cientista, que buscava desenvolver leis tanto das formas orgânicas como das superorgânicas. Além disso, ao tentar realizar o segundo, Spencer adotou a analogia orgânica de Comte e a converteu em um funcionalismo explícito: as partes do sistema funcionam de modo a satisfazerem as necessidades do "corpo social". Durkheim se inspirou consideravelmente nesse modo de análise porque um de seus preceitos metodológicos mais importantes é enfatizar a importância da avaliação das funções dos fenômenos sociais. Podemos inclusive especular que

---

30. Para uma análise mais detalhada de Durkheim e Spencer, cf. TURNER & MARYANSKI. *Functionalism*, cap. 1. Na verdade, se compararmos as teorias de fato de Durkheim e Spencer da diferenciação social, lado a lado, veremos que são praticamente idênticas. Para mais análises e comentários, cf. TURNER, J.H. *Herbert Spencer*: Toward a Renewed Appreciation. Beverly Hills, CA: Sage, 1985. • "Durkheim's and Spencer's Principles of Social Organization: A Theoretical Note". *Sociological Perspectives*, 27, jan./1984, p. 21-32. • "The Forgotten Giant: Herbert Spencer's Theoretical Models and Principles". *Revue Européene des Sciences Sociales*, 29, n. 59, 1981, p. 79-98.

caso Spencer não tivesse formulado o funcionalismo, seria improvável que Durkheim tivesse adotado esse modo de análise sociológica.

Durkheim e o evolucionismo de Spencer

Spencer também possuía uma visão evolucionária das sociedades como se movendo de um estado simples a um triplamente composto. Embora talvez deficiente sob alguns aspectos, a descrição de Spencer estava muito mais sintonizada do que a de Comte com os aspectos estruturais e culturais da evolução social. O evolucionismo de Comte havia sido vago, com referências ao movimento dos sistemas de pensamento e à visão do organismo social como abrangendo toda a humanidade. Em contraste, a análise de Spencer era muito mais sociológica e enfatizava variáveis explícitas que poderiam distinguir um tipo de sociedade de outro e que poderia fornecer uma visão das dimensões ao longo das quais a mudança evolucionária poderia ser descrita. Assim, é difícil imaginar que Durkheim não tivesse se impressionado com a análise de Spencer dos contornos amplos da evolução social[31]. Na verdade, o primeiro grande trabalho de Durkheim deveria explorar a evolução social das sociedades simples às complexas, uma tarefa que havia ocupado inicialmente Spencer no vol. 1 de seus *Princípios de sociologia*.

Marx e Durkheim

Durkheim analisou as doutrinas socialistas e comunistas em seus cursos, especialmente em um curso sobre a história do pensamento social. Ele foi muitas vezes crítico, como podemos ver nos ensaios extraídos de suas conferências publicados postumamente[32]. Algumas evidências indicam que Durkheim quis dedicar um curso inteiro ao pensamento de Marx, mas aparentemente nunca encontrou tempo. Ele tinha, portanto, conhecimento de Marx, mas foi desencorajado pelo socialismo de "viés trabalhista" e pela ênfase na revolução e no conflito. Ele achava que os problemas da alienação, exploração e antagonismo de classes eram relevantes para todos os setores da sociedade e que a revolução causou mais patologias do que resolveu. Todavia, em seu primeiro trabalho, ele

---

31. Alguns comentários, surpreendentemente os de estudiosos britânicos, tendiam a subestimar o impacto de Spencer sobre Durkheim. Embora todos os comentários observem a reação positiva de Durkheim ao organicista alemão Albert Schäffle, falham em observar que Schäffle estava simplesmente adotando as ideias de Spencer. Suspeitamos que Durkheim soubesse que estava reiterando as ideias de Spencer.

32. Cf., p. ex., DURKHEIM, É. *Socialism and Saint-Simon*. Yellow Springs, OH: Antioch, 1959 [publicado originalmente em 1928].

discute a divisão forçada do trabalho, a Teoria do Valor-trabalho e os problemas da exploração – pontos altamente reminiscentes da conceitualização de Marx.

No todo, contudo, a influência de Marx foi negativa. Durkheim reagiu contra a sua insistência em que a integração nas sociedades capitalistas não poderia ser atingida devido às suas "contradições internas". As formas "normais" de geração de conflitos, para Marx, eram "anormais" para Durkheim, e poderiam ser eliminadas sem revolução interna. Na verdade, o pensamento social francês logo após a Revolução Francesa e a revolução menor de 1848 foi decisivamente conservador e não considerava o conflito revolucionário como um modo produtivo e construtivo de provocar a mudança desejada. Assim, embora a influência de Marx sobre Durkheim seja evidente, não é profunda. Diferente de Weber, para quem o "fantasma de Marx" esteve sempre presente, Durkheim considerou o pensamento de Marx, reagiu contra suas ideias em seus primeiros trabalhos e terminou rejeitando-o e ignorando-o em seus últimos trabalhos.

Antecipando a sociologia de Durkheim

As ideias de um estudioso são o produto de influências múltiplas, algumas óbvias e outras mais sutis. Mencionamos algumas influências biográficas no pensamento de Durkheim, mas nossa ênfase foi naqueles estudiosos dos quais ele adotou conceitos e métodos. Pensamos que simplesmente olhar para os elementos-chave do pensamento de Durkheim e então examinar as figuras importantes de seu meio intelectual torna claras as fontes de seus conceitos e preocupações básicas.

A influência de vários estudiosos na sociologia de Durkheim é evidente em pontos diferentes de sua carreira, o que se tornará claro no próximo capítulo. Como forma de antecipar essa discussão, fecharemos este capítulo com uma breve listagem dos elementos de sua sociologia. Todos esses elementos foram derivados dos estudiosos discutidos neste capítulo, mas a biografia única de Durkheim o levou a combiná-los de modos engenhosos, criando uma perspectiva sociológica distinta. Sua sociologia pode ser vista como: (1) uma série de preceitos metodológicos, (2) uma estratégia de construção de teorias, (3) um conjunto de tópicos substanciais, e (4) uma grande quantidade de preocupações práticas. Cada uma é brevemente sumarizada em um esforço de antecipar a análise detalhada do próximo capítulo.

Preceitos metodológicos

A partir de Montesquieu e Comte, Durkheim passou a ver como possível uma ciência da sociedade somente se os fenômenos sociais e morais forem considerados como realidades distintas. Além disso, uma ciência do mundo social deve ser como a dos mundos físico e biológico; ela deve se basear em dados, ou fatos. Montesquieu inicialmente enfatizava esse ponto, mas Comte articulou os métodos a serem empregados pela ciência da sociedade. Técnicas históricas, comparativas, experimentais e observacionais devem ser usadas para descobrir os fatos sociais.

Estratégia teórica

Durkheim se apropriou da visão de Montesquieu e Comte segundo a qual as leis sociológicas poderiam ser descobertas. Em particular, a análise causal passou a ser uma parte integral da abordagem de Durkheim. Como Montesquieu, Durkheim acreditava que a teoria deveria buscar as causas gerais dos fenômenos, pois somente desse modo as leis abstratas da organização social podem ser descobertas. Todavia, sem uma análise correspondente, mas, ainda assim, separada das funções atendidas pelos fenômenos sociais, essas leis permanecerão ocultas – um ponto implícito no trabalho de Montesquieu e Comte que se tornou explícito na sociologia de Spencer. Assim, para Durkheim, as leis da sociologia provêm das análises causais e funcionais dos fatos sociais.

Interesses substanciais

Durkheim acreditava que a tarefa básica da sociologia era compreender as forças que mantêm a sociedade coesa. Em um nível substancial, essa questão envolve o exame de (1) estruturas sociais; (2) componentes simbólicos, como valores, crenças e normas; e (3) as relações complexas entre (1) e (2). De Montesquieu, Tocqueville e Spencer, Durkheim adquiriu uma noção de estrutura social. Do *espírito de uma nação*, de Montesquieu, da *vontade geral*, de Rousseau, e do *consensus universalis*, de Comte, Durkheim chegou à compreensão da significação dos símbolos culturais para a integração das estruturas sociais. Os tópicos específicos que mais preocupavam Durkheim – religião, educação, governo, a divisão do trabalho, grupos intermediários e representações coletivas – vieram dos estudiosos discutidos neste capítulo e de preocupações intelectuais e acadêmicas específicas de sua época. A ênfase na integração simbólica e estrutural conectou seu exame de tópicos específicos, que se tornarão cada vez mais claros no próximo capítulo.

Preocupações práticas

Como Rousseau e Comte, Durkheim queria criar uma sociedade bem integrada. Esse objetivo poderia ser atingido somente pelo reconhecimento das patologias da ordem social, que foram articuladas pela primeira vez com uma paixão moral no trabalho de Rousseau e depois reforçadas na análise menos apaixonada que Tocqueville faz da democracia americana. Pela forma como

Durkheim passou a ver o tema, a solução para essas patologias envolvia a criação de um sistema de ideias restritivas (Comte, Rousseau e Montesquieu), a integração em subgrupos intermediários (Tocqueville), a coordenação de funções diferenciadas por meio do intercâmbio e do contrato (Comte e Spencer) e a criação de um Estado central que fornecesse uma coordenação geral, embora mantendo a liberdade individual (Rousseau, Tocqueville e Comte).

Em suma, portanto, essas preocupações metodológicas, teóricas, substanciais e práticas marcam os elementos críticos da sociologia de Durkheim. Exploraremos agora as partes específicas do trabalho através das quais as noções teóricas de Durkheim se desenvolveram.

13
A sociologia de Durkheim

Seis décadas após Comte ter proposto um campo de investigação chamado sociologia, Émile Durkheim reuniu a longa linhagem francesa de pensamento social em uma abordagem teórica coerente. Ao longo da ilustre carreira de Durkheim, seu trabalho teórico se concentrou em uma questão fundamental: *Qual é a base para a integração e a solidariedade nas sociedades humanas?*[1] No início, ele examina essa questão a partir de uma perspectiva macro, olhando para a sociedade como um todo. Mais tarde, ele muda sua atenção para as bases micro da solidariedade, examinando o ritual e a interação de pessoas no contato face a face. Em todos os seus trabalhos, ele não somente reuniu a teorização passada em um esquema coerente, mas também estimulou vários movimentos intelectuais do século XX que persistem até hoje[2].

A divisão do trabalho na sociedade

O primeiro grande trabalho de Durkheim foi a versão publicada de sua tese de doutorado em francês, *A divisão do trabalho na sociedade*[3]. O subtítulo origi-

---

1. Comentadores discordam sobre se o trabalho de Durkheim mudou fundamentalmente de uma perspectiva macro para uma micro, ou de uma perspectiva estrutural para uma psicológico-social, entre 1839 e 1916. Para um comentário relevante sobre esse tema e sobre a abordagem de Durkheim em geral, cf. GIDDENS, A. *Capitalism and Modern Theory*: An Analysis of the Writings of Marx, Durkheim, and Max Weber. Cambridge, UK: Cambridge University Press, 1971. • GIDDENS, A. (ed. e trad.). *Émile Durkheim*: Selected Writings. Cambridge, UK: Cambridge University Press, 1972. • PARSONS, T. *The Structure of Social Action*. Nova York: McGraw-Hill, 1937. • LUKES, S. *Émile Durkheim, His Life and Work*: A Historical and Critical Study. Londres: Allen Lane, 1973. • JONES, R.A. *Émile Durkheim*. Beverly Hills, CA: Sage, 1985.

2. Para uma bibliografia extensiva dos trabalhos publicados de Durkheim, cf. LUKES. *Émile Durkheim*, p. 561-590. Cf. tb. NISBET, R.A. *The Sociology of Émile Durkheim*. Nova York: Oxford University Press, 1974, p. 30-41, para uma bibliografia comentada dos trabalhos mais importantes que formam o núcleo do sistema teórico de Durkheim.

3. DURKHEIM, É. *The Division of Labor in Society*. Nova York: Free Press, 1947 [publicado originalmente em 1893].

nal dessa tese é *Um estudo da organização das sociedades avançadas*[4]. Na superfície, o livro é sobre as causas, características e funções da divisão do trabalho nas sociedades modernas, mas, como veremos, apresenta uma teoria mais geral da organização social, que ainda pode inspirar teóricos da sociologia[5]. Nesse grande trabalho, Durkheim enfatiza vários temas que guiarão nossa análise: (1) a solidariedade social[6], (2) a consciência coletiva, (3) a morfologia social[7], (4) a solidariedade mecânica e orgânica, (5) a mudança social, (6) as funções sociais, e (7) a patologia social.

A solidariedade social

A divisão do trabalho na sociedade trata da base variável da solidariedade social à medida que as sociedades evoluem de um perfil indiferenciado e simples[8] para um perfil complexo e diferenciado[9]. Hoje, esse tópico seria chamado *integração social* devido à preocupação com o modo pelo qual as unidades de um sistema social são coordenadas. Para Durkheim, o tema da solidariedade social, ou integração, dependia de vários outros temas relacionados: (1) Como os indivíduos passam a se sentir parte de um coletivo social maior? (2) Como seus desejos e vontades são restringidos de modo a que possam participar no coletivo? (3) Como as atividades dos indivíduos e outras unidades sociais são coordenadas e ajustadas umas às outras?

Essas questões, devemos enfatizar, não dominam somente *A divisão do trabalho na sociedade*, mas também guiam todos os trabalhos posteriores importantes de Durkheim. Elas nos levam ao problema básico de como os padrões de organização social são criados, mantidos e mudados. Assim, não surpreende que a análise de Durkheim da solidariedade social contenha uma teoria mais geral da organização social. Esses conceitos que ele desenvolveu para explicar a organização social em geral devem ser explorados, e um dos mais importantes deles é o conceito de *consciência coletiva*.

---

4. Cf. LUKES. *Émile Durkheim*, cap. 7, para uma discussão detalhada.

5. Nossa visão de *The Division of Labor* não enfatiza de modo suficiente o evolucionismo contido nesse trabalho porque pensamos que é dada muita ênfase ao modelo de mudança social e muito pouca à teoria implícita da organização social.

6. Alternativamente, integração social.

7. Ou a natureza da estrutura social.

8. Durkheim descreve essas sociedades simples como baseadas na solidariedade mecânica. *Mecânico* era um termo utilizado com a conotação de uma imagem da sociedade como um corpo no qual a coesão é obtida por cada elemento revelando uma forma cultural e estrutural similar.

9. Essas sociedades eram vistas como baseadas na solidariedade orgânica. *Orgânico* era um termo utilizado como analogia a um organismo no qual os elementos são distintos na forma e operam independentemente, mas pelo bem-estar do organismo social mais inclusivo.

A consciência coletiva

Ao longo de sua carreira, Durkheim esteve vitalmente preocupado com a "moralidade", ou os *fatos morais*. Embora fosse muitas vezes um tanto vago sobre o que constituía um fato moral, podemos interpretar o conceito de moralidade para abranger o que os sociólogos chamam agora cultura. Ou seja, Durkheim estava preocupado com os sistemas de símbolos – particularmente as normas, valores e crenças – que os humanos criam e usam para organizar suas atividades.

Durkheim tinha de afirmar a legitimidade do estudo científico dos fenômenos morais porque outras disciplinas acadêmicas, como o direito, a ética, a religião, a filosofia e a psicologia, reivindicavam os símbolos como seu tema. Assim, ele insistia, "os fatos morais são fenômenos como outros; eles consistem em regras de ação reconhecíveis por certas características distintivas. Deve, portanto, ser possível observá-los, descrevê-los, classificá-los e buscar por leis que os expliquem"[10].

Deveríamos enfatizar que Durkheim em seu trabalho inicial usou muitas vezes o conceito de *fatos morais* para denotar padrões estruturais (grupos, organizações, comunidades etc.) assim como sistemas de símbolos (valores, crenças, leis, normas). Em *A divisão do trabalho na sociedade*, contudo, podemos encontrar indicações claras de que ele desejava separar analiticamente o puramente estrutural dos aspectos simbólicos da realidade social. Esse isolamento dos fenômenos culturais ou simbólicos podem ser melhor vistos em sua formulação de um outro conceito, um tanto ambíguo: a *consciência coletiva*. Mais tarde, ele abandonou o uso extensivo dessa expressão em favor de *representações coletivas*, que, infelizmente, acrescentam pouco em termos de clarificação. Mas podemos começar a compreender seu significado com a definição formal apresentada em *A divisão do trabalho na sociedade*: "A totalidade de crenças e sentimentos comuns à média dos cidadãos da mesma sociedade forma um sistema determinado que possui vida própria; podemos chamá-lo *consciência coletiva* ou *comum*"[11]. Ele prossegue, indicando que, embora os termos *coletivo* e *comum* "não fossem sem ambiguidade", sugerem que as sociedades revelam uma realidade independente das "condições particulares nas quais os indivíduos estão situados". Além disso, as pessoas nascem na consciência coletiva ou na cultura de uma sociedade, e essa cultura regula suas percepções e comportamentos. O que Durkheim estava designando com o conceito de consciência coletiva, portanto, é que

---

10. DURKHEIM. *Division of Labor*, p. 32. Essa ideia deve sua inspiração a Comte. Como Durkheim observou em sua tese em latim sobre Montesquieu, "nenhum progresso posterior poderia ser feito até que fosse reconhecido que as leis das sociedades não são diferentes daquelas que governam o resto da natureza [...]. Essa foi a contribuição de Augusto Comte" (DURKHEIM, É. *Montesquieu and Rousseau*. Ann Arbor: University of Michigan Press, 1960, p. 63-64 [publicado originalmente em 1892]).

11. DURKHEIM. *Division of Labor*, p. 79-80 [ênfase no original].

aspectos da cultura – sistemas de valores, crenças e normas – restringem os pensamentos e ações dos indivíduos.

No curso de sua análise da consciência coletiva, Durkheim conceitualizou seus vários estados como tendo quatro variáveis: (1) volume, (2) intensidade, (3) determinação, e (4) conteúdo religioso *versus* secular[12]. *Volume* indica até que ponto os valores, crenças e regras da consciência coletiva são compartilhados pelos membros de uma sociedade; *intensidade*, até que ponto a consciência coletiva tem o poder de guiar e restringir os pensamentos e ações de uma pessoa; *determinação*, o grau de clareza nos componentes da consciência coletiva; e *conteúdo* se refere à parte do religioso no simbolismo puramente secular da consciência coletiva.

Morfologia social

Durkheim via a estrutura social (ou, como ele denominava, *morfologia*) como envolvendo uma avaliação da "natureza", "número", "arranjo" e "inter--relações" das partes, sejam essas partes indivíduos ou unidades corporativas, como grupos e organizações. Sua *natureza* é usualmente avaliada por variáveis como tamanho e funções (econômicas, políticas, familiares etc.). O *arranjo* diz respeito à distribuição das partes umas em relação às outras; *inter-relações* lidam com os modos de comunicação, movimento e obrigações mútuas das partes.

Embora toda a carreira intelectual de Durkheim tivesse envolvido um esforço para demonstrar o impacto das estruturas sociais sobre a consciência coletiva assim como nas cognições e comportamentos individuais, ele nunca fez uso explícito dessas variáveis – ou seja, natureza, número, arranjo e inter-relação – para analisar estruturas sociais. Em suas declarações mais metodológicas, ele defendia a vantagem de ver a morfologia social por meio da natureza, tamanho, número, arranjo e inter-relações das partes específicas. Todavia, sua análise real das estruturas sociais em seus trabalhos mais importantes deixa implícitas essas propriedades mais formais da estrutura[13].

Solidariedade mecânica e orgânica

Com essas visões sobre a consciência coletiva e a morfologia estrutural, Durkheim desenvolveu uma tipologia das sociedades baseada em seus modos de integração ou solidariedade. Um tipo é denominado *mecânico*, e, o outro,

---

12. Ibid., 152 para 1, 2 e 3 e ao longo do livro para 4. Para discussões secundárias, cf. LUKES. *Émile Durkheim*. • GIDDENS. *Selected Writings*.

13. A preocupação com a "morfologia social" era, sem dúvida, uma adaptação da ideia de Comte da estática social, à medida que essas foram influenciadas pelo organicista alemão Albert Schäffle, com quem Durkheim havia se impressionado sobremaneira. Cf. LUKES. *Émile Durkheim*, p. 86-95.

orgânico[14]. Como veremos adiante, cada um desses tipos repousa sobre diferentes princípios de integração social, envolvendo diferentes morfologias, sistemas de símbolos e relações entre estruturas sociais e simbólicas. A distinção de Durkheim entre mecânico e orgânico é tanto uma tipologia descritiva das sociedades tradicionais e modernas como um posicionamento sobre as formas de mudança da integração social que emergem com a diferenciação crescente da estrutura social.

No nível descritivo, a solidariedade mecânica é baseada em uma forte consciência coletiva que regula o pensamento e as ações dos indivíduos situados dentro de unidades estruturais que são similares. Das quatro variáveis pelas quais Durkheim conceitualizou a consciência coletiva, o sistema cultural é elevado em volume, intensidade, determinação e conteúdo religioso. Os códigos legais, que em sua visão são o melhor indicador empírico de solidariedade, são repressivos, e as sanções são punitivas. A razão para essa repressão é que o desvio dos ditames da consciência coletiva é visto como um crime contra todos os membros da sociedade e os deuses. A morfologia, ou estrutura, das sociedades mecânicas revela unidades relacionadas independentes que organizam números relativamente pequenos de pessoas que partilham de compromissos fortes com sua consciência coletiva particular. As inter-relações de unidades afins são mínimas, com cada unidade sendo como as outras e satisfazendo autonomamente as necessidades de seus membros. Não surpreende, portanto, que a liberdade, escolha e autonomia individuais sejam baixas nas sociedades mecânicas. As pessoas são dominadas pela consciência coletiva, e suas ações são restringidas por seus ditames e pelas restrições de unidades coesivas afins.

Em contraste, sociedades organicamente estruturadas são tipificadas por grandes populações, distribuídas em papéis especializados em muitas unidades estruturais diversas. As sociedades orgânicas revelam altos graus de interdependência de indivíduos e unidades corporativas, com intercâmbio, contratos legais e normas que regulam essas inter-relações. A consciência coletiva se torna "debilitada" e "mais abstrata", fornecendo premissas de valor altamente gerais e seculares para os intercâmbios, contratos e normas que regulam as interdependências das unidades sociais especializadas. Essa alteração é refletida nos códigos legais que se tornam menos punitivos e mais "restitutivos", especificando modos não punitivos de retificar violações de arranjos normativos e de reintegrar os violadores de volta na rede de interdependências que tipificam as sociedades orgânicas. Nessas sociedades, a liberdade individual é grande, e a consciência coletiva secular e altamente abstrata se torna dominada por valores que enfatizam o respeito pela dignidade pessoal do indivíduo.

---

14. Essa tipologização era típica no século XIX. Spencer distinguia tipos societais, mas a distinção mais influente foi a de Tönnies entre *Gemeinschaft* e *Gesellschaft*. Durkheim passou um ano na Alemanha como estudante em 1885-1886, e, embora o famoso trabalho de Tönnies não tivesse sido publicado ainda, sua tipologia foi famosa e influenciou a conceitualização de Durkheim da solidariedade mecânica e orgânica.

Esse contraste descritivo entre sociedades mecânicas e orgânicas é sumarizado na Tabela 13.1[15]. No nível mais teórico, a distinção de Durkheim entre solidariedade mecânica e orgânica postula uma relação fundamental no mundo social entre a "diferenciação estrutural", "generalização de valor" e "especificação normativa". Vamos explorar essa relação com mais detalhes. Como as sociedades se diferenciam estruturalmente, os valores se tornam mais abstratos[16]. A consciência coletiva muda sua natureza à medida que as sociedades se tornam mais volumosas. Como essas sociedades se expandem sobre uma superfície mais vasta, a consciência comum ou cultura se sobrepõe às diversidades locais e consequentemente se torna mais abstrata. Somente ao se tornar geral a cultura pode ser comum para ambientes distintos[17].

Tabela 13.1 Sumário descritivo das sociedades mecânicas e orgânicas

Características morfológicas (estruturais)	Solidariedade mecânica	Solidariedade orgânica
1) Tamanho	Pequeno	Grande
2) Número de partes	Poucas	Muitas
3) Natureza das partes	Baseadas no parentesco	Diversa: Dominada por conteúdo econômico e governamental
4) Arranjo	Independente, autônoma	Inter-relacionada, mutuamente interdependente
5) Natureza das inter-relações	Vinculada à consciência comum e à lei punitiva	Unida por intercâmbio, contrato, normas e o direito restitutivo
Consciência coletiva (cultura)	**Solidariedade mecânica**	**Solidariedade orgânica**
1) Volume	Alto	Baixo
2) Intensidade	Alta	Baixa
3) Determinação	Alta	Baixa
4) Conteúdo	Religioso, enfatizando o compromisso e a conformidade aos ditames dos poderes sagrados	Secular, enfatizando a individualidade

15. Essa tabela é similar àquela desenvolvida em LUKES. *Émile Durkheim*, p. 151.

16. DURKHEIM. *Division of Labor*, p. 171.

17. Ibid., p. 287.

À medida que os valores básicos perdem sua capacidade de regular as ações específicas de grandes números de unidades diferenciadas, as regulações normativas surgem para compensar pela incapacidade de os valores gerais especificarem o que as pessoas deveriam fazer e como os indivíduos, assim como as unidades corporativas deveriam interagir:

> Se a sociedade não impõe mais a todos certas práticas uniformes, ela toma um cuidado maior em definir e regular as relações especiais entre diferentes funções e essa atividade não é menor porque é diferente[18].
>
> É certo que as sociedades organizadas não são possíveis sem um sistema desenvolvido de regras que predeterminam as funções de cada órgão. Na medida em que o trabalho é dividido, surge uma multidão de moralidades e leis ocupacionais[19].

Assim, em sua comparação aparentemente estática das sociedades mecânicas e orgânicas, Durkheim estava na verdade propondo relações reguladoras entre elementos estruturais e simbólicos dos sistemas sociais.

Mudança social

A visão de Durkheim da mudança social está centrada em uma análise das causas e consequências de aumentos na divisão do trabalho:

> A divisão do trabalho é diretamente proporcional ao volume e densidade das sociedades, e, se ela progride de uma maneira contínua no curso do desenvolvimento social, é porque as sociedades se tornam regularmente mais densas e geralmente mais volumosas[20].

Alguma tradução de termos é necessária para que essa "proposição", como Durkheim a chamava, possa ser entendida. *Volume* se refere ao tamanho e concentração da população; *densidade* pertence à interação aumentada que surge do volume aumentado. Assim, a divisão do trabalho surge dos aumentos na concentração das populações cujos membros entram cada vez mais em contato entre si. Durkheim também denominava os índices maiores de interação daqueles impelidos ao contato *densidade dinâmica* e *moral*. Ele então analisa aqueles fatores que expandem a densidade material de uma população. Os limites ecológicos (rios, montanhas, oceanos etc.), migração, urbanização e aumento populacional aumentam diretamente o volume e, portanto, aumentam indiretamente a possibilidade da densidade dinâmica (maior contato e interação). Inovações tecnológicas, como novos modos de comunicação e transporte, aumentam diretamente a intensidade de contato e interação dos indivíduos. Mas todas essas influências diretas e indiretas são meramente lis-

---

18. Ibid., p. 205.

19. Ibid., p. 302.

20. Ibid., p. 262.

tas de condições empíricas que influenciam a densidade explanatória primária variável, dinâmica ou moral.

Como, então, a densidade dinâmica provoca a divisão do trabalho? A densidade dinâmica aumenta a concorrência entre indivíduos que, caso sobrevivam à "luta", devem assumir papéis especializados e então estabelecer relações de intercâmbio uns com os outros. A divisão do trabalho é, portanto, o mecanismo pelo qual a concorrência é mitigada:

> Assim, Darwin diz que uma pequena área, aberta à imigração, e onde, consequentemente, o conflito de indivíduos deve ser acirrado, vemos sempre uma grande diversidade nas espécies que a habitam. [...]. Os humanos se submetem à mesma lei. Na mesma cidade, diferentes ocupações podem coexistir sem serem mutuamente forçadas a se destruírem, pois buscam diferentes objetos[21].

A Figura 13.1 esboça essas conexões causais. Recapitulando, para Durkheim a migração, o crescimento populacional e a concentração ecológica provocam o aumento da *densidade material*, que por sua vez provoca o aumento da *densidade moral* ou *dinâmica* – ou seja, aumento do contato social e da interação. Essa interação poderia ser também aumentada por vários meios de comunicação e transporte, como é ilustrado no modelo na Figura 13.1. A maior intensidade de interação característica de uma população maior dentro de um espaço ecológico confinado provoca a concorrência, ou "luta", maior entre indivíduos. Essa concorrência permite àqueles que possuem mais recursos e talentos manterem suas posições presentes e assumirem posições de níveis elevados, embora os "menos aptos" busquem especialidades alternativas para mitigar a competição. Dessa competição e diferenciação vem a divisão do trabalho, que, quando "normal", resulta na solidariedade orgânica.

O maior problema com o modelo é o argumento implícito sobre as "causas finais": A função da divisão do trabalho é promover a solidariedade social. Durkheim sugeria que a necessidade da solidariedade social levava o conflito a ser resolvido pela divisão do trabalho; todavia, ele nunca especificou como as necessidades satisfeitas pela divisão do trabalho (i.e., a solidariedade social) provocavam sua emergência. Ainda assim, o modelo na Figura 13.1 contém algumas ideias sugestivas, particularmente as noções de que a densidade material leva à densidade moral, de que a densidade moral leva à concorrência, de que a concorrência leva à diferenciação e de que a diferenciação leva a novos mecanismos de integração. Por outro lado, sem especificar as condições sob as quais essas conexões causais são geradas, o modelo é vago.

---

21. Ibid., p. 266-267.

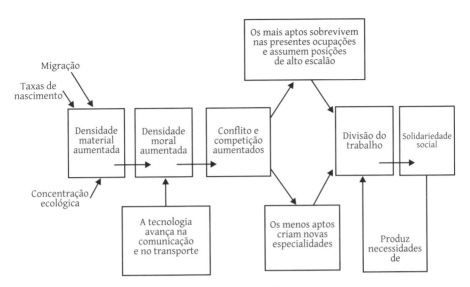

Figura 13.1 Modelo implícito de Durkheim da estática social

Funções sociais

Spencer havia formulado claramente as noções de estrutura e função, em que a estrutura atendia às funções impostas pelas necessidades do organismo social. Durkheim parece ter se apropriado dessas ideias e, na verdade, aberto *A divisão do trabalho na sociedade*, com uma avaliação dessas funções[22]. A função da divisão do trabalho é promover a solidariedade social, ou a integração societal. Essa análise funcional, conforme Durkheim, deve ser mantida separada da análise causal.

Apesar disso, a análise funcional foi crítica ao desejo de Durkheim de ser o "médico" da sociedade. Ao examinar o que a estrutura "faz por" uma sociedade de um tipo particular ou em um estágio específico de evolução, Durkheim achava que estava em uma posição melhor para determinar o que era "normal" e "anormal" para essa sociedade – um ponto que Comte levantou pela primeira vez em sua defesa do uso do método experimental na sociologia. O conceito de função permitiu a Durkheim julgar se uma estrutura, como a divisão do trabalho, estava funcionando normalmente para um tipo particular de sociedade. Assim, com base no quanto a divisão do trabalho falha em promover a integração societal ou a solidariedade social em uma sociedade, ele via essa sociedade como estando em um estado "patológico" e necessitando de alterações para restaurar a "normalidade" ao "corpo social". Essas considerações o levaram a

---

[22]. Para uma análise mais detalhada do débito de Durkheim para com Spencer e de sua contribuição ao funcionalismo, cf. TURNER, J.H. & MARYANSKI, A. *Functionalism*. Menlo Park, CA: Benjamin/Cummings, 1979. • TURNER, J.H. "Durkheim's and Spencer's Principles of Social Organization". *Sociological Perspectives*, 9, 1984, p. 283-291.

analisar, no final de sua primeira obra sociológica importante, as "formas anormais" da divisão do trabalho porque a anormalidade das estruturas podem ser determinadas somente em referência às suas "funções normais".

Patologia e formas anormais

Durkheim abre sua discussão sobre as formas anormais com a seguinte declaração:

> Até agora, estudamos a divisão do trabalho somente como um fenômeno normal, mas, como todos os fatos sociais, e, de um modo mais geral, todos os fatos biológicos, ele apresenta as formas patológicas que devem ser analisadas. Embora normalmente a divisão do trabalho produza solidariedade social, às vezes, ela apresenta resultados diferentes, e mesmo contrários[23].

Durkheim isolou três formas anormais: (1) a divisão anômica do trabalho, (2) a divisão forçada do trabalho, e (3) a divisão inadequadamente coordenada do trabalho. Ao discutir essas formas anormais, ele se inspirou consideravelmente em seus predecessores franceses, particularmente em Jean-Jacques Rousseau e Alexis de Tocqueville, embora prosseguindo um diálogo silente com Karl Marx e outros socialistas. Assim, sua análise das formas anormais representa seu esforço para tratar temas que haviam sido discutidos e contestados por várias gerações anteriores de intelectuais. Na verdade, o isolamento dos indivíduos, seu distanciamento da sociedade, seu senso de alienação, sua exploração pelos poderosos, e temas relacionados haviam sido acaloradamente debatidos tanto nos círculos intelectuais como leigos. Todavia, embora a seleção de tópicos de Durkheim não seja única, suas conclusões e suas implicações teóricas são altamente originais.

A divisão anômica do trabalho

O conceito de anomia não foi bem desenvolvido em A divisão do trabalho na sociedade. Somente mais tarde, no trabalho de 1897, O suicídio, esse conceito se tornou teoricamente importante. A discussão de Durkheim em A divisão do trabalho na sociedade é explicitamente dirigida a Comte, que havia observado a essência do dilema básico que confronta os sistemas sociais orgânicos. Como Comte afirmava,

> do ponto de vista moral, embora cada indivíduo seja, portanto, estreitamente dependente da massa, ele é naturalmente afastado dela pela natureza de sua atividade especial, lembrando-o constantemente de seus interesses privados, que ele percebe apenas muito difusamente estarem relacionados ao público[24].

---

23. DURKHEIM. Division of Labor, p. 353.
24. Apud LUKES. Émile Durkheim, p. 141.

Para Durkheim, esse dilema foi expresso como mantendo o compromisso do indivíduo com um conjunto comum de valores e crenças embora lhes permitindo perseguir seus interesses específicos. Nesse estágio de seu pensamento, a anomia representava uma regulação normativa insuficiente das atividades dos indivíduos, de modo a não se sentirem atraídos pela coletividade.

A anomia é inevitável, como acreditava Durkheim, quando a transformação da sociedade de uma base mecânica para uma base orgânica da solidariedade social é rápida e produz a "generalização", ou "debilitação", de valores. Com a generalização, o vínculo dos indivíduos com valores, bem como a sua regulação por eles, é diminuído. Os resultados dessa situação anômica são diversos. Um deles é que os indivíduos se sentem alienados porque seu único vínculo é com a monotonia e o programa opressor ditado pelas máquinas da era industrial. Outro resultado diz respeito às frustrações cada vez maiores e ao senso de privação, manifestados pela maior incidência de revolta, que surge em um Estado de sub-regulação.

Diferente de Marx, contudo, Durkheim não considerava essas consequências inevitáveis. Ele rejeitava a noção de que havia contradições inerentes no capitalismo, pois "se, em certos casos, a solidariedade orgânica não é tudo o que deveria ser... [é] porque todas as condições para a existência da solidariedade orgânica não foram realizadas"[25]. Ele também não aceitaria a solução de Comte ou de Rousseau para a anomia: o estabelecimento de um órgão central um tanto ditatorial, o Estado.

Todavia, na primeira edição de *A divisão do trabalho na sociedade*, a solução de Durkheim é vaga. A solução para a anomia envolve a reintegração dos indivíduos na vida coletiva em virtude de sua interdependência de outros especialistas e os objetivos comuns que todos os membros de uma sociedade fundamentalmente buscam[26]. Sob muitos aspectos, esse argumento substitui a mão invisível de Adam Smith pelo "poder invisível do coletivo", sem especificar como essa integração ao coletivo deve ocorrer.

Durkheim reconhecia a inadequação dessa solução ao problema da anomia. Além disso, sua análise mais detalhada em *O suicídio* (1897) deve ter enfatizado ainda mais as limitações de sua análise em *A divisão do trabalho na sociedade*. Assim, a segunda edição de *A divisão do trabalho na sociedade*, publicado em 1902, continha um longo prefácio que buscava especificar o mecanismo pelo qual a anomia deveria ser contida. Esse mecanismo é o grupo "ocupacional", ou "corporativo"[27].

---

25. DURKHEIM. *Division of Labor*, p. 364-365.

26. Ibid., p. 373.

27. Ibid., p. 1-31.

Durkheim reconhecia que a industrialização, a urbanização, a especialização ocupacional e o crescimento do Estado burocratizado diminuíam as funções da família, da religião, da região e da vizinhança como mecanismos de promoção da integração dos indivíduos à coletividade societal. Com a generalização e debilitação da consciência coletiva, acoplada ao isolamento potencial dos indivíduos em uma especialidade ocupacional, Durkheim viu que novas estruturas teriam de evoluir para evitar a anomia. Essas estruturas promovem a solidariedade social de vários modos: (1) organizam as especialidades ocupacionais em um coletivo, (2) eliminam a lacuna cada vez maior entre o Estado remoto e as necessidades e desejos específicos do indivíduo, e (3) fornecem uma alternativa funcional às lealdades antigas geradas pela religião, regionalismo e parentesco. Essas novas estruturas intermediárias não são somente ocupacionais, mas também grupamentos políticos e morais que vinculam as ocupações especializadas, contrabalançam o poder do Estado e fornecem interpretações específicas para os valores e crenças mais abstratos da consciência coletiva.

Durkheim havia se apropriado da ideia de "grupos ocupacionais" da análise das organizações intermediárias de Tocqueville na América (cf. cap. 12). Ele estendeu o conceito consideravelmente, contudo, e ao fazer isso, ele postulou uma concepção de como uma sociedade deveria ser organizada econômica, política e moralmente[28]. Economicamente, os grupos ocupacionais reúnem especialidades ocupacionais relacionadas em uma organização que poderia estabelecer horas de trabalho e níveis de salário e que poderiam barganhar com a administração de corporações e do governo.

Politicamente, o grupo ocupacional se tornaria um tipo de partido político cujos representativos participariam do governo. Como a maioria dos estudiosos franceses na era pós-revolucionária, Durkheim desconfiava da democracia de massa, sentindo que as paixões de curto prazo e os humores dos indivíduos poderiam tornar o Estado impotente no estabelecimento e na obtenção de objetivos de longo alcance. Ele também desconfiava de um Estado onipotente e burocratizado por considerar sua estrutura remota era muito insensível e inconveniente para lidar com as necessidades específicas e os problemas de diversos indivíduos. Além disso, Durkheim viu que o poder estatal sem controle levava inevitavelmente a abusos, uma ênfase que se aproximava da ideia de Montesquieu de um equilíbrio de poderes no governo. Assim, o poder do Estado deve ser controlado pelos grupos intermediários, que canalizam o sentimento público para o Estado e administram as políticas do Estado para um eleitorado particular[29].

---

28. Estamos complementando a discussão de Durkheim sobre grupos ocupacionais com trabalhos adicionais. Cf. DURKHEIM, É. *Professional Ethics and Civil Morals*. Boston: Routledge & Kegan Paul, 1957. • *Socialism and Saint-Simon*. Yellow Springs, OH: Antioch, 1958.

29. DURKHEIM. *Division of Labor*, p. 28.

Moralmente, grupos ocupacionais devem fornecer muitas das funções recreativas, educacionais e sociais anteriormente executadas pela família, vizinhança e Igreja. Ao reunir as pessoas que tendem a ter experiências comuns por pertencerem a ocupações relacionadas, os grupos ocupacionais podem fornecer um lugar onde as pessoas se sintam integradas na sociedade e onde as tensões psicológicas e a monotonia de seus trabalhos especializados possam ser atenuadas. Além disso, esses grupos podem tornar os valores e crenças generalizados da sociedade como um todo relevantes para as experiências de vida de cada indivíduo. Através do veículo de grupos ocupacionais, portanto, toda uma sociedade de especialistas pode ser religada à consciência coletiva, eliminando, assim, a anomia.

Desigualdade e divisão forçada do trabalho

Durkheim se apropriou bastante dos trabalhos de Rousseau, Claude-Henri de Saint-Simon e Comte, mas se opôs a Marx[30]. Vendo as desigualdades com base na atribuição e na herança de privilégios como "anormais", defendeu uma tributação sobre a herança que eliminasse a passagem de riquezas através de gerações, acreditando, na verdade, que, no curso normal das coisas, essa mudança aconteceria. Diferente de Marx, contudo, Durkheim não tinha aversão à acumulação de capital e privilégio, desde que fosse obtida e não herdada.

O que Durkheim desejava era que a divisão do trabalho e as desigualdades de privilégio correspondessem a diferenças na habilidade das pessoas. Para ele, era anormal que nas sociedades orgânicas a riqueza fosse herdada e esse privilégio herdado fosse usado por uma classe para oprimir e explorar outra. Uma situação assim representa uma "divisão forçada do trabalho", e, no contexto da análise dessa anormalidade, Durkheim examinou as ideias de Marx: (1) a Teoria do Valor-trabalho e a exploração, e (2) a dominação de uma classe por outra. Vamos examinar brevemente cada uma:

1) Durkheim achava que o preço que pagamos por um bem ou serviço deveria ser proporcional ao "trabalho útil que ele contém"[31]. Uma vez que isso não ocorre, ele argumentava, prevalece uma condição anormal. O que é necessário, e inevitável no longo prazo, é que compradores e vendedores sejam "situados em condições externamente iguais"[32] nas quais o preço cobrado por um bem ou serviço corresponda ao "trabalho socialmente

---

30. Durkheim raramente tratava Marx diretamente. Embora quisesse dedicar um curso especial às suas ideias em acréscimo ao seu curso sobre Saint-Simon e o socialismo, ele nunca conseguiu fazê-lo. Assim como Weber, contudo, suspeitamos que a discussão de Durkheim sobre as "formas anormais" representassem um diálogo silencioso com Marx.

31. DURKHEIM. *Division of Labor*, p. 382.

32. Ibid., p. 383.

útil" nele e onde nenhum vendedor ou comprador desfrute de uma vantagem ou monopólio que permita que os preços excedam o trabalho socialmente útil.

2) Durkheim reconhecia que, enquanto houver privilégio herdado, especialmente a riqueza, uma classe poderá explorar e dominar outra. Ele achava que a eliminação da herança era inevitável, porque as pessoas não poderiam mais ser enganadas por uma consciência coletiva para aceitar o privilégio e a exploração (uma posição que se assemelha à noção de Marx de *consciência falsa*). Pois os vínculos religiosos e familiares diminuem em importância e, à medida que os indivíduos são liberados da solidariedade mecânica, as pessoas podem se liberar das crenças que tinham sido muitas vezes usadas para legitimar a exploração.

Durkheim foi certamente ingênuo em sua suposição de que esses aspectos da divisão forçada do trabalho, como o Estado de Marx, "desapareceriam". O que ele via como normal era uma situação que parece similar à visão utilitária de Adam Smith de uma "mão invisível da ordem"[33].

Falta de coordenação

Durkheim denominava a falta de coordenação *uma outra forma anormal* e não dedicou muito espaço para sua análise[34]. Por vezes, conforme Durkheim, a especialização das tarefas não é acompanhada por coordenação suficiente, criando uma situação em que a energia é desperdiçada e os indivíduos se sentem pobremente integrados ao fluxo coletivo da vida. Em sua visão, a especialização de ser "contínua", com funções altamente coordenadas e indivíduos interligados por meio de sua interdependência. Um Estado assim, argumentava, será obtido à medida que os processos naturais e normais que criam a solidariedade orgânica se tornem dominantes na sociedade moderna.

Nessa nota, termina *A divisão do trabalho na sociedade*. O próximo trabalho importante de Durkheim, publicado dois anos depois, buscava tornar mais explícitas as suposições e diretrizes metodológicas que estavam implícitas em *A divisão do trabalho na sociedade*. *As regras do método sociológico* (1895) representa um interlúdio metodológico que clarifica a abordagem de Durkheim da análise sociológica.

---

33. Ibid., p. 377.

34. Ibid., p. 389-395. Cf. tb. POWERS, C.H. "Durkheim and Regulatory Authority". *Journal of the History of the Behavioral Sciences*, 21, 1985, p. 26-36.

As regras do método sociológico

As regras do método sociológico é tanto um tratado filosófico como um conjunto de diretrizes para conduzir a investigação sociológica[35]. Durkheim parece ter escrito o livro por ao menos três razões[36]. Primeiro, ele buscava justificação intelectual para sua abordagem ao estudo do mundo social, especialmente como evidenciado em A divisão do trabalho na sociedade. Segundo, ele queria persuadir uma comunidade acadêmica hostil da legitimidade da sociologia como uma ciência distinta. Terceiro, como desejava fundar uma escola de estudiosos, ele necessitava de um manifesto para atrair e guiar adeptos potenciais para a ciência da sociologia. Os títulos dos capítulos de As regras do método sociológico comunicam melhor a intenção de Durkheim: (1) "O que é um fato social?", (2) "Regras para a observação dos fatos sociais", (3) "Regras para distinguir entre o normal e o patológico", (4) "Regras para a classificação dos tipos sociais", (5) "Regras para a explicação dos fatos sociais" e (6) "Regras relativas ao estabelecimento das provas sociológicas". Vamos examinar agora cada um deles.

O que é um fato social?

Durkheim estava envolvido em uma batalha para estabelecer a legitimidade da sociologia. Em A divisão do trabalho na sociedade, ele proclama os "fatos morais" como sendo um tema da sociologia, mas em As regras do método sociológico ele muda sua terminologia para aquela empregada anteriormente por Comte e argumenta que os "fatos sociais" são o tema distintivo da sociologia. Para Durkheim, um fato social "consiste de modos de agir, pensar e sentir, externos ao indivíduo e dotados de força de coesão, por meio dos quais o controlam"[37].

Nessa definição, Durkheim agrupou comportamentos, pensamentos e emoções como o tema da sociologia. As estruturas morfológicas e simbólicas nas quais os indivíduos participam devem ser, portanto, o foco da sociologia, mas os fatos sociais são, em virtude de transcenderem qualquer indivíduo, "externos" e "coercivos". Eles são externos em dois sentidos:

1) Os indivíduos nascem em um conjunto de estruturas estabelecidas e em um sistema existente de valores, crenças e normas. Assim, esses "fatos" estruturais e simbólicos são inicialmente externos aos indivíduos, e à medida que as pessoas aprendem a desempenhar papéis nas estruturas sociais, a guiarem-se por normas, e a aceitarem valores básicos, elas sentem e percebem "algo" fora delas.

---

35. DURKHEIM, É. The Rules of the Sociological Method. Nova York: Free Press, 1938 [publicado originalmente em 1895].

36. LUKES. Émile Durkheim, cap. 10.

37. DURKHEIM. The Rules, p. 3.

2) Mesmo quando as pessoas, ativa e colaborativamente, criam estruturas sociais, valores, crenças e normas, esses fatos sociais se tornam uma realidade emergente que é externa aos seus criadores.

Essa externalidade é acompanhada por um senso de restrição e coação. As estruturas, normas, valores e crenças do mundo social compelem certas ações, pensamentos e disposições. Elas impõem limites, e quando ocorrem desvios, as sanções são aplicadas aos desviantes. Além disso, os fatos sociais são "internalizados" na medida em que as pessoas querem e desejam ser uma parte das estruturas sociais e a aceitarem as normas, valores e crenças do coletivo. Na edição de 1895 de *As regras do método sociológico*, esse ponto havia sido subenfatizado, mas, na segunda edição, Durkheim observa,

> As instituições podem impor-se sobre nós, mas nós aderimos a elas; elas nos compelem, e as amamos[38].
>
> [Os fatos sociais] nos dominam e nos impõem crenças e práticas. Mas nos governam de dentro, pois são, em todo caso, uma parte integral de nós mesmos[39].

Durkheim afirmava, portanto, que quando os indivíduos entram em colaboração, emerge uma nova realidade que consiste em estruturas sociais e simbólicas. Essa realidade emergente não pode ser reduzida à psicologia individual, porque é externa e restritiva a qualquer indivíduo. E, todavia, como todos os fatos sociais, é registrada no indivíduo e muitas vezes "o comanda a partir de seu interior". Tendo estabelecido os fatos sociais como o tema distinto da sociologia, Durkheim dedica o resto do livro à exposição das regras para estudá-los e explicá-los.

Regras para a observação dos fatos sociais

Durkheim oferece várias diretrizes para observar os fatos sociais: (1) Preconceitos e preconcepções pessoais devem ser eliminados. (2) Os fenômenos sob estudo devem ser claramente definidos. (3) Um indicador empírico do fenômeno sob estudo deve ser encontrado, como ocorre para a "lei" em *A divisão do trabalho na sociedade*. (4) Os fatos sociais devem ser considerados "coisas". Os fatos sociais são coisas em dois sentidos diferentes, embora relacionados. Primeiro, quando um fenômeno é visto como uma coisa, é possível assumir "uma atitude mental particular" em relação a ele. Podemos buscar pelas propriedades e características de uma coisa, e podemos extrair conclusões verificáveis sobre sua natureza. Essa posição era altamente controversa na época de Durkheim porque os fenômenos morais – valores, ideias, moralidade – não eram considerados, muitas vezes, tópicos próprios de investigação científica, e quando o

---

38. Ibid. Nota de rodapé 5, p. 3.
39. Ibid., p. 7.

eram, eram vistos como uma subárea no estudo da psicologia individual. Segundo, conforme Durkheim, fenômenos como moralidade, valores, crenças e dogmas constituem uma realidade metafísica distintiva, não redutível à psicologia individual. Por isso, eles podem ser abordados com os mesmos métodos científicos que qualquer fenômeno material no universo[40].

Regras para distinguir entre o normal e o patológico

Ao longo de sua carreira, Durkheim nunca duvidou da posição de Comte de que a ciência deve ser usada para servir aos fins humanos: "Por que nos empenharmos em adquirir conhecimento da realidade se esse conhecimento não puder nos servir na vida? A isso, podemos responder que, ao revelarmos as causas dos fenômenos, a ciência fornece os meios de produzi-los"[41]. Utilizar o conhecimento científico para implementar as condições sociais requer conhecimento do que é normal e do que é patológico. De outro modo, não saberíamos quais fatos sociais criar e implementar, ou poderíamos na verdade criar uma condição patológica. Para determinar a normalidade, o melhor procedimento, conforme Durkheim, é descobrir o que é mais frequente e típico das sociedades de um determinado tipo ou em um determinado estágio de evolução. Aquilo que desvia significativamente dessa média é patológico.

Essa posição permitiu a Durkheim formular algumas conclusões impressionantes para sua época. Com relação ao desvio, por exemplo, uma taxa particular de crime e de alguma outra forma de desvio poderia ser normal para certos tipos de sociedades. A anormalidade está presente somente quando taxas de desvio excedem ao que é característico de um certo tipo societal.

Regras para a classificação dos tipos sociais

A perspectiva evolucionária de Durkheim, acoplada a sua estratégia para diagnosticar a normalidade e a patologia em sistemas sociais, tornou inevitável uma preocupação com a classificação social. Embora sistemas específicos revelem variabilidade considerável, é possível agrupá-los em tipos gerais com base em (1) a "natureza" e "número" de suas partes e (2) no "modo de combinação" das partes.

Desse modo, conforme Durkheim, as sociedades que revelam diferenças superficiais podem ser vistas como pertencendo a uma classe ou tipo particular. Além disso, ao ignorar as complexidades perturbadoras do "conteúdo" e "singularidade" de uma sociedade, é possível estabelecer o estágio de desenvolvimento evolucionário.

---

40. Muitos comentadores, como Giddens (*Capitalism and Modern Theory*) e Lukes (*Émile Durkheim*) enfatizam que Durkheim não estava fazendo uma afirmação metafísica. Nós achamos, porém, que ele estava fazendo tanto uma afirmação metafísica como uma afirmação metodológica.

41. DURKHEIM. *The Rules*, p. 48.

Regras para a explanação dos fatos sociais

Durkheim enfatiza uma vez mais um ponto que ele havia levantado em *A divisão do trabalho na sociedade*: "Quando a explanação dos fenômenos sociais é empreendida, devemos buscar separadamente a causa eficiente que a produz e a função que ela desempenha"[42]. A análise causal envolve buscar pelas condições antecedentes que produzem um efeito determinado. A análise funcional se ocupa com a determinação das consequências de um fato social (independentemente de sua causa) para o todo social ou o contexto mais amplo no qual está situado. A explanação sociológica completa envolve tanto explanações causais como funcionais, como Durkheim buscou ilustrar em *A divisão do trabalho na sociedade*.

Regras para estabelecer provas sociológicas

Durkheim defendia dois procedimentos básicos para estabelecer "provas sociológicas" – ou seja, comprovação de que explanações causais e, por implicação, funcionais, são corretas. Um procedimento envolve comparar duas ou mais sociedades de um determinado tipo (como especificado pelas regras de classificação) para ver se um fato, presente em uma, mas não em outra(s), leva a diferença nessas sociedades de outro lado similares.

O segundo procedimento é o método de variação concomitante. Se dois fatos sociais estão correlacionados e um é assumido como causando o outro, e se todos os fatos alternativos que poderiam também ser considerados causativos não podem eliminar a correlação, podemos afirmar que uma explanação causal foi "provada". Se uma correlação estabelecida, e uma relação causal presumida, podem ser explicadas pela operação de um outro fato social, a explicação estabelecida foi refutada e o novo fato social pode – até ser similarmente refutado – ser considerado "provado". A lógica do método de Durkheim da variação concomitante, portanto, tinha uma intenção similar às análises multivariadas modernas: afirmar uma relação entre variáveis, controlando o impacto das outras variáveis[43].

As regras do método sociológico marca uma virada na carreira intelectual de Durkheim. O trabalho foi escrito após sua tese sobre a divisão do trabalho, enquanto ponderava a questão do suicídio em suas conferências, mas antes de seu primeiro curso público sobre religião[44]. Assim, ele já havia estabelecido claramente seus interesses teóricos orientadores – a natureza da organização social e sua relação com valores, crenças e outros sistemas simbólicos – e uma metodologia – formular questões causais e funcionais dentro de uma ampla

---

42. Ibid., p. 95.
43. Durkheim fez outras afirmações: Um fato social pode ter somente uma causa, e essa causa deve ser um outro fato social (em vez de um fato individual ou psicológico).
44. LUKES. *Émile Durkheim*, p. 227.

estrutura comparativa, histórica e evolucionária. Ao estabelecer a organização social como uma realidade emergente *sui generis*, e, portanto, como o toema adequado para uma disciplina chamada sociologia, ele começara, portanto, a conquistar respeito nos círculos intelectuais e acadêmicos.

O próximo trabalho de Durkheim parece ter sido um esforço para demonstrar a utilidade de sua defesa metodológica e ontológica. Pois ele buscava compreender sociologicamente um fenômeno que, na época, era considerado unicamente psicológico: o suicídio. Nesse trabalho, ele tenta demonstrar o poder da investigação sociológica para fenômenos aparentemente psicológicos, empregando os fatos sociais como variáveis explanatórias. Muito mais importante do que os detalhes do suicídio, acreditamos, é sua extensão dos conceitos introduzidos em *A divisão do trabalho na sociedade*.

O suicídio

Em *O suicídio*, Durkheim parece seguir autoconscientemente as "regras" de seu método sociológico[45]. Ele estava interessado em estudar somente um fato social, e por isso não estudou suicídios individuais, senão a difusão geral do suicídio em uma população – ou seja, a tendência agregada de uma sociedade para o suicídio. Desse modo, o suicídio poderia ser considerado um fato social em vez de individual, e poderia ser abordado como uma "coisa". O suicídio é claramente definido como "todas as causas de mortes que resultam direta ou indiretamente de um ato positivo ou negativo da própria vítima que sabidamente produzirão esse resultado"[46]. A taxa estatística de suicídio é então usada como o indicador desse fato social[47]. O suicídio é classificado em quatro tipos: (1) egoísta, (2) altruísta, (3) anômico, e (4) fatalista. A causa desses tipos é especificada pelo grau e natureza da integração individual no coletivo social. Uma variante das técnicas correlacionais modernas é empregada para demonstrar, ou "provar", que outras causas hipotéticas de suicídio são espúrias e que a integração às estruturas sociais e simbólicas é a variável explanatória-chave.

As manipulações estatísticas em *O suicídio* são importantes porque representam o primeiro esforço sistemático para aplicar técnicas correlacionais e de contingência para a explanação causal. Nossa preocupação, contudo, é com as implicações teóricas desse trabalho, e, por isso, o sumário a seguir focará nos temas teóricos e não nos estatísticos.

---

45. DURKHEIM, É. *Suicide*: A Study in Sociology. Nova York: Free Press, 1951 [publicado originalmente em 1897].

46. Ibid., p. 44.

47. Ibid., p. 48. Deveríamos enfatizar que o suicídio havia sido tema de análise estatística extensa durante a época de Durkheim, e, assim, ele pôde utilizar os dados compilados por outros.

Tipos de suicídio

Como observamos, Durkheim isolou quatro tipos de suicídio por causas variáveis. Devemos enfatizar que, a despeito de sua pesquisa estatística de campo, isolar tipos por causas e depois explicá-los pelas causas usadas para classificá-los é um modo suspeito, se não espúrio, de abordar a compreensão do mundo social. Apesar dessas falhas, a análise de Durkheim clarifica noções de integração social que são um tanto vagas em *A divisão do trabalho na sociedade*. Basicamente, Durkheim argumenta que os suicídios podem ser classificados pela natureza da integração de um indivíduo no tecido social. No seu ver, há dois tipos de integração:

1) A *vinculação* aos grupos sociais e seus objetivos. Essa vinculação envolve a manutenção de vínculos interpessoais e a percepção de que se é parte de uma coletividade maior.

2) A *regulação* pela consciência coletiva (valores, crenças e normas gerais) dos grupamentos sociais. Essa regulação limita as aspirações e necessidades individuais, mantendo-as sob controle.

Ao distinguir essas duas bases de integração, Durkheim reconhece explicitamente as diferentes "funções" dos elementos estruturais e culturais do mundo social. Os vínculos interpessoais que unem os indivíduos ao coletivo os impede de se tornarem muito "egoístas" – um conceito emprestado de Tocqueville e amplamente discutido na época de Durkheim. A menos que os indivíduos possam estar vinculados a um coletivo maior e seus objetivos, eles se tornam egoístas, ou autocentrados, de modo que são altamente destrutivos ao seu bem-estar psicológico. Em contraste, a regulação das aspirações do indivíduo, que são potencialmente infinitas, impede a anomia. Sem as limitações culturais, as aspirações individuais, como Rousseau[48] e Tocqueville enfatizaram, intensificam-se e criam uma miséria perpétua para os indivíduos que perseguem objetivos que constantemente se distanciam à medida que são abordados. Essas duas bases variadas de integração individual na sociedade, portanto, formam a base para a classificação de Durkheim dos quatro tipos de suicídio indicados acima.

O suicídio egoísta

Quando os vínculos de uma pessoa aos grupos e coletividades são enfraquecidos, há o potencial para o individualismo excessivo e, consequentemente, o suicídio egoísta. Durkheim estabeleceu essa relação com uma proposição clara: "O suicídio varia inversamente ao grau de integração dos grupos sociais dos quais o indivíduo participa"[49]. E como resultado,

---

48. Essa visão dos humanos, devemos salientar, é muito similar à de Marx.
49. DURKHEIM. *Suicide*, p. 209.

quanto mais enfraquecidos os grupos aos quais ele pertence, menos ele depende deles, mais ele consequentemente depende de si mesmo e não reconhece outras regras de conduta que não aquelas fundadas no interesse privado. Se concordamos em chamar esse estado de egoísmo, no qual o ego individual se afirma em demasia diante do ego social e por sua própria conta, podemos chamar egoísta o tipo especial de suicídio proveniente do individualismo excessivo[50].

O suicídio altruísta

Se o grau de integração individual no grupo é visualizado como um contínuo variável, indo de um extremo ao outro, do egoísmo à fusão completa do indivíduo ao coletivo, a essência da próxima forma de suicídio de Durkheim pode ser capturada. O suicídio altruísta é o resultado de os indivíduos serem tão vinculados ao grupo que, pelo bem desse grupo, cometem suicídio. Em uma situação assim, os indivíduos contam pouco; o grupo é mais importante, com os indivíduos subordinando seus interesses aos interesses desse grupo. Durkheim distinguia três tipos de suicídio altruísta:

1) O *suicídio altruísta obrigatório*, no qual os indivíduos são obrigados, sob certas circunstâncias, a cometerem suicídio.

2) O *suicídio altruísta opcional*, no qual os indivíduos não são obrigados a cometerem suicídio, mas é o costume para eles cometê-lo sob certas condições.

3) O *suicídio altruísta a agudo*, no qual os indivíduos se matam "puramente pelo prazer do sacrifício, porque, mesmo sem qualquer razão particular, a própria renúncia é considerada louvável"[51].

Em suma, portanto, os suicídios egoístas e altruístas resultam seja da superintegração ou da subintegração no coletivo. O suicídio altruísta tende a ocorrer em sistemas tradicionais – o que Durkheim chamava *mecânico* em *A divisão do trabalho na sociedade* – e o suicídio egoísta é mais frequente nos sistemas modernos orgânicos que revelam altos graus de autonomia individual. No nível mais abstrato, Durkheim propunha uma dimensão crítica da integração individual e societal: a manutenção de vínculos interpessoais com estruturas grupais coerentes.

O suicídio anômico

Em *A divisão do trabalho na sociedade*, a conceitualização de Durkheim da anomia é um tanto vaga. Sob muitos aspectos, ele incorporou tanto a anomia (desregulação por símbolos) como o egoísmo (distanciamento das relações estruturais nos grupos) na definição original de anomia. Em *O suicídio*, Durkheim

---

50. Ibid.
51. Ibid., p. 223.

clarificou essa ambiguidade: o suicídio anômico passou a ser visto estreitamente como o resultado da desregulação dos desejos e paixões dos indivíduos. Embora tanto o suicídio egoísta como o anômico "provenham da presença insuficiente da sociedade nos indivíduos"[52], a natureza da disjunção ou deficiência entre o indivíduo e a sociedade é diferente[53].

O suicídio fatalista

Durkheim discutiu o suicídio fatalista em uma breve nota de rodapé. Assim como o altruísmo é o polo oposto do egoísmo, o fatalismo é o polo oposto da anomia. O suicídio fatalista é o resultado da "regulação excessiva, a das pessoas com futuros impiedosamente bloqueados e paixões violentamente sufocadas pela disciplina opressiva"[54]. Assim, quando os indivíduos são sobrerregulados pelas normas, crenças e valores em suas relações sociais, e quando não possuem qualquer liberdade individual, discrição ou autonomia em suas relações sociais, eles são vítimas potenciais do suicídio fatalista.

Suicídio e integração social

Esses quatro tipos de suicídio revelam muito sobre as concepções de Durkheim sobre os humanos e a ordem social. O estudo do suicídio nos permite vislumbrar como ele concebia a natureza humana. Ao lermos nas entrelinhas de *O suicídio*, as seguintes características são sugeridas:

1) Os humanos revelam potencialmente desejos e paixões ilimitados, que devem ser regulados e controlados.

2) A regulação total das paixões e desejos cria uma situação em que a vida perde todo o significado.

3) Os humanos necessitam de vínculos interpessoais e um senso de que esses vínculos os conectam aos propósitos coletivos.

4) O vínculo excessivo pode minar a autonomia pessoal a ponto de a vida perder o significado para o indivíduo[55].

Essas noções implícitas de natureza humana, devemos enfatizar, envolvem uma visão do modo "normal" pelo qual os indivíduos são integrados nas estruturas culturais e estruturais da sociedade. Na verdade, Durkheim não conseguiu tratar a questão da natureza humana sem também falar sobre a ordem social. Para ele, a ordem social é mantida somente na medida em que os indivíduos estão vinculados e regulados pelos padrões de organização coletiva. Essa crença

---

52. Ibid., p. 258.
53. Ibid.
54. Ibid., p. 276, nota de rodapé.
55. Cf. tb. LUKES. *Émile Durkheim*, cap. 9, para uma discussão um pouco diferente.

o levou mais tarde em sua carreira a explorar em mais detalhe uma questão essencialmente psicológico-social: *De que modo os indivíduos se tornam vinculados à sociedade e dispostos a serem regulados por seus elementos simbólicos?*

Suicídio e desvio

Durkheim fez um esforço para ver se outras formas de desvio, como homicídio e crime, estavam relacionados a taxas de suicídio, mas os detalhes de suas correlações não são tão importantes como as implicações de sua análise para uma Teoria Geral do Desvio. Como em *A divisão do trabalho na sociedade*, ele reconhecia que uma sociedade de um certo tipo revelaria um nível de desvio "típico" ou "mediano", seja de suicídio ou de alguma outra forma. Contudo, quando as taxas de suicídio, ou de desvio em geral, excedem certos níveis médios para um tipo de sociedade, uma condição "patológica" pode existir.

A grande contribuição de Durkheim é seu reconhecimento de que o desvio é causado pelas mesmas forças que mantêm a conformidade nos sistemas sociais. Além disso, ele especificou as duas variáveis-chave na compreensão tanto da conformidade como do desvio: (1) o grau do vínculo grupal e (2) o grau do valor e da regulação normativa. Assim, vínculo e regulação excessivos ou insuficientes causarão formas variadas de desvio em um sistema social. Além disso, quanto mais um sistema revela graus moderados de regulação e vínculo, menos prováveis são as taxas patológicas de desvio e maior é a integração social dos indivíduos no sistema.

Assim, a análise de Durkheim em *O suicídio* é muito mais do que uma análise estatística de um tópico estreitamente definido. É também uma incursão na compreensão de como a organização social é possível. Isso se torna particularmente evidente próximo ao final do livro, onde Durkheim propõe sua solução às altas taxas de suicídio e de outras formas de desvio que tipificam as sociedades moderna ou "organicamente" estruturadas.

O suicídio e a organização social das sociedades orgânicas[56]

No final de *O suicídio*, Durkheim abandona sua análise estatística transversal e retorna à perspectiva evolucionária contida em *A divisão do trabalho na sociedade*. Durante a mudança social, à medida que as sociedades se movem de uma base de solidariedade social para outra, a desregulação (anomia) e o distanciamento (egoísmo) do indivíduo da sociedade podem ocorrer, especialmente se essa transição é rápida. A desregulação e o afastamento criam não somente altas taxas de desvio, mas também problemas na manutenção da ordem social.

---

56. Durkheim abandonou o termo *sociedades orgânicas*, mas o mantivemos aqui para enfatizar a continuidade entre *O suicídio* e *A divisão do trabalho na sociedade*.

Se esses problemas devem ser evitados e se a "normalidade" social deve ser restaurada, novas estruturas que forneçam vínculo e regulação dos indivíduos à sociedade devem ser criadas.

Em uma série de páginas esclarecedoras, Durkheim analisa a incapacidade das estruturas sociais tradicionais para fornecer essa nova base de integração social. A família é uma estrutura social insuficientemente abrangente, as estruturas religiosas são similarmente muito limitadas em seu escopo e muito orientadas ao sagrado, e o governo é muito burocratizado e, por isso, distante do indivíduo. Para Durkheim, as implicações são que as estruturas sociais modernas requerem grupos intermediários para substituir a influência em declínio da família e da religião, para mediar entre o indivíduo e o Estado, e para controlar o poder crescente do Estado. Ele via o grupo ocupacional como a única unidade estrutural potencial que poderia regular e vincular os indivíduos à sociedade.

Assim, em *O suicídio*, as ideias, que mais tarde foram substituídas no prefácio de 1902 à segunda edição de *A divisão do trabalho na sociedade*, encontraram sua primeira expressão vigorosa. A análise em *O suicídio* permitiu a Durkheim explorar mais o conceito de integração social, e, por essa razão, *O suicídio* representa tanto uma aplicação do método defendido em *As regras do método sociológico* como uma clarificação de ideias substanciais contidas em *A divisão do trabalho na sociedade*. A obra também representa um esforço para incorporar a psicologia social[57] à sociologia estrutural.

As formas elementares da vida religiosa

Embora Durkheim tivesse se voltado ao estudo da religião em seu último grande trabalho, esse fora um interesse importante durante um longo tempo. Na verdade, seu histórico familiar garantia que a religião seria uma preocupação central, e de 1895 em diante ele ministraria cursos sobre religião[58]. Independentemente de quaisquer razões pessoais para seu interesse, suspeitamos que Durkheim tenha perseguido o estudo da religião ao longo de grande parte de sua carreira, porque ela lhe permitia discernir o problema teórico básico que guiava todo seu trabalho: a natureza dos símbolos e seus efeitos recíprocos sobre os padrões de organização social. Em *A divisão do trabalho na sociedade*, ele argumenta que nas sociedades mecânicas a consciência coletiva ou cultural é predominantemente de conteúdo religioso e que funciona para integrar o indivíduo no coletivo. Ele reconhecia que nos sistemas orgânicos a consciência coletiva se torna "enfraquecida" e que a religião como uma influência dominan-

---

57. Durkheim não admitiria, é claro, esse rótulo.

58. DURKHEIM, É. *The Elementary Forms of the Religious Life*. Nova York: Free Press, 1947 [publicado originalmente em 1912].

te desaparece. As patologias potenciais que podem ocorrer com a transição da solidariedade mecânica para a orgânica – particularmente a anomia – se tornariam cada vez mais evidentes para Durkheim. Na verdade, o otimismo ingênuo de que essas patologias desapareceriam "espontaneamente" se tornou cada vez mais indefensável, e, como é evidente em *O suicídio*, ele passou a ponderar sobre como criar um sistema social no qual os indivíduos fossem regulados por um conjunto geral de valores e vinculados a grupos concretos. Pela forma como passou a conceber o tema, essas preocupações se concentravam no problema mais geral da "moralidade".

Durkheim nunca escreveu o que era para ser a culminância do trabalho de sua vida: um livro sobre a moralidade. Sob muitos aspectos, contudo, seu estudo sobre a religião representa o começo de seu trabalho formal sobre a moralidade. Embora ele tenha falado sobre a moralidade em seus cursos sobre educação[59] e tenha escrito vários artigos sobre o tema[60], ele via na religião uma chance para estudar como a interação de indivíduos leva à criação de sistemas simbólicos que (1) conectam as ações individuais a unidades coletivas, (2) regulam e controlam os desejos individuais, e (3) vinculam os indivíduos às dimensões tanto culturais (simbólicas) como estruturais (morfológicas) do mundo social. Devido ao aumento da anomia e do egoísmo nas sociedades modernas, ele pensava que uma compreensão da moralidade religiosa nos sistemas sociais primitivos ajudaria a explicar como essa moralidade poderia ser criada nos sistemas modernos diferenciados. Assim, poderíamos reintitular *As formas elementares da vida religiosa* como "as formas fundamentas da integração moral" e estaríamos próximos ao seu propósito de examinar a religião nas sociedades aborígenes, particularmente os aborígenes aranda da Austrália[61].

Contudo, durante a elaboração do que foi seu trabalho mais longo, Durkheim introduziu muitos outros temas intelectuais que ocuparam sua atenção ao longo dos anos. Assim, *As formas elementares da vida religiosa* é mais do que um estudo da integração social; é também uma jornada pela evolução humana, pela sociologia do conhecimento, pelas análises funcionais e causais, pela ori-

---

59. O trabalho sobre "educação moral" será examinado mais adiante neste capítulo em uma discussão sobre a preocupação mais geral de Durkheim com a "moralidade".

60. Cf., p. ex., DURKHEIM, É. "The Determination of Moral Facts". *Sociology and Philosophy*. Nova York: Free Press, 1974 [trad. de D.F. Poccock] [publicado originalmente em 1906].

61. Baldwin Spencer e F.J. Gillian (*The Native Tribes of central Australia*. Nova York: Macmillan, 1899) apresentam a primeira coleção de "descrições" desses povos aborígenes, o que era por si só fascinante para os europeus urbanos. Sigmund Freud (*Totem and Taboo*. Nova York: Penguin Books, 1938 [publicado originalmente em 1913]) e dois antropólogos, Bronislaw Malinowski (*The Family among the Australian Aborigines*. Nova York: Schocken, 1963 [publicado originalmente em 1913]) e A.R. Radcliffe-Brown ("Three Tribes of Western Australia". *Journal of Royal Anthropological Institute of Great Britain and Ireland*, 43, 1913), estavam preparando trabalhos sobre os aborígenes da Austrália ao mesmo tempo em que Durkheim estava escrevendo *As formas elementares da vida religiosa*.

gem e base do pensamento e das categorias mentais, pelo processo de internalização de crenças e valores, e por muitos outros temas. Entre as longas passagens descritivas sobre a vida entre as tribos australianas, novas ideias irrompem e evidenciam as preocupações variadas do intelecto de Durkheim.

As formas elementares da vida religiosa é, portanto, um livro longo, complexo e – comparado aos trabalhos anteriores – menos coerentemente organizado. Isso requer que nossa análise seja dividida em vários tópicos separados. Após uma breve visão geral do argumento em *As formas elementares da vida religiosa*, examinaremos mais detalhadamente algumas de suas implicações.

Uma visão geral do argumento de Durkheim

Conforme Durkheim, ao estudar as formas elementares de religião entre os povos mais primitivos[62], deveria ser possível compreender a essência dos fenômenos religiosos sem as complexidades pertubadoras e as camadas socioculturais dos sistemas sociais modernos[63]. Como determinado em *As regras do método sociológico*, era necessário primeiro uma definição clara do fenômeno em estudo. Assim, Durkheim definiu religião como "um sistema de crenças e práticas relativas às coisas sagradas, ou seja, coisas postas à parte e proibidas – crenças e práticas que unem, em uma única comunidade moral chamada Igreja, todos aqueles que aderem a ela"[64].

Durkheim acreditava que a religiosidade havia emergido entre os humanos quando esses começaram a se reunir em massas maiores. Da estimulação mútua e da "efervescência" que vêm da interação animada, as pessoas passaram a perceber uma força, ou "mana", que lhes parecia superior. A estimulação mútua dos povos primitivos os fez "sentir", portanto, uma força "coerciva" e "externa" acima e além deles[65]. Essa força parecia estar imbuída de significação especial e com um sentido que não era parte desse mundo. Era, portanto, a primeira noção de um domínio "sagrado" distinto da rotina ou mundo "secular" das atividades diárias. A distinção entre sagrado e secular figura, portanto, como um dos primeiros conjuntos de categorias mentais constituídas no desenvolvimento evolucionário humano.

---

62. Obviamente, Durkheim estava errado sobre essa descrição, mas essa foi uma de suas hipóteses.

63. Essa estratégia era exatamente oposta à empregada por Max Weber, que examinou os sistemas mais complexos de religião com sua metodologia do tipo ideal.

64. DURKHEIM. *Elementary Forms*, p. 47. Sua definição anterior de fenômenos religiosos enfatizava o sagrado – crenças e rituais –, mas não as unidades morfológicas da comunidade e da Igreja. Por exemplo, uma definição anterior dizia "os fenômenos religiosos consistem em crenças obrigatórias unidas a práticas divinas que se relacionam aos objetos dados nas crenças" (apud LUKES. *Émile Durkheim*, p. 241). Sua exposição à compilação em Spencer e Gillian (*Native Tribes*) alertava-o aparentemente para essas características morfológicas.

65. Durkheim com certeza se apropriou das ideias de comportamento da multidão desenvolvida por Gustave Lebon e Gabriel Tarde, mesmo que o último tivesse sido seu inimigo intelectual de longa data.

À medida que passaram a formar grupamentos mais permanentes, ou clãs, a força que emergiu de sua interação necessitava ser mais concretamente representada[66]. Essa representação era acompanhada de "totens", que são animais e plantas que simbolizam a força do mana. Desse modo, as forças sagradas poderiam receber uma representação concreta, e os grupos de pessoas organizados em "cultos" poderiam desenvolver atividades "rituais" dirigidas para o totem e, indiretamente, para a força sagrada que eles sentiam coletivamente.

Assim, os elementos básicos da religião são (1) a emergência das crenças no sagrado, (2) a organização das pessoas em cultos, e (3) a execução de rituais, ou ritos, dirigidos aos totens que representam as forças do domínio sagrado. O que os aborígenes não reconheciam, conforme Durkheim, é que na veneração aos totens, eles estavam venerando a sociedade. Os cultos totêmicos nada são senão a simbolização material de uma força criada por sua interação e organização coletivas em clãs.

À medida que as pessoas se organizaram pela primeira vez em clãs e cultos totêmicos associados, e à medida que perceberam um domínio sagrado que influenciava os eventos no mundo secular, suas primeiras categorias de pensamento foram então formadas. Noções de causalidade, conforme Durkheim, puderam emergir somente após as pessoas perceberem que as forças sagradas determinavam eventos no mundo secular. Noções de tempo e espaço puderam existir somente após a organização de clãs e de seus cultos totêmicos. De acordo com Durkheim, as categorias básicas do pensamento humano – causa, tempo, espaço etc. – emergiram somente após as pessoas terem desenvolvido a religião. Assim, em um sentido último, a ciência e todas as formas de pensamento emergiram da religião – um argumento, devemos observar, reminiscente da lei dos três estados de Comte. Antes da religião, os humanos experienciavam apenas sensações físicas[67] de seu ambiente físico, mas com a religião, sua vida mental se tornou estruturada por categorias. Na visão de Durkheim, as categorias mentais são as pedras angulares de todo pensamento, incluindo o pensamento científico e o raciocínio. Olhando retrospectivamente para *As formas elementares da vida religiosa*, um ano após sua publicação, Durkheim ainda estava estimulado a concluir que:

> As noções mais essenciais da mente humana, as noções de tempo, de espaço, de gênero e de espécie, de força e causalidade, de personalidade, aquelas, em suma, que os filósofos denominaram categorias e que dominam todo pensamento lógico, foram elaboradas no próprio ventre da religião. Foi da religião que a ciência as tomou[68].

---

66. Durkheim, tanto em *A divisão do trabalho na sociedade* como em *As regras do método sociológico*, havia enfatizado que o clã segmentar era a sociedade mais elementar. A "massa" pré-social da qual emerge o clã, ele denominou *horda*.

67. Como se pode notar, Durkheim tirou essa ideia de Rousseau e sua descrição do "estado natural dos humanos".

68. Apud LUKES. *Émile Durkheim*, p. 445 (extraído de *L'Année Sociologique*, 1913). Essa linha de pensamento é simplesmente a ideia de Comte do movimento do pensamento teológico ao metafísico e desse ao positivo.

Para Durkheim, a origem da religião é a interação entre pessoas criada por sua organização na forma mais simples de sociedade, o clã. As funções da religião são (1) regular as necessidades e ações humanas por meio das crenças sobre o sagrado e (2) vincular as pessoas, por meio de atividades rituais (ritos) em cultos, ao coletivo. Como são internalizadas, as crenças religiosas geram necessidades nas pessoas de pertencerem a cultos e de participarem de rituais. À medida que as pessoas participam de rituais, elas reafirmam essas crenças internalizadas e, assim, reforçam sua regulação pelos, e por sua vinculação aos, ditames do clã. Além disso, a formação das categorias mentais básicas como causa, tempo e espaço pelas crenças e cultos religiosos serve para dar às pessoas uma visão comum do mundo, facilitando assim sua interação e organização.

Esse argumento é representado na Figura 13.2, a qual delineia o modelo de Durkheim sobre as origens das funções da religião. Com relação às origens, ele tinha uma imagem dos povos aborígenes periodicamente migrando e se concentrando em grupamentos temporários. Uma vez que se agrupavam, a maior interação intensificava as emoções coletivas, o que produzia um senso de que havia algo externo e coercivo para cada indivíduo. Esse senso de coação recebe uma expressão mais articulada como uma força sagrada, ou mana. Essa sequência causal ocorria, conforme Durkheim, toda vez que os aborígenes se reuniam em seus festivais periódicos. Ao formarem grupamentos mais permanentes, chamados clãs, a força do mana recebe expressão mais concreta como um totem sagrado. A criação de crenças sobre o totem, bem como os rituais dirigidos a ele, serve para promover a solidariedade do clã.

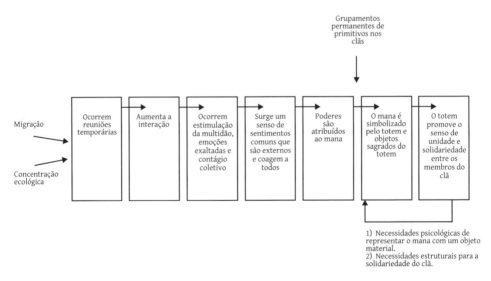

Figura 13.2 O modelo de evolução religiosa de Durkheim

Esse modelo é substancialmente inexato, como são todas as expedições intelectuais de Durkheim às origens da sociedade. Por exemplo, o clã não é a primeira estrutura de parentesco, e muitos caçadores-coletores como os aborígenes não veneram totens. Esses erros podem ser atribuídos à confiança de Durkheim no parentesco aborígene australiano e na organização religiosa, que sob muitos aspectos se desviam dos padrões normais entre os povos caçadores-coletores. Além desses erros factuais, ressurgem os mesmos problemas evidentes no modelo da divisão do trabalho. Primeiro, as condições sob as quais qualquer conexão causal é válida não são especificadas. Segundo, as funções dos totens religiosos (para a solidariedade social) são também o que parece promover sua própria criação. Em acréscimo, uma necessidade psicológica – a "necessidade primitiva" de tornar concreto e de simbolizar o "mana" – é invocada para explicar por que os totens emergem.

Devido a esses problemas, devemos concluir que o modelo não apresenta qualquer informação útil em seu formato causal. Mas como uma apresentação das relações entre as taxas de interação – arranjos estruturais, excitação emocional, e representação simbólica – as apresentações de Durkheim são sugestivas e enfatizam que (1) interações altamente concentradas aumentam os sentimentos coletivos, que mobilizam as ações dos atores; (2) pequenas estruturas sociais tendem a desenvolver símbolos para representar seus sentimentos coletivos; e (3) essas estruturas evidenciam altas taxas de atividade ritual para reforçar o compromisso de seus membros.

Algumas implicações posteriores das formas elementares da vida religiosa

Preocupações práticas

A análise de Durkheim das patologias em *O suicídio*, bem como em outros ensaios, forçava o reconhecimento de que um programa mais ativo para evitar o egoísmo e a anomia pode ser necessário para criar uma sociedade "orgânica" normal. A religião, para ele, oferece uma chave para compreender como isso pode ser feito. No início de sua carreira, contudo, ele rejeitou a ideia de que a religião não poderia novamente assumir funções integradoras importantes. O mundo moderno é muito secular e individualista para a subordinação dos indivíduos a deuses. Ele também rejeitava, em um grau muito menor, o desejo de Saint-Simon e Comte de criar uma religião secular da humanidade baseada na ciência e na razão. Embora Durkheim visse uma necessidade de manter as funções e elementos básicos da religião, ele tinha dificuldade em aceitar o ideal de positivismo de Comte, que, como Robert Nisbet observa, era o "catolicismo menos o cristianismo". Para Comte, o Grande Ser era a sociedade, a Igreja era a hierarquia das ciências, e os ritos eram os cânones sagrados do método positivo[69]. Durkheim também rejeitava a visão pessimista de Max Weber de um mundo secular, racional, cheio de desencantamento e sem compromissos com um propósito mais elevado.

A "solução" implicada em *As formas elementares da vida religiosa* e defendida em vários ensaios é a da recriação na forma secular dos elementos básicos da religião: sentimentos de santidade, crenças e valores sobre o sagrado, rituais comuns dirigidos para o sagrado e estruturas de culto nas quais esses rituais e crenças fossem reafirmados. Como a sociedade é a fonte e objeto da atividade religiosa, o objetivo deve ser tornar explícita essa necessidade de "venerar" a sociedade. Os grupos ocupacionais e o Estado se tornariam a igreja e os cultos, as crenças nacionalistas se tornariam quase sagradas e forneceriam símbolos subjacentes, e as atividades nos grupos ocupacionais, quando vistos como promovendo os objetivos coletivos da nação, assumiriam as funções do ritual religioso (1) na mobilização do compromisso individual, (2) na reafirmação de crenças e valores, e (3) na integração dos indivíduos ao coletivo.

Preocupações teóricas

Nessas preocupações práticas estão contidos vários temas teóricos importantes. Primeiro, a integração das estruturas sociais pressupõe um sistema de valores e crenças que reflete e simboliza a estrutura do coletivo. Segundo, esses valores e crenças requerem rituais dirigidos para reafirmá-los assim como aquelas estruturas sociais que eles representam ou simbolizam. Terceiro, grandes coletividades, como uma nação, requerem subgrupos nos quais os valores e crenças possam ser afirmados por atividades rituais em uma comunidade mais imediata de indivíduos. Quarto, na medida em que valores e crenças não correspondem aos arranjos estruturais reais e na medida em que as subestruturas para a realização de ações que reafirmem esses valores e crenças não estão presentes, um sistema societal experienciará problemas de integração.

Podemos ver, portanto, que as preocupações práticas de Durkheim derivam de certos princípios teóricos que ele havia proposto provisoriamente em *A divisão do trabalho na sociedade*. O estudo da religião lhe forneceu aparentemente uma nova fonte de dados para afirmar a utilidade de suas primeiras noções sobre a ordem social. Contudo, há algumas mudanças evidentes de ênfases, sendo a mais importante o reconhecimento de que a "consciência coletiva" não pode ser totalmente "enfraquecida"; ela deve ser geral, mas também forte e relevante para as organizações específicas que constituem uma sociedade. A despeito desses refinamentos, *As formas elementares da vida religiosa* afirma a conclusão contida no prefácio à segunda edição de *A divisão do trabalho na sociedade*.

---

69. NISBET. *Émile Durkheim*, p. 159.

O aspecto mais interessante da análise é talvez a ênfase psicológico-social de *As formas elementares da vida religiosa*. Embora Durkheim, em cursos e ensaios, tivesse começado a se sentir confortável com a investigação sobre a dinâmica psicológico-social das estruturas sociais e simbólicas, essas preocupações são reunidas em seu último grande livro.

Preocupações psicológico-sociais

As formas elementares da vida religiosa contém o reconhecimento explícito de que a moralidade – ou seja, os valores, crenças e normas – pode integrar a ordem social somente se tornando parte da estrutura psicológica de um indivíduo. Declarações nesse trabalho mitigam a linha muito dura adotada na primeira edição de *As regras do método sociológico*, no qual os fatos sociais são vistos como externos e como coisas coercivas. Com a segunda edição desse trabalho, Durkheim se sentiu mais seguro para verbalizar a internalização óbvia dos valores, crenças e outros componentes simbólicos da sociedade na psique humana. Em *As formas elementares da vida religiosa*, ele revela ainda menos reservas:

> Pois a força coletiva não está inteiramente fora de nós; ela não age sobre nós completamente a partir de fora; mas, ao contrário, uma vez que a sociedade não pode existir exceto em e através da consciência individual, essa força deve também nos penetrar e se organizar dentro de nós, ela se torna, portanto, uma parte integral de nosso ser[70].

Durkheim se apressou em acrescentar em uma nota de rodapé, contudo, que embora a sociedade fosse uma "parte integral de nosso ser", ela não poderia jamais ser vista como redutível aos indivíduos.

Uma outra preocupação psicológico-social em *As formas elementares da vida religiosa* é o tema dos processos do pensamento humano. Para Durkheim, o pensamento ocorre em categorias que estruturam a experiência para os indivíduos:

> Nas raízes de todos os nossos juízos existe um certo número de ideias essenciais que dominam toda nossa vida intelectual; elas são os que os filósofos desde Aristóteles chamam categorias do entendimento: ideias de espaço, classe, número, causa, substância, personalidade etc. Elas correspondem às propriedades mais universais das coisas. Elas são como a moldura sólida que encerra todo o pensamento[71].

Em seu trabalho, *As formas elementares da vida religiosa*, Durkheim tentou rejeitar as posições filosóficas de David Hume e Immanuel Kant. Hume, o fiel empirista, argumentava que o pensamento era simplesmente a transferência de experiências para a mente e que as categorias do pensamento eram meramente a codificação de experiências repetitivas. Em contraste com

---

70. DURKHEIM. *Elementary Forms*, p. 209.
71. Ibid., p. 9.

Hume, Kant argumentava que as categorias e a mente eram inseparáveis; a essência da mente é a categorização. As categorias são inatas e não estruturadas a partir da experiência. Durkheim rejeitava ambas essas posições; em seu lugar ele queria inserir a noção de que as categorias do pensamento – na verdade, de todo pensamento e atividade mental reflexiva – eram impostas aos indivíduos pela estrutura e moralidade da sociedade. Na verdade, essa imposição da sociedade se torna uma condição crítica não apenas para a criação da mente e do pensamento, mas também para a preservação da sociedade[72]. Assim, Durkheim acreditava que as categorias básicas do pensamento, como causa, tempo e espaço, eram produtos sociais, na medida em que a estrutura da sociedade as determina do mesmo modo que os valores e crenças também estruturam a "vontade" humana, ou as motivações. Por exemplo, a ideia de uma força sagrada, ou mana, para além dos indivíduos que poderia influenciar eventos no mundo mundano se tornou, no curso da evolução humana, relacionada às ideias da causalidade. Similarmente, a ideia de tempo emergiu entre os humanos à medida que desenvolveram rituais calendáricos e os relacionaram aos ritmos solar e lunar. A concepção de espaço foi moldada pela estrutura das aldeias, de modo que se a aldeia aborígene está organizada em um círculo, o mundo será visto como circular e concêntrico na natureza. Essas noções provocativas eram por vezes levadas a extremos em outros ensaios, especialmente em um escrito com seu sobrinho e aluno, Marcel Mauss, sobre a "classificação primitiva"[73]. Aqui, as categorias mentais são vistas como sendo representações exatas das divisões e arranjos estruturais sociais. Além disso, Durkheim e Mauss parecem ter divulgado seletivamente dados de sociedades aborígenes para apoiar suas alegações excessivas[74].

Durkheim é visto muitas vezes como o "pai do estruturalismo", uma escola de pensamento no século XX que abarcou a ciência social, a linguística e a literatura. Em *As formas elementares da vida religiosa* de Durkheim, bem como em outros trabalhos desse período, podemos encontrar um modelo implícito que parece ter inspirado esse pensamento estruturalista. A Figura 13.3 esboça os contornos desse modelo. Na visão de Durkheim, a morfologia de uma sociedade (o número, a natureza, o tamanho e o arranjo das partes – cf. Tabela 13.1) determina a estrutura da consciência coletiva ou cultura (o volume, a densidade, a intensidade e o conteúdo de valores, crenças e normas). Reciprocamente, a consciência coletiva reforça a morfologia social. Tanto a morfologia quanto a consciência coletiva circunscrevem a estrutura cognitiva de cada indivíduo ao determinar a natureza das categorias básicas de

---

72. Ibid., p. 17-18.

73. DURKHEIM, É. & MAUSS, M. *Primitive Classification*. Chicago: University of Chicago Press, 1963 [trad. de Rodney Needham] [publicado originalmente em 1903].

74. Cf. a introdução à tradução para a documentação desse fato.

pensamento com respeito ao tempo, espaço e causalidade. Por sua vez, essas categorias fazem a mediação entre a morfologia e a consciência coletiva, por um lado, e a natureza dos rituais que os indivíduos emitem na interação face a face, por outro. Os ciclos causais reversos no modelo são cruciais para o argumento de Durkheim: a encenação dos rituais reforça não somente as categorias cognitivas, mas também a estrutura e os sistemas de ideias da sociedade. Desse modo, as características macroestruturais da sociedade – morfologia e sistemas de ideias – são conceitualmente vinculados às dimensões microestruturais da realidade – ou seja, à estrutura psicológica interna do pensamento e às interações face a face entre indivíduos em contextos concretos.

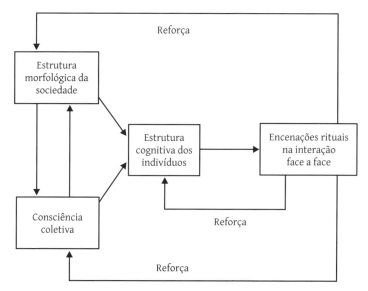

Figura 13.3 O estruturalismo de Durkheim

A ciência da "moralidade"

Durkheim sempre desejou escrever um livro sobre moralidade. Já em *A divisão do trabalho na sociedade*, vemos que ele definia a sociologia como a ciência dos "fatos morais". Como nunca conseguiu realizar esse projeto, talvez devêssemos fechar nossa análise extraindo de suas várias obras o que teriam sido as ideias centrais desse trabalho[75].

---

75. Cf., em particular, DURKHEIM, É. *Moral Education*: A Study in the Theory and Application of the Sociology of Education. Nova York: Free Press, 1961 [trad. de E.K. Wilson e H. Schnurer] [publicado originalmente em 1922]. Essa é uma compilação de aulas proferidas em 1902-1903; o curso foi repetido em 1906-1907.

O que é moralidade?

Somente em dois lugares Durkheim oferece uma discussão detalhada sobre a moralidade[76]. Para ele, a moralidade consiste em (1) regras, (2) vínculo a grupos, e (3) coação voluntária.

Regras

A moralidade é fundamentalmente um sistema de regras que guia as ações das pessoas. Para as regras serem morais, elas devem revelar dois elementos adicionais:

1) *Autoridade*: as regras morais são investidas de autoridade – ou seja, as pessoas sentem que devem obedecer a elas e querem agir de acordo com elas. As regras morais são um "sistema de mandamentos".

2) *Desejabilidade*: as regras morais também especificam os fins "desejáveis" para os quais uma coletividade de pessoas deveria dirigir suas energias. Elas são mais do que regras de conveniência; elas portam concepções sobre o bom e desejável e devem, portanto, ser distinguidas de normas estritamente utilitárias.

Vinculação a grupos

As regras morais são o produto de interações em grupos e, à medida que emergem, vinculam as pessoas a esses grupos e as fazem se sentir uma parte de uma rede de relações que transcende seu ser individual.

Durkheim denominou essas duas faces da moralidade *o espírito de disciplina*. A moralidade fornece um espírito de autocontrole e um compromisso para com o coletivo. Em termos dos conceitos desenvolvidos em *O suicídio*, a moralidade reduz a anomia e o egoísmo na medida em que regula os desejos e vincula as pessoas ao coletivo. No entanto, a verdadeira moralidade em uma sociedade moderna deve fazer algo mais: deve permitir às pessoas reconhecerem que as coerções e restrições impostas a elas estão na "ordem natural das coisas".

Coação voluntária

A moralidade moderna deve permitir às pessoas reconhecerem que os desejos ilimitados (anomia) e o individualismo excessivo (egoísmo) são estados patológicos. Durkheim achava que esses estados violam a natureza da sociedade humana e podem ser corrigidos somente pela moralidade. Em sociedades simples, a moralidade parece operar automaticamente, mas "quanto mais

---

76. Um é Durkheim (*Moral Education*), o outro é um artigo, publicado em 1906, "The Determination of Moral Facts". Republicado em Émile Durkheim (*Sociology and Philosophy*. Nova York: Free Press, 1974), a partir de trabalhos originalmente coligidos e traduzidos em 1924.

complexas se tornam as sociedades, mais difícil [se torna] para a moralidade operar como um mecanismo puramente automático"[77]. Assim, a moralidade deve ser constantemente implementada e alterada para mudar as condições. Os indivíduos também devem passar a ver que uma alteração assim é necessária e essencial porque falhar em estabelecer uma moralidade e permitir às pessoas se sentirem livres de seu poder é um convite à anomia e ao egoísmo.

Durkheim resume, então, um argumento formulado pela primeira vez por Rousseau: a moralidade deve ser vista como uma coação natural do mesmo modo que o mundo físico restringe as opções e ações dos indivíduos. Assim é com a moralidade; os humanos não podem mais se livrar de sua coação assim como não podem eliminar o mundo físico e biológico do qual suas vidas dependem. Para entendermos como a moralidade funciona, o único recurso é usarmos a ciência, assim como usamos as ciências físicas e biológicas[78].

Assim, Durkheim nunca abandonou sua noção original, que recebeu uma expressão vigorosa pela primeira vez em *A divisão do trabalho na sociedade*, segundo a qual a sociologia é a ciência dos fatos morais. Contudo, sua concepção da moralidade se tornou consideravelmente mais refinada em três sentidos:

1) A moralidade é um certo tipo de regra que deve ser distinguido tanto dos aspectos morfológicos da sociedade como de outros tipos, não morais, de regras normativas.

2) A moralidade é, portanto, um sistema de regras que reflete certas premissas subjacentes de valor sobre o desejável.

3) A moralidade não somente é externa e coerciva; é também interna. Ela convoca as pessoas a obedecerem a partir de dentro. Pois embora a moralidade "nos ultrapasse ela está dentro de nós, uma vez que só pode existir por e através de nós"[79].

Ao final da carreira de Durkheim, o estudo da moralidade envolvia uma clara separação entre dois tipos de normas e regras: aquelas revestidas de premissas de valor e aquelas que simplesmente medeiam e regularizam as interações. Além disso, uma compreensão desses tipos de regras poderia se dar somente mediante a visualização de sua relação com os aspectos morfológicos e estruturais da sociedade – natureza, tamanho, número e relações de partes – e com o processo pelo qual a internalização de símbolos ou cultura ocorre. Durkheim havia, portanto, começado a desenvolver uma clara concepção das relações complexas entre sistemas normativos, estruturas sociais e processos de personalidade dos indivíduos.

---

77. DURKHEIM. *Moral Education*, p. 52.

78. Ibid. p. 119-120.

79. DURKHEIM. "Determination of Moral Facts", p. 55.

O que Durkheim diria em seu último trabalho – o livro sobre a morali-dade – caso tivesse vivido para escrevê-lo? *A Educação moral*, quando vista no contexto de seus outros livros publicados, talvez possa fornecer algumas dicas sobre a direção de seu pensamento, uma vez que oferece uma visão sobre como uma nova moralidade secular pode ser instilada.

Para que uma nova moralidade secular possa ser efetiva, sua fonte inteira deve ser reconhecida: ou seja, a sociedade. Isso significa que as regras morais devem ser vinculadas aos objetivos da sociedade mais ampla, e devem se tornar específicas por meio da participação dos indivíduos em grupos ocupacionais. O compromisso para com a moralidade comum deve ser aprendido nas escolas, onde o professor opera como o equivalente funcional do sacerdote. Ele deve oferecer aos jovens alunos uma compreensão da natureza da sociedade – além de uma reverência por ela – e da necessidade de haver uma moralidade que regule as paixões e forneça vínculos aos grupamentos organizados para perse-guirem objetivos societais. Essa socialização educacional deve assegurar que a moralidade comum seja uma parte das necessidades motivacionais dos alunos (sua "vontade", na linguagem de Durkheim), de suas orientações cognitivas ("categorias da mente") e de seus processos de autocontrole ("autodomínio").

Uma sociedade moderna que não pode satisfazer essas condições gerais, como Durkheim teria argumentado em seu livro não escrito, é uma sociedade que seria assolada por patologias centradas (1) no fracasso em limitar as pai-xões, desejos e aspirações individuais, e (2) no fracasso em vincular os indiví-duos a grupos com propósitos mais elevados e objetivos comuns.

Durkheim deve ter sentido que a teoria implícita da organização social con-tida nesse argumento havia lhe permitido realizar o sonho de Comte de uma ciência que poderia criar "a boa sociedade". Embora Durkheim fosse cauteloso na implementação de suas propostas, elas foram muitas vezes simplistas, quan-do não um tanto reacionárias. Ao mesmo tempo, em seu trabalho, podemos encontrar o germe de uma teoria da organização humana.

Conclusões críticas

Émile Durkheim forma, com Marx e Weber, a "santíssima trindade" dos primeiros mestres da sociologia. Ele desfruta desse lugar elevado no panteão da sociologia porque tratou de temas que por muito tempo fascinaram os so-ciólogos. Embora tivesse se apropriado de muita coisa de Herbert Spencer em seu trabalho inicial, apresentou o que agora é denominado um *modelo ecoló-gico*, enfatizando o crescimento populacional, a competição por recursos e a diferenciação – um modelo amplamente usado na sociologia hoje. Mais fun-damentalmente, ele isolou em *A divisão do trabalho na sociedade* alguns dos mecanismos fundamentais pelos quais os sistemas complexos sustentam a integração: a interdependência estrutural, valores e crenças abstratos e gerais, crenças e normas mais específicas para regular as relações com e entre grupos e organizações diferenciados, e redes de subgrupos que formam coalizões e confederações maiores com interesses comuns. Além disso, suas análises das patologias, como a anomia, que surge da falha em adquirir integração, representam alguns dos conceitos mais duradouros da sociologia.

O trabalho tardio de Durkheim, no qual questões sobre como os indivíduos se tornam integrados à sociedade se tornou cada vez mais importante, tendo também um enorme impacto na sociologia. A análise em *O suicídio*, que enfatiza a integração do indivíduo nas estruturas sociais e na cultura, tem sido amplamente utilizada em estudos sociológicos sobre desvio, crime e outras "patologias" sociais. Talvez o mais importante seja o reconhecimento de Durkheim em seu último grande trabalho, *As formas elementares da vida religiosa*, de que os rituais dirigidos às representações simbólicas de grupos constituem a base de integração no micronível da organização social.

Finalmente, em sua insistência em analisar um conjunto de fatos sociais por meio de outro, Durkheim apresentou fortes argumentos em favor da sociologia como um tipo de empreendimento. Ele estava tentando criar um lugar para a sociologia no mundo acadêmico e intelectual mais amplo, e argumentava em favor da sociologia de um modo semelhante ao de Comte. Talvez tivesse argumentado demais, mas conquistou uma posição acadêmica estratégica para a sociologia na França durante a última década do século XIX.

Ainda assim, existem problemas em sua abordagem. O pensamento funcional quase sempre coloca o teórico em apuros, e Durkheim não é exceção. Ele argumentava muitas vezes que, de um modo aparentemente misterioso, a necessidade para a integração social provocou os arranjos culturais e estruturais que satisfariam essa necessidade para integração. Argumentando em favor de uma análise causal separada (como distinta de uma análise funcional) não eliminou esse problema de ver consequências como a causa dessas próprias consequências. Esse pensamento se torna usualmente muito circular, explicando muito pouco.

Durkheim estava em seu melhor momento quanto fazia argumentos causais, mas, mesmo aí, há problemas. Primeiro, ele nunca deu muito crédito a Spencer por apresentar as ideias fundamentais sobre as causas na divisão do trabalho uns vinte anos antes de *A divisão do trabalho na sociedade*. Segundo, ele nunca indicou realmente as sequências causais pelas quais novas formas de integração devem ser atingidas com a diferenciação; ele simplesmente assume que essas formas emergirão sem especificar a causalidade. Como com Spencer, podemos invocar um argumento de seleção – ou seja, problemas de integração geram pressões de seleção para novos tipos de símbolos culturais e estruturas sociais – mas isso é muito vago.

Mais importante ainda, Durkheim ignorava a importância do poder e da estratificação na sociedade. Ele afirmava que a "divisão forçada do trabalho" simplesmente desapareceria, e ele nunca tratou adequadamente do conflito potencial nos sistemas de estratificação, assumindo que isso também desapareceria à medida que novas bases de integração fossem alcançadas. Como Marx antes dele, mas em direção oposta, os compromissos ideológicos de Durkheim para encontrar uma nova base de integração o levaram a confundir o que ele desejava que ocorresse com o que na verdade emergiria nas sociedades diferenciadas. Sociedades complexas sempre revelam pontos de tensão e conflito, mas através das lentes cor-de-rosa de Durkheim dificilmente saberíamos se esse seria o caso.

Um outro problema importante é a ênfase exagerada nas forças culturais em detrimento do reconhecimento da importância do poder e da interdependência como mecanismos de integração. Durkheim tratou desses tópicos, com certeza, mas não temos de fato uma ideia de como o poder integra as sociedades complexas ou de como os mercados e outros mediadores de interdependência operam. Em troca, valores, crenças e normas parecem fazer grande parte do trabalho integrativo, e embora esse ponto importante tenha acrescentado muito à compreensão dos processos culturais, as dimensões estruturais de integração não são suficientemente enfatizadas – uma conclusão muito significativa, dada a ênfase de Durkheim no estudo dos "fatos sociais".

Todavia, alguns dos modelos e princípios mais importantes na sociologia hoje devem suas origens à análise de Durkheim. Apesar de todos os seus problemas, portanto, os trabalhos de Durkheim continuam a inspirar a sociologia no século XXI.

14
A origem e o contexto do pensamento de George Herbert Mead

Influências biográficas no pensamento de Mead

George Herbert Mead nasceu em South Hadley, Massachusetts, em 1863[1]. Seu pai foi pastor em uma longa linha de fazendeiros e clérigos puritanos. Sua mãe, que se tornaria diretora do Mount Holyoke College, vinha de uma origem similar à de seu esposo, embora, talvez, com uma inclinação mais intelectual do que religiosa. Em 1870, a família se muda para Ohio, onde o pai de Mead assume uma posição no Oberlin College como professor de homilética – a arte de pregar sermões religiosos. Em 1881, seu pai falece, obrigando-os a venderem sua casa e a mudarem-se para quartos alugados. Para sua subsistência, a mãe de Mead passa a lecionar no Oberlin College, enquanto Mead trabalha como garçon para se sustentar durante seu período de estudos em Oberlin. Em 1883, Mead se gradua com ênfase em filosofia, e, pelos próximos quatro anos, parece ter andado sem rumo. Lecionou por um tempo e trabalhou como inspetor na construção da estrada de ferro no noroeste. Durante esse período, lia vorazmente, e, como se evidenciou ao longo de sua carreira, tornou-se muito erudito.

Em 1887, Mead decidiu se matricular em Harvard e prosseguir seus estudos em filosofia, onde é exposto a uma variedade de ideias maior do que em Oberlin – que na época ainda era uma instituição religiosa de ensino, a despeito de sua história de envolvimento em questões sociais progressivas. A leitura de Charles Darwin leva o desencantamento crescente de Mead com a religião de seu pai à culminância. Ainda mais importante foi o fato de a substância do trabalho de Darwin ter tido um impacto considerável em sua filosofia e psicologia social, como veremos a seguir. Além disso, ele lia e estudava Adam Smith, cuja posição utilitária permaneceu um tema implícito em sua teorização. Talvez uma influência ainda mais importante tenha sido seu contato direto com o psicólogo de

---

1. Como Lewis Coser observa, os materiais biográficos sobre Mead são muito escassos; grande parte das informações neste capítulo se baseiam primariamente em sua excelente revisão em COSER, L.A. *Master of Sociological Thought*. Nova York: Harcourt Brace Jovanovich, 1977.

Harvard, William James, cuja filosofia também se tornou um tema proeminente em seu trabalho.

Em seu segundo ano de graduação, Mead viajou para Leipzig, na Alemanha. Lá ele se familiarizou com o trabalho de laboratório de Wilhelm Wundt, cujos experimentos e teorização psicológicos levaram mais ainda os interesses filosóficos de Mead para a psicologia social. Em 1889, Mead foi para Berlim, onde, conforme Coser, talvez tenha assistido conferências de Simmel e passado a apreciar mais completamente a importância das posições e papéis de *status* na dinâmica da interação.

Em 1891, Mead se casa e se torna professor de Filosofia na Universidade de Michigan. Lá, encontra Charles Horton Cooley e John Dewey, que lhe forneceram os conceitos críticos de sua síntese teórica subsequente. Em 1894, segue seu amigo e colega Dewey para a nova e ambiciosa Universidade de Chicago, onde permanecerá até sua morte em 1931.

Em Chicago, Mead esteve sempre na sombra do carismático Dewey. Devido à sua grande dificuldade de escrever e publicar, a maior parte de seu trabalho mais importante chegou a nós como transcrições compostas de suas aulas. Essas aulas exerceram uma influência considerável entre alunos em Chicago, e o reconhecimento de que algo importante e revolucionário estava sendo dito os levou a tomar notas quase literalmente. Em sua vida, contudo, Mead nunca percebeu que havia realizado uma grande síntese teórica, que se tornaria a base conceitual na qual toda teorização subsequente sobre interação social seria fundada. Na verdade, embora fosse um homem ativo e confiante, e muito envolvido em esforços locais, especialmente de reforma social, via-se em termos muito modestos como intelectual. Uma modéstia infundada, como veremos em detalhe no próximo capítulo, uma vez que ele representa um dos gigantes da Teoria Sociológica.

Antes de explorar em detalhes a teoria de Mead, contudo, devemos examinar um pouco mais as influências sobre seu trabalho. Inicialmente, analisaremos, em particular, as várias escolas de pensamento como o utilitarismo, o pragmatismo, o behaviorismo e o darwinismo que determinaram seu pensamento. Depois, trataremos dos indivíduos centrais de sua biografia intelectual e examinaremos os conceitos específicos que ele extraiu de estudiosos como Wundt, James, Cooley e Dewey.

A síntese de Mead das escolas de pensamento

Como filósofo, Mead estava sintonizado com temas e correntes filosóficos básicos em diversas áreas intelectuais. Seu esquema filosófico mais amplo reflete isso, mas, o mais importante é que sua síntese teórica seminal sobre psicologia social também reúne as metáforas gerais contidas nas quatro perspectivas intelectuais dominantes de sua época: (1) o utilitarismo, (2) o darwinismo, (3) o pragmatismo e (4) o behaviorismo[2].

Utilitarismo

Na Inglaterra durante os séculos XVIII e XIX, a doutrina econômica que se tornou conhecida como utilitarismo dominava o pensamento social[3]. Mead havia lido pensadores proeminentes como Adam Smith, David Ricardo, John Stuart Mill, Jeremy Bentham e – na medida em que pode ser classificado como utilitarista – Thomas Malthus, absorvendo várias ideias-chave dessa doutrina.

Primeiro, os utilitaristas viam a ação humana como sendo realizada por atores autointeressados buscando maximizar sua "utilidade" ou benefício em mercados livres e abertamente competitivos. Embora essa ideia fosse expressa de um modo um tanto diferente por vários defensores do utilitarismo, Mead parece ter achado úteis as ênfases dadas aos atores (1) na busca por recompensas, (2) na tentativa de se ajustar à situação competitiva e (3) no comportamento instrumental e dirigido a objetivos. Versões posteriores do utilitarismo enfatizaram os princípios do "prazer" e da "dor", que capturavam a essência do behaviorismo que emergiu na época de Mead e exerceu uma influência considerável em seu esquema teórico.

Segundo, os utilitaristas tendiam muitas vezes a enfatizar – na verdade, a sobre-enfatizar – a racionalidade dos atores autointeressados. De uma perspectiva utilitária, os atores são racionais na medida em que reúnem toda informação relevante, ponderam várias linhas de conduta e selecionam uma alternativa que maximizará suas utilidades, benefícios ou prazeres. Mead nunca aceitou essa visão excessivamente racional da ação humana, mas a posição utilitária inspirou parcialmente sua visão da "mente" como um processo de pensamento reflexivo no qual as alternativas são manifestadamente designadas, ponderadas e exercitadas.

Assim, embora o utilitarismo tivesse influenciado apenas marginalmente Mead, seu esquema correspondia aos seus pontos centrais. Ele provavelmente adotou esses pontos, direta e indiretamente, porque o utilitarismo influenciou as outras escolas de pensamento que determinaram mais diretamente o seu esquema filosófico. Como veremos, o behaviorismo e o pragmatismo iniciais, embora rejeitando o utilitarismo extremo, incorporaram alguns de seus preceitos básicos.

---

2. Cf. tb. TURNER, J.H. *The Structure of Sociological Theory*. 7. ed. Belmont, CA: Wadsworth, 2004.

3. Cf. cap. 2 deste livro.

O darwinismo

A formulação da Teoria da Evolução influenciou não somente a Teoria Biológica[4], mas também o pensamento social[5]. A visão de que o perfil da espécie é moldado pela luta competitiva com outras espécies tentando ocupar um nicho ambiental era altamente compatível com as teorias utilitárias. Como resultado dessa compatibilidade superficial, o darwinismo foi levado a extremos absurdos no final do século XIX e início do XX por um grupo de pensadores que se tornaram conhecidos como darwinistas sociais[6]. De seu ponto de vista, a vida social é uma luta competitiva na qual os "mais aptos" serão os mais capazes de "sobreviver" e prosperar[7]. Portanto, aqueles que desfrutam de privilégios em uma sociedade merecem esses benefícios porque são os "mais aptos", enquanto aqueles que possuem a menor riqueza são os menos aptos e dignos. Obviamente, o darwinismo social foi uma distorção grosseira da Teoria da Evolução, mas seu florescimento ilustra o quanto a teoria de Darwin representou uma bomba intelectual na Europa e na América.

Outros teóricos sociais se apropriaram das ideias de Darwin mais cautelosamente. Mead usou a Teoria da Evolução como uma metáfora ampla para compreender os processos pelos quais emergem as capacidades humanas únicas. Ele acreditava que todos os animais, incluindo os humanos, devem buscar se adaptar e se ajustar a um ambiente. Assim, muitos dos atributos que os organismos revelam são os produtos de esforços para se adaptarem a um ambiente particular. No passado distante, portanto, as capacidades humanas únicas de linguagem, mente, *self* e organização social normativamente regulada emergiram como resultado das pressões seletivas sofridas pelos ancestrais humanos.

Mead estava menos interessado nas origens dos entes humanos como espécie do que no desenvolvimento da criança, de uma criatura associal para uma social. No nascimento, conforme Mead, uma criança não é um humano. Ela adquire as capacidades comportamentais humanas únicas somente à medida que se adapta a um ambiente social. Assim, do mesmo modo que a espécie como um todo adquiriu suas características distintivas por meio de um processo de "seleção natural", o organismo da criança desenvolve sua "humanidade" por meio de um processo de

---

4. DARWIN, C. *On the Origin of Species*. Londres: John Murray, 1859.

5. Cf., p. ex., SUMMER, W.G. *What Social Classes Owe Each Other*. Nova York: Harper & Row, 1883.

6. HOFSTADTER, R. *Social Darwinism in American Thought, 1860-1915*. Filadélfia: University of Pennsylvania Press, 1945.

7. Spencer usou pela primeira vez a frase *a sobrevivência do mais apto*, que aparentemente influenciou Darwin, como ele reconheceu em *A origem das espécies*. Outros sociólogos americanos, como William Graham Summer, levaram essa ideia aos extremos. Contudo, o utilitarismo de Spencer foi recessivo em seus trabalhos sociológicos, assim, é injusto considerá-lo como um darwinista social.

"seleção". Como o ambiente de uma pessoa é outra pessoa que usa a linguagem, que possui mente e *self*, e que vive na sociedade, a criança deve se adaptar a esse ambiente para sobreviver. À medida que se adaptam e se ajustam, eles adquirem a capacidade de usar a linguagem, revelar uma mente, evidenciar um senso de si mesmo, e de participar na sociedade. Assim, Mead apropriou da teoria de Darwin a metáfora da adaptação, ou ajustamento, como a força fundamental que molda a natureza humana[8]. Essa metáfora recebeu sua expressão mais vigorosa nos trabalhos de estudiosos que desenvolveram uma escola de pensamento conhecida como pragmatismo.

O pragmatismo

Mead é frequentemente agrupado com pragmatistas como Charles Peirce, William James e John Dewey. Contudo, embora tivesse sido influenciado por James e Dewey, seu esquema teórico tem uma dívida apenas parcial para com o pragmatismo[9].

Charles Peirce, cientista e filósofo americano, desenvolveu pela primeira vez as ideias por trás do pragmatismo em um artigo intitulado "Como tornar nossas ideias claras", que apareceu na *Popular Science Monthly* em 1878[10]. Contudo, o pragmatismo só se tornou uma escola filosófica reconhecida em 1898 quando James ministrou uma conferência intitulada "Concepções filosóficas e resultados práticos"[11]. À medida que Dewey desenvolvia seu "instrumentalismo", o pragmatismo se tornava um centro da controvérsia filosófica nos Estados Unidos durante as primeiras décadas do século XX. O pragmatismo estava basicamente preocupado com o processo de pensamento e em como ele influencia a ação dos indivíduos, e vice-versa. Embora os pragmatistas levassem sua bandeira em direções diferentes, a força propulsora central de sua escola filosófica é a visão do pensamento como um processo que permite aos humanos se ajustarem, adaptarem-se e atingirem objetivos em seu ambiente.

Assim, os pragmatistas passaram a se preocupar com os símbolos, a linguagem, o pensamento racional e com o modo como as capacidades mentais huma-

---

8. Mead também reagiu aos esforços posteriores de Darwin de compreender as emoções nos animais. Cf. DARWIN, C. *The Expression of Emotions in Man and Animals*. Londres: John Murray, 1872. Mead usou essa análise como seu títere no desenvolvimento de sua própria teoria dos gestos e da interação.

9. Para sumários relevantes sobre o pragmatismo, cf. MORRIS, C. *The Pragmatic Movement in American Philosophy*. Nova York: George Braziller, 1970. • MOORE, E.C. *American Pragmatism*: Peirce, James, and Dewey. Nova York: Columbia University Press, 1961.

10. Para os trabalhos gerais de Peirce, cf. PEIRCE, C.S. *The Collected Papers of Charles Sanders Peirce*. 8 vols. Cambridge, MA: Harvard University Press, 1931-1958. "How to Make Our Ideas Clear", de Peirce, está no Vol. 5, p. 248-271.

11. Essa conferência foi proferida em Berkeley, Califórnia. Cf. tb. JAMES, W. *Pragmatism*. Cambridge, MA: Harvard University Press, 1975.

nas influenciam a ação no mundo. Para Peirce, o pragmatismo se ocupava com a "conduta autocontrolada", guiada pela "deliberação adequada", baseando-se, portanto, em

> um estudo sobre essa experiência dos fenômenos de autocontrole que é comum a todos os homens e mulheres adultos; e parece evidente que ao menos de certo modo deve ter sempre essa base. Pois é para concepções de conduta deliberada que o pragmatismo traçaria o propósito intelectual dos símbolos; e a conduta deliberada é conduta autocontrolada[12].

Para Peirce, portanto, o pragmatismo enfatiza o uso dos símbolos e sinais no pensamento e no autocontrole, um ponto que Mead mais tarde adotou. James e Dewey complementaram a ênfase de Peirce ao enfatizarem que o processo de pensamento está intimamente conectado ao processo de adaptação e ajustamento. James enfatizava que a "verdade" não é absoluta e duradoura. Em troca, ele argumentava, concepções científicas assim como leigas da verdade são tão duradouras quanto sua habilidade para ajudar as pessoas a se ajustarem e a se adaptarem às suas circunstâncias[13]. A verdade, em outras palavras, é determinada somente por seus "resultados práticos". Dewey enfatizava similarmente a significação do pensamento para atingir objetivos e ajustamento ao ambiente – o pensamento, seja leigo ou científico, é um "instrumento" que pode ser usado para atingir objetivos e propósitos[14].

O pragmatismo emergiu como uma reação a, e um esforço para lidar com, vários eventos científicos e filosóficos do século XIX. Primeiro, o predomínio da física newtoniana colocava a questão de se todos os aspectos do universo, incluindo o pensamento e a ação humanos, poderiam ser reduzidos a leis invariantes e mecânicas. Diante desse questionamento, os pragmatistas argumentavam que essas leis não tornavam a ação humana mecânica e completamente determinada, mas, em troca, que essas leis são instrumentos para serem usados pelos humanos para atingirem seus objetivos[15]. Segundo, a Teoria da Evolução oferece a visão de continuidade nos processos de vida. Os pragmatistas acrescentaram a noção de que os humanos como uma espécie, e como indivíduos, estão envolvidos em um constante processo de ajustamento e adaptação ao seu ambiente e que o pensamento representa o principal meio para atingir esse ajuste. Terceiro, as doutrinas dos utilitaristas apresentam uma visão calculista, racional e instrumental da ação humana. Os pragmatistas foram altamente receptivos a essa perspectiva, embora estivessem ocupados com o processo de pensamento

---

12. MORRIS. *Pragmatic Movement*, p. 11.

13. JAMES, W. *The Meaning of Truth*: A Sequel to "Pragmatism". Nova York: Longmans, Green, 1909.

14. DEWEY, J. *Human Nature and Conduct*. Nova York: Holt, Rinehart & Winston, 1922.

15. Em particular, cf. DEWEY, J. *The Quest for Certainty*. Nova York: Minton, Balch, 1925. • JAMES, W. *The Meaning of Truth*.

e como ele se vincula à ação. Quarto, a predominância do método científico com sua ênfase na verificação dos esquemas conceituais com dados apresentava uma visão consensual dos modos "próprios" de investigação. Com relação a isso, os pragmatistas respondiam que toda ação envolve um ato de verificação à medida que os pensamentos das pessoas enquanto concepções são "confrontados" com suas experiências no mundo. Para o pragmatista, a vida humana é uma aplicação contínua do "método científico" à medida que as pessoas tentam lidar com o mundo ao seu redor[16].

O pragmatismo representa portanto, o primeiro sistema filosófico distintamente americano. Mesmo envolvido no debate em torno desse sistema e seus críticos, Mead esteve associado a vários de seus defensores. Ele foi claramente influenciado pela preocupação dos pragmatistas com o processo de pensamento e com a importância dos símbolos no pensamento. Aceitava a metáfora de que o pensamento e a ação envolvem esforços de ajuste e adaptação ao ambiente. Adotou a noção de que essa adaptação é um processo contínuo de verificação experimental de pensamento e ação. Sob vários aspectos, o utilitarismo e o darwinismo chegaram a Mead através do pragmatismo, e, assim, em alguma extensão, deve ser considerado um pragmatista. Ele foi também um behaviorista, e, caso tenhamos que rotular sua psicologia social, ela é mais behaviorista do que pragmática.

O behaviorismo

Como uma perspectiva psicológica, o behaviorismo começou a partir das noções do fisiologista Ivan Petrovich Pavlov (1849-1936), que descobriu que cães de laboratório associavam comida à pessoa que a trazia[17]. Ele observou, por exemplo, que os cães secretam saliva não somente quando se lhes apresenta comida, mas também quando ouvem os passos de seu alimentador se aproximando. Após um atraso considerável e impedimentos pessoais[18], Pavlov empreendeu uma série de experimentos em animais para compreender essas "respostas condicionadas". A partir desses experimentos, ele desenvolveu vários princípios que foram mais tarde incorporados ao behaviorismo. Esses princípios incluem os seguintes:

1) Um estímulo consistentemente associado a outro estímulo que produz uma determinada resposta fisiológica provocará, por si mesmo, essa resposta.

---

16. Cf. MORRIS. *Pragmatic Movement*, p. 5-11.

17. Para artigos, conferências e referências relevantes, cf. PAVLOV, I.P. *Selected Works*. Moscou: Foreign Languages, 1955 [ed. de K.S. Kostoyants; trad. de S. Belsky. • *Lectures on Conditioned Reflexes*. 3. ed. Nova York: International, 1928 [trad. de W.H. Gantt].

18. PAVLOV, I.P. "Autobiography". *Selected Works*, p. 41-44.

2) Essas respostas condicionadas podem ser extintas quando as gratificações associadas aos estímulos não vieram mais.

3) Estímulos que são similares àqueles que produzem uma resposta condicionada podem também produzir a mesma resposta que o estímulo original.

4) Estímulos que se diferenciam cada vez mais daqueles usados para condicionar uma resposta particular serão cada vez menos capazes de provocar essa resposta.

Assim, os experimentos de Pavlov expunham os princípios das respostas condicionadas, extinção, generalização de respostas e discriminação de respostas. Pavlov reconheceu claramente a importância desses achados para o comportamento humano, e suas noções foram redescobertas na América do Norte por Edward Lee Thorndike e John B. Watson – os fundadores do behaviorismo[19].

Thorndike conduziu os primeiros experimentos de laboratório em animais na América do Norte. Ele observou que os animais retêm padrões de respostas para os quais eles são recompensados[20]. Por exemplo, em experimentos com filhotes de gatos colocados em uma caixa-problema (*puzzle box*), ele descobriu que eles assumem um comportamento de tentativa e erro até emitirem a resposta que lhes permite escapar. A partir daí, sempre que são colocados na caixa, tendem a assumir cada vez menos o comportamento de tentativa e erro, indicando que as gratificações associadas à resposta que lhes permite escapar os levam a aprender e a reter essa resposta. A partir desses e outros estudos – conduzidos ao mesmo tempo em que os de Pavlov –, Thorndike formulou três princípios, ou leis: (1) a "lei do efeito" sustenta que atos em uma situação que produzem gratificação tendem a ocorrer mais no futuro quando essa situação voltar a ocorrer, (2) a "lei do uso" afirma que a conexão situação-resposta é reforçada com repetição e prática, e (3) a "lei do desuso" argumenta que a conexão enfraquecerá quando a prática é descontinuada[21].

Essas leis se sobrepõem àquelas apresentadas por Pavlov, mas há uma diferença importante. Os experimentos de Thorndike foram conduzidos em animais que assumiam um comportamento de tentativa e erro. Os de Pavlov tratavam do condicionamento de respostas fisiológicas – tipicamente glandulares – em condições de laboratório estreitamente controladas. O trabalho de Thorndike poderia ser visto, então, como mais diretamente relevante para o comportamento humano em contextos naturais.

---

19. Para um excelente sumário de suas ideias, cf. WATSON, R.I. *The Great Psychologists*. 3. ed. Filadélfia: Lippincott, 1971, p. 417-446.

20. THORNDIKE, E.L. "Animal Intelligence: An Experimental Study of the Associative Processes in Animals". *Psychological Review Monograph*, supplement 2, 1898.

21. Cf. THORNDIKE, E.L. *The Elements of Psychology*. Nova York: Seiler, 1905. • *The Fundamentals of Learning*. Nova York: Teachers College Press, 1932. • *The Psychology of Wants, Interests, and Attitudes*. Nova York: Appleton-Century-Crofts, 1935.

Watson foi apenas um dos vários pensadores a reconhecerem a importância dos trabalhos de Pavlov e Thorndike[22], mas em breve se tornaria o defensor dominante do que estava se tornando explicitamente conhecido como "behaviorismo". Seu tiro de abertura para a nova ciência do comportamento foi disparado em um artigo intitulado "A psicologia como o behaviorista a vê":

A psicologia como o behaviorista a vê é um ramo experimental puramente objetivo da ciência natural. Seu objetivo teórico é a previsão e o controle do comportamento. A introspecção não forma parte essencial de seus métodos, nem o valor científico de seus dados é dependente da prontidão com que eles se prestam a interpretação em termos de consciência. O behaviorista, em seu empenho por obter um esquema unitário da resposta animal, não reconhece linha divisória entre o humano e o não humano[23].

Watson se tornou, portanto, o defensor do behaviorismo extremo contra o qual Mead veementemente reagiu[24]. Para Watson, a psicologia é o estudo das relações estímulo-resposta, e a única evidência admissível é o comportamento manifesto (*overt*). Os psicólogos devem ficar fora da "caixa misteriosa" da consciência humana e estudarem somente comportamentos observáveis enquanto estão conectados a estímulos observáveis. Mead rejeitava essa asserção e argumentava que só porque uma atividade como o pensamento não é diretamente observável não significa que não seja comportamento. Mead argumentava que o pensamento não manifesto (*covert*) e a capacidade de se ver em situações são, contudo, comportamentos e, assim, sujeitos às mesmas leis que os comportamentos manifestos.

Mead rejeitava, portanto, o behaviorismo extremo, mas aceitava seu princípio geral: comportamentos são aprendidos como um resultado das gratificações associadas a eles. De acordo com a concepção dos pragmatistas, e consistente com a metáfora darwiniana de Mead, as gratificações humanas envolvem tipicamente ajustamento a um ambiente social. Mais importante ainda, alguns dos comportamentos humanos mais distintos são não manifestos, envolvendo pensamento, reflexão e autoconsciência. Em contraste com o behaviorismo de Watson, Mead postulava o que alguns chamaram um *behaviorismo social*. Dessa perspectiva,

---

22. Os outros incluem MEYER, M.F. *Psychology of the Other-One*. Columbus, OH: Missouri Books, 1921. • WEISS, A.P. *A Theoretical Basis of Human Behavior*. Colúmbia, OH: Adams, 1925.

23. WATSON, J.B. "Psychology as the Behaviorist Views It". *Psychological Review*, 20, 1913, p. 158-177. Para outros trabalhos básicos de Watson, cf. *Psychology from the Standpoint of a Behaviorist*. 3. ed. Filadélfia: Lippincott, 1929. • *Behavior*: An Introduction to Comparative Psychology. Nova York: Holt, Rinehart & Winston, 1914.

24. P. ex., em seu *Mind, Self, and Society* (Chicago: University of Chicago Press, 1934), Mead faz 18 referências ao trabalho de Watson e é altamente crítico de sua posição metodológica extrema. Apesar disso, Mead se considerava um behaviorista. Para mais documentação sobre essa conclusão, cf. TURNER, J.H. "A Note on G.H. Mead's Behavioristic Theory of Social Structure". *Journal for the Theory of Social Behavior*, 12, jul./1982, p. 213-222. • BALDWIN, J.D. *George Herbert Mead*. Beverly Hills, CA: Sage, 1986.

tanto comportamentos não manifestos como manifestos devem ser compreendidos por meio de sua capacidade de produzirem ajustamento à sociedade.

Em suma, podemos concluir que Mead se apropriou das hipóteses gerais de várias perspectivas intelectuais, particularmente do utilitarismo, do darwinismo, do pragmatismo e do behaviorismo. Os utilitaristas e pragmatistas enfatizavam o processo de pensamento e a conduta racional; os utilitaristas e darwinistas enfatizavam a importância da luta competitiva e a seleção de atributos; os darwinistas e pragmatistas argumentavam em favor da importância da adaptação e do ajustamento para uma compreensão do pensamento e da ação; e os behavioristas apresentavam uma visão de aprendizado como a associação de comportamentos a estímulos geradores de gratificação. Cada uma dessas ideias gerais se tornou uma parte do esquema teórico de Mead, mas, como ele sintetizou essas ideias, elas assumiram um novo significado.

Mead não foi influenciado somente por essas perspectivas intelectuais gerais, mas ele também se apropriou de conceitos específicos de uma variedade de estudiosos, dos quais apenas alguns trabalharam dentro dessas perspectivas gerais. Ao assumir conceitos específicos, reconciliá-los e depois incorporá-los às metáforas dessas quatro perspectivas, foi capaz de produzir o avanço teórico merecidamente creditado a ele.

Wilhelm Wundt e Mead

Mesmo em uma leitura casual dos trabalhos escritos de Mead e das conferências publicadas postumamente, identificamos várias citações do psicólogo alemão Wilhelm Wundt[25]. Wundt é muitas vezes considerado o pai da psicologia porque na década de 1860 ele havia conduzido uma série de experimentos que poderiam ser claramente definidos como de natureza psicológica. Na década de 1870, com James em Harvard, foi um dos primeiros a implantar um laboratório de psicologia.

Mead estudou brevemente na Alemanha, embora não em Heidelberg, onde Wundt havia estabelecido seu laboratório e uma escola de seguidores leais. A eminência de Wundt estimulou Mead a ler seus trabalhos mais cuidadosamente[26]. À primeira vista, poderia parecer que Mead, o filósofo, teria pouco interesse

---

25. *Mind, Self, and Society* sozinho contém mais de 20 referências às ideias de Wundt.

26. Para referências básicas sobre o trabalho de Wundt, cf. WUNDT, W. *Principles of Physiological Psychology.* Nova York: Macmillan, 1904 [publicado originalmente em 1874]. • *Lectures on Human and Animal Psychology.* 2. ed. Nova York: Macmillan, 1894 [publicado originalmente em 1892]. • *Outlines of Psychology.* 7. ed. Leipzig: Engelman, 1907 [publicado originalmente em 1896]. • *Elements of Folk Psychology*: Outlines of a Psychological History of the Development of Mankind. Londres: George Allen, 1916.

pela produção volumosa de Wundt. Grande parte do trabalho de laboratório de Wundt lida com esforços para compreender a estrutura da consciência, uma ênfase que não leva à insistência de Mead na mente como um processo. Contudo, Wundt também era filósofo, psicólogo social e sociólogo. Embora escrevesse livros estritamente psicológicos como *Psicologia fisiológica*, também fundou a revista *Philosophical Studies*, na qual ele publicava seus estudos de laboratório. Na verdade, via poucas razões para distinguir a psicologia da filosofia. Ele também dedicou várias páginas em seu *Esboços de psicologia* a temas como gestos, linguagem, autoconsciência, comunidades mentais, costumes, mitos e desenvolvimento infantil, todos tópicos de provável interesse a Mead. Além disso, *Elementos de psicologia popular* foi um dos primeiros estudos psicológicos distintamente sociais, que examinava o desenvolvimento evolucionário amplo do pensamento e da cultura humanos. Foi, portanto, um estudioso de grande magnitude e de enorme energia produtiva. Mead encontraria aparentemente muita coisa no trabalho de Wundt para estimular seu pensamento.

A visão de Wundt dos gestos

Em grande parte de seu trabalho, Mead dedicou espaço considerável à visão de Wundt dos "gestos" e da "fala"[27]. Mead argumentava que Wundt havia sido o primeiro a reconhecer que os gestos representam sinais que marcam o curso da ação em andamento e que os animais usam esses sinais como modos de se ajustarem uns aos outros. A linguagem humana, conforme Wundt, representa somente uma extensão desse processo básico nos outros animais porque, ao longo do curso da evolução humana, os sinais receberam significados comuns e consensuais. À medida que as capacidades mentais humanas se desenvolveram, esses gestos puderam ser usados para comunicação e interação deliberadas.

Todos esses pontos, embora grandemente distorcidos pelas pobres descrições etnográficas de Wundt, foram incorporados de um modo alterado no esquema de Mead[28]. Os gestos eram vistos como a base para a comunicação e interação, e a linguagem era definida como gestos que portam significados comuns. Como Wundt indicava, os humanos são criaturas únicas, e a sociedade é possível somente em virtude da linguagem e de seu uso para criar costumes, mitos e outros sistemas simbólicos.

A visão de Wundt das "comunidades mentais"

Mead não deu crédito a Wundt por ter inspirado uma visão mais sociológica dos gestos e da linguagem. Todavia, encontramos espalhadas ao longo

---

27. Para uma discussão mais completa, cf. WUNDT, W. *The Language of Gestures*. The Hague: Mouton, 1973.

28. Cf., p. ex., WUNDT. *Folk Psychology*.

do trabalho de Wundt ideias que se assemelham consideravelmente às que Mead desenvolveu. Uma delas é a que Wundt denominava *comunidade mental*[29]. Wundt via o desenvolvimento da fala, da autoconsciência e da atividade mental nas crianças como emergindo da interação com o ambiente social. Essa interação, ele argumentava, torna possível a identificação com uma comunidade mental que guia e dirige a ação e a interação humanas de formas funcionalmente análogas à da regulação dos outros animais pelos instintos. As comunidades mentais podem variar em sua natureza e extensão, produzindo grandes variações na ação humana e em padrões de organização social. Assim como Durkheim havia enfatizado a significação da consciência coletiva, Wundt via os humanos como regulados por uma variedade de comunidades mentais. Mead traduziria essa noção de comunidade mental em sua visão de "outros generalizados" ou "comunidades de atitudes" que regulam a ação e a organização humanas.

Em suma, portanto, Mead parece ter adotado de Wundt dois pontos críticos. Primeiro, a interação é um processo de comunicação gestual, em que a linguagem é uma forma mais desenvolvida dessa comunicação. Segundo, a organização social é mais do que um processo de interação de pessoas; é também um processo de socialização no qual os humanos adquirem a habilidade de criar e usar comunidades mentais para regularem suas ações e interações. Como veremos, esses dois pontos estão no núcleo da Teoria da Mente, do *self* e da sociedade de Mead.

William James e Mead

Em 1890, William James era o psicólogo mais proeminente na América, atraindo estudantes e a atenção mundial. Ele também foi um filósofo que, com Dewey, tornou-se o primeiro defensor do pragmatismo. Mead adotou ideias tanto da filosofia como da psicologia de James, incorporando o propósito geral de sua filosofia e de suas visões específicas sobre consciência e autoconsciência.

O pragmatismo de James

Sob muitos aspectos, James foi o mais extremo dos pragmatistas, defendendo que não havia algo como uma "verdade absoluta"[30]. A verdade é temporária e dura somente enquanto funciona – ou seja, somente enquanto permite ajustamento e adaptação ao ambiente. James rejeitava, portanto, a noção de que a verdade envolvesse uma busca pelo isomorfismo entre princípios teó-

---

29. WUNDT. *Outlines of Psychology*, p. 296-298.
30. JAMES. *The Meaning of Truth*.

ricos e a realidade empírica e que a ciência representasse um esforço para aumentar o grau de isomorfismo. Para James, as teorias eram meramente "instrumentos" para serem usados durante um tempo em um esforço para facilitar o ajustamento. Por isso, a verdade objetiva, permanente e duradoura não pode ser encontrada.

Mead nunca aceitou completamente essa posição extrema. Na verdade, grande parte de seu trabalho foi dirigida para a descoberta de alguns dos princípios fundamentais que descrevem a relação básica entre indivíduos e sociedade. Contudo, aceitou e adotou a noção pragmática de que a vida humana era um processo constante de ajustamento e que a faculdade para a consciência é a chave para compreender a natureza desse ajustamento.

A visão de James da consciência

James definia psicologia como a "ciência da vida mental"[31]. Como uma ciência, a psicologia visa a compreender a natureza dos processos mentais – ou seja, a natureza dos "sentimentos, desejos, cognições, motivos, decisões etc."[32] Seu texto clássico de 1890, Os princípios da psicologia, tornou-se o trabalho mais importante na psicologia americana naquela época porque buscava sumarizar o que até então era conhecido sobre a vida mental. O trabalho também continha as interpretações de James dos fenômenos mentais, e a mais importante dessas interpretações é sua conceitualização da consciência como um processo. Para James, a consciência é uma "corrente" ou "fluxo", em vez de uma estrutura de elementos, como Wundt havia proposto[33]. Assim, a "mente" é simplesmente um processo de pensamento, e com esse fato simples a investigação psicológica deve começar: "a única coisa que a psicologia tem o direito de postular no início é o fato do próprio pensamento, e isso deve ser tomado e analisado"[34].

James prossegue, listando então, cinco características do pensamento: (1) o pensamento é pessoal e sempre, em certa medida, idiossincrático; (2) o pensamento está sempre mudando; (3) o pensamento é contínuo; (4) o pensamento para o indivíduo parece lidar com objetos em um mundo externo; e (5) o pensamento é seletivo e foca em alguns objetos em detrimento de outros[35]. Dessas características, Mead parece ter sido mais influenciado pelas duas últimas. Para ele, a mente está seletivamente distinguindo objetos e responden-

---

31. JAMES, W. The Principles of Psychology. Nova York: Holt, Rinehart & Winston, 1890, p. 1.

32. Ibid.

33. James havia desenvolvido também a noção de um "fluxo de consciência" em seu The Varieties of Religious Experience. Nova York: Longmans/Gree, 1902.

34. JAMES. Principles of Psychology, p. 224.

35. Ibid., p. 225-290.

do a esses objetos. Embora os detalhes de sua conceitualização do pensamento reflitam mais a influência de Dewey do que de James, essa discussão inicial de James provavelmente moldou a ênfase de Mead sobre a percepção seletiva de objetos no ambiente.

Contudo, a conceitualização de James da autoconsciência foi muito mais influente no pensamento de Mead do que sua concepção de consciência em geral[36]. Mead se apropriou dessa conceitualização e foi diretamente influenciado pelo reconhecimento de James de que um objeto no fluxo da consciência é o próprio *self*.

A concepção de James da autoconsciência

O exame que James faz do eu (*self*) começa com a asserção de que as pessoas se reconhecem como objetos em situações empíricas. Ele chamava esse processo o *self empírico*, ou *mim* (*me*) – sendo o último termo adotado por Mead em seu exame das autoimagens. James descreve ainda vários tipos de eus (*selves**) empíricos que todas as pessoas têm (1) o *self* material, (2) o *self* social, e (3) o *self* espiritual. Além disso, James via cada tipo, ou aspecto, do *self* como envolvendo duas dimensões: (1) autossentimento (emoções sobre si-mesmo) e (2) autointeresse (ações motivadas por cada *self*). Assim, para James, há tipos de *selves*, revelando variações com respeito aos autossentimentos e ao autointeresse, e há uma hierarquia entre os vários *selves*.

Tipos de *selves* empíricos

Para James, o *self* material incorpora as concepções das pessoas sobre seus corpos e também sobre suas outras posses, porque o corpo e as posses evocam sensações e ações similares. O *self* social é, na realidade, uma série de *selves* que as pessoas possuem em diferentes situações. Assim, podemos ter diferentes autossentimentos e tendências para agir, dependendo do tipo de situação social – seja trabalho, família, clube ou comunidade. Para Mead, essa visão de um *self* social se tornou muito importante. Os autossentimentos e ações das pessoas são, para Mead, muito influenciados por sua concepção delas mesmas em vários encontros sociais. James não descreveu claramente o *self* espiritual, que parece, porém, incorporar aqueles sentimentos mais íntimos que as pessoas têm sobre si mesmas – ou seja, seu valor, talentos, pontos fortes e fracos. Em *Os princípios da psicologia*, James sumariza sua conceitualização dos *selves* empíricos e suas dimensões constitutivas com uma tabela, mostrada a seguir[37]:

---

36. Ibid., p. 291-401.

* Forma plural de 'self' [N.T.].

37. Ibid., p. 329.

Tabela 14.1 A conceitualização dos *selves* empíricos de James

Dimensões	Tipos de *self* empírico		
	Material	Social	Espiritual
Autointeresse	• Apetites corporais e instintos. • Culto ao adorno, vaidade, aquisição, produtividade. • Culto ao lar etc.	• Desejo de agradar, ser notado, admirado etc. • Sociabilidade, emulação, inveja, amor, busca pela honra, ambição etc.	Aspirações intelectuais, morais e religiosas, retitude.
Autoestima	• Vaidade pessoal, modéstia etc. • Orgulho da riqueza, medo da pobreza.	• Orgulho social e familiar, presunção, esnobismo, humildade, vergonha etc.	• Senso de moral ou superioridade mental, pureza etc. • Senso de inferioridade ou culpa.

A hierarquia dos *selves* empíricos

James achava que alguns *selves* empíricos são mais importantes que outros. Para ele,

> uma opinião toleravelmente unânime abrange os diferentes *selves* dos quais alguém pode ser "tomado ou possuído" e as diferentes ordens consequentes de sua autoconsideração, em uma *escala hierárquica, com o self corporal na parte inferior, o self espiritual no topo em cima e os selves materiais extracorporais e os vários selves sociais no meio*[38].

Assim, algum grau de unidade entre os *selves* das pessoas é atingido através de seu ordenamento hierárquico, com autossentimentos e tendências para agir, sendo maiores para aqueles *selves* superiores na hierarquia. Uma outra fonte de unidade vem do *self* não empírico, ou o que James chamava o *ego puro*.

O ego puro e a identidade pessoal

Acima dos *selves* empíricos, conforme James, encontra-se a unidade. As pessoas têm "uma identidade pessoal", ou *ego puro*, na medida em que possuem um senso de continuidade e estabilidade a respeito de si próprias como objetos. Os humanos tomam seus *selves* empíricos um tanto diversos e os integram, vendo neles continuidade e uniformidade[39]. Mead foi provavelmente muito influenciado por essa noção de uma autoconcepção estável e unificada. Para ele, os humanos desenvolvem ao longo do tempo, a partir de suas experiências no

---

38. Ibid., p. 313 [ênfase no original].
39. Ibid., p. 334.

mundo empírico, um *self* mais "unificado" ou "completo" – ou seja, uma auto-concepção estável. Essa autoconcepção estável, conforme Mead, dá aos indivíduos um senso de continuidade pessoal e, às suas ações na sociedade, um grau de estabilidade e previsibilidade.

Em suma, portanto, o trabalho de James influenciou muito a visão de *self* de Mead como uma das características humanas distintas. Embora não estivesse tão preocupado como Mead com a compreensão da emergência do *self* ou suas consequências para a ordem social, James lhe forneceu várias apreciações críticas sobre a natureza do *self*: (1) o *self* é um processo de alguém se ver como um objeto no fluxo de atenção consciente, (2) o *self* varia de uma situação empírica a outra, todavia (3) o *self* também revela unidade e estabilidade ao longo das situações. Mead nunca adotou a taxonomia de James, mas assumiu os contornos amplos de suas linhas gerais de James e demonstrou sua significação para a compreensão da natureza da ação, interação e organização humanas.

Charles Horton Cooley e Mead

Mead e Charles Horton Cooley foram contemporâneos e, como observamos, colegas no começo de suas carreiras na Universidade de Michigan. Sua interação direta foi, sem dúvida, relevante, mas a influência de Cooley se estendeu para além de seu período de contato universitário. Na verdade, Mead adotou de Cooley várias indicações importantes sobre as origens e natureza do *self* assim como sua significação para a organização social.

A sociologia de Cooley é muitas vezes vaga, excessivamente mentalista e altamente moralista. Todavia, podemos observar várias linhas de influência em Mead no reconhecimento de Cooley de que (1) a sociedade é construída a partir da interação; (2) a interação ocorre através do intercâmbio de gestos; (3) o *self* é criado a partir de, e permite a manutenção de, padrões de organização social; e (4) a organização social é possível em virtude da ligação das pessoas a grupos que as vinculam a instituições maiores da sociedade. Devemos, portanto, examinar essas linhas de influência mais detalhadamente.

A visão de Cooley da organização social

Cooley sustentava a visão de que a sociedade é um todo orgânico no qual processos sociais específicos operam para criar, manter e mudar redes de atividade recíproca[40]. Como Mead argumentou mais tarde, Cooley via o "vasto tecido" da sociedade como constituído de diversas formas sociais, de pequenos grupos a instituições sociais de larga escala. O cimento unindo essas diversas formas é a capa-

---

40. COOLEY, C.H. *Social Process*. Nova York: Scribner's, 1918, p. 28.

cidade dos entes humanos de interagirem e partilharem ideias e concepções. Essa interação depende das capacidades únicas dos entes humanos de usarem gestos e a linguagem.

A visão de Cooley da interação

Cooley via a habilidade humana para atribuir significados e interpretações comuns aos gestos – sejam palavras, aspecto físico, expressões faciais ou outras emissões gestuais – como o mecanismo central da interação. Desse modo, os humanos podem se comunicar, e a partir dessa comunicação eles estabelecem relações sociais: "por comunicação se entende aqui o mecanismo através do qual as relações humanas existem e se desenvolvem – todos os símbolos da mente, com os meios de comunicá-los através do espaço e preservá-los ao longo do tempo"[41].

Mead aceitava a visão de Cooley da organização social como constituída a partir da comunicação gestual. Mais importante, contudo, é o fato de que Cooley ajudou Mead a compreender como a comunicação gestual leva à interação e à organização. Ao lerem os gestos umas das outras, as pessoas são capazes de ver e interpretar as disposições de outros. Assim, "a sociedade é um entremear e entrelaçar de *selves* mentais. Imagino sua mente [...] visto minha mente diante da sua e espero que você vista sua mente diante da minha"[42].

Mead tomou essa ideia um tanto vaga e a traduziu em uma visão explícita de interação e organização social como um processo de ler gestos, de situar-mo-nos mentalmente na posição de outros e de ajustarmos nossa conduta de modo a cooperarmos com outros. Além disso, ele aceitava o reconhecimento de Cooley de que o *self* é o vínculo crítico na criação e manutenção da sociedade a partir dos padrões de comunicação e interação recíprocos.

A visão de Cooley do self

Cooley enfatizava a capacidade humana da autoconsciência. Essa capacidade emerge da interação com outros em grupos, e, uma vez que essa habilidade de ver o *self* como um objeto existe, ela permite às pessoas se organizarem na sociedade. Mead adotou o propósito geral desse argumento, embora o tenha tornado consideravelmente mais explícito e coerente. Ele parece ter tomado três elementos distintos da discussão um tanto vaga e prolixa de Cooley: (1) o *self* como construído a partir do *espelho* dos gestos das outras pessoas, (2) o *self* como emergindo da interação em grupos, e (3) o *self* como uma base para o autocontrole e, assim, para a organização social.

---

41. COOLEY, C.H. *Social Organization*: A Study of the Larger Mind. Nova York: Scribner's, 1916, p. 61.

42. COOLEY, C.H. *Life and the Student*. Nova York: Knopf, 1927, p. 200.

O "self espelho"

Cooley adotou a visão de James do *self* como a habilidade de nos vermos e nos reconhecermos como um objeto. Mas ele acrescentou uma consideração crítica: os humanos usam os gestos de outros para se verem. As imagens que as pessoas têm de si mesmas são similares a reflexos de um espelho; elas são fornecidas pelas reações dos outros ao nosso comportamento. Assim, ao lermos os gestos dos outros, vemo-nos como objetos:

> Como vemos nossa face, figura e vestimenta no espelho, e estamos interessados nelas porque são nossas... na imaginação percebemos na mente de outro algum pensamento sobre nossa aparência, modos, objetivos, feitos, caráter, amigos e assim por diante, e somos diversamente afetados por ela[43].

Como as pessoas se veem a si próprias no espelho dos gestos das outras pessoas, elas, então, (1) imaginam sua aparência nos olhos dos outros, (2) percebem o julgamento dos outros, e (3) têm autossentimentos. Portanto, durante o processo de interação, as pessoas desenvolvem autoconsciência e autossentimentos. Embora Cooley não tenha desenvolvido a ideia em detalhe, ele sugeria que os humanos desenvolvem, ao longo do tempo, após se verem repetidas vezes no espelho, uma percepção mais estável de *self*.

A emergência do *self*

Cooley argumentava que a história de vida de um indivíduo é evolucionária. Como sua habilidade de ler gestos é limitada, as crianças não podem inicialmente se ver como objetos no espelho. Com o tempo, a prática, a maturação biológica e a exposição a uma variedade de outros, as crianças começam a se ver no espelho, e desenvolvem sentimentos de si próprias. Um processo assim, conforme Cooley, é inevitável, uma vez que elas interagem com outros, porque, à medida que atuam em seu ambiente, outros reagirão, e essa reação será percebida e respondida por elas[44]. Ao longo desse processo, como ocorre durante a primeira e a segunda infância e a adolescência, a "personalidade" de um indivíduo é formada. Como Mead argumentava, a existência de um conjunto mais estável de autossentimentos dá à ação humana estabilidade e previsibilidade, facilitando, assim, a cooperação com outros.

O *self* e o controle social

Cooley via o *self* como somente um aspecto da consciência em geral. Assim, ele dividia a consciência em três aspectos: (1) a "autoconsciência" e sentimentos

---

43. COOLEY, C.H. *Human Nature and the Social Order*. Nova York: Scribner's, 1902, p. 184.

44. Ibid., p. 137-211.

de si; (2) a "consciência social", ou nossas percepções das, e atitudes em relação a, outras pessoas; e (3) a "consciência pública", ou a visão de um indivíduo sobre os outros como organizados em um "grupo comunicativo"[45]. Cooley via os três aspectos da consciência como "fases e um único todo".

Cooley nunca desenvolveu muito essas ideias, mas Mead aparentemente viu um grande potencial nessas distinções. Para Mead, a capacidade de nos vermos como um objeto, de percebermos as disposições dos outros e de assumirmos a perspectiva de um "público" ou "comunidade" maior nos dá uma base para a ação estável e a interação cooperativa. Devido a essas capacidades, a sociedade é possível.

A visão de Cooley dos grupos primários

Cooley argumentava que a unidade mais básica da sociedade é o "grupo primário", que definia como aquelas associações caracterizadas pela "associação íntima e cooperação face a face":

> Elas são primárias em vários sentidos, mas principalmente na medida em que são fundamentais na formação da natureza social e dos ideais dos indivíduos. O resultado da associação íntima, psicologicamente, é uma certa fusão das individualidades em um todo comum, de modo que nosso próprio *self*, para muitos fins, ao menos, seja a vida e o propósito comum do grupo[46].

Portanto, o espelho dos gestos emitidos por outros no grupo primário de alguém é o mais importante na emergência e manutenção dos autossentimentos. Além disso, o vínculo entre os indivíduos e a estrutura institucional mais ampla da sociedade é o grupo primário. As instituições não podem, como enfatizava Cooley, ser mantidas a menos que os indivíduos atribuam relevância imediata às tradições passadas e à moral pública por meio da intimidade característica dos grupos primários. Na verdade, para Cooley, os grupos primários "são as fontes da vida, não somente para o indivíduo, mas para as instituições sociais"[47].

O conceito de Cooley do grupo primário parece ter influenciado Mead de dois modos. Primeiro, Mead reteve a posição de Cooley de que o *self* emerge, em grande parte, em virtude da participação de um indivíduo em atividades face a face organizadas. Segundo, Mead implicitamente argumentava que uma das pontes entre o indivíduo e a estrutura institucional mais ampla da sociedade é o pequeno grupo, embora a ênfase de Cooley nesse ponto fosse muito maior que a de Mead.

---

45. COOLEY. *Social Organization*, p. 12.

46. Ibid., p. 23.

47. Ibid., p. 27.

Assim, Mead foi enormemente influenciado pelo trabalho de Cooley. Ele viu todas as implicações das ideias de Cooley para compreensão da natureza da relação entre o indivíduo e a sociedade. Como veremos no próximo capítulo, Mead se apropriou, estendeu e integrou em uma teoria mais coerente as visões de Cooley sobre os gestos, a integração, ou *self* e sua emergência, e a organização social.

John Dewey e Mead

John Dewey e Mead foram colegas na Universidade de Michigan no início de suas carreiras. Quando Dewey foi para a nova Universidade de Chicago, em 1894, convidou Mead para se juntar a ele nos departamentos de filosofia e psicologia, trabalhando juntos até 1905, quando Dewey foi para a Universidade de Colúmbia. Durante esse período, dialogaram muito, assim, não surpreende que o pensamento de ambos revele muitas similaridades. Todavia, Dewey era a estrela intelectual de Chicago, e escrevia sobre muitas áreas diferentes, chamando atenção dentro e fora do mundo acadêmico[48]. Em contraste, o modesto Mead, que tinha grande dificuldade de escrever, esteve constantemente à sua sombra. Ironicamente, foi Mead quem fez a contribuição intelectual mais importante e duradoura para a sociologia e para a filosofia.

O pragmatismo de Dewey

O pragmatismo de Dewey[49] atacava os dualismos tradicionais da filosofia: conhecedor e conhecido, objetos e pensamento sobre objetos, e mente e mundo exterior. Para ele, esse dualismo era falso, e o ato de conhecer e as "coisas" a serem conhecidas eram interdependentes. Os objetos podem existir em um mundo externo a um indivíduo, mas sua existência e propriedades são determinadas pelo processo de ação na direção desses objetos. Para Dewey, o processo

---

48. A bibliografia de Dewey tem mais de 75 p., indicando sua incrível produtividade.

49. Os trabalhos mais importantes de Dewey, além dos citados anteriormente, incluem: *Outlines of a Critical Theory of Ethics*. Ann Arbor, MI: Register, 1891. • *The Study of Ethics*. Ann Arbor, MI: Register, 1894. • *The School and Society*. Chicago: University of Chicago Press, 1900. • *Studies in Logical Theory*. Chicago: University of Chicago Press, 1903. Com James H. Tufts: *Ethics*. Nova York: Holt, Rinehart & Winston, 1908. • *How We Think*. Boston: D.C. Heath, 1910. • *The Influence of Darwin on Philosophy*. Nova York: Holt, Rinehart & Winston, 1910. • *Democracy and Education*. Nova York: Macmillan, 1916. • *Essays in Experimental Logic*. Chicago: University of Chicago Press, 1916. • *Reconstruction in Philosophy*. Nova York: Holt, Rinehart & Winston, 1920. • *Experience and Nature*. La Salle, IL: Open Court, 1925. • *Philosophy and Civilization*. Nova York: Minton, Balch, 1931. • *Art as Experience*. Nova York: Minton Balch, 1934; A Common Faith. New Haven, CT: Yale University Press, 1934. • *Logic*: The Theory of Inquiry. Nova York: Holt, Rinehart & Winston, 1938. • *Theory of Valuation*. Chicago: University of Chicago Press, 1939. • *Problems of Men*. Nova York: Philosophical Library, 1946. Com A.F. Bentley: *Knowing and the Known*. Boston: Beacon, 1949.

básico da vida humana consiste em organismos atuando em, e indagando, seu ambiente. Na verdade, a história do pensamento humano tem sido uma busca pela certeza maior sobre as consequências das ações. Em um esquema que se assemelha ao da lei dos três estágios de Comte, Dewey argumentava que a religião havia representado o modo primitivo de atingir a certeza, que o mundo clássico havia classificado a experiência para atingir certeza, e que o mundo moderno busca controlar a natureza por meio da descoberta de suas leis de operação[50]. Com o desenvolvimento da ciência moderna, conforme Dewey, um novo problema emerge: os valores morais não podem mais ser legitimados por Deus ou por apelos à ordem natural[51].

Esse é o dilema filosófico que Dewey propõe e resolve com seu pragmatismo. Valores, moralidade e outras ideias avaliativas devem ser buscados na ação das pessoas enquanto lidam com seu ambiente. Os valores são descobertos e encontrados à medida que as pessoas tentam se ajustar e se adaptar a uma situação problemática. Assim, quando não conhecemos a moralidade de uma situação, construímos uma e a usamos como um "instrumento" para facilitar nosso ajustamento a essa situação. A ação orientada por valores é como todos os outros pensamentos e ações: ela emerge dos atos das pessoas em uma situação problemática. Mead nunca absorveu os detalhes do "instrumentalismo" ou os esforços quase frenéticos de Dewey para criar a "boa sociedade"[52], mas adotou a visão de que o pensar e o pensamento surgem do processo de lidar com situações problemáticas.

A visão de pensamento de Dewey

O pragmatismo de Dewey o levou a ver o pensamento como um processo envolvendo (1) bloqueio dos impulsos, (2) percepção seletiva do ambiente, (3) levantamento de alternativas, (4) ação franca, e (5) avaliação das consequências. Assim, se uma situação é ainda problemática, essa sequência é repetida até que a situação problemática seja eliminada[53].

Mead adotou dois aspectos dessa visão. Primeiro, ele via o pensamento como parte de um processo maior de ação. O pensamento ocorre quando os impulsos de um organismo são bloqueados e quando está em desajuste em relação ao seu ambiente[54]. Esse argumento se tornou parte da Teoria da Motivação e dos

---

50. DEWEY. *Quest for Certainty*.

51. DEWEY. *Influence of Darwin*. 22.

52. Contudo, os ideais de Mead se assemelhavam aos de Dewey, e ele foi ocasionalmente atraído a várias causas de reforma.

53. Cf., p. ex., DEWEY. *Human Nature* e *How We Think*.

54. Na verdade, Mead parece ter se apropriado dos termos exatos de Dewey em *Human Nature and Conduct*.

"estágios do ato" de Mead. Segundo, para Mead, pensar envolve a percepção seletiva de objetos, levantamento não manifesto e imaginativo de alternativas, antecipação das consequências das alternativas e seleção de uma linha de conduta. Essas capacidades comportamentais ele denominava *mente*, e foram claramente adaptadas da discussão de Dewey sobre a natureza e a conduta humanas[55].

A síntese de Mead

Podemos agora apreciar o mundo intelectual de Mead. A convergência de utilitarismo, pragmatismo, darwinismo e behaviorismo lhe forneceu um conjunto geral de hipóteses para compreender o comportamento humano. Os conceitos específicos de Wundt, James, Cooley e Dewey deram a Mead as ferramentas intelectuais necessárias para compreender que somos únicos em virtude de nossas capacidades comportamentais para a mente e para o *self*. Inversamente, a mente e o *self* emergem da interação gestual na sociedade. Uma vez que emergem, contudo, a mente e o *self* produzem uma forma distinta de interação gestual e uma criação inteiramente revolucionária: padrões simbolicamente regulados de organização social. Em linhas gerais, essa é a natureza da síntese de Mead. Podemos agora examinar seus detalhes no próximo capítulo.

---

55. Ibid.

15
A sociologia de Mead

Como Mead escreveu relativamente pouco, seus principais trabalhos são encontrados nas notas de aula de seus alunos. Como resultado, os quatro livros póstumos que constituem o núcleo de seu pensamento são um tanto longos e prolixos. Além disso, com a exceção de *Mente, self e sociedade*, suas ideias têm um tom distintamente filosófico em vez de sociológico[1]. Nosso objetivo neste capítulo, portanto, é extrair de seus trabalhos filosóficos noções sociológicas-chave, dedicando a maior parte de nossa análise ao trabalho explicitamente psicológico-social, *Mente, self e sociedade*.

A filosofia mais ampla de Mead

Muito da sociologia de Mead é somente uma parte de uma visão filosófica mais ampla. Essa visão nunca foi completamente articulada nem muito integrada, mas dois trabalhos póstumos, *Movimentos do pensamento no século XIX* e *A filosofia do presente*, dão uma ideia da amplitude de sua visão.

Muitos temas fascinantes estão contidos nesses trabalhos, mas um dos mais persistentes é o de que toda atividade humana representa um ajustamento e adaptação ao ambiente social. Em *Movimentos do pensamento no século XIX*, Mead traça o desenvolvimento do pensamento social desde sua fase inicial, pré--científica, até ao estágio contemporâneo, científico. De um modo semelhante ao da lei dos três estágios de Comte (cf. cap. 3), Mead via as grandes ideias da história como se movendo em direção a um perfil cada vez mais racional ou científico, porque, com a emergência do pensamento científico, um nível melhor de adaptação e ajustamento ao mundo poderia ser atingido.

---

1. O tom filosófico das aulas publicadas postumamente de Mead é revelado nos títulos dos quatro livros: *The Philosophy of the Present*. La Salle, IL: Open Court, 1959 [publicado originalmente em 1932]. • *Mind, Self, and Society*. Chicago: University of Chicago Press, 1934. • *Movements of Thought in the Nineteenth Century*. Chicago: University of Chicago Press, 1936. • *The Philosophy of the Act*. Chicago: University of Chicago Press, 1938. *Mind, Self, and Society* contém uma bibliografia do trabalho publicado de Mead (cf. p. 390-392).

A *filosofia do presente* contém uma série um tanto desconexa de ensaios que representam um tratamento mais filosófico das ideias contidas na psicologia social de Mead, particularmente em *Mente, self e sociedade*. Aqui, uma vez mais, ele enfatiza que o que é unicamente humano nada mais é senão uma série de capacidades comportamentais particulares que evoluíram a partir de adaptações ao processo contínuo de vida. Grande parte da discussão trata de tópicos puramente filosóficos sobre o *status* ontológico da consciência no passado, presente e futuro. Mas entre as linhas ele enfatiza que as capacidades humanas de pensamento e autorreflexão não necessitam de um dualismo entre mente e corpo porque todas as nossas habilidades mentais únicas são comportamentos destinados a facilitar nosso ajustamento ao ambiente como é encontrado no presente.

Mente, self e sociedade

O "livro" *Mente, self e sociedade* consiste em uma compilação de transcrições *verbatim* de seu famoso curso sobre psicologia social na Universidade de Chicago. Embora as notas venham das versões de 1927 e 1930 do curso, as ideias básicas sobre interação social, personalidade e organização social haviam sido desenvolvidas uma década antes.

Na época em que Mead estava lecionando, behavioristas como J.B. Watson haviam simplesmente abandonado qualquer esforço sério para compreender a consciência, a personalidade e outras variáveis da "caixa preta" da cognição humana. Mead achava inaceitável essa "solução" para estudar processos psicológicos[2]. Ele achava também insustentável a tendência filosófica oposta de ver a "mente", o "espírito", a "vontade" e outros estados psicológicos como um tipo de entidade espiritual. O que é necessário, ele argumenta, é que a mente e o *self* – como os aspectos mais distintos da personalidade humana – e a "sociedade" – enquanto mantida pela mente e pelo *self* – sejam vistos como parte de processos sociais contínuos.

A visão de Mead sobre o "processo da vida"

A Teoria Darwiniana da Evolução forneceu a Mead uma visão da vida como um processo de adaptação às condições ambientais. Os atributos de uma espécie, portanto, são o resultado da seleção daquelas características que permitem a adaptação às condições nas quais uma espécie se encontra. Essa teoria forneceu

---

2. Como ele observa com respeito aos esforços de Watson para lidar com a experiência subjetiva, "A atitude de John B. Watson era a da Rainha em *Alice no país das maravilhas* – Cortem suas cabeças! –, a de que não havia essas coisas" (MEAD. *Mind, Self, and Society*, p. 2-3).

a Mead uma metáfora geral para analisar o comportamento humano e a socie-dade. O pragmatismo, como uma doutrina filosófica desenvolvida em detalhes por John Dewey, representa um modo de traduzir a metáfora darwiniana em princípios para compreender o comportamento humano: Os entes humanos são criaturas "pragmáticas" que usam suas capacidades para obter "ajustamento" ao mundo. Inversamente, grande parte do que é único em qualquer indivíduo surge dos seus ajustamentos ao mundo social.

O pragmatismo de Dewey, denominado *instrumentalismo*, enfatiza a impor-tância do pensamento crítico e racional na realização de ajustamentos na vida, e deu a Mead uma visão do pensamento como o ajustamento básico pelo qual os entes humanos sobrevivem. O behaviorismo, como uma escola psicológi-ca proeminente de pensamento, converge para esse elemento no pragmatismo porque enfatiza que todos os animais tendem a reter aquelas respostas aos estí-mulos ambientais que são recompensadas ou reforçadas. Embora os behavioris-tas como Watson considerassem os processos de pensamento como demasiado "psíquicos", a ênfase na retenção dos comportamentos reforçados era consisten-te com as noções darwinianas de adaptação e sobrevivência e também como as ideias pragmáticas de resposta e ajustamento.

Mead via, inclusive, o utilitarismo – especialmente o de pensadores como Bentham, que enfatizavam os princípios do prazer e da dor – como compatível com as teorias da evolução, o behaviorismo e o pragmatismo. A ênfase utilitarista na "utilidade", no "prazer" e na "dor" era certamente compatível com as noções behavioristas de reforço; a preocupação utilitarista com o pensamento racional e com a ponderação de alternativas era compatível com o instrumentalismo de Dewey e seu conceito de pensamento crítico; e a visão utilitária segundo a qual a ordem emerge da competição entre os indivíduos livres parecia comparável à noção darwiniana de luta como o princípio subjacente da ordem biótica.

Assim, os atributos humanos únicos – as capacidades para usar a lingua-gem, ver-se como objeto e raciocinar – devem ser vistos como emergindo dos processos de adaptação e ajustamento da vida. A mente e o *self* não podem ser ignorados, como os behavioristas muitas vezes tentaram fazer, nem podem ser vistos como um tipo de força mística e espiritual que nos eleva para fora dos processos básicos da vida influenciando toda espécie. Enquanto espécie, evoluí-mos como outras formas de vida, e, assim, nossos atributos mais distinti-vos – mente, *self* e sociedade – devem ser vistos como emergindo dos pro-cessos básicos de adaptação. Além disso, cada membro individual da espécie humana é como os indivíduos de outras espécies: O que eles são é o resultado da herança biológica comum de suas espécies assim como de seu ajustamento às particularidades de um determinado ambiente.

O behaviorismo social de Mead

Mead não definiu seu trabalho como behaviorismo *social*, mas comentadores subsequentes usaram esse termo para distingui-lo do behaviorismo watsoniano. Em contraste com Watson, que simplesmente negava a distinção da consciência subjetiva, Mead achava possível usar princípios behavioristas amplos para compreender o "comportamento subjetivo":

> Watson aparentemente assume que negar a existência da mente ou da consciência como algo físico, uma substância ou entidade, é negar completamente sua existência, e que uma descrição naturalista ou behaviorista dela como tal está fora de questão. Ao contrário, porém, podemos negar sua existência como uma entidade psicológica sem negar sua existência em algum outro sentido; e se a concebermos funcionalmente, então, como um fenômeno natural em vez de transcendental, torna-se possível lidar com ela em termos behavioristas[3].

Se experiências subjetivas em humanos forem vistas como comportamentos, é possível compreendê-las em termos behavioristas. As capacidades mentais humanas únicas são um modelo de comportamento que surge dos mesmos processos de reforço que explicam diretamente comportamentos observáveis. Assim, o reforço, que vem da adaptação e ajustamento às condições ambientais, é de importância particular para a compreensão dos atributos dos humanos. Em algum momento no passado distante, as capacidades mentais humanas únicas, e a criação da sociedade dependente dessas capacidades, emergiram pelo processo de seleção natural sob condições ambientais naturais. Contudo, uma vez que os padrões únicos de organização humana são criados, o "ambiente" para qualquer indivíduo é social; ou seja, é um ambiente de outras pessoas às quais um indivíduo deve se adaptar e se ajustar.

Portanto, o behaviorismo social enfatiza os processos pelos quais os indivíduos adquirem um certo repertório comportamental em virtude de seus ajustamentos aos padrões contínuos de organização social. A análise deve começar com o fato observável de que a atividade organizada ocorre, e depois tentar compreender as ações particulares dos indivíduos enquanto se ajustam à atividade cooperativa:

> Na psicologia social, não estamos formulando o comportamento do grupo social em termos do comportamento dos indivíduos separados que o compõem; em troca, estamos partindo de um todo social dado de atividade grupal complexa, na qual analisamos (como elementos) o comportamento de cada um dos indivíduos que a compõem. Ou seja, tentamos explicar a conduta do indivíduo em termos da conduta organizada do grupo social, em vez de explicar a conduta organizada do grupo social em termos da conduta dos indivíduos separados pertencentes a ela[4].

---

3. MEAD. *Mind, Self, and Society*, p. 10.

4. Ibid., p. 7.

O comportamento dos indivíduos – não apenas suas ações observáveis, mas também seus comportamentos internos de pensamento, avaliação e julgamento – devem ser analisados dentro de um contexto social. Pois o que é distintamente humano emerge do ajustamento à atividade social contínua, ou "sociedade". Assim, o behaviorismo de Mead deve ser distinguido da abordagem behaviorista de Watson[5] de dois modos. Primeiro, a existência de experiências subjetivas internas não é negada ou vista como metodologicamente irrelevante[6]; em troca, essas experiências são vistas como comportamentos. Segundo, os comportamentos humanos, incluindo aqueles comportamentos distintamente humanos que Mead chamava *mente* e *self*, surgem da adaptação e do ajustamento à atividade social contínua e organizada. O reforço é, portanto, equivalente ao grau de ajustamento e adaptação à sociedade.

A concepção behaviorista de mente de Mead

Para Mead, a "mente" é um tipo de resposta comportamental que emerge da interação com outros em um contexto social. Sem interação, a mente não poderia existir:

> Devemos considerar a mente, portanto, como surgindo e se desenvolvendo dentro do processo social, dentro da matriz empírica das interações sociais. Ou seja, devemos atingir uma experiência individual interior do ponto de vista dos atos sociais que incluem as experiências de indivíduos separados em um contexto social no qual esses indivíduos interagem. Os processos de experiência que o cérebro humano possibilita se tornam possíveis somente para um grupo de indivíduos em interação: somente para organismos individuais que são membros de uma sociedade; não para o organismo isolado dos outros organismos individuais[7].

Os gestos e a mente

O processo social no qual a mente emerge é o da comunicação com gestos. Mead deu ao Wundt o crédito pela compreensão da significação central do gesto para a comunicação e a interação. Em contraste com Darwin, que havia visto os gestos como expressões de emoções, Wundt considerava os gestos como aquela parte do comportamento contínuo de um organismo que estimula o comportamento de um outro organismo[8]. Mead se apropriou dessa ideia básica e a esten-

---

5. E, é claro, a versão mais recente de B.F. Skinner e de outros nessa linha.

6. Ou seja, porque não podem ser diretamente observadas, não podem ser estudadas.

7. MEAD. *Mind, Self, and Society*, p. 133.

8. Como Mead observa, "o termo gesto pode ser identificado com esses princípios dos atos sociais que são estímulos para a resposta de outras formas" (*Mind, Self, and Society*, p. 43).

deu de modo a se tornar a base não somente para a emergência da mente e do *self*, mas também para a criação, manutenção e mudança da sociedade.

Mead formulou o conceito da "conversação de gestos" para descrever a forma mais simples de interação. Um organismo emite gestos que estimulam uma resposta de um segundo organismo. Por sua vez, o segundo organismo emite gestos que estimulam uma "resposta ajustada" do primeiro organismo. Assim, se a interação continua, a resposta ajustada do primeiro organismo envolve emitir gestos que resultem em um novo ajustamento de comportamento pelo segundo organismo, e assim por diante, durante todo o tempo em que os dois organismos continuem a interagir. Mead frequentemente chamava essa conversação de gestos de *matriz triádica*, porque envolve três elementos inter-relacionados:

1) Emissão gestual por um organismo enquanto age em seu ambiente.

2) Uma resposta de um outro organismo que se torna um estímulo gestual para o organismo em ação.

3) Uma resposta ajustada do organismo em ação que leva em conta os estímulos gestuais do organismo que está respondendo.

Essa matriz triádica constitui a forma mais simples de comunicação e interação de organismos. Essa forma de interação, para Mead, tipifica os "animais não humanos" e os bebês humanos. Por exemplo, se um cão rosna, indicando a um outro cão que ele está para atacar, o outro reagirá, talvez fugindo, exigindo que o cão que rosnou ajuste sua resposta ou perseguindo o cão em fuga ou indo em outra direção a fim de liberar seus impulsos agressivos. Ou, para citar outro exemplo, um bebê com fome chora, o que, por sua vez, estimula uma resposta de sua mãe (e.g., a mãe alimenta o bebê), o que, por sua vez, resulta em uma resposta ajustada do bebê (e da mãe).

Grande parte da significação da discussão de Mead sobre a matriz triádica é que o conceito mentalista de "significado" está alojado no processo de interação e não nas "ideias" ou outras noções mentalistas que podem residir fora da interação. Se um gesto "indica a um outro organismo o comportamento subsequente de um determinado organismo, então ele tem significado"[9]. Assim, se um cão rosna e um outro cão usa esse gesto para prever um ataque, esse gesto de rosnar tem significado. O significado, portanto, recebe uma definição behaviorista: É um tipo de comportamento – um gesto – de um organismo que sinaliza outro comportamento subsequente desse organismo. O significado, portanto, não necessita envolver atividade cognitiva complexa. Um cão que foge de um outro cão que rosna, conforme Mead, está reagindo sem "ideias" ou "deliberação elaborada"; todavia, o rosnado tem significado para o cão porque ele usa o rosnado como um indicador inicial do que se seguirá. Assim, o *significado*

---

9. Ibid., p. 76.

não é concebido, fundamentalmente, como um estado de consciência, ou como um conjunto de relações organizadas que existem ou subsistem mentalmente fora do campo da experiência na qual eles entram; ao contrário, ele deveria ser concebido, objetivamente, como tendo sua existência inteiramente dentro desse próprio campo[10].

A significação da conversação dos gestos para atividades contínuas reside na matriz triádica e em significados associados, que permitem aos organismos ajustarem suas respostas uns aos outros. Assim, à medida que os organismos usam os gestos uns dos outros como um meio para ajustarem suas respectivas respostas, eles se tornam cada vez mais capazes de conduta organizada e coordenada. Todavia, essas conversações gestuais limitam a capacidade dos organismos de se organizarem e de cooperarem. Entre humanos, conforme Mead, uma forma qualitativamente diferente de comunicação se desenvolveu: a que envolve *símbolos significativos* que têm o mesmo significado para todas as partes envolvidas. Ele achava que o desenvolvimento da capacidade de usar símbolos significativos distinguia os humanos de outras espécies. A *mente* surge em uma bebê em processo de amadurecimento quando a capacidade de usar símbolos significativos aumenta. Por sua vez, como mostraremos, a existência da mente assegura o desenvolvimento do *self* e a perpetuação da sociedade.

Os símbolos significativos e a mente

Os gestos dos "organismos não humanos", para Mead, não evocam a mesma resposta no organismo que emite um gesto e naquele que interpreta o gesto. Como ele observa, o rugido do leão não significa a mesma coisa para o leão e sua vítima potencial. Quando os organismos se tornam capazes de usar gestos que evocam a mesma resposta um no outro, então eles estão empregando o que ele denominava gestos *significativos*, ou *convencionais*. Como ele ilustra, se uma pessoa grita "Fogo!" em um cinema, esse gesto evoca a mesma tendência de resposta (escapar, e fugir) na pessoa que emite o gesto e naquela que o recebe. Esses gestos, conforme Mead, são singulares aos humanos e tornam possível suas capacidades para a mente, para o *self* e a sociedade[11].

Os símbolos significativos são, conforme Mead, a base da linguagem. Os símbolos significativos vocais são particularmente importantes, porque os sons podem ser prontamente ouvidos tanto pelo emissor como pelo receptor, evocando, assim, uma tendência comportamental similar. Outros gestos não vocais, contudo, são também significativos na medida em que podem vir a mobilizar tendências similares para agir. Um franzir de sobrancelhas, um olhar repreen-

---

10. Ibid., p. 78.

11. Contudo, a evidência é agora clara de que outros primatas superiores podem usar esses "gestos significativos".

sivo, um punho fechado, uma postura severa e outros similares podem se tornar significativos porque servem como um estímulo para respostas similares de emissores e receptores. Assim, a capacidade humana da linguagem – ou seja, a comunicação por meio de símbolos significativos – permite a emergência de suas aptidões únicas para a mente e o *self*. Um bebê não pode ter uma mente até que adquira a capacidade rudimentar da linguagem.

De que modo, portanto, a linguagem torna a mente possível? Mead emprestou de Dewey a visão de pensamento "reflexivo" e "crítico", assim como a visão do utilitarismo de "escolha racional", ao formular sua conceitualização da mente. Para Mead, a mente envolve as capacidades comportamentais de fazer o seguinte:

1) Denotar objetos no ambiente com símbolos significativos.

2) Usar símbolos como um estímulo para nossas respostas.

3) Ler e interpretar os gestos de outros e usar esses como um estímulo para nossas respostas.

4) Suspender temporariamente ou inibir respostas comportamentais manifestas para nossas denotações gestuais ou de outros.

5) Envolver-se em um "exercício imaginativo" de linhas alternativas de conduta, visualizar suas consequências e selecionar a resposta que facilitará o ajustamento ao ambiente.

A mente é, portanto, um comportamento, não uma substância ou entidade. É um comportamento que envolve usar símbolos significativos para estimular respostas, mas, ao mesmo tempo, inibir ou retardar o comportamento manifesto de modo que respostas potenciais possam ser não manifestamente exercitadas e examinadas. A mente é, portanto, uma "conversação interna de gestos" usando símbolos significativos porque um indivíduo com mente fala para si mesmo. O indivíduo usa símbolos significativos para estimular uma linha de resposta; visualiza as consequências dessa resposta; se necessário, inibe a resposta e usa um outro conjunto de símbolos para estimular respostas alternativas; e persiste até que esteja satisfeito com a resposta e busque manifestamente uma determinada linha de conduta.

Essa capacidade para a mente, conforme Mead, não é inata; ela depende da interação com outros e da aquisição da habilidade para interpretar e usar seus símbolos significativos (assim como da maturação biológica). Como Mead observa, crianças selvagens que são criadas sem símbolos significativos não parecem "humanas" porque não se ajustam a um ambiente mediado por símbolos significativos e, por isso, não adquirem as capcacidades comportamentais para a mente.

A adoção de papéis e a mente

A mente emerge em um indivíduo porque os bebês, para sobreviverem, devem se ajustar e se adaptar a um ambiente social – ou seja, a um mundo de atividade social organizada. No início, um bebê é como um "animal não humano", na medida em que responde reflexivamente aos gestos de outros e emite gestos que não evocam respostas similares nele e nos outros no ambiente. Um nível assim de ajustamento, conforme Mead, não é eficiente nem adaptativo. O choro de um bebê não indica o que ele quer, seja comida, água, calor, ou o que quer que seja, e por não ler acuradamente os gestos vocais e não vocais emitidos por outros em seu ambiente, a criança pode frequentemente criar problemas de ajuste para si própria. Assim, em uma metáfora que é tão darwiniana como behaviorista, há uma "pressão seletiva" para adquirir a habilidade para usar e interpretar gestos significativos. Assim, aqueles gestos que trazem reforço – ou seja, ajustamento ao ambiente – tendem a ser retidos no repertório de respostas do bebê.

Um processo crítico no uso e interpretação de gestos significativos é o que Mead denominava "assumir o papel do outro", ou *adoção de papéis* (*role-taking*). Uma habilidade para usar símbolos significativos significa que os gestos emitidos por outros no ambiente permitem a uma pessoa ler ou interpretar as disposições desses outros. Por exemplo, um bebê que adquiriu a habilidade rudimentar de interpretar símbolos significativos pode usar o tom da voz, as expressões faciais e as palavras de sua mãe para imaginar seus sentimentos e ações potenciais – ou seja, "assumir" seu papel ou perspectiva. A adoção de papéis é crítica para a emergência da mente, pois, a menos que os gestos de outros, bem como a disposição para agir que esses gestos revelam, possam se tornar uma parte dos estímulos – usados para exercitar de modo não manifesto linhas alternativas de conduta –, o comportamento manifesto produzirá muitas vezes má adaptação ao ambiente. Pois, sem a habilidade para assumir a perspectiva de outros com quem devemos lidar, é difícil nos ajustarmos a, bem como coordenarmos respostas com, esses outros.

A gênese da mente

Para Mead a mente se desenvolvia em uma sequência de fases, como representado na Figura 15.1. Como um bebê depende dos outros e, por sua vez, esses outros dependem da sociedade para sua sobrevivência, a mente se desenvolve a partir da dependência forçada de um bebê em relação à sociedade. Como a sociedade é mantida pelos atores que usam a linguagem e que podem assumir papéis, o bebê deve buscar satisfazer suas necessidades em um mundo mediado por símbolos. Por meio da orientação consciente de outros, e por meio do simples processo de ensaio e erro, o bebê passa a usar símbolos significativos para designar objetos relevantes para satisfazer suas necessidades (e.g; comida, mãe etc.). Assim, a fim de consumar outros impulsos, o bebê terá que ampliar suas capacidades para usar e compreender a linguagem. E, uma vez que um bebê pode

Figura 15.1 O modelo de Mead da gênese da mente

usar a linguagem, ele começa a ler os gestos de outros e pode evocar para si as disposições dos outros. A partir do momento em que uma criança pode assumir papéis, ela começa, conscientemente, a pensar, refletir e ensaiar respostas. Em outras palavras, ela revela habilidades comportamentais rudimentares que Mead denominava *mente*[12].

As setas causais na Figura 15.1 representam na verdade uma série de precondições para o próximo estágio de desenvolvimento. O modelo é "valor agregado", na medida em que certas condições devem ser satisfeitas antes que eventos subsequentes possam ocorrer. Subjacente a essas condições encontramos a visão implícita de Mead acerca da "seleção social", que representa sua reconciliação dos princípios da Teoria da Aprendizagem com o pragmatismo e o darwinismo. O desenvolvimento das habilidades da linguagem, adoção de papéis e mente são selecionados à medida que o bebê busca consumar impulsos na sociedade. Para o bebê se ajustar e se adaptar à sociedade, ele deve adquirir a habilidade do comportamento intencional. Assim, à medida que o bebê vive em um ambiente social, ele deve desenvolver sucessivamente essas capacidades comportamentais – primeiro, símbolos significativos, depois, adoção de papéis, e, por fim, a mente – que facilitam, em níveis cada vez maiores, seu ajustamento ao ambiente social.

O modelo apresentado na Figura 15.1 enfatiza a visão de Mead de que não há mistério ou mística com relação à mente humana. É um comportamento adquirido como outras tendências comportamentais à medida que o organismo humano tenta se adaptar ao seu ambiente. A mente é uma capacidade comportamental adquirida em estágios, com cada estágio estabelecendo as condições para

---

12. Para outras declarações publicadas de Mead sobre a natureza e operação da mente, cf. "Image and Sensation". *Journal of Philosophy*, 1, 1904, p. 604-607. • "Social Consciousness and the Consciousness of Meaning". *Psychological Bulletin*, 7, 1910, p. 397-405. • "The Mechanisms of Social Consciousness". *Journal of Philosophy*, 9, 1912, p. 401-406. • "Scientific Method and Individual Thinker". *Creative Intelligence*. Nova York: Holt, Rinehart & Winston, 1917, p. 176-227. • "A Behavioristic Account of the Significant Symbols". *Journal of Philosophy*, 19, 1922, p. 157-163.

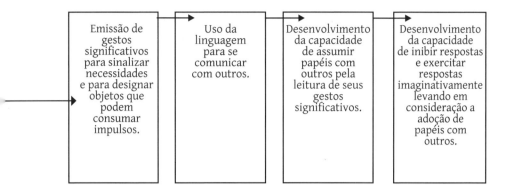

o próximo. À medida que a mente emerge, também emerge a autoconsciência. Sob muitos aspectos, a emergência da mente é uma precondição para a gênese do *self*. Todavia, os rudimentos do *self* iniciam com a habilidade de um organismo de assumir papéis, que é quando pode começar a produzir autoimagens ou se ver como um objeto.

A concepção behaviorista de self *de Mead*
A natureza social do *self*

Como um "behaviorista social", Mead enfatizava que a capacidade de alguém se ver como um objeto no campo da experiência é um tipo de comportamento aprendido por meio da interação com outros:

> O *self* é algo que tem um desenvolvimento; não existe inicialmente, quando se nasce, mas surge no processo de experiência e atividade sociais, ou seja, desenvolve-se em um determinado indivíduo como um resultado de suas relações com esse processo como um todo e com outros indivíduos dentro desse processo[13].

O *self* emerge da capacidade para usar a linguagem e assumir o papel do outro. Utilizando os fundamentos do "*self*-espelho"[14] de Colley, Mead via o *self* social como emergindo de um processo no qual os indivíduos leem os gestos de outros, ou "assumem suas atitudes", e produzem uma imagem, ou figura, de si próprios como um certo tipo de objeto em uma situação. Essa imagem de

---

13. MEAD. *Mind, Self, and Society*, p. 135.
14. Mead rejeitava muitos dos detalhes precisos do argumento de Cooley sobre o "eu espelho". Cf., p. ex., *Mind, Self, and Society*, p. 173. • "Cooley's Contribution to American Social Thought". *American Journal of Sociology*, 35, 1929-1930, p. 285-407. • "Smashing the Looking Glass". *Survey*, 35, 1915-1916, p. 349-361.

alguém atua então como um estímulo comportamental, evocando certas respostas no indivíduo. Por sua vez, essas respostas de um indivíduo provocam reações posteriores de outros, resultando na emissão de gestos que tornam possível a adoção de papéis por um indivíduo, que então produz novas autoimagens e novos estímulos comportamentais. Assim, como a mente, o *self* surge da matriz triádica das pessoas interagindo e ajustando suas respostas umas às outras. O indivíduo não experiencia o *self* diretamente, mas somente através da leitura dos gestos de outros:

> O indivíduo se experiencia, não diretamente, mas apenas indiretamente, a partir de pontos de vista particulares de outros indivíduos, membros do mesmo grupo social, ou do ponto de vista generalizado do grupo social como um todo ao qual ele pertence [...] e ele se torna um objeto para si próprio somente ao assumir as atitudes de outros indivíduos em relação a si próprio dentro de um ambiente ou contexto social de experiência e comportamento no qual ambos, ele e eles, estão envolvidos[15].

A estrutura do *self*

Mead parece usar a noção de "*self*" de dois modos diferentes. Um uso envolve ver o *self* como uma "imagem transitória" de alguém como um objeto em uma situação particular. Assim, à medida que as pessoas interagem, elas assumem papéis e produzem imagens de si mesmas nessa situação. Segundo, em contraste com essa conceitualização, Mead também vê o *self* como uma estrutura, ou configuração de significados habituais típicos, com relação ao *self*, que as pessoas levam a todas as situações. Pois, "depois que um *self* surgiu, em um certo sentido ele fornece para si próprio suas experiências sociais"[16].

Essas visões não são, é claro, contraditórias. O processo de produzir autoimagens em situações conduz, ao longo do tempo, à cristalização de um conjunto trans-situacional mais permanente de atitudes em relação a alguém como um certo tipo de objeto. Começamos a interpretar seletivamente os gestos de outros levando em consideração suas atitudes em relação a si próprios, e, assim, seus comportamentos assumem uma consistência. Pois se a visão de alguém como um certo tipo de objeto é relativamente estável, e se usamos o *self* como todos os outros objetos ambientais como um estímulo para o comportamento, o comportamento manifesto revelará um grau de consistência através das situações sociais.

Esse desenvolvimento de atitudes estáveis em relação a alguém como um objeto, Mead, por vezes, denomina *self completo* ou *unificado*. Todavia, ele reco-

---

15. MEAD. *Mind, Self, and Society*, p. 138.
16. Ibid., p. 140.

nhece que esse *self* completo não é uma estrutura rígida e que não é hermética e inflexivelmente imposto às diversas interações. Em troca, em contextos sociais diferentes vários aspectos do *self* completo são mais evidentes. Dependendo da audiência de alguém, então, diferentes "*selves* elementares" serão importantes:

> A unidade e a estrutura do *self* completo reflete a unidade e a estrutura do processo social como um todo; e cada um dos *selves* elementares dos quais ele é composto reflete a unidade e a estrutura de um dos vários aspectos desse processo no qual o indivíduo é implicado. Em outras palavras, os vários *selves* elementares que constituem ou são organizados em um *self* completo são os vários aspectos da estrutura desse *self* completo respondendo aos vários aspectos da estrutura do processo social como um todo; a estrutura do *self* completo é, portanto, um reflexo do processo social completo[17].

Nessa passagem, uma outra informação sobre a estrutura do *self* é evidente: embora os *selves* elementares sejam unificados por um *self* completo, as pessoas que experienciam um ambiente social altamente contraditório com *desunião* no processo social também experienciarão dificuldades para desenvolver um *self* completo, ou um conjunto relativamente estável e consistente de atitudes em relação a elas mesmas como um certo tipo de objeto. De certo modo, portanto, as pessoas apresentam diferentes aspectos de seus *selves* mais completos e unificados a diferentes audiências, mas quando essas audiências exigem ações radicalmente contraditórias, o desenvolvimento de uma autoconcepção unificada se torna problemático.

Em suma, portanto, a conceitualização de Mead é behaviorista na medida em que concebia como um comportamento humano único o ver-se como um objeto. Além disso, como outros objetos em nosso ambiente, o *self* é um estímulo ao comportamento. Assim, à medida que as pessoas desenvolvem uma visão consistente de si próprias como um tipo de objeto – ou seja, à medida que seu *self* revela uma estrutura – suas respostas a esse estímulo estável assumem uma consistência. A conceitualização de Mead do futuro do *self* envolve o reconhecimento de que sua estabilidade é em grande medida uma consequência da unidade e da estabilidade nos processos sociais dos quais surge.

As fases do *self*

Mead queria evitar a conotação de que a estrutura do *self* limitava o repertório de respostas potenciais de uma pessoa. Embora uma autoconcepção limitada confira estabilidade e previsibilidade consideráveis aos comportamentos manifestos, há sempre um elemento de espontaneidade e de imprevisibilidade na ação. Isso é inerente às "fases do *self*", que Mead conceitualizava em termos de *eu* e *mim*.

---

17. Ibid., p. 144.

A imagem que uma pessoa produz de seu comportamento em uma situação é o que Mead denominava *mim*. Como tal, o "mim" representa as atitudes de outros e da comunidade mais ampla à medida que influenciam a interpretação retrospectiva que um indivíduo faz de seu comportamento. Por exemplo, se falamos muito alto em uma multidão de estranhos, vemos os olhares perturbados dos outros e nos tornaremos cientes das normas gerais sobre níveis e modulações de voz quando estivermos entre estranhos. Essas imagens do "mim" são recebidas ao lermos os gestos de outros específicos em uma situação e na adoção de papéis, ou ao assumirmos a atitude da comunidade mais ampla. Em contraste com o "mim" está o "eu", que é a emissão real do comportamento. Se uma pessoa fala muito alto, esse é o "eu", e, quando essa pessoa reage à sua voz alta, a fase "mim" da ação é iniciada. Mead enfatizava que o "eu" pode ser conhecido apenas na experiência porque devemos esperar pelas imagens do "mim" para saber exatamente o que o "eu" fez. Até que tenham agido ("eu"), as pessoas não podem conhecer as expectativas dos outros ("mim").

A conceitualização que Mead faz do "eu" e do "mim" lhe permitiu conceitualizar o *self* como um processo constante de comportamento e autoimagem. As pessoas agem; elas se veem como objetos; elas avaliam as consequências de suas ações; elas interpretam as reações dos outros às suas ações; elas decidem como agir depois. Assim, elas agem novamente, produzindo novas autoimagens de suas ações. Essa conceitualização das fases do "eu" e do "mim" de uma pessoa permitiu a Mead a realização de várias tarefas conceituais. Primeiro, ela deixou espaço para a espontaneidade na ação humana; se o "eu" pode ser conhecido somente na experiência, ou através do "mim", as ações de alguém nunca são completamente circunscritas, nem completamente previsíveis. Segundo, como trataremos mais detalhadamente adiante, ela forneceu a Mead um modo de visualizar o processo de autocontrole. Os humanos são, no seu ver, organismos cibernéticos que respondem, recebem respostas e fazem ajustes, e depois respondem novamente. Desse modo, ele enfatizava que o *self* assim como a mente é um processo de adaptação; é um comportamento no qual um organismo responde sucessivamente a si próprio como um objeto enquanto se ajusta ao ambiente. Terceiro, as fases do "eu" e do "mim" de alguém deram a Mead um modo de conceitualizar variações na medida em que as expectativas dos outros e da comunidade mais ampla restringem a ação. Os *valores relativos* do "eu" e do "mim", conforme sua formulação do tema[18], são uma função positiva do *status* das pessoas em uma situação particular. Quanto mais envolvidas elas estão em um grupo, maiores são os valores das imagens do "mim" e maior é o controle dos impulsos do "eu". Inversamente, quanto menor o envolvimento de uma pessoa em uma situação, menos importantes são as imagens do "mim", e, assim, maior é a variação no comportamento manifesto dessa pessoa.

18. Ibid., p. 199.

A gênese do *self*

Mead dedicou atenção considerável à emergência do *self* e às autoconcepções nos humanos. Essa atenção lhe permitiu enfatizar uma vez mais que o *self* é um produto social que emerge dos esforços do organismo humano para se ajustar e se adaptar ao seu ambiente. O *self* surge dos mesmos processos que levam ao desenvolvimento da "mente", embora dependa, ao mesmo tempo, das capacidades comportamentais da mente.

Para o *self* se desenvolver, um bebê deve adquirir a capacidade de usar símbolos significativos. Sem essa habilidade, não é possível assumir papéis com outros e, assim, desenvolver uma imagem de si próprio ao interpretar os gestos de outros. O *self* também depende da mente porque as pessoas devem ser capazes de se designarem linguisticamente como um objeto em seu campo de experiência e de organizar respostas em relação a si próprias como um objeto. Portanto, o uso de símbolos significativos, a habilidade de assumir papéis e as capacidades comportamentais da mente são precondições para o desenvolvimento do *self*, particularmente de uma autoconcepção mais estável, ou de um *self* "unificado".

Mead visualizava o *self* como se desenvolvendo em três estágios, cada um marcado por uma capacidade elevada para assumir papéis com uma audiência mais ampla de outros. O primeiro estágio é o *brincar*, que é marcado por uma capacidade muito limitada de assumir papéis. Uma criança pode assumir a perspectiva de apenas um ou dois outros por vez, e brincar frequentemente envolve um pouco mais do que discurso e interação com "companheiros imaginários" aos quais a criança fala ao representar um papel particular. Assim, uma criança que brinca de "mãe" pode também, ao mesmo tempo, assumir o papel de "bebê", e pode ir e voltar do papel da mãe para o papel do bebê. O estágio do brincar é, portanto, tipificado pela habilidade de assumir a perspectiva de somente alguns outros por vez.

Com a maturação biológica e com a prática de assumir as perspectivas de outros, uma criança termina adquirindo a capacidade de assumir o papel de múltiplos outros engajados em atividade contínua e organizada. O segundo estágio é o que Mead denominava *jogo* no qual os indivíduos podem assumir papéis com múltiplos outros ao mesmo tempo. Talvez, a forma mais prototípica dessa adoção de papéis seja a de ser um participante em um jogo, como o beisebol, no qual a criança deve assumir o papel dos outros jogadores, antecipar como eles agirão e coordenar as respostas com os prováveis cursos de ações das outras pessoas. Assim, as crianças começam a se ver como objetos em um campo organizado, e começam a controlar e regular as respostas de outras pessoas a elas e a outros a fim de facilitar a coordenação da atividade. Durante esse estágio no desenvolvimento do *self*, o número e variedade dessas situações de jogo se expande:

> Existe todo tipo de organizações sociais, algumas das quais são bastante duradouras, algumas temporárias, nas quais a criança está entrando,

e participando de um tipo de jogo social. É um período no qual ela gosta de "pertencer", e se envolve em organizações que surgem e desaparecem. Ela se torna algo que pode funcionar no todo organizado, e então tende a se determinar em seu relacionamento com o grupo ao qual pertence[19].

Tanto na situação do brincar como na do jogo, os indivíduos se veem em relação a outros específicos. Ao assumirem papéis com outros específicos alojados em papéis particulares, os indivíduos produzem imagens de si próprios do ponto de vista desses outros. Todavia, o *self*, conforme Mead, é incompleto até que um terceiro estágio seja realizado: a adoção de papéis com *o outro generalizado*. Ele via o outro generalizado como uma "comunidade de atitudes" entre membros de um coletivo social contínuo. Quando os indivíduos podem se ver em relação à sua comunidade de atitudes e então ajustarem suas condutas de acordo com as expectativas dessas atitudes, eles atingem o terceiro estágio no desenvolvimento do *self*. Eles podem agora assumir papéis com o outro generalizado. Para Mead, o brincar e o jogo representam os estágios iniciais no desenvolvimento do *self*, mas, no estágio final, os indivíduos podem generalizar as atitudes variadas dos outros e se verem e regularem suas ações a partir de uma perspectiva mais ampla.

Sem essa capacidade de se ver como um objeto em relação ao outro generalizado, o comportamento somente poderia ser específico a cada situação. A menos que as pessoas possam se ver como objetos implicados em um processo social mais amplo, suas ações não podem revelar continuidade ao longo das situações. Além disso, os humanos não poderiam criar sociedades maiores, compostas de grupamentos múltiplos, sem que os membros da sociedade se vissem e controlassem suas respostas de acordo com as expectativas do outro generalizado[20].

Mead reconhecia que, em sistemas sociais complexos, poderia haver outros generalizados múltiplos. Os indivíduos podem se ver e controlar seus comportamentos a partir de uma variedade mais ampla de perspectivas. Além disso, um outro generalizado pode representar a incorporação de atitudes coletivas de grupos concretos e funcionais, ou pode ser mais abstrato, pertencendo a classes e categorias sociais amplas:

> Nas comunidades sociais humanas mais altamente desenvolvidas, organizadas e complicadas..., [as] várias classes ou subgrupos socialmen-

---

19. Ibid., p. 160.

20. A similaridade entre a noção de Durkheim da consciência coletiva e a concepção de Mead do outro generalizado deveria ser imediatamente aparente. Mas, em contraste com Durkheim, Mead forneceu o mecanismo – comportamentos de adoção de papéis e autorrelacionados – pelo qual os indivíduos se tornam capazes de ver e controlar suas ações na perspectiva da coletividade. Para mais detalhes nessa linha, cf. TURNER, J.H. "A Note on G.H. Mead's Behavioristic Theory of Social Structure". *Journal for the Theory of Social Behavior*, 12, jul./1982, p. 213-222. • *A Theory of Social Interaction*. Palo Alto, CA: Stanford University Press, 1988, cap. 10.

te funcionais de indivíduos aos quais qualquer indivíduo determinado pertence... são de dois tipos. Algumas delas são classes ou subgrupos sociais concretos, como partidos políticos, clubes, corporações, que são na verdade unidades sociais funcionais, em termos das quais seus membros individuais estão diretamente relacionados uns aos outros. Os outros são classes ou subgrupos sociais abstratos, como a classe de devedores e a de credores, em termos da qual seus membros individuais estão relacionados uns aos outros apenas de um modo mais ou menos indireto, e que funcionam apenas mais ou menos indireto como unidades sociais, mas que fornecem ou representam possibilidades ilimitadas para a ampliação, ramificação e enriquecimento das relações sociais entre todos os membros individuais da sociedade determinada como um todo organizado e unificado[21].

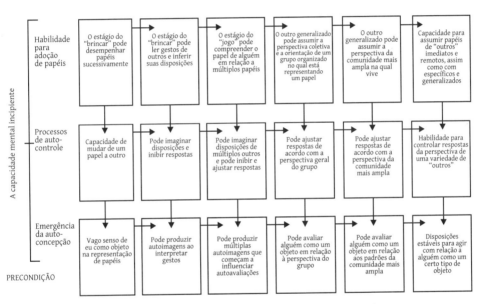

Figura 15.2 O modelo de Mead da gênese do *self*

A capacidade de assumir papéis de outros múltiplos e generalizados outros – da perspectiva de um pequeno grupo à de uma sociedade inteira – capacita indivíduos a se envolverem no processo de autoavaliação, autocrítica e autocontrole, a partir da perspectiva do que Mead chamava *sociedade*. Assim, em virtude de autoimagens derivadas da adoção de papéis com outros específicos em grupos concretos assim como da adoção de papéis com outros generalizados que personificam comunidades variadas de atitudes, pessoas passam a se ver como um tipo particular de objeto, com certas forças, fraquezas e outros atributos.

---

21. MEAD. *Mind, Self, and Society*, p. 157.

Além disso, as pessoas se tornam capazes de regular suas respostas para sustentar essa visão de si mesmas como um certo tipo de objeto. À medida que as pessoas passam a se ver, e consistentemente responder a si mesmas, por meio de sua configuração particular de atitudes específicas e generalizadas de outros, elas passam a possuir o que Mead chamava um *self completo* e *unificado*.

A Figura 15.2 tenta sumarizar os processos dinâmicos envolvidos na criação de um *self*. É mais complexa que a Figura 15.1 porque Mead usa o conceito de "*self*" de vários modos inter-relacionados. Assim, para interpretarmos o modelo retratado na Figura 15.2, vamos recapitular suas várias noções de *self*. Primeiro, ele via o desenvolvimento do *self* como um processo de adoção de papéis com "outros" cada vez mais variados e generalizados. Esse aspecto do *self* é representado na parte superior da Figura 15.2, porque a acuidade crescente na adoção de papéis influencia os outros aspectos do *self* (isso é enfatizado pelas setas verticais conectando as caixas em cada estágio na emergência do *self*). Segundo, como é mostrado na linha intermediária da Figura 15.2, Mead visualizava o *self* como um processo de autocontrole. Como ele enfatiza em sua noção das fases do "eu" e "mim" do *self* e em sua visão da "mente", esse aspecto do *self* envolve a habilidade crescente para ler os gestos de outros, para inibir respostas inapropriadas em relação a esses outros, e para ajustar respostas de um modo que facilite a interação. Em seus estágios mais avançados, o autocontrole também inclui a capacidade de assumir a perspectiva "geral", ou "comunidade de atitudes", de grupos específicos e, por fim, da comunidade mais ampla. O processo de autocontrole, portanto, representa as extensões das capacidades para a mente, e por essa razão vemos que a precondição para o *self* – ou seja, as capacidades incipientes para a mente" à esquerda do modelo – se vincula quase diretamente ao aspecto de autocontrole do *self*. Terceiro, como mostrado ao longo da linha inferior na Figura 15.2, Mead também via o *self* como envolvendo a emergência de uma autoconcepção, ou disposição estável, para agir em relação a alguém como um certo tipo de objeto. Uma tal autoconcepção se desenvolve a partir da acumulação de autoimagens e autoavaliações com referência a outros específicos, e, depois, cada vez mais generalizados.

Assim, ao lermos o modelo de Mead, as setas dirigidas da esquerda para a direita indicam o desenvolvimento de cada aspecto do *self*. As setas dirigidas para baixo nas colunas destacam sua ênfase no processo de assunção de papéis e em como os desenvolvimentos na habilidade de adoção de papéis influenciam a etiologia dos processos de autocontrole e nas autoconcepções. Poderíamos também, é claro, desenhar setas dirigidas para cima nas colunas porque, de certo modo, os processos de autocontrole e as autoconcepções influenciam as habilidades de adoção de papéis. Mas achamos que as setas, como estão de fato desenhadas, capturam melhor a visão de Mead dos processos causais na emergência inicial daquelas capacidades comportamentais múltiplas que ele subsumia sob o rótulo *self*. Essas capacidades são, por sua vez, vitais para a produção e reprodução da sociedade.

A concepção de sociedade de Mead

A base comportamental da sociedade

Mead denominava *mente* como aquelas capacidades comportamentais no organismo que permitem o uso de símbolos para indicar objetos e para assumir papéis, para usar objetos como estímulos para vários comportamentos, para inibir respostas, para exercitar imaginativamente respostas alternativas, e para selecionar uma linha de conduta. Assim, a mente permite a cooperação entre indivíduos à medida que eles tentam selecionar comportamentos que facilitem a cooperação. *Self* é o termo que Mead usa para descrever a capacidade comportamental de alguém se ver como um objeto no ambiente e para usar uma concepção estável de si como um certo tipo de objeto como um estímulo importante para organizar o comportamento. A capacidade para a mente e o *self* se origina, e continua a depender, do processo de adoção de papéis porque a visão de alguém de si mesmo como um objeto e de sua capacidade de selecionar entre comportamentos alternativos são possíveis graças à leitura dos gestos de outros e da determinação de suas atitudes e disposições.

Sob muitos aspectos, a mente é a capacidade para indicar alternativas, enquanto o *self* envolve a capacidade para ordenar escolhas em uma estrutura consistente. Um organismo somente com mente poderia visualizar alternativas, mas não poderia selecionar prontamente entre elas. A capacidade para o *self* permite a seleção de comportamentos entre alternativas. Ao fazer isso, o *self* fornece uma fonte de estabilidade e consistência ao comportamento de uma pessoa, ao mesmo tempo em que integra esse comportamento ao tecido social ou sociedade.

Mead via vários modos pelos quais o *self* possibilita a integração do comportamento na sociedade. Primeiro, a capacidade para alguém de se ver como um objeto em um campo de objetos permite aos indivíduos se verem em relação a outros indivíduos. Eles podem ver seu lugar no campo de percepção e, assim, ajustar suas respostas (por meio da capacidade para a mente) para coordenar suas atividades.

Segundo, a emergência de um *self* unificado e completo, ou de uma autoconcepção estável, significa que as pessoas situam consistentemente em seu campo perceptual uma visão de si mesmas como um certo *tipo* de objeto. Essa habilidade torna os comportamentos mais consistentes e previsíveis porque geralmente buscam afirmar suas concepções de si próprias. O comportamento das pessoas ao longo de situações amplamente divergentes, portanto, revela, consistência porque introduzem, em certa medida, uma autoconcepção estável de si mesmas como um certo tipo de pessoa que é merecedora de certas respostas de outros. Esse objeto, como quaisquer objetos peculiares a uma situação, serve como um estímulo na organização de comportamentos. Quanto mais rígida a autoconcepção, mais os gestos de outros são seletivamente interpretados e usados para organizar respostas consistentes com a autoconcepção de alguém.

A consequência desses processos autorrelacionados para a sociedade é que, à medida que as ações das pessoas assumem consistência de situação para situação, ou ocasionalmente na mesma situação, seus comportamentos se tornam previsíveis, tornando assim mais fácil para os indivíduos se ajustarem uns aos outros e cooperarem entre si.

Terceiro, o processo de adoção de papéis permite aos indivíduos se verem não somente em relação a outros específicos em situações particulares, mas também em relação a vários outros generalizados. Assim, se as ações de uma pessoa são avaliadas com referência aos mesmos outros generalizados, os comportamentos assumirão consistência de situação para situação e ao longo do tempo. Além disso, na medida em que todos os participantes de uma interação adotam papéis com o mesmo outro generalizado, eles abordarão e perceberão as situações dentro dos limites de "significados comuns", e estarão preparados para agir em termos da mesma perspectiva. Ao se verem como objetos relativos ao mesmo conjunto de expectativas, as pessoas abordam situações com compreensões comuns que facilitarão seu ajustamento umas às outras.

Um quarto – e relacionado – ponto é que a capacidade de assumir papéis com vários outros generalizados permite aos indivíduos elaborarem padrões de organização social. Os indivíduos são liberados agora da necessidade da interação face a face como a base para coordenar suas atividades. Uma vez que possam assumir papéis com vários outros generalizados, alguns dos quais são concepções abstratas, podem guiar sua conduta de uma perspectiva comum sem diretamente assumir papéis diretamente uns dos outros. Assim, a capacidade de se ver como um objeto e de ajustar respostas em relação à perspectiva de um outro generalizado abstrato estende muito o escopo potencial dos padrões de organização social.

Quinto, além de possibilitar consistência comportamental e a integração individual em redes extensas de interação, o *self* também serve como um veículo de mudança social. As fases do *self* – o "*eu*" e o "*mim*", como Mead as chamava – garantem que os comportamentos individuais alterem, de algum modo, o fluxo do processo social. Mesmo que imagens do "mim" reflitam perfeitamente as expectativas em uma situação, e mesmo que a visão de alguém de si mesmo como um certo tipo de objeto seja totalmente congruente com essas expectativas, o comportamento efetivo – ou seja, o "eu" – pode se desviar do que é antecipado nas imagens de "mim". Esse desvio, seja pequeno ou grande, força outros na situação a ajustarem seus comportamentos, produzindo novas imagens de "mim" para guiarem subsequentes comportamentos ("eu") – e assim por diante, no curso de interação que se move dentro e fora das fases "eu" e "mim". Com certeza, quando as expectativas não são claras e quando a autoconcepção de alguém está em desacordo com as expectativas de outros, é provável que comportamentos "eu" sejam menos previsíveis, exigindo maiores ajustamentos por parte dos outros. Ou quando a capacidade para desenvolver imagens "mim" dita mudanças em uma situação para um indivíduo – e isso ocorre muitas vezes com indivíduos em desacordo com sua autoconcepção ou com os outros generalizados, mesmo variações comportamentais e mudanças sociais maiores podem ser esperadas durante a fase "eu" da ação. Assim, as fases inerentes do *self* – o "eu" e o "mim" – tornam inevitável a mudança nos padrões de interação. Por vezes, essas mudanças são pequenas e imperceptíveis, e somente após um longo acúmulo de pequenos ajustamentos é que a mudança é observável[22]. Em outros momentos, a mudança é grande, como quando uma pessoa com força política inicia um novo curso de atividade. Tanto num caso como no outro, como Mead tenta enfatizar, o *self* não somente fornece uma fonte de continuidade e integração para o comportamento humano como é também uma fonte de mudança na sociedade[23].

O que emerge da visão de Mead da sociedade não é uma visão da estrutura social e das propriedades emergentes dessas estruturas. Em troca, ele reafirmava que os padrões de organização social, qualquer que seja sua forma e perfil, são mediados pelas capacidades comportamentais humanas para a linguagem, para adoção de papéis, para a mente e para o *self*. Além de uma visão geral enfatizada por todos os pensadores de sua época – segundo a qual as sociedades estão se tornando mais diferenciadas e complexas –, ele ofereceu apenas algumas pistas sobre as propriedades das estruturas sociais nas sociedades humanas. A análise de Mead da sociedade, contudo, é na verdade uma série de afirmações sobre os processos comportamentais subjacentes que tornam possível a coordenação entre indivíduos.

O processo da sociedade

Para Mead, o termo *sociedade* é simplesmente um modo de indicar que os processos interativos podem revelar estabilidade e que os humanos podem agir dentro de uma estrutura imposta pelas relações sociais estabilizadas. A chave para entender a sociedade reside no uso da linguagem e na prática da adoção de papéis por indivíduos com mente e *self*. Por meio da capacidade de usar e ler gestos significativos, os indivíduos podem assumir papéis e usar a mente e o *self* para expressar suas ações a outros específicos em uma situação e a vários outros generalizados. Como os outros generalizados incorporam grupos mais amplos – organizações, instituições e comunidades – que marcam a estrutura da sociedade, eles propiciam uma estrutura de referência para os indivíduos usarem no ajustamento de sua conduta.

---

22. Ibid., p. 180, 202 e 216, para as afirmações relevantes.

23. Para trabalhos publicados de Mead sobre o *self*, cf. "The Social Self". *Journal of Philosophy*, 10, 1913, p. 374-380. • "The Genesis of the Self and Social Control". *International Journal of Ethics*, 35, 1924-1925, p. 251-277. • "Cooley's contribution".

A sociedade é, portanto, mantida em virtude da habilidade humana para assumir papéis e para assumir a perspectiva de outros generalizados. Mead argumentou implicitamente que a sociedade como apresentada a qualquer indivíduo determinado representa uma série de perspectivas, ou "atitudes", que o indivíduo assume na regulação do comportamento. Algumas atitudes são as de outros no campo imediato de alguém; outras perspectivas são as de grupos menos imediatos; outras atitudes ainda vêm de coletivos sociais mais remotos; perspectivas adicionais vêm de categorias abstratas usadas como uma estrutura de referência; e, por fim, toda população usando um conjunto comum de símbolos e significados constitui o outro generalizado mais remoto. Assim, em um dado momento, um indivíduo está assumindo papéis com alguma combinação de outros específicos e generalizados. As atitudes incorporadas por esses outros são usadas, portanto, nos processos da mente e do *self* para construir linhas de conduta.

Mead acreditava, portanto, que a estrutura e a dinâmica da sociedade dizem respeito àquelas variáveis que influenciam o número, a importância, o escopo e a proximidade de outros generalizados. Assim, por implicação, Mead argumentava que na medida em que os indivíduos pudessem acuradamente assumir o papel uns dos outros e assumir a perspectiva do(s) outro(s) generalizado(s) comum(ns), os padrões de interação seriam estáveis e cooperativos. Inversamente, na medida em que a adoção de papéis é imprecisa e ocorre com relação a outro(s) generalizado(s) divergente(s), a interação será perturbada e talvez conflitante[24].

Dessa perspectiva, a chave teórica para explicar os padrões da organização envolve isolar aquelas variáveis que influenciam (1) a exatidão da adoção de papéis e (2) a convergência de outros generalizados. Quais seriam algumas dessas variáveis? Mead não as discute em detalhe porque não estava interessado em construir uma Teoria Sociológica Formal. Em troca, suas preocupações eram mais filosóficas, e, por isso, enfatizava o reconhecimento da natureza geral dos processos subjacentes à manutenção da ordem social. Em vários lugares, contudo, ele oferece algumas pistas sobre quais variáveis influenciam a capacidade dos atores de assumirem papéis com o mesmo outro generalizado.

Uma barreira para assumir o papel com o mesmo outro generalizado é a diferenciação social[25]. Em sociedades complexas, as pessoas representam diferentes papéis, e, muitas vezes, os outros generalizados imediatos para esses papéis variarão. Esse é, certamente, um modo um pouco diferente de expressar as preocupações de Comte e de Durkheim com os efeitos mal-integrativos da diferenciação. Mead reconhecia que, quando os outros generalizados imediatos dos

---

24. MEAD. *Mind, Self, and Society*, p. 321-322.
25. Ibid.

indivíduos variam, é possível ter um outro generalizado mais geral ou abstrato do qual possam mutuamente assumir papéis. Como resultado, a despeito de suas diferenças, as pessoas podem assumir papéis com uma perspectiva comum e usá-la para guiar sua conduta. A conceitualização similar de Durkheim enfatizava o "enfraquecimento" ou a abstração da consciência coletiva (ou cultura) bem como a anomia e o egoísmo resultantes.

A visão de Mead, contudo, oferece o reconhecimento de que, embora a comunidade de atitudes de dois grupos imediatos de indivíduos possa divergir de algum modo, eles podem ao mesmo tempo assumir a perspectiva de um outro generalizado mais remoto, ou abstrato, e usar essa comunidade de atitudes como uma perspectiva comum para guiar sua conduta. Diferente de Durkheim, que via unidades estruturais – os "grupos ocupacionais", por exemplo – como mediadores entre a "consciência coletiva" e o indivíduo, a formulação de Mead da mente e do *self* afirma implicitamente que, por meio da capacidade de assumir papéis com outros múltiplos e remotos, indivíduos diversamente situados podem se tornar integrados a um tecido social comum. Assim, a diferenciação estrutural tenderá, como Mead parece ter argumentado, a forçar a adoção de papéis com outros generalizados mais remotos e abstratos. Portanto, as dimensões de uma sociedade podem ser estendidas grandemente porque as interações das pessoas são mediadas e reguladas por referência a uma comunidade comum de atitudes, em vez de à interação face a face.

Também relacionada à diferenciação – na verdade, ela é um tipo de diferenciação – encontramos a estratificação[26]. As barreiras de classe aumentam a probabilidade de que indivíduos em diferentes classes não compartilhem a mesma comunidade de atitudes. Uma vez que um sistema de diferenciação hierárquica deve ser integrado, a adoção de papéis com um outro generalizado mais distante complementará a comunidade de atitudes peculiar a uma classe social particular.

Um outro aspecto da diferenciação é a população[27]. À medida que as populações aumentam em tamanho, torna-se cada vez mais provável que dois indivíduos quaisquer assumam papéis com perspectivas um pouco diferentes em sua interação com outros específicos em seus grupos próximos. Para uma grande população permanecer integrada, conforme Mead, os indivíduos complementarão suas comunidades próximas de atitudes pela adoção de papéis com outros generalizados mais abstratos. Assim, à medida que o tamanho das redes de interação aumenta, elas serão integradas pela adoção de papéis com uma perspectiva ou comunidade de atitudes cada vez mais abstrata.

Em suma, portanto, a visão de sociedade de Mead é dominada por uma preocupação com os mecanismos psicológico-sociais pelos quais as estruturas

---

26. Ibid., p. 327.

27. Ibid., p. 326.

sociais são integradas. Para Mead, a *sociedade* é apenas um termo para os processos de adoção de papéis com vários outros generalizados e específicos e para a consequente coordenação da ação possibilitada pelas capacidades comportamentais da mente e do *self*. Ao enfatizar os processos subjacentes às estruturas sociais, Mead apresenta uma visão altamente dinâmica da sociedade. A sociedade não só é criada pela dinâmica da adoção de papéis, como também pode ser mudada por esses mesmos processos. Assim, à medida que diversos indivíduos entram em contato, assumem papéis e ajustam suas respostas, eles criam uma comunidade de atitudes, que usam então para regular suas ações subsequentes. Conforme mais atores são implicados, ou conforme seus papéis se tornam mais diferenciados, eles geram perspectivas adicionais para guiar suas ações. Similarmente, como os atores possuem autoconcepções singulares e como assumem papéis com perspectivas potencialmente diversas, devem muitas vezes reestruturar padrões existentes à medida que passam a se ajustar uns aos outros.

Assim, no trabalho de Mead, encontramos pouca sensibilidade para a grandeza da estrutura social. Sua conceitualização talvez possa ser vista como uma desmistificação da sociedade, uma vez que não a vê senão como um processo de adoção de papéis pelos indivíduos que possuem mente e *self* e que buscam fazer ajustamentos uns aos outros. Deveríamos observar, contudo, que Mead oferece algumas visões parciais da morfologia social – ou seja, das formas estruturais criadas pela adoção de papéis. A seguir, examinaremos brevemente essas conceitualizações mais morfológicas ou estruturais da sociedade.

A morfologia da sociedade

Mead usava frequentemente termos que possuíam conotações estruturais, sendo *grupo*, *comunidade*, *instituição* e *sociedade* os mais comuns. De certo modo, ele usava esses termos indistintamente para denotar regularidade em padrões de interação de indivíduos. Todavia, por vezes, ele parece ter toda uma noção das unidades estruturais básicas que compõem uma sociedade total.

Mead usava o termo *sociedade* em dois sentidos: (1) sociedade como se referindo simplesmente à atividade organizada e contínua, e (2) sociedade pertencendo a unidades geopolíticas, como Estados-nação. O primeiro uso é o mais frequente, e, assim, reterá a visão de que *sociedade* é o termo para atividade organizada e contínua entre pluralidades de atores, seja essa atividade a de um grupo pequeno ou de uma sociedade inteira.

O uso de *comunidade* por Mead era ambíguo, e muitas vezes ele parecia equipará-lo a *sociedade*. Seu uso mais geral se referia a uma pluralidade de atores que partilham um conjunto comum de símbolos significativos, que percebem que constituem uma entidade distinguível, e que partilham um outro generalizado comum, ou comunidade de atitudes. Como tal, uma comunidade pode ser muito pequena ou grande, dependendo de se as pessoas percebem que constituem uma entidade. Mead empregava tipicamente o conceito de comunidade para denotar grandes pluralidades de atores, e, assim, outras unidades estruturais eram vistas operando dentro de comunidades.

Dentro de cada comunidade, espera-se que as pessoas ajam em geral de determinadas maneiras, as quais Mead define como *instituições*:

> Existem, portanto, séries inteiras dessas respostas comuns na comunidade na qual vivemos, e essas respostas são o que denominamos "instituições". A instituição representa uma resposta comum da parte de todos os membros da comunidade a uma situação particular[28].

As instituições, conforme Mead, estão relacionadas, e, portanto, quando as pessoas agem em um contexto institucional, elas provocam implicitamente respostas de outros. Assim,

> as instituições... apresentam em um certo sentido os hábitos de vida da comunidade como tal; e quando um indivíduo age com relação a outros em, digamos, termos econômicos, não está provocando simplesmente uma resposta singular, mas um grupo inteiro de respostas relacionadas[29].

As instituições representam somente linhas gerais de resposta para situações variadas de vida, sejam econômicas, políticas, familiares, religiosas ou educacionais. As pessoas assumem o papel do outro generalizado para cada instituição, e, como as instituições são inter-relacionadas, tendem a exigir respostas apropriadas a outras instituições. Desse modo, as pessoas podem se mover prontamente de situação para situação dentro de uma comunidade mais ampla, provocando respostas apropriadas e inibindo as inapropriadas. Alguém se move tranquilamente, por exemplo, de situações econômicas para familiares porque as respostas a ambas são evocadas no indivíduo durante a adoção de papéis com uma ou outra.

Mead reconhecia que as instituições, e o outro generalizado relacionado, fornecem somente um esquema geral para guiar as ações das pessoas. As pessoas pertencem a uma variedade ampla de unidades menores que Mead tendia a chamar *grupos*. A atividade econômica, por exemplo, é conduzida por diferentes indivíduos em grupos econômicos variados. As ações familiares ocorrem dentro de grupos familiares, e assim por diante para toda a atividade institucional. Os grupos revelam seus próprios outros generalizados, que são singulares e, todavia, consistentes com a comunidade de atitudes das instituições ou da comunidade mais ampla. Os grupos podem variar enormemente de tamanho, diferenciação, longevidade e restrição, mas o ponto geral de Mead é que a atividade dos

---

28. Ibid., 261.
29. Ibid., 264.

indivíduos envolve a adoção simultânea de papéis com outros generalizados em grupos, reuniões de instituições inter-relacionadas e nas perspectivas da comunidade ampla.

A cultura da sociedade

Mead nunca usa o conceito de *cultura* no sentido moderno do termo. Todavia, sua visão da organização social como mediada por outros generalizados é consistente com a visão de que a cultura é um sistema de símbolos pelos quais o pensamento, a percepção e a ação humanos são mobilizados e regulados. Como no caso da estrutura ou morfologia social, contudo, Mead não estava interessado em analisar em detalhes os vários sistemas de símbolos que criamos e usamos para organizar nossos afazeres. Em troca, ele estava interessado basicamente na ideia mais geral de que usamos símbolos significativos, ou a linguagem, para criar comunidades de atitudes. E, em virtude da capacidade para adoção de papéis, regulamos nossa conduta não somente em relação às atitudes de outros específicos, mas também com relação a outros generalizados que incorporam essas comunidades de atitudes.

O conceito de *outro generalizado* é o termo de Mead para o que seria visto agora como aqueles sistemas simbólicos de um sistema cultural mais amplo que regulam a percepção, o pensamento e a ação. Seu outro generalizado é, portanto, composto de normas, valores, crenças e outros sistemas regulatórios de símbolos. Ele nunca faz distinções cuidadosas, por exemplo, entre valores, crenças e normas, pois está interessado somente em isolar os processos básicos da sociedade: os indivíduos com mente e *self* assumem papéis com vários outros generalizados para regular sua conduta e, assim, coordenar suas ações.

A concepção de sociedade de Mead, portanto, enfatiza a natureza básica dos processos que subjazem a atividade social contínua. Ele não está interessado, em grande medida, nos detalhes da estrutura social ou nos componentes da cultura. Sua grande intuição foi que, independentemente da estrutura específica da sociedade, os processos pelos quais a sociedade é criada, mantida e mudada são os mesmos. A organização social é o resultado das capacidades comportamentais da mente e do *self* à medida que esses permitem aos atores a adoção de papéis com vários outros e, assim, regularem e coordenarem suas ações. Essa intuição sobre a relação fundamental entre o indivíduo e a sociedade marca a grande contribuição de Mead em *Mente, self e sociedade*[30].

---

30. Cf., em particular, as análises de Weber e Durkheim para apreciar quão cruamente a base interativa da estrutura social havia sido conceitualizada antes da síntese de Mead.

A filosofia do ato

Muitos dos trabalhos não publicados de Mead apareceram postumamente em A Filosofia do Ato[31]. Grande parte desse trabalho não é de muito interesse para os sociólogos; no primeiro ensaio, contudo, ao qual os editores impuseram o desafortunado título "Estágios do ato", Mead oferece novas noções que não podem ser encontradas em seus outros ensaios ou em suas conferências. Nesse trabalho, ele apresenta uma teoria da motivação humana que deveria ser vista como complementar à sua conceitualização da mente, do *self* e da sociedade.

Mead não apresenta seu argumento como o conceito de *motivação*, mas sua intenção era compreender por que e como a ação humana é iniciada e direcionada. Para Mead, a unidade mais básica do comportamento é "o ato", e grande parte de A filosofia do ato trata da compreensão da natureza dessa unidade fundamental. O comportamento de um indivíduo nada mais é basicamente do que uma série de atos, por vezes executados singularmente, mas com mais frequência emitidos simultaneamente. Assim, para obtermos um discernimento sobre a natureza do comportamento humano, devemos compreender os componentes constituintes do comportamento – ou seja, os "atos".

Em sua análise do ato, Mead retém suas suposições básicas. Os atos são parte de um processo de vida maior dos organismos se ajustando às condições ambientais nas quais se encontram. Além disso, os atos humanos são singulares devido às capacidades para a mente e para o *self*. Portanto, a Teoria da Motivação de Mead se concentra em compreender como o comportamento dos organismos com mente e *self* operando dentro da sociedade é iniciado e dirigido. Ele visualiza o ato como composto por quatro "estágios", embora enfatize que poderíamos simultaneamente estar envolvidos em diferentes estágios de diferentes atos. Ele também reconhece que os atos variam em extensão, grau de sobreposição, consistência, intensidade e outros estados variáveis, mas, em sua análise dos estágios do ato, ele estava mais interessado em isolar a natureza básica do ato do que em desenvolver proposições sobre suas propriedades variáveis.

Mead via os atos como consistindo de quatro estágios: (1) impulso, (2) percepção, (3) manipulação e (4) consumação[32]. Esses não são inteiramente discretos, pois muitas vezes se fundem um no outro, mas constituem fases distintas que envolvem capacidades comportamentais um pouco diferentes. Nossa discussão focará em cada estágio separadamente, mas devemos enfatizar que

---

31. MEAD. *Philosophy of the Act.*

32. Para uma discussão secundária excelente sobre os estágios do ato de Mead, cf. SHIBUTANI, T. "A Cybernetic Approach to Motivation". In: BUCKLEY, W. (ed.). *Modern Systems Research for the Behavioral Scientist.* Hawthorne, NY: Aldine, 1968. • *Society and Personality, An Interactionist Approach to Social Psychology.* Englewood Cliffs, NJ: Prentice Hall, 1961, p. 63-93.

Mead não via os estágios de um determinado ato como separáveis ou como isolados dos estágios dos outros atos.

Impulso

Para Mead, um *impulso* representa um estado de desequilíbrio, ou tensão, entre um organismo e seu ambiente. Embora não estivesse interessado com estados variáveis de impulsos – ou seja, sua direção, tipo e intensidade – oferece duas proposições implícitas: (1) quanto maior o grau de desequilíbrio entre um organismo e seu ambiente, mais forte é o impulso e maior a probabilidade de o comportamento refletir isso. (2) Quanto mais um impulso persiste, mais ele vai dirigir o comportamento até ser consumado.

A fonte de desequilíbrio de um organismo pode variar. Alguns impulsos vêm de necessidades orgânicas que são insatisfeitas, enquanto outras vêm de desajustamentos interpessoais[33]. Outros impulsos ainda se originam de reflexos autoinfligidos, e muitos são uma combinação de fontes orgânicas, interpessoais e intrapsíquicas de tensão. O ponto fundamental é que os impulsos iniciam esforços para sua consumação, enquanto dão ao comportamento de um organismo uma direção geral. Contudo, Mead não hesita em salientar que um estado de desequilíbrio poderia ser eliminado de modos muito diferentes e que as condições do ambiente determinam a direção específica do comportamento. Para Mead, não somos levados de um lado para outro pelos impulsos. Ao contrário, um impulso é definido como o grau de harmonia com o ambiente, e a forma como um organismo está preparado para se ajustar ao seu ambiente influencia os modos precisos pelos quais um impulso é consumado.

Por exemplo, mesmo impulsos aparentemente orgânicos como a fome e a sede são vistos como surgindo de adaptações comportamentais ao ambiente. A fome é muitas vezes definida pelos padrões culturais que determinam quando as refeições devem ser feitas, e surge quando o organismo não conseguiu alimento no ambiente. O mundo social do indivíduo restringe enormemente a forma pela qual esse desequilíbrio será eliminado. Uma vez que as forças ambientais afetam os atores com mente e *self*, elas moldarão os tipos de alimentos considerados comíveis, como são comidos e quando podem ser comidos. Assim, para Mead, um impulso inicia o comportamento e dá a ele somente uma direção geral. O próximo estágio do ato – a percepção – determinará que aspectos do ambiente são relevantes para eliminar o impulso.

---

33. Para a conceitualização de Mead das necessidades biológicas, cf. os ensaios complementares em *Mind, Self, and Society*, particularmente o ensaio 2.

Percepção

O que vemos no ambiente, conforme Mead, é altamente seletivo. Uma base para a percepção seletiva é o impulso: as pessoas se tornam adaptadas àqueles objetos em seu ambiente considerados relevantes para a eliminação de um impulso. Mesmo aqui, a socialização do passado, autoconcepções e expectativas de outros específicos e generalizados restringem quais objetos são vistos como relevantes para eliminar um determinado impulso. Por exemplo, uma pessoa faminta na Índia não verá uma vaca como um objeto relevante de alimento, mas antes se tornará sensibilizada para outros objetos potenciais de alimento.

O processo de *percepção* sensibiliza, portanto, um indivíduo para certos objetos no ambiente. Esses objetos se tornam estímulos para repertórios de respostas comportamentais. Assim, quando os indivíduos se tornam sensibilizados para certos objetos, eles estão preparados para se comportar de certas maneiras em relação a esses objetos. Mead acreditava, portanto, que a percepção é simplesmente a evocação de respostas potenciais a estímulos; ou seja, quando o organismo se torna consciente dos objetos relevantes, ele também está preparado para agir de determinadas maneiras. Assim, aproximamo-nos de objetos como uma série de hipóteses, ou noções, sobre como certas respostas com relação a objetos podem eliminar nosso estado de desequilíbrio.

Manipulação

A testagem dessas hipóteses – ou seja, a emissão de comportamentos em relação a objetos – é denominada *manipulação*. Como temos mente e *self*, podemos empregar tanto manipulação não manifesta como manifesta. Podemos muitas vezes imaginar não manifestamente as consequências da ação em relação a objetos para eliminarmos um impulso. Assim, manipulamos frequentemente nosso mundo mentalmente, e somente após imaginarmos as consequências de várias ações emitimos uma linha manifesta de comportamento. Em outros momentos, manipulamos nosso ambiente sem pensamento deliberado ou prolongado; simplesmente emitimos um comportamento considerado capaz de eliminar um impulso.

O que determina se a manipulação será não manifesta antes de ser manifesta? A condição fundamental é o que Mead via como *bloqueio* (*blockage*), uma condição em que a consumação de um impulso é inibida ou adiada. O bloqueio produz imagens e inicia o processo de pensamento. Por exemplo, quebrar a ponta do lápis ao escrevermos (criando um impulso ou desequilíbrio com o ambiente) leva a esforços para manipulação: um ator pode imediatamente perceber uma pilha de lápis apontados próxima ao bloco de notas, pegar um novo lápis, e continuar escrevendo sem sequer refletir. Um outro, que não tenha preparado uma pilha de lápis, pode inicialmente entrar em sintonia com a gaveta da escrivaninha, abri-la, procurar por um lápis, e geralmente começar a procurar "cegamente" por um lápis. Em algum momento, frequentemente após uma pessoa ter "deambulado inconscientemente" por um tempo, o bloqueio do impulso começa a gerar imagens conscientes, e as manipulações da pessoa se tornam não manifestas. Imagens de onde deixamos um lápis por último são agora conscientemente evocadas, ou a provável localização de um lápis apontado é antecipada. Assim, quando os manifestos do impulso, percepção e manipulação do ato não levam à consumação, ocorre o pensamento, e a manipulação se torna não manifesta, ativando as capacidades comportamentais da mente e do *self*.

O pensamento também pode ser iniciado no começo do ato. Por exemplo, se a percepção não produz um campo relevante de objetos, o bloqueio ocorre nesse estágio, de modo que, em virtude das capacidades para a mente, um ator começa imediatamente o pensamento não manifesto. Assim, o pensamento é uma adaptação comportamental de um organismo que experiencia um desequilíbrio com seu ambiente e é incapaz de perceber objetos ou manipular comportamentos de modo a levar à consumação de um impulso.

No processo de pensamento, portanto, um ator passa a perceber objetos relevantes; podendo inclusive assumir papéis com o objeto se esse for um outro indivíduo ou um grupo; e pode ainda ver o *self* como outro objeto. Desse modo, várias linhas de conduta são imaginativamente exercitadas até que uma linha própria de conduta seja selecionada e emitida. Com certeza, se o comportamento selecionado não elimina o impulso, o processo recomeça e continua até que o comportamento do organismo lhe permita atingir um estado de equilíbrio com seu ambiente.

O estágio de manipulação é, portanto, "cibernético" na medida em que envolve comportamento, resposta, reajustamento de comportamento, mais resposta, reajustamento, e assim por diante até que um impulso seja eliminado[34]. A visão de Mead do pensamento como um "exercício imaginativo" e sua conceitualização do "eu" e do "mim" se enquadram nessa visão cibernética mais geral do ato. Pensar envolve imaginar um comportamento e então dar a si próprio a resposta sobre as prováveis consequências do comportamento. As fases "eu" e "mim" do *self* envolvem produzir imagens de "mim" (resposta) de comportamentos ("eu") e então usar essas imagens para ajustar comportamentos subsequentes. Diferente de muitos teóricos da motivação, Mead via os atos como construídos a partir de uma sucessão de manipulações que produzem respostas, que, por sua vez, são usadas para manipulações subsequentes. Assim, a motivação é um processo de ajustamento e reajustamento constantes de comportamentos para restaurar o equilíbrio com o ambiente.

Embora Mead não tivesse desenvolvido quaisquer proposições formais sobre o estágio manipulatório do ato, ele implicitamente assumia que quanto mais um impulso é bloqueado, mais cresce em intensidade e mais consome o pro-

---

34. Cf. SHIBUTANI, "Cybernetic Approach", para uma discussão mais detalhada.

cesso de pensamento e as fases do *self*. Assim, os indivíduos que não eliminaram um forte impulso por meio da manipulação bem-sucedida terão uma considerável quantidade de seu pensamento e autorreflexão consumidos por imagens pertencentes a objetos e comportamentos que poderiam eliminar o impulso. Por exemplo, as pessoas que não podem saciar sua fome ou apetites sexuais ou que não podem obter o reconhecimento que acham que merecem tendem a dedicar uma quantidade considerável, e cada vez maior, de seu tempo em manipulações não manifestas e manifestas em um esforço para controlar seus impulsos.

Consumação

O estágio da *consumação* do ato simplesmente denota a completação do ato por meio da eliminação do desequilíbrio entre um organismo e seu ambiente. Como um behaviorista, Mead enfatizava que a consumação bem-sucedida dos atos pela emissão de comportamentos em relação a certos objetos leva ao desenvolvimento de padrões de comportamento estáveis. Assim, classes, ou tipos gerais de impulsos tenderão a extrair respostas particulares de um indivíduo caso essas respostas tenham sido bem-sucedidas no passado em restaurar o equilíbrio. Os indivíduos tenderão a perceber os mesmos objetos, ou similares, como relevantes para a eliminação do impulso, e tenderão a usar esses objetos como estímulos para evocar certos comportamentos. Desse modo, as pessoas desenvolvem tendências comportamentais estáveis para atuar em seu ambiente.

A Figura 15.3 representa a conceitualização que Mead faz dessas fases do ato. Para qualquer pessoa, é claro, vários impulsos estão em operação, cada um deles em diferentes estágios de consumação e em pontos potenciais de obstrução. Para nós, a percepção envolve ver não somente objetos físicos, mas também a nós mesmos, outros e vários outros generalizados como parte do ambiente. A manipulação para nós, com as capacidades para a mente e para o *self*, envolve tanto comportamento manifesto como deliberações não manifestas, nas quais os indivíduos pesam alternativas e avaliam suas consequências com referência à sua autoconcepção, as expectativas de outros específicos e de vários outros generalizados. A consumação, para nós que devemos viver e sobreviver em grupos sociais, está quase sempre centrada na adaptação a, e cooperação com, outros em iniciativas coletivas contínuas. Como as setas de resposta indicando bloqueio enfatizam, o ponto de bloqueio influencia a importância de qualquer fase no fluxo de um ato. Além disso, esse processo de bloqueio determina a força das setas causais que conectam estágios no ato. Os impulsos intensos são tipicamente aqueles que foram bloqueados, provocando, assim, a percepção aguçada. Essa, por sua vez, gera maior manipulação não manifesta e manifesta; se o bloqueio ocorre, a percepção é aguçada ainda mais, assim como os impulsos. Se a manipulação é malsucedida, ocorre o aumento da manipulação não manifesta, aguçando, assim, a percepção e o impulso (por meio das setas de resposta no topo da Figura 15.3).

Esse modelo do ato permite uma compreensão acerca de como os indivíduos podem ser "impelidos" a um comportamento aparentemente irracional ou excessivamente emocional, e pode fornecer uma compreensão sobre a dinâmica do comportamento compulsivo. Esses comportamentos resultariam do bloqueio de impulsos poderosos que persistem e aumentam em intensidade, distorcendo, assim, as percepções, o pensamento não manifesto e o comportamento manifesto de um indivíduo. Por exemplo, os indivíduos que foram rejeitados por outros importantes em seus primeiros anos podem ter uma série poderosa de impulsos não consumados que distorcem suas percepções e manipulações a extremos anormais. Dado que as autoconcepções instáveis ou anormais desses indivíduos podem distorcer o processo de percepção, assim como a manipulação não manifesta e manifesta, eles podem nunca ser capazes de perceber que consumaram seus impulsos nas relações interpessoais.

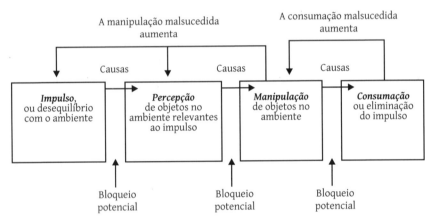

Figura 15.3 O modelo do ato de Mead

Diferente de Freud ou outros clínicos e psicólogos de sua época, Mead não estava interessado em tipos de comportamento anormal, mas sim na construção de um modelo que indicasse as propriedades fundamentais da ação humana, fosse ela normal ou anormal. Seus críticos com frequência retratavam o behaviorismo social de Mead como excessivamente racional, sem levar em consideração seu modelo do ato. Esse modelo contém os elementos da ação emocional assim como da racional, e embora não estivesse interessado em avaliar as consequências de várias influências entre as setas na Figura 15.3, o modelo fornece uma ferramenta valiosa para aqueles que estão interessados em como os vários tipos de impulsos, quando associados aos diferentes padrões de bloqueio de impulsos, produzem formas variadas de comportamento não manifesto e manifesto.

A visão de Mead de motivação é distintamente sociológica, enfatizando a relação de indivíduos uns com os outros e com os ambientes social e físico. O que dirige os atores e determina o curso de seus comportamentos é o relacionamento dos organismos com seu ambiente. Para atores humanos, que em virtude da mente e do *self* são capazes de viver e participar na sociedade, esse ambiente é decididamente social. Portanto, iniciamos e dirigimos nossas ações em um esforço para atingirmos integração em processos sociais contínuos. O behaviorismo *social* de Mead marcou uma síntese de noções utilitaristas, pragmatistas, behavioristas e mesmo darwinianas. A premissa básica de Mead é esta: o comportamento que facilita o ajustamento e a adaptação dos organismos ao seu ambiente será mantido.

Conclusões críticas

Antes de Mead, o processo de interação não havia sido bem-compreendido. Muitos pensadores haviam capturado uma parte do processo, mas Mead sintetizou várias linhas de pensamento em uma estrutura conceitual coerente. A força da análise de Mead reside em sua compreensão da relação entre padrões contínuos de organização social, ou sociedade, e as capacidades comportamentais que surgem das necessidades humanas de adaptação a esses padrões e que, como resultado, sustentam a sociedade. Para Mead, o uso de gestos convencionais, a adoção de papéis, a mente e o *self* são comportamentos e não entidades ou coisas, e são aprendidos como todos os comportamentos porque fornecem reforço aos indivíduos ou, alternativamente, na terminologia pragmatista, porque permitem a adaptação à sociedade. Assim, para Mead, a sociedade sempre está acima do indivíduo no sentido de que ela existe antes que uma pessoa nasça, e, consequentemente, é o ambiente ao qual os indivíduos devem se ajustar e se adaptar. Todavia, a sociedade não seria possível se não aprendêssemos os gestos convencionais e a adoção de papéis, e sem que adquiríssemos a habilidade para realizar deliberações intencionais ou autorreflexão e avaliação a partir da perspectiva da sociedade e de seus vários outros generalizados.

Apesar de ser difícil criticar um pensador que, em essência, desvelou os mistérios dos processos microssociais, podemos tecer alguns comentários relevantes com relação ao seu trabalho. Um é que Mead nunca desenvolveu uma concepção muito clara da sociedade ou cultura. Ele via as "instituições" como padrões contínuos de comportamento cooperativo, e via a cultura em termos de vários outros generalizados. Todavia, essa é uma concepção muito exígua das macroestruturas que são sustentadas pelos microprocessos. Assim, ainda que Mead visse a sociedade como estando acima do indivíduo, sua teoria é realmente sobre como as pessoas adquirem as capacidades comportamentais para se ajustarem à sociedade e à cultura. Ele não nos fornece, contudo, uma teoria da sociedade ou da cultura.

Um resultado dessa falha é que muitos teóricos contemporâneos assumem que uma teoria separada, ou conjunto de teorias, sobre a dinâmica da sociedade e da cultura não é necessária. Em troca, tudo que é necessário é uma teoria do comportamento interpessoal para explicar os sistemas institucionais e culturais. Essas teorias se tornam, contudo, pouco mais do que pronunciamentos que, por exemplo, afirmam que "a sociedade é interação simbólica"[35], o que diz muito pouco e explica praticamente nada sobre a sociedade além dos processos interpessoais necessários para sustentá-la. Assim, a sociologia de Mead é decididamente micro, o que está bem desde que estejamos cientes dessa limitação. Muitos sociólogos contemporâneos infelizmente esquecem esse fato.

Podemos inclusive criticar Mead no nível mais micro da análise. Provavelmente sua maior falha é a falta de uma teoria das emoções. Um dos aspectos mais críticos da interação é seu conteúdo emocional, e quando os indivíduos assumem papéis, realizam deliberações intencionais ou fazem autoavaliações, eles estão sendo emocionais. Mead chegou a ter um tipo freudiano de teoria "ato" que poderia facilmente ter sido usada para tratar das emoções envolvidas quando impulsos não são consumados ou quando são consumados. Além disso, Mead usa metáforas darwinianas em todo o seu trabalho, e certamente tinha conhecimento do livro de Darwin sobre as expressões e emoções nos animais, e, contudo, não foi nessa direção. Assim, como Mead foi considerado a figura central na microssociologia durante a maior parte do século, seu lapso se tornou a lacuna de conhecimento da disciplina. Pois, somente no final da década de 1970, a sociologia das emoções emergiu como um campo de investigação na teorização interacionista[36]. A única explicação para esse interesse tardio é a conformidade servil à orientação de Mead, que, por profunda que fosse, não contou uma história completa dos processos sociais.

---

35. BLUMER, H. *Symbolic Interactionism*: Perspective and Method. Englewood Cliff, NJ: Prentice Hall, 1969.

36. Para uma revisão, cf. TURNER, J.H. & STETS, J.E. *The Sociology of Emotions*. Cambridge, UK: Cambridge University Press, 2005.

16
A emergência das perspectivas teóricas contemporâneas

Apesar de a teorização contemporânea na sociologia – como tudo mais nessa disciplina – ter se tornado mais especializada, ela ainda se inspira muito nos teóricos examinados nas páginas deste livro. Atualmente, há várias teorias sociológicas – muitas delas se ocupando de uma pequena série de fenômenos –, sendo assim impossível revisar todas brevemente aqui. Porém, mesmo com elevados graus de especialização, existem ainda muitas abordagens teóricas gerais, quase todas elaboradas com base nas intuições do sprimeiros mestres. Dentro de cada uma dessas perspectivas, há inúmeras variações concorrentes, que seus seguidores debatem entre si, ou, por vezes, simplesmente fingem não existir. A vida intelectual é sempre competitiva, e os estudiosos disputam um espaço de atenção limitado[1], o que os obriga a trabalharem para diferenciar suas toerias de suas rivais. Porém, mesmo com essas tendências para ganhar espaço de atenção pela especialização, ao menos nove abordagens podem ser isoladas – o que é um pouco demasiado para o espaço intelectual atual na sociologia. Como consequência, apenas algumas são dominantes, enquanto o resto deve competir entre si para encontrar espaço na imaginação sociológica.

Nove tradições e perspectivas teóricas

Teorização funcional

A teorização funcional foi a primeira perspectiva teórica da sociologia. Comte foi seguido por Spencer e, depois, por Durkheim, que incorporou elementos de ambos em seu modo de análise funcional. A essência da análise funcional pode ser sumarizada como segue:

---

1. COLLINS, R. *The Sociology of Philosophies*: A Global Theory of Intellectual Change. Cambridge, MA: Harvard University Press, 1998.

1) Os sistemas sociais são compostos de partes inter-relacionadas.

2) Esses sistemas confrontam problemas internos e externos de adaptação aos seus ambientes que devem ser resolvidos para que o sistema dure.

3) Esses problemas de sobrevivência e adaptação podem ser visualizados à medida que as "necessidades" ou "requisitos" do sistema devem ser satisfeitos.

4) A compreensão dos sistemas sociais como um todo e suas partes constituintes é possível somente ao analisarmos a(s) necessidade(s) ou requisito(s) do sistema que qualquer parte determinada satisfaz.

As diferenças entre as teorias funcionais se concentram nos vários requisitos funcionais que são postulados. Alguns teóricos como Durkheim[2] postularam somente uma necessidade principal: a *integração social* ou a necessidade de coordenação e controle das partes do sistema. Assim, as sociedades deveriam ser examinadas com respeito a cada uma de suas partes – seja estrutural, cultural ou interacional – contribui para a integração do todo social. Outros funcionalistas iniciais como Spencer[3] delinearam vários requisitos funcionais: (1) a *produção* ou a obtenção de recursos e sua conversão em mercadorias usáveis; (2) a *reprodução* de membros societais e de estruturas sociais; (3) a *distribuição* de recursos, informações e pessoas em torno de uma sociedade e suas estruturas sociais; e (4) a *regulação* ou coordenação e controle através da consolidação e uso do poder.

Com a morte de Spencer na primeira década de século XIX, e, depois, com a de Durkheim na segunda década, a teorização funcional desapareceu da sociologia. A abordagem foi mantida viva por antropólogos – como A.R. Radcliffe-Brown[4] e Bronislaw Malinowski[5], porque o funcionalismo lhes permitiu, bem como a antropólogos, teorizarem sobre por que uma forma cultural particular – como uma crença, um ritual ou uma estrutura social – existiu em sociedades primitivas. Eles podiam formular a pergunta básica de toda teoria funcional: O que faz uma parte em qualquer sistema social para manter o sistema em seu ambiente? Na década de 1950, quando os problemas[6] nessa modalidade de análise

---

2. Para uma revisão do funcionalismo de Émile Durkheim, cf. p. 260-274.

3. Para uma revisão da teorização funcional de Herbert Spencer, cf. p. 58-66.

4. RADCLIFFE-BROWN, A.R. *Structure and Function on Primitive Society*. Glencoe, IL: Free Press, 1952.

5. MALINOWSKI, B. *A Scientific Theory of Culture*. Chapel Hill: University of North Carolina Press, 1944. Para uma análise da história da teorização funcional na sociologia e na antropologia, cf. TURNER, J.H. & MARYANSKI, A. *Functionalism*. Menlo Park, CA: Benjamin/Cummings, 1979.

6. Muitos dos problemas do funcionalismo diziam respeito a suas suposições conservadoras evidentes segundo as quais qualquer parte existe porque satisfaz necessidades funcionais. Desse modo, o funcionalismo justificava o *status quo* mesmo que fosse opressivo e injusto. Um outro problema era a natureza tautológica do raciocínio nas explicações funcionais. P. ex., como sei

provocaram um declínio acentuado no funcionalismo antropológico, ela voltou triunfalmente à cena na sociologia e continuou a ser sua abordagem teórica dominante até meados da década de 1970, quando começou uma vez mais a declinar e, depois, quase desapareceu.

Todas as teorias funcionais inflexíveis de meados do século XX continuam a enfatizar os requisitos de um sistema social. Para Talcott Parsons[7], havia quatro requisitos, aproximadamente semelhantes aos de Spencer e aos de Malinowski, a saber: as necessidades de *adaptação* (produção), de *realização de objetivos* (regulação através do poder), de *integração* (coordenação) e de *latência* (gerenciamento de tensão e reprodução). Em contraste, o funcionalista alemão Niklas Luhmann[8] postulava um requisito principal – a *redução de complexidade* – ao longo de várias dimensões da existência humana – temporal, material e simbólica. Assim, as estruturas sociais e a cultura são vistas como surgindo para reduzir a complexidade potencial da dimensão *temporal* (que pode remontar a toda história ou avançar em direção ao infinito), a dimensão *material* (que pode incluir todas as relações sociais possíveis no espaço infinito) e a dimensão *simbólica* (que inclui todos os sistemas possíveis de símbolos). Os sistemas sociais, portanto, desenvolvem mecanismos – estruturais e culturais – para reduzir essa complexidade potencial, e assim os sistemas sociais devem ser compreendidos pela forma como se desenvolveram e pela forma como esses mecanismos operam agora para reduzir a complexidade.

Outros sociólogos simpáticos à análise funcional, mas desconfiados da noção de requisitos e necessidades universais, assumiram abordagens um pouco diferentes. Jeffrey Alexander e Paul Colomy[9] enfatizaram a diferenciação estrutural e a integração pela cultura como dinâmicas fundamentais das sociedades sem apelo à noção de requisitos. Jonathan Turner[10] converteu requisitos em uma

---

se uma parte possui funções num sistema social: *Resposta*: Porque o sistema está funcionando e sobrevivendo.

7. PARSONS, T. *The Social System*. Glencoe, IL: Free Press, 1951. • PARSONS, T.; BALES, R.F. & SHILL, E.A. *Working Papers in the Theory of Action*. Glencoe, IL: Free Press, 1953. Para um teórico mais contemporâneo, que leva adiante o funcionalismo de Parson, cf. MUNCH, R. *Theory of Action*: Towards Going Beyond Parsons. Londres: Routledge, 1988.

8. LUHMANN, N. *System Theory*. Palo Alto, CA: Stanford University Press, 1995. • *The Differentiation of Society*. Nova York: Columbia University Press, 1982 [trad. de S. Holmes e C. Larmore].

9. ALEXANDER, J.C. (ed.). *Neofunctionalism*. Beverly Hills, CA: Sage, 1985. • ALEXANDER, J.C. & COLOMY, P. "Neofunctionalism Today: Restructuring a Theoretical Tradition". In: RITZER, G. (ed.). *Frontiers of Social Theory*. Nova York: Columbia University Press, 1990. • COLOMY, P. (ed.). *Newfunctionalist Sociology*: Contemporary Statements. Londres: Edward Elgar, 1990.

10. TURNER, J.H. *Macrodynamics*: Toward a Theory on the Organization of Human Populations. Nova Brunswick, NJ: Rutgers University Press, 1995. • *Theoretical Principles of Sociology* – Vol. 1: Macrodynamics. Nova York: Springer, 2010.

concepção das *forças* fundamentais que variam em intensidade e que aumentam as pressões de seleção sobre os atores para criarem formações socioculturais para reduzir a intensidade dessas pressões. Assim, mesmo que seja conhecida agora por outros nomes, a Teoria Funcional ainda persiste na sociologia contemporânea, e a razão para que persista é a de sempre ter formulado uma questão interessante: Que problemas adaptativos todas as sociedades, e os sistemas dentro das sociedades, devem resolver para que se mantenham em seus respectivos ambientes? Uma resposta a essa questão atinge o que é essencial à existência humana nas sociedades, e, portanto, permanece no centro da Teoria Sociológica, mesmo que a influência da Teoria Funcional tenha declinado.

Teorização evolucionária

Teorias dos estágios

Entre os sociólogos clássicos, teorias sobre os estágios da evolução societal de formas simples a mais complexas eram comuns. Entre os teóricos funcionalistas de hoje, todas as teorias ainda enfatizam a diferenciação crescente das estruturas sociais e da cultura nas sociedades. A maioria dessas teorias iniciais tinha alguma noção dos estágios nesse movimento em direção a níveis mais elevados de diferenciação. Alguns, como Durkheim[11], postulavam dois estágios básicos da solidariedade "mecânica" à "orgânica". Outros, como Spencer[12], descreveram, em grandes detalhes, os diferentes estágios da sociedade – de uma forma simples (sociedades caçadoras-coletoras nômades sem um chefe) a uma forma simples com chefe (sociedades caçadoras-coletoras e hortícolas assentadas), seguida por uma sociedade composta dupla (agrária), e, finalmente, por uma sociedade composta tripla (industrial) –, embora tentassem ao mesmo tempo explicar as dinâmicas que geram esse movimento das sociedades simples às altamente compostas ou diferenciadas. Outros teóricos como Weber[13] focaram no processo evolucionário abrangente da racionalização – embora ele próprio não tivesse utilizado o termo evolucionário). Marx[14] postulava quatro estágios da história: do comunismo primitivo (caça e coleta) passando pela escravidão (algo como uma horticultura e um agrarianismo inicial), e pelo capitalismo industrial até o fim da história evolucionária, o comunismo; Simmel[15] e Mead[16], como muitos funcionalistas, tendiam a ver a evolução como um processo predo-

---

11. Para o modelo simples de dois estágios de Durkheim, cf. p. 302-305.

12. Para o modelo de estágios mais elaborado de Herbert Spencer, que é ainda contemporâneo, cf. p. 80-99.

13. Para o modelo de estágio mais implícito de Max Weber, cf. p. 209-212.

14. Para o modelo e Teoria dos Estágios, de Karl Marx, cf. p. 149-151.

15. Para os modelos de estágios de diferenciação de Georg Simmel, cf. p. 251-253.

16. Para as suposições muito implícitas de George Herbert Mead sobre diferenciação como a tendência principal nas sociedades, cf. p. 248-251, 265s.

minante da diferenciação. A despeito de suas muitas diferenças, todas as teorias dos estágios da evolução incluem as seguintes hipóteses:

1) As sociedades evoluem de formas mais simples para formas cada vez mais complexas.

2) Essa evolução sempre envolve vários estágios discretos.

3) Existem sempre forças ou mecanismos dirigindo esse movimento das sociedades de formações simples a mais complexas.

4) Essas forças podem ser constantes ou variáveis, dependendo do estágio de desenvolvimento de uma sociedade.

5) Dependendo da Teoria Evolucionária, esses mecanismos de mudança tendem a se centrar: (a) em requisitos funcionais impelem atores a desenvolverem estruturas para satisfazer esses requisitos, (b) na tecnologia e na produção, (c) no poder e na desigualdade, (d) na geopolítica, (e) na dinâmica do mercado, (f) na captação de energia, (g) no crescimento populacional e (h) nas outras forças ou mecanismos que impelem as sociedades ao longo dos estágios evolucionários.

Como o funcionalismo, essa linha de teorização desapareceu pela terceira década do século XX, justamente quando o período clássico da teorização sociológica estava chegando ao fim. Na década de 1960, contudo, após meio século oculto, o modelo de estágios faz um retorno dramático e desde então permanece uma parte da paisagem teórica na sociologia. No entanto, não há um consenso claro sobre quais mecanismos, ou qual combinação de mecanismos, (listados em (5), acima) sejam a chave para explicar a evolução. Mas o que é particularmente importante é que o retorno ocorreu não apenas nas teorias funcionais, onde os modelos de estágios haviam sempre estado presentes ao longo do século XIX, mas também em outras abordagens teóricas[17]. Por exemplo, teorias ecológicas,

---

17. Os proeminentes teóricos do modelo de estágios incluem LENKSI, G. *Power and Privilege*. Nova York: McGraw-Hill, 1964 [republicado pela University of North Carolina Press]. • PARSONS, T. *Societies: Evolutionary and Comparative Perspectives*. Englewood Cliffs, NJ: Prentice Hall, 1966. • *The System of Modern Societies*. Englewood Cliffs, NJ: Prentice Hall, 1971. • NOLAN, P. & LENKSI, G. *Human Societies*. Boulder, CO: Paradigm, 2009. • TURNER, J.H. *Human Institutions*: A Theory of Societal Evolution. Boulder, CO: Rowman & Littlefield, 2003. Teóricos trabalhando em outras tradições (indicadas entre parênteses) incluem: CHASE-DUNN, C. & HALL, T.D. [Teoria do Conflito]. *Rise and Demise*: Comparing World Systems. Boulder, CO: Westview Press, 1997. • HAWLEY, A. [Teorização ecológica]. *Human Ecology*: A Theoretical Essay. Chicago: University of Chicago Press, 1986. • SANDERSON, S.K. [Biologia evolucionária/Teoria do Conflito]. *Social Transformations*: A General Theory of Historical Development. Oxford, UK: Routledge, 1999. • RUNCIMAN, W.G. [Teoria Ecológica]. *A Theory of Cultural and Social Selection*. Cambridge, UK: Cambridge University Press, 2009. • WALLERSTEIN, I.M. [Teoria do Conflito]. *The Modern World System*. Nova York: Academic Press, 1974. • HABERMAS, J. [Teoria Crítica]. *Communication and the Evolution of Society*. Londres: Heinemann, 1979 [trad. de T. McCarthy]. Assim, como é evidente, elementos do modelo de estágios da evolução ainda estão presentes na sociologia, assim como estiveram nos primeiros 100 anos da Teoria Sociológica.

do conflito, dos sistemas mundiais, culturais, pós-modernas e mesmo críticas reintroduziram elementos do modelo de estágios na Teoria Contemporânea. Como as primeiras teorias, propõem uma série de estágios do desenvolvimento societal e, em seguida, de forças orientadoras (listados em (5), acima). Essas novas teorias também introduzem – como Spencer em sua análise do poder – as dinâmicas mais cíclicas das oscilações societais dentro de cada estágio.

Teorias biológicas

Os cientistas sociais em geral, mas relativamente poucos sociólogos, tentaram trazer ideias biológicas e alguns elementos da teoria geral da evolução biológica para a teorização sociológica. *A origem das espécies*, de Charles Darwin, só foi publicado em 1859, em meio à emergência da sociologia, mas o pensamento evolucionário estivera no ar por algumas décadas. Parte desse pensamento evolucionário inicial era do modelo de estágios, como discutimos anteriormente, mas havia outras ideias que eram mais próximas à teoria de Darwin da evolução pela seleção natural que, mais tarde (no começo do século XX), expandiu-se para incluir os mecanismos de variação nos quais a seleção opera.

Comte havia percebido, muito antes de Darwin, que a biologia seria a ciência dominante do século dezenove, e é por isso que postulou sua hierarquia das ciências com a sociologia como a última grande ciência emergindo da biologia e, surpreendentemente, tornando-se a "rainha" de todas as ciências. Antes de Darwin publicar seu grande trabalho, Spencer via a evolução como um resultado da competição, com o organismo ou superorganismo (sociedade) mais apto prevalecendo e passando adiante suas formas. Mead, como um filósofo pragmático e um behaviorista societal, possuía uma visão similar de que os comportamentos ou formas societais que facilitam a adaptação são retidos no repertório comportamental e nas formas estruturais do universo social. Durkheim se apropriou explicitamente das visões de Darwin sobre a densidade material e moral intensificando a competição em sua análise ecológica da evolução societal (cf. seção Teorização ecológica na p. 401). Assim, o pensamento evolucionário na sociologia foi se aproximando ao da biologia, mesmo antes que a síntese moderna na evolução biológica fosse alcançada no final do período clássico da sociologia em 1830. Essa conexão entre a sociologia e a biologia foi perdida em meados do século XX, mas retornou nas décadas finais e agora constitui uma abordagem controversa, mas que não tende a desaparecer como ocorreu no mesmo período no século XIX. Todas essas teorias partilham algumas das hipóteses listadas abaixo:

1) Os humanos são animais e, portanto, evoluíram como qualquer outra forma de vida sob as forças básicas (descritas na síntese moderna) da Teoria Evolucionária.

2) Os traços que a pessoa possui, incluindo as tendências de base biológica para certos tipos de comportamento, são o resultado da seleção natural à medida que ela influenciou as variações nos fenótipos humanos (e em genótipos subjacentes) para promover a adaptação em ambientes particulares.

3) A seleção e as pressões que influenciaram a neuroanatomia dos ancestrais humanos são particularmente importantes, porque o pensamento, as emoções, as decisões, o comportamento e a organização social são o resultado de processos que ocorrem no cérebro enquanto dirigem comportamentos que estabelecem as formações socioculturais que constituem as sociedades.

4) É importante compreender como a seleção influenciou partes particulares dos entes humanos e os cérebros de seus ancestrais para produzir tendências humanas generalizadas a se comportarem e se organizarem de modos particulares.

5) Os padrões de organização social humana não são os resultados causais diretos das tendências comportamentais de base biológica, mas essas tendências exercem alguma pressão sobre os humanos para interagirem e se organizarem de certas maneiras, embora possam ser significativamente modificados por forças não biológicas.

6) Existem vários modos de obter informação sobre como a seleção natural influenciou a anatomia e a neuroanatomia dos hominídeos e depois dos humanos, incluindo (a) comparações interespecíficas de diferentes formas de vida que se organizam em macrossociedades (e.g., insetos e humanos); (b) comparação da anatomia, comportamentos e estruturas sociais humanos com os de seus parentes primatas mais próximos, os grandes primatas; (c) análise da ecologia variável da África para compreender as pressões de seleção do ambiente que influenciaram a anatomia de nossa linha ancestral; e (d) extensão das ideias biológicas na Teoria Evolucionária para ver se os conceitos e teorias biológicos podem explicar a evolução dos superorganismos ou as formações socioculturais que organizam os humanos em sociedades de larga escala.

Existem várias abordagens relacionadas nas teorias biológicas que partilham essas hipóteses e que fizeram incursões na teorização sociológica dos dias de hoje. Uma é a sociobiologia[18], que argumenta que a seleção natural gerou ten-

---

18. A sociobiologia nasceu no estudo de insetos, com o extenso trabalho de Edward G. Wilson (*Sociobiology*: The New Synthesis. Cambridge, MA: Harvard University Press, 1978), objetivando a sociologia, embora as ideias-chave nesse trabalho tivessem sido desenvolvidas por um conjunto criativo de pensadores iniciais da sociobiologia. Para os sociólogos que aderiram a todas ou ao menos a algumas das hipóteses da sociobiologia, cf. VAN DEN BERGHE, P. *Age and Sex in Human Societies*: A Biosocial Perspective. Belmont, CA: Wadsworth, 1973. • *The Ethnic Phenomenon*. Nova York: Elsevier, 1981. • LOPREATO, J. *Human Nature and Biosocial Evolution*. Londres: Allen &

dências comportamentais particulares, destinadas à adaptação ou à capacidade dos organismos para preservar seus genes. A estrutura de organismos e superorganismos (sociedades) são vistas como "máquinas sobreviventes" que permitem aos genes dos organismos se preservarem. E assim, ao ver como a seleção natural criou essas "máquinas de sobrevivência", torna-se possível compreender o mundo sociocultural como evoluindo em resposta à cega seleção natural que aumentou a adaptação dos organismos e dos superorganismos ou sociedades nas quais eles e seus genes vivem.

Relacionada à sociobiologia, encontramos a psicologia evolucionária[19], que argumenta de um modo muito semelhante, mas acrescenta a advertência de que a seleção natural influenciou principalmente o cérebro e conectou a ele certas capacidades e tendências comportamentais que tornam possíveis as sociedades. Ao examinar a ecologia na qual a linha humana evoluiu e as pressões de seleção desse ambiente sobre a neuroanatomia de nossa linha ancestral, ela torna possível hoje descobrirmos os módulos do cérebro que dão aos humanos suas características comportamentais únicas que, por sua vez, podem ajudar a explicar o universo sociocultural estudado pelos sociólogos.

Uma outra abordagem remonta a temas sobre a natureza humana ao realizar uma análise comparativa entre os entes humanos e seus parentes primatas mais próximos, chimpanzés e outros grandes primatas. Nessa abordagem, primatas contemporâneos, os parentes vivos mais próximos aos humanos, são considerados um "espelho distante" no qual vemos refletidos os ancestrais remotos dos entes humanos. Pelo estudo das tendências comportamentais e organizacionais dos primatas, será possível compreender a natureza humana e como essa natureza biológica ainda exerce alguma influência sobre o comportamento humano e a evolução societal[20].

Ainda assim, muitos sociólogos permanecem temerosos quanto a trazer ideias biológicas para a sociologia, especialmente porque evolução sociocultural não é o mesmo que evolução biológica. Muitos desses medos são de que a com-

---

Unwin, 1984. • LOPREATO, J. & CRIPPEN, T. *Crisis in Sociology*: The Need for Darwin. Piscataway, NJ: Transaction Publishers, 1999. • SANDERSON, S.K. *Social Transformations*: A General Theory of Historical Development.

19. Para os fundamentos da psicologia evolucionária, cf. COSMIDES, L. & TOOBY, J. "Evolutionary Psychology and the Generation of Culture". *Ethology and Sociobiology*, 10, 1989, p. 51-97. Para os sociólogos que empregam essa perspectiva, cf. CRIPPEN, T. "Toward a neo-Darwinian Sociology". *Sociological Perspectives*, 37, 1994, p. 309-335. • KANAZAWA, S. & STILL, M.C. "Why Men Commit Crimes". *Sociological Theory*, 18, 2000, p. 434-438. • MACHALEK, R. & MARTIN, M. "Sociology and the Second Darwinian Revolution". • HORNE, C. "Values and Evolutionary Psychology" [ambos em *Sociological Theory*, 2004, p. 434-493].

20. Para exemplos dessa abordagem à "natureza humana", cf. MARYANSKI, A. & TURNER, J.H. *The Social Cage*: Human Nature and the Evolution of Society. Palo Alto, CA: Stanford University Press, 1992. • TURNER, J.H. & MARYANSKI, A. *On The Origin of Societies by Natural Selection*. Boulder, CO: Paradigm Press, 2008.

plexidade societal possa ser subordinada a explicações simples e simplistas que ignorem o repertório mais amplo de teorias que têm sido desenvolvidas dentro da sociologia propriamente dita para explicar o mundo social. Esses medos têm algum mérito, porque, até aqui, as teorias introduzidas pela sociobiologia e pela psicologia evolucionária tendem a ser muito simples e quase sempre ignoram as propriedades emergentes do mundo social que são instituídas a partir dos comportamentos humanos e, mais significativamente, dos comportamentos interpessoais. Todavia, por vezes, os medos dos sociólogos são um tanto irracionais e prejudiciais com relação a qualquer esforço para compreender as sociedades humanas a partir das características dos entes humanos.

Teorização ecológica

Quase escondidas nas teorias de Spencer e de Durkheim encontramos duas teorias ecológicas que convergem para a Teoria Biológica da Evolução, tal como se desenvolveu na segunda metade do século XIX e na primeira parte do século XX. Essas teorias ecológicas podem ser vistas como um subtipo da Teoria Evolucionária porque faziam parte das teorias dos estágios dos dois autores, ao mesmo tempo em que deixavam entrever as noções de seleção contidas em teorias mais biológicas. Ainda assim, à medida que se desenvolveu durante as décadas de 1920 e de 1930 e, mais tarde, durante a última terça-parte do século vinte, a Teoria Ecológica se tornou uma perspectiva teórica altamente distintiva que acabou por se afastar de suas raízes funcionais. Essas teorias ecológicas ainda contêm elementos de Teoria Biológica – como, por exemplo, nichos de recursos, densidade, seleção e evolução –, mas essas ideias teóricas são adaptadas para a compreensão dos fenômenos distintamente sociológicos.

A frase mais famosa de Spencer (provavelmente seu maior erro), "a sobrevivência do mais apto", desvelava a essência da seleção natural, e foi proferida cerca de 9 anos antes da publicação de *A Origem das Espécies*, de Charles Darwin, em 1859. Ela foi usada por Spencer para explicar a evolução da complexidade societal em termos do conflito intersocietal. Para Spencer, o conflito entre sociedades havia sido uma poderosa força evolucionária porque a sociedade maior e mais complexa venceria tipicamente uma guerra; e, como a sociedade vitoriosa incorporaria a população conquistada, o nível de diferenciação e complexidade da sociedade consolidada aumentaria e, no longo prazo, o tamanho e a complexidade das sociedades em geral aumentaria sucessivamente como uma consequência da guerra. Infelizmente, contudo, Spencer também usou essa frase para enfatizar a competição entre indivíduos e unidades coletivas *dentro* de uma sociedade, com o "mais apto" descartando o "menos apto" como uma parte natural da ordem social. Essa ideia significava, literalmente, a morte do indivíduo e dos atores coletivos por meio da competição por recursos (sem intervenção societal), e Spencer achava que esse processo era inevitável na organização dos entes humanos.

Mas, às vezes em seus trabalhos mais filosóficos, ele ia além: A seleção funcionava para aumentar a aptidão daqueles indivíduos que "eram bem-sucedidos" na competição. Mais tarde, essa ideia foi usada para justificar argumentos em favor do que se tornou conhecido como *Darwinismo social* ("Spencerianismo Social" teria sido provavelmente uma descrição mais acurada), no qual eram propostos programas de eugenia em que os geneticamente inaptos seriam deixados à morte ou, pior, mortos, para manter a aptidão dos humanos. Spencer nunca foi tão longe ao defender a eugenia. Contudo, sua reputação nunca se recuperou da associação de suas ideias a essa desacreditada escola de pensamento.

Durkheim[21] tinha uma visão mais benigna de competição e seleção. Para ele, à medida que as populações crescem, sua densidade material e, consequentemente, moral aumentam, crescem, elevando, assim, o nível de competição e seleção por recursos entre indivíduos e os atores coletivos em um determinado nicho de recursos. Contudo, para Durkheim, os indivíduos perecem nesse processo; elas simplesmente iam para um novo nicho ou criavam um novo tipo de nicho no qual obter recursos, aumentando, assim, a diferenciação das sociedades humanas. Essa visão muito idealizada era provavelmente tão extrema quanto a visão excessivamente dura de Spencer acerca da competição.

A ecologia humana, como veio a ser conhecida, emergiu pela primeira vez com estudiosos na Universidade de Chicago no começo do século XX e, mais tarde, migrou também para o programa de ecologia humana na Universidade da Carolina do Norte em Chapel Hill. Em Chicago, os ecologistas reduziram as ideias de Spencer e Durkheim sobre competição e seleção a uma análise de nível mais intermediário de tipos particulares de estruturas dentro das comunidades. Essa Escola de Chicago, como se tornou conhecida, começou a desenvolver modelos de *ecologia urbana*[22], na qual zonas e setores de áreas urbanas eram vistos como o resultado de competição entre atores com diferentes níveis de recursos para comprar ou alugar espaços urbanos. Essa competição foi institucionalizada pelos mercados imobiliários, que classificavam as pessoas e atores corporativos por sua habilidade de "pagar" por espaço. O resultado foi que as áreas urbanas se tornaram diferenciadas por funções – por exemplo, negócios, indústrias, escolas, governo etc. Similarmente, as vizinhanças residenciais se tornaram diferenciadas por *status* de classe, etnicidade e imigração como uma consequência da habilidade dos indivíduos de pagarem por diferentes tipos de moradia, classificadas por mercados imobiliários impediosos. Eles também notaram, é claro, que outras

---

21. O modelo de processos ecológicos de Durkheim é descrito nas p. 306s.

22. A Escola de Chicago foi famosa por usar a cidade de Chicago como um laboratório para trabalho empírico, mas membros dessa escola também tentaram entender a dinâmica das cidades, em termos de sua ecologia; para trabalhos iniciais de ecologia urbana, cf. HARRIS, C. & ULLMAN, E. "The Nature of Cities". *The Annals of the American Academy of Political and Social Sciences*, 242, 1945, p. 7-14. • HURD, R.M. *Principles of City Growth*. Nova York: Record and Guide, 1903. • HAWLEY, A. *Human Ecology*. Nova York: Ronald Press, 1950. • *Urban Society*: An Ecological Approach. Nova York: Ronald Press, 1981.

forças como preconceito e discriminação intervinham no mercado imobiliário e confinavam injustamente alguns indivíduos a vizinhanças menos desejáveis.

No último terço do século XX, uma nova forma de análise ecológica emergiu: a *ecologia organizacional*[23]. A ecologia organizacional enfatiza que as populações de organizações buscam recursos em nichos; e à medida que aumenta a densidade das organizações em um nicho, aumenta a competição e a seleção entre elas. À medida que a densidade e a competição aumentam, algumas organizações se extinguem enquanto outras sobrevivem. Assim, existem padrões de fundamentos organizacionais e de taxas de extinção. Quando a densidade do nicho for baixa, as fundações organizacionais aumentarão; e, uma vez que se mostram bem-sucedidas, suas estruturas e culturas são copiadas enquanto outras organizações entram no nicho. Porém, conforme aumenta a densidade, chega um ponto em que existem organizações demais em relação aos recursos disponíveis em um nicho, o que leva muitas começarem a fracassar. À medida que mais organizações fracassam, o nicho termina se tornando menos denso, permitindo às organizações existentes se manterem. Muitas vezes as extinções excedem a capacidade de absorção do nicho, ocasionando, novamente, um aumento mais modesto na fundação organizacional, mas nunca ao ponto do que ocorreu quando os fundadores iniciais abriram o nicho.

A ecologia organizacional adotou mais explicitamente as ideias da biologia e da ecologia evolucionárias, mas o mentor dos teóricos da ecologia organizacional original, Amos Hawley[24], pertencia à Escola de Chicago, onde as raízes spencerianas e durkheinianas da teorização ecológica ainda eram reconhecidas. O interesse é que mais tarde em sua carreira, ele começou a levar ideias ecológicas de volta ao nível macro, produzindo uma teoria mais semelhante às teorias originais de Spencer e Durkheim. Assim, não surpreende que enfatizasse a dinâmica ecológica que gera o aumento da diferenciação dentro das sociedades, mas como muitos contornos conceituais novos. Outros teóricos também mantiveram a ênfase no nível macro e, como Spencer e Durkheim, combinaram ideias funcionais e ecológicas para produzir novos tipos de teorias evolucionárias e ecológicas.

As ideias centrais da teorização ecológica se espalharam para muitas outras perspectivas teóricas e tradições de pesquisa. Todas essas teorias ecológicas enfatizam um conjunto de pontos importantes:

1) O mundo social, como o mundo biótico, pode ser visto como composto de nichos de recursos que são essenciais à sobrevivência das unidades sociais nas sociedades.

---

23. HANNAN, M.T. & FREEMAN, J.L. "The Population Ecology of Organizations". *American Sociological Review*, 82, 1977, p. 929-964.

24. HAWLEY, A. *Human Ecology*: A Theoretical Essay. Chicago: University of Chicago Press, 1986.

2) Diferentes tipos de unidades buscam recursos de diferentes nichos.

3) O número de tipos diferentes de unidades sociais que constituem uma sociedade está relacionado ao número de diversos nichos e dos recursos nesses nichos que podem ser usados para sustentar essas unidades e seus membros.

4) A frequência do estabelecimento de novos tipos de unidades organizacionais está:

a) positivamente relacionada ao nível de recursos em um nicho;

b) inversamente relacionada à densidade de unidades em um nicho de recursos.

5) A intensidade da competição por recursos em qualquer nicho determinado é uma função da densidade das unidades corporativas buscando recursos em um nicho.

6) A taxa de mortalidade de unidades corporativas em um nicho e/ou a taxa de movimento de unidades corporativas fora de um nicho são uma função tanto (a) da densidade entre unidades sociais como (b) do nível de competição entre unidades sociais em um nicho.

7) O nível e os padrões de diferenciação social em uma sociedade são o resultado dos processos de competição entre unidades sociais em diversos nichos de recursos.

Essas ideias podem ser aplicadas a muitos níveis diferentes de organização social. Como Spencer e Durkheim, bem com outros na Teoria Contemporânea, fizeram, essas ideias podem ser empregadas para analisar sociedades ou mesmo sistemas intersocietais. Podem ser usadas para analisar dinâmicas urbanas dentro, e entre, comunidades ou processos organizacionais dentro, e entre, sociedades. É improvável que teorias ecológicas possam explicar toda a dinâmica social, mas, como Spencer e Durkheim, a Teoria Contemporânea na sociologia agora reconhece que sempre há dimensões ecológicas em quase toda propriedade do universo social porque, no fim, as estruturas sociais e suas culturas só podem sobreviver ao obterem recursos de seus ambientes.

Teorização do conflito

Todas as teorias do conflito enfatizam que as desigualdades na distribuição de recursos criam tensões nas sociedades e, com o tempo, provocam conflitos entre subpopulações. Aqueles que controlam os recursos procuram se manter nessa posição, enquanto aqueles que não os possuem tentam aumentar sua parte. Assim, todas as teorias do conflito começam com uma visão estratificada das sociedades e mesmo de sistemas intersocietais, com alguns setores e classes recebendo mais recursos que outros. Inerente a essa desigualdade encontramos uma das forças orientadoras de todos os padrões de organização social. Marx[25] e Weber[26] receberam a maior parte do crédito por enfatizarem essa propriedade fundamental dos sistemas sociais, mas Spencer[27] também fez contribuições significativas que foram perdidas e depois redescobertas na segunda metade do século XX. Simmel[28] também analisou o conflito, mas de uma perspectiva diferente, enfatizando suas funções integradoras assim como suas consequências desintegradoras para as sociedades.

Embora os sociólogos sempre tenham estudado a estratificação, a teorização do conflito permaneceu recessiva na sociologia americana (diferente do que ocorreu na sociologia europeia), especialmente em suas variantes marxistas, até a década de 1960. Devido à associação de Marx ao comunismo, a Teoria do Conflito se misturou à política da Guerra Fria e, por isso, foi desencorajada na academia, mesmo dentro da sociologia. Somente quando o macarthismo se tornou desacreditado na década de 1950, as teorias europeias do conflito foram novamente adotadas nos Estados Unidos. Todavia, não foi o poder da Teoria do Conflito por si só que levou ao seu renascimento na sociologia, mas, ao contrário, seu uso como um meio para desacreditar a teorização funcional. O funcionalismo se tornou a perspectiva teórica dominante na sociologia americana na década de 1950 e, em uma menor extensão, na sociologia mundial, mas nunca sem seus críticos. Em meados do século XX, os críticos europeus começaram a retratar o funcionalismo como uma Teoria Conservadora, senão utópica, que servia para legitimar o *status quo* (cf. nota 6) – um ponto de discussão razoável que se tornou muito exagerado na turbulenta década de 1960. O funcionalismo era visto como tendo fracassado em analisar a desigualdade, o conflito e a mudança. E, portanto, a Teoria do Conflito era um modo de teorizar que poderia desafiar a hegemonia intelectual do funcionalismo.

A Teoria do Conflito foi bem-sucedida em destronar o funcionalismo e, na verdade, praticamente em eliminá-lo da sociologia, ainda que ele nunca tenha se extinguido, mas simplesmente se reconstituído em uma forma diferente (cf. seção sobre Teorização funcional na p. 393s.). Com a difusão da dinâmica do conflito por todo o mundo real durante a década de 1960, o surgimento da Teoria do Conflito talvez tenha sido inevitável, mesmo sem o bônus acrescido de seu ataque ao funcionalismo. Por um tempo, quase todas as abordagens teóricas começaram a enfatizar a dinâmica do poder, da desigualdade e do conflito, embora ignorando muitas vezes os processos integradores que a Teoria Funcional tenha talvez enfatizado demais. Assim, um funcionalismo muito parcial foi substituído por uma Teoria do Conflito igualmente parcial, mas

---

25. Para uma análise de Marx da desigualdade, da estratificação e do conflito, cf. p. 121-131.

26. Para uma análise de Weber do conflito, cf. p. 162-168.

27. Para uma análise de Spencer do poder e do conflito, cf. p. 60-82.

28. Para uma análise de Simmel do conflito, cf. p. 204-210.

somente por um tempo. Assim como o funcionalismo desapareceu para então ressurgir com uma aparência diferente, a Teoria do Conflito foi simplesmente reabsorvida através de várias perspectivas e, atualmente, é difícil identificá-la como uma abordagem teórica distinta. Assim como poucos andam por aí se chamando funcionalistas, não muitos se proclamam teóricos do conflito, como faziam nas décadas de 1960 e de 1970. Na verdade, ambas as formas de teorização persistem, porém, mais silentes e menos polarizadas, o que representa provavelmente uma mudança benéfica. Ainda assim, o resultado do choque intelectual entre funcionalismo e Teoria do Conflito produziu vários tipos distintos de teorização. Todos enfatizam a maioria dos seguintes pontos:

1) Todos os sistemas sociais revelam desigualdades na distribuição dos recursos valiosos.

2) Essas desigualdades geram conflitos de interesses entre aquelas subpopulações com níveis variáveis de recursos.

3) Essas desigualdades geram também emoções negativas e descontentamentos entre aqueles que recebem os níveis mais baixos de recursos.

4) A mobilização pelo conflito tende a ocorrer quando os indivíduos percebem que a distribuição de recursos é desigual e injusta.

5) A mobilização pelo conflito entre subordinados se concentra (a) no desenvolvimento de ideologias e crenças sobre desigualdades, (b) na emergência de líderes para articularem os descontentamentos, e (c) na mobilização de materiais ou recursos para forjar organizações dedicadas ao conflito.

6) Os conflitos geralmente provocarão alguma reorganização de um sistema social, criando tipicamente novos padrões de desigualdade que servirão como alvo para o próximo ciclo de conflitos e mudanças.

Houve várias abordagens proeminentes à dinâmica do conflito que começam com essas hipóteses, cada uma delas assumindo uma direção um tanto diferente na conceitualização da operação dos processos listados acima.

Teorias neomarxistas

A força da análise marxista persiste até hoje[29], com muitos teóricos empregando suposições e vocabulário marxistas e, ao mesmo tempo, porém, tentando explicar por que a previsão de Marx sobre a eminente revolução pelo proletariado nunca ocorreu em uma sociedade capitalista. Além disso, essas abordagens tentaram explicar também por que a polarização de classes nos dois campos – a burguesia e o proletariado – nunca se materializou. Em troca, mais

---

29. Para os teóricos neomarxistas representativos, cf. BURAWOY, M. & WRIGHT, E.O. "Sociological Marxism". In: TURNER, J.H. (ed.). *Handbook of Sociologic Theory*. Nova York: Springer, 2001. • BURAWOY, M. *The Politics of Production*. Londres: New Left Books, 1985. • WRIGHT, E.O. *Classes*. Londres: Verso, 1985. • *Class Counts*. Cambridge, UK: Cambridge University Press, 1997.

como a previsão de Weber[30], o número de classes proliferou com o capitalismo, especialmente as classes médias, com os limites entre elas sendo um tanto amorfos. Eles tentaram também explicar o fato de que a posse e a administração das organizações capitalistas de produção são muitas vezes divididas. Além disso, a criação de companhias de sociedade anônima difundiu a posse das companhias a ponto de ser difícil saber exatamente quem é a burguesia. Outros pontos que as teorias neomarxistas confrontaram incluíam o surgimento das indústrias de serviços financeiros e o emprego de porções significativas de trabalhadores pelo governo, que não possui fins lucrativos e, por isso, não é guiado por necessidades capitalistas de riqueza e acumulação de capital. Todavia, mesmo que levem em consideração as mudanças no capitalismo desde a época de Marx, as teorias neomarxistas ainda querem sustentar a força emancipatória de sua análise, a Teoria do Valor-trabalho pela qual a taxa e o nível de exploração dos trabalhadores são mensurados, e a crença de que o socialismo permanece ainda uma alternativa viável ao capitalismo.

Teorias neoweberianas

Essas teorias podem ser analíticas, e enfatizam o grau de correlação entre as dimensões de estratificação como descritas por Weber[31] – riqueza material (classe), poder (partido) e prestígio (grupos de *status*) – à medida que essas provocam conflitos. Essas teorias muitas vezes enfatizam a cultura de classes diversas, as organizações que sustentam desigualdades, enquanto consolidam e usam o poder para manter o sistema de estratificação. Elas enfatizam que o conflito é muitas vezes local, e não em toda sociedade, e não possuem a mesma agenda política das teorias neomarxistas, concentrando-se na emancipação das classes mais baixas.

Provavelmente a adoção mais frequente das ideias de Weber ocorra na análise sociológica histórico-comparativa[32], na qual foi colocada uma ênfase considerável nas revoluções e em outros processos transformadores – um tema mais alinhado com Marx, mas com um modo de análise inteiramente diferente e, no fim, mais weberiano. Uma boa quantidade dessa análise histórico-comparativa

---

30. Para a concepção de classes nas sociedades capitalistas em sociedades emergentes de Weber, cf. p. 202-212.

31. Para a análise de Weber de classe, partido e grupos de *status*, cf. p. 202-208.

32. Para análises neoweberianas representativas e amplamente disponíveis, cf. COLLINS, R. *Conflict Sociology.* São Diego, CA: Academic Press, 1975. • *Weberian Sociological Theory.* Cambridge, UK: Cambridge University Press, 1986. E, para análises weberianas clássicas do conflito dentro da sociologia histórico-comparativa, cf. MOORE, B. *Social Origins of Dictatorship and Democracy.* Boston: Beacon Press, 1966. • TILLY, C. *From Mobilization to Revolution.* Reading, MA: Addison-Wesley, 1978. • *European Revolutions, 1492-1992.* Oxford, UK: Blackwell, 1993. • SKOCPOL, T. *States and Social Revolutions.* Nova York: Cambridge University Press, 1979. • GOLDSTONE, J. *Revolution and Rebellion in the Early Modern World.* Berkeley: University of California Press, 1991.

foca os poderes do Estado. Aqui, os processos que enfraquecem o poder estatal, especialmente as crises fiscais, mas também a deslegitimação política, são explorados, enfatizando que o conflito pode ser iniciado seja pelas elites ou pelas massas, e, às vezes, por ambos, e levar o Estado ao colapso, à medida que seu poder está enfraquecido.

Essas teorias examinam usualmente uma série de dinâmicas internas de várias sociedades históricas. Essas dinâmicas podem incluir alguma combinação de crescimento populacional, inflação, crises fiscais, demandas por apoio estatal por parte das elites, consumo excessivo da elite, mobilidade decrescente das elites e ascendente da burguesia, revoltas rurais e migrações de coortes de jovens que impacientemente se dirigem às áreas urbanas. Esses eventos terminam erodindo o poder do Estado ao exaurirem sua força financeira e provocarem crises fiscais que, por sua vez, levam à sua deslegitimação. Ao mesmo tempo, esses eventos internos são muitas vezes acelerados por outros fatores societais, como falhas de mercado e recolhimento ineficiente de impostos, assim como por pressões intersocietais que surgem do fracasso das companhias autorizadas na competição econômica com outras sociedades, guerras que esgotam ainda mais os recursos do Estado e precipitam crises financeiras, e, mais importante ainda, a derrota em uma guerra. Todos esses eventos aumentam a probabilidade de o Estado colapsar e provocar a reorganização de uma sociedade.

Essas teorias neoweberianas permanecem verdadeiras para os métodos histórico-comparativos defendidos por Weber, as variáveis gerais que ele via como importantes na compreensão dos processos de conflito e a ênfase na compreensão de como essas variáveis se desenvolvem sob diferentes condições históricas. Por vezes, elementos da análise marxista são combinados aos da abordagem weberiana, especialmente porque as revoluções (em sociedades mais agrárias, algumas das quais revelam elementos do capitalismo) são um tema comum na teorização neoweberiana[33].

Teoria Analítica do Conflito

Esse grupo de teorias do conflito assumiu o modelo marxista de conflito e o revisou de vários modos[34]. Primeiro, a teoria é tornada mais abstrata, abandonando toda terminologia marxista, que confina a teoria a um tempo e lugar particulares (i.e., o capitalismo industrial e a mobilização do proletariado contra

---

33. Para uma combinação de análises marxistas e weberianas, cf. PAIGE, J. *Agrarian Revolution*: Social Movements and Export Agriculture in the Underdeveloped World. Nova York: Free Press, 1975.

34. Para teorias analíticas do conflito representativas, cf. DAHRENDORF, R. *Class and Class Conflict in Industrial Societies*. Palo Alto, CA: Stanford University Press, 1967. • "Toward a Theory of Social Conflict". *Journal of Conflict Resolution*, 2, 1958, p. 170-183. • TURNER, J.H. "A Strategy for Reformulating Dialectical and Functional Conflict Theories". *Social Forces*, 53, 1975, p. 433-444.

a burguesia). Para as teorias marxistas contemporâneas, contudo, um exercício assim "descaracteriza Marx", mas para os teóricos analíticos, o objetivo é tornar relevantes às sociedades contemporâneas, assim como às sociedades do futuro ou do passado distante, as ideais centrais de Marx sobre as condições de mobilização do conflito. Em troca, as relações são simplesmente conceitualizadas como aquelas entre superiores e subordinados em um sistema de desigualdade dentro de sistemas sociais. Segundo, ao se tornar as ideias da teoria de Marx mais abstratas, torna-se possível também estendê-las a qualquer tipo de sistema social – como um grupo, organização ou comunidade – em vez de apenas a uma sociedade. Terceiro, todos esses teóricos mais analíticos acrescentam as correções necessárias à teoria de Marx, particularmente aquelas sugeridas por seus colegas alemães, Weber e Simmel.

O resultado final é uma teoria geral de mobilização do conflito em todos os sistemas sociais que revelam desigualdades na distribuição de recursos. A teoria esboça, portanto, as condições básicas (especificadas por Marx) que aguçam conflitos de interesses, aumentam a consciência dos subordinados por seu interesse em mudar o sistema de desigualdade, mobilizam subordinados para o conflito, e aumentam a intensidade e violência do conflito. A maior correção na teoria básica de Marx é que a violência interna em uma sociedade não vem dos grupos de conflito altamente organizados, mas de situações em que os subordinados estão apenas começando a se organizar em torno de contraideologias, líderes concorrentes, emoções negativas exaltadas e diversas estruturas que canalizam a ira dos subordinados. Sob essas condições, o conflito pode se tornar mais violento. Em contraste, quando subordinados se tornam bem organizados e envolvidos (a noção de Marx de uma "classe para si"), eles tendem mais a negociar e a ceder porque agora estão claramente organizados com objetivos explícitos que podem ser apenas parcialmente atingidos por meio de acordos.

Quarto, há também um esforço consciente para converter a delimitação temporal de Marx (na época histórica do capitalismo) em princípios formalmente expressos ou leis abstratas de conflito. Os princípios são considerados relevantes a todas as épocas e lugares e a todos os sistemas sociais que revelam desigualdades. Um grupo, organização, comunidade ou a sociedade inteira podem ser vistos como operando em termos de um conjunto comum de leis sobre mobilização do conflito entre subordinados em um sistema de desigualdade.

Um campo relacionado de investigação sobre a dinâmica dos movimentos sociais também toma emprestado ideias centrais de Marx ao tentar explicar as origens e funcionamento dos movimentos sociais. Essas teorias se baseiam em muitas outras tradições teóricas, como o interacionismo simbólico iniciado por Mead, a ênfase de Weber no carisma e as variantes da teoria econômica que enfatizam o recurso da mobilização e dos cálculos de riscos e benefícios a serem obtidos da participação coletiva em organizações de movimentos sociais[35]. O objetivo é explicar como descontentamentos compartilhados impelem os indivíduos a se tornarem coletivamente organizados para buscarem o conflito (de vários tipos e formas) contra o sistema de autoridade dentro de vários domínios institucionais como o regime, a economia e a religião.

Teorização de sistemas mundiais

Essa abordagem muda a unidade de análise das sociedades para os sistemas intersocietais[36]. As relações entre as sociedades são conceitualizadas como sendo estratificadas no sentido de que algumas sociedades possuem mais recursos do que outras e são, assim, capazes de explorar sociedades fracas. Elas muitas vezes fazem isso ao imporem sistemas desequilibrados de comércio nos quais matérias-primas são tomadas de sociedades dependentes a custos baixos e usadas para gerar riquezas na sociedade mais dominante, onde os recursos extraídos são convertidos em mercadorias e produtos finais. Distinções entre sistemas geopolíticos e geoeconômicos são feitas muitas vezes com o sistema geopolítico sendo constituído por padrões de guerras e conquistas e com sociedades dominantes vencendo guerras e controlando os recursos das sociedades conquistadas. A formação do império é tipicamente o tópico principal desses sistemas geopolíticos, e sua análise é muitas vezes conduzida sob abordagens histórico-comparativas baseadas tanto em Weber como em Marx.

Quando a análise muda para os sistemas geoeconômicos, contudo, as ideias marxistas se tornam mais proeminentes. Sob muitos aspectos, essas teorias geoeconômicas retêm a força emancipatória de Marx ao enfatizarem que as "contradições" do capitalismo se resolverão no sistema econômico global. Aqui, as dificuldades para se formar um governo forte em nível mundial – como aquelas que ocorrem dentro de sociedades capitalistas individuais – abrem as portas para atores econômicos usarem seu poder e controle dos mercados mundiais para explorarem sociedades menos desenvolvidas e menos poderosas de um modo previsto pela análise de Marx das sociedades capitalistas. Esse sistema de nível mundial de estratificação de sociedades revela muitas das contradições do capitalismo enfatizadas por Marx e que terminam impelindo à mobilização para o conflito à medida que os trabalhadores se ressentem da exploração e que a especulação dos mercados globais leva ao colapso do mercado.

---

35. Para exemplos, cf. SNOW, D.A. & SOULE, S.A. *A Primer on Social Movements*. Nova York: W.W. Norton, 2010.

36. Para teorias de sistema mundial conhecidas e acessíveis, cf. CHASE-DUNN, C. *Global Formation*: Structures of the World Economy. 2. ed. Lanham, MD: Rowman & Littlefield, 1998. • FRANK, A.G. *Crisis in the World Economy*. Nova York: Holmes & Meier, 1980. • *Reorient*: Global Economy in the Asian Age. Berkeley: University of California Press, 1998. • WALLERSTEIN, I. *The Modern World System*. Vol. 1 (de 3 vols.). Nova York: Academic Press, 1974.

Sob essas condições, setores com sociedades exploradas se mobilizarão para o conflito e buscarão formar relações intersocietais menos exploradoras dentro e entre as sociedades. Assim, uma boa porção de teóricos do sistema mundial reconhece que as contradições do capitalismo não produziram as condições para revoluções intrassocietais, especialmente em sociedades capitalistas, mas a difusão do capitalismo através do globo gerou finalmente, como se acredita, as condições nas quais essas contradições do capitalismo serão expostas. O resultado será o conflito em muitos níveis intra e intersocietal que, no fim, criarão o governo mundial dedicado ao socialismo – ou assim esperam muitos teóricos do sistema mundial.

Teoria do Conflito Funcional

Durante um período, na segunda metade do século XX, especialmente enquanto a batalha intelectual entre teorias do conflito e funcionais se intensificava, estudiosos como Lewis Coser[37] rogaram "uma praga em ambas as casas" de pensamento. O argumento era derivado basicamente da insistência de Simmel em afirmar que o conflito pode ter consequências integradoras para as sociedades e para as partes em conflito. De acordo com o argumento, a Teoria do Conflito sobre-enfatizava os efeitos desintegradores do conflito, enquanto a Teoria Funcional sobre-enfatizava as consequências integradoras de todos os processos sociais com exceção do conflito. O que era necessário, então, era uma perspectiva teórica – a Teoria do Conflito Funcional – que reduz a ênfase exagerada seja nos processos desintegradores ou nos integradores.

Com esse tipo de ardil a Teoria do Conflito Funcional, derivada do pensamento de Simmel e, em um menor grau, da sociologia de Weber, produziu uma teoria que enfatizava as causas (desigualdade, privações e exaltação emocional), a violência, a duração e os efeitos do conflito sobre as respectivas partes envolvidas nele bem como suas consequências para a estrutura mais inclusiva (sociedade) onde ocorreu. Argumentos similares foram propostos com relação a outros processos sociais, como o desvio, que são vistos tipicamente como disfuncionais. Em troca, esses processos podem ter consequências positivas tanto para os indivíduos como para as sociedades. Essa abordagem não durou muito, mas representou um esforço para trazer as outras duas teorias alemãs do conflito – formuladas por Weber e Simmel – para o cânone moderno.

---

37. Cf., p. ex., COSER, L.A. *The Functions of Social Conflict*. Glencoe, IL: Free Press, 1956. • "Some Social Functions of Violence". *Annals of the American Academy of Political and Social Science*, 364, 1966, p. 8-18. • "Some Functions of Deviant Behavior and Normative Flexibility". *American Journal of Sociology*, 68, 1962, p. 172-181. • *Continuities in the Study of Social Conflict*. Nova York: Free Press, 1967.

Teorização interacionista

A síntese que Mead[38] realizou das teorias pragmáticas em uma teoria geral da interação continuou a exercer uma forte influência em toda microssociologia, embora outros mestres iniciais como Cooley[39], Durkheim[40], e Alfred Schutz[41] façam parte também da teorização interacionista que se desenvolveu ao longo do século passado. Existem agora tradições distintas de teorização interacionista, algumas retendo toda a abordagem de Mead, e outras introduzindo novas ideias à sua abordagem geral. Contudo, todas as teorias interacionistas começam com ao menos estas hipóteses, derivadas de Mead:

1) Os indivíduos nascem em estruturas sociais em curso e reterão em seu repertório comportamental aqueles comportamentos que facilitam o ajustamento e a adaptação a esses padrões em curso de comportamentos cooperativos interpessoais.

2) As capacidades comportamentais de cooperação emergem de um processo de imitação, orientação ativa dos cuidadores e de amadurecimento biológico.

3) A primeira capacidade comportamental crítica é aprender gestos convencionais ou significativos que expressam a mesma coisa para a pessoa que os emite e para a pessoa que os lê.

4) Com a capacidade para entender gestos convencionais, os indivíduos podem assumir papéis e se colocar no papel de outros e, assim, antecipar suas ações prováveis e, com isso, cooperar entre si.

5) Com a adoção de papéis vem a capacidade da mente, ou a habilidade de exercitar imaginativamente (na mente, por assim dizer) as consequências de vários comportamentos alternativos, para inibir aqueles que seriam inapropriados, e, finalmente, para emitir aqueles que facilitariam a cooperação.

6) Com a adoção de papéis, os indivíduos podem começar a se ver como objetos em todas as situações; e, ao lerem os gestos de outros, podem produzir autoimagens de como outros pensam sobre eles e ajustarem sua conduta de modo a obterem uma avaliação positiva dos outros.

---

38. Para a descrição básica da síntese de George Herbert Mead, como a apresentada em *Mind, Self, and Society* (Chicago: University of Chicago Press, 1934), cf. p. 287-311.

39. Charles Horton Cooley foi colega de Mead na Universidade de Michigan, no início da carreira de Mead; cf. p. 280-285.

40. A análise de Émile Durkheim da religião, especialmente os rituais emocionalmente excitados, nunca foi parte da abordagem de Mead, mas se tornou importante para a teorização interacionista em geral nas últimas décadas do século XX.

41. A carreira de Alfred Schutz se estende para além do período adotado neste livro (1830-1930), e seu trabalho não tem sido muito influente no interacionismo predominante hoje, nem na sociologia em geral. Todavia, ele é importante em algumas de suas variantes, e, assim, estamos incluindo uma menção e, mais adiante, um sumário mais detalhado do que chamamos *interacionismo fenomenológico*.

7) Ao longo do tempo, essas autoimagens se cristalizarão em concepções mais permanentes de *self* junto a muitas dimensões, incluindo como o *self* é visto em papéis particulares, em tipos de situações e estruturas sociais, ou em todas as situações (em anos recentes, esses tipos de *selves* foram designados pelo conceito das *identidades múltiplas*).

8) Os indivíduos podem também assumir papéis com outros generaliza-dos – ou comunidades de atitudes, ou crenças – e usar essas deliberações intencionais ao longo de linhas alternativas de conduta potencial que confirmarão o *self* e facilitarão a cooperação.

9) As sociedades são construídas por indivíduos que exibem essas capacidades comportamentais descritas acima, mas, mais importante, são essas capacidades que permitem que sociedades, bem como as instituições dentro delas, reproduzam-se.

10) Ao mesmo tempo, estruturas sociais existentes e suas culturas (os outros generalizados de Mead) restringem os gestos significativos que as pessoas empregam, sua adoção de papéis, suas deliberações intencionais e seu senso de *self* ou *selves* (identidades) evocados na interação, o que leva as capacidades comportamentais dos indivíduos a se tornarem alinhadas com as restrições e exigências da estrutura social e da cultura.

Interacionismo simbólico

Após sua morte, as notas das conferências de vários anos do famoso curso de psicologia social de Georg Herbert Mead na Universidade de Chicago foram editadas e reunidas no livro postumamente publicado, *Mente, self e sociedade*. Mais tarde, Herbert Blumer, que assumiu o curso de Mead no semestre em que ele faleceu, começou a usar o título "interacionismo simbólico" para descrever as teorias inspiradas em Mead[42]. Essas teorias enfatizavam que os humanos criam símbolos para designar aspectos do mundo social, para assumir papéis com vários outros incluindo outros generalizados (cultura), e para usar o que eles aprendem na adoção de papéis para selecionar cursos de ação que facilitem a cooperação. Os humanos também veem imagens do *self* nos gestos de outros (a famosa noção do "eu-espelho" de Cooley), e, na base dessas imagens, eles experienciam emoções sobre como os outros os avaliam. Todos esses processos capacitam os indivíduos a construírem sociedades a partir das capacidades comportamentais para a mente e para o *self*.

Quase imediatamente, à medida que se converteu em uma perspectiva teórica coerente na metade do século XX, o interacionismo simbólico se dividiu em dois campos gerais. Um enfatizava que o interacionismo simbólico pode desenvolver teorias científicas para explicar inclusive os processos sociais de in-

---

42. Cf. BLUMER, H. *Symbolic Interationism*. Englewood Cliffs, NJ: Prentice Hall, 1969.

teração aparentemente fluidos, enquanto o outro argumentava que essa fluidez não é suscetível à formulação de leis científicas, mas, em troca, somente a um esquema conceitual de sensibilização geral para descrever eventos empíricos. A maior parte daqueles que sustentavam essa última epistemologia empregava métodos de pesquisa qualitativa que envolviam densas descrições dos processos interacionais, explicados com o vocabulário nas conceitualizações de Mead (e mais tarde dos interacionistas simbólicos) sobre como os humanos interagem. Mas aqueles que defendiam o uso científico das ideias interacionistas simbólicas adotaram métodos mais quantitativos nos planos de pesquisa experimental e começaram a enfatizar as identidades como a dinâmica-chave da interação humana e, por fim, na construção da estrutura social e da cultura.

Teorias da identidade

Todas as teorias interacionistas simbólicas enfatizam o *self* como o giroscópio básico do comportamento e da interação, mas os interacionistas simbólicos mais cientificamente orientados começaram a conceitualizá-lo como uma série de identidades que os indivíduos apresentam em várias situações e que procuram ver confirmadas aos olhos de outros[43]. Vários níveis de identidade foram teorizados[44]: (1) identidades de papéis (para papéis que as pessoas representam), (2) identidades de grupo (ou estruturas sociais às quais as pessoas pertencem ou, caso contrário, com as quais se identificam), (3) identidades sociais (sobre as categorias sociais como gênero e/ou etnicidade às quais as pessoas pertencem), (4) identidades morais (vinculadas a valores e crenças sobre o que é certo e próprio), e (5) identidades centrais (sobre a pessoa como um indivíduo). Essas identidades obviamente variam em seu escopo. As identidades de papéis estão vinculadas a apenas um papel específico, enquanto as identidades de grupo são construídas em torno de grupos distintos. Em contraste, as identidades, social, moral e central, podem ser evocadas em praticamente todas as situações e, assim, são muito gerais e transponíveis para qualquer grupo ou papel que uma pessoa possa representar.

Essas identidades também variam em sua importância para os indivíduos, e, em alguma medida, podem ser arranjadas como uma hierarquia de "importância" ou "proeminência"[45]. Aquelas identidades de hierarquia elevada tendem a ser mais apresentadas a outros, mas se uma pessoa não pode ter uma identidade confirmada, essa identidade tende a cair na hierarquia ou o indivíduo

---

43. Para exemplos, cf. BURKE, P.J. & STETS, J.E. *Identity Theory*. Oxford, UK: Oxford University Press, 2009. • McCALL, G. & SIMMONS, J.L. *Identities and Interactions*. Nova York: Free Press, 1978. • STRYKER, S.S. *Symbolic Interactionism*: A Social Structural Version. Menlo Park, CA: Benjamin-Cummings, 2002.

44. TURNER, J.H. *Theoretical Principles of Sociology*. Vol. 2. Nova York: Springer, 2010.

45. Cf. McCALL & SIMMONS. *Identities and Interactions*. • STRYKER. *Symbolic Interactionism*.

procurará outros que estejam dispostos a confirmá-la. As teorias da identidade também enfatizam as emoções – um tópico que Mead praticamente ignorou – como examinaremos na seção Teorias das emoções.

Teorias dos papéis

No passado, as teorias da dinâmica de papéis foram muito comuns nas ciências sociais, especialmente na sociologia e na psicologia. Dentro da sociologia, elas tinham um viés interacionista, enfatizando o processo de adoção de papéis (determinando as disposições de comportamento de outros) e, nos trabalhos de Ralph Turner[46], o desempenho de papéis (*role-making*) como o complemento do conceito de Mead de adoção de papéis (emitir gestos para sinalizar o papel que o *self* está tentando representar). Havia também um elemento mais fenomenológico (cf. discussão na próxima seção) na Teoria dos Papéis, que enfatiza que os indivíduos assumem um papel identificável em qualquer interação representada por outros, e se dispõem a portergar julgamentos sobre o comportamento dos outros até compreederem o papel que está sendo criado ou apresentado. Os indivíduos possuem em seus estoques de conhecimento inventários de vários tipos e variantes de papéis, e, assim, a adoção de papéis envolve ler os gestos do desempenho de papéis de outros e então rastrear esses inventários cognitivos de papéis para determinar o papel que uma pessoa está procurando desempenhar.

Como qualquer abordagem interacionista simbólica, há sempre uma ênfase no *self* nos processos de adoção e de desempenho de papéis. Os indivíduos sempre tentam apresentar o *self* a outros, e um dos principais modos para fazer isso é através do desempenho de papéis. Os indivíduos são, portanto, muito motivados a ter seus papéis confirmados por outros porque um senso de *self* ou, em termos mais contemporâneos, uma identidade ou um conjunto de identidades, está quase sempre em risco no desempenho de papéis. Como ficará evidente a seguir, as teorias de papéis se misturam a teorias dramatúrgicas porque enfatizam que a cultura fornece um roteiro para como representar um papel, mas esse papel deve ser representado em um palco diante de uma audiência que também possui expectativas sobre como os papéis devem ser representados. Os indivíduos recebem uma certa quantidade de licença dramática ao representarem papéis porque também devem confirmar uma identidade em cada uma de suas atuações em cena.

Os papéis são também um ponto de conexão entre os indivíduos, por um lado, e a estrutura social, por outro. Os indivíduos buscam representar papéis que satisfaçam as expectativas culturais e as exigências normativas para as posições de *status* nas estruturas sociais. Os papéis não são, contudo, meros com-

---

46. TURNER, R.H. "Role Taking: Process vs. Conformity". In: ROSE, A. (ed.). *Human Behavior and Social Processes*. Boston: Houghton Mifflin, 1962. • "Role Theory". In: TURNER, J.H. (ed.). *Handbook of Sociological Theory*. Nova York: Klewer Academic/Plenum, 2006.

portamentos que satisfazem as expectativas vinculadas às posições de *status* nas estruturas sociais; eles são também estrategicamente usados para receber recursos valiosos e para confirmar o *self*. Como resultado, encenações de papéis podem mudar a estrutura social e a cultura, especialmente se muitos indivíduos tentam fazer isso.

Os trabalhos mais recentes sobre papéis enfatizam que eles podem ser usados como recursos a serem empregados para obter acesso a outros recursos valiosos, dando mais ênfase, nos últimos anos, à dimensão estratégica dos papéis[47]. E, assim, a partir do trabalho inicial de Mead e, depois, dos esforços de teóricos no começo e final do século XX para desenvolver uma Teoria dos Papéis, existe um conjunto muito sofisticado de generalizações teóricas sobre a dinâmica dos papéis. Todavia, ao longo dos últimos trinta anos, a teorização enfatizou os processos de *status* em detrimento da dinâmica, como examinaremos adiante na Teorização Estruturalista.

Teorização dramatúrgica

Como as teorias de papéis, as abordagens dramatúrgicas muitas vezes fazem uma analogia com o teatro. Há um roteiro cultural de normas e crenças (ideologias); há um elenco ou time de atores representando papéis definidos pelo roteiro cultural; há um estágio que torna disponível vários adereços a serem usados nas apresentações dramáticas do *self* e que determina a ecologia das atuações; e há uma audiência que avalia as atuações dos atores. Diferente da maioria das perspectivas interacionistas simbólicas, contudo, a importância do *self* e das identidades recebe menos ênfase como a dinâmica central na qual a interação se concentra. Em troca, o *self* é menos duradouro e transitório, tornando-se parte da atuação em uma cena. E como qualquer parte de uma atuação dramática, ele pode ser alterado e descartado por outro *self* caso seja exigido pelo roteiro cultural. De fato, o *self* é apresentado estrategicamente para levar a cabo uma atuação.

Exceto pela metáfora do teatro, as teorias dramatúrgicas enfatizam que as interações ocorrem em encontros que, por sua vez, estão tipicamente alojados dentro de unidades sociais mais inclusivas[48]. Encontros podem ser concentrados. Neles, os indivíduos se encaram e respondem à fala e à linguagem corporal uns dos outros. São muitas vezes não concentrados, ocorrendo tipicamente em espaços públicos onde as pessoas monitoram os movimentos umas das outras,

---

47. CALLERO, P. "From Role-Playing to Role-Using: Understanding Role as Resource". *Social Psychology Quarterly*, 57, 1994, p. 228-243.

48. GOFFMAN, E. *The Presentation in Everyday Life*. Garden City, NY: Anchor Books, 1959. • *Encounters*: Two Studies in the Sociology of Interaction. Indianápolis, IN: Bobbs-Merrill, 1961. • *International Ritual*. Garden City, NY: Anchor Books, 1967. • *Behavior in Public Places*. Nova York: Free Press, 1963. • *Relations in Public*. Nova York: Harper & Row, 2009.

mas evitam o contato e a fala. Como os encontros estão incorporados nas estruturas sociais maiores, o roteiro é muitas vezes escrito pela cultura dessa estrutura, com cada encontro representando uma oportunidade para, e uma obrigação de, apresentar um *self* apropriado para os outros e para representar papéis, falar e expressar emoções de acordo com o roteiro cultural.

É através de encontros que as estruturas sociais e suas culturas são construídas e reproduzidas ao longo do tempo, e, uma vez estabelecidas, essas formações socioculturais restringem a dinâmica dos encontros ao fornecer o palco e o roteiro para as encenações dramáticas. A interação em encontros concentrados se dá, portanto, pela identificação dos tipos de interações ao longo de várias dimensões, como (a) as quantidades relativas de trabalho – de conteúdo prático, social ou cerimonial na interação; (b) o nível de intimidade ou formalidade apropriado; (c) as categorias sociais (gênero, etnicidade, idade) do *self* e de outros; (d) as formas apropriadas de fala; (e) os rituais que devem ser usados para abrir, estruturar e fechar o encontro; (f) os sentimentos que deveriam ser experienciados e mostrados; (g) os papéis particulares que deveriam ser assumidos; (h) os adereços situacionais que podem ser usados; (i) o espaçamento apropriado entre participantes; e (j) o tipo de *self* que pode ou deveria ser apresentado. Em encontros dispersos, a ênfase é maior (a) no espaçamento apropriado dos indivíduos em um contexto ecológico, (b) nos movimentos adequados no espaço e no uso disponível de adereços, (c) na evitação do contato e da fala diretos, e (d) no uso de rituais próprios quando o enfrentamento e a fala diretos ocorrem inadvertidamente, ou quando ocorrem violações não intencionais do espaço[49].

Teorias das emoções

Como Mead não analisou as emoções, elas não fizeram parte da maioria das teorias interacionistas por dois terços do século XX. Se Cooley[50] tivesse sido o teórico dominante na tradição interacionista simbólica, o estudo das emoções como vergonha e orgulho teria se tornado parte das teorizações, e a sociologia das emoções teria emergido nas primeiras décadas do século XX. As teorias interacionistas não são as únicas teorias que incluem as emoções, mas foi dentro dessa tradição teórica que a teorização sobre a dinâmica das emoções emergiu na década de 1970.

As teorias dramatúrgicas representaram uma primeira perspectiva pela qual as emoções foram analisadas. Estudiosos como Erving Goffman, o fundador dessa abordagem, enfatizavam que as emoções como embaraço emergem quando os indivíduos rompem o fluxo regular do encontro, forçando-os a oferecer

---

49. TURNER, J.H. *Human Emotions*: A Sociological Theory. Londres: Routledge, 2007.
50. COOLEY, C.H. *Human Nature and Social Order*. Nova York: Charles Scribner's, 1902.

rituais de reparo para restaurar a micro-ordem. Outros como Arlie Hochschild[51] combinavam teorização dramatúrgica e marxista ao enfatizarem que há uma *cultura emocional* em uma sociedade, composta de ideologias da emoção (sobre as emoções que deveriam ser experienciadas e expressas em vários tipos de situações), regras de sentimentos sobre as emoções específicas que deveriam ser experienciadas pelos indivíduos em diferentes tipos de situações, e regras de expressão sobre as emoções específicas que deveriam ser manifestadas em vários papéis. Além disso, como as sociedades modernas, orientadas para o mercado, muitas vezes exigem que os indivíduos manifestem emoções que eles não experienciam, um grande número de encontros – particularmente aqueles associados ao trabalho – envolve uma quantidade considerável de "trabalho emocional", no qual os indivíduos tentam, no mínimo, expressar as emoções apropriadas e, caso possam, experienciar essas emoções. Esse trabalho emocional é inerentemente alienante porque os indivíduos muitas vezes sentem o oposto das emoções que devem ser expressas, forçando-os, com isso, a se envolver no trabalho alienado, o que só aumenta sua carga emocional.

Os interacionistas simbólicos também começaram a enfatizar as emoções na década de 1970, junto a várias linhas de investigação[52]. Uma era a visão de que os indivíduos buscam manter a consistência entre suas cognições e emoções sobre o *self*, as situações, os outros e os comportamentos; e quando há inconsistência entre esses elementos de todas as situações de interação, os indivíduos experienciam emoções negativas e são motivados a reordenar as concepções de *self*, comportamentos, situação e outras. Uma outra enfatiza que todos os indivíduos procuram ter suas identidades confirmadas por outros nas situações. Quando uma identidade é aceita por outros, as pessoas experienciarão emoções positivas, já quando uma identidade não é confirmada por outros em uma situação, os indivíduos adotam várias estratégias para reordenar suas identidades, comportamentos e percepções das respostas dos outros a esses comportamentos; caso não possam, eles podem ter de mudar identidades e comportamentos ou abandonar as situações nas quais suas identidades não possam ser confirmadas. Uma terceira linha de investigação envolvia combinar ideias mais psicanalíticas com teorias interacionistas. O objetivo das variantes mais psicanalíticas de interacionismos simbólicos é enfatizar que as emoções negativas, em geral, e as emoções negativas sobre o *self*, em particular, são altamente perturbadoras e são muitas vezes postas abaixo do nível da consciência. Essas emoções reprimidas, contudo, podem ser modificadas

---

51. HOCHSCHILD, A. *The Managed Heart*: The Commercialization of Human Feeling. Berkeley: University of California Press, 1983.

52. Para sumários detalhados dessas abordagens, cf. TURNER, J.H. & STETS, J.E. *The Sociology of Emotions*. Cambridge, UK: Cambridge University Press, 2005. • STETS, J.E. & TURNER, J.H. *Handbook of the Sociology of Emotions*. Nova York: Springer, 2006.

(e.g., a vergonha reprimida pode se mostrar como raiva) e quase sempre inten-sificadas; e o resultado é que o fluxo de interação é sempre influenciado pelas emoções que irrompem os mecanismos de repressão. E, além disso, se um número suficientemente grande de indivíduos experiencia emoções similares e as reprime, essas emoções podem ter grandes efeitos nas estruturas sociais e nas culturas quando emergem coletivamente.

Teorias fenomenológicas

O termo fenomenologia indica geralmente o estudo da consciência. Na Ale-manha, uma escola filosófica com esse nome emergiu sob a influência de Edmund Husserl[53]. Alfred Schultz[54] converteu as ideias de Husserl em uma abordagem mais sociológica que continua a inspirar a sociologia porque converge com a sociologia de Mead. O projeto filosófico de Husserl enfatizava que o mundo externo "lá fora" é mediado pelos sentidos quando eles entram na consciência das pessoas. Assim, a questão sobre como a consciência opera antecede qualquer questão sobre a natureza desse mundo externo, uma vez que o mundo "lá fora" é filtrado pela consciência. No começo, para enfatizar que os humanos pressupõem grande parte do mundo ao seu redor, ele utiliza a expressão "mundo da atitude natu-ral", abreviada mais tarde para "mundo da vida", o qual representa a realidade. Os pontos críticos para a aplicação mais sociológica de suas ideais são que o mundo da vida (a) é pressuposto e, mesmo assim, estrutura os pensamentos e as percepções das pessoas acerca do que é real e (b) promove a crença entre os humanos de que partilham as mesmas experiências do mundo "lá fora". Esse mundo da vida é a essência da consciência, mas a substância dessa consciên-cia é menos importante do que o processo de conscientização em si. Husserl, então, inicia o processo filosófico de tentar descobrir a "mente pura" ou a na-tureza fundamental da consciência separando a substância da consciência dos seus processos. Contudo, seu projeto foi inevitavelmente interrompido. Mais

---

53. HUSSERL, E. *Phenomenology and the Crisis of Western Philosophy* (Nova York: Harper & Row, 1965 [1936]) é a melhor apresentação de sua filosofia, que ele desenvolvera muitos anos antes.

54. SCHULTZ, A. *The Phenomenology of the Social World* Evanston, IL: Northwestern University Press, 1967 [1932]. Schultz era um jovem acadêmico quando escreveu esse trabalho, mas veio a público dois anos antes das conferências coligidas de Mead em *Mind, Self, and Society*. Podemos ver imediatamente as diferenças entre o fundamento filosófico pragmatista de Mead e a abordagem fenomenológica de Schultz, mas eles estão, na realidade, tratando de processos similares de interação e sociedade. Schultz não foi incluído no cânone clássico porque nunca fez parte da sociologia até meados-final do século XX, quando abordagens interacionistas baseadas na fenomenologia começaram a aparecer. Cf. tb. SCHULTZ, A. & LUCKMANN, T. *The Structure of the Lifeworld.* Evanston, IL: Northwestern University Press, 1973. • LUCKMANN, T. (ed.). *Phenomenology and Sociology.* Nova York: Penguin Books, 1978. Os trabalhos coligidos de Schultz estão em SCHULTZ, A. *Collected Papers I, II, III.* The Hague, Netherlands: Marinus Nijhoff, 1962, 1963 e 1966.

tarde, é assumido por Alfred Schultz, que construiria uma teoria fenomenológica mais sociologicamente imbuída.

Interacionismo fenomenológico

Schultz tomou as porções problemáticas básicas da fenomenologia de Husserl e, primeiro, combinou-as com as preocupações de Weber com a ação e o entendimento e, mais tarde, com elementos do interacionismo simbólico. Schultz criticava Weber por ter falhado em explicar como os indivíduos passam a experienciar o mundo subjetivamente e como a intersubjetividade emerge – ou seja, como as pessoas passam a sentir que estão experienciando o mesmo mundo. Sua teoria se assemelha à análise de Mead da adoção de papéis e talvez mesmo à noção de um "outro generalizado", mas filósofos pragmatistas iniciais como Mead não tiveram uma grande influência sobre a formulação inicial da sociologia fenomenológica de Schultz. Seu argumento básico é que os humanos operam sob a crença da "reciprocidade de perspectivas" e a de compartilharem um mundo comum, a despeito de experiências biográficas únicas. Essas crenças permitem aos indivíduos se envolverem no processo de "tipificação", no qual outros e situações são retratados como tendo certas qualidades básicas.

Desse modo, as pessoas passam a agir *como se* vissem o mundo de modos similares e a acreditar que podem tratar os outros e a situação *como se* tivessem propriedades comuns compreendidas por todos. Ao fazer essas presunções, os indivíduos podem interagir e se envolver em comportamentos cooperativos. Assim, não é tão crítico que os indivíduos atinjam de fato a verdadeira intersubjetividade; é necessário somente que *pensem tê-la atingido*.

Etnometodologia

É essa linha de pensamento que fornece uma das ideias fundamentais para a etnometodologia contemporânea. Fundada por Harold Garfinkel[55] e levada adiante por seus alunos, essa abordagem enfatiza que os indivíduos usam uma série de "métodos populares" – por isso, o nome etnometodologia – para sustentar a ilusão de que experienciam um mundo comum. Diferente do trabalho de Mead, que enfatizava a leitura de gestos para alguém se situar no papel de outro de modo a antecipar seu comportamento, os indivíduos empregam uma série de técnicas ou métodos interpessoais que lhes permite perceber e acreditar que partilham um mundo comum, sem na

---

55. GARFINKEL, H. *Studies in Ethnomethodology*. Englewood Cliffs, NJ: Prentice Hall, 1967. Para sumários mais acessíveis para essa abordagem, cf. HANDEL, W. *Ethnomethodology*: How People Make Sense. Englewood Cliffs, NJ: Prentice Hall, 1982. • PSATHAS, G. (ed.). *Everyday Language Studies*: Studies in Ethnomethodology. Nova York: Irvington, 1979. • TURNER, R. (ed.). *Ethnomethodology*. Baltimore: Penguin Books, 1974.

verdade questionarem essa crença. O objetivo da etnometodologia é isolar esses etnométodos.

Uma das estratégias comuns de pesquisa veio a ser o "experimento de desestabilização" no qual o experimentador destruiria deliberadamente a crença de intersubjetividade para ver como outros tentariam usar etnométodos para reconstruí-la. A investigação inicial parecia promissora à medida que vários outros métodos como esse foram descobertos por meio da revisão cuidadosa de transcrições de conversações de pessoas em interação, e, embora essa abordagem ainda prossiga, possui agora menos impacto teórico do que teve no último terço do século XX.

Teorização do intercâmbio

A teorização do intercâmbio não tem suas raízes na tradição clássica da sociologia, exceto, talvez, indiretamente por meio de Adam Smith, na economia, e por meio do behaviorismo, na psicologia. O trabalho de Adam Smith[56] teve seu maior efeito nos primeiros mestres da teorização sociológica na questão que ele propôs em seu *A Teoria dos Sentimentos Morais*: Se o mundo social está se diferenciando e se tornando mais complexo, os indivíduos estão vivendo suas vidas e rotinas diárias em nichos um pouco diferentes na sociedade e, assim, experienciando diferentes mundos sociais. Se isso ocorre, que "força" pode integrar as relações sociais entre esses indivíduos? A força enfatizada em *A Teoria dos Sentimentos Morais* é, como o título sugere, uma moralidade comum de crenças e valores, mas a outra resposta de Smith em *A riqueza das nações* é que a busca pelo autointeresse nos mercados revela milagrosamente uma "mão invisível de ordem" que promove o equilíbrio social, assim como o faz com os preços nos mercados. Os sociólogos do século XIX se mostraram muito céticos em relação a esse segundo argumento, assim como muitos sociólogos contemporâneos. O primeiro argumento em *A Teoria dos Sentimentos Morais*, contudo, era, em essência, teorização funcional, especialmente na tradição francesa de Comte e Durkheim. Mas a noção de vida como um tipo de mercado no qual as relações sociais são, essencialmente, intercâmbios de recursos pode certamente ser encontrada em Smith, mesmo que muitos teóricos clássicos não tenham seguido essa direção. Somente Marx, que tentou melhorar a análise de Smith sobre a dinâmica do mercado no capitalismo, parece ter-lhe prestado bastante atenção. Mas a noção de indivíduos buscando utilidade, ou valor de recompensa, não foi perseguida como um modelo geral de vida social até boa parte do século XX[57].

---

56. Para uma discussão de Adam Smith neste livro, cf. p. 97-99.

57. Vilfredo Pareto, um antigo economista que na virada do século XX se tornou um teórico geral da sociologia e cujas ideias ainda são proeminentes na economia neoclássica, certamente compreendeu os argumentos dos utilitaristas como Adam Smith, mas, sob muitos aspectos, sua sociologia é um repúdio às limitações da economia clássica e, por conseguinte, neoclássica de hoje.

A outra rota indireta para a Teoria do Intercâmbio vem do behaviorismo, que deve sua inspiração inicial a Pavlov na Rússia e a Thorndike na América. Aqui, os organismos são vistos como retendo aquelas respostas comportamentais aos estímulos que resultaram em recompensas e abandonando aqueles que falharam em trazer gratificação ou impuseram punições. Somente Mead[58], que se considerava um behaviorista *social*, perseguiu essa ideia entre os teóricos clássicos da sociologia. Mead reagiu contra o que se tornou conhecido como behaviorismo no começo do século XX devido às suas hipóteses extremas: A especulação sobre os comportamentos e processos psicológicos que não podem ser diretamente observados *não* é tema da teorização behaviorista; assim, a "caixa-preta do não observável" – pensamentos, emoções e cognição humanos – deve ser ignorada em favor de teorias que expliquem os efeitos apenas de estímulos e comportamentos *observáveis*. Para Mead, contudo, muitas das capacidades comportamentais humanas fundamentais – uso de gestos significativos, adoção de papéis, deliberações intencionais e concepções do *self* – não são diretamente observáveis, mas são, apesar disso, críticas para a compreensão do comportamento humano e da sociedade. Por isso, ele acrescentava o adjetivo "social" à sua forma de behaviorismo – daí, behaviorismo social – a fim de distingui-lo das hipóteses extremas de behaviorismo na psicologia americana.

Todavia, a despeito da simpatia de Mead por um behaviorismo mais social, os sociólogos mantiveram distância do behaviorismo extremo na psicologia bem como sua antipatia por visões excessivamente econômicas e utilitárias de atores racionais e maximizados como o melhor modelo para compreender a ação social. Assim, não surpreende que a teorização do intercâmbio seja uma aparição tardia na Teoria Sociológica contemporânea. Na década de 1950, contudo, as teorias do intercâmbio começaram a aparecer na sociologia, e, à medida que essa perspectiva teórica se desenvolvia, cada teoria tendia a começar seja com as hipóteses do utilitarismo ou com as do behaviorismo. Essas duas perspectivas convergiram para várias hipóteses, sendo as seguintes as mais importantes:

1) As ações dos atores individuais e coletivos são guiadas por necessidades de recompensas ou utilidades.

2) Quanto mais recompensadoras ou quanto mais utilidades forem obtidas das relações sociais, maior a probabilidade de os atores individuais e coletivos buscarem linhas de conduta e ação que assegurem essas recompensas.

3) Os indivíduos avaliam o valor da recompensa das linhas alternativas de comportamento e escolhem aquela que oferece a maior, se não a máxima, recompensa.

---

58. Cf. p. 273-276 para uma revisão do behaviorismo que influenciou Mead.

4) Quanto mais valiosas para os indivíduos são as recompensas recebidas, maior a probabilidade de esses indivíduos buscarem condutas que os permitam receber essas recompensas valiosas.

5) Os indivíduos calcularão implícita ou explicitamente os custos (fontes alternativas de recompensas renunciadas ou de recursos que devem ser renunciados) e os investimentos (custos acumulados) na busca por uma linha de conduta, e sempre tentarão obter um "lucro" sobre os recursos recebidos. Um lucro é o valor dos recursos recebidos menos os custos e investimentos para obtê-los, e aquelas linhas de conduta que produzem o maior lucro são as que mais tendem a serem perseguidas.

6) Quanto mais uma recompensa de um determinado tipo foi recebida no passado recente, mais declinarão as preferências de um indivíduo por essa recompensa, e menos valiosa se tornará para ele. Na psicologia esse é o princípio da "saciação", enquanto na economia ele é descrito como "utilidade marginal". Ainda assim, a dinâmica é a mesma para ambas as perspectivas: Quanto mais de uma recompensa uma pessoa obtém, menos valiosa ela se torna, ou menos utilidade possui para ela.

7) Os indivíduos e os atores coletivos, portanto, intercambiam recursos, abrindo mão de alguns como custos para receber recursos de outros; e muitos recursos na interação humana são intrínsecos (e.g., afeição, aprovação, prestígio e honra, apreço, autoconfirmação), embora alguns sejam também extrínsecos (e.g., dinheiro, poder).

8) Os indivíduos e os atores coletivos avaliam a "equidade e justiça" dos recursos que receberam relativos aos seus custos e investimentos, e podem recorrer a vários pontos ou padrões diferentes de comparação para fazer esse cálculo de justiça. (P. ex., eles podem recorrer a várias normas culturais gerais especificando o que é justo; podem comparar suas recompensas com as dos atores que incorrem em custos e investimentos equivalentes; podem usar uma noção das recompensas que poderiam ter recebido em um intercâmbio alternativo; ou, como ponto de comparação, podem recorrer às recompensas que esperavam receber com relação às que de fato receberam.)

9) Quando retribuições a uma pessoa ou ator coletivo fica abaixo de qualquer um dos pontos de comparação que podem ser utilizados para avaliar a equidade, os indivíduos (e os indivíduos tomando decisões por atores coletivos) experienciarão emoções negativas e tentarão renegociar o intercâmbio; eles podem perseguir várias estratégias nessas renegociações, incluindo a punição (e, portanto, a incidência de custos sobre) àqueles que falharam em prover um nível mais justo de recompensa.

Para as teorias sociológicas de intercâmbio, todas as relações sociais são guiadas por essas hipóteses básicas listadas acima. E todas as estruturas sociais e culturais são ao fim e ao cabo construídas a partir das ações do indivíduo e dos atores coletivos se conduzindo do modo descrito por essas hipóteses. Todavia, a despeito do conjunto comum de hipóteses, nas teorias do intercâmbio, as teorias enfatizam diferentes aspectos do processo de intercâmbio.

Uma abordagem do intercâmbio chamada *Teoria da Escolha Racional* segue o modelo utilitarista, enfatizando que os indivíduos buscam maximizar suas utilidades e minimizar seus custos[59]. Existem muitas versões diferentes de teorização da escolha racional, mas todas enfatizam que as relações sociais e as estruturas sociais são criadas quando os atores percebem que podem diminuir as "externalidades negativas" (ou custos) e, com isso, aumentar seus lucros nos intercâmbios. Por exemplo, se os indivíduos estão envolvidos em uma ação concertada e coordenada, uma externalidade negativa é a de que alguns não contribuem com sua justa parcela de esforço para o resultado, mas ainda assim recebem as mesmas utilidades que aqueles que contribuíram. Como resultado desse tipo de externalidade negativa, os atores desenvolverão normas, monitorando e sancionando procedimentos para assegurar que os indivíduos não "entrem de graça no processo". Portanto, as estruturas sociais e as culturas são construídas para diminuir as externalidades negativas e, com isso, assegurar que cada ator contribua com sua justa parcela de esforço para as tarefas coordenadas.

Outras abordagens enfatizam a *dinâmica do poder*[60]. Os atores que valorizaram sobremaneira os recursos que são escassos e em elevada demanda sempre desfrutam de uma vantagem sobre aqueles que necessitam desses recursos. O resultado é que aqueles que controlam recursos valiosos começarão a impor custos elevados sobre aqueles que buscam recursos altamente valorizados ao exigirem mais recursos desses atores dependentes. Sob muitos aspectos, essa é a dinâmica de poder enfatizada por Marx. Em sua teoria, os capitalistas estão em uma posição de explorar a força de trabalho porque possuem um recurso que é difícil de obter (dinheiro), enquanto os trabalhadores possuem um recurso que está em abundância (força de trabalho ou disposição para o trabalho). O capitalista pode, então, oferecer menos dinheiro do que o trabalho na verdade vale (pela Teoria do Valor-trabalho de Marx) e, com isso, obter um lucro quando vende as mercadorias que são produzidas pelos trabalhadores explorados. Todas as teorias do intercâmbio que examinam a dinâmica do poder seguem Marx ao reconhecerem que quando a exploração por atores poderosos ocorre, aqueles em desvantagem tentam reduzir a exploração por meio de uma variedade de

---

59. Para exemplos proeminentes, cf. COLEMAN, J. *Foundations of Social Theory*. Cambridge, MA: Harvard University Press, 1990. • HECHTER, M. *Principles of Group Solidarity*. Berkeley: University of California Press, 1988.

60. BLAU, P.M. *Exchange and Power in Social Life*. Nova York: Wiley, 1964. • EMERSON, R. "Power-Dependence Relations". *American Sociological Review*, 27, 1962, p. 31-41.

estratégias, que incluem: abandonar a relação de intercâmbio, buscar fontes alternativas para um recurso altamente valorizado, aprender a prescindir de um recurso, mobilizar-se coletivamente para tornar seus recursos mais valiosos aos exploradores ou concordar em negar recursos aos exploradores, ou se mobilizando para buscar o conflito que imporá altos custos aos exploradores. Assim, as teorias do intercâmbio que enfatizam a dinâmica do poder nos intercâmbios convergem com as teorias do conflito examinadas anteriormente.

As dinâmicas do intercâmbio foram incluídas em outras tradições teóricas. Por exemplo, algumas teorias interacionistas[61] simbólicas reconhecem que a aprovação e a confirmação do *self* são recompensas altamente valorizadas, e os indivíduos sempre calculam implicitamente se os outros nas situações estão provendo ou não o bastante dessa recompensa valiosa com relação aos recursos que devem ser renunciados para receberem aprovação. Um outro exemplo é a sobreposição de ideias de intercâmbio a teorias de rede (sumarizadas adiante neste capítulo), onde as relações entre pontos em uma rede (atores) são vistas como fluxos de recursos governados por hipóteses de intercâmbio[62]. Se os atores renunciam a muitos recursos para assegurarem recursos em uma determinada rede, eles se envolverão em ações equilibradas que aumentem o senso de equidade na rede e, no processo, mudem a estrutura da própria rede e o fluxo de recursos entre os atores. Como observamos anteriormente, a Teoria do Conflito sempre teve uma dinâmica de intercâmbio implícita, e algumas teorias mais contemporâneas tornaram esse processo de intercâmbio mais explícito. Teorias na sociologia das emoções adotaram ideias de intercâmbio, especialmente a noção de que, quando os intercâmbios são vistos como injustos, as partes desprovidas experienciarão uma variedade de emoções negativas e se envolverão em comportamentos que assegurem o recebimento de algum lucro em seus intercâmbios com outros[63]. Portanto, embora a Teoria do Intercâmbio não fosse proeminente no cânone sociológico inicial, ela pode agora ser encontrada praticamente em toda parte na teorização corrente, seja como uma teoria do intercâmbio explícita ou como um novo elemento em uma tradição teórica mais antiga.

---

61. P. ex., McCALL & SIMMONS. *Identities and Interactions.*

62. Cf., p. ex., EMERSON. "Powder-Dependence Relations". • COOK, K.S.; EMERSON, R.M.; GILLMORE, M.R. & YAMAGISHI, T. "The Distribution of Power in Exchange Networks: Theory and Experimental Results". *American Journal of Sociology*, 89, 1983, p. 275-305. • WILLER, D. & EMANUELSON, P. "Elementary Theory". In: BURKE, P.J. (ed.). *Contemporary Social Psychological Theories.* Palo Alto, CA: Stanford University Press, 2006.

63. LAWLER, E.J.; THYE, S. & YOON, J. *Social Commitments in a Depersonalized World.* Nova York: Russell Sage, 2009.

Teorização estruturalista

Uma vez que o estudo das estruturas sociais trata das características definidoras da sociologia, não deveria surpreender que existam numerosas teorias sobre esse tópico. Na verdade, quase todas as teorias sociológicas enfatizam a estrutura social, em alguma medida, e, assim, torna-se um exercício um tanto arbitrário isolar alguns tipos gerais de teorias que podem ser denominadas "estruturalistas". Entre os primeiros mestres, vários modos distintos de investigação estrutural emergiram e foram levados adiante.

Uma das abordagens estruturais mais duradouras vem das teorias estruturalistas como as desenvolvidas por Comte[64], Spencer[65], e Durkheim[66], onde a estrutura é conceitualizada em termos de padrões de diferenciação entre domínios institucionais e entre unidades sociais nesses domínios. Uma outra abordagem relacionada foi iniciada por Weber[67], que enfatizava que a estrutura é construída a partir de padrões de ação entre os atores que geram desigualdades e estratificação, sistemas de poder e dominação, ordens sociais que vinculam organizações e a legitimação através das crenças culturais. Quando expressas nesse nível de abstração, as ideias de Weber convergem com as de Marx, que enfatizava que a estrutura social é constituída de desigualdades na distribuição de recursos. As dinâmicas das sociedades se dão, portanto, à medida que as contradições dentro do sistema de desigualdade, legitimadas pela cultura e impostas pelo regime, emergem e iniciam o processo de conflito. Essa visão de estrutura enfatiza que as relações com os meios de produção são o núcleo das estruturas sociais, com outras estruturas como o Estado e as forças culturais como ideologias sendo superestruturas que surgem da base econômica das sociedades.

A sociologia de Durkheim inspirou várias visões de estrutura[68]. Uma enfatizava o número, a natureza e as relações entre as partes que constituem uma sociedade, uma linha de pensamento que converge com a de Simmel[69] e, como veremos adiante, para a análise de rede dos dias atuais. Uma outra visão de estrutura é a ênfase em como os padrões de estrutura social moldam as categorias mentais dos indivíduos sobre dimensões fundamentais do mundo como tempo, causalidade, classificações e espaço. As categorias cognitivas das

---

64. Cf. p. 38-43 para a concepção de estrutura social de Comte.

65. Cf. p. 67-78 para a concepção evolucionária de estrutura social de Spencer.

66. Cf. p. 240-246 para a concepção de Durkheim de estrutura social, que, embora parecendo similar à de Spencer, seria usada de formas muito diferentes na análise estrutural dentro e fora da sociologia.

67. A concepção de estrutura social de Weber é melhor capturada nas Figuras 9.2, 9.3 e 9.7.

68. Cf. nota 66.

69. Cf. p. 194-202, 213-217 para a concepção de Simmel da estrutura social.

pessoas refletirão, portanto, os padrões de estrutura social enquanto organizam rotinas no tempo e no espaço[70].

Esse argumento influenciou a emergência de várias versões de estruturalismo. Uma delas inverteu a abordagem de Durkheim, vendo padrões de estrutura como reflexões de "estruturas mais profundas" alojadas na neurologia humana[71]. Uma outra versão, menos dramática, é uma ênfase na visão de estruturas existentes e suas culturas como princípios estruturais mais profundos que inerem às relações sociais. Essa abordagem converge com a visão de Marx de superestruturas que refletem a operação das estruturas econômicas.

A visão de Simmel[72] das estruturas como formas de relações sociais nas quais as propriedades das relações são mais significativas do que a natureza das unidades nessas relações representou um rompimento radical com as visões sociológicas anteriores. Esse tipo de pensamento inspiraria a Teoria de Rede Contemporânea, na qual os padrões de relações entre unidades de nós são mais importantes do que a natureza das unidades ou nós nessas relações.

A visão mais micro de Mead das estruturas como padrões institucionalizados que são produzidos e reproduzidos pelas capacidades comportamentais dos indivíduos representa uma visão final da estrutura social[73]. Aqui, a capacidade de adoção de papéis com outros e com outros generalizados, de avaliar o *self* da perspectiva de outros generalizados (ou crenças culturais), e de realizar deliberação intencional a fim de selecionar linhas de conduta que facilitem a cooperação sinalizam que os processos de microníveis devem ser uma parte da análise estrutural. Outras tradições, num nível mais micro, como as teorias psicanalíticas e as dramatúrgicas, foram incorporadas também nessa forma de análise iniciada por Mead.

---

70. A descrição para essa visão de estrutura apareceu em DURKHEIM, É. & MAUSS, M. *Primitive Classification*. Londres: Cohen & Wes, 1963 [1903].

71. *Primitive Classification* é um trabalho que teve pouca influência direta na sociologia, mas deflagrou o estruturalismo como um amplo movimento intelectual no século XX. Mesmo Ferdinand de Saussure (*Course in General Linguistics*. Nova York: McGraw Hill, 1966 [1915]) e Roman Jakobson [cf. seus escritos coligidos em *Philosophical Studies*, vários volumes (The Hague, Netherlands: 1971), mas escritos décadas antes]. Esses fundadores da linguística estrutural e avós do estruturalismo se consideravam mais durkheimianos. Todavia, Claude Lévi-Strauss sugeriu em *The Elementary Structures of Kinship* (Paris: University of France, 1969) o que estava por vir. Ainda assim, como buscava uma análise linguística emprestada de Durkheim, de Saussure e Jakobson, ele se voltou para Durkheim e todas as análises estruturais anteriores "a cargo deles" em trabalhos como *Myth and Meaning* (Nova York: Schocken, 1979) e *A World on the Wane* (Londres: Hutchinson, 1961), argumentando que as estruturas vêm das categorias mentais e os princípios, do cérebro e não o contrário.

72. A metodologia de Simmel, argumentando por uma sociologia formal, sumarizada nas p. 241-248, oferece a melhor indicação dessa concepção de estrutura social que foi mais tarde adotada pela análise de rede.

73. Cf. nota 39 sobre as visões de Mead.

A análise estrutural, contudo, moveu-se em direções muito diferentes. Todavia, todas compartilham um pequeno número de hipóteses:

1) A estrutura representa um conjunto de relações entre unidades sociais que persiste ao longo do tempo.

2) Essas relações entre unidades podem assumir formas muito diferentes, e é a natureza das conexões entre unidades que é essencial para a compreensão da dinâmica da estrutura social.

3) Às vezes a natureza das unidades é crítica na compreensão das relações que constituem as estruturas sociais, mas, em outras ocasiões, a única informação crítica é o conhecimento sobre a dinâmica das relações, independente das unidades que as representam nessas relações.

4) As relações entre unidades derivam de várias fontes, incluindo (a) as relações de poder, (b) a neurologia do cérebro humano, (c) as tendências do comportamento humano à medida que afetam a interação social, (d) os sistemas de símbolos culturais, e (e) os meios de produção econômica.

Essa falta evidente de hipóteses compartilhadas indicaria que as teorias estruturais são uma mistura muito eclética de abordagens, nenhuma delas tendo atingido predominância. Sob muitos aspectos, a falta de consenso sobre como analisar o tópico central da sociologia – estrutura social – indica como grande parte do trabalho teórico deve ser feito na disciplina. Na verdade, os sociólogos muitas vezes falam como se a noção de estrutura fosse muito óbvia a ponto de não requerer conceitualização, mas, de fato, é provavelmente o conceito mais usado da sociologia e, todavia, o menos definido. E, mesmo quando a "estrutura" é o foco da teorização, será evidente que essas teorias específicas permanecerão, na maior parte, muito vagas.

Estruturalismo

Essa abordagem possui muitas variantes, mas o objetivo geral é descobrir as estruturas subjacentes que geram as regularidades empíricas aparentes que podem ser observadas e mensuradas. Ela assume que as regularidades sociais nos padrões de relações sociais são geradas por estruturas subjacentes menos visíveis e que, até que os princípios dessas estruturas subjacentes sejam descobertos, as estruturas sociais empíricas não podem ser completamente explicadas. Grande parte das imagens dessa abordagem foi apropriada da linguística estrutural na qual as línguas são comparadas e analisadas por suas formas subjacentes em um esforço por descobrir que línguas estão relacionadas entre si e a partir das quais protolínguas elas evoluíram[74]. O estruturalismo se tornou um movimento intelectual mais amplo fora da sociologia, penetrando campos como

---

74. Cf. referências a Jakobson e de Saussure na nota 71.

a antropologia cultural, a linguística e as línguas, e a sociologia[75]. Emergiram aí três variantes: (1) aquelas teorias que buscavam pelos princípios subjacentes das estruturas sociais, (2) aquelas que buscavam pelos princípios culturais subjacentes que dirigem tanto a cultura como as estruturas sociais empíricas, e (3) aquelas que argumentavam que as estruturas sociais e suas culturas são geradas pela neurologia subjacente do cérebro humano.

Teoria das redes

Essa abordagem para teorizar a estrutura social tem suas origens fora da sociologia, mas foi adotada por sociólogos em meados do século XX. Através do emprego de matrizes que indicavam quem forma relações com quem em grupos de tamanhos variados, poderiam ser extraídos os padrões de rede entre aqueles que formam relações. A maior parte do trabalho inicial foi feito na Teoria Psicológica Social, derivada da Psicologia da *Gestalt*, mas adotando convenções matemáticas da Teoria dos Dígrafos na qual os atores eram pontos em uma rede conectada por linhas indicando a direção das relações positivas ou negativas. Com o uso dos computadores, matrizes muito mais complicadas puderam ser desenvolvidas, revelando relações entre um grande número de indivíduos ou atores coletivos. Considerava-se que propriedades fundamentais de redes como seu tamanho (número de nós e relações), densidade (até que ponto todas as relações possíveis entre nós estão presentes na rede), facções (subdensidades de atores na rede geral), centralidade (até que ponto os recursos fluem por meio de nós particulares na rede), pontes (nós que se conectam a facções ou sub-redes), e nós de intermediação (que distribuem recursos pelas lacunas entre redes ou sub-redes) guiassem suas dinâmicas, e, assim, todas as estruturas sociais[76]. Embora a análise de redes possua um grande potencial, boa parte do trabalho foi sobre a metodologia para descrever redes por meio de programas de computador. Uma teorização comparativamente pequena foi desenvolvida na análise de rede propriamente dita, embora várias outras perspectivas teóricas em sociologia, como a teorização do intercâmbio, tenham incorporado princípios de rede e fornecido algum poder explicativo para a sociologia de redes.

---

75. Nenhuma dessas teorizações se estabeleceu firmemente e ao final da década de 1970 estavam se extinguindo, embora grande parte das imagens tenha permanecido. Para uma visão geral de vários autores, cf. ROSSI, I. (ed.). *Structrural Sociology*. Nova York: Columbia University Press, 1984. Para uma revisão mais geral, cf. GLUCKSMANN, M. *Structural Analysis in Contemporary Social Thought*. Londres: Routledge, 1974.

76. Para os primeiros mundos de rede na sociologia e na antropologia, cf. NADEL, S.F. *The Study of Social Structures*. Londres: Cohen and West, 1957. • MITCHELL, J.C. "The Concept and use of Social Networks". *Network Analysis*: Studies of Human interaction. The Hague, Netherlands: Mouton, 1973. Para trabalhos teóricos mais recentes sobre redes, cf. BURT, R. "Models of Network Structure". *Annual Review of Sociology*, 6, 1980, p. 79-141. • WASSERMAN, S. & FAUST, K. *Network Analysis*: Models and Methods. Cambridge, UK: Cambridge University Press, 1994.

Teoria de estruturação

Algumas teorias estruturalistas enfatizam que a estrutura é uma mistura de práticas e ações discursivas que geram princípios estruturais que são usados para organizar ações sociais e para regular a fala e o pensamento no nível micro da organização social. As ações dos indivíduos guiadas por esses princípios estruturais são, por um lado, restringidas e tendem, assim, a reproduzir estruturas. Por outro lado, os atores sempre possuem alguma capacidade de agir para mudarem, embora apenas parcialmente, os princípios estruturais que guiam suas ações. Algumas dessas abordagens se misturam às teorias culturais sumarizadas abaixo, ou às teorias estruturalistas descritas anteriormente. Em ambos os casos, a teorização enfatiza que os indivíduos criam sistemas de códigos culturais, muitas vezes como o resultado de estruturas cognitivas subjacentes do cérebro humano, que guiam as formações das estruturas sociais. Outras são mais puramente durkheimianas e enfatizam que os códigos culturais de grupos sociais possuem amplos efeitos sobre as capacidades cognitivas humanas básicas e sobre como pensam e agem. Essas abordagens não estão, contudo, inteiramente no campo do estruturalismo examinado anteriormente. Elas acrescentam tipicamente mais elementos.

Por exemplo, a Teoria da Estruturação de Anthony Giddens[77] enfatiza que existem princípios estruturais ou concepções culturais gerais da organização social que restringem a formação de conjuntos estruturais, que são pacotes de regras e recursos que são usados pelos indivíduos para formar relações sociais. À medida que esses princípios e conjuntos são usados por agentes e reproduzidos ao longo do tempo, criam as propriedades estruturais ou os sistemas institucionais de uma sociedade. Existem, é claro, contradições estruturais nessas propriedades porque é muito raro os princípios e conjuntos estruturais não possuírem inconsistências e conflitos de significado e intenção. E, assim, à medida que os sistemas institucionais se desenvolvem, eles quase sempre portam contradições que, ao longo do tempo, tornam-se foco de conflito e mobilização por mudanças, como Marx enfatizaria.

Sempre existe uma certa imprecisão nesses tipos de teorias estruturalistas, mas o objetivo é reconhecer que as estruturas sociais possuem uma base cultural, enfatizando que os princípios estruturais que embasam tudo são conjuntos de ideias que canalizam as ações dos agentes à medida que mobilizam recursos para formar as propriedades estruturais de uma sociedade. Eles são como um projeto, mas um projeto nas categorias da mente que possui ideias fundamentais combinadas em princípios e conjuntos estruturais e que descrevem como os elementos da cultura e da estrutura social devem ser reunidos. Todavia, eles não são tão explícitos como um projeto; eles operam de forma menos manifesta ao restringir

---

77. GIDDENS, A. *The Constitution of Society*. Berkeley: University of California Press, 1984.

tanto percepções como comportamentos enquanto os atores constroem as estruturas sociais ou atuam dentro de estruturas que já foram construídas.

Teorização cultural

À medida que essas teorias estruturalistas foram emergindo, emergia também um movimento na direção de uma análise mais explícita da cultura. As teorias do conflito tendiam a ver a cultura como uma "superestrutura", para usar o termo de Marx, quando ela reemergiu na sociologia americana na década de 1960. Todavia, Weber havia argumentado claramente que a cultura opera como uma força independente nas sociedades, assim como o fez Durkheim. A análise de Weber da religião em geral e do protestantismo em particular destaca o poder causal da cultura, enquanto a ênfase anterior de Durkheim na consciência coletiva é, em essência, uma análise do poder da cultura. Na verdade, mesmo dentro da Teoria do Conflito, algumas das mais novas teorias são muito conscientes das forças culturais. Mas o movimento intelectual para reintroduzir a teorização cultural queria mais: o reconhecimento de que a cultura é uma força *intrínseca*. Como uma força autônoma, ela deve ser analisada em termos de suas propriedades distintas e de sua dinâmica. Somente depois desse tipo de análise ela deveria ser conectada a outras forças mais estruturais.

A teorização cultural pode ser encontrada em toda Teoria Contemporânea. Por exemplo, as teorias funcionais quase sempre enfatizam a importância dos valores e crenças culturais; e as teorias do conflito enfatizam a criação de ideologias na mobilização dos indivíduos para buscarem e legitimarem o conflito. Mesmo teóricos culturais iniciais como Robert Wuthnow[78] combinaram elementos de estruturalismo, ideologia da Teoria do Conflito, e mesmo da Teoria do Intercâmbio, ao enfatizarem como a ordem moral é criada, mantida, mudada e institucionalizada nas estruturas sociais. Similarmente, Pierre Bourdieu[79] começou a conceitualizar as relações sociais como organizadas pela distribuição de capital material, social, cultural e simbólico, combinando, com isso, elementos da sociologia tradicional em uma nova visão das estruturas. As estruturas sociais são construídas pela distribuição de várias formas de capital que circulam em uma sociedade e geram uma visão de mundo comum entre indivíduos com porções e configurações variadas dessas quatro formas de capital. O capital cultural é composto de hábitos, comportamentos, estilos linguísticos, credenciais, gostos, estilos de vida, enquanto o capital simbólico é o conjunto de símbolos (ideologias, crenças e valores) usados para legitimar a posse de outros tipos de

---

78. WUTHNOW, R. *Meaning and Moral Order*: Explorations in Cultural Analysis. Berkeley: University of California Press, 1987.

79. BOURDIEU, P. *Language and Symbolic Power*. Cambridge, MA: Harvard University Press, 1989.
• *Distinction*: A Social Critique of the Judgment of Taste. Cambridge, MA: Harvard University Press, 1984.

capital – social, material e cultural. Capital social é ter acesso a redes de relações sociais. O capital material inclui o dinheiro e outras formas de recursos materiais que podem ser usados para comprar outras formas de capital. Desse modo, atores com diferentes porções e misturas de capital podem operar dentro de domínios estruturais particulares, e não em outros. Portanto, a dinâmica do universo social está centrada em como os atores usam seu capital para formar estruturas sociais ou para navegar através de estruturas existentes, seja mudando ou reproduzindo essas estruturas.

À medida que o movimento para trazer a cultura de volta à sociologia como um tópico distinto de investigação aumentava, grande parte da análise era empírica e examinava os sistemas de símbolos que os indivíduos e grupos desenvolviam. Todavia, houve uma campanha mais explícita por um "programa forte" na sociologia cultural liderada por Jeffrey Alexander e seus colegas[80]. Seu argumento é que a sociologia cultural conforme reemergiu na Teoria Moderna era mais um "programa fraco" que esteve sempre subordinado à análise da estrutura social, embora o que é necessário é um programa forte que se envolva em densas descrições dos significados simbólicos e dos mecanismos pelos quais são construídos. Uma análise como essa vê a cultura como um texto com temas, linhas narrativas, avaliações morais e outras propriedades que lhe dão alguma autonomia em relação às estruturas sociais. Somente após a análise intrínseca da cultura, esse programa forte pode começar a examinar as relações com outras forças, como rituais, interações e estruturas sociais.

Até agora, existem somente algumas abordagens teóricas coerentes nesse programa forte, mas hoje há um conjunto crescente de trabalhos descritivos que analisam as qualidades textuais da cultura. À medida que eles forem usados para desenvolver ideias teóricas mais gerais ou para avaliar a plausibilidade de ideias teóricas existentes, a análise da cultura atingirá o mesmo *status* que a análise da estrutura social e da interação, e, na verdade, contribuirá significativamente para essas análises – ou assim se presume. Por exemplo, Alexander[81] lançou um programa de "pragmática cultural" que combina a dramaturgia de Durkheim e de Goffman[82] a uma corrente da nova teorização cultural que enfatiza os rituais e as atuações. No esquema de Alexander, os atores são vistos como motivados por preocupações morais, buscando levar o pano de fundo das representações e roteiros coletivos para a linha de frente da ação e interação

---

80. Para uma revisão, cf. ALEXANDER, J.C. & SMITH, P. "The Strong Program in Cultural Theory". In: TURNER, J.H. (ed.). *Handbook of Sociological Theory*. Nova York: Springer, 2001, p. 135-150.

81. ALEXANDER, J.C. "Cultural Pragmatics: Social Performances Between Ritual and Strategy". *Sociological Theory*, 22, 2004, p. 527-573. Cf. tb. seu *Meaning and Social Life*: A Cultural Sociology. Nova York: Oxford University Press, 2003.

82. Cf. nota 48.

com as audiências. Esse pano de fundo é traduzido em textos que são, assim, disponibilizados para as atuações; e os comportamentos em uma atuação se concentram na aquisição de um vínculo emocional do atuante e da audiência a esses textos traduzidos. Em suas atuações, os atores têm acesso aos "meios simbólicos de produção" e, assim, aos cenários e adereços, mas suas atuações são restringidas pelos textos a que têm acesso, por seu poder de obter acesso aos cenários e adereços, e pelas audiências que são disponíveis. Em sociedades simples, como a conceitualização de Durkheim da "solidariedade mecânica"[83], os elementos das atuações – representações coletivas, textos, cenários, audiências, poder e meios de produção simbólica – são combinados e pressupostos, criando, assim, uma base fácil para a solidariedade social. Com a diferenciação e a complexidade da sociedade, contudo, esses elementos de atuações não são combinados nem tão facilmente alinhados ou re-combinados para uma atuação bem-sucedida. A diferenciação das sociedades, portanto, "des-combina" os elementos centrais das atuações, com o resultado de que se torna necessário reagrupar os elementos por meio de um considerável esforço dramático. Uma atuação, portanto, concentra-se na "re-combinação" do que foi "des-combinado" pela diferenciação. Existem vários mecanismos, embora Alexander não use esse termo, que re-combinam o pano de fundo das representações coletivas com a atuação e que tornam os textos importantes para a atuação: a simplificação cognitiva, os antagonismos morais e as reviravoltas na trama e no enredo. A re-combinação do roteiro, da ação e dos espaços de atuação acontece quando os atores (e diretores) usam algum discernimento para decidir como caminhar falar no espaço. A re-combinação do poder social envolve esforços para encontrar os meios apropriados de reprodução simbólica, os melhores meios de distribuição simbólica e as formas apropriadas de debate, discurso e crítica. A re-combinação do ator e do papel deve parecer natural como parte de um fluxo interpessoal contínuo. E, ao re-combinarem a audiência com os textos de atuação, os atores devem capturá-los e torná-los parte da atuação e de seu texto, roteiro e pano de fundo.

Assim, a pragmática cultural de Alexander leva a análise de Durkheim da consciência coletiva, do ritual e das emoções a uma nova forma de teorização cultural. Seus esforços representam somente uma dentre muitas linhas de teorização sobre a cultura, que na década passada foram revigoradas pela ênfase na necessidade de um "programa forte" de análise cultural. O tempo dirá quão longe irá esse novo impulso cultural na sociologia.

Teorização crítica

A sociologia emergiu, como indicamos no capítulo 1, para explicar as transformações associadas à Modernidade. Sempre houve uma inclinação crítica a

---

83. Cf. Tabela 13.1 para a distinção de Durkheim entre solidariedade mecânica e orgânica.

essa análise da Modernidade e, mais tarde, à Pós-modernidade. Os primeiros mestres trataram do tema acerca do que a Modernidade estava fazendo aos humanos à medida que novas formações culturais e estruturais estavam emergindo. Marx, é claro, foi o mais crítico, mas houve críticas mais implícitas na análise de Weber da racionalização, nas preocupações de Durkheim com a anomia e o egoísmo, e na de Spencer com o poder concentrado e seu uso para travar guerras desnecessárias. Houve também um diálogo e um desacordo silenciosos sobre os efeitos da Modernidade. Por exemplo, Simmel reconheceu tanto as preocupações de Durkheim com o egoísmo como as de Marx com a alienação, mas, no fim, argumentou que sociedades modernas, altamente diferenciadas, regidas pelo mercado, eram mais emancipatórias do que patológicas. Elas dão liberdade e opções aos indivíduos, fornecendo, assim, recompensas e valor. Durkheim foi implicitamente crítico a Marx ao argumentar que a "divisão forçada do trabalho" foi somente uma patologia passageira que terminaria desaparecendo à medida que a solidariedade orgânica se tornasse completamente estabelecida. Weber via a marcha inevitável de Marx rumo à revolução e ao comunismo como muito improvável, dado o poder da racionalização no mundo moderno.

Como os maiores fundadores da sociologia foram europeus, uma das formas de Teoria Crítica que emergiu no século XX leva adiante esse legado europeu e a preocupação com a condição moderna. A outra linhagem teórica crítica é distintamente americana e foca nos problemas sociais nacionais, basicamente as injustiças a subpopulações particulares nas sociedades (e.g., as mulheres, as minorias, os pobres, as classes baixas). Ambas as linhas de pensamento permanecem críticas às sociedades modernas, especialmente as do capitalismo, mas a abordagem crítica europeia é mais isolada, abstrata e intelectual, enquanto a americana retém suas raízes nos movimentos sociais do século XX que foram levados para a academia e institucionalizados como disciplinas intelectuais, e cujos membros são ainda muitas vezes ativistas engajados.

Teoria Crítica Europeia

Diferente dos Estados Unidos, que reprimiram a teorização marxista durante o pico da Guerra Fria (especialmente durante o macarthismo), os estudiosos europeus consideraram as implicações da Teoria Marxista para o todo do século XX. Com a instalação do comunismo na emergente União Soviética (e mais tarde na China), a teorização começou a formular as seguintes questões: Por que essas "revoluções" não haviam sido mais emancipatórias? Por que levaram a concentrações de poder opressivo? Durante a década de 1930, enquanto o fascismo se espalhava pela Europa, um grupo de pensadores na Universidade de Frankfurt na Alemanha formou o que se tornou conhecido como a Escola de Frankfurt, mesmo que nem todos identificados com a escola fossem alemães. E, como o controle de Hitler sobre a Alemanha aumentava, alguns desses estudiosos, muitos deles judeus, fugiram para os Estados Unidos e continuaram o trabalho da Escola de Frankfurt em várias universidades americanas de elite. A problemática básica, que persiste em todas as formas de teorias críticas de hoje, era a seguinte: Como reter o impulso emancipatório do argumento de Marx contra o pano de fundo da racionalização weberiana, onde o Estado, o sistema legal e a maior parte dos domínios institucionais continuam a oprimir e dominar setores da população por meio da autoridade legal-racional e sua institucionalização nas burocracias? Sua resposta era que não haviam emergido ainda as condições para a emancipação, e, assim, enquanto isso, os membros da Escola de Frankfurt e seus simpatizantes deveriam enfatizar a importância de continuar a expor os padrões de opressão em uma variedade ampla de contextos até que se dessem as condições para os movimentos sociais, levando à eliminação dessa opressão[84]. E, em grande medida, esse tipo de teorização persiste hoje na sociologia, não somente na Europa e nos Estados Unidos, mas também em muitas partes do mundo. É uma crítica altamente intelectualizada, confinada basicamente aos acadêmicos que teorizam e conduzem pesquisas que expõem abusos do poder e da lei sem deixar a segurança da torre de marfim.

Teoria Crítica ao estilo americano

Os dois grandes movimentos sociais na segunda metade do século XX – os direitos civis em prol das minorias e o movimento feminista em prol das mulheres – são as fontes de uma abordagem crítica que enfatiza a existência continuada do racismo e do sexismo e, mais amplamente, que critica o fracasso de uma "abordagem mais voltada aos direitos civis" para eliminar tanto as formas sutis como as óbvias de discriminação. Essas abordagens foram institucionalizadas na academia não apenas em muitos departamentos de sociologia, mas também em vários tipos de departamentos/programas de estudos étnicos e sobre as mulheres dentro da academia.

Assim como a Teoria Crítica na Europa busca expor os padrões persistentes de opressao, as teorias críticas nos Estados Unidos documentam a discriminação e a opressão continuadas em muitos níveis da organização social. Microinterações, crenças culturais, inadequação das leis ou a falha em implementá-las, formas sutis de discriminação em uma variedade ampla de contextos, estereotipação continuada de minorias e das mulheres, as falhas em buscar a eliminação da "diferença", a necessidade de criar novas formas de consciência entre aqueles oprimidos tanto de formas sutis como óbvias, e muitos outros pontos de argu-

---

84. O teórico crítico europeu atual mais visível na tradição de Frankfurt é Jurgen Habermas. Cf. seu *Knowledge and Human Interest*. Londres: Heinemann, 1970 [1968] [trad. de J. Shapiro]. • *Theory of Communicative Action*. 2 vols. Boston: Beacon Press, 1981, 1984.

mentação têm sido desenvolvidos na *teorização feminista*[85] e na *Teoria Crítica Racial*[86]. Essas abordagens são explicitamente ativistas, embora muitos dos teóricos dentro dessa tradição possam ser altamente filosóficos em sua teorização.

A Teoria Crítica Racial é uma extensão das preocupações dos primeiros sociólogos americanos com políticas oficiais de melhoria da vida das minorias raciais, mas há uma diferença mais importante: os teóricos críticos são, antes de tudo, críticos a esses esforços de melhoramento para estender os direitos civis porque levaram à discriminação continuada sob formas novas e mais sutis. Embora possam existir ideais marxistas assim como elementos de todos que teorizaram sobre a estratificação nessas abordagens críticas, eles adotaram muitas outras abordagens metodológicas e teóricas (e filosóficas) para compreender o amplo espectro de formas e contextos no qual o racismo continua a operar. Na verdade, grande parte da análise é altamente micro, examinando como o racismo e o sexismo operam no nível interpessoal; e, portanto, uma fenomenologia inicial e interações simbólicas podem ser relevantes, embora teóricos críticos raramente se apoiem nessas abordagens teóricas iniciais do período clássico.

Assim, embora teorias feministas e teorias críticas raciais tenham seus equivalentes europeus, esse tipo de teorização nos Estados Unidos permanece distinto. A razão principal para essa distinção, acreditamos, é que essa tradição crítica está baseada em trazer as ideologias dos movimentos sociais para a academia. Essas abordagens se veem entre converter objetivos ideológicos em tópicos de investigação acadêmica mais imparcial e sustentar o zelo emancipatório dos primeiros tempos do feminismo e do pico dos protestos pelos direitos civis.

Teorização pós-moderna

Todavia, uma outra abordagem crítica que possui fontes tanto europeias como americanas postula uma nova "condição pós-moderna" na qual a forma fundamental pela qual os indivíduos, as estruturas sociais e a cultura se vinculam mudou sob os efeitos dos meios de informação e da globalização da economia pelas tecnologias de transporte/de comunicações e dos mercados globais. Existem dois ramos claros da Teoria Pós-moderna: um, ocupado com as forças

---

85. Para visões gerais, cf. ABBOTT, P. & WALLACE, C. *An Introduction to Sociology*: Feminist Perspectives. Londres: Routledge, 1990. • HACKETT, E. & HASLANGER, S.A. *Theorizing Feminism*: A Reader. Nova York: Oxford University Press, 2006. • HOOKS, B. *Feminist Theory From Margin to Center*. Boston: South End Press, 1984. • LENGERMANN, P.M. & NIEBRUGGE, J. "Contemporary Feminism". In: RITZER, G. (ed.). *Sociological Theory*. Nova York: McGraw-Hill, 1996. • ENGLAND, P. (ed.). *Theory on Gender/Feminism on Theory*. Chicago: Aldine, 1985.

86. CRENSHAW, K.; GOTANDA, N.; PELLER, G. & THOMAS, K. (eds.). *Critical Race Theory*. Nova York: New Press, 1996. • DELGADO, R. *Critical Race Theory*: An Introduction. Nova York: Nova York University Press, 2001. • *Critical Race Theory*. Filadélfia: Temple University Press, 1999.

econômicas[87] e com a globalização, e, um outro, com uma abordagem mais puramente cultural[88], que enfatiza a importância crescente da cultura, separada de suas raízes estruturais. A abordagem econômica deve parte de sua inspiração a Marx, enquanto a abordagem cultural revela traços de Weber, Durkheim, Simmel e Mead. Todavia, a despeito das preocupações dos teóricos clássicos com as "patologias" da Modernidade, argumenta-se que a mudança das sociedades para uma condição pós-moderna torna a análise dos primeiros mestres menos relevante. Assim, quais são essas mudanças fundamentais? Elas incluem (a) a compressão do espaço-tempo pela comunicação e pelas tecnologias de transporte; (b) a difusão dos mercados que podem converter praticamente tudo em mercadoria, incluindo os elementos da cultura; (c) o crescimento da importância da cultura, muitas vezes alijada de suas fontes estruturais pela mercantilização nos mercados globais; (d) a rápida circulação nos mercados de bens padronizados com pequeno significado intrínseco incrustados na cultura; e (e) o *self* super-reflexivo que é constantemente redefinido pelas aquisições das mercadorias culturais e materiais nos mercados, e assim por diante.

O que é evidente é que os mesmos temas dos teóricos clássicos iniciais reaparecem no pós-modernismo, a despeito das alegações dos pós-modernos de que a Modernidade e a Pós-modernidade representam estágios distintos da evolução societal. Ainda assim, permanece a questão de se os pós-modernos se moveram ou não muito além dos teóricos clássicos[89]. Mas eles tornaram mais explícita a crítica segundo a qual a Modernidade – os mercados, a mídia, a compressão do espaço-tempo, a superreflexividade, o afastamento da cultura de suas raízes estruturais e a circulação da cultura como uma mercadoria nos mercados globais – enfraqueceu o poder da estrutura social e da cultura para fornecer refúgio para os indivíduos que agora possuem *selves* vazios, instáveis e reflexivos que não se vinculam nem se integram mais às comunidades. Essas preocupações remontam às de Marx com a alienação, às de Durkheim com a anomia e o egoísmo, às de Simmel com a marginalidade, e à ênfase de Weber na racionalidade e na dominação legal-racional, mas com um vocabulário um pouco diferente.

---

87. Para teorias pós-modernas mais economicamente orientadas, cf. JAMESON, F. *The Postmodern Condition*. Mineápolis: University of Minnesota Press, 1984. • HARVEY, D. *The Conditions of Postmodernity*. Oxford, UK: Blackwell, 1989. • LASH, S. & URRY, J. *The End of Organized Capitalism*. Madison: University of Wisconsin Press, 1987.

88. Para teorias pós-modernas mais culturais, cf. SEIDMAN, S. (ed.). *The Postmodern Turn*: New Perspectives on Social Theory. Cambridge, UK: Cambridge University Press, 1994. • BAUDRILLARD, J. *Simulacra and Simulation*. Ann Arbor: University of Michigan Press, 1994. • LYOTARD, J.-F. *The Postmodern Condition*: A Report on Knowledge. Mineápolis: University of Minnesota Press, 1978.

89. Cf. ALLAN, K. & TURNER, J.H. "A Formalization of Postmodern Theory". *Sociological Perspectives*, 43, 2000, p. 363-385, para uma revisão crítica das alegações teóricas e empíricas da Teoria Pós-moderna.

Todavia, existe alguma coisa dramaticamente nova acerca de uma crítica atualizada sobre patologias presumidas da condição pós-moderna?

Conclusão

Como é evidente, os primeiros mestres continuam a inspirar a teorização sociológica sob formas óbvias e mais sutis. Ao longo dos últimos oitenta anos, a sociologia teórica foi em muitas direções e se proliferou em muitas abordagens especializadas. Todavia, cada uma dessas teorias especializadas revela a influência dos primeiros mestres, como tentamos enfatizar em notas de rodapé indicando porções do texto que podem ser consultadas. Os teóricos clássicos de 1830 a 1930 pensaram "grande" e amplamente. Não deveria surpreender, portanto, que seus trabalhos tivessem relevância para uma grande variedade de teorias mais especializadas e, como muitos dos mestres trataram a Modernidade criticamente, não surpreende também que suas ideias estão entrelaçadas nos vários ramos de teorização crítica que agora permeiam a sociologia. Assim, a tradição clássica está muito viva, não apenas *como uma busca acadêmica por si própria*, mas também como uma fonte de inspiração continuada para teóricos que escrevem hoje quase um século depois de os primeiros mestres terem já partido.

Índice onomástico

Abbott, P. 436

Abel, T. 190, 243

Alexander, J.C. 395, 432s.

Allan, K. 437

Althusser, L. 281s.

Appelbaum, R. 140

Aron, R. 191, 282

Baldwin, J.D. 345

Ballard, C. 249

Baudrillard, J. 437

Beeghley, L. 99, 153, 202, 249

Bendix, R. 154, 172, 176, 198, 200, 217, 225, 247

Berger, P.M. 225

Berlin, I. 106

Blau, P.M. 424

Blumer, H. 392, 413

Bottomore, T. 260

Bourdieu, P. 431

Braudel, F. 151

Broome, J.H. 283s.

Bruun, H.H. 183

Buckley, W. 385

Burawoy, M. 168, 406

Burger, T. 178, 183, 191

Burke, P. 414, 425

Burt, R. 429

Callero, P. 416

Cameron, D. 284

Cassirer, E. 284

Charvet, J. 284
Chase-Dunn, C. 397, 410
Coleman, J. 424
Colletti, L. 114
Collier, J. 77
Collins, R. 20, 170, 189, 191, 393, 407
Colomy, P. 395
Comte, A. 37, 40, 43-51, 53
Condorcet, M. 32s.
Cook, K.S. 425
Cooley, C.H. 352-355, 412, 417
Coser, L.A. 24, 27, 57, 229, 234, 273, 275, 337, 411
Coser, R.L. 253
Cosmides, L. 400
Crenshaw, K. 436
Crippen, T. 400

Dahrendorf, R. 230, 408
Darwin, C. 62s., 340s., 392
Davis, W.A. 219
Delgado, R. 436
de Saussure, F. 427
Dewey, J. 345, 356s.
Diggins, J.P. 172, 174, 183, 189, 191, 201, 231
Dilthey, W. 181, 231
Djilas, M. 153
Du Pont, P.S. 30s.
Durkheim, É. 273-290, 295, 299-311, 313-324, 329-333, 426

Eisenstadt, S.N. 223
Elliot, H. 57
Emanuelson, P. 425
Emerson, R. 424s.
Engels, F. 108-111, 114, 118, 126-134, 140, 145, 147, 205
Etzkorn, P. 269
Evans, M. 286

Faust, K. 429
Feuerbach, L. 119

Finch, H.A. 173
Findlay, J.N. 114
Fishoff, E. 215
Frank, A.G. 410
Freeman, J.L. 403
Freud, S. 323
Frisby, D. 260, 269

Gantt, W.H.
Garfinkel, H. 420
Gerth, H. 173s., 215
Giddens, A. 299, 315, 430
Gide, C. 178
Gillian, F.J. 323s.
Gillmore, M.R. 425
Goffman, E. 416
Goldstone, J. 407
Gotanda, N. 436
Gouldner, A. 34
Green, R.L. 223
Grimsley, R. 284
Gubbay, J. 249

Habermas, J. 397, 435
Hall, T.D. 397
Handel, W. 420
Hannan, M.T. 403
Harris, C. 402
Harvey, D. 137
Haslanger, S.A. 436
Hawley, A. 397, 402s.
Hechter, M. 424
Hegel, G.W.F. 112s.
Hochschild, A. 418
Hofstadter, R. 63, 340
Holmes, C. 395
Honigsheim, P. 234
Hook, S. 116s., 119

Horne, C. 400
Hughes, H.S. 183
Hurd, R.M. 402
Husserl, E. 419

Iggers, G. 34
Innes, S. 223

Jameson, F. 437
James, W. 341s., 349-351
Jones, R.A. 273, 286, 299

Kalberg, S. 189, 191, 200, 214, 220, 228
Kant, I. 235
Kostoyants, S. 343

Larmore, C. 395
Lash, S. 437
Laurence, P. 234
Lawler, E.J. 425
Lawrence, P. 248
Lehmann, H. 223
Lengermann, P.M. 436
Lenski, G. 12, 95, 397
Lenzer, G. 41
Levine, D.N. 242-244, 254
Lévi-Strauss, C. 427
Lieberson, S. 223
Livergood, N.D. 107
Lopreato, J. 399
Löwith, K. 175
Luckmann, T. 419
Luhmann, N. 395
Lukes, S. 273, 286s., 299s., 302, 304, 308, 313, 315s., 320, 325
Lyon, P.V. 35
Lyotard, J. 437

Machalek, R. 400
Makkreel, R.A. 182

442

Malinowski, B. 323, 394s.

Manuel, F.E. 24, 34

Marcus, S. 130

Markham, F.M.H. 34

Marshall, G. 223

Martindale, D. 215

Martineau, H. 40

Martin, M. 400

Marx, K. 107, 112, 114-118, 133-136, 140-149, 155-161, 205s., 208, 238, 396, 405

Maryanski, A. 76, 288, 294, 307, 400

Mauss, M. 330, 427

McCall, G. 414, 425

McCarthy, T. 397

McClellen, D. 110

Mead, G.H. 345, 357s., 360, 362-365, 367-370, 372-375, 379-384, 396

Meek, R.L. 31

Merton, R.K. 253

Meyer, M.F. 345

Middleton, C. 249

Mills, C.W. 173s.

Mitchell, J.C. 429

Mitzman, A. 173

Mommsen, W. 187

Montesquieu, C. 27, 277

Moore, B. 407

Moore, E.C. 407

Morris, C. 341s.

Munch, P.A. 190

Nadel, S.F. 429

Needham, R. 330

Newton, I. 22

Nisbet, R.A. 39, 138, 299, 328

Nolan, P. 12, 95, 397

Ollman, B. 138s.

Paige, J. 408
Pangle, T.L. 282
Pareto, T.L. 421
Parsons, T. 94s., 177, 225, 299, 395, 397
Pavlov, I.P. 343
Peirce, C. 341
Peller, G. 436
Perrin, R.G. 67
Poccock, D.F. 323
Powers, C.H. 312
Psathas, G. 420

Radcliffe-Brown, A.R. 11, 323, 394
Rickert, H. 231
Rickman, H.P. 182
Rist, C. 178
Ritzer, G. 436
Roemer, J.A. 165
Rose, A. 415
Rossi, I. 429
Roth, G. 176s., 187, 198, 217, 223
Rousseau, J.-J. 283
Runciman, W.G. 397

Saint-Simon, C.H. 35
Sanderson, S.K. 397
Schäffle, A. 302
Schnurer, H. 331
Schumpeter, J. 178
Schultz, A. 419
Scott, A. 189
Seidman, S. 437
Shapiro, J. 435
Shibutani, T. 385, 388
Shils, E.A. 173, 198
Simmel, G. 234s., 237-240, 242-250, 252-254, 260-267, 269, 396, 405
Simmons, J.L. 414, 425
Simon, W.M. 35

Skocpol, T. 211, 407
Smith, A. 60, 121, 123
Smith, P. 432
Snow, D.A. 410
Soule, S.A. 452
Spencer, B. 323s.
Spencer, H. 11, 60-65, 67-70, 72-77, 79s., 87s., 90s., 93, 99-103, 396, 404s.
Spykman, N. 229
Stark, W. 282
Stets, J.E. 392, 414, 418
Still, M.C. 400
Stirner, M. 118
Strauss, D. 117
Summer, W.G. 340

Taylor, K. 34
Tenbruck, F.H. 243
Thomas, K. 436
Thorndike, E.L. 344
Thye, S. 425
Tilly, C. 407
Tocqueville, A. 290
Tooby, J. 400
Tribe, K. 171
Tucker, R.C. 133
Tufts, J.H. 356
Turner, J.H. 56, 70, 76, 79, 81, 99-101, 288, 294, 307, 339, 345, 392, 397, 400, 406, 408, 414, 417s., 432, 437
Turner, R. 420

Ullman, E. 402
Urry, J. 437

Van den Berghe, P. 399
Voslensly, M. 153

Wallerstein, I.M. 151, 397, 410
Watson, R.I. 344s.

Wax, M.L. 190

Weber, Max 169, 173-176, 180s., 185, 187-192, 197s., 200-203, 205, 208, 210, 212, 214-222, 224s., 396, 405

Weber, Marianne 169, 172

Weiss, A.P. 345

Wilkerson, T.E. 235

Willer, D. 425

Wilson, E.G. 399

Wilson, E.K. 331

Windelband, W. 231

Wittich, C. 187

Wolff, K.H. 229, 241s.

Wright, E.O. 165-168, 406

Wundt, W. 346s.

Wuthnow, R. 431

Yamagishi, T. 425

Yoon, J. 425

Índice analítico

Abordagem estrutural 154

Aborígenes australianos 330

Ação
    afetiva 192
    instrumentalmente racional 191s., 204
    racional-valorativa 192, 204
    social 183
    tradicional 192

Acumulação
    capital 124
    primitiva 162-164

Adaptação 395

Adoção de papéis 367-369, 373-380, 415

A essência do cristianismo (Feuerbach) 119

A fase "mim" do eu 371s., 378s., 388

Ajustamento de comportamento 378s.

Alexander, J. 395, 432s.

Alienação
    a visão de Durkheim da 308s.
    a visão de Engels da 117
    a visão de Marx da 108s., 114, 135s.
    a visão do interacionismo simbólico da 418

Análise causal
    a visão de Durkheim da 297, 307, 316
    a visão de Montesquieu da 276s., 280-282

Análise empírica
    e Bacon 12s.
    e Comte 41, 44s.
    e conceitos abstratos 18
    e Durkheim 287s., 314
    e Escola de Chicago 402
    e estruturalismo 428s.
    e Hume 329

e Iluminismo 13
e James 349s.
e Kant 236
e Montesquieu 29, 276s.
e Simmel 248, 272

Análise funcional 393-396
e Durkheim 307s., 316
e Montesquieu 277, 282

Análise histórica 47
a visão de Marx da 149-151
a visão de Simmel da 245s.
a visão de Weber da 189-191, 213s.

Análise histórico-comparativa 407s.

Análise objetiva 181, 186, 188

Análise sistemática 18

Analogias orgânicas 234
e Comte 288
e Simmel
e Spencer 81s.

Animais não humanos 365-367

Anomia 308-311

Antigo Regime e a Revolução Francesa, O (Tocqueville) 291

Antissemitismo 231

Associação Internacional dos Trabalhadores 111

Associação Sociológica Alemã 20, 174

Ato, o 385-391

Autoconcepção 376-378

Autoconsciência 350, 254

Autocontrole 375

Autoridade racional-legal 197

Bacon, F. 12

Bakunin, M. 108

Bauer, B. 117

Bebês 340, 367, 373

Behaviorismo 343-346, 361
e Teoria do Intercâmbio 422
a visão de Mead do 339, 345s.
social 345, 362-364, 390s., 422s.

Biologia
    conexão com a sociologia 397-401
    e Comte 47-49, 53s.
    e Spencer 59, 61-64, 75

Bloqueio 387

Bonald, L. 39

Burguesia
    a visão de Engels da 130s.
    a visão de Marx da 140s., 142s., 153s.
    francesa 14, 16s.

Burocracia 201

Calvinismo 219s.

Capital
    cultural 431s.
    social 431s.

Capital, O (Marx) 129, 155-157

Capitalismo
    a defesa de Smith do 124s.
    a análise de Marx do 109-112, 120s., 125, 136, 149, 156-158, 162s.
    aventureiro 219
    a visão de Weber do 212-214, 217-223
    colapso do 142s., 144, 150s., 159-164
    cultura do 175, 219, 221s., 225
    e a ética protestante 214, 222
    e a religião 223-225
    e economia política 120s.
    emergência do 141s., 150, 163s., 212, 214-220, 222s.
    mudanças no 407
    na China 223-225
    tradicional 218s.

Catolicismo 219s.

Centralização 292

China
    capitalismo na 223-225
    e confucionismo 224
    religião na 215, 223s.
    Revolução Comunista na 165

Ciência(s)
    da sociedade 276
    físicas 28, 63, 276

natural
  sociologia como 10s., 44s.
  vs. ciência social 177, 179, 181-185, 237
cf. tb. Biologia
Classe(s)
  definição de Marx de 138
  definição de Weber de 202-204
  dos proprietários de terras 203-205
  média 166, 204, 206
  média baixa 144
  trabalhadora 108, 127-131
    cf. tb. Proletários
Colomy, P. 395
Comparação 47
Competição
  a visão de Durkheim da 294s., 306s.
  a visão de Engels da 126, 131
  a visão de Marx da 163
  a visão de Smith da 122s.
  a visão de Simmel da 239, 244, 256s.
  a visão de Spencer da 61, 63, 69, 89
  e a Inglaterra 60
  e divisão do trabalho 306s.
  e grupos de *status* 207
  entre estados 211
  para recursos 306s., 401-403
  visão darwinista de 306, 398, 401s.
Complexo industrial-militar 85
Compreensão explanatória 221
Comte, A.
  a lei dos três estágios 33, 36, 41s., 47, 51-53, 55
  a queda pessoal de 26s., 40
  crítica de 54s.
  e análise histórica 47
  e biologia 46-49, 53
  e ciência 40-42, 44s., 52-54
  e comparação 47
  e *consensus universalis* 293
  e dinâmica social 51s.
  e Durkheim 288
  e empirismo 44

e espírito geral 52, 280, 293
e estática social 48, 50s., 289
e experimentação 46
e física social 41s., 44-48, 54, 277
elementos liberais de 38
elementos tradicionais de 38s.
e métodos sociológicos 46s.
e observação 46
e organização social 47-52
e religião 39
e Saint-Simon 25s., 41
e Spencer 64-66
fundador da Sociologia 9-11, 26s., 40, 54s.
histórico católico de 39
influências biográficas 24-27
influências intelectuais sobre 27
metodologia de 27-38, 288
primeiros ensaios de 41s.
tipologias de 289
visão da Teoria Sociológica 43-45
Comunicação gestual 352-354
Comunidade(s) 96s., 347, 355, 374s., 382
de atitudes 374, 381s.
mentais 347
Comunismo
a visão de Marx do 138, 140, 145-147, 164s.
cf. tb. *O manifesto do Partido Comunista*
e estágios da história 149, 396
e teorias do conflito 405s.
falha em materializar 167
União Soviética 434
Conceitos abstratos 18
Condição da classe trabalhadora, A (Engels) 125, 127s., 130s.
Condorcet, J. 32s.
Conflito
a visão de Simmel 253-260
de classes 151s., 154s.
cf. tb. Lutas de classes
dentro de grupos 255-257
entre grupos 257-260
Confucionismo 224s.

Conhecimento
   conceitual 236
   perceptual 236
Consciência 349, 354s.
   coletiva 301, 374
   de classe 143-145, 154s.
   pública 355

Consensus universalis 293
Consumação 389s.
Contradições nos sistemas sociais 138
Contribuição para uma crítica da economia política (Marx) 120
Cooley, C.H. 352-356
Corpo social 307
Crédito 212s.
Criação de necessidades 135
Cristianismo
   e Feuerbach 119s.
   e Hegel 113
   e os Jovens Hegelianos 117s.
Crítica da razão pura (Kant) 235
Cultura
   a visão de Durkheim da 301s., 304s., 330, 333
   a visão de Mead da 381, 384s., 391s.
   como texto 432s.
   do capitalismo 175, 219, 221s., 225
   emocional 417s.
   e papéis 415s.
   mercantilização da 272
   teorias 430-434
   visão estruturalista da 429
Curso de Filosofia Positiva (Comte) 9s., 25s., 40-43

Darwin, C. 10, 61-63, 337, 398
Darwinismo 340s., 361
   social 233s., 340, 402
Democracia americana 291-293
Democracia na América (Tocqueville) 290s.
Depressões (econômicas) 143
Desequilíbrio 386s.

Desigualdade
   a visão de Durkheim da 311s.
   a visão de Marx da 136s.
      cf. tb. Conflitos de classe
   a visão de Rousseau da 284
   a visão de Spencer da 85-87, 89, 93, 100-102
   a visão de Weber da 196, 212
      cf. tb. Estratificação
   e teorias do conflito 404-406
Desvio 315, 321
Dewey, J. 356-358
Diferenciação
   a visão de Mead da 380s.
   a visão de Simmel da 233s., 237, 249-253
   a visão de Spencer da 93
   distributiva 87
   na Teoria Cultural 432s.
   operativa 87
   regulatória 87
   social 249s., 380s.
Diferenciação social (Simmel) 233s., 248s.
Dilthey, W. 181-183
Dinâmica
   do poder 424
   social 51s.
Dinheiro
   aspectos positivos do 272
   a visão de Simmel do 260-271
   a visão de Weber do 212s.
   como instrumento 262, 269
   como meio de intercâmbio 261, 264-266
   e a natureza humana 261-264
   e as consequências individuais 268-270
   e as relações sociais 265-268
   e valor 263-265
Distribuição de recursos 394
Ditadura do proletariado 147, 150
Divisão do trabalho
   a influência puritana na 221
   a visão de Durkheim da 305-308
   a visão de Marx da 135-137, 139

forçada 19, 285s., 311, 336, 434

sexual 86

Divisão do trabalho na sociedade, A (Durkheim) 274-277, 299-312, 334s.

como primeiro cientista social 276

e a análise funcional 277, 282

e a física social 277

e as leis 277s.

e as leis da sociedade 28

e Durkheim 277-282

e os governos 278-282

Dominação 196-200, 209-214

carismática 198s.

racional-legal 200s., 209, 213s.

tradicional 199, 201

Dubois, W.E.B. 21

Durkheim, É. 289

A divisão do trabalho na sociedade 274s.

As formas elementares da vida religiosa 275, 322-330

As regras do método sociológico 274

e análise causal 297, 306s., 316

e análise funcional 307s., 316

e a natureza humana 320

e anomia 308-311

e as categorias do pensamento 329s.

e as desigualdades 311s.

e competição 307

e Comte 288

e consciência coletiva 301, 374, 431

e coordenação 312

e cultura 431

e desvio 315, 321

e dinâmica social 289

e divisão do trabalho 305-308

educação moral 332-334

e egoísmo 285s.

e estática social 289

e estruturalismo 330s., 426s.

e família 322

e fatos morais 300

e formas anormais 308s.

e grupos ocupacionais 293s., 309s., 322, 381

e herança 311

e Hume 329
e Kant 329
e Marx 295s.
e Montesquieu 276-282
e moralidade 331-334
e moralidade civil 275
e morfologia 289, 303s., 330s.
e morfologia social 302s.
e mudança social 305
e normalidade 307, 315
e o corpo social 307
e os aborígenes australianos 330
e os pesos e contrapesos do governo 286s.
e os tipos de suicídios 317-321
e poder 336
e provas sociológicas 316
e religião 322-331
e Rousseau 282-287
e sociedades mecânicas 302-305
e sociedades orgânicas 303-305, 309
e solidariedade mecânica 433s.
e solidariedade social 300, 310
e Spencer 293-295
e tipos sociais 315s.
e Tocqueville 293
e variação concomitante 316
e vínculo social 321s.
e volume e densidade populacionais 305s.
herança judaica de 273
influência biográficas 273-276
L'Année Sociologique 275
metodologia da 296, 299
O suicídio 274, 317-322
preocupações sociopsicológicas de 329
questões fundamentais de 297, 299
questões sociológicas centrais 275s.
recriação da sociologia 274
tipologias de 303
École Normale Supérieure 273
École Polytechnique 25

Ecologia
  humana 402s.
  organizacional 403s.
  urbana 402
Economia e sociedade (Weber) 177, 179s.
Economia política
  a visão de Marx da 120s.
  a visão de Smith da 121-125
Economistas históricos 178-181
Educação moral, A (Durkheim) 334
Ego puro 351s.
Egoísmo 285s.
Elementos de psicologia popular (Wundt) 347
Elliot, G. 65
Empresários 203s.
Engels, F.
  A condição da classe trabalhadora 127s., 130s.
  análise da classe trabalhadora 127-131
  e burguesia 130
  e capitalismo 125-128
  e economia política 125s.
  e propriedade privada 125s.
  O manifesto do Partido Comunista 118, 132, 137, 140-155
  observações de Manchester, Inglaterra 127-131
Ensaio sobre a população (Malthus) 61
Equidade 423
  cf. tb. Desigualdade
Equilíbrio de poderes 279-310
  cf. tb. Freios e contrapesos
Escócia 13
Escola de Chicago 21, 402s.
  cf. tb. Universidade de Chicago
Escola de Frankfurt 434s.
  divisão natural e social da ciência 177, 179s.
  fenomenologia na 419
  industrialização da 230
Escravidão 149s.
Espírito das leis, O (Montesquieu) 28, 277s.
  e Tocqueville 290

Espírito do capitalismo 217-219, 222s., 226
    cf. tb. *Ética protestante e o espírito do capitalismo*
Espírito geral 293
Estágio(s)
    do brincar 373s.
    evolucionários 95s., 98
    históricos 149
Estática social 48-51, 289
Estática social (Spencer) 60, 67-70
Estética transcendental 235
Estratificação
    a visão de Marx da 151-153
    a visão de Mead da 381
    a visão de Weber da 202s., 207-209
    cf. tb. Desigualdade
Estrutura de classes 138-143, 204-207
Estruturalismo 330s., 427
Estudiosos franceses 13, 27, 274s., 287
Estudo de Sociologia (Spencer) 11, 72-76
Estudos Filosóficos (Wundt) 347
Ética protestante e o espírito do capitalismo, A (Weber) 174s., 214-222
Etnometodologia 420s.
Eu
    a fase do eu e do mim do 371s.
    a visão behaviorista de Mead do 369-372
    a visão de Cooley do 352-356
    como objeto 377
    completo 371, 376s.
    e controle social 354
    elementar 371
    emergência do 369s.
    empírico 350-352, 363
    e mudança social 378s.
    espelho 353s.
    estrutura do 370-372
    fases do 371-376
    gênese do 373-376
    natureza social do 369-370
    puro 351
    unificado 370, 376s.

Evolução
    humana 398s.
    social 20, 295
    Teoria da 62s., 236, 340, 342, 361, 398-401
Exercício imaginativo 388
Experimentação 46
Experimento de desestabilização 421
Exploração 135s., 149s., 159s.
Externalidades negativas 424

Família 48s., 322
Fase "eu" do indivíduo 371-373, 378, 388s.
Fatos 288
    morais 300
    sociais 46s., 288
Fazendas gerais 16
Fenomenologia 419s.
Fenômenos superorgânicos 72
Fetichismo da mercadoria 153, 157
Feudalismo 15s.
    a visão de Engels do 128
    a visão de Marx do 141s., 150, 162s.
Feuerbach, L. 108, 119s.
Filosofia do ato (Mead) 385
Filosofia do dinheiro, A (Simmel) 231s., 238, 260-270
Filosofia do presente, A (Mead) 359s.
Filosofia positiva (Comte) 52s.
Filosofia sintética (Spencer) 20, 56, 67, 70
Filósofos 13s.
Física
    newtoniana 13
    social 9, 28, 41s., 44-48, 54, 277
Força de trabalho 155-159
Forças do mercado 211-214
Formas
    anormais 307s.
    de interação 140, 237, 241, 243, 246, 260
    sociais 249-253
Formas elementares da vida religiosa, As (Durkheim) 275, 322-331, 335

França
    democracia na 290s.
    emergência da sociologia na 17
    filósofos na 13
    industrialização da 15, 25
    o Iluminismo na 13
    pós-revolucionária 27, 48, 296
    turbulência política na 60
Freios e contrapesos 286s., 292
Funcionalismo 47, 405
    antropológico 395
    e Parsons 395
    e Simmel 265, 272
    e Spencer 69

Geometria 243
Geopolítica 84, 86, 89, 210-212, 410
Gestos 347
Giddens, A. 430
Globalização 436s.
Goethe, J. 233
Goffman, E. 417
Governo
    a visão de Montesquieu de 278-280
    como empregador 167
    freios e contrapesos 286s., 292
Grupos
    conflito entre 257-260
    de afiliação 248-253
    e suicídio 318s.
    e moralidade 332
    ocupacionais 293, 309s., 322, 381
    primários 250s., 355
    secundários 251
Guerra Franco-prussiana 111
Guerra Fria 405, 434

Hawley, A. 403
Hegel, G.W.F.
    e idealismo 114

idealismo de 113
método dialético de 113s., 116
Heine, H. 108
Herança 311
Herança judaica
de Durkheim 273
de Marx 106
de Simmel 229, 231, 241
Herrschaft 197
Hinduísmo 225
História econômica geral (Weber) 219
Hitler, A. 434
Hobbes, T. 65
Hochschild, A. 418
Hume, D. 329
Husserl, E. 419

Idade das trevas 12
Identidade pessoal 351
Ideologia alemã, A (Marx) 137, 140
Ideologia alemã, A (Marx e Engels) 125, 132s.
Ideologias 136s.
Iluminismo, O 11-13, 15, 283
Imagem transitória 370
Império Romano 11s.
Impulso 385-387
Índia 215s., 218, 223-225
Individualidade 252
Indivíduos 48s.
cf. tb. Liberdade individual
Industrialização 132
Inglaterra
como o exemplo de Marx em *O Capital* 155-158
durante o Iluminismo 13
economia política da 60
mudança evolucionária na 17
século XVIII 120
Institucionalização 92

Instituições 391
    a visão de Mead das 383s.
    a visão de Spencer das 98-104
Instrumentalismo 361
Integração 395
    social 300, 394
Interacionismo simbólico 413s., 418
Investigação científica 13
Investigação sobre a natureza e as causas da riqueza das nações, Uma (Smith) 121

James, W.
    e autoconsciência 350
    e a consciência 348-350
    e Mead 338, 350-353
    e os eus empíricos 348-352
    e pensamento 349s.
    e pragmatismo 341-343, 348s.
Jovens Hegelianos 107-109, 117-120, 133
Justiça 423

Kant, I.
    e a estética transcendental 235
    e a lógica transcendental 236
    e a mente 235
    e a razão pura 235s.
    e Durkheim 329
    e sensações caóticas 235
    e Simmel 230, 235, 237s.
    e Weber 233

L'Année Sociologique 274
Laissez-faire 59-61, 63, 68
Latência 395
Lei
    da gravidade 12s., 43, 55
    dos três estágios 33, 36, 41s., 47, 51-53, 55
Leis científicas
    a visão de Comte das 25, 35
    a visão de Kant das 235
    a visão de Montesquieu das 28, 278

a visão de Spencer das 68
e o interacionismo simbólico 413s.
Leis de
sucessão 51
do mercado 122-124
Lewes, G. 65
Liberdade individual
americana 291s.
a visão de Durkheim da 286s., 293, 320
a visão de Rousseau da 283, 287
a visão de Saint-Simon da 38s.
a visão de Simmel da 266
a visão de Tocqueville da 291s.
Líderes carismáticos 209s.
Liga
Comunista 140
dos Justos 109
Linguagem 347s., 365s., 379, 427s.
Linguística estrutural 427s.
Linhas gerais da psicologia (Wundt) 347
Literatura comunista 147-149
Lógica transcendental 236
Lucro 423s.
a visão de Marx do 150, 158-160
a visão de Smith do 122-125
Luhmann, N. 395
Lutas de classes 141, 145, 205, 244
cf. tb. Conflito de classes

Macacos 400
Macarthismo 405
Maistre, J. 27
Mais-valia 158-160
absoluta 158s.
relativa 158s.
Malinowski, B. 394s.
Malthus, Thomas 61s.
Manifesto do Partido Comunista, O (Marx e Engels) 118, 132, 137, 140-155
Manipulação 387-389
Manuscritos econômicos e filosóficos (Marx) 120, 135

Máquinas de sobreviventes 400

Marx, K.

a crítica de 164-167

a análise estrutural de 426

a herança judaica de 106

a relevância de 151s., 167s.

as previsões de 143s.

a visão comunista de 138-140

a visão de capitalismo 108, 110-112, 120s., 125

como revolucionário 132, 148, 164

e a análise histórica 149-151

e a burguesia 140s., 143, 154

e a classe média baixa 144

e a consciência de classe 144s., 154s.

e a criação de necessidades 135

e a crítica das literaturas socialista e comunista 147-149

e a dialética 116

e a divisão do trabalho 135, 137, 139

e a economia política 120s., 125-127

e a escravidão 149s.

e a estratificação 151-153

e a estrutura de classe 138s.

e a exploração 149s.

e a falsa consciência 312

e a força de trabalho 156-159

e a industrialização 132, 143

e a mudança social 138, 154

e a produção 134-136, 139

e a religião 115s., 137

e a Revolução Comunista 145-147

e as depressões econômicas 143s.

e as ideologias 136s.

e as mercadorias 156-158

e as necessidades humanas 135

e as recessões 144

e a Teoria do Conflito 404

e a Teoria Social 133s., 136s.

e Durkheim 295s.

e Engels 108-112, 125, 127-129, 131

e Feuerbach 117-120

e Hegel 106s., 112s., 114-116

e o capitalismo 108, 110-112, 121, 125, 136, 149, 156-158

    e o conflito de classes 151s., 154
    e o feudalismo 141, 150, 162
    e o Partido Comunista 147s., 149, 153, 164
    e os Jovens Hegelianos 117-119, 133
    e os meios de produção 136s.
    e os proletários 143-147, 154
    e Smith 122s., 125
    influências biográficas 106-112
    O capital 129
    previsões fracassadas de 164-167
Materialismo dialético 137, 139
Mead, G.H.
    a análise estrutural de 427
    a terminologia de 382s.
    como sociólogo 20
    crítica de 391s.
    e a adoção de papéis 367-369, 373-376
    e a comunidade 382s.
    e a consumação 389s.
    e a cultura 384s.
    e a filosofia 359s.
    e a manipulação 387-389
    e a matriz triádica 364s., 370
    e a mente 363s., 366-369, 376s.
    e a motivação 385, 388, 390
    e a percepção 386s.
    e a psicologia social 360, 362
    e a resposta ajustada 364s.
    e as fases do "eu e do "mim" do indivíduo 388
    e as instituições 383s., 391
    e as noções darwinistas 361
    e a Teoria Interacionista 412
    e a Teoria do Intercâmbio 422
    e Cooley 352-356, 369
    e James 350-352
    e o ato 385-390
    e o behaviorismo 345s.
    e o behaviorismo social 362s., 369, 422
    e o eu 369-380
    e o impulso 385-387
    e o outro generalizado 374-376, 378, 384
    e o pensamento 387-389

e o pragmatismo 341-343, 361
e os gestos 363-366
e o significado 364s.
e os símbolos significativos 365-369
e o utilitarismo 361
e Wundt 347s.
influências biográficas 337s.
o conceito de sociedade de 379, 381s., 384
Mecânica newtoniana 342
Meios de produção 136s., 139-141, 152s.
Menger, K. 178
Mente
    a visão de James da 349s.
    a visão de Mead da 358, 360-363, 365-370, 377
    a visão de Kant da 236
    e a adoção de papéis 367
    e gestos 354, 363s.
    gênese da 367-369
Mente, o eu e a sociedade (Mead) 357s., 360s., 384
Mercado de ações 167, 407
Mercadorias 156-158m 272
Mercados livres 212
Mercantilização 437
Methodenstreit 177-181, 185
Método científico 343
Metodologia
    de Comte 288
    de Durkheim 288, 296
    de Weber 215-217, 226-228
Minorias 435
Modelo ecológico 334
Modelos semiexperimentais 215
Modernidade 19, 433s., 437
Monarquia francesa 14, 16
Montesquieu, C.
    e a análise causal 277, 280-282
    e Comte 27-30
    e o equilíbrio de poderes 279s.
    e o relativismo cultural 281

Moralidade
a visão de Durkheim da 331-334
civil 275
como sistema de regras 332
definição de 332s.
e o vínculo grupal 332
e restrição 333
terrestre 35-37
Morfologia 289, 302s., 330s.
social 302s.
Motivação 385, 388, 390
Movimento
dos Direitos Civis 435
Feminista 154
Trabalhista 154
Movimentos sociais 409s.
Movimentos do pensamento no século XIX, Os (Mead) 359
Mudança social
a visão de Durkheim da 305
a visão de Marx da 138, 154s.
a visão de Weber da 208-210
e o *self* 378s.

Natureza
humana 320, 399
interna 182s.
Necessidades humanas 135
Newton, I.
e a investigação científica 13, 277
e Comte 28, 42s., 55
e Montesquieu 277
e o início da sociologia 22
e o Iluminismo 13
e Spencer 64
Normalidade 307, 315

O único e sua propriedade: o caso do indivíduo contra a autoridade (Stirner) 118
Objeto de desejo 263-265
Observação 46
Obstrução 387s.

Operários 205s.
    cf. tb. Classe trabalhadora
Ordens
    de estratificação 196s.
    legitimadas 194-197
    organizacionais 196-198
Organização social
    a visão de Comte da 34-36, 43, 45, 47
    a visão de Cooley da 352s.
    a visão de Durkheim da 300, 316, 321s.
    a visão de Marx da 139
    a visão de Mead da 379
    a visão de Simmel da 242
    a visão de Spencer da 60s., 65s., 68s., 76, 98s.
    a visão de Weber da 187, 193-196, 226
    a visão de Wundt da 347s.
Origem das espécies, A (Darwin) 398
Os ingleses (Spencer) 77s.
Outro generalizado 374s., 378, 380

Papéis 249, 251, 415s.
Parcialidades
    do socialismo 295
    humano 10
    investigador 54, 73s.
Pareto, V. 21
Parsons, T. 21, 94, 177, 225, 395
Partido Comunista 147s., 150, 153, 164
Partidos políticos 202, 208s.
Patriarcalismo 199
Patrimonialismo 199
Pavlov, I.P. 343s., 422
Peirce, C. 341s.
Pensamento 349s.
Pensar 357s., 388
Percepção 386-388
Período clássico da sociologia 17-23, 397s., 436
Personalidade
Platão 65, 113

Poder
   a visão de Comte do 50
   a visão de Durkheim do 336
   a visão de Spencer do 84-86, 88s., 91-93, 100-102, 105
   a visão de Weber do 207-211
Política pública 189
População 305s., 381
Pragmática cultural 432
Pragmatismo
   americano 341, 343
   a visão de Dewey do 356s.
   a visão de James do 349s.
   a visão de Mead do 341-343
Pressão seletiva 367
Prestígio 210s.
Primatas 400
Primeiros princípios (Spencer) 59, 70s.
Princípios da Biologia (Spencer) 59
Princípios da Ética (Spencer) 59, 68, 70
Princípios da Psicologia (Spencer) 59
Princípios da Psicologia, Os (James) 349s.
Princípios da Sociologia (Spencer) 59, 72, 75-77, 79-98
Problemas fundamentais da Sociologia (Simmel) 242, 245
Problemas metodológicos 72-74
Produção 394
   a visão de Marx da 133-136, 139
   cf. tb. Meios de produção
Proletários
   a rebelião dos 131, 145-147, 149
   a visão de Engels dos 120, 139s.
   a visão de Marx dos 135-137, 141-147, 150, 153s.
   ditadura dos 147, 150
   e socialismo burguês 144s.
   e socialismo utópico 148
Propriedade privada 126s., 145s.
Protestantismo 191, 212, 214s.
   cf. tb. *Ética protestante e o espírito do capitalismo*
Proudhon, P. 148
Psicologia 345-349
   da Gestalt 429

evolucionária 399s.

social 329

Psicologia fisiológica (Wundt) 347

Puritanismo 219-222, 226

Racionalização 19, 189, 212-214

Racismo 436

Radcliffe-Brown, A.R. 394

Razão pura 235s.

Recessão 144

Re-combinação 333

Recursos

a competição por 306, 402s.

a distribuição de 87, 90, 101, 123, 153, 196, 394

e o intercâmbio de relações 266s.

Redução de complexidade 395

Reflexões sobre a formação e distribuição da riqueza (Turgot) 31

Regras do método sociológico, As (Durkheim) 274, 313-316

Relações

associativas 194

cooperativas 194

sociais 193s.

Relativismo cultural 281

Religião

a ciência como 102

a visão de Comte da 40

a visão de Durkheim da 322-330

a visão de Feuerbach da 119s.

a visão de Hegel da 115s., 119

a visão de Marx da 115s., 136s.

a visão de Saint-Simon da 35-37

a visão de Spencer da 102s.

a visão de Turgot da 30

a visão de Weber da 173s., 215-225

a visão dos Jovens Hegelianos da 117s.

e o capitalismo 223-225

na China 215, 223s.

na Índia 215, 223

Religião da China, A (Weber) 223s.

Religião da Índia, A (Weber) 225

Rentistas 203s.

Reprodução 394

Revolução Comunista 145-148
  grupos comunicativos 355
  cf. tb. *O manifesto do Partido Comunista*

Revolução Francesa 14, 16, 32s., 48, 145

Revolução Industrial
  a visão de Engels da 127-129
  a visão de Marx da 142s.

Revoluções 434
  econômicas 15-17
  industriais 15

Ricardo, D. 120s.

Rickert, H. 183-185

Riqueza das nações, A (Smith) 121s., 124s., 421

Rousseau, J.-J.
  a doutrina de 283s.
  e a consciência coletiva 286
  e a moralidade civil 275
  e a ordem social 285s.
  e a patologia social 285s.
  e a religião 284
  e a sociedade emergente 284
  e a sociedade moderna 283
  e a vontade geral 284s., 293
  e Durkheim 284-287
  e o estado de natureza 283s.
  e o Iluminismo 283

Saint-Simon, C.H.
  a visão histórica de 34s.
  e a religião 36, 39
  e a moralidade terrena 35-37
  e Comte 33-38, 41
  e o método científico 35s.
  influências biográficas 34

Say, J. 38

Schiller, F. 106

Schmoller, G. 178s., 181

Schultz, A. 419s.

Seleção
    natural 62s., 340, 362, 399-401
    social 9, 368
Sensações caóticas 235s.
Sexismo 436
Significados comuns 378
Simmel, G.
    a definição de "sociedade" de 242s.
    a metodologia de 232, 241
    como filósofo 233
    como sociólogo 20s.
    distinção entre forma e conteúdo de 243-245
    e a ciência da sociologia 242
    e a diferenciação social 232-234, 248-252
    e afiliação de grupo 248-253
    e a interação social 267
    e alienação 238, 240
    e as áreas-problema da sociologia 241-248
    e a sociologia filosófica 247s.
    e a sociologia pura (formal) 246s.
    e competição 239s.
    e Comte 232
    e conflito 244, 253-260
    e diferenciação 233s.
    e funcionalismo 265, 272
    e geometria 243
    e Kant 230, 235, 237s.
    e Marx 238-240
    e natureza humana 261-264
    e o darwinismo social 234
    e o dinheiro 231s., 269-271
    e sociologia geral 245s.
    e Teoria do Conflito 404
    herança judaica de 229, 231
    influências biográficas 229-233
    marginalidade de 229-233, 240s.
    o patriotismo de 232
Sistema de Política Positiva (Comte) 27, 40
Sistema filosófico americano 343
Sistemas sociais
    a visão de Marx dos 137s., 141, 152s., 162s.
    o modelo de Weber de 225-227

Situação dos trabalhadores agrícolas no leste da Alemanha do Rio Elbe, A (Weber) 171

Smith, A.

    a crença nas liberdades individuais 13

    a defesa do capitalismo 123s.

    a lei da acumulação de capital 124

    a lei de população 123s.

    as leis da evolução 123s.

    as leis do mercado 122s.

    a Teoria do Valor Trabalho 122s.

    e a economia política 121-125

    e a estrutura social 49

    e Marx 125

    e o capitalismo 38

    e Teoria do Intercâmbio 421s.

    sobre o capitalismo 38

    Investigação sobre a natureza e as causas da riqueza das nações 121

    A Teoria dos Sentimentos Morais 121

    A riqueza das nações 122, 124s.

Sobre a geografia política (Turgot) 31

Sobre a história universal (Turgot) 31

Sobrevivência do mais apto 104, 294, 401

Socialismo

    a crítica de Marx ao 147-149

    burguês 148

    conservador 148

    reacionário 147

    utópico-crítico 148

Sociedade(s)

    a definição de Simmel de 242

    Alemã para a Sociologia 231

    complexas 89, 333

    compostas 87-89

    cultura da 384

    definição de 242s.

    democráticas 291s.

    industriais 93s., 98

    mecânicas 302-305

    militantes 93s., 100

    o conceito de Mead de 375-385

    o processo da 379

    orgânicas 302-305

simples 87s., 93, 332s.

tradicional 184, 218-220

Sociobiologia 399s.

Sociologia

a definição de Weber 187

áreas-problema 245-248

a recriação de Durkheim da 274

como ciência 11, 13, 20

cf. tb. Ciência Social

contemporânea 393

cultural 342

definição da 243s.

e fatos sociais 313-315

e organização social 47-52

e revoluções políticas 15-17

filosófica 247s.

formal 246s.

fundações da 9-17

geral 245s.

histórica 407s.

isenta de juízos de valor 188-190

legitimidade da 313

micro 392

período clássico da 17-23, 397s., 436

pura (formal) 246s.

questões fundamentais 13, 18s., 62, 242, 248, 272, 275, 289, 297, 299-301, 434s.

Sociologia descritiva (Spencer) 76-79

Sociologia: estudos sobre as formas de associação (Simmel) 237, 247s., 253

e a análise estrutural 426s.

e a unidade da sociedade 237

e Spencer 233s.

e Weber 233

Sociólogos 18-23

Solidariedade

mecânica 433

social 300, 309

Spencer, H.

a sociologia descritiva de 76-79

classificando sistemas sociais 76-79, 93s.

como sociólogo 20

crítica de 104s.

dialética 90s., 93

e análise funcional 69s., 87, 393

e analogia orgânica 69, 80s.

e biologia 59-63

e ciências naturais 63s.

e composição 82s., 86-88

e Comte 64s.

e Darwin 62s.

e diferenciação 94

e diferenciação social 86s.

e distinção militante-industrial 93-95, 98

e Durkheim 293-295

e evolução 70-72, 82

e evolução humana 84

e evolução social 79s., 82-84, 86-88, 90-99, 104s., 293-295, 396

e feminismo 69

e geopolítica 84-86

e guerra 84s., 87, 89-91

e institucionalização 83, 92s.

e instituições econômicas 93, 103s.

e instituições sociais 99

e *laissez-faire* 59-61, 68

e leis da ética e da moralidade 67-70

e Malthus 61s.

e organização humana 59

e parcialidade 74

e parentesco 99s.

e poder 84-86, 88s., 91, 100-102, 105

e problemas metodológicos 72-74

e processos distributivos 87-93

e processos regulatórios 90s., 93s.

e sistemas superorgânicos 70s., 75, 80-82

e "sobrevivência do mais apto" 104, 401

Estática social 59, 67-70

e Von Baer 61s.

Filosofia sintética 56, 67, 70

influências biográficas 56-60

influências intelectuais sobre 65

instituições cerimoniais 100s.

instituições religiosas 102

O estudo da sociologia 72-76

Os ingleses 78s.

Princípios da Biologia 59
Princípios da ética 59, 68, 70
Princípios de Psicologia 59
Princípios da sociologia 75, 79-99
Primeiros princípios 59, 70
teorias políticas de 101s., 105
tipologias de 93-99
Status 207s.
Stirner, M. 118
Strauss, D. 117
Suicídio
altruísta 319
anômico 319
e desvio 321
egoísta 318
e integração social 322
e natureza humana 320
fatalista 320
tipos de 318
Suicídio, O (Durkheim) 274, 317-322, 335
Sumner, W.G. 21

Teoria(s)
Abstrata 271
Analítica do Conflito 408-410
biológicas 398-401
Crítica Americana 435s.
Crítica Europeia 434s.
Crítica Racial 436
críticas 433-438
culturais 431-433, 436s.
da Emoção 417-419
da identidade 414s.
de sistemas 175, 214, 410s.
da Escolha Racional 424s.
da Estruturação 430s.
da Evolução 62s., 340s., 342, 360, 398s., 401
da Identidade 414
de Papéis 414-416
de Redes 429

do Conflito 404-411
  analíticas 408s.
  e movimentos sociais 409
  funcionais 411
  marxistas 408-411
  neomarxistas 406s.
  neoweberianas 407s.
  nos Estados Unidos 405
  pontos principais 406
  sistemas mundiais 410
  substituindo o funcionalismo 405
do Interacionismo Simbólico 413s., 418
do Intercâmbio 421-425
  das emoções 417-419
  dos estágios 396-398
  dos papéis 415s.
  dramatúrgicas 416, 432
  ecológicas 401-404
  estruturalistas 426-429
  evolucionárias 396-401
  fenomenológicas 415, 419s.
  funcionais 393-396
  interacionistas 412-421
do Valor Trabalho 122s., 155-157
Econômica *vs.* Teoria Histórica 178s.
Feminista 435
Histórica 178s.
marxistas 406-410
neomarxistas 406-410
neoweberianas 407s.
Racial 436
Social 133s.
Sociológica
  começo da 17-22
  contemporânea 17
  debate e diálogo na 19
  definindo 17s.
  fundações da 11-17
pós-modernas 436-438
Teoria dos Sentimentos Morais, A (Smith) 121, 421
Teóricos clássicos 20-23, 437
Thorndike, E.L. 344, 422

Tipologias
    das sociedades de Durkheim 289, 302
    das sociedades militantes e industriais de Spencer 93-95, 98
    desenvolvimento de 282
    dos estágios na evolução societal de Spencer 93, 95s.
    dos governos de Montesquieu 28s., 278s.
Tipos ideais 190-193
    gerais 191
    históricos 191
Tipos sociais 315
Tocqueville, A. 290-293
Totalitarismo 165
Trabalhadores administrativos 204, 206
Trabalho médio simples 156s.
Tributação 209, 268
Turgot, J. 29-33
Turner, J. 395
Turner, R. 415

União
    Evangélica Social 171
    Política Social 171
    Soviética 86, 151, 434
Unidade da sociedade 237
Unidades sociais 48s.
Universidade de Chicago 338, 356, 402
Utilitarismo
    a visão de Durkheim do 294s.
    a visão de Mead do 338s.

Valor 263s.
    relativo 372
Variação concomitante 316
Verdade absoluta 348
Vida de Jesus criticamente examinada (Strauss) 124
Vínculo social 321s.
Visões evolucionárias 178, 180, 234, 294s.
Voltaire 283
Von Baer, K.E. 61s.
Von Wesphalen, J. 106
Vontade geral 293

Ward, F.L. 21

Watson, J.B. 344s.

Weber, M.
  ação racional-valorativa 192s., 204
  análise estrutural de 426
  a visão histórica de 176s.
  colapso nervoso de 172
  como sociólogo 20
  como teórico de sistemas 175
  conceitos abstratos de 18
  crítica de 227
  dominação 196-200, 209-214
  e análise histórica 190s.
  Economia e sociedade 177
  e cultura 431
  e Dilthey 181
  e Marx 174-177
  e modelo semiexperimental 215
  e objetividade na ciência social 176
  e o espírito do capitalismo 217-219, 222, 226
  e Simmel 233
  e racionalização 189
  e Rickert 185
  e sociologia isenta de juízo de valor 188-190
  e Teoria do Conflito 405
  e tipos de ação social 191-196
  e tipos de relação social 193-196
  e tipos ideais 190-193
  e tomada de decisão humana 175
  histórico protestante de 169
  influências biográficas 169-174
  metodologia de 187s., 215s., 227s.
  modelo de sistemas sociais de 225-227
  ordens legitimadas 195-197
  Religião da China, A 223s.
  resposta do *Methodenstreit* 179-181, 185
  sobre o puritanismo 219-223, 226
  tipos de legitimação 194

Wundt, W. 346-348

Wuthnow, R. 221, 431

Índice geral

Sumário, 5

Prefácio, 7

1 O surgimento da sociologia teórica, 9

  O Iluminismo e os novos modos de pensar, 11

    A revolução intelectual, 11

    As revoluções políticas e econômicas, 15

  O começo da Teoria Sociológica, 1830-1930, 17

  Os primeiros mestres, 20

  Conclusão, 22

2 A origem e o contexto da sociologia de Augusto Comte, 24

  A estranha biografia de Augusto Comte, 24

  As origens intelectuais do pensamento de Comte, 27

    Montesquieu e Comte, 27

    Turgot e Comte, 29

    Condorcet e Comte, 32

    Saint-Simon e Comte, 33

  Conclusão, 38

    Elementos liberais no pensamento de Comte, 38

    Elementos tradicionais no pensamento de Comte, 38

3 A sociologia de Augusto Comte, 40

  Os primeiros ensaios de Comte, 41

  O *Curso de Filosofia Positiva*, de Comte, 43

    A concepção de Comte sobre a sociologia teórica, 43

    A formulação de Comte dos métodos sociológicos, 46

    A organização de Comte da sociologia, 47

    A defesa de Comte da sociologia, 52

  Conclusões críticas, 54

4 A origem e o contexto do pensamento de Herbert Spencer, 56

  Influências biográficas na sociologia spenceriana, 56

  A economia política na Inglaterra do século XIX, 60

A ambiência científica da Inglaterra de Spencer, 60
   Influências da biologia, 61
   Influências das ciências físicas, 63
A filosofia sintética de Spencer e a sociologia de Comte, 64
Por que ler Spencer?, 65

5 A sociologia de Herbert Spencer, 67
A filosofia moral de Spencer: estática social e princípios da ética, 67
Os primeiros princípios de Spencer, 70
O estudo da sociologia, de Spencer, 72
   Os problemas metodológicos que confrontam a sociologia, 72
   O argumento teórico, 74
Uma nota sobre *Sociologia descritiva*, de Spencer, 76
Os princípios da sociologia, de Spencer, 79
   A analogia do superorgânico e do organísmico, 80
   A análise da dinâmica superorgânica, 81
A análise das instituições societais, 99
   Instituições domésticas e parentesco, 99
   Instituições cerimoniais, 100
   Instituições políticas, 101
   Instituições religiosas, 102
   Instituições econômicas, 103
Conclusões críticas, 104

6 A origem e o contexto do pensamento de Marx, 106
   Influências biográficas no pensamento de Marx, 106
   Hegel e os Jovens Hegelianos, 107
   Paris e Bruxelas, 108
   Os anos de Londres, 110
G.W.F. Hegel e Karl Marx, 112
   O idealismo de Hegel, 113
   A rejeição de Marx ao idealismo de Hegel, 114
   A aceitação de Marx do método dialético de Hegel, 116
Ludwig Feuerbach e Karl Marx, 117
   Os Jovens Hegelianos e o pensamento de Marx, 117
   Feuerbach e o pensamento de Marx, 119
Adam Smith e Karl Marx, 120
   A economia política e o pensamento de Marx, 121
   A influência de Adam Smith, 121

Friedrich Engels e Karl Marx, 125

A crítica de Engels à economia política, 125

A análise de Engels sobre a classe trabalhadora, 127

7 A sociologia de Karl Marx, 132

A ideologia alemã, 132

A natureza da Teoria Social, 133

As características de todas as sociedades, 134

A metodologia teórica de Marx, 137

O manifesto comunista, 140

Burgueses e proletários, 140

Proletários e comunistas, 145

Literatura socialista e comunista, 147

O Partido Comunista e outros partidos de oposição, 148

A concepção de Marx sobre o capitalismo no contexto histórico, 149

O modelo de estratificação e o conflito de classe de Marx, 151

O capital, 155

A Teoria do Valor Trabalho, 155

A mais-valia, 158

O colapso do capitalismo, 160

O capitalismo no contexto histórico, 162

Conclusões críticas, 164

Contradições substantivas, 164

Onde a profecia falha, 165

Marx ainda é relevante?, 167

8 A origem e o contexto do pensamento de Max Weber, 169

Influências biográficas no pensamento de Weber, 169

Os primeiros anos, 169

Antes do colapso, 171

A transição para a sociologia, 173

Karl Marx e Max Weber, 174

A natureza da ciência, 176

A inevitabilidade da história, 176

Determinismo econômico, 177

O *Methodenstreit* e Max Weber, 177

Pontos que dividiam as escolas história e teórica, 178

A resposta de Weber ao *Methodenstreit*, 179

Wilhelm Dilthey e Max Weber, 181

    A metodologia das ciências sociais de Dilthey, 181

    A resposta de Weber ao trabalho de Dilthey, 183

Heinrich Rickert e Max Weber, 183

    A resposta de Weber a Rickert, 185

    A síntese teórica de Weber, 185

9 A sociologia de Max Weber, 187

    A metodologia das ciências sociais de Weber, 187

    O problema dos valores, 188

    Tipos ideais, 190

  A imagem de Weber da organização social, 193

  A análise de Weber sobre a dominação, 197

    Tipos de dominação, 197

    Estratificação social: classe, grupo de *status* e partido, 202

    O modelo de Weber de mudança social, 209

    O modelo de Weber de estratificação e geopolítica, 210

  Weber: sobre o capitalismo e a racionalização, 212

  O estudo de Weber sobre a religião, 214

    O modelo quase experimental, 215

    A ética protestante e o espírito do capitalismo, 217

    Os estudos comparativos de Weber sobre a religião e o capitalismo, 223

  O esboço de Weber do sistema social, 225

  Conclusões críticas, 227

10 A origem e o contexto do pensamento de Georg Simmel, 229

  Influências biográficas no pensamento de Simmel, 229

    A marginalidade de Simmel, 229

    A carreira intelectual de Simmel, 230

  Influências intelectuais no pensamento de Simmel, 233

    Uma nota sobre Simmel e Weber, 233

    Herbert Spencer, darwinismo social e o pensamento de Simmel, 233

    Immanuel Kant e o pensamento de Simmel, 235

    Karl Marx e o pensamento de Simmel, 238

  O Simmel enigmático, 240

11 A sociologia de Georg Simmel, 241

  A abordagem metodológica de Simmel ao estudo da sociedade, 241

    O que é sociedade?, 242

    Como a sociologia deveria estudar a sociedade?, 243

    Quais são as áreas-problema da sociologia?, 245

A rede de afiliações grupais, 248

    A rede de afiliações grupais como uma forma social, 249

    Mudanças estruturais que acompanham a diferenciação social, 250

    As consequências da diferenciação, 251

Conflito, 253

    Conflito como forma social, 254

    Conflito dentro de grupos, 255

    Conflito entre grupos, 257

A filosofia do dinheiro, 260

    A mudança como uma forma social, 261

    As hipóteses de Simmel sobre a natureza humana, 261

    O dinheiro no intercâmbio social, 264

    O dinheiro e suas consequências para as relações sociais, 265

Conclusões críticas, 271

12 A origem e o contexto do pensamento de Émile Durkheim, 273

Influências biográficas no pensamento de Durkheim, 273

Montesquieu e Durkheim, 276

    Montesquieu como o primeiro cientista social, 276

    A concepção de Montesquieu sobre as "leis", 278

    A tipologia dos governos de Montesquieu, 278

    As causas e funções dos governos, 280

Jean-Jacques Rousseau e Durkheim, 282

    A doutrina de Rousseau, 283

    Influências específicas de Durkheim, 284

Augusto Comte e Durkheim, 287

    A ciência do positivismo, 288

    Os preceitos metodológicos do positivismo, 288

    Estática e dinâmica social, 289

    Ciência e o progresso social, 290

Alexis de Tocqueville e Durkheim, 290

    A democracia de Tocqueville na América, 291

    Influências específicas sobre Durkheim, 293

Herbert Spencer e Durkheim, 293

    Durkheim e o utilitarismo spenceriano, 294

    Durkheim e o organicismo spenceriano, 294

    Durkheim e o evolucionismo spenceriano, 295

Karl Marx e Durkheim, 295

Antecipando a sociologia durkheimiana, 296

  Preceitos metodológicos, 296

  Estratégia teórica, 297

  Interesses substanciais, 297

  Preocupações práticas, 297

13 A sociologia de Émile Durkheim, 299

A divisão do trabalho na sociedade, 299

  A solidariedade social, 300

  A consciência coletiva, 301

  Morfologia social, 302

  Solidariedade mecânica e orgânica, 302

  Mudança social, 305

  Funções sociais, 307

  Patologia e formas anormais, 308

As regras do método sociológico, 313

  O que é um fato social?, 313

  Regras para a observação dos fatos sociais, 314

  Regras para distinguir entre o normal e o patológico, 315

  Regras para a classificação dos tipos sociais, 315

  Regras para a explanação dos fatos sociais, 316

  Regras para estabelecer provas sociológicas, 316

O suicídio, 317

  Tipos de suicídio, 318

  Suicídio e integração social, 320

  Suicídio e desvio, 321

  O suicídio e a organização social das sociedades orgânicas, 321

As formas elementares da vida religiosa, 322

  Uma visão geral do argumento de Durkheim, 324

  Algumas implicações posteriores das formas elementares da vida religiosa, 327

A ciência da "moralidade", 331

  O que é moralidade?, 332

Conclusões críticas, 334

14 A origem e o contexto do pensamento de George Herbert Mead, 337

Influências biográficas no pensamento de Mead, 337

A síntese de Mead das escolas de pensamento, 338

  Utilitarismo, 339

  Darwinismo, 340

Pragmatismo, 341

Behaviorismo, 343

Wilhelm Wundt e Mead, 346

A visão de Wundt dos gestos, 347

A visão de Wundt das "comunidades mentais", 347

William James e Mead, 348

O pragmatismo de James, 348

A visão de James da consciência, 349

A visão de James da autoconsciência, 350

Charles Horton Cooley e Mead, 352

A visão de Cooley da organização social, 352

A visão de Cooley da interação, 353

A visão de Cooley do eu, 353

A visão de Cooley dos grupos primários, 355

John Dewey e Mead, 356

O pragmatismo de Dewey, 356

A visão de pensamento de Dewey, 357

A síntese de Mead, 358

15 A sociologia de George Herbert Mead, 359

A filosofia mais ampla de Mead, 359

Mente, eu e sociedade, 360

A visão de Mead do "processo da vida", 360

O behaviorismo social de Mead, 362

A visão behaviorista de mente de Mead, 363

A visão behaviorista de eu de Mead, 369

A visão de sociedade de Mead, 377

A filosofia do ato, 385

Impulso, 386

Percepçao, 387

Manipulação, 387

Consumação, 389

Conclusões críticas, 391

16 A emergência das perspectivas teóricas contemporâneas, 393

Nove tradições e perspectivas teóricas, 393

Teorização funcional, 393

Teorização evolucionária, 396

Teorização ecológica, 401

Teorização do conflito, 404

Teorização interacionista, 412

Teorização do intercâmbio, 421

Teorização estruturalista, 426

Teorização cultural, 431

Teorização crítica, 433

Conclusão, 438

Índice onomástico, 439

Índice analítico, 447

COLEÇÃO SOCIOLOGIA
Coordenador: Brasilio Sallum Jr. – Universidade de São Paulo

Comissão editorial:
Gabriel Cohn – Universidade de São Paulo
Irlys Barreira – Universidade Federal do Ceará
José Ricardo Ramalho – Universidade Federal do Rio de Janeiro
Marcelo Ridenti – Universidade Estadual de Campinas
Otávio Dulci – Universidade Federal de Minas Gerais

- *A educação moral*
  Émile Durkheim
- *A Pesquisa Qualitativa*
  VV.AA.
- *Sociologia ambiental*
  John Hannigan
- *O poder em movimento*
  Sidney Tarrow
- *Quatro tradições sociológicas*
  Randall Collins
- *Introdução à Teoria dos Sistemas*
  Niklas Luhmann
- *Sociologia clássica – Marx, Durkheim, Weber*
  Carlos Eduardo Sell
- *O senso prático*
  Pierre Bourdieu
- *Comportamento em lugares públicos*
  Erving Goffman
- *A estrutura da ação social – Vols. I e II*
  Talcott Parsons
- *Ritual de interação*
  Erving Goffman
- *A negociação da intimidade*
  Viviana A. Zelizer
- *Sobre fenomenologia e relações sociais*
  Alfred Schutz
- *Os quadros da experiência social*
  Erving Goffman
- *Democracia*
  Charles Tilly
- *A representação do Eu na vida cotidiana*
  Erving Goffman

- *Sociologia da comunicação*
  Gabriel Cohn
- *A pesquisa sociológica*
  Serge Paugam (coord.)
- *Sentido da dialética – Marx: lógica e política - Tomo I*
  Ruy Fausto
- *Ética econômica das Religiões Mundiais - Vol. I*
  Max Weber
- *A emergência da teoria sociológica*
  Jonathan H. Turner, Leonard Beeghley e Charles H. Powers
- *Análise de classe – Abordagens*
  Erik Olin Wright
- *Símbolos, selves e realidade social*
  Kent L. Sandstrom, Daniel D. Martin e Gary Alan Fine
- *Sistemas sociais*
  Niklas Luhmann